第二辑

法律硕士教学案例指引

上海市法律专业学位研究生教育指导委员会 编

法律出版社
LAW PRESS·CHINA

编写说明

近年来，国内各法学院校开始引进案例教学方法，取得了很好的教学效果。由于案例教学起步较晚，具有典型意义的教学案例尚显不足。在上海市学位委员会办公室的支持下，上海市法律专业学位研究生教育指导委员会于2015年启动了上海市法律硕士专业学位案例库建设。本项目旨在通过案例库建设改变传统的教学方法，以此为契机带动教学方法的全面改革，提高教育教学质量，切实保证上海法律硕士专业学位研究生复合型、应用型人才培养目标的实现。

为了保证案例编写质量，上海市法律专业学位研究生教育指导委员会（以下简称上海法硕教指委）秘书处参照全国法律专业学位研究生教育指导委员会秘书处制定的《案例编写规范》《评审管理办法》和案例模板及使用说明书范本，开展了案例撰写培训。本书中案例主要包括刑事诉讼实务、民事诉讼实务、行政诉讼实务、非诉讼法律业务四种类型，这既符合《中国专业学位教学案例库中心法律硕士分中心建设规划》的要求，也符合当前法律硕士专业学位研究生授课需要。

华东政法大学是上海法硕教指委秘书处单位，负责案例的征集申报、专家评审、入库案例发布与管理等工作。案例库建设项目启动后，上海法硕教指委秘书处杨忠孝、洪冬英两位秘书长负责案例的组织、协调等工作，张勇、戴国立两位成员做了大量具体工作。

为了推动案例教学在法律硕士专业学位研究生教育中的运用，提高法律硕士课程教学水平，上海法硕教指委决定将入选的案例库结集出版，该书的出版得到了法律出版社的大力支持。本书中的案例来自上海市各法律硕士培养单位，在此，向所有参与案例编写的各位专家学者表示衷心的感谢！需要特别说明的是，由于案例教学在国内法学院校运用程度尚不高，案例编写也正处于积极探索阶段，虽然撰写人在案例选取和改编过程中尽量做到与法律硕士培养方案要求相契合，但由于时间和能力的限制，难免有不足之处，敬请各位读者提出宝贵意见。另外，尽管本书收录的部分案例并非新案，甚至有些陈旧，所涉法条也已然修改，但本书志于提供案例教学方法，训练案例分析思维与能力，故“面”虽旧然“理”恒新。

上海市法律专业学位研究生教育指导委员会

2020 年 10 月

目　录

行政诉讼实务

刑事诉讼实务

民商事诉讼实务

□ 非诉讼实务

行政诉讼实务

1 CASE 张文星不服西林市规划和国土资源管理局行政复议决定案

摘 要

本案例以一起规划行政许可案件为蓝本，以规划行政行为的作出、行政复议的开展、行政诉讼的提起为线索，贯穿了行政行为合法要件、行政复议、行政诉讼等行政争讼的始终，为学习行政法和行政诉讼法基本理论提供了一个完整的实践框架。从规划案件争讼入手，提供全面认识行政复议程序的基本构成条件，以及为认识行政诉讼修订后相关制度的基本要件提供了范本。分析行政复议与行政诉讼的衔接关系，行政行为合法性判断的基本要求，行政复议机关与原行政行为作出机关在行政争讼中的关系地位，行政诉讼中规范性文件附带审查的法律要求等内容。

关键词

规划行政行为　诉讼类型　规范性文件　行政复议　行政诉讼

教学目标

使学生全面认识行政复议程序的基本构成条件，以及行政诉讼修订后相关制度的基本要件；使学生掌握行政复议与行政诉讼的衔接关系，了解行政行为合法性判断的基本要求；同时使学生明晰行政复议机关与原行政行为作出机关在行政争讼中的关系地位，行政诉讼中规范性文件附带审查的法律要求等内容。

教学案例

一、案件事实

西林昊川置业有限公司(以下简称昊川置业)是西林市一家房地产开发企业,2002年获得该市农林路以北以西,华馨园以东地块一幅,用途为商业开发项目。2003年经昊川置业向西林市普方区规划和土地管理局(以下简称普方规土局)提出申请,普方规土局于2003年4月26日核发了西普书[2003]0018号《西林市建设项目选址意见书》……后于同年7月8日,核发了西地普[2003]0011号《建设用地规划许可证》。2006年1月30日,昊川置业向西林市发展和改革委员会提交了《"建设村"地块(二期)旧区改造项目可行性研究报告》,对前述土地的开发利用进行了可行性研究,提出该地块拟投资建设总量,以及拟建设一座六层商业广场项目初步方案等。同年3月,西林市发展和改革委员会作出西发改城[2006]086号《关于"建设村"地块(二期)旧区改造项目可行性研究报告的批复》,同意昊川置业的方案,批准该项目建设。

2012年8月6日,普方规土局根据昊川置业提供的材料,对"建设村旧城改造商业广场建设项目规划方案"进行了公示,在公示期间没有收到周边居民的反馈意见和要求,后于同年12月19日作出《关于建设村商业广场设计方案的批复》。

2014年1月20日,西林市普方区建设和交通委员会作出普建委[2014]11号《关于建设村商业广场建设项目初步设计的批复》。2014年9月4日,涉案建设工程依法取得《西林市建设工程施工图设计文件审查合格书》,消防审查号:WFS-2014-0114。2014年9月12日,昊川公司取得《建设项目日照分析报告》。

2014年9月,昊川公司取得了相关关于涉案建设项目环境保护、市容环卫、民防、绿化、卫生和计划生育、教育及交警等部门的意见。2014年9月16日,普方规土局收到昊川公司提交的上海市建设工程规划许可申请,经审查后,根据《西林市规划设计技术规定》第25条和第29条第1款的内容,于同月18日作出西普建(2014)WA31010720140188号建设工程规划许可,许可的项目为"普建综合商业广场",建设位置"规划农林路以北以西,华馨园以东"。

二、争讼概况

华馨园6号位于商业广场建设项目1号综合楼的西侧,两建筑的山墙均大于16米,二者相距16.4米,商业广场1号综合楼规划高度21.7米。2015年7月,华馨园6号居民张文星不服普方规土局作出的WA31010720140188建设工程规划许可,向西林市规划和国土资源管理局申请行政复议,认为西普建(2014)WA31010720140188号建设工程规划许可的"商业广场"建设工程距离其居住房屋"华馨园"较近,影响申请人的采光。根据《建筑设计防火规范》,该工程的围墙与"华馨园"之间应规划6米宽的消防通道,但实际围墙距离"华馨园"约3米,故上述建设工程规划许可依法应予撤销，且两建筑之间距离也不符合规定。西林规土局经审查认为，根据《西林市规划设计技术规定》第23条第1项第2目、第2项第3目，第29条第1项之规定，1号综合楼距离“华馨园”应不小于1号综合楼高度1.0倍，即21.7米。普方规土局在审核上述两建筑物之间的距离时，适用上述规定的第25条和第29条第1款的规定，系适用法律依据错误。因此，根据《行政复议法》第28条第1款第3项第2目的规定，作出西规土资复决字(2015)第66号行政复议决定，确认普方规土局作出的西普建(2014)WA31010720140188建设工程规划许可违法。

行政复议决定作出后，张文星不服，向普方区人民法院提出行政诉讼。认为华馨园与商业广场1号综合楼间距不符合设计规范和消防安全要求，西林规土局仅确认系争规划违法，但未撤销规划许可，因此诉请法院：(1)撤销西规土资复决字(2015)第66号行政复议决定；(2)《西林市规划设计技术规定》第23条的合法性予以附带审查。

三、法律规范

(一)《行政复议法》中的法律规范

第七条　公民、法人或者其他组织认为行政机关的具体行政行为所依据的下列规定不合法，在对具体行政行为申请行政复议时，可以一并向行政复议机关提出对该规定的审查申请：

(一)国务院部门的规定；

(二)县级以上地方各级人民政府及其工作部门的规定；

(三)乡、镇人民政府的规定。

前款所列规定不含国务院部、委员会规章和地方人民政府规章。规章的审查依照法律、行政法规办理。

第二十八条　行政复议机关负责法制工作的机构应当对被申请人作出的具体行政行为进行审查，提出意见，经行政复议机关的负责人同意或者集体讨论通过后，按照下列规定作出行政复议决定：

(一)具体行政行为认定事实清楚，证据确凿，适用依据正确，程序合法，内容适当的，决定维持；

(二)被申请人不履行法定职责的，决定其在一定期限内履行；

(三)具体行政行为有下列情形之一的，决定撤销、变更或者确认该具体行政行为违法；决定撤销或者确认该具体行政行为违法的，可以责令被申请人在一定期限内重新作出具体行政行为：

(1)主要事实不清、证据不足的；

(2)适用依据错误的；

(3)违反法定程序的；

(4)超越或者滥用职权的；

(5)具体行政行为明显不当的。

(四)被申请人不按照本法第二十三条的规定提出书面答复、提交当初作出具体行政行为的证据、依据和其他有关材料的,视为该具体行政行为没有证据、依据,决定撤销该具体行政行为。

行政复议机关责令被申请人重新作出具体行政行为的,被申请人不得以同一的事实和理由作出与原具体行政行为相同或者基本相同的具体行政行为。

(二)《行政诉讼法》中的法律规范

第五十三条　公民、法人或者其他组织认为行政行为所依据的国务院部门和地方人民政府及其部门制定的规范性文件不合法,在对行政行为提起诉讼时,可以一并请求对该规范性文件进行审查。

前款规定的规范性文件不含规章。

(三)《西林市规划设计技术规定》

第二十三条　根据日照、通风的要求和本市建设用地的实际使用情况,居住建筑的间距应符合下列规定:

(一)居住建筑与居住建筑平行布置时的间距:

(1)朝向为南北向的[指正南北向和南偏东(西)45度以内(含45度),下同],其间距在浦西内环线以内地区不小于南侧建筑高度的1.0倍,在其他地区不小于1.2倍。

(2)朝向为东西向的[指正东西向和东(西)偏南45度以内(不含45度),下同],其间距在浦西内环线以内地区不小于主朝向一侧遮挡建筑高度的0.9倍,在其他地区不小于1.0倍,且其最小值为6米。

(二)居住建筑与居住建筑垂直布置时的间距:

(1)南北向的间距,在浦西内环线以内地区不小于南侧建筑高度的0.7倍,在其他地区不小于0.8倍,且其最小值为6米。

(2)东西向的间距,在浦西内环线以内地区不小于南北朝向建筑高度的0.7倍,其他地区不小于0.8倍;同时不小于另一建筑高度的0.5倍,且其最小值为6米。

(3)建筑山墙宽度小于、等于16米的,其间距按垂直布置的居住建筑控制;建筑山墙宽度大于16米的,其间距按平行布置的居住建筑控制。

(三)居住建筑与居住建筑既非平行也非垂直布置时的间距:

(1)当两幢建筑的夹角小于、等于45度时,其最小间距按平行布置的居住建筑控制;

(2)当两幢建筑的夹角大于45度时,其最小间距按垂直布置的居住建筑控制。

第二十四条　多、低层居住建筑底层有商店或其他非居住用房的,其间距计算不得扣除底层高度。

第二十五条　多、低层居住建筑的山墙间距不小于较高建筑高度的0.5倍,且其最小值为4米。对按此规定不能满足消防间距或通道要求的,应按消防间距或通道要求控制。

第二十六条 在第一类居住用地的低层独立式住宅地区及其紧邻地区进行新建、改建的,其间距不得小于南侧建筑高度的 1.4 倍。

第二十七条 高层居住建筑与低层独立式住宅的间距,在规定范围内保证受遮挡的低层独立式住宅的居室冬至日满窗日照的有效时间不少于连续两小时;与其他居住建筑的间距,应保证受遮挡的居住建筑的居室冬至日满窗日照的有效时间不少于连续一小时(第二十七条、第三十条有关建筑日照的计算规则由市城市规划管理部门另行制定),并应符合下列规定:

(一)高层居住建筑与高层居住建筑平行布置时的间距:

(1)南北向的,不小于南侧高层建筑高度的 0.5 倍,且其最小值浦西内环线以内地区为 24 米,其他地区为 30 米。

(2)东西向的,不小于较高高层建筑的 0.4 倍,且其最小值为 24 米。

(二)高层居住建筑与多、低层居住建筑平行布置时的间距:

(1)高层居住建筑与其北侧多、低层居住建筑的间距不小于高层建筑高度的 0.5 倍,且其最小值浦西内环线以内地区为 24 米,其他地区为 30 米。

(2)高层居住建筑与其东(西)侧多、低层居住建筑的间距不小于 24 米。

(三)高层居住建筑与高层居住建筑垂直布置时的间距:

(1)南北向的间距,高层居住建筑与其北侧高层居住建筑的间距不小于南侧高层建筑高度的 0.3 倍,且其最小值为 20 米。

(2)东西向的间距,高层居住建筑与其东(西)侧高层居住建筑的间距不小于较高高层建筑高度的 0.3 倍,且其最小值为 20 米。

(3)建筑山墙宽度大于 16 米的,其间距按平行布置的居住建筑控制。

(四)高层居住建筑与多、低层居住建筑垂直布置时的间距不小于 20 米。

(五)高层居住建筑与高、多、低层居住建筑既非平行也非垂直布置时的间距:

(1)当两幢建筑的夹角小于、等于 45 度时,其最小间距按平行布置的居住建筑控制;

(2)当两幢建筑的夹角大于 45 度时,其最小间距按垂直布置的居住建筑控制。

(六)高层居住建筑的山墙与高、多、低层居住建筑的山墙间距不小于 13 米。

高层居住建筑与高、多、低层居住建筑的间距符合本条规定的,可不受第二十三条和第二十六条规定的限制。

第二十八条 在符合第二十三条至第二十七条规定的前提下,南北向平行布置的低层居住建筑之间的最小间距为 6 米,低层居住建筑与其北侧多层居住建筑的最小间距为 8 米,多、低层居住建筑与其北侧高层居住建筑的最小间距为 13 米。

按第二十三条规定计算出的多、低层居住建筑的间距如大于第二十七条规定计算出的多、低层居住建筑与高层居住建筑的间距的,在同等条件下可按较小的间距控制,但须符合第二十七条规定的日照条件。

第二十九条 非居住建筑与居住建筑的间距,应符合下列规定:

(一)非居住建筑位于居住建筑南侧或东西侧的,其间距按第二十三条至第二十八条的规定控制;

(二)非居住建筑(第三十条所列的非居住建筑除外)位于居住建筑北侧的,其建筑间距按第三十一条的规定控制;

(三)非居住建筑的山墙与居住建筑的山墙间距,按第二十五条、第二十七条的规定控制。

教学手册

教学对象及目标

本案例供法律硕士案例教学使用,法学本科(大四)、宪法与行政法学硕士也可以参酌试用。

本案例主要就律师在行政诉讼中从事的法律活动和规划行政案件中的法律适用问题,行政诉讼中诉讼程序标的的确定、行政行为合法性审查及举证等问题进行讲授。具体要解决的问题包括:(1)行政复议、行政诉讼中参与人的法律地位如何确定;(2)行政诉讼中审理的对象如何确定,对于不同当事人的诉讼策略和代理角度予以梳理和明确;(3)以规划行政行为为例,如何确定被诉行政行为的合法性要件,提出处理具体案件的思路、分析步骤、事实认定与法律分析之间的基本框架;(4)对于行政诉讼中附带规范性文件的诉讼要件如何进行把握。

教学内容

1. 行政复议、行政诉讼中参与人的法律地位如何确定?

行政复议、行政诉讼都是行政相对人予以权利救济的法定途径。但是行政复议和行政诉讼的差异在于行政复议从本质上而言仍属于行政程序的范畴,而行政诉讼属于司法程序。因此确定行政复议和行政诉讼中各类参与人的不同法律地位,是解决行政争议的前提要件,也是律师开展代理工作的基本要求。尤其是《行政诉讼法》修订后,确立了复议机关做共同被告制度,在具体案件中应当掌握行政复议机关与原行政行为作出机关在诉讼中不同的法律地位,以及行政机关在不同法律地位基础上的不同举证责任。

2. 行政诉讼中如何选择诉讼标的和诉讼类型?

行政诉讼中诉讼标的的确定和诉讼类型的选择具有高度关联性,在诉讼类型的框架下诉讼标的的确定已经由原有的“行政行为标的说”向“二分肢说”转变,即确定行政诉讼标的由原告的诉之声明(权利主张)和事实理由两方面组成。而根据诉讼标的又可以将行政诉讼的诉讼类型区分为撤销之诉、确认之诉、给付之诉、履行之诉等类型,而适用不同的审理方式和选择不同的判决方式。

表 1.1 诉讼标的和诉讼类型关系表

<table>
<tr><td rowspan="2">诉讼种类</td><td rowspan="2">撤销之诉</td><td colspan="2">确认之诉</td><td colspan="3">广义给付之诉</td><td rowspan="2">行政合同诉讼</td></tr>
<tr><td>停止作为之诉</td><td>确认违法之诉</td><td>确认无效之诉</td><td>履行之诉</td><td>给付之诉</td></tr>
<tr><td>诉讼标的</td><td>诉请撤销特定行政行为；该行为违法并损害原告权益的事实理由</td><td colspan="2">诉请确认特定行政行为违法、无效；相关事实理由</td><td>诉请责令被告为特定行为；被告应当为特定行为的事实理由</td><td>诉请责令被告给付财物；被告应当给付特定财物的事实理由</td><td>诉请责令被告停止为特定事实行为；被告行为侵害原告权益而应予停止的事实理由</td><td>诉请就原被告之间的行政合同关系予以裁判；相关事实理由</td></tr>
<tr><td rowspan="2">判决选择（《行政诉讼法》）</td><td>第 70 条、第 74 条第 1 款第 1 项、第 77 条</td><td>第 74 条第 2 款</td><td>第 75 条</td><td>第 72 条</td><td>第 73 条、第 77 条</td><td rowspan="2">第 72 条</td><td rowspan="2">第 78 条</td></tr>
<tr><td colspan="3">第 74 条第 1 款第 2 项</td><td colspan="2">第 70 条、第 74 条第 2 款</td></tr>
</table>

3. 如何判断行政行为的合法性要件？

行政争议的核心是行政行为的合法性。行政行为的合法性又由相应的要件框架予以明确。就通常意义而言可以分为两方面：一方面是要素要件，如行为主体的职权、行为的程序、行为的法律依据、行为的法律效果等；另一方面是实质要件，行政的过程是否符合正当程序的要求，行政裁量是否符合比例原则等，即行政行为的本质在符合法律的形式要求以外，是否符合法律原则的实质要求。

4. 规范性文件附带审查的要件是什么？

规范性文件附带审查是《行政诉讼法》修订后的新的规定。应当正确掌握规范性文件的范围，提出附带审查的条件以及规范性文件附带审查的法律效果。就可附带审查的规范性文件范围而言应当明确这样几点：(1)附带性，规范性文件附带审查就正面而言是对于规范性文件可以附随行政行为进行审查，从反面而言规范性文件不属于行政诉讼的受案范围，已经纳入行政诉讼受案范围的规范性文件就不应提起附带审查申请；(2)规范性，规范性文件的特征是对普遍意义的事项予以规定的文件，且可以反复适用；(3)合法性评价，只有具备合法性评价基础的规范性文件才属于行政诉讼中附带审查的范围。

5. 行政诉讼中，律师应如何发挥作用？

行政诉讼中律师发挥作用的领域可以分为两方面：一是庭审准备阶段：全面搜集检索行政案件的相关法律法规，才能正确把握行政行为合法性要件的具体要求，在此基础上正确认定行政行为相关证据。二是庭审阶段：庭审是律师参加全部诉讼活动的重心，是展现律师素质和风采的最重要平台。对各项证据材料，尤其与行政行为合法性有关的证据材料要熟稔于心；对对方提出的证据要有明确的判断，对于有利于己方的证据要适时提出。

6. 如何正确认定规划类行政案件？

规划类行政案件的特点在于既大量包含了规范行政的各类法律规定，也包含了大量的规划设计技术标准。因此,正确处理这类案件的前提需要全面了解规划行政的法律法规和技术标准。同时,规范行政案件中往往包含了何类前置性行政行为,比如行政许可、行政确认等,对于这类前置性行政行为在规划行政中的法律定位,也会影响到规划类案件的处理。本案实体方面核心问题在于:(1)普方区规土局做出的规划许可是否符合技术规范的要求;(2)西林市规土局所作行政复议决定,确认普方区规土局规划许可违法,但未撤销该许可,是否符合法律规定;(3)规划设计技术规范与规划许可行政行为合法性之间的关联性是什么;(4)张文星在诉讼中对设计规范提出规范性文件附带审查的请求是否符合法律要求?

此外,通过对该案例的分析,要培养学生分析案例的法律运用和推理能力。

课堂时间安排

本案例可以作为专门的案例教学课来进行,整个案例课的课堂安排 6 个课时,每课时 45 分钟。

如下课堂设计,仅供参考。

1. 课前计划:安排学生阅读案例及相关参考资料,对案例所涉及问题进行思考,撰写实践题答案。

2. 课中计划:介绍教学目的,明确讨论主题;分组讨论,回答各项思考题,讨论实践题的撰写要点;小组代表提出撰写要点,学生讨论和分析;教师归纳总结。

3. 课后计划:布置学生进一步思考辩护律师在行政诉讼活动中的职能,以及如何发挥其职能。

思考题和实践题

思考题

1. 普方区规土局、西林区规土局、张文星、昊川公司在行政复议、行政诉讼中的法律地位如何确定?
2. 对被诉规划许可的前置性许可、审批,在行政复议和行政诉讼中的定位是什么? 如何进行审查?
3. 行政复议中确认违法决定和撤销决定之间的区别是什么?
4. 针对系争规划许可,在行政诉讼中应当选择什么诉讼类型? 审理的对象是行政复议决定的合法性还是规划许可的合法性?
5. 行政诉讼中西林市规土局的举证责任、普方区规土局的举证责任如何进行区分?
6. 张文星提出的规范性文件附带审查申请如何处理?

实践题

1. 如果你是西林市规土局的代理律师,在这一阶段应该做哪些工作? 请根据以上案情,编写工作计划。
2. 结合本案案情,为张文星起草行政复议申请书、行政诉讼起诉状。
3. 结合案情撰写判决书。

参考文献

1. 姜明安主编:《行政法与行政诉讼法》,北京大学出版社、高等教育出版社 2005 年版。

2. 马立群:《论行政诉讼标的——以行政撤销诉讼为中心的考察》,载《南京大学法律评论》2011 年春季卷。
3. 吴庚:《行政争讼法论》(第四版),元照出版有限公司 2009 年版。
4. 李广宇、王振宇:《行政诉讼类型化:完善行政诉讼制度的新思路》,载《法律适用》2012 年第 2 期。
5. [德]弗里德赫尔穆·胡芬:《行政诉讼法》,莫光华译、刘飞校,法律出版社 2003 年版。

(王月明,华东政法大学教授、博士生导师;
葛翔,上海市黄浦区人民法院行政一庭副庭长)

2 CASE 24家烟花爆竹企业诉安徽省政府关于撤销"45号通知"案

摘　要

安徽省烟花爆竹企业因安徽省政府出台《安徽省人民政府办公厅转发省安全监管局等部门关于烟花爆竹生产企业整体退出意见的通知》而被要求全部关闭，致使相关企业遭受巨大损失，其中24家企业状告安徽省政府，要求人民法院确认该《通知》违法并请求判决撤销。法院审理认为省政府支持该《通知》合法性的证据不足，故认定为违法。但鉴于公共利益的需要，驳回原告申请撤销的诉求。本案涉及的行政法与行政诉讼法的知识点和实务的相关内容包括：第一，内部行政行为的认定；第二，信赖保护原则的适用；第三，公共利益的界定；第四，行政补偿的标准。

关键词

信赖保护原则　公共利益　行政补偿

教学目标

通过对本案例的研习，加深对于行政信赖保护原则的理解。并通过案例的深入研究，探讨行政行为的内部性与外部性问题、公共利益的界定问题、行政补偿的程序与标准问题，还可一并讨论作出一个涉及众多相对人权益的行政决定所应坚守的程序。

教学案例

一、案件背景

2014 年 11 月 13 日,《南方周末》发表了一篇报道,标题是“政府一纸令下　安徽再无花炮厂”。[1]

2013 年底,安徽省政府出台《安徽省人民政府办公厅转发省安全监管局等部门关于烟花爆竹生产企业整体退出意见的通知》(以下简称“45 号通知”),“45 号通知”的目的是“调结构,保安全”。“45 号通知”要求,在 2014 年底之前,全省 75 家烟花爆竹生产企业无论规模大小必须全部关闭。省政府按每家企业 80 万元的标准安排专项补助,其余部分由各市、县根据关停企业资产状况等给予适当补助。

在省政府下发“45 号通知”之前,75 家烟花爆竹企业中有 35 家其实已经在市、县政府推动下基本关停,它们绝大部分规模都比较小,存在较大的安全隐患。剩余 40 家,主要集中在芜湖市、六安市、广德县和宿松县四地。除芜湖的 10 家比较小外,其他厂投资基本上都过千万,最大的上亿。对这些企业来说,省里给的补偿相对其损失而言差距较大。

2007 年省安监局提出“扶持重点、强化基础”和“工厂规模化、生产机械化、管理安全化、产品多样和高档化”的目标之后,他们普遍增加了投入,年产值基本都在千万以上。作为高危行业,烟花爆竹行业有很强的特殊性,转型基本没有可能。同时,烟花爆竹还是当地人的重要就业渠道。烟花爆竹企业的工作人员主要是当地留守人员,农村的老人和妇女占了相当比例。一旦关停,很多人将面临失业。

企业主们决定依靠法律,依法维权。

二、争讼概况

2014 年 6 月 24 日,24 家烟花爆竹企业共同向安徽省政府提交行政复议申请书。

申请人认为,其企业一直符合烟花爆竹生产的各项法定要求,“45 号通知”作出的责令停产停业和吊销企业证照的行政决定没有法律依据,请求省政府确认该决定不成立。

2014 年 6 月,安徽省政府作出《不予受理行政复议申请决定书》,称“45 号通知”是省政府转发给各市、县政府和省政府各部门、各直属机构的文件,属于内部行为,不是对外行政管理行为,不对申请人的权益产生直接影响,不属于行政复议的受理范围,因此不予受理。

申请人不服复议意见,以安徽省政府为被告,向合肥市中级人民法院起诉。

2014 年 12 月 26 日,合肥市中级人民法院开庭审理此案,安徽省政府法制办工作人员代

---

〔1〕 根据南方周末记者任重远:《政府一纸令下　安徽再无花炮厂》,载《南方周末》2014 年 11 月 13 日,A2 版报道缩写。

表被告安徽省政府出庭应诉。

(一)原告起诉理由及诉讼请求

原告在法庭上提出,2013年12月27日,被告作出"45号通知",转发省安全监管局等部门的《关于烟花爆竹生产企业整体退出意见的通知》,要求各市、县人民政府,省政府各部门、各直属机构结合实际,认真组织实施。"45号通知"限定烟花爆竹生产企业必须在2014年退出生产,并规定限期吊销和注销企业的相关证照。省安监局等省级单位和六安市人民政府、舒城县人民政府、裕安区人民政府、广德县人民政府随即开始执行"45号通知"。2014年7月4日,被告在政府网站上公布了"45号通知"。原告认为,被告作出"45号通知"的行为违法。理由是:第一,"45号通知"是对原告作出的责令停产停业、吊销证照的具体行政行为;第二,"45号通知"因告知了相对人和影响相对人的权益而具备了外部效果,属于行政诉讼受案范围;第三,"45号通知"缺乏事实和法律依据,严重违背法律规定;第四,"45号通知"程序违法;第五,"45号通知"中的限期清理、销毁和移交财物的决定,以及确立的补偿标准,严重侵犯了原告的财产权益。

基于上述理由,原告的诉讼请求是:撤销被告在"45号通知"中作出的责令企业整体退出和吊销注销企业证照的行政决定,并确认被告作出"45号通知"的行为违法或无效。

(二)被告抗辩理由

针对原告的起诉,被告辩称:第一,"45号通知"属于产业政策调整范畴,符合有关法律法规的规定;第二,"45号通知"不是具体行政行为,不属于行政诉讼的受案范围;"45号通知"的发文对象是各市、县人民政府,省政府各部门、各直属机构,只对上述部门、机构有约束力,对外不发生法律效力,有关部门、机构按通知要求实施的具体行为才影响原告的权益;第三,原告的诉讼理由不能成立。因此被告请求驳回原告的起诉。

(三)本案争点

在庭审中,争议的焦点主要是《安徽省人民政府办公厅转发省安全监管局等部门关于烟花爆竹生产企业整体退出意见的通知》是否属于内部行政行为。

(四)法院认定的事实

法院在庭审后,对以下事实进行了认定。

原告安徽翔鹰花炮有限公司等24家企业系正常生产经营的烟花爆竹生产企业。2013年12月27日,被告作出"45号通知",限定全省现有的75家烟花爆竹生产企业必须在2014年底前整体退出,分两批进行。第一批35家烟花爆竹生产企业于2013年12月31日前整体退出;第二批40家烟花爆竹生产企业于2014年12月31日前整体退出,原告均在第二批整体退出企业名单中。"45号通知"同时要求各级政府要健全和强化烟花爆竹生产企业整体退出组织协调机制，确保按时完成任务，并规定企业停产后企业所在地政府要拆除主要生产设施、设备；企业关闭后企业所在地工商、安监部门要及时注销或吊销退出企业的相关证照，公安部门停止办理《烟花爆竹道路运输许可证》，安监、公安部门要责令企业妥善保管剩余烟花爆竹成品、半成品及生产原材料，限期清理、销毁或移交。此外，“45 号通知”还明确省财政按每户 80 万元的标准安排专项资金用于退出企业补助，有关市、县应根据退出企业资产等情况，给予适当补助。“45 号通知”作出后，省安监局等省级单位和六安市、六安市裕安区、舒城县、广德县等地方各级人民政府开始施行，并采取了如下发《停产通知书》、开动员退出会议、对厂房予以拆除等具体行为。原告不服“45 号通知”，向被告申请了行政复议。2014 年 7 月 4 日，被告作出皖行复[2014]133 号不予受理行政复议申请书，认为“45 号通知”属于内部行为，复议申请不属于行政复议受案范围，决定不予受理。

另查明，2008 年起，安徽省安监部门开始要求对烟花爆竹生产企业整顿提升，淘汰落后生产企业。2010 年 10 月 18 日，被告作出皖政办[2010]61 号《安徽省人民政府办公厅转发省安全监管局等部门关于烟花爆竹生产企业有序退出意见的通知》，要求各地推进烟花爆竹生产企业有序退出。至“45 号通知”作出时，原告做了多次整顿提升。

（五）法院判决理由与结果

合肥市中级人民法院认为，“45 号通知”发出的对象虽然是各市、县人民政府，省政府各部门、各直属机构，其性质属于内部指令，但该《通知》的对象中，部分地方政府、政府部门和机构已直接依据该通知实施了与退出相关的具体行政行为，对原告的利益产生了实际影响。同时，原告已获知了该《通知》的内容，复议机关作出复议决定时亦告知了诉权，因此，“45 号通知”的行为已外化并对外发生了法律效力。此外，“45 号通知”针对的对象是特定的，该《通知》中不仅明确了具体的 75 家烟花爆竹生产企业，还明确了第一批退出和第二批退出的企业名称和具体时间。故被告辩称“45 号通知”不属于行政诉讼的受案范围，法院不予支持。

烟花爆竹生产企业整体退出虽然属于产业政策调整范畴，但调整应当符合法律法规的规定，不能因此损害相对人的合法权益。根据《行政诉讼法》第 32 条、最高人民法院《关于执行〈中华人民共和国行政诉讼法〉若干问题的解释》第 26 条的规定，被告对具体行政行为合法负有举证责任。本案中，被告提供的证据除皖政办[2010]61 号文件外，其余均是“45 号通知”作出后形成的证据，不能作为证明“45 号通知”合法的证据使用。并且，皖政办[2010]61 号文件也只能证明被告在作出“45 号通知”前将烟花爆竹生产企业有序退出纳入产业政策调整范畴，不能证明“45 号通知”合法。被告作出的“45 号通知”行为，主要证据不足，依法应予撤销。

但是法院又指出，鉴于“45 号通知”决定烟花爆竹生产企业整体退出有利于国家、社会，如撤销会给国家利益或社会公共利益造成重大损失，故依据最高人民法院《关于执行〈中华人民共和国行政诉讼法〉若干问题的解释》第 58 条的规定，作出了如下判决：第一，确认安徽省人民政府作出皖政办[2013]45 号《安徽省人民政府办公厅转发安徽省安全监管局等部门关于烟花爆竹生产企业整体退出意见的通知》行为违法;第二,安徽省人民政府于本判决生效后60日内采取相应的补救措施;第三,驳回原告安徽翔鹰花炮有限公司等24家烟花爆竹生产企业的其他诉讼请求。

三、本案的行政法意义

从争讼的内容及实质来看,本案似乎应该围绕安徽省是否应当在全省无区别地关闭花炮厂或者即便要统统关闭,那补偿标准是否合理这样的实体性问题来展开。但是,在庭审中,争议的焦点则是被诉《安徽省人民政府办公厅转发省安全监管局等部门关于烟花爆竹生产企业整体退出意见的通知》是否属于内部行政行为;"45号通知"是否应撤销。

仅从案件本身来看,争点似乎集中在"45号通知"是内部行政行为还是外部行政行为,是否属于人民法院受案范围及被诉文件是否应该撤销。但如果仔细剖析本案,可以发现若干值得深究的行政法问题。

(一)如何辨析行政行为的内部性或外部性

"45号通知"是内部行政行为还是外部行政行为,这是本案呈现出来的最直接的焦点。解决了这一问题,就可以第一步解决争议是否可能提交司法裁判。从结论上来看,受诉法院判定该通知是外部行政行为。

在行政复议中,作为复议主体的安徽省政府认为自己出台的该文"是省政府转发给各市、县政府和省政府各部门、各直属机构的文件,属于内部行为,不是对外行政管理行为,不对申请人的权益产生直接影响,不属于行政复议的受理范围,因此不予受理"。事实上,不需要太多的专业知识,很容易看出,安徽省政府的这一判断存在非常大的谬误。

内部行政行为是指行政主体在内部行政组织管理过程中所作的只对行政组织内部产生法律效力的行政行为。内部行政行为的影响对象主要是公务员。

从特征上看,实施内部行政行为的行政机关与该行政行为的相对人之间,存在着领导与被领导的行政隶属关系,或者监督与被监督的法定监督关系。就本案而言,烟花爆竹企业与省政府之间只是一种管理与被管理的关系,而管理关系的发生取决于管理主体所拥有的对某类行政事务的管理职能而非该行政机关的领导职能。同时,这种管理职能只能通过外部行政行为来体现。此外,内部行政行为通常只涉及行政机关的内部行政事务,其作用主要和行政机关的正常运转有关,不影响外部相对人的权利和义务,而外部行政行为是行政机关对外行使公共权利的行为,因而直接影响着外部相对人的利益。

由于这两种行政行为的上述区别以及行政机关行使这两种权利的性质和依据也不同,因此,不同性质的行为引起的争议应由不同的途径加以解决。就我国的法律规定而言,内部行政争议由行政机关自行解决,外部行政争议可以通过行政复议或行政诉讼解决。

本案中,作为复议主体的省政府,将"45号通知"解释为内部行政行为显然是不妥的。首先,"45号通知"虽然以"通知"的名义发布,但涉及的相对方与制作通知的省政府之间并无行政上的隶属关系，只是一种管理关系，那针对管理对象作出的行政行为不可能是内部行政行为。其次，“45 号通知”从内容上看并非为了调整内部管理事务，而是涉及管理对象的业务行为。从这点上看，也不能将其理解为内部行为。最后，如法院所认定，“45 号通知”发出的对象虽然是各市、县人民政府、省政府各部门、各直属机构，其性质属于内部指令，但作为接收该通知的主体，大部分地方政府、政府部门和机构已直接依据该通知实施了责令相对方退出或关闭等相关具体行政行为，对原告的利益产生了实际影响。同时，原告也已获知了《通知》的具体内容，因此，“45 号通知”的行为已在事实上外部化并对外发生了法律效力，将这样的行政行为解释为内部行政行为显然不妥，故法院的这一认定无疑是正确的。

(二)信赖保护原则对于行政主体的约束力

1. 本案是否涉及行政信赖保护原则

就信赖保护原则的概念来看，我国的行政法教科书多有对该原则的讲解。[1] 在学术性研究中，涉及信赖保护原则的多是从阐述该原则的构成条件和基本特征入手展开论述，[2] 对信赖保护原则概念的阐释也出现在司法判决中，如 2003 年我国台湾地区“最高行政法院”在“丰之谷国际股份有限公司诉花莲县税捐稽征处案”中就有这样一段判词：“所谓信赖保护原则，系指人民因信赖行政机关之特定行为，而为不可逆转之财产或其他权利之处置者，如其信赖值得保护，行政机关之行为纵然违法，原则上亦不得予以撤销，如因公益而予以撤销时，亦须补偿人民因此所受之损失而言。”[3]

从概念上看，信赖保护原则，是指除非出于公共利益的必要，行政机关不得擅自撤销、变更或废止生效的具体行政行为，尤其是授益行政行为。如果必须撤销、变更或废止，由此给行政相对人造成损失的，国家应当予以补偿。由此，信赖保护原则有一个基本点，即对于生效行政行为不能朝令夕改，尤其是不能先予后夺，即便要改变也得满足两个唇齿条款：其一，改变是出于公共利益的需要；其二，由于改变行政决定而给相对人造成损失的应当予以补偿。

本案之所以应受信赖保护原则制约就在于，在“45 号通知”之前，省政府及有关部门曾数次出台文件要求相关企业强化标准，提升质量，重点都在于鼓励达标企业做大做强，可是当这些企业投入巨资完成了升级改造后，又一纸令下在单方面规定极不合理的补偿标准的情况下不由分说全部关闭，这显然是有违信赖保护原则的。

---

[1] 参见姜明安主编：《行政法与行政诉讼法》（第二版），北京大学出版社、高等教育出版社 2005 年版，第 70 页；朱维究主编：《一般行政法原理》，高等教育出版社 2005 年版，第 97 页；李建良、陈爱娥等合著：《行政法入门》（修订版），元照出版有限公司 2004 年版，第 87 页。

[2] 如吴坤城：《公法上信赖保护原则初探》，载城仲模主编：《行政法上之一般法律原则》（二），三民书局 1997 年版，第 239 ~ 242 页；李春燕：《行政信赖保护原则研究》，载《行政法学研究》2001 年第 3 期；黄学贤：《行政法中的信赖保护原则研究》，载《法学》2002 年第 5 期；周维峰：《论行政法信赖保护原则》，载《政法论丛》2003 年第 2 期；周佑勇：《行政许可法中的信赖保护原则》，载《江海学刊》2005 年第 1 期；胡建淼主编：《论公法原则》，浙江大学出版社 2005 年版，第 722 ~ 726 页；王贵松：《行政信赖保护论》，山东人民出版社 2007 年版，第 33 ~ 36 页。周佑勇：《行政基本原则研究》，武汉大学出版社 2005 年版，第 233 页。

[3] 台湾“最高行政法院”2003 年判字第 1691 号。

2. 信赖保护原则的适用条件

信赖保护原则的适用要件主要涵盖四个方面,一是存在信赖基础,即行政机关作出了相对人赖以产生信任的授益行政行为;二是有信赖表现,即相对人不仅有信赖的意思表示,而且因信赖而实施了相应的行为;三是有信赖利益,即相对人因为信赖而实施了相应的行为,而因为实施了该行为产生了可评估的利益或承受了相应的负担;四是有正当的信赖,该"正当"意味着信赖的发生出于相对人的善意且无过错。[1]

就本案情形而言,"45 号通知"之所以违反信赖保护原则,在于自 2007 年省安监局提出"扶持重点、强化基础"和"工厂规模化、生产机械化、管理安全化、产品多样和高档化"的目标之后,其普遍增加投入,年产值基本都在千万元以上。因此可以认定,第一,本案存在信赖基础。即自 2007 年至 2014 年,政府对于鞭炮企业不仅没有拒绝其在管辖范围内存在,且还存有期许,希望通过其做大做强为地方经济作出贡献。这样的态度及相应的政策无疑让相对人有了合理期待。第二,本案存在信赖表现。如前所述,在省安监局做大做强精神指引下,按照具体的标准,相对人不断作出积极的回应,一直达到了不断升级的标准。第三,本案存在信赖利益。由于确信政府所作出的各种针对花炮行业的指示或标准,各原告不断加大投入,大部分企业投资基本上都过千万元,最大的上亿元。第四,本案存在正当的信赖基础。由于原告处于被管理地位,所有的改造与升级换代都是基于省政府及省安监局的政策而发生,原告本身不存在任何过错。

综上所述,依信赖保护原则的适用条件,本案被告坚持由于出现了信赖保护原则中的第一个唇齿条款:公共利益。那根据信赖保护原则必须要给予补偿,似乎补偿政策也制定出来了。于是,两个问题成为解析本案的关键:一是如何认定本案中的公共利益,二是本案中的行政补偿是否公平合理。

(三)公共利益及其认定

本案原告的两个诉求,一是请求判决撤销被告在"45 号通知"中作出的责令企业整体退出和吊销注销企业证照的行政决定,二是请求确认被告作出"45 号通知"的行为违法或无效。

法院支持原告第二个诉求,第一个诉求则被驳回,理由是"鉴于'45 号通知'通知烟花爆竹生产企业整体退出有利于国家、社会,如撤销会给国家利益或社会公共利益造成重大损失"。对于"公共利益"的认定成为本案至为关键的问题。

"公共利益"在法律上是一个不确定的概念。对于公共利益的界定标准,有学者认为:"在多元的社会,弥漫社会的多元价值观,必须经过充分的公共意见的沟通,方可寻出一个同时符合多数价值理念的公共利益概念。"[2]

---

〔1〕 参见吴坤城:《公法上信赖保护原则初探》,载城仲模主编:《行政法上之一般法律原则》(二),三民书局 1999 年版,第 239 ~ 241 页;[波]彼得·什托姆普卡:《信任》,程胜利译,中华书局 2005 年版,第 239 ~ 241 页;胡建淼主编:《论公法原则》,浙江大学出版社 2005 年版,第 723 ~ 726 页。

〔2〕 陈新民:《德国公法学基础理论》(上),山东人民出版社 2001 年版,第 196 页。

1.“公共利益”的学理定义

对“公共利益”只能立足于进行学理分析,是由于“公共利益”既缺乏法典定义,其词典定义也不尽明晰,如《布莱克法律辞典》将其定义为:“公共利益是公众和社团普遍享有的包含某种金钱利益,或者公众或者社团的权利和义务因之受到影响的某种利益。公共利益并不意味着狭隘的如某种稀见之物,或者像处于争议中的事情影响的特定地区的利益”。[1]《元照英美法词典》对于公共利益的定义更为抽象:公共利益(public interest)是指“应予认可和保护的公众普遍利益;与作为整体的公众休戚相关的事项,尤其是证明政府管制正当性的利益。”[2]从两个较为权威的词典定义中基本上无法厘清公共利益的特征及要件。

许多学者尝试从不同的角度给公共利益下定义,但往往不能相互印证甚至相互质疑。例如,边沁提出,公共利益就是“最大多数人的最大幸福”。德国学者弗得罗斯则反驳认为,公共利益既不是单个主体所欲求的利益总和,也不是人类整体利益,而是一个社会通过个人的合作而生产出来的与人之个性尊严相对一致的事物价值的总和。[3] 在谈及公共利益的定义标准时,哈耶克的认识是:“自由社会的共同福利或公共利益的概念,决不能定义为一种抽象的秩序。作为一个整体,它不指向任何特定的具体目标,而是仅仅提供最佳渠道,使无论哪个成员都可以将自己的知识用于自己的目的。”[4]

中国大陆及台湾地区学者近年来在讨论公共利益的问题时,也尝试对公共利益进行概念阐释,如陈新民教授认为:“公共利益泛指对象不确定的为社会全体或多数人享有的利益。”[5]沈开举教授则认为:“基于实现社会控制,建立公共秩序,维持和平安宁,挽救社会危机,提供公共服务,实现社会公平对待理由中的一种或几种,这些理由或原因又都可笼统概括为公共利益。”[6]也有学者纯粹从公共利益下定义的方法及角度展开解说及论述,如范进学教授认为可以有三种方法来理解和解释公共利益:一是公共利益的一般学理特征;二是程序原则的限定;三是法律列举与概括式规定。[7]

2. 获得描述的“公共利益”

在学理定义不能够取得共识的情况下,公共利益的厘定仍然存在相对客观的标准。依罗尔斯的看法,“公共利益具有两个特点,即不可分性和公共性……从不可分性和公共性中所得出的推论是:必须通过政治过程而不是市场来安排公共利益的提供”[8]。

公权力机关在推动公共利益实现的过程中,可能会在同一个有限的资源领域内遭遇个人权利,于是,就会发生两种不能同时实现的权益孰先孰后的排序问题。

---

[1] 转引自 http://www.bloglegal.com/blog/cac/800002595.htm#,2008 年 3 月 9 日访问。

[2] 《元照英美法词典》,法律出版社 2003 年版,第 1116 页。

[3] 转引自[美]埃德加·博登海默:《法理学——法哲学及其方法》,邓正来、姬敬武译,华夏出版社 1987 年版,第 297 页。

[4] [英]哈耶克:《经济、科学与政治——哈耶克思想精粹》,冯克利译,江苏人民出版社 2000 年版,第 393 页。

[5] 陈新民:《宪法基本权利之基本理论》,三民书局 1992 年版,第 134 页。

[6] 沈开举主编:《行政补偿法研究》,法律出版社 2004 年版,第 53 页。

[7] 参见范进学:《定义“公共利益”的方法论及概念诠释》,载《法学论坛》2005 年第 1 期。

[8] [美]约翰·罗尔斯:《正义论》,何怀宏等译,中国社会科学出版社 1988 年版,第 226~227 页。

公共利益既可以成为个人权利在更高层次上得以实现的保障,同时,在社会资源总量不变的情况下,也可能成为个人权益的障碍。正因如此,公共利益能否具有先于个人权益的力量,在理论界是有争议的。关于二者关系,典型如美国社会政治学家罗伯特·诺齐克在其著作《无政府、国家与乌托邦》一书中有保留的认识:个人没有必要为其他人的较大利益或带有普遍意义的社会利益付出代价,没有任何人有权将牺牲强加给个人,尤其是国家或政府更不能要求公民服从于这样的命令,国家必须谨慎地在公民中保持中立。他甚至用较为偏激的语言下结论,“我们中的一个生命被其他生命如此凌驾,以达到一种更全面的社会利益的事情,绝不是合乎道德的”。[1] 在这一点上,对诺齐克影响巨大的罗尔斯的观点也是鲜明的:“正义否认了一些人分享更大利益而剥夺另一些人的自由是正当的,不承认多数人享受的较大利益能绰绰有余地补偿强加于少数人的牺牲。”[2]但是,由于社会发展的现实使得支持公益优先的主张具有更为充分的理由。

无论学者们的观点相互抵牾还是相互印证,在社会化与现代化的大潮中,公共利益终究成为权力体系运行的一个重要指标,并构成国家对于个人权利,特别是个人财产权利进行限制的重要依据。[3]

出于对权利的尊重及保护,有效的作法就是有条件地限制或剥夺财产,所谓有条件,一是以公共利益需要为前提条件,二是以合理补偿为弥补条件,三是以正当程序为保障条件。当然,如果前提条件不成立,剩余条件也就无须论证了。在满足第一个条件的情况下,后两个条件成为衡量具体措施的正当性与合理性的标准。

的确,公共利益这一事由化条件可以预防行政机关权力的滥用,公共利益的牵制于信赖保护原则而言是极其必要的。不过,作为公权力拒斥个人权利的重要理由,公共利益的价值也不是无条件的。换言之,并不是说一项利益只要贯之以公共利益的头衔就自然而然地构成信赖保护原则的例外,二者相较仍然以比例原则为衡量标准。

在信赖保护原则的制度性规定中,指明“为了公共利益的需要”,可以撤销或变更生效的具体行政行为,此处的“需要”可以理解为“必要”与“合理”,即受到保全的公共利益是为一般社会成员的福利并能被接受的。就本案而言,从形式上看,生产销售烟花爆竹的确有潜在风险,但也正因为如此,国家才将此行业作为高危行为来进行管控。但是,管控不等于就是不加区分地一禁了之,诚如《南方周末》在报道这件事时对相关专家的采访,专家也认为这样一刀切的政策值得商榷。据他们的调研,安徽及其周边的浙江、江苏、上海四省市每年烟花市场的保守需求量在120亿元以上。但除安徽外只有浙江有两个厂,在安全保障的情况下,安徽保留一些企业是比较合理的。如果各省都关停花炮厂,只留下湖南、江西等几个主要产区,长途运输过程中会存在很大风险,且一旦地下的黑作坊死灰复燃,安全情况甚至可能更加恶化。

---

〔1〕［美］罗伯特·诺齐克:《无政府、国家与乌托邦》,何怀宏等译,中国社会科学出版社1991年版,第41~42页。

〔2〕［美］约翰·罗尔斯:《正义论》,何怀宏等译,中国社会科学出版社1988年版,第3~4页。

〔3〕在谈及财产性权益时,实际上财产权与所有权是没有严格区分的,事实上,无论是从法律的层面还是实务的角度,“财产权与所有权的意义已经逐步同化。”［日］石井紫郎:《财产与法》,岩波书店1985年版,第4页。转引自易继明、李辉凤:《财产权及其哲学基础》,载《政法论坛》2000年第3期。

另据他们调查认定,安徽的一些花炮企业已经具备良好的安全生产条件和基础,改进工艺后可在2016年前达到产品80%无硫、少烟的环保要求,同时花炮是我们的传统文化,这种强烈的视觉冲击是很难取代的。[1]

因此,即便法院认定"45号通知"是出于公共利益的考量,但这里的公共利益是否可以成为维持这一通知效力的理由,至少在学理层面上还是可以讨论的。

(四)行政补偿的功能及适用

信赖保护原则的第二个关键条款是"行政补偿",即出于公共利益的需要改变了生效行政行为,由此给相对方造成了损失,代表受益方的政府应当给予补偿。作为相对方而言,当无法促使行政机关改变行政决定时,往往会将注意力放在补偿的公平性上来。尽管本案原告并未将补偿问题作为诉求在法庭上提出来,但是其诉讼缘起一是因为"45号通知"无差别地关闭花炮企业,二是因为执行关闭后政府给予的补偿数额不合理。

1. 信赖保护原则下行政补偿的功能

行政补偿在信赖保护原则下的功能集中体现于两个方面,一是公平地对待行政相对人;二是积极地构建诚信政府。前者的实现是政府通过合理补偿的形式分担公民个人为社会公共利益所作出的财产上的牺牲,后者的实现是通过行政补偿对政府先予后夺行为从制度上对相对人作出的弥补与慰抚。

许多国家都将个人因满足公共利益而遭受的财产损失可获得合理补偿以宪法原则的形式固定下来,如《法国宪法》在序言部分规定:"财产是神圣不可侵犯的权利,除非当合法认定的需要显系必要时,且在公平而且预先补偿的条件下,任何人的财产不得受剥夺。"《德国基本法》第14条第3款规定:"征收之补偿,以'公平'地衡量公共参与人利益后,决定之。"很多国家的宪法都直接地将补偿作为限制私人财产权的排他性程序条件,措辞上均使用了诸如"除非……不得……""若无……不得……""非有……不得……""只有……才能……""如果……应当……"等明确显示命令性或义务性规范的语言符号,如《美国宪法修正案》第5条规定:"未经正当法律程序不得剥夺任何人的生命、自由或财产。凡私有财产,非有正当补偿,不得收为公用。"2004年修正的《中华人民共和国宪法》第13条规定:"国家为了公共利益的需要,可以依照法律规定对公民的私有财产实行征收或者征用并给予补偿。"

行政补偿与信赖保护原则之间是水乳交融的关系,以我国《行政许可法》为例,第8条将行政行为的有限变更与相对人获得补偿的权利有机地结合在一起,构成了信赖保护原则的核心内容。有信赖保护原则的国家或地区在制度中表述该原则时,无一例外地将二者一同加以规定。

---

〔1〕 任重远:《政府一纸令下 安徽再无花炮厂》,载《南方周末》2014年11月13日,A2版。

2. 信赖保护原则下的行政补偿的范围及程序

(1)行政补偿的范围厘定

如前所述,世界上大部分有行政补偿制度的国家,补偿的范围基本上局限于财产损失。从国际通例来看,对于纯粹属于非财产减损,尤其精神领域的利益,无论是基于何种原因发生,一般都不作补偿的考虑,补偿制度的规定往往也只及于财产补偿。这在法理上也是有所依托的,因为“财产权是作为政府权力之界限的个人权利的最典型的例证……财产权划定了受保护的个人自由与政府权力的合法范围之界限”[1]。作为公民的基本权利,财产权自近代以降就被定位为“是对国家权力的防御权”(freedom from state)。[2] 而这种防御权既可以抵御国家权力的不法侵害,也可以抵御国家权力的合法侵害,后者是通过行政补偿制度来实现的。

将信赖保护原则所体现的相对人利益局限于财产权,或许与信赖保护原则对民法的借鉴有关,因为就民法而言,“由具有执行力的允诺所形成的期待必然会被视为一种财产,而对该允诺的违反则应被视为对那种财产的损害”[3]。

具体到本案,虽然说原告对于执行“45 号通知”造成的后果,除了财产上可见的损失之外,精神上的损害也是显而易见的,愤懑、委屈、被愚弄的感觉充斥了原告所有的话语,但是,显然原告也明白这样的情感或情绪并不能获得金钱上的补偿。所以,即便在表达对于“45 号通知”补偿决定的不满时原告也并未提出应当涵盖精神慰抚。

(2)行政补偿的程序安排

除了实体上的信赖利益的实现外,信赖保护原则下的行政补偿制度的程序安排与实行对于制度的构建更加关键。在制约行政权的程序设计中,无论有着怎样的制度安排,正当程序原则是最核心的内容。当然,正当程序原则只是一项高度概括的法律精神,它只是表述了“非依法定程序,不得……”至于具体可操作的法定程序有哪些,也只能通过判例或部门法加以具体化。美国作为正当程序原则的宪法书写国,其对于正当程序原则有着细化的解释,如将正当程序原则划分为程序上的正当程序与实体上的正当程序两个部分。就程序上的正当程序而言,要求:①财产所有人必须接到政府行为的通知;②由中立的裁决者对该问题进行裁决;③必须给财产所有人听证的机会;④财产所有人必须有机会出示证据和要求证人出席;⑤财产所有人必须有机会面对并盘问政府证人;⑥财产所有人有权利请律师出席;⑦最终的决定必须以听证的记录和陈述的理由为基础。[4]

由于我国没有统一的行政程序法或行政补偿法,在适用中有因时、因事、因地制宜的情况,所以行政补偿程序还存在各地政府自行其是的问题。

---

〔1〕 [美]埃尔斯特等编:《宪政与民主》,潘勤、谢鹏程译,生活·读书·新知三联书店 1997 年版,第 279 页。

〔2〕 参见林来梵:《针对国家享有的财产权》,载孙笑侠等主编:《回归法的形而下》,法律出版社 2003 年版,第 159 页以下。

〔3〕 [美]L. L. 富勒、小威廉·R. 帕杜:《合同损害赔偿中的信赖利益》,韩世远译,中国法制出版社 2004 年版,第 14 页。

〔4〕 See R. Rotunda & J. Nowak, *Treatise on Constitutional Law: Substance and Procedure*, § 17.8(2nd ed. ,1992).

从国际范围来看，行政补偿程序大致有四个步骤：相关行政行为目的的确认、补偿范围的确定、补偿标准及金额的确定、行政补偿的兑现。

就本案而论，涉及如此众多的企业，如此巨大的资产，如此庞大的市场，政府仅以一纸公文来结束一个产业，且仅以慰抚性的数额来善后企业绝对是善后不了的，如原告所说，作为高危行业，烟花爆竹行业有很强的特殊性，转型基本没有可能。同时，烟花爆竹还是当地人的重要就业渠道，90% 以上的工人都是周围的村民，一旦关停，很多人将面临失业。另外，厂子租的是他们的地。厂关了以后，就意味着他们没了工作和租金。

虽然原告未将补偿的问题提交法庭审理，但就事论事，“45 号通知”中涉及的补偿事宜，无论是程序上还是实体上都存在非常大的问题，按照自然正义的要求在对一个人作出不利决定以前最好听取其意见，那至少，应当给相对人一个听证的机会。

教学手册

教学对象及目标

本案例供法律硕士案例教学使用，法学本科、行政法法学硕士也可以参酌试用。

本案例主要就行政法中的信赖保护原则的认定与适用进行分析讲授。要解决的问题包括：(1)内部行政行为的界定；(2)信赖保护原则的认定与适用；(3)公共利益的界定与适用；(4)行政补偿的制度理念与制度构建。

教学内容

1. 如何界定内部行政行为？

按我国现行《行政诉讼法》的规定，内部行政行为不在人民法院受案范围之内。从学理上看，内部行政行为的界定是明晰的，即是指行政主体在内部行政组织管理过程中所作的只对行政组织内部产生法律效力的行政行为，其影响对象主要是公务员。从形式上看，诚如本案被告答辩的，自己出台的该文“是省政府转发给各市、县政府和省政府各部门、各直属机构的文件”。即文件受领人的确不是原告。那么，当一个本应只在行政体系内流转的制度因为得到贯彻执行而现实性地影响到相对人的权益，是否可以认为其效力已经外部化了，原告的理解与法院的认定是否正确，为什么？

2. 如何理解信赖保护原则的基本内容？

信赖保护原则如同大多数法律原则或法律规则一样，其制度表述明确而简洁：行政机关不得擅自撤销、变更或废止已生效的行政行为。但是，为了公共利益的需要，行政行为可以被撤销、变更或废止，由此给相对人造成损失的，行政机关应当依法给予补偿。这一行政法原则蕴含了若干法治精神，一是权力控制，二是权利本位，三是公益优先，四是公平负担。具体到本案，被告下达的“45 号通知”是否有违这样的法律精神，为什么？

3. 如何适用信赖保护原则?

信赖保护原则的适用要件包括:信赖基础、信赖表现、信赖利益、有正当的信赖。作为缺一不可的适用条件,本案是否有信赖基础?原告是否存在信赖利益?如果要获得司法救济是否有充分的理由适用信赖保护原则?

4. 如何理解与界定公共利益?

在当代社会,公共利益是权力体系运行的基本理由,并构成国家对于权利,特别是财产权利进行限制的重要依据。但由于缺乏对公共利益的普遍性定义及制度性界定,公共利益成为一个可以解释的不确定性概念,成为公权力与私权利博弈的关键因素。本案中,一审法院之所以没有支持原告的第二项诉讼请求,理由就是"鉴于'45 号通知'决定烟花爆竹生产企业整体退出有利于国家、社会,如撤销会给国家利益或社会公共利益造成重大损失"。那原告及部分社会舆论认为不加区分地对花炮企业一律关闭并不符合公共利益,你更同意哪方的观点?当对于公共利益的认定有分歧时,你认为应当如何找出弥合分歧的途径?

5. 如何构建出更加合理的行政补偿制度?

私权利为公共利益作出妥协具有其正当性,但是受益方对于受损方的合理补偿同样有其公平性。行政补偿的关键在于两点,一是实体性的内容,如补偿范围、补偿项目、补偿标准;二是程序性内容,如补偿事由的认定、补偿相对人受损程度的认定、补偿范围及标准的认定、补偿金额的发放监督。那本案"45 号通知"在确定补偿标准时是以什么样的程序确定下来的?如果按照严格的法定程序,应当如何完成行政补偿的过程?

课堂时间安排

本案例可以作为专门的案例教学课来进行,整个案例课的课堂共安排 9 个课时,分两个阶段完成,即根据即将讲授的内容,在信赖保护原则的学习和行政诉讼受案范围的学习中分别展开。两个阶段的操作均可采用以下步骤:

1. 课前准备

提前告知学生案例课将涉及行政法或行政诉讼法中的哪些知识点,并将本案例的出处亦进行告知,让学生整理出本案的争点与问题。

2. 课中实施

陈述主要案情,给出相关可供思考及讨论的问题;分组讨论提出的问题,形成有针对性的观点,且该观点应当是有理论及制度支持的;在分组中应有角色代入,即每个组有相应的角色立场,如代表原告方的观点,那作为一个有社会影响力的诉讼,原告如何在诉讼中既坚持自己的立场,又能提醒听众关注政府在类似本案情形中的行政思路与习惯性做法;代表被告方观点,如何为被诉行政行为抗辩,如何解释内部行政行为、公共利益及行政补偿制度;小组代表汇报讨论过程并全面展示观点,其他小组可以提问及辩论;在完成第一轮讨论后,可实行角色互换,让学生能够体验不同的角色对同一件事的立场及其不同的应对方案;教师归纳总结并从学理的角度对案例进行解读。

3. 课后任务

要求学生结合材料及相关理论与制度写出完整的案例评析报告。

思考题和实践题

思考题

1. 行政法思考问题

(1)什么是信赖保护原则？本案被诉“45 号通知”及善后是否符合信赖保护原则的要求？

(2)信赖保护原则的适用条件是什么？本案能否适用该原则？

(3)什么是公共利益？本案被告行为是否可以认定是为了公共利益？

(4)行政补偿的条件与程序是什么？如何评价本案被诉“45 号通知”所确定的行政补偿标准？

2. 行政诉讼法部分

本案被诉“45 号通知”是否为内部行政行为？是或不是在行政诉讼法上有何意义？

实践题

结合案情撰写判决书。

参考文献

1. 王贵松:《行政信赖保护论》,山东人民出版社 2007 年版。

2. 徐国栋:《诚实信用原则研究》,中国人民大学出版社 2002 年版。

3. 叶金强:《信赖原理的私法结构》,元照出版有限公司 2006 年版。

4. 张兴祥:《行政法合法预期保护原则研究》,北京大学出版社 2006 年版。

5. 周红阳:《预期与法律》,法律出版社 2008 年版。

6. 曾坚:《信赖保护:以法律文化与制度构建为视角》,法律出版社 2010 年版。

7. 陈爱娥:《信赖保护原则在撤销授益性行政处分时的适用》,载《台湾本土法学》2000 年第 8 期。

8. 丁南:《信赖保护与法律行为的强制有效》,载《现代法学》2004 年第 1 期。

9. 洪家殷:《论信赖保护原则之适用——司法院大法官释字第 525 与解释评析》,载《台湾本土法学》2001 年第 27 期。

10. 胡鸿高:《论公共利益的法律界定》,载《中国法学》2008 年第 4 期。

11. 胡建淼、邢益精:《公共利益概念透析》,载《法学》2004 年第 10 期。

12. 黄学贤:《行政法中的信赖保护原则研究》,载《法学》2002 年第 5 期。

13. 李春燕:《行政信赖保护原则研究》,载《行政法学研究》2001 年第 3 期。

14. 林纪东:《行政法与诚实信用原则》,载《法令月刊》第 41 卷第 10 期。

15. 林三钦:《行政法令变迁与信赖保护》,载《东吴大学法律学报》第 16 卷第 1 期。

16. 石佑启、王贵松:《行政信赖保护之立法思考》,载《当代法学》2004 年第 3 期。

17. 吴坤城:《公法上信赖保护原则初探》,载城仲模主编:《行政法上之一般法律原则》(二),三民书局 1997 年版。

18. 余凌云:《政法上合法预期之保护》,载《中国社会科学》2003 年第 3 期。

19. 余凌云:《政府信赖保护、正当期望和合法预期》,载《厦门大学法律评论》2006 年下卷(总第 12 辑)。

20. 余立力:《试论信赖法律关系》,载《法学评论》2006 年第 5 期。
21. 张千帆:《"公共利益"是什么?》,载《法学论坛》2005 年第 1 期。
22. 周佑勇:《行政许可法中的信赖保护原则》,载《江海学刊》2005 年第 1 期。
23. 任重远:《政府一纸令下　安徽再无花炮厂》,载《南方周末》2014 年 11 月 13 日,A2 版。

(曾坚,上海财经大学法学院副教授)

3 CASE 张成银诉徐州市人民政府房屋登记行政复议案

摘 要

《行政复议法》虽然没有明确规定行政复议机关必须通知第三人参加复议，但根据正当程序的要求，行政机关在可能作出对他人不利的行政决定时，应当专门听取利害关系人的意见。如未听取利害关系人的意见即作出于其不利的复议决定，构成严重违反法定程序。

关键词

行政复议　第三人　裁量缩减　正当程序

教学目标

着重让学生把握三方面内容：(1)行政复议第三人的相关制度规定；(2)裁量缩减理论在行政复议中的运用；(3)正当程序原则在裁量缩减理论中的作用。

教学案例

基本案情

曹春义、曹春芳系兄妹关系。1954 年,张成银与曹春义结婚后迁入民安巷 31 号居住。1961 年左右,曹春芳出嫁,搬出民安巷 31 号。1988 年 5 月 31 日,张成银向徐州市房产管理机关提出为其办理民安巷 31 号的上述 7 间房屋产权和土地使用权登记的书面申请。徐州市鼓楼区房地产登记发证办公室根据张成银提交的申请材料,经调查后于 1988 年 9 月 28 日为张成银填发了鼓房字第 1741 号房屋所有权证,并加盖徐州市人民政府的印章,将 199.78 平方米的国有土地使用权登记为张成银使用。此后,民安巷 31 号的房屋又历经 1991 年的新建、1994 年的扩建、1997 年的赠与和 1998 年的新建,徐州市房产管理机关经公告征询无产权异议后,相应为张成银办理了产权登记,颁发了房屋所有权证。徐州市土地管理局亦于 1996 年 12 月 3 日向张成银颁发了国有土地使用证。2002 年,张成银位于民安巷 31 号的房屋被依法拆迁。

2003 年 10 月 28 日,曹春芳向徐州市人民政府申请行政复议,请求撤销 1988 年将民安巷 31 号房屋产权和土地使用权确权登记给张成银的具体行政行为。徐州市人民政府 2003 年 10 月 28 日受理了第三人曹春芳的行政复议申请,于 2004 年 4 月 29 日作出徐政行决[2004]24 号行政复议决定,以徐州市民安巷 31 号房屋使用者曹陈氏 1986 年死亡时,张成银不是该房产的合法继承人,徐州市房地产管理局(被申请人徐州市房产管理局前身)认定张成银对民安巷 31 号房屋产权属原始取得与事实不符,为张成银颁发鼓房字第 1741 号房屋所有权证违反了《城镇房屋所有权登记暂行办法》第 8 条的规定,将民安巷 31 号房屋产权和国有土地使用权确权给张成银不当等为由,依据《行政复议法》第 28 条第 1 款第 3 项第 1 目、第 5 目之规定,确认徐州市房地产管理局将民安巷 31 号房屋产权及国有土地使用权确权给张成银的具体行政行为违法。

张成银不服该复议决定,向徐州市中级人民法院提起行政诉讼。徐州市人民法院认为,徐州市人民政府受理曹春芳的复议申请而作出的徐政行决[2004]24 号行政复议决定,严重违反法定程序,依法应予撤销。依据《行政复议法》第 9 条第 1 款、第 10 条第 3 款及《行政诉讼法》第 54 条第 2 项第 3 目的规定,徐州市人民法院于 2004 年 9 月 30 日判决:撤销徐州市人民政府于 2004 年 4 月 29 日作出的徐政行决[2004]24 号行政复议决定。

宣判后,曹春芳不服,向江苏省高级人民法院提起上诉。

江苏省高级人民法院认为:

(1)本案所涉及的鼓房字第 1741 号房屋所有权证虽然是徐州市人民政府 1988 年 9 月颁发的,但依据此后相关法律和规章的规定,徐州市人民政府不再具有颁发房屋所有权证的职权。曹春芳申请复议时,徐州市颁发房屋所有权证的职权已由徐州市房产管理局行使,故徐州市人民政府以前颁发房屋权证行为的法律后果应由现在的颁证机关徐州市房产管理局承担。曹春芳不服颁发鼓房字第1741号房屋所有权证行为,提出的申请复议,徐州市房产管理局应作为被申请人,一审判决认定徐州市人民政府对曹春芳的复议申请有复议管辖权是正确的。

(2)行政复议法虽然没有明确规定行政复议机关必须通知第三人参加复议,但根据正当程序的要求,行政机关在可能作出对他人不利的行政决定时,应当专门听取利害关系人的意见。本案中,复议机关审查的对象是颁发鼓房字第1741号房屋所有权证行为,复议的决定结果与现持证人张成银有着直接的利害关系,故复议机关在行政复议时应正式通知张成银参加复议。本案中,徐州市人民政府虽声明曾采取了电话的方式口头通知张成银参加行政复议,但却无法予以证明,而利害关系人持有异议的,应认定其没有采取适当的方式正式通知当事人参加行政复议,故徐州市人民政府认定张成银自动放弃参加行政复议的理由欠妥。在此情形下,徐州市人民政府未听取利害关系人的意见即作出于其不利的行政复议决定,构成严重违反法定程序。

(3)根据行政复议法和民事诉讼法的有关规定,复议机关在行使行政复议职权时,应针对申请行政复议的具体行政行为的合法性与适当性进行审查,有关民事权益的纠纷应通过民事诉讼程序解决。本案中,徐州市人民政府所作的复议决定中,直接对有关当事人争议的民事权利予以确认的行为,超越了复议机关的职权范围,缺乏法律依据,应予以撤销。

综上所述,江苏省高级人民法院认为,原审判决撤销徐州市人民政府徐政行决[2004]24号行政复议决定正确,应予维持,上诉人曹春芳的上诉理由不能成立。江苏省高级人民法院依照《行政诉讼法》第61条第1项之规定,于2004年12月10日判决:驳回上诉,维持原判。

教学手册

教学对象及目标

本案例供法律硕士案例教学使用,法学本科(大四)、宪法学与行政法学硕士也可以参酌试用。

本案例主要就裁量缩减理论在行政复议司法实践中的应用问题进行讲授。具体要解决的问题包括:(1)行政复议第三人的相关制度规定;(2)裁量缩减理论在行政复议中的运用;(3)正当程序原则在裁量缩减理论中的作用。

教学内容

1. 复议机关是否享有裁量权?

复议机关是否应当通知第三人参加复议?表面上看,此问题毫无争议。《行政复议法》第10条第3款规定:“同申请行政复议的具体行政行为有利害关系的其他公民、法人或者其他组织,可以作为第三人参加行政复议。”《行政复议法实施条例》第9条第1款规定:“行政复议期间,行政复议机构认为申请人以外的公民、法人或者其他组织与被审查的具体行政行为有利害关系的,可以通知其作为第三人参加行政复议。”从文义上看,是否通知第三人参加复议属于复议机关的裁量权,复议机关没有必须通知第三人参加复议的法定职责。实际上,《行政复议法》和《行政复议条例》的这种规定也为之后的大部分地方性法规、规章所遵循。

2. 裁量收缩理论在行政复议案件中的运用

在解读具体案例之前,有必要对本文的案例解读方式作一个交代。在案例研究中,针对案例研究的对象是包括裁判文书及背景资料在内的综合资源还是裁判文书本身,学术界大致分成两派。一种观点认为案例研究的对象不能仅仅局限于裁判文书本身,而应结合主审法官个人的思维过程、案例的内卷、该案的裁判背景等综合起来对案例作出评价。另一种观点认为案例研究的对象应仅仅限于裁判文书本身,因为既然大多数公众只能通过公布出来的裁判文书解读案例,那么可能对公众产生效力的也就仅限于裁判文书所传达出的信息。换句话说,案例的裁判文书也就等于案例本身。本文采用的是后一种观点。也许法官在作出裁判时并未有意运用裁量收缩理论,但如果裁判文书的内容符合该理论的构成要件,那么该案就可视为运用了该理论。

从张成银案与相关案例的比较中我们可以初步得出以下结论:

第一,裁量收缩理论已在我国司法实践中发挥一定作用。两个典型案例有可能对之后的司法实践产生了影响。彭淑华案刊载于2010年出版的《中国行政审判案例要览》第1卷,其对之后的司法实践有何影响尚待观察。张成银案公布于《最高人民法院公报》2005年第3期。在这之前的案例都没有运用裁量收缩理论,而之后的案例除了黄文春案之外,都运用了该理论。这当然可能只是一种巧合,但也可能是由于张成银案的公布引导了之后的司法实践。但是不管如何,裁量收缩理论已在我国司法实践中,特别是行政复议领域的司法实践中发挥一定作用。

第二,目前裁量收缩理论的启动要件主要集中于正当程序原则层面。张成银案与彭淑华案的启动要件大体一致,即复议决定可能对第三人产生不利影响,该要件本质上属于正当程序原则的约束。其他案例中,谢织国案的启动要件是复议决定可能因此而事实不清,证据不足。除此之外,文艳案与广州市茶滘农村信用社案的启动要件均是第三人与被复议具体行政行为有明显的利害关系,该要件本质上也属于正当程序原则的约束。其他案例的裁量收缩启动要件与典型案例极为相似。这种相似也佐证了前述观点:两个典型案例有可能对之后的司法实践产生了影响。

3. 裁量收缩理论的优势与劣势

裁量收缩理论并非万能。与完善立法、运用法律解释等其他方案相比,它确实具有独特的优势,但同时其自身局限也很明显。

《中华人民共和国行政复议法释义》(以下简称《释义》)对《行政复议法》第10条第3款的解读为:“行政复议第三人是指,与行政复议的具体行政行为有利害关系,为维护自己的合法权益,经复议机关同意参加复议的公民、法人或者其他组织。根据本款的规定第三人要具备以下几个要件：第一，同申请行政复议的具体行政行为有利害关系；这种利害关系可以是直接的，也可以是间接的……第二，第三人参与到复议中间来，一定是在复议申请已经受理，复议活动尚未终结的时候……第三，符合前两个条件，要想参加行政复议，成为第三人，还要经过复议机关的批准，这是为了一方面要保护第三人的合法权益，同时也要保护复议申请人的合法权益，防止不必要的干扰行政复议活动的情况发生。"

《释义》对《行政复议法》第22条的解读为："所谓书面复议，是指行政复议机关在审理复议案件时，仅就案件的有关书面材料进行审理的一种方式。这种方式原则上不传唤复议参加人和证人等到行政复议机关；行政复议参加人可以采用邮寄的方式递交行政复议申请书和有关材料；证人也可以用书面材料作证……行政复议原则上采取书面复议，但并不排除在特殊情况下采取其他方式。这是因为无论效率原则、便民原则，还是经济原则，都应该以弄清事实，能作出正确判断为前提。对有些案情复杂，需要通过当事人之间的质证，方能搞清楚有关事实和证据的，则可以召集双方当事人、第三人、证人听取有关意见，对案件的有关争议进行质证和辩驳，以帮助行政复议机关正确认定事实。必须强调的是，行政复议机关可以根据实际情况决定是采取书面审查方式或者是亲自调查取证的方式进行审理，但是如果申请人提出要求行政复议机关再次调查取证或者要求向行政复议机关陈述意见，行政复议机关就必须听取申请人的意见。听取意见的形式也可以是多种形式的，如有的地方采取听证会的形式也是可以的。"

《释义》对《行政复议法》第10条第3款的解读清晰地表明是否通知或准许利害关系人作为第三人参加行政复议属于复议机关的裁量权。另外，依据《释义》对《行政复议法》第22条的解释，我们能得出这样三个结论：第一，复议机关采取何种方式审理复议案件属于复议机关的裁量权；第二，书面审查方式原则上不传唤复议参加人和证人等到复议机关；第三，非书面复议的形式以"弄清事实，能作出正确判断"为目的，适用于"有些案情复杂"的情况，但即使在这些情况下，是否召集相关当事人、第三人等听取意见也是复议机关的裁量权。

关联法律和关联案例

有关的法律规定：

《新疆维吾尔自治区人民防空行政复议规定》第9条第3款规定：同申请行政复议的具体行政行为有利害关系的其他公民、法人或者其他组织，可以作为第三人参加行政复议。

《黑龙江省实施〈中华人民共和国行政复议法〉的若干意见》第36条规定：行政复议机关在受理行政复议申请后，发现需要追加第三人的，应当制作行政复议通知书，通知第三人提出意见并提交有关证据材料。

《北京市文化局行政复议案件审理程序》第15条规定：经复议机构负责人批准，与申请复议的具体行政行为有利害关系的公民、法人、其他组织可以作为第三人参加行政复议案件的审理活动，复议机构认为必要，可以直接通知有关人员作为第三人参加行政复议。

《广州市行政复议规定》第25条规定：其他公民、法人或者其他组织申请作为第三人参加行政复议的,行政复议机关经审查认为与申请行政复议的具体行政行为有利害关系的,可以作为第三人参加行政复议。第 26 条规定:行政复议机构办理行政复议事项时,发现与申请行政复议的具体行政行为有利害关系的公民、法人或者其他组织,可以书面通知其参加行政复议。第三人不参加行政复议的,不影响行政复议案件的审查。

《宁波市实施〈行政复议法〉若干问题的意见(试行)》第 8 条规定:《行政复议法》第 10 条第 3 款所称的“利害关系”,是指具体行政行为的实施后果与公民、法人或其他组织存在法律上的权利义务的关系。同申请行政复议的具体行政行为有利害关系的公民、法人及其他组织可以作为第三人申请参加行政复议,行政复议机关也可以追加其为第三人。

《厦门市行政复议工作规程》第 7 条规定:法制机构审理行政复议案件,对与具体行政行为有利害关系的公民、法人或者其他组织,可以书面通知其作为第三人参加行政复议;公民、法人或者其他组织认为该具体行政行为与其有利害关系的,也可以向法制机构申请作为第三人参加行政复议。法制机构通知或同意第三人参加行政复议,应当制作《第三人参加行政复议通知书》,送达第三人、申请人和被申请人。第三人不参加行政复议的,不影响行政复议案件的审理。第 14 条规定:审理行政复议案件,法制机构原则上采取书面审查的办法,根据案件情况也可以召集申请人、被申请人和第三人进行当面质证和辩论,听取申请人、被申请人和第三人的意见。

相关的案例:

在“谢织国诉四川省劳动和社会保障厅劳动、社会保障行政复议案”中,二审法院成都市中级人民法院于 2005 年 10 月 25 日作出判决:“根据《中华人民共和国行政复议法》第十条第三款关于‘同申请行政复议的具体行政行为有利害关系的其他公民、法人或者其他组织,可以作为第三人参加行政复议’的规定,上诉人作为绵阳市劳保局 1271 号工伤认定决定中的一方当事人,被上诉人省劳保厅在行政复议程序中,可以依职权通知其作为第三人参加复议,但不是必须通知其作为第三人参加复议。被上诉人省劳保厅在认为该案的基本事实清楚、所掌握的相关证据材料充分的情况下,未通知上诉人作为行政复议的第三人参加复议并无不当。”

在“文艳诉广州市人民政府房屋登记行政复议案”中,一审法院广州市荔湾区人民法院认定:“《中华人民共和国行政复议法》第十条第三款规定,‘同申请行政复议的具体行政行为有利害关系的其他公民、法人或者其他组织,可以作为第三人参加复议’。该条款属于选择性条款,本案原告作为房地产的抵押权人,与被告审查的发证行为是否合法并没有明显的利害关系,被告在复议过程中没有通知原告参加复议,并不构成严重违反程序。”二审法院广州市中级人民法院于 2006 年作出的判决中没有对一审法院的这一认定表态,但是由于判决结果是驳回上诉,维持原判,且是维持了行政复议决定,所以似乎可以看作二审法院默认了一审法院的这一认定。

在“广州市茶滘农村信用社诉广州市人民政府房屋登记行政复议案”中,一审法院广州市荔湾区人民法院认为:“《中华人民共和国行政复议法》第十条第三款规定‘同申请行政复议的具体行政行为有利害关系的其他公民、法人或者其他组织,可以作为第三人参加行政复议’。该条款属于选择性条款,本案原告作为房地产的抵押权人,与被告审查的发证行为是否合法并没有明显的利害关系,被告在复议过程中没有通知原告参加复议,并不构成严重违反程序。”二审法院广州市中级人民法院于2006年作出的判决中没有对一审法院的这一认定表态,但是由于判决结果是驳回上诉,维持原判,且是维持了行政复议决定,所以似乎可以看作二审法院默认了一审法院的这一认定。

在“任晓勇、杨春燕诉南充市人民政府房屋登记行政复议案”中,一审法院南充市中级人民法院于2002年7月16日作出判决:“《中华人民共和国行政复议法》第十条第三款规定,同申请行政复议的具体行政行为有利害关系的其他公民、法人或者其他组织,可以作为第三人参加行政复议的规定,原告可以作为第三人参加行政复议,但不是应当作为第三人,因此,原告作为第三人参加行政复议不是该复议案件的必备要件,被告根据该案实际情况未通知原告作为复议案件的第三人参加行政复议,程序是合法的。”

在“刘霞、马万昭诉东营市劳动和社会保障局工伤认定行政复议案”中,二审法院东营市中级人民法院于2004年11月23日作出判决:“《中华人民共和国行政复议法》第十条第三款规定,上诉人作为本案工伤认定的利害关系人,有权作为第三人参加行政复议程序。但法律未设定复议机关有通知利害关系人作为第三人参加行政复议的义务,故上诉人以被上诉人未通知其参加复议为由主张复议程序违法,因缺乏法律依据,本院不予支持。”

在“临沂市飞龙渔具有限公司诉山东省人民政府土地登记行政复议案”中,一审法院临沂市中级人民法院于2002年3月2日作出判决:“《中华人民共和国行政复议法》第十条第三款规定,同申请行政复议的具体行政行为有利害关系的其他公民、法人或者其他组织,可以作为第三人参加行政复议。该条款并没有规定其他公民、法人或者其他组织必须作为第三人参加行政复议。且该复议决定并未影响原告的诉讼权利。故对原告提出被告漏列第三人应予撤销复议决定的理由,本院不予支持。”

在“文昌市潭牛镇考京东经济社诉海南省人民政府土地权属行政复议案”中,二审法院海南省高级人民法院于2002年4月1日作出判决:“《行政复议法》第十条第二款(应为第三款,笔者注)规定,同申请行政复议的具体行政行为有利害关系的其他法人可以作为第三人参加复议。考京东经济社与申请行政复议的具体行政行为有利害关系,被上诉人可以通知考京东经济社作为第三人参加复议,但没有通知考京东经济社参加复议亦未违反法定程序。”

在“斯达鞋业公司诉福州市人民政府土地登记行政复议案”中,一审法院福清市人民法院于2003年8月6日作出判决:“《中华人民共和国行政复议法》第二十二条规定:‘行政复议原则上采取书面审查的办法……’所谓书面审理,是指复议机关在审理复议案件时,仅就案件的书面材料进行审理的制度。采用这种方式审理,复议机关不传唤申请人、被申请人、证人和其他复议参加人到复议机关,不进行当面调查和对质辩论。其体现了行政复议作为行政机关内部监督的特点,不宜也不必搬用司法机关办案的程序,使行政复议‘司法’化。《中华人民共和国行政复议法》第十条第三款虽规定‘同申请行政复议的具体行政行为有利害关系的其他公民、法人或者其他组织,可以作为第三人参加行政复议’,但无遗漏必须参加复议的当事人的,该复议决定无效或违法的规定,故原告(作为行政复议第三人)是否参加行政复议不影响复议决定的合法性。原告关于被告未通知其参加复议影响其权利,被告所作复议决定程序违法的理由缺乏依据,本院不予支持。”

在“黄文春诉海南省人民政府土地登记行政复议案”中,一审法院海口市中级人民法院于2005年9月20日作出判决:“依据我国《行政复议法》第十条‘同申请行政复议的具体行政行为有法律上利害关系的公民、法人或者其他组织,可以作为第三人参加行政复议’的规定,复议机关没有通知、追加黄文春作为第三人参加行政复议,剥夺了黄文春依法享有的陈述和申辩权,程序上不当。”二审法院广州市中级人民法院于2006年3月9日作出的判决中没有对一审法院的这一认定表态,判决结果是驳回上诉,维持原判,但由于行政复议决定被撤销,所以似乎无法推出二审法院对该问题的态度。

在“花昌荣诉商城县人民政府治安处罚行政复议案”中,一审法院商城县人民法院于2001年3月19日作出判决:“《中华人民共和国行政复议法》第十条第三项(应为第三款。——笔者注)规定,同申请行政复议的具体行政行为有利害关系的其他公民、法人或者其他组织,可以作为第三人参加行政复议。行政复议的第三人参加行政复议,是正确开展行政复议活动的需要,它有利于行政复议机关查清案情,全面地分析认定与案件有关的一切情况和问题,正确地作出行政复议决定,防止因偏听偏信导致不公正处理。原告花昌荣与申请复议的具体行政行为有法律上的利害关系,而被告未将其列为第三人通知其参加复议,花得知孙友知申请复议后,到商城县人民政府咨询时,此时复议活动仍未结束,应当视为花昌荣的行为是口头申请复议的行为,准许其参加复议活动。而被告商城县人民政府未将花列入第三人参加行政复议活动,剥夺了利害关系人的复议权利,属程序违法。”

域外制度

《澳大利亚首都辖区行政上诉裁判所法》第28条第(2)款:某决定被申请复审的,受该决定影响的其他人可书面请求裁判所批准其为当事人。裁判所可酌情批准请求人为当事人。第(2B)款:在与依据《1991年土地(计划与环境)法》作出的决定相关裁判程序中,如果对批准机关依该法作成的决定有重大争议,批准机关可书面请求裁判所批准其为当事人。裁判所应基于这一请求批准该机关为当事人。

《日本行政不服审查法》第24条:(1)利害关系人经审查厅许可,可作为参加人参加有关的审查请求。(2)审查厅认为有必要时,可要求利害关系人作为参加人参加有关的审查请求。

《葡萄牙行政程序法典》第171条:提起诉愿后,有权限审理诉愿的机关应通知因诉愿理由成立即可能受损害的人,以便在15日期间内,就该请求及请求的依据陈述其认为适当的事宜。

《韩国行政审判法》第16条:与审判结果有利害关系的第三人或者行政机关,经委员会许可可以参加该案件的审理。委员会认为有必要的,可以要求与审判结果有利害关系的第三人或者行政机关参加该案件的审理。

我国台湾地区《诉愿法》第28条:诉愿参加有两种形态,第一种为任意参加,此即该条第

1 项所规定的“与诉愿人利害关系相同之人，经受理诉愿机关允许，得为诉愿人之利益参加诉愿。受理诉愿机关认为有必要时，亦得通知其参加诉愿”。第二种为必要参加，即该条第 2 项规定的“诉愿决定因撤销或变更原处分，足以影响第三人权益者，受理诉愿机关应于作成诉愿决定之前，通知其参加诉愿程序，表示意见”。

具体而言，任意参加之要件有三：(1)参加人须与诉愿人利害关系相同。所谓利害关系相同即有共同一致之利害关系，试举例证明之：主管机关因兴建捷运系统，分批征收土地，土地所有权人对地价补偿偏低不服，提起诉愿，属于第二批征收对象之邻地土地所有权人，与诉愿人即属利害一致，若诉愿人之补偿提高，对邻地自属有利。又条文虽无辅助诉愿人而参加之字样，但仍应作相同解释，若纯为自己利益而参与则属共同诉愿人而非参加人，故与《民事诉讼法》第 58 条及《行政诉讼法》第 44 条之辅助参加相当。(2)须为诉愿人利益而参加，其行为不得与诉愿人行为或利益相反，否则不生效力，《民事诉讼法》第 61 条在此可类推适用。(3)须经受理诉愿机关准予参加，或由受理诉愿机关依职权命其参加，受理诉愿机关认为有依职权通知参加之必要者……通知该共同利害关系人。

必要参加的要件也是三点：(1)须预见若诉愿决定撤销或变更处分而影响第三人之权益，例如申请人因其提出之商标与已注册之商标（据以核驳之商标）构成近似，经主管机关核驳不予注册，申请人提起诉愿……若诉愿显无理由或诉愿不合法之情形，则无须通知参加。(2)须第三人将受不利益之结果，所谓“足以影响第三人之权益”，在通常情形即第三人效力处分中，对相对人授益而对第三人构成负担之处分，否则诉愿决定既为对第三人之授益处分，自无通知其参加诉愿，表示意见之必要。(3)受理诉愿机关应依职权通知参加……至所谓法律效果，即系指同法第 31 条之规定而言：“诉愿决定对于参加人亦有效力。经受理诉愿机关通知其参加或允许其参加而未参加者，亦同。”

课堂时间安排

本案例可以作为专门的案例教学课来进行，整个案例课的课堂安排 6 个课时，每课时 45 分钟。

如下课堂设计，仅供参考。

1. 课前计划：安排学生阅读案例及相关参考资料，对案例所涉及问题进行思考，撰写实践题答案。

2. 课中计划：介绍教学目的，明确讨论主题；分组讨论，回答各项思考题，讨论实践题的撰写要点；小组代表提出撰写要点，学生讨论和分析；教师归纳总结。

3. 课后计划：布置学生进一步思考裁量缩减理论在行政复议司法实践中的应用相关问题。

思考题和实践题

思考题

1. 裁量缩减理论的构成要件有哪些？

2. 裁量缩减理论为何首先在行政复议的司法实践中得到应用?
3. 正当程序原则在裁量缩减理论中的作用为何?
4. 本案若被看作仅仅适用了正当程序原则会产生哪些问题?
5. 行政允许第三人参加到行政复议中来的利与弊有哪些?任意参加与必要参加的利与弊有哪些?
6. 任意参加与必要参加在制度设计上应怎样进行区别?各应满足什么样的条件?我国台湾地区是运用了"利益相同"和"利益相反"这样的分类方法,是否合理?是否有更好的方法?
7. 行政复议第三人的制度设计应如何与行政复议书面审查的原则相协调?
8. 行政复议第三人的制度设计应如何与行政诉讼第三人的制度设计相比较?
9. 行政复议第三人的制度设计应如何与民事诉讼第三人的制度设计相比较?有独立请求权的第三人与无独立请求权的第三人?必要共同诉讼与普通共同诉讼?
10. 德国、法国、日本、英国、美国等法制发达国家的行政复议第三人制度设计又是如何一种考量?

实践题

1. 如果你是张成银的辩护律师,在一审上诉阶段应做哪些准备工作?
2. 结合本案案情,为张成银撰写再审申请书。

参考文献

1. 马怀德主编:《行政法与行政诉讼法》,中国政法大学出版社 2007 年版。
2. 皮协纯主编:《行政复议法论》,中国法制出版社 1999 年版。
3. 石佑启、杨勇萍编著:《行政复议法新论》,北京大学出版社 2007 年版。
4. 关保英:《行政法教科书——总论行政法》,中国政法大学出版社 2005 年版。
5. 李建良:《论行政裁量之缩减》,载《当代公法新论(中)》,元照出版有限公司 2002 年版。
6. 蔡志方:《行政救济法新论》,元照出版有限公司 2007 年版。

(韩思阳,上海师范大学法政学院副教授)

4 CASE 某物业管理有限公司不服上海市某区市场监督管理局行政处罚案

摘　要

本教学案例以一起复杂的价格违法行政处罚案件为样本,围绕相对人价格违法行为的事实认定、适用法律法规的适当性、行政行为合法性审查和行政行为合理性裁断等基本问题进行分析,引导学生对行政事实认定、适用法律法规以及行政合理性审查等疑难问题进行讨论,以提升学生的法律思维能力。同时,就行政处罚纠纷诉讼实务的诉讼方案设计、法律文书写作、举证等主要程序问题予以展开,着眼于培养学生的法律实践操作能力。主要采用案例分析方法中的归入法,旨在引导学生学会对法规范的分析,并以司法实践的具体案例流程出发,强化学生对行政案件基本裁判架构的理解,并通过互动式讨论、模拟设计诉讼方案、撰写案例分析报告和法律文书等训练方式,培养学生的法律思维能力和动手能力,努力把握法律的简约和现实的复杂之间的张力。

关键词

行政处罚　行政诉讼　案例研习　违法事实认定　行政合理性审查　法律技能

教学目标

本案例教学的目标定位于行政处罚纠纷的法庭实务,重在从实体与程序两个面向培养学生的实务操作能力、法律思维能力。具体来说,本案例教学要解决的主要问题包括:(1)理解相对人违法行为的构成要件,行政处罚行为合法性的认定、行政处罚行为合理性的判断等实体法焦点的法律分析;(2)围绕行政行为合理性审查、法律原则的适用等问题,引导学生争鸣,进行法律思维训练;(3)行政处罚纠纷的诉讼实务程序指引,包括代理词、答辩状等诉讼文书的书写、举证责任及其操作。

教学案例

一、引言

2007 年 11 月 8 日,原告某物业管理有限公司(以下简称物业公司)与上海某房地产经营有限公司签订某花园小区东区《前期物业管理服务合同》,原告成为该花园小区的物业管理服务单位。当时小区机动车长期露天停车费标准为 150 元/月。原告在提供物业管理服务的过程中发现,周边小区的停车费标准远高于该花园小区,造成外来车辆大量进入本小区。同时小区地面、地下停车费差距过大,人为造成停车矛盾。于是自 2012 年 7 月起,原告提高了机动车长期露天停车费收费标准。在 2012 年 7 月 1 日至 2014 年 3 月 31 日,原告每月向小区机动车车主收取长期露天停车费每月每辆 160 ~ 900 元不等。上述期间,该花园小区的业主大会和业主委员会尚未成立。2014 年 2 月,该花园小区业主金某向原区物价局投诉原告超标准收取停车费。被告市物价局将价格举报(信访)件交办原区物价局。2014 年 3 月 4 日,原区物价局对金某举报一事予以立案。原区物价局通过现场检查、询问相关人员等方式,查实自 2012 年 7 月 1 日至 2014 年 3 月 31 日,原告每月向小区机动车车主收取长期露天停车费每月每辆 160 ~ 900 元不等,对照每月 150 元的标准,多收取 353065 元。

2014 年 9 月 22 日,原区物价局发出《行政处罚事先告知书》,告知拟对原告作出的行政处罚以及听证,陈述、申辩的权利,并于当月 26 日送达原告。原告于当月 28 日提出听证申请,原区物价局于 2014 年 10 月 9 日向原告发出《行政处罚听证通知书》,通知原告听证的时间和地点,并于 2014 年 10 月 17 日举行听证会,听取原告陈述意见。2015 年 1 月 28 日,被告区市场监管局发出《责令退款通知书》,要求原告退还多收取的 353065 元,并于次日送达原告。到 2015 年 3 月 1 日,原告采取退现金和充抵后续停车费的方式,将多收取的费用全部退还。

2015 年 4 月 7 日,被告区市场监管局作出沪闸价检处(2014)002 号行政处罚决定书,主要内容为:"你单位(原告)自 2012 年 7 月 1 日至 2014 年 3 月 31 日向某花园小区车主收取机动车长期露天停车费每月每辆 160 ~ 900 元不等的价格行为……你单位上述价格行为违反了《中华人民共和国价格法》(以下简称《价格法》)第十二条'经营者进行价格活动,应当遵守法律、法规,执行依法制定的政府指导价、政府定价和法定的价格干预措施、紧急措施'规定,构成《价格违法行为行政处罚规定》第九条第(一)项所列的'超出政府指导价浮动幅度制定价格的'价格违法行为。根据《价格违法行为行政处罚规定》第九条:'经营者不执行政府指导价。有下列行为之一的,责令改正,没收违法所得,并处违法所得 5 倍以下罚款:(一)超出政府指导价浮动幅度制定价格的'之规定,责令改正,并处以下行政处罚:罚款人民币叁拾伍万元整。"该处罚决定书于次日送达。原告不服,向被告市物价局申请行政复议。被告市物价局于 2015 年 5 月 4 日受理原告的复议申请后,在审查过程中延长审查期限 30 日,于 2015 年 7 月 23 日作出沪发改复决字(2015)第 105 号行政复议决定书,维持被告区市场监管局作出的行政处罚决定[1]。

2014 年 4 月 17 日，投诉人金某以投诉事项已经妥善处理为由，申请撤销投诉。2014 年 5 月，该花园小区业主委员会出具《关于小区地面停车费情况说明》，称“根据小区实际情况，为方便业主们每天零星付费的困难和不便，建议改为按 300 元/月开票收费，停车费按原约定进入公益性收入”。2014 年 9 月 14 日，该花园小区业主委员会出具《关于该花园小区地面停车费收费情况说明》，称“为缓解小区矛盾突出的停车难问题，小区业委会经过调研，听取了业主、居委会、社区民警、该区房地局某街道办事处等方面的意见和建议，参照周边小区车辆停放的收费做法，小区业委会商量决定，在与物业公司签订合同中明确按每天 8 小时以上收停车费 10 元，月租停放收取地面停车费 300 元/月/辆。该合同按流程在小区公示栏进行公示，按业主管理规约，征询小区全体业主意见”。

因政府机构改革，2014 年 10 月 20 日，原区物价局的价格检查职能并入新成立的被告区市场监管局。

二、诉辩争议

原告物业公司诉称，2007 年 11 月起，原告为某花园小区提供物业管理服务，当时小区机动车长期露天停车费标准为 150 元/月。原告在提供物业管理服务的过程中发现，周边小区的停车费标准远高于该花园小区，造成外来车辆大量进入本小区。同时小区地面、地下停车费差距过大，人为造成停车矛盾。为维护小区的正常管理秩序、保护广大业主的合法权益，自 2012 年 7 月起，原告提高了机动车长期露天停车费收费标准。2014 年 2 月，小区业主金某向原区物价局投诉原告超标准收费，被告区市场监管局对原告作出了被诉行政处罚决定，被告市物价局复议维持了行政处罚决定。原告认为该处罚决定没有事实和法律依据：

1. 原告收取停车费不以营利为目的，在小区业主大会成立前全部纳入小区公益性收入，故原告不能被界定为经营者，收取停车费的行为也不能被界定为经营行为，只是小区物业管理者的管理行为，故不适用《价格法》和《价格违法行为行政处罚规定》中有关经营者的规定，两被告作出的行政行为适用法律错误。

2. 依据《价格法》和《上海市定价目录》，制定政府指导价和政府定价的只能是区人民政府，而该区物价局只能承担区政府制定政府指导价和政府定价过程中的具体工作，故该区物价局越权制定的《某区住宅物业管理区域机动车停放暂行办法》当属无效。

3. 原告依据《前期物业管理服务合同》和《物业服务合同》取得小区地面停车场的管理权，并且收取停车费的标准和方式经过小区业主大会和业主委员会的事后追认。两被告作出的处罚，是滥用行政权力，干涉平等民事主体间的私法自治权。原告收取停车费的标准和方式体现了对提高小区管理服务质量的追求，符合小区业主的根本利益，被告区市场监管局作出的处罚，也损害了广大小区业主的根本利益。周边小区的停车费收费标准高于原告的收费

---

[1] 因教学需要，本案中行政复议机关即被告市物价局的行政复议决定不纳入案例分析范围。

标准,投诉原告超标准收费的业主金某也已经撤回了投诉,在此情况下,两被告只处罚原告一家单位,存在选择性执法,处罚具有极强的针对性,违背了行政处罚的公正性原则。

4. 原告超出原《上海市定价目录》所规定的每月 150 元标准而预收的 353065 元中的 75%归小区全体业主共有,划入小区公益性收入之中,原告只是提取了其中的 25%作为管理成本。被告区市场监管局将 353065 元一概认定为原告的非法所得,与事实不符。

5. 被告区市场监管局作出行政处罚决定的日期是 2015 年 4 月 7 日,而自 2015 年 3 月 1 日起,上海执行新的《上海市定价目录》,其中已经废止了原《上海市定价目录》中住宅小区停车费执行政府指导价的规定,小区停车费现已执行市场调节价格。根据新规定优于旧规定及保护行政相对人的原则,此时不应当执行旧的《上海市定价目录》对原告进行处罚。

综上所述,原告认为被告区市场监管局作出的行政处罚决定主体不适格、认定事实不清、适用法律错误,请求判决撤销被告区市场监管局作出的沪闸价检处[2014]002 号行政处罚决定书,撤销被告市物价局作出的沪发改复决字[2015]第 105 号行政复议决定书。

被告区市场监管局辩称,依照《上海市住宅物业管理规定》,业主大会成立前,车辆在物业管理区域内停放的,其收费标准应当按照价格主管部门的规定执行。上海市发展和改革委员会《关于〈上海市定价目录〉中区域性定价权限的通知》(沪计价[2003]001 号文)也明确,住宅小区的机动车停放收费属于区、县价格主管部门的定价目录范围。原区物价局作为本区域的价格主管部门,有权制定本地区执行的政府指导价、政府定价,其制定的《某区住宅物业管理区域机动车停放暂行办法》(闸价管[2007]12 号)当属合法有效,应当遵照执行。2014 年 2 月 26 日,该花园小区业主金某投诉原告按每月 300 元收取小区机动车长期露天停车费,超过物价部门规定的每月 150 元。被告经查实,原告自 2012 年 7 月 1 日至 2014 年 3 月 31 日存在向小区机动车车主收取露天长期停车费每辆 160 ~ 900 元不等的价格行为。该期间,该花园小区的业主大会、业主委员会尚未成立,机动车长期露天停车收费标准应当依据物业管理服务合同和该区物价局关于《某区住宅物业管理区域机动车停放收费暂行办法》规定执行,即机动车长期露天停放收费标准为每月每辆 150 元(每月停放日期超过 20 天,按长期停放计算)。原告超标准实际收取机动车长期露天停车费每月每辆 160 ~ 900 元不等,共计超收 2203 辆次,超收金额 353065 元。原告未执行依法制定的政府指导价,构成《价格违法行为行政处罚规定》第 9 条第 1 项所列的"超出政府指导价浮动幅度制定价格的"价格违法行为。原区物价局经过调查后,查实了原告的价格违法行为,告知其拟作出的处罚及依法享有的权利,并应原告的申请组织听证会。2015 年 4 月 7 日,被告作出被诉行政处罚决定,并向原告送达。被告对原告作出的行政处罚,是针对原告 2012 年 7 月 1 日至 2014 年 3 月 31 日的价格违法行为进行处罚,并不受 2015 年 3 月 1 日起上海市执行的新《上海市定价目录》影响。原告以物业管理、经营矛盾、收入公益性等因素要求免予处罚,并无法律依据。被告为维护正常的价格秩序,保护广大消费者的合法权益,对原告给予行政处罚,主体适格、程序正当、认定事实清楚、适用法律正确,请求驳回原告的诉讼请求。

被告市物价局辩称,受理原告的复议申请并作出行政复议决定是其法定职责。在接到原告的复议申请后，被告依照有关法律、法规和规范性文件的规定，履行了审查和告知义务。复议过程中，被告认为，根据《价格法》第5条第2款之规定，即"县级以上地方政府各级人民政府价格主管部门负责本行政区域内的价格工作"，并根据《上海市定价目录》等规定，该区价格主管部门在2015年3月1日之前有权制定住宅小区机动车停车收费标准。被告作出的行政复议决定认定事实清楚、证据确凿，适用法律法规正确，符合法定程序，请求法院驳回原告的诉讼请求。

三、案件审理情况

上海市某区人民法院在一审中认为，依照《价格法》第5条第2款的规定，县级以上地方各级人民政府价格主管部门负责本行政区域内的价格管理工作，县级以上地方各级人民政府其他有关部门在各自的职责范围内，负责价格的有关工作。政府机构改革后，原区物价局的价格监督检查职能由被告区市场监管局承继，故被告区市场监管局有对价格违法行为作出处罚的法定职权。被告市物价局作为被告区市场监管局价格监督检查职能的上一级主管部门，有权受理原告向其提出的复议申请，并作出复议决定。

原区物价局接被告市物价局的价格举报（信访）交办函后，予以登记立案，为查明事实进行现场调查、检查，告知原告拟作出的行政处罚决定及享有的听证权利，依据原告的申请组织召开听证会，随后作出被诉行政处罚决定并送达，程序依据清楚、执法规范。被告市物价局依法受理原告的复议申请后，向原告和被告区市场监管局分别发出受理通知书和答复通知书。在因案情复杂无法在规定的期限内作出复议决定的情况下，作出延长审理期限决定并送达原告，随后在延长期限内作出复议决定并送达复议双方，复议程序合法。

比照每月150元的收费标准，原告在2012年7月1日至2014年3月31日多收取地面机动车停车费353065元，各方均无异议，且有相关证据予以佐证。本案的争议焦点有三：一是原区物价局是否有权制定《某区住宅物业管理区域机动车停放暂行办法》，继而规定辖区住宅小区的停车费收费标准；二是如何判定原告超150元/月标准收取停车费行为的性质；三是2015年3月1日新《上海市定价目录》的施行是否影响对原告作出行政处罚决定，处罚时能否适用原告主张的"新法优于旧法、从轻兼从旧"的原则。

关于第一个争议焦点，首先，2010年12月23日由上海市人民代表大会常务委员会修订并于2011年4月1日起施行的《上海市住宅物业管理条例》规定，业主大会成立前，车辆在物业管理区域停放的，其收费标准应当按照价格主管部门的规定执行。也就是说，地方性法规明确，业主大会成立前，应当按照区域价格主管部门即原区物价局的规定，执行收费标准。其次，关于"价格主管部门的规定"，《价格法》第19条规定，政府指导价、政府定价的定价权限有具体适用范围，以中央和地方的定价目录为依据。地方定价目录由省、自治区、直辖市人民政府价格主管部门按照中央定价目录规定的定价权限和具体适用范围制定，经本级人民政府审核同意，报国务院价格主管部门同意审定后公布。2002年10月21日，上海市发展计划委员会经上海市人民政府审核同意、国家发展改革委员会审定，公布了《上海市定价目录》，应予遵照执行。该《定价目录》明确,车辆停放收费定价部门为上海市的价格主管部门,同时还明确授权区县人民政府制定在本地区执行的政府指导价、政府定价,由同级价格主管部门承担具体工作。2003 年 6 月 30 日,上海市发展和计划委员会发布《关于〈上海市定价目录〉中区域性定价权限的通知》(沪计价督[2003]001 号文),该通知进一步明确,属于区域性的价格,包括住宅小区的机动车停放收费标准,由区、县价格主管部门制定。2007 年 9 月 24 日,该区的价格主管部门即原区物价局,制定《某区住宅物业管理区域机动车停放收费暂行办法》,其中对辖区机动车停放作出相应规定,是原区物价局承担具体管理职能的应有之义。基于上述分析,原区物价局制定的《某区住宅物业管理区域机动车停放暂行办法》有明确的法律依据,也有上级价格主管部门的授权,同时符合地方性法规的要求,其制定的辖区住宅小区停车费收费标准应当遵照执行。

关于第二个争议焦点,执行政府指导和政府定价是强制性要求,基于第一争议焦点分析,该花园小区业主大会成立前的机动车长期露天停放收费标准,应当按照《某区住宅物业管理区域机动车停放暂行办法》的规定,执行 150 元/月的标准。原告自行提高收费标准,不执行政府指导价,当属价格违法行为。投诉人撤销投诉与否,并不改变原告违反政府指导价超标准收费的违法事实,也不会因后来产生的业主大会执行或是追认而改变超标准收费的违法性,超标准收取费用的具体用途也不影响该行为的性质。关于原告辩称其不是"经营者"的意见,本院认为,在中华人民共和国境内发生的价格行为,均适用《价格法》,对原告超政府指导价收取停车费的价格行为的定性,并不以其是否是经营者为必要条件。《前期物业管理合同》也明确,业主大会成立前,停车费执行物价部门的收费标准。据此,原告超标准收费既是违背《前期物业管理合同》约定的违约行为,更是违反《价格法》的违法行为。

关于第三个争议焦点,2015 年 3 月 1 日前,原告的价格违法行为无疑应当受到行政处罚。在此后小区停车费收费标准不再列入政府定价目录的情况下,其违法行为也应受到行政处罚,理由如下:首先,原告受处罚的原因是不执行政府指导价的违法行为,2015 年 3 月 1 日以后,无论是《价格法》还是《价格违法行为行政处罚规定》,都未将违反政府指导价的行为排除在行政处罚范畴之外,新的《上海市定价目录》也未规定违反小区停车费政府指导价的价格行为不再是价格违法行为。其次,关于原告主张的"新法优于旧法、从轻兼从旧"的原则,其来源于《立法法》第 93 条的规定,法律、行政法规、地方性法规、自治条例和单行条例不溯及既往,但为了更好地保护公民、法人和其他组织的权利和利益而作出的特别规定除外。依据上述规定,《上海市定价目录》只是上海市价格主管部门的规范性文件,既非法规也非规章,故对于《上海市定价目录》不适用原告的主张。最后,即便参照适用原告主张的原则,也应当以保护行政相对人合法权益为必要条件。被告区市场监管局作出的处罚,并不涉及原告作为物业服务公司基本的经营权和财产权,原告在此过程中并无合法权益需要特别予以保护。原告利用自己的经营优势,任意提高收费标准,若予以放纵,既不利于规范市场经营主体的经营行为,也不利于保护广大居民的合法权益。

最后,上海市某区人民法院认为,两被告的行政行为认定事实清楚、程序合法、适用法律准确,处罚也在合理的裁量范围内,原告的诉讼请求,本院不予支持。据此,该区人民法院于2016年2月作出了行政判决。依照《行政诉讼法》第69条之规定,判决如下:驳回原告某物业管理有限公司的诉讼请求。案件受理费50元,由原告某物业管理有限公司负担。

该物业公司不服,向上海市第二中级人民法院提起上诉。

教学手册

教学对象

本教学案例设计主要供法律硕士专业学位研究生教学使用,在面向法学专业本科高年级学生的教学中也可适当参考采用。

教学目标

本案例教学的目标定位于行政处罚纠纷的法庭实务,重在从实体与程序两个面向培养学生的实务操作能力、法律思维能力。具体来说,本案例教学要解决的主要问题包括:(1)理解相对人违法行为的构成要件,行政处罚行为合法性的认定、行政处罚行为合理性的判断等实体法焦点的法律分析;(2)围绕行政行为合理性审查、法律原则的适用等问题,引导学生争鸣,进行法律思维训练;(3)行政处罚纠纷的诉讼实务程序指引,包括代理词、答辩状等诉讼文书的书写、举证责任及其操作。

教学内容

1. 区市场监管局的行政处罚行为是否合法?

判断区市场监管局的行政处罚行为是否合法,有三方面的内容和标准:一是法律依据,二是形式合法性,三是实体合法性。具体而言,需要从该行政处罚行为的法律依据、作出该行政处罚行为的行政机关(区市场监管局)是否遵循了形式要求和程序要求、该行政处罚行为在实体上是否合法以及是否有充分的证据来进行论证。以下分述之。

(1)行政处罚行为的法律依据

本案中区市场监管局对该物业公司作出了罚款35万元的行政处罚。该行政罚款行为对物业公司有不利影响,因此,行政处罚机关需要有法律依据才可作出。该行政罚款行为的法律依据是《价格法》第5条第2款:"县级以上地方各级人民政府价格主管部门负责本行政区域内的价格工作"和第33条:"县级以上各级人民政府价格主管部门,依法对价格活动进行监督检查,并依照本法的规定对价格违法行为实施行政处罚",第39条:"经营者不执行政府指导价、政府定价以及法定的价格干预措施、紧急措施的,责令改正,没收违法所得,可以并处违法所得五倍以下的罚款;没有违法所得的,可以处以罚款;情节严重的,责令停业整顿",以及

《价格违法行为行政处罚规定》第9条:“经营者不执行政府指导价、政府定价,有下列行为之一的,责令改正,没收违法所得,并处违法所得5倍以下的罚款;没有违法所得的,处5万元以上50万元以下的罚款,情节较重的处50万元以上200万元以下的罚款;情节严重的,责令停业整顿:(一)超出政府指导价浮动幅度制定价格的。”

(2)区市场监管局是否遵循了形式要求和程序要求(是否满足了形式合法性)

形式要求是指行政机关有无法定权限作出该行政处罚行为。程序要求是指行政机关作出该行政处罚行为时是否遵循了特别法律和一般规定中所有的程序性规定。

①法定权限

被告在地域上和级别上都必须有进行罚款的行政处罚权。《价格法》第5条第2款:“县级以上地方各级人民政府价格主管部门负责本行政区域内的价格工作” 和第33条:“县级以上各级人民政府价格主管部门,依法对价格活动进行监督检查,并依照本法的规定对价格违法行为实施行政处罚”涉及以上两个问题。这两条规定,违法行为发生地的价格主管部门是具有行政处罚权的机关。因为原告被指控在某区内有价格违法行为,所以区物价局有对其加以处罚的行政处罚权。

不过在本案发生期间,刚处于政府机构改革和调整期间,2014年10月20日,原区物价局的价格检查职能并入新成立的被告区市场监管局。由此,原区物价局依法拥有的对价格违法行为加以处罚的行政处罚权被并入新成立的区市场监管局,区市场监管局有对原告价格违法行为加以处罚的行政处罚权,同时也承担因行使行政处罚权而发生的法律后果。

②程序要求

程序要求包括特殊的程序要求和一般的程序要求。被告必须满足所有的程序要求。特殊的程序要求,规定在《行政处罚法》的第31条:“行政机关在作出行政处罚决定之前,应当告知当事人作出行政处罚决定的事实、理由及依据,并告知当事人依法享有的权利。”根据本案事实,被告为查明事实进行了现场调查和检查,在作出行政处罚决定之前,履行了告知原告作出行政处罚决定的事实、理由及依据,并告知了原告依法享有的权利,依据原告的申请组织召开听证会,随后作出被诉行政处罚决定并送达。其中所有的特殊程序与要求都得到了满足,一般的程序要求也同样得到了满足。

(3)实体上合法以及充分的证据

判断行政处罚行为在实体上是否合法以及是否有充分的证据,其含义包括以下四方面内容:一是前提条件;二是适用法律法规;三是相对人违法行为的构成;四是法律后果。

①前提条件

根据《价格法》第12条:“经营者进行价格活动,应当遵守法律、法规,执行依法制定的政府指导价、政府定价和法定的价格干预措施、紧急措施”,第33条:“县级以上各级人民政府价格主管部门,依法对价格活动进行监督检查,并依照本法的规定对价格违法行为实施行政处罚”,所有违反《价格法》的行为都应给予行政处罚。前提条件是违反了《价格法》。

原告可能违反了《价格法》第12条:“经营者进行价格活动,应当遵守法律、法规,执行依法制定的政府指导价、政府定价和法定的价格干预措施、紧急措施。”《价格法》第2条第1款将这一规定的适用范围限定为在中华人民共和国境内发生的价格行为，第3条第3款将这一规定的适用对象限定为从事生产、经营商品或者提供有偿服务的法人、其他组织和个人。

要构成违反《价格法》，原告必须是经营者，没有遵守法律、法规，没有执行依法制定的政府指导价、政府定价和法定的价格干预措施、紧急措施的。

按照《价格法》第3条的规定，经营者是指从事生产、经营商品或者提供有偿服务的法人、其他组织和个人。政府指导价，是指依照《价格法》规定，由政府价格主管部门或者其他有关部门，按照定价权限和范围规定基准价及其浮动幅度，指导经营者制定的价格。政府定价，是指依照《价格法》规定，由政府价格主管部门或者其他有关部门，按照定价权限和范围制定的价格。

②适用法律法规

根据《价格法》第19条的规定，政府指导价、政府定价的定价权限有具体适用范围，以中央和地方的定价目录为依据。地方定价目录由省、自治区、直辖市人民政府价格主管部门按照中央定价目录规定的定价权限和具体适用范围制定，经本级人民政府审核同意，报国务院价格主管部门同意审定后公布。

2002年10月21日，上海市发展和计划委员会经上海市人民政府审核同意、国家发改委审定，公布了《上海市定价目录》。该《定价目录》明确，车辆停放收费定价部门为上海市的价格主管部门，同时还明确授权区县人民政府制定在本地区执行的政府指导价、政府定价，由同级价格主管部门承担具体工作。2003年6月30日，上海市发展和计划委员会发布了《关于〈上海市定价目录〉中区域性定价权限的通知》（沪计价督［2003］001号文），该通知进一步明确，属于区域性的价格，包括住宅小区的机动车停放收费标准，由区、县价格主管部门制定。上海市发展和计划委员会制定的上述两份文件是对《价格法》第18条、第19条的执行和具体化。

本案中原区物价局于2007年9月24日制定的《某区住宅物业管理区域机动车停放收费暂行办法》是对上海市发展和计划委员会的《上海市定价目录》和《关于〈上海市定价目录〉中区域性定价权限的通知》的执行和具体化。

2011年4月1日起施行的《上海市住宅物业管理条例》第55条第3款规定：“业主大会成立前，车辆在物业管理区域停放的，其收费标准应当按照价格主管部门的规定执行”，该规定明确授权政府价格主管部门拥有对住宅车辆停放收费标准的规定权，也是对上述原区物价局制定的《某区住宅物业管理区域机动车停放收费暂行办法》的合法性确认。

原告关于制定政府指导价和政府定价的只能是区人民政府而不是区物价局的辩称，不符合上海市发展和计划委员会《关于〈上海市定价目录〉中区域性定价权限的通知》和《上海市住宅物业管理条例》第55条第3款规定，原告关于区物价局越权制定《某区住宅物业管理区域机动车停放收费暂行办法》、该办法当属无效的判断也于法无据。

③相对人违法行为的构成

就本案涉及住宅车辆停放收费的事项而言,有权收取住宅车辆停放费的主体,属于《价格法》指称的“从事生产、经营商品或者提供有偿服务的法人、其他组织和个人”的经营者,本案原告即属于《价格法》所指称的经营者。

本案住宅车辆停放收费的标准和方式应归类于“重要的公益性服务价格”,根据《价格法》第18条的规定,对于“重要的公益性服务价格”,政府在必要时可以实行政府指导价或者政府定价。因此,本案住宅车辆停放收费的标准和方式应属于“政府指导价或者政府定价”范围。

原告为涉案花园小区提供物业管理服务,拥有对小区地面停车场的管理权,同时也拥有对地面车辆停放收取停车费的权利。对这种属于“重要的公益性服务价格”的停车收费,如何收取?依照《上海市住宅物业管理条例》第55条第3款的规定,业主大会成立前,车辆在物业管理区域停放的,其收费标准应当按照价格主管部门的规定执行。即本案中原告应该依据该区物价局制定的《某区住宅物业管理区域机动车停放收费暂行办法》实施收取停车费的标准和方式。

在2012年7月1日至2014年3月31日,依据《某区住宅物业管理区域机动车停放收费暂行办法》的规定,辖区内小区机动车长期露天停车费收取标准为150元/月。而这期间,原告每月向小区机动车车主收取长期露天停车费每月每辆160~900元不等。在此期间,涉案花园小区的业主大会和业主委员会尚未成立。因此,原告没有执行依法制定的政府指导价,实施了超出政府指导价浮动幅度制定价格并收取费用的行为。

由此,原告违反了《价格法》第12条:“经营者进行价格活动,应当遵守法律、法规,执行依法制定的政府指导价、政府定价和法定的价格干预措施、紧急措施”,所以《价格法》第39条的实质要求得到了满足:“经营者不执行政府指导价、政府定价以及法定的价格干预措施、紧急措施的,责令改正,没收违法所得,可以并处违法所得五倍以下的罚款;没有违法所得的,可以处以罚款;情节严重的,责令停业整顿。”相应地,《价格违法行为行政处罚规定》第9条第1项的实质要求也得到了满足:“经营者不执行政府指导价、政府定价,有下列行为之一的,责令改正,没收违法所得,并处违法所得5倍以下的罚款;没有违法所得的,处5万元以上50万元以下的罚款,情节较重的处50万元以上200万元以下的罚款;情节严重的,责令停业整顿:(一)超出政府指导价浮动幅度制定价格的。”

至于本案中原告提出的投诉人已撤销投诉、为了解决停车收费经营矛盾而提高收费标准、提高收费标准的意见经过了小区业主多数同意以及收费为小区的公益性收入等理由,并不改变原告违反政府指导价超标准收费的违法事实。

④法律后果

违反了《价格法》第12条的法律后果是,违法者将受到行政处罚。《价格法》第39条:“经营者不执行政府指导价、政府定价以及法定的价格干预措施、紧急措施的,责令改正,没收违法所得,可以并处违法所得五倍以下的罚款;没有违法所得的,可以处以罚款;情节严重的,责令停业整顿”将行政处罚后果作出了具体规定。

由于《行政处罚法》是一般性的行政处罚规定，因此其规定的例外条款应适用于本案。《行政处罚法》第27条规定，当事人有下列情形之一的，应当依法从轻或者减轻行政处罚：第一，主动消除或者减轻违法行为危害后果的；第二，受他人胁迫有违法行为的；第三，配合行政机关查处违法行为有立功表现的；第四，其他依法从轻或者减轻行政处罚的。违法行为轻微并及时纠正，没有造成危害后果的，不予行政处罚。

这里产生的问题是，本案是否有《行政处罚法》第27条规定的依法从轻或者减轻行政处罚的情形？是否有不予行政处罚的情形？

原告超出政府指导价浮动幅度制定价格并收取费用的行为，在《价格法》中被认为是可以给予行政处罚的行为。而本案中并不存在第27条所列的四项依法从轻或者减轻行政处罚的情形。

如果原告提出不予处罚，则必须符合“违法行为轻微并及时纠正，没有造成危害后果的”情形。

原告自2012年7月1日至2014年3月31日每月向小区机动车车主收取长期露天停车费每月每辆160～900元不等，而当时区物价局规定的政府指导价是每月150元的标准，多收取的353065元足以表明原告的违法行为并不轻微。而且在区物价局的调查过程当中，原告并没有及时纠正自己的违法行为。在被告区市场监管局发出《责令退款通知书》过了一个多月后，原告才将多收取的费用全部退还。同时涉案花园小区业主金某向原区物价局投诉原告超标准收取停车费一事，足以表明原告的违法行为造成了危害后果。因此《行政处罚法》例外规定的前提条件并没有得到满足。因此原告的行为应受到行政处罚。

2. 如何理解区市场监管局行政处罚行为的合理性？

理解区市场监管局行政处罚行为的合理性，其实就是理解行政处罚机关的自由裁量权及其界限问题。自由裁量权的问题主要包括两方面内容：一是行政机关应当作为还是需要保持不作为，即行政处罚机关是否拥有自由裁量权；二是当行政机关应当作为时，法律通常不会规定一个特定的行为，而会将行为方式的选择权留给行政机关。此时该问题又可以分为“采用何种行为方式，行为到何种程度”两个方面。而此时理解的实质是，行政处罚机关行使了自由裁量权后是否超越其自由裁量权。

（1）区市场监管局是否拥有作出行政处罚行为的自由裁量权

行政机关是否拥有自由裁量权，通常由法条中的某些词语所表现。“可能、能够、可以或有权”等词语表示了自由裁量权，“应该、有义务”等词语则表明了行政机关有作出一定行为的严格义务。根据对《价格法》第39条和《价格违法行为行政处罚规定》第9条相关词语的分析可以看出，在是否可以作出行政处罚行为的判断上，区市场监管局没有自由裁量权。区市场监管局对“超出政府指导价浮动幅度制定价格的”违法行为必须“责令改正，没收违法所得”。但在选择行为方式上，行政机关有自由裁量权。《价格法》第39条和《价格违法行为行政处罚规定》第9条都规定了“责令改正，没收违法所得”的同时“可以并处违法所得五倍以下的罚款"。因为《价格法》和《价格违法行为行政处罚规定》,以及《行政处罚法》都没有规定具体的罚款金额,所以在这一点上,区市场监管局应有行政处罚方式的自由裁量权。

(2)区市场监管局有无超越自由裁量权的界限

在理解区市场监管局行政罚款35万元的合理性问题上,必须进一步确认区市场监管局没有超越其自由裁量权的界限。选择行政罚款人民币35万元作为罚款的数额,区市场监管局应当正确地行使自由裁量权。对此,可以从比例原则和行使自由裁量权中的其他错误两个方面予以审查和分析。

①比例原则

行政处罚裁量权的一般性限制往往是比例原则。行政机关在行使自由裁量权的过程中,必须选择具体情形下最为适宜的措施。比例原则包含四个步骤及其相应的要求。

一是合法目的,即行政处罚行为是否为了一个合法的目标?在本案中可以认定区市场监管局是"为了规范价格行为,发挥价格合理配置资源的作用,稳定市场价格总水平,保护消费者和经营者的合法权益,促进社会主义市场经济健康发展"而阻止原告进一步违反法律。

二是可能性,即所选择的行为是否能实现该目标?行政罚款人民币35万元可以阻止原告违反相关的法律规定。

三是必要性,即所选择的行为对实现该目标是不是必需的?如果没有其他可行的方式,可以通过更小的侵害行政相对人的利益而实现同样的效果,那么原行政行为就是必要的。更小数额的罚款不能实现同样的制止违法行为的效果。

四是适当性,即所选择的行为是否适当?根据《行政处罚法》第4条第2款后半句的规定,设定和实施行政处罚必须与违法行为的事实、性质、情节以及社会危害程度相当。这是关于适当性的一条特殊规定,应适用于所有涉及行政处罚的案件。一方面,35万元罚款必须与违反《价格法》和《价格违法行为行政处罚规定》的性质和情节相当;另一方面,该罚款还必须与违法行为的社会危害程度相当。

原告在没有任何法律依据的情况下擅自提高政府指导价,这一行为对社会的危害性很大,因为原告的行为可能为其他人提供一个范例,进而可能危及行政机关想要维持的价格经营秩序。稳定的价格经营秩序对于确保业主的利益是必需的。

对于原告违法行为的性质,必须看到原告故意地违反了法律。作为一个常识,收取小区停车费用的行为,是受特殊的法律来调整的。即使原告不知道确切的法律规定,在2012年7月1日至2014年3月31日期间提高收费标准之前,他应该已经知道一般性的规定。本案中没有其他情节可以使原告的违法行为合法化。

35万元罚款也应当与违法行为的社会危害程度相当。在本案中,将罚款数额问题的衡量与原告力图从不法行为中获得不法所得结合起来分析,可能更为合理。原告的不法所得,即多收取的353065元约等于行政罚款数额。因此该罚款不能被认为是不适当。

因此该罚款与违法行为的事实、性质、情节以及社会危害程度相当。

②行使自由裁量权中的其他错误

行政机关必须考虑所有有效且相关的事实，同时要排除所有无关的事实。这一方面的自由裁量权，同样规定在《行政处罚法》第 4 条第 2 款前半句，该条规定实施行政处罚必须以事实为依据。原告所提出的为了解决停车收费经营矛盾而提高收费标准、提高收费标准的意见经过了小区业主多数同意以及收费为小区的公益性收入等理由，是与本案无关的事实。没有证据表明，区市场监管局作为行为主体，其作出的行政罚款决定是基于无关的法律，或者没有考虑相关信息。因此区市场监管局是在其自由裁量权的范围内作出行为的。可以得出的结论是，选择行政罚款人民币 35 万元是合法的。

3. 如何理解“新法优于旧法”以及“保护相对人”原则在本案不适用的问题？

本案原告主张被告区市场监管局作出行政处罚决定的日期是 2015 年 4 月 7 日，而自 2015 年 3 月 1 日起，上海执行新的《上海市定价目录》，其中已经废止了原《上海市定价目录》中住宅小区停车费执行政府指导价的规定，小区停车费现已执行市场调节价格。根据新规定优于旧规定及保护行政相对人的原则，此时不应当执行旧的《上海市定价目录》对原告进行处罚。

原告的主张实质是行政处罚的溯及力问题如何确定，虽然《行政处罚法》没有规定，但《立法法》第 93 条规定：“法律、行政法规、地方性法规、自治条例和单行条例、规章不溯及既往，但为了更好地保护公民、法人和其他组织的权利和利益而作的特别规定除外”，该条款解释了如果上述法律规范在行为或事实发生后有所变动，除非法律有特别规定外，否则对该行为或事实应适用其发生当时的法律规定，即遵循法律不溯及既往的原则。虽然第 93 条指向的是规章以上的法律规范适用问题，但该法不溯及既往的原则应该同样适用于诸如《上海市定价目录》这些低位阶的规范性文件的变更。如果本案原告超出政府指导价浮动幅度收取费用的违法行为是可持续的，在新《上海市定价目录》生效之后仍然持续的，就是新《上海市定价目录》生效以后的行为，则适用新《上海市定价目录》。而实际的事实是，原告的违法行为发生在旧《上海市定价目录》实施期间，且在新《上海市定价目录》实施之前已经停止了，因此新《上海市定价目录》关于住宅小区停车费执行市场调节价格的规定不能溯及新《上海市定价目录》以前的行为。

在适用法不溯及既往原则的同时如何理解“保护相对人”原则？则要分析行政处罚行为是否侵害了相对人的合法权益，本案中原告超出政府指导价浮动幅度收取费用的违法行为所导致的后果是获得了不法利益，因此对其作出行政罚款并没有侵害其合法权益，恰是对其获得不法利益的一种依法惩罚。

4. 行政处罚纠纷诉讼实务的程序怎样展开？

行政处罚纠纷的解决主要有行政复议、司法调解以及行政诉讼等几种途径。

行政处罚纠纷的诉讼解决具有较强的对抗性，但也最具有规范性、权威性，目前在我国也具有普遍性。在行政处罚纠纷诉讼实务程序方面，重点是把握好证据的搜集、固定、提交和质证，代理词、答辩状等诉讼文书的书写，举证责任及其操作等内容。

行政处罚纠纷诉讼实务的一般程序如下:首先是庭审准备和开庭准备;其次在宣布开庭后,进行法庭审查,原告、被告和第三人将围绕案件事实的争议、行政主体资格的适格、法律法规的适用、行政处罚程序的合法等主要法律问题进行质证,随后在法官的引导下对主要争议焦点进行法庭辩论;再次由原告、被告和第三人陈述最后意见;最后由合议庭对本案进行评议,当场宣判或择日宣判。

教学计划

1. 课时安排

本案例教学除课前准备和课后评价阶段外,课堂时间安排为5课时,每课时45分钟。

2. 教学方法

主要采用案例分析方法中的归入法,旨在引导学生学会对法规范的分析,并从司法实践的具体案例流程出发,强化学生对行政案件基本裁判架构的理解,并通过互动式讨论、模拟设计诉讼方案、撰写案例分析报告和法律文书等训练方式,培养学生的法律思维能力和动手能力,努力把握法律的简约和现实的复杂之间的张力。

3. 教学过程

(1)教学准备:案例与材料的精心选择与简要指引。教师要控制好案例研究所涉领域和内容的深广度,以与学生认知能力相适应。

(2)课前安排:学生阅读案例及推荐书目或参考文献,提炼案件的焦点问题,查找相关资料进行法律分析,尝试撰写有关诉讼文书或法律分析报告初稿。案例研究报告的目的主要是训练学生的法律思维能力和法律操作能力。

(3)课堂实施:由学生自主研究并分组报告,同时在教师引导下展开争鸣,在思维交锋中获取真知灼见,得到法律技能训练。教师必要时主动控制研习进程,不断补充新材料,随着案件事实的变化而引发学生法律思维的突破。

(4)技能检测:要求学生完成相应的课后作业,修改完善案例研习报告。

(5)预期效果:合理激励、积极评价与思维升华。必须肯定每一个参与的同学的努力和对思考结果的分享过程。除训练学生的法律智慧和技能之外,案例研习教学还培养学生的口头辩论和书面表达能力、合作与分享意识、职业伦理与礼仪等。这些收获都应让学生自己体会,并从中获得反思、自我评价和认知满足感。

4. 教学反思

根据教学对象和实际效果,检讨教学目标、教学方法、过程控制等是否得当,案例、材料的深度和广度是否合理。

思考题和实践题

思考题

1. 如何理解行政行为的合法性原理?
2. 相对人违法行为的构成要件如何认定或判断?

3. 行政处罚纠纷中举证责任如何分配？

4. 行政处罚行为的合理性审查可以通过哪些法律原则来予以审查，审查强度如何把握？

实践题（前三题可任选一个）

1. 如果你是原告律师，会提出怎样的上诉方案？请根据本案情况设计诉讼计划并撰写上诉状。

2. 如果你是被告律师，如何进行法律应对？请根据本案情况撰写上诉应对方案及答辩意见。

3. 如果你是法官，如何认定本案的事实以及怎样审查行政行为的合法性？请根据本案情况撰写终审判决书。

4. 根据本案事实，依据举证责任的分配原理，整理并分析双方的证据材料。

参考文献

1. 晏山嵘：《行政处罚实务与判例释解》，法律出版社2016年版。

2. 国家法官学院和德国国际合作机构：《法律适用方法 行政法案例分析》，中国法制出版社2012年版。

3. 应松年等：《行政处罚法教程》，法律出版社2012年版。

4. 最高人民法院指导案例60号：盐城市奥康食品有限公司东台分公司诉盐城市东台工商行政管理局工商行政处罚案。[盐城市中级人民法院行政判决书，〔2013〕盐行终字第0032号。参见“无讼案例”网（http://www.itslaw.com）。]

（陈海萍，上海政法学院教授）

5 CASE 鲁潍(福建)盐业进出口有限公司苏州分公司诉江苏省苏州市盐务管理局盐业行政处罚案

摘 要

本案例改编自最高人民法院第5号指导案例,结合案例的一审行政判决书中确定的案件事实及相关规范性法律文件的规定对案件进行了编写,其中涉及行政诉讼法律适用依据中地方政府规章设定行政许可的合法性问题、地方政府规章设定行政处罚的合法性问题、法院在行政诉讼中如何对规章参照适用问题、最高人民法院指导案例的相关问题,引导学生对行政诉讼中的法律适用问题进行深入的思考。

关键词

行政许可设定　行政处罚设定　地方政府规章设定　权限参照规章

教学目标

着重让学生把握三方面内容:(1)如何理解《行政许可法》中对地方政府规章设定行政许可的规定;(2)如何理解《行政处罚法》中对地方政府规章设定行政处罚的规定;(3)法院在行政诉讼中"参照规章"的含义。

教学案例

2007 年 11 月 12 日鲁潍(福建)盐业进出口有限公司苏州分公司(以下简称鲁潍苏州分公司)从江西等地购进 360 吨工业盐,苏州市盐务管理局认为鲁潍苏州分公司是在从事工业盐的购销和运输活动,依据《江苏省〈盐业管理条例〉实施办法》(以下简称《实施办法》)第 23 条、第 24 条的规定应当办理工业盐准运证。但是鲁潍苏州分公司没有办理工业盐的准运证及从江苏省外购买了工业盐准运证,属于违法行为。因此苏州市盐务管理局于 2007 年 11 月 14 日对该批工业盐进行了先行登记保存措施,并认为鲁潍苏州分公司的负责人徐先良涉嫌构成非法经营的犯罪行为,将其移送给当地公安机关。2009 年 1 月 5 日,当地公安机关认为徐先良不构成犯罪,撤销了对其的刑事立案。2009 年 2 月 26 日,苏州市盐务管理局经过《行政处罚法》规定的相关法定程序后,认为鲁潍苏州分公司未经调拨或批准程序就从外省购入工业盐的行为违反了《盐业管理条例》第 20 条以及《实施办法》第 23 条、第 32 条第 2 项的规定,并根据《实施办法》第 42 条第 2 款的规定对鲁潍苏州分公司作出了(苏)盐政一般[2009]第 001 - B 号处罚决定书,决定没收其购进的精制工业盐 121.7 吨、粉盐 93.1 吨,并处罚款人民币 122363 元。鲁潍苏州分公司不服该行政处罚决定,于 2009 年 2 月 27 日向苏州市人民政府申请行政复议。苏州市人民政府于 2009 年 4 月 24 日作出了[2009]苏行复第 8 号复议决定书,维持了苏州市盐务管理局作出的行政处罚决定。鲁潍苏州分公司不服复议决定,于 2009 年 5 月 31 日向苏州市金阊区人民法院提起行政诉讼,状告苏州市盐务管理局。金阊区人民法院同日立案受理后,依法组成合议庭,于 2009 年 7 月 10 日、2011 年 3 月 14 日、2011 年 4 月 8 日分别公开开庭审理了本案,并于 2011 年 4 月 19 日作出了一审判决。判决后双方当事人都没有上诉,判决生效。

在 2009 年 6 月 1 日苏州市金阊区人民法院向被告苏州市盐务管理局(以下简称被告)送达起诉书副本及应诉通知书后,由于当时有效的《行政诉讼法》中要求被告在收到起诉书副本后 10 日内提交作出被诉行政行为的所有事实证据和法律依据(2015 年 5 月 1 日新修订生效的《行政诉讼法》将期限修改为被告收到起诉书副本后 15 日内提交证据),因此被告在 2009 年 6 月 9 日依法向法院提供了以下作出被诉行政处罚行为的证据:(1)(苏)盐政一般[2009]第 001 - B 号处罚决定书;(2)对徐先良的询问笔录;(3)原告分别与江西中盐新干盐化有限公司、湖北孝感广盐华源制盐有限公司的工业盐购销合同;(4)江苏省盐业集团有限责任公司关于苏州市盐务管理局查处江西省生产的工业盐是否为我公司跨省调拨的复函;(5)江苏省盐务管理局关于苏州市盐务管理局查处江西省生产的工业盐是否经批准跨省调拨的复函;(6)江苏省盐务管理局办公室关于苏州市盐务管理局询问有关工业盐是否经批准跨省调拨的复函;(7)苏州市盐务管理局盐业违法案件行政处罚听证告知书;(8)现场实物照片;(9)公安机关询问笔录;(10)先行登记保存书;(11)苏州市盐务管理局盐业违法案件行政处罚听证通知书;(12)行政处罚听证笔录;(13)集体讨论笔录;(14)相关送达回证。其中证据1证明被诉具体行政行为的存在,证据2至证据9证明原告鲁潍苏州分公司(以下简称原告)违法购盐事实的存在,证据10至证据14证明被告作出行政处罚的程序符合《行政处罚法》的规定。

在行政诉讼过程中,原告提出的证据包括:(1)被告作出的(苏)盐政一般[2009]第001-B号处罚决定书及罚没物收据和罚款通知书;(2)苏州市人民政府作出的[2009]苏行复第8号复议决定书;(3)苏州市公安局作出的公经侦撤案字[2009]1号撤销案件决定书及说明和证明。同时,原告最初提出的诉讼请求包括:(1)要求法院判决撤销被告作出的(苏)盐政一般[2009]第001-B号处罚决定;(2)要求法院判决返还被被告扣押的工业盐;(3)要求法院判决赔偿原告为诉讼而支出的交通费、住宿费10000元;(4)要求法院判决本案诉讼费由被告负担。不过在诉讼过程中,原告在2011年4月8日当庭撤回了要求法院一并审理返还工业盐和行政赔偿的诉讼请求,法院当庭予以准许。

经庭审质证,原告对被告提供的证据无异议,被告对原告提供的证据1和证据2没有异议,对证据3的真实性没有异议,但认为与本案没有关联性。法院合议庭认定,原告提供的证据3与证明被告具体行政行为违法无直接关联,决定不予采纳,对原告提供的其他证据及被告提供的证据予以确认。

在法院庭审过程中,双方当事人的争议焦点聚焦于两个问题上:第一,被告是否有执法主体资格;第二,被告行政处罚适用法律是否正确。

原告认为:

其一,被告不具有执法的主体资格,这是因为最高人民法院在2003年公布的一起上海第二中级人民法院审理的案件中明确了盐务局无权管理工业盐,本案被告也应无相应执法权;

其二,根据国家发改委、国家经贸委《关于改进工业盐供销和价格管理办法的通知》(计价格[1995]1872号文件,简称1872号文)等规定,国家取消了工业盐准运证和准运章制度,工业盐也不属于国家限制买卖的物品。《实施办法》第23条、第32条的规定与上述精神不符,也违反了国务院《关于禁止在市场经济活动中实行地区封锁的规定》第10条、第17条、第18条的规定。另外,《实施办法》第32条、第42条的规定还分别违反了《行政许可法》第15条、第17条和《行政处罚法》第13条的规定,均属于违反上位法设定行政许可和行政处罚。

被告认为:

其一,《实施办法》第4条规定各市、县人民政府盐业行政主管部门主管本行政区域内的盐业工作,第6条规定市、县盐业行政主管部门的职责包括查处本行政区域内私产、私运、私购、倾销、倒买倒卖盐产品的盐业违法案件,被告在苏州市行政区域内具备盐务行政执法主体资格。

其二,根据《地方各级人民代表大会和地方各级人民政府组织法》的规定,政府各部门都必须执行上级政府制定的规定。在省政府未废止《实施办法》之前,被告作为工业盐主管部门必须执行省政府规章。《实施办法》是根据《盐业管理条例》的授权制定的,属于法规授权制定,整体合法有效。被告根据《实施办法》设立准运证制度的规定执法并进而作出行政处罚并无不当。《行政许可法》《行政处罚法》均在《实施办法》之后实施，根据《立法法》法不溯及既往的规定，在《实施办法》未废止前，仍然有效。

其三，原告所称的1872号文的适用对象是两碱企业，即制盐和用盐企业，并不包含原告这种盐业的贸易公司。并且工业盐不属限制买卖物品，并不等于不遵守准运证制度。不再计划经济管理、不属限制买卖并不等同于不要任何行政管理。

金阊区人民法院在审理过程中对其中的法律适用问题拿捏不准，于是逐级上报到最高人民法院，最高人民法院于2011年1月作出了[2010]行他字第82号《关于经营工业用盐是否需要办理工业盐准运证等请示的答复》，明确了本案中的法律适用问题。

最高人民法院作出答复后，金阊区法院在判决书中认为：

其一，被告系苏州市人民政府盐业行政主管部门，根据国务院《盐业管理条例》第4条和《实施办法》第4条、第6条的规定，有权对本市范围内包括工业盐在内的盐业经营活动进行行政管理，本案被告具有合法执法主体资格。

其二，被告对盐业违法案件进行查处时，应适用合法有效的法律规范，并遵循《立法法》第79条关于法律适用的原则。人民法院审理行政案件，依据法律、行政法规、地方性法规、自治条例和单行条例，参照规章。本案被告的具体行政行为涉及行政许可、行政处罚，应依据《行政许可法》《行政处罚法》的规定执行。法不溯及既往是指法律对其生效前所发生的调整对象的行为和事件不适用。《行政许可法》第83条第2款规定，本法施行前有关行政许可的规定，制定机关应当依照本法规定予以清理；不符合本法规定的，自本法施行之日起停止执行。《行政处罚法》第64条第2款规定，本法公布前制定的法规和规章关于行政处罚的规定与本法不符合的，应当自本法公布之日起，依照本法规定予以修订，在1997年12月31日前修订完毕。因此，被告有关法不溯及既往的抗辩理由不成立。

其三，根据《行政许可法》第15条第1款、第16条第3款的规定，在已经制定法律、行政法规的情况下，地方政府规章只能在法律、行政法规设定的行政许可事项范围内对实施该行政许可作出具体规定，不能设定新的行政许可。法律及国务院《盐业管理条例》没有设定工业盐准运证这一行政许可，地方政府规章不能再设定工业盐准运证制度。根据《行政处罚法》第13条的规定，在已经制定行政法规的情况下，地方政府规章只能在行政法规规定的给予行政处罚的行为、种类和幅度内作出具体规定，国务院《盐业管理条例》对盐业公司之外的其他企业经营盐的批发业务没有规定行政处罚，地方政府规章不能对该行为规定行政处罚。

由此金阊区人民法院最终认为，被告在依职权对原告作出行政处罚时虽然适用了相关法律规范，但未遵循《立法法》第79条关于法律层级规定的适用原则，未依据《行政许可法》和《行政处罚法》的相关规定作出，属适用法律错误，依法应予撤销。依照《行政诉讼法》第54条第2项第2目的规定，判决撤销苏州市盐务管理局2009年2月26日作出的(苏)盐政一般[2009]第001-B号处罚决定书。同时案件受理费人民币50元，由苏州市盐务管理局承担。

本案的行政判决生效后，依据最高人民法院《关于案例指导工作的规定》第4条第1款的规定，最高人民法院行政审判庭向最高人民法院案例指导工作办公室推荐本案作为备选指导性案例。2012年2月23日,最高人民法院审委会经讨论认为该案例符合《关于案例指导工作的规定》的相关规定,同意将该案例确定为指导性案例。2012年4月9日,最高人民法院将该案例作为第二批指导性案例(也是第一例行政诉讼指导性案例)予以发布。

教学手册

教学对象及目标

本案例供法律硕士案例教学使用,法学本科、宪法与行政法学硕士也可以试用。

本案例主要对行政诉讼中的法律适用问题进行讲解,具体问题包括:(1)在行政诉讼中,法院的法律适用的一般规则是什么;(2)在行政诉讼的法律适用中,如何判断被诉行政行为所依据的规章是否符合《行政许可法》中关于行政许可设定权限的规定;(3)在行政诉讼的法律适用中,如何判断被诉行政行为所依据的规章是否符合《行政处罚法》中关于行政处罚设定权限的规定;(4)如何理解最高人民法院发布的指导性案例的法律效力。

教学内容

1. 在行政诉讼中法院法律适用的一般规则是什么?

法院在审理行政案件时,应该依据法律、法规,参照规章进行审理。如果发现法规中的规定与上位法相冲突,则应当直接适用上位法,不能对法规的效力进行评判。如果发现规章的规定与上位法相冲突,法院可以"不适用规章",也即可以在判决书中对规章的效力进行评判。但是如果规章符合上位法,则法院应当适用合法的规章。根据2015年5月1日生效的《行政诉讼法》,在原告提出申请的前提下,法院在审理行政诉讼案件时可以对被诉行政行为所依据的行政规范性文件(效力低于规章)进行附带审查,如果发现该行政规范性文件与上位法冲突,法院不作为认定被诉行政行为合法的依据。

2. 在行政诉讼的法律适用中,如何判断被诉行政行为所依据的规章是否符合《行政许可法》中关于许可设定权限的规定?

《行政许可法》中规定了不同法律文件设定行政许可的权限,其中第15条规定,尚未制定法律、行政法规和地方性法规的,因行政管理的需要,确需立即实施行政许可的,省、自治区、直辖市人民政府规章可以设定临时性的行政许可。临时性的行政许可实施满一年需要继续实施的,应当提请本级人民代表大会及其常务委员会制定地方性法规。第16条规定,规章可以在上位法设定的行政许可事项范围内,对实施该行政许可作出具体规定。并且规章对实施上位法设定的行政许可作出的具体规定,不得增设行政许可;对行政许可条件作出的具体规定,不得增设违反上位法的其他条件。可见规章只有在上位法没有设定行政许可时,才能由省级政府规章设定行政许可(其他地方政府规章无权设定行政许可)。如果上位法已经设定了行政许可,则规章只能在上位法对行政许可设定的范围内进行细化规定,不得突破上位法的规定。在本案中,法院就认为法律及行政法规《盐业管理条例》中没有设定工业盐准运证这一行政许可,地方政府规章就不能设定工业盐准运证这一常设性的行政许可制度,而在作为地方政府规章的《实施办法》中设定了工业盐准运许可这种常设性的行政许可,所以这一规定是违反上位法的。可以进一步思考的是:在最高人民法院发布的指导性案例中,法院认为盐业管理的法律、行政法规没有设定工业盐准运证的行政许可,地方性法规也不能设定工业盐准运证这一新的行政许可,这一观点与《行政许可法》的规定是否一致?

3. 在行政诉讼的法律适用中,如何判断被诉行政行为所依据的规章是否符合《行政处罚法》中关于行政处罚设定权限的规定?

《行政处罚法》中规定了不同法律文件设定行政处罚的权限,其中第 12 条规定,国务院部、委员会制定的规章可以在法律、行政法规规定的给予行政处罚的行为、种类和幅度的范围内作出具体规定。尚未制定法律、行政法规的,前款规定的国务院部、委员会制定的规章对违反行政管理秩序的行为,可以设定警告或者一定数量罚款的行政处罚。第 13 条规定,省、自治区、直辖市人民政府和省、自治区人民政府所在地的市人民政府以及经国务院批准的较大的市人民政府制定的规章可以在法律、法规规定的给予行政处罚的行为、种类和幅度的范围内作出具体规定。尚未制定法律、法规的,前款规定的人民政府制定的规章对违反行政管理秩序的行为,可以设定警告或者一定数量罚款的行政处罚。可见,规章在上位法已经设定了行政处罚时,只能在上位法设定的范围内进行细化规定。而在上位法没有设定行政处罚时,规章可以设定警告和罚款两种处罚。在本案中,法院认为《盐业管理条例》对盐业公司之外的其他企业经营盐的批发业务没有设定行政处罚,地方政府规章不能对该行为设定行政处罚。对于法院的这一观点,同学们可以进一步思考:法院的观点是否与《行政处罚法》的规定一致?

4. 如何理解最高人民法院发布的指导性案例的法律效力?

根据 2010 年《最高人民法院关于案例指导工作的规定》第 7 条的规定:"最高人民法院发布的指导性案例,各级人民法院审判类似案例时应当参照。"本条中"应当参照"可以理解为下级法院在审理类似案件时,对于指导案例中所采用的法律适用方法、裁判方式、推理方法、法律理念等必须参照适用。虽然该规定没有对法院在裁判文书中是否可以将指导案例作为裁判依据作出规定,但至少可以在裁判理由中加以说明。

教学计划

1. 课前计划:安排学生阅读案例及相关参考资料,查阅整理相关的法条,初步撰写问题的答案。

2. 课中计划:首先由教师介绍教学目的,明确讨论主题;其次教师安排学生分组讨论,每组对每个问题都给出本组的答案;再次各小组推选出代表撰写本组的回答要点,再进行各组之间的比较分析;最后教师归纳总结。

3. 课后计划:布置学生进一步思考行政诉讼中的法律适用难点。

课堂时间安排

本案例可以作为专门的案例教学课来进行,整个案例课的课堂可以安排 6 个课时,每课时 45 分钟。

思考题和实践题

思考题

1. 行政复议与行政诉讼两种救济途径之间的衔接关系如何?
2. 根据新《行政诉讼法》的规定,在复议机关作出复议决定后,当事人向法院提起行政诉讼,此时如何确定行政诉讼的被告?
3. 行政诉讼中原告和被告分别承担哪些方面的举证责任?相关的举证期限是如何规定的?
4.《行政许可法》中对于不同法律文件的行政许可设定权限是如何规定的?这些规定在行政诉讼中会如何影响法院的法律适用?
5.《行政处罚法》中对于不同法律文件的行政处罚设定权限是如何规定的?这些规定在行政诉讼中会如何影响法院的法律适用?
6. 如何理解法院在行政诉讼中“参照规章”的法律适用方式?
7. 法院在行政诉讼中,如何判断下位法与上位法相冲突了?有可能存在哪些情形?
8. 最高人民法院发布的指导案例对于法院的审判工作有什么作用?
9. 如果认为最高人民法院发布的指导案例中有些观点值得商榷,有什么途径可以进行纠正?

实践题

1. 结合本案的具体案情,尝试撰写原告的律师代理意见。
2. 结合本案的具体案情,尝试撰写被告的律师代理意见。
3. 假设被告要上诉,尝试撰写被告的上诉状。
4. 假设被告要上诉,尝试撰写原告的二审答辩状。

参考文献

1. 胡建森主编:《法律适用学》,浙江大学出版社 2010 年版。
2. 孔祥俊:《法律方法论》(第一卷、第二卷、第三卷),人民法院出版社 2006 年版。
3. 刘志刚:《法律规范的冲突解决规则》,复旦大学出版社 2012 年版。

(黄锫,同济大学法学院副教授)

刑事诉讼实务

6 CASE 宁景丽、李震等人酒托诈骗案

——诈骗罪及其关联罪名的认定

摘　要

本案例以一起真实的酒托诈骗案件为模板，其中主要涉及控辩双方的意见以及法院的判决及其裁判理由。包括的知识点主要有酒托案件的定性、诈骗罪犯罪数额的计算以及共同犯罪中主从犯的认定等。通过对上述知识点的学习，延伸至理论上的争讼，即诈骗罪与其他相关罪名的区分、共同犯罪中主从犯的认定标准以及被害人承诺的效力问题。本案例对于解决其他类型的经济犯罪具有参考意义。

关键词

酒托诈骗　共同犯罪　诈骗罪中犯罪数额的计算　被害人承诺的效力

教学目标

具体要解决的问题包括：(1)酒托案件如何定性，首先要确定有罪还是无罪，其次是如果确定有罪，应当定何罪；(2)在酒托案件中，如何认定主犯和从犯；(3)被害人承诺在酒托案件中的效力。

教学案例

一、基本案情

2010年3月31日,被告人李某和被告人宁某签订了承包经营上海市松江区松汇中路328号“哈尼尼咖啡酒廊”的合同。2010年4月,李某与宁某以该酒廊为中心组织并招募“键盘”“传号手”“酒托女”“服务员”“保安”等人员进行“酒托”诈骗:首先,由“键盘”王某以女性身份,通过网络搭识男性网友,并以“交朋友”“谈恋爱”等为由,获取对方的身份、联系方式等信息,通过“传号手”徐某提供给“酒托女”;然后,由“酒托女”宋某根据该信息,假冒“键盘”在网络上虚构的身份诱骗男性网友至该酒廊;最后,由“服务员”魏某为被害人点单并结账,以不合格酒或廉价酒冒充高档酒等方法,诱骗男性网友进行高额消费,同时由“保安”陈某和孙某负责在酒廊门前监视“酒托女”与被害人,确保被害人顺利买单以及“酒托女”在实施诈骗后安全脱身。截至2010年4月21日案发,骗得72名被害人共计人民币216000余元的钱款。其中,“保安”陈某和孙某以及“服务员”魏某不参与分赃,其他人员则按约定比例进行分赃。

二、认定上述事实并经庭审质证的证据

1. 被告人王某等人的供述;
2. 被害人高某某等人的陈述和相关的辨认笔录;
3. 证人郭某某等人的证言及相关的辨认笔录,相对应的银联签购单等书证;
4. 公安机关出具的案发经过、搜查笔录、扣押物品文件清单等,查获的涉案银联签购单、涉案账本、消费记录、涉案酒廊的餐单和酒水清单、涉案用的手机和笔记本电脑等;
5. 相关超市提供的酒品价格说明及检验报告;
6. 承包经营、租赁合同;
7. 被告人的户籍资料等。

三、控辩双方的意见

上海市松江区人民检察院认为,依据上述事实与证据,被告人李某等人共谋以非法占有为目的,采用虚构事实的方法骗取他人财物,其行为均已构成诈骗罪,因此向上海市松江区人民法院提起公诉,请求依法追究行为人的刑事责任。

1. 被告人李某(酒廊经营者)辩称自己无罪。李某的辩护人对起诉指控的罪名提出异议,认为李某的行为不构成犯罪。理由主要有:①行为构成诈骗罪的主观要件是行为人具有非法占有的目的,即行为人不打算付出任何代价或者作出任何劳务即取得对方信任而非法占有对方财物。而李某雇用“酒托女”等人的行为,主观上只是为了提高酒廊的营业额。该酒廊具有合法的资质、正常的营业场所,在整个案件过程中李某也确实为受害人供应了酒水并提

供了相应的服务。李某主观目的仅仅是想提高酒廊的营业额。②诈骗罪的成立要求行为人在客观上有虚构基本事实的行为。李某经营的酒廊在客观上不是纯粹的“无本生意”。虽然提供给受害人的酒水的实际价值与标明的价格不符,但是受害人对点单消费的基本事实不存在认识错误,而且当事人李某在客人点单后实际履行了供应酒水等服务的义务,因此李某的行为仅仅是民事欺诈,并不构成犯罪。

2. 被告人宁某(酒廊经营者)对起诉指控的基本事实及罪名均无异议,但对犯罪数额提出异议,辩称被害人在其店里吃喝消费,这部分的花费应当予以扣除。其辩护人认为,酒廊提供的酒水价值以及服务费用应从犯罪数额中扣除。理由主要有:①在诈骗类犯罪中,犯罪数额应认定为被告人非法占有的实际数额,而在案发前向被害人返还的部分则不应计入犯罪数额。因此本案中,当事人宁某以提供酒水和服务向被害人返还的部分,已经为被害人所消费,应当从犯罪数额中予以扣除。②酒廊获得的营业额实际上包括两部分,一部分是提供酒水和服务获得的金额(真实服务的经营所得),另一部分是通过以次充好等非法手段所获得的金额(虚假服务的非法所得)。在日常经营活动中,酒廊对于提供给被害人的真实服务并不具有非法占有的主观目的。被害人已经事实上享受了酒廊为其提供的那一部分真实服务,对于这部分的消费实际上是没有损失的,所以应当将酒廊真实服务的经营所得从犯罪数额中予以扣除。

3. 被告人宋某(酒托女)对起诉指控的基本事实及罪名无异议,但提出其是被动参与者,不是积极组织者,而且被害人本身具有不良企图。因此其行为仅仅构成从犯,应当予以从轻处罚。

4. 被告人魏某(服务员)对起诉指控的罪名提出异议,辩称其职责主要是提供引座、点单、传菜、结账等正常的服务,而且所结钱款都归酒廊经营者所有,自己只领取固定的工资,不参与利润分成。其辩护人辩称,魏某只是在履行本职工作,其主观上没有任何实施诈骗的故意,客观上也没有实施诈骗的行为,因此不构成共同犯罪。

5. 被告人陈某(保安)和孙某(保安)对起诉指控的罪名提出异议,辩称其主要的工作就是维护酒廊正常的经营秩序,保障“酒托女”的人身安全,并不直接参与酒托诈骗,而且实际上也没有殴打、胁迫被害人的行为,他们在被害人钱款被骗取的过程中并没有起到任何实质的作用。此外,作为保安,他们仅领取较低的固定工资,并不参与李某等人的分赃。陈某及孙某的辩护人均提出,陈某和孙某的行为属于“情节显著轻微危害不大的”,因此不宜认定为犯罪。

四、裁判结果及理由

上海市松江区人民法院依法组成合议庭对本案进行了审理。根据已查明的事实和证据,针对各被告人的辩解及其辩护人的辩护意见,作出了如下裁判:

1. 关于案件的定性问题

(1)本案中各被告人结伙以非法占有为目的,由“键盘”冒充女性在网上搭识陌生男性,以“一夜情”“交朋友”“谈恋爱”等幌子约被害人见面,再将获取的被害人联系方式等信息经

"传号手"提供给"酒托女",由"酒托女"假冒"键盘"在网络上虚构的身份诱骗被害人到"哈尼尼咖啡酒廊"消费,期间采用以不合格酒或廉价酒冒充高档酒等方法,骗取被害人钱款。各被告人实施的上述一系列行为始终是围绕着非法占有他人财物的目的展开的。

(2)各被告人之间通过相互配合在客观上虚构了事实,并且使被害人产生了错误的认识。

(3)各被告人利用网络诱骗被害人的行为与诱骗被害人进店消费的行为系各被告人共谋共同实施的,属于一个整体。正是酒托诈骗中被告人的欺骗行为,才让被害人最终交付了钱款,受到了损失。因此被告人的欺骗行为与被害人交付钱款之间具有刑法意义上的因果关系。

综上所述,本案各被告人的行为符合诈骗罪的构成要件,构成诈骗罪。李某及其辩护人否认其行为构成诈骗罪的理由,与查明的事实及法律规定不符,依法不予采纳。

2. 关于犯罪数额的认定问题

经查,"哈尼尼咖啡酒廊"提供的酒或系劣质酒,或系不到 20 元一瓶的廉价酒,但在酒单上却冒充名酒,标价低的每瓶 198 元,高的每瓶 1980 元;根据相关被告人的供述,当被害人点酒时,服务员先用雪碧将酒勾兑,再将勾兑好的半瓶酒倒入扎壶中冒充一瓶酒提供给被害人;无论被害人点什么餐,均按中餐 15 元、西餐 30 元扣除成本。由此可见,宁某、李某自承包经营"哈尼尼咖啡酒廊"后,即采用上述欺骗手段大肆敛财,他们提供给被害人的酒水、食物,均是本案中犯罪得逞的必要成本支出,所以不能在犯罪数额中予以扣除。

3. 关于主从犯的认定问题

(1)本案的各被告人在共同犯罪中分工明确、配合默契,宁某、李某作为酒廊的经营者,他们不仅提供了进行"酒托"诈骗的场所,而且纠集、招募、组织、管理组内成员进行"酒托"诈骗,在共同犯罪中均起到积极、主要的作用,应当认定为主犯;宋某作为"酒托女",利用假冒的信息,对被害人直接实施诈骗行为,对诈骗犯罪的顺利实施起到关键的作用,应当认定为主犯;"键盘"王某、"传号手"徐某对犯罪的实施起到了帮助作用,可认定为从犯。

(2)"服务员"魏某、"保安"陈某和孙某为酒托诈骗行为的实施起到了帮助作用,也应认定为从犯。首先,其主观上明知同伙正在实施犯罪,而且事先对于分工有共谋,因此具有共同犯罪的主观故意。其次,"服务员"魏某所提供的并不是普通的服务,其在酒托女带被害人进店消费的过程中与酒托女配合默契,在本案中为成功诱骗被害人的钱款起到了积极的帮助作用;"保安"陈某、孙某全程监视酒托女与被害人在店里的一举一动,为确保被害人顺利付款和酒托女不被被害人纠缠起到了重要的作用。因此,可认定魏某、陈某、孙某为共同犯罪中的从犯。对于魏某等人提出的,他们并不参与分成分赃,只是领取固定工资的辩解,这只能说明其在共同犯罪中是起次要、辅助的作用,而不能否定他们参与共同犯罪的事实。因此法院对该辩解依法不予采纳。

4. 关于被害人是否存在错误的问题

关于宋某(酒托女)提出的被害人本身具有不良企图,要求从轻处罚的意见。经查,本案中被害人基于各被告人的欺诈事实,才陷入所谓的"交朋友""谈恋爱"等的错误认识,"自愿"

地交出财物。但是,被害人的认识错误并不影响对本案被告人的定罪量刑。因此,宋某(酒托女)的辩解理由无法律依据,法院依法不予采纳。

综上所述,法院认为,被告人宁某、李某等人以非法占有为目的,采用隐瞒真相、虚构事实的方法,结伙诈骗他人财物,其行为已经构成诈骗罪。其中宁某、李某、宋某应认定为主犯;王某等5人应认定为从犯。据此,依照《刑法》的相关规定对被告人宁某、李某以诈骗罪判处有期徒刑10年6个月,剥夺政治权利2年,并处罚金人民币2万元;对另外5名被告人以诈骗罪判处6个月至3年3个月不等的有期徒刑,并处1000元至3000元不等的罚金;在案钱款发还各被害人,不足部分,仍继续予以追缴;扣押在案的作案工具,予以没收。

教学手册

教学对象及目标

1. 教学对象

本案例可供法学教学使用,主要适用于法学本科(大三)、刑法学硕士、刑事诉讼法学硕士、法律硕士的案例教学课程。

2. 教学目标

本案例以司法实践中真实的案例为模板,主要介绍酒托案件中各被告人的分工与职责。具体要解决的问题包括:(1)酒托案件如何定性,首先要确定有罪还是无罪,其次是确定如果有罪,应当定以何种罪名认定;(2)在酒托诈骗案件中,如何认定主犯和从犯;(3)被害人承诺在酒托案件中的效力。

教学内容

1. 酒托案件的定性问题

酒托案件的表现形式较为复杂,例如,有将假冒伪劣酒冒充高档酒供男性网友消费的行为;也存在仅仅引诱男性网友消费但无假冒伪劣酒冒充高档酒的行为等。因此根据酒托案件是否存在正常市场交易的前提、在消费环节是否采取欺诈行为、是否存在暴力或以暴力相威胁(胁迫)以及是否获取了暴利或超暴利等要素,可以将酒托案件分为引诱交易型、欺诈交易型和强迫交易型三种类型,并分别予以定性。

(1)引诱交易型

引诱交易型,是指酒吧经营者雇用或使用酒托,引诱他人到酒吧消费的行为。尽管酒吧出售的酒水价格一般都高于正常市场价格,有的甚至达到了“暴利”的程度,如果消费者事先知道酒水的价格,且自愿选择消费并支付价款,那么,引诱他人高消费的行为只能算作一种不道德行为,不能认为其具有欺诈交易的性质,因此不构成犯罪。

(2)斯诈交易型

欺诈交易型,是指在酒托引诱男性网友进店消费之后,酒吧经营者与酒托又进一步实施了欺诈行为,即向消费者隐瞒酒水的高额价格,等其消费之后才告知,但消费者因碍于情面等原因自愿支付了高价账单的行为。欺诈交易又可以分为两种类型:其一,非暴利型欺诈交易,即酒吧出售的酒水价格高于市场正常价格,而且显失公平,但尚属消费者可接受的范围,没有违反自愿的原则,因而没有完全失去交易的正常经营性质。同时,消费者事先也知道此价格,最后还是自愿支付价款。在此情况下,酒吧经营者和酒托的行为属于民事欺诈行为,不应纳入刑法调整的范围。其二,暴利型欺诈交易,即酒吧出售的酒水价格大大高于正常市场价格,形成了暴利,不仅显失公平,超出了消费者可接受的范围,而且违反了平等自愿的原则。如果消费者事先知道酒水标价就不会选择消费。在此情况下,交易完全失去了正常经营性质。而在此基础上,又存在两种不同的情况:一是消费者误以为酒水价格尽管很高但也算公平合理,于是选择消费并最后自愿支付价款。这就应视为因酒吧经营者"隐瞒真相"而使消费者自愿交付财物,其欺诈行为严重侵犯了消费者的财产权,因而构成诈骗罪。二是消费者知道被欺诈后,虽提出质疑或表示不情愿接受,但还是在对方没有采取暴力、胁迫等手段的情况下支付了价款。此情况就不属于诈骗罪中"隐瞒真相"的情况,因而应作无罪处理。

(3)强迫交易型

强迫交易型,是指在酒托引诱消费之后,酒吧经营者使用强迫手段使被害人支付价款的行为。在其使用强迫手段进行交易、违反公平自愿原则的基础上,是否因获取暴利而失去正常交易的性质,其行为定性也是不同的。其一,非暴利强迫交易。即酒吧出售的酒水价格虽高于正常市场价格但尚属正当交易和经营的性质,经营者没有明示酒水价格或故意隐瞒真实价格,消费者在不知道此价格的情况下进行消费,直至支付价款时才发现消费价格过高而拒绝支付价款,经营者一方以暴力相威胁,甚至采取暴力手段迫使消费者支付费用。该行为应认定为强迫交易罪。其二,暴利性强迫交易。其又包括两种情况:一是欺诈性、暴利性强迫交易,即酒吧出售的酒水价格明显高于市场正常价格,或酒水系假冒伪劣商品,失去了正当交易性质,消费者在支付价款时才发现消费价格过高而拒绝支付价款,经营者一方以言辞相威胁,或采取暴力手段强迫其付费。此行为应定性为敲诈勒索罪。二是暴力性、暴利性强迫交易,即酒吧经营者一方先是采取胁迫、暴力手段强迫消费者支付高价酒水账单,在顾客没有现金而无法支付的情况下,就强行夺取其身上的其他财物,或者逼其限时偿清。此行为应定性为抢劫罪或敲诈勒索罪。其三,超暴利强迫交易。认定超暴利交易行为性质,关键看是否有实际交易的存在。如果酒吧系无照非法经营,在消费者面对超暴利账单而拒绝支付的情况下,就采取暴力、胁迫手段强迫其付费,此时也就不存在正常交易的前提了,对此应当认定为抢劫罪。

2. 关于酒托诈骗案件中主从犯的认定问题

在酒托诈骗案的量刑上,对于主从犯的划分特别是对于"酒托女"主从犯的认定,司法实践并未统一。酒托案犯罪链条中的组织策划者以及酒吧的经营管理者认定为主犯,在实践中并无异议;将酒托案的“键盘”、“传号手”、保安、服务员、收银员等辅助人员认定为从犯,在实践中也没有什么争议。但是,对于其中的“酒托女”是认定为主犯还是从犯,不同的法院则认定不一。主要有三种处理方式:第一,认定为主犯;第二,认定为从犯;第三,不区分主从犯。应当承认,并不是在每一个共同犯罪案件中都能区分出主从犯,因为在有些案件中,参与犯罪实行的人在共同犯罪中所起作用相差不多,很难区分主犯和从犯。在此情形下,一般都认定为主犯。但是,这种情况较为特殊,在司法实践中较为少见。关于主从犯的区分与认定,应在尊重事实和法律的基础上准确进行。尤其是酒托案件中的“酒托女”与犯罪策划者、组织者等的地位、作用明显不同,需要做进一步的区分。

根据我国《刑法》第 26 条、第 27 条的规定,主犯包括组织、领导犯罪集团进行犯罪活动的犯罪分子和在共同犯罪中起主要作用的犯罪分子两种,从犯是指在共同犯罪中起次要或者辅助作用的犯罪分子。具体而言,对于主从犯的认定,应当从以下五个方面予以区分:(1)犯意的提起;(2)行为人在共同犯罪中的实际参与程度;(3)行为人在共同犯罪中所处的地位,以及对于犯罪的控制力;(4)犯罪数额的分配情况;(5)行为人的犯罪行为对于危害结果的作用力。

根据上述判断标准,对于酒托诈骗案件中的组织策划者、酒吧经营者,无论从犯意发起、在共同犯罪中的实际参与程度,还是在共同犯罪中所处的地位和对于犯罪的控制力,以及对于犯罪收益的控制、分配情况和对危害结果的作用力,都是积极的、主要的,因此应认定为主犯;对于“键盘”、“传号手”、保安、服务员、收银员等人员,他们仅仅起到辅助的作用,在共同犯罪中的地位具有高度的可替代性,因此可以认定为从犯。关于“酒托女”,尽管她们是酒托案件的具体实施者,且按比例参与分成,但仅仅依据这两点就认定“酒托女”在整个犯罪过程中起到了积极、关键的作用,进而认定其为主犯显然是片面的。主从犯之认定是基于被告人在整个共同犯罪中的实际作用而作的划分,其应结合整个共同犯罪加以把握,而并非单就某一节事实而言。对于“酒托女”参与犯罪行为的认识不应脱离整个酒托犯罪。可以肯定的是,“酒托女”实施的其中某一节事实,并非全部诈骗行为,造成的危害结果也仅仅是某一个犯罪结果,在整个共同犯罪中所占的比例均不大。对于整个犯罪过程而言,“酒托女”所实施的行为依然处于从属、被支配、被协调、被指挥或者被管理的地位,对于犯罪不具有主要或重要控制力,因此,将“酒托女”认定为从犯更为合理。

3. 被害人承诺在酒托案件中的效力

在酒托案件中,被害人基于恋爱、交友、一夜情等目的与“酒托女”见面并进行高额消费,是基于以放弃某一个人利益(支付高价账单)去维持或者换取另一利益(恋爱、交友、一夜情等),而这一情形就是承诺的一种表现形式。对于承诺行为的法律评价,最关键的是对于承诺效力的判断。要使得承诺有效并进而阻却违法,承诺人所作出的承诺必须基于自由意思而为,如果承诺人在暴力、胁迫的状态下作出承诺,当然属于无效的承诺。但是,承诺人因受到欺骗而作出的承诺是否当然属于无效的承诺呢?

在刑法理论上,被害人的承诺符合一定条件时,便可以排除损害被害人法益的行为的违法性。该条件主要包括：(1)承诺者对被侵害的法益具有处分权限；(2)承诺者必须对所承诺的事项的意义、范围具有理解能力；(3)承诺者不仅承诺行为，而且承诺行为的结果；(4)承诺必须出于被害人的真实意志；(5)必须存在现实的承诺；(6)承诺至迟必须存在于结果发生时，被害人在结果发生前变更承诺的，则原来的承诺无效；(7)经承诺所实施的行为不得超出承诺的范围。罗马法就有“得承诺的行为不违法”的格言，被害人请求或者许可行为人侵害其法益，表明其放弃了该法益，放弃了对该法益的保护。既然如此，法律就没有必要予以保护；损害被放弃的法益的行为，就没有侵害法益，因而没有违法性。

从法益的交换价值出发，牺牲法益所获得的对待给付或欲实现的目的，是被害人进行财产处分时重要的参考因素，对于对待给付或预期目的受到欺骗时，被害人的承诺因而具有重大瑕疵而无效。在酒托案件中，“酒托女”的欺骗已经使被害人形成了关于对待给付、所追求的目的(恋爱、交友、一夜情等)的错误想象，此一错误事关重要事实，因为被害人的支付行为基于这一错误，没有该错误，就不会自愿实施支付行为。因而被害人关于支付高消费的错误想象属于重大瑕疵，导致被害人承诺的无效，进而肯定酒托行为的犯罪属性。

课堂时间安排

本案例可以作为专门的案例教学课来进行，整个案例课的课堂安排 6 个课时，每课时 45 分钟。

如下课堂设计，仅供参考。

1. 课前计划：安排学生阅读案例及相关参考资料，熟悉整个案例流程，对案例提出的问题进行思考。

2. 课中计划：(1)介绍教学目的，明确争议的焦点；(2)学生讨论和分析；(3)分组辩论；(4)教师归纳总结。

3. 课后计划：布置学生进一步了解酒托案在司法实践中的表现形式，以及对应的定性问题。

思考题和实践题

思考题

1. 根据现行的刑事诉讼法以及相关的理论，证据有哪些分类？

2. 诈骗罪的成立需要具备哪些条件？诈骗罪的犯罪数额如何认定？

3. 强迫交易罪与敲诈勒索罪、抢劫罪的联系和区别何在？

4. 如果被告人不服一审判决，想要上诉，应当符合哪些条件？

实践题

1. 如果你是本案的承办法官，你将如何定罪量刑？请根据以上案情，编写一份一审刑事判决书。

2. 如果被告人李某对判决不服，请结合本案案情，为李某撰写一份上诉状。

3. 假如你是被告人魏某(服务员)的辩护律师，请结合本案案情，为魏某撰写一份辩护词。

4. 请根据以上案件信息，分析李某等人的行为是否构成诈骗罪。

参考文献

1. 张明楷:《刑法学》(第五版),法律出版社 2016 年版。

2. 张勇:《强迫交易罪及其关联犯罪的体系解释——以酒托案为例》,载《华东政法大学学报》2011 年第 3 期。

3. 俞小海:《财产犯罪中被害人承诺效力的扩大化与财产损失的实质化——以“酒托”诈骗案为例》,载《政治与法律》2014 年第 7 期。

4. 天津市河西区人民检察院:《“酒托女”引诱男网友高消费案件的处理》,载《中国检察官》2014 年第 10 期。

(张勇,华东政法大学教授、博士生导师;
龚慧平,华东政法大学刑法学硕士研究生)

7 CASE 于某水盗窃案

——银行 ATM 恶意取款行为的认定

摘　要

本案例是一起真实银行自动取款机恶意取款案件，行为人以合法持有的信用卡，利用银行 ATM 的技术故障恶意取款，对于其行为的法律性质控辩双方持有不同的观点。本文从刑法上的非法占有与民法上的不当得利、犯罪对象的属性、秘密窃取的实质内涵、自动柜员机是否属于金融机构、利用 ATM 恶意取款的行为性质、犯罪引诱与期待可能性角度出发，对本案从刑法属性上予以分析辨正。同时，本文围绕法官审理刑事案件的诉讼程序，了解刑事诉讼中的审判程序和刑事法官的工作职责，以及证据的分类、证据效力、证明标准和认证规则等刑事诉讼程序内容。该案例对于学习刑法、金融刑法、刑事诉讼法、证据法均有所裨益。

关键词

操纵资本市场犯罪　抢先交易　信息型操纵　兜底条款

教学目标

(1)从案例教学的角度，教授盗窃、侵占、信用卡诈骗等犯罪的构成要素和认定规则，通过案例学习掌握相关罪名；(2)从刑法上的非法占有与民法上的不当得利、犯罪对象的属性、秘密窃取的实质内涵、自动柜员机是否属于金融机构、利用 ATM 恶意取款的行为性质、犯罪引诱与期待可能性角度掌握恶意取款犯罪的难点问题；(3)知悉刑事诉讼程序，掌握法院审理一审刑事案件中审判员的工作任务、程序和职责；(4)学习刑事诉讼各个阶段当事人的地位、作用和工作程序；(5)了解刑事诉讼中，证据的收集、分类、效力认定、证明标准和认证规则。

教学案例

近日，一份饱含人性光辉的判决引发社会各界关注。“盖着法院大印的裁判文书不单只是一份公文，更是一名法官的作品。”这份判决书共计12265字，全文对罪名认定与刑罚裁量进行了充分的说理，以“我们”代替了“本院”，判决书最后，还注明了具有法官个人色彩的“最后的说明”。该案裁判论证清晰、分析透彻，极具说理性与同理心，是一份法律裁判文书的绝佳样本。同时本案于某水恶意取款的行为，涉及刑法上的非法占有与民法上的不当得利、犯罪对象的属性、秘密窃取的实质内涵、自动柜员机是否属于金融机构、利用ATM恶意取款的行为性质、犯罪引诱与期待可能性等诸多法律问题，也值得关注与研究。

一、案情介绍

（一）被告人的身份信息

被告人于某水，男，1988年8月17日出生。因本案于2013年12月12日被羁押，同日被刑事拘留，同年12月26日被逮捕，2014年7月31日被本院取保候审。

（二）控方观点——检察院指控的犯罪事实

惠阳区人民检察院指控：2013年10月30日20时30分许，被告人于某水用其邮政储蓄银行卡（卡号为6210××××7728）到惠阳区新圩镇某商场旁邮政储蓄银行惠州市惠阳支行ATM柜员机存款时，先后几次存入300元，均遇到现金退回的情况，经多次在柜员机查询，发现账户余额相应增加。发现这一情况后，于某水尝试从该网点旁边的农业银行跨取2000元和1000元，获得成功，遂产生了恶意存款并窃取银行资金的念头。于是返回邮政储蓄柜员机，连续10次存款3300元，马上到附近银行柜员机跨取15000元，并转账5000元，再次返回，连续存款5000元1次、9900元3次、10000元3次，至2013年10月30日21时58分59秒，于某水共恶意存款17次，恶意存入人民币97700元，后被告人于某水到深圳市龙岗区其他网点陆续跨取和转账，到2013年10月31日6时28分10秒，于某水共窃取人民币90000元。中国邮政储蓄银行惠州市惠阳支行工作人员发现后，于2013年11月3日联系于某水无果后报警。2013年12月12日于某水被公安机关抓获。至2013年12月15日于某水共退还人民币92800元。认定上述犯罪事实的证据如下：被告人供述、现场勘查笔录、抓获经过、扣押决定书及书证等。

公诉机关认为：被告人于某水采取秘密手段窃取他人人民币90000元，数额巨大，其行为已触犯《刑法》第264条的规定，应当以盗窃罪追究其刑事责任。遂提请依法判处。

（三）辩方观点——被告人及辩护人的辩护意见

被告人于某水辩称：其不是盗窃，而是侵占。

辩护人辩护称：于某水的行为并非“秘密窃取公私财物”，不管其当晚存了多少次钱，最后是和银行形成了9万多元不当得利的债权债务关系，其存钱取钱行为均为合法，其行为如果构成犯罪的话，也只能构成侵占罪。于某水刚开始对柜员机故障并不知情，屡次存款存不进去，其在知道柜员机出故障前的这部分金额，不应计入盗窃金额里。同样情形的其他客户经银行通知退清款项不构成犯罪、于某水未及时退款构成犯罪，这不可能是盗窃罪的法律特征，而是侵占罪的法律特征。于某水的犯罪行为在特定条件下才能实施，柜员机存在故障，银行方存在过错在先，诱发了犯罪，望法院对其减轻处罚乃至宣告缓刑。于某水归案后次日就将所有赃款归还了银行，银行方也明确表示不追究他的责任，请求法院量刑时充分考虑。

二、法院查明犯罪事实与证据

2013年10月30日20时30分许，被告人于某水用其于2013年9月19日开设的邮政储蓄银行卡（卡号为6210××××7728），到惠阳区新圩镇某商场旁的中国邮政储蓄银行惠州市惠阳支行（以下简称惠阳支行）ATM存款时，连续6次操作存款300元，现金均被柜员机退回，于某水发现ATM屏幕显示“系统故障”，且其手机信息显示每次所存的钱已到账，账户余额相应增加，于是其尝试从该ATM旁边的农业银行ATM支取该邮政储蓄账户的2000元和1000元，获得成功，其确认上述所存的款已到账后，遂产生了恶意存款以窃取银行资金的念头。于是于某水返回上述邮政储蓄银行ATM，连续10次存款3300元，并到附近银行ATM分三次支取15000元和转账5000元后再次返回上述邮政储蓄银行ATM，连续存款5000元1次、9900元3次、10000元3次，至2013年10月30日21时58分59秒，于某水共恶意存款17次，存入人民币97700元，接着于某水到深圳市龙岗区其他网点对该账户内的存款进行支取和转账，至次日6时28分10秒共将存款90000元转移并非法占有。2013年11月1日，惠阳支行工作人员清查核算数据时，发现账实不符，后查明系该行位于惠阳区新圩镇塘吓宜之佳（原创亿）商场旁的ATM发生故障，客户于某水利用ATM故障多次恶意存款，获取该行资金所致。同月3日该行联系于某水无果后报警。同年12月12日于某水在湖北省襄阳市樊城区太平店镇其家中被公安机关抓获。截至同年12月15日，于某水及其亲属通过转账和汇款方式将人民币92800元转入其卡号为6210××××7728的账户，退还给惠阳支行。

另查明，惠阳支行位于新圩塘吓宜之佳（原创亿）商场旁的ATM因设备故障，于2013年10月30日19:55:48至31日凌晨出现异常情况，用户在该ATM上进行存款交易时，用户确认存款信息后，系统入账成功，用户账户余额增加，而自动存取款机却没有将用户递交的现金收入钞箱，而是直接退回给了用户。

三、争议焦点的归纳、总结与分析论证

本案（惠阳于某水案）因与广州许霆案非常类似，引起社会的广泛关注。本案审理过程中，控辩双方也针对被告人的行为是否构成犯罪，构成盗窃罪还是侵占罪展开了激烈辩论。根据双方的争论焦点及本案的所有证据，本案的争议焦点如下：

（一）罪与非罪

1. 关于 ATM 与银行的关系

ATM 是英文 Automatic Teller Machine 的缩写。中文一般称为自动柜员机，因大部分用于取款，又称自动取款机。它是一种高度精密的机电一体化装置，利用磁性代码卡或智能卡实现金融交易的自助服务，代替银行柜台人员工作，可以完成存入或提取现金、查询存款额、进行账户之间的资金划拨等工作。它是银行运用高科技进行自助交易的终端形式，也是目前银行与公众都认可的交易方式。它意味着通过 ATM 进行交易的行为一经结束，就某一个交易行为而言就已经具有了法律意义上的终端完成形式。所以，ATM 与存款人之间的关系应该确定为 ATM 的管理使用者（银行）与存款人的关系，而不是 ATM 与存款者的关系，更不是 ATM 的技术维护人与存款者的关系。如果 ATM 发生故障，造成损害的后果，银行作为机器的管理人，其责任是不能免除的。

在广州许霆案中，许多法律专家认为许霆不构成犯罪的主要理由也在于此。首先，ATM 被视为银行的延伸，ATM 所发出的指令代表银行的意志，那么许霆在 ATM 上进行的符合规则的操作行为，以及 ATM 对许霆所作的回应行为，都应被看作储户与银行的民事交易行为，这种交易由于银行方面的错误而支付了超出储户存款限额的钱款，这只能说明银行发出了错误指令，提供了不真实的意思表示，只是一种无效交易行为，而不具有盗窃犯罪的基本行为属性。其次，没有银行的配合和互动，许霆恶意取款是无法完成的。ATM 支付了许霆所申请的取款数额，只扣除了极少数额，这说明银行同意将这些所有权转移给许霆，而许霆并没有采取任何欺骗、暴力、敲诈等非法行为。不仅如此，作为银行意志的代表，ATM 一旦发现故障，既可能向储户多付款，也同样可能向储户少付款，这都代表银行表达了错误的意思表示，取款人只要是符合规范地进行取款操作，就属于无效交易情形，而不是盗窃行为。

法院认为，专家意见的立论前提很明显，就是不管 ATM 是否正常都代表银行行为，不管是民事交易还是刑事罪案，其过错全部由银行负责或承担。对此，本院持不同意见，我们尤其不认可机器故障对操作人的刑事犯罪行为构成过错。理由是，ATM 并不是由银行设计生产，而是有专门的公司生产和维护，银行一般只是购买或租赁使用，机器是否发生故障，银行并不能控制甚至纠正（经过法庭调查及证人出庭作证证明，该银行没有人懂得 ATM 的运行和维修技术）。即使 ATM 作为银行服务延伸具有拟人人格，这种故障也不是银行所希望发生或故意造成的，所以，如果把机器故障导致的错误指令等同于银行的正常意志，是不合理的，对银行也是不公平的。另外，机器虽然能替代人完成一些工作，但机器本身是无意识的，人有意识机器无意识，这是人与机器的本质区别，也就是说，银行柜台员工一旦发现错误时会及时纠错，但机器在没有被发现并排除故障之前，它不会自动修复故障，它会一直错下去，所以机器故障不能等同于银行的过错，即使机器故障产生的民事后果可能要由银行或机器的生产和维护者承担。二者的关系放到刑事罪案中，更应该将责任进行明确的区分。本案中，我们只能说，机器故障是操作人产生犯意的前提之一，但绝不是操作人产生犯意的原因，银行管理即使有过错也不是被告人恶意存款的必然原因,也即,不能说银行对被告人的犯意存在过错,更不能说机器故障是银行在诱导被告人犯罪。因为物质前提不能等同于犯罪的因果关系,故障只是犯罪行为实施的前提,但与犯罪本身没有因果关系。所以,把机器自身故障视为银行对操作人恶意取款的配合和互动,显然有失偏颇。

2. 控辩双方的意见

在 ATM 正常的情况下,被告人于某水拿着银行借记卡前往 ATM 存钱,与其本人拿着现金前往银行柜台存钱完全一样,这是一种公开合法、为银行所允许和欢迎的交易方式。这种情况下,将 ATM 接受指令的交易等同于银行柜台交易,交易双方及普通公众都会认可,没有疑问。所以,控辩双方对于某水开始不知情的存款行为的性质不持异议,均认为不构成犯罪。双方争论焦点是于某水发现 ATM 发生故障以后继续反复存钱这一后续行为。

辩方认为,ATM 因发生故障造成存款入账成功但吐出现金,如同银行柜员发生差错,多付给客户钱款一样。于某水存款于 ATM 后,手机短信提示存款成功,即说明于某水与银行之间的交易已经完成。交易完成后,ATM 又将于某水存入的现金原封不动地吐出来,这时候现金的性质已经发生变化,属于银行的遗失物,于某水不取其他人也会取走,所以于某水是在保管银行的遗失物。ATM 存款入账之后,又将现金吐回,这是银行的过错,于某水没有纠正银行过错的法律义务。于某水反复存款,与 ATM(银行)之间都是合法交易,最后将钱款从其他银行取走,也是处理遗失物,涉及的是民法中的不当得利问题,而不是犯罪。道德的评价不能等同于法律的评价,刑法关注的是人们的底线行为。

控方认为,被告的后续行为绝对是非法的。于某水前往 ATM 存钱开始的目的是存 300 元,但因 ATM 发生故障,存几次钱均被退回,于某水在准备放弃存钱时,发现手机来信息表明存款已经入账,他继而从旁边的农业银行跨行取款两次(分别是 2000 元和 1000 元)获得成功,被告人在此之前的行为不是犯罪。但此后于某水已经证实其存款时虽然现金被退回但存款已经入账,存款交易完成但没收现金。又返回邮政储蓄 ATM 连续操作十次 3300 元,后又到附近银行 ATM 取现金 15000 元,转账 5000 元,再次回到邮政储蓄这台故障 ATM 反复存款,共 17 次,存入人民币 97700 元,并于当晚到深圳市龙岗区其他银行网点跨行提取现金和转账,得款人民币 90000 元。这时其与 ATM 的一系列交易,完全是以非法占有为目的的行为,已经不具有合法性。

法院支持了控方的观点,理由是于某水通过取款方式验证,确认邮政储蓄这台 ATM 已经发生故障,他此后 17 次交易的目的很明显,通过这种方式获取银行现金。而且,被告人于某水的所有行为也证实其内心非常清楚,这些钱不是他的,所以其行为构成非法占有。

被告人后续交易不构成民法中的不当得利。《民法通则》第 92 条规定,没有合法依据,取得不当利益,造成他人损失的,应当将取得的不当利益返还受损失的人。尽管发生不当得利的原因有事件也有行为,但本质上,不当得利属于事件,作为事件,应当与获利人的意志无关,不以获利人有行为或识别能力为前提,不是由获利人的意志决定而取得。本案中,既然后来的 17 次交易都是被告人故意为之,说明被告人已经由意外受益的心理转变为非法占有的意图,其先前不当得利的性质也已经发生变化,由意外被动获得转变为主动故意侵权,严重的侵权行为即可构成犯罪。所以被告后来的 17 次交易行为显然不再构成不当得利。同理,辩方称,被告人行为构成对银行遗忘物的占有或保管,也是不成立的,因为,如果说银行遗忘物是通过被告人故意、反复的行为而"制造"出来的,那么认定后续 17 次交易吐回的钱款是遗忘物,显然违背基本逻辑和常理。

综上所述,法院认为,被告人的后续行为是非法的,存在明显的非法占有的故意,并且具有社会危害性,应当进入刑法规范的领域。

(二)此罪与彼罪

既然被告行为应当进入刑法规范的领域,那么他构成什么罪?控方认为,被告于某水的行为构成盗窃罪,辩方认为构成侵占罪,最终法院支持了控方的观点。

1. 被告人的行为构成盗窃罪

理由如下:

其一,犯罪的主客体不存在问题。被告人达到法定责任年龄,也具有刑事责任能力,侵犯的客体是银行财产权。

从主观方面来讲,被告人于某水具有非法占有的目的。责任主义原则要求,责任与行为同存,也即行为人必须在实施盗窃行为时已经具有非法占有的目的,本案中,被告人后面 17 次存款的目的非常明显,其明知 ATM 发生故障,积极追求多存款不扣现金的后果,明显具有非法占有公私财产的故意。

本案的关键在于犯罪的客观方面,被告人的行为是否符合盗窃罪中秘密窃取的特征?本案及许霆案的争议集中于此,许多人认为,被告人以真实银行卡,到有监控录像的 ATM 操作,银行可以根据真实账号查到,被告人的行为具有公开性,是"公开"窃取,不是秘密窃取,也就不构成盗窃罪。我国刑法理论认为,秘密窃取是指行为人采取自认为不使他人发觉的方法占有他人财物,只要行为主观意图是秘密窃取,即使客观上已经被人发觉或者注意,也不影响盗窃的认定。本案中,被告人利用机器故障,通过存款方式占有银行资金时,银行并不知晓其非法占有的目的,也不知道存款最后被非法占有的情况,即构成秘密窃取。身份的公开性并不能否定其行为的秘密性,不能将盗窃罪要求行为的秘密性等同于身份的秘密性,混淆两者的区别。退一步说,即使银行当时知晓情况,但只要被告人行为时自认为银行不知晓,也构成秘密窃取。从被告人后来连夜转移资金的行为来看,他就是希望在银行未知晓或将 ATM 维修正常之前占有银行资金。因而,其行为符合秘密窃取的特征。

其二,辩方还认为,盗窃罪作为一种最原始最古老的犯罪,被赋予了约定俗成的含义,国民在日常生活中对什么是盗窃有明确的认识和界定,被告人以合法形式取得钱财,认定其构成盗窃罪很难让公众信服和认可,因为法律制度的正当性,必须使基本规则为民众所认可。我们认为,认定任何犯罪都需要主客观相统一。本案中,案件事实和被告的行为过程都显示,被告人于某水由于主观意图发生的变化,导致先前合法行为后来转化成了非法行为,所以被告人的合法形式并不能掩盖其非法目的。同时,本案也是因ATM故障让被告临时起意的犯罪,发生的概率较小,在盗窃方式上具有特殊性,但概率小和特殊性都不影响对被告人犯罪构成的分析。被告人于某水后来的多次操作行为,主观上具有非法占有银行资金的故意,客观上实施了窃取银行资金的行为,已经构成盗窃罪。

2. 被告人的行为不构成侵占罪

我国《刑法》规定,侵占罪是指以非法占有为目的,将代为保管的他人财物,或者将他人的遗忘物、埋藏物非法据为己有,数额较大,拒不退还或拒不交出的行为。分析侵占罪的客观要件,侵占的突出特点是"变合法持有为非法所有",这也是侵占和盗窃的本质区别,即行为人已经合法持有他人财物,是构成侵占的前提条件。《刑法》第270条规定,合法持有他人财物包括两种情形:一是以合法方式代为保管他人的财物,是典型意义的侵占;二是合法占有他人的遗忘物或者埋藏物,即对于脱离占有物的侵占。本案不能认定是侵占的关键在于,银行没有同意或授权,所以不构成典型侵占;同时,被告人于某水对银行资金的占有是通过恶意存款取得,不是合法持有,也不构成脱离占有物的侵占。

另外,前面已经分析过,如果在被告人未采取任何主动行为时,ATM吐钱,被告人得到,可以认定为遗忘物。但本案是被告人通过故意行为,ATM"被操纵"而吐出现金,那么这些现金肯定不是银行的遗忘物,被告人也不是替银行保管钱财,因为从立法本意来说,遗忘物、保管物、不当得利都不是获得者通过主动行为来获得。如果说某人通过自己故意的、主动的行为获得他人的遗忘物,显然违反法律关于遗忘物的定义,违反基本逻辑。本案中,被告人通过故意行为取得的财物,显然与遗失物、不当得利的法律含义不一致。既然银行资金不能认定为遗忘物,那么被告的行为更不可能是替银行保管,因而其行为也不构成侵占罪。

(三)刑罚的衡量

综观本案前行为合法后行为违法的全过程,法院认为,被告人犯意的基础动因在于一念之间的贪欲。欲望人人都有,眼耳鼻舌身意,人有感知就会有欲望,所以欲望是人的本性,它来自于基因和遗传,改变不了,因而是正常的。欲望本身也是有益于人类的,没有欲望人类可能早已灭绝。与此同时,人作为社会中的存在,欲望必须得到控制,必须被控制在合理范围之内。众所周知,许多犯罪尤其是财产犯罪的最初(甚至是唯一)动因就是贪欲,当然在极端情况下,如严重冻饿、危及生命时,可能还有其他动因,但是属于例外或极少数,这里不予以展开。对财产犯罪科以刑罚,目的就是通过报应和预防两种方式,将人的欲望控制在一个合理范围,不让欲望演变为贪欲而危及他人利益,以维持社会的正常交易秩序和人类正常的生活秩序。所以,从这个层面来说,必须对被告人处以刑罚,通过惩罚和警示,将被告人以及有类似想法和行为的人的贪欲限制在一个正常合理的范围之内,以防止犯罪行为的发生。

另外,法院同时认为,应当对被告人科以较轻的处罚。理由是:

第一,从主观来说,被告人的主观恶性是较轻的,在知道ATM发生故障之前,被告人就是去存钱,是一个合法行为,没有任何犯罪意图。他是在取钱过程中,发现ATM故障并且这一故障可以给他带来巨大利益的时候,因为贪欲而产生的犯意。也就是说,没有 ATM 故障作为前提,被告人不会产生盗窃的犯意,因此,其主观恶性有限。同时,银行作为 ATM 的管理者和拥有者,其对机器故障(错误吐钱)应当承担过错责任,这一过错虽然与被告人的犯罪行为不构成因果关系,但可以作为对被告人从轻处罚的情节予以考虑。

第二,从被告人的行为方式来看,其获取钱财的方式是平和的,他没有通过其他手段,如破坏机器、修改电磁信息、蒙骗他人或通过电脑技术侵入故意改变 ATM 指令而窃取钱款,他只是利用了 ATM 的故障,通过"规范"的方式获取钱款。被告人利用机器故障进行盗窃,与那些典型的盗窃罪案中,受害人因财物损失产生的痛苦和报复欲望,以及毫无民事救济的可能性,必须依赖刑法保护的情形截然不同,这在量刑上必须予以考虑。

第三,从被告人的行为后果来看,因为银行 ATM 总体事故发生率很低,利用 ATM 的故障进行盗窃,其发生概率更低;既然银行资金受损与其 ATM 故障有直接关联,此后,银行必会在机器的运行精度以及失窃保险上完善制度,那么,将来这类案件发生率应该更低。另外,据银行方面称,当晚机器故障涉及存款错误的有二十多人,仅有被告一人利用机器故障进行盗窃。可以说,这一盗窃案是否发生,几乎产生于公民贪欲是否膨胀的一念之间。面对这种罪案,普通公民关注的应该是自己面对这种情况会怎么选择,而不会因这一特殊形式的盗窃对自己的财物产生失窃的恐惧感。所以,这一犯罪对社会秩序和公民的人身财产安全感并不会产生恶劣影响,本案的社会危害性比常态化的盗窃犯罪要小得多。

第四,对被告人个人生活状况等其他方面的考虑。被告人于某水的父母早已病亡,其与几个姊妹相依为命,生活困苦,不然,他也不会早早辍学外出打工谋生,以他的初小学历和人生经历,可以肯定,他对法律及其行为后果不会有高度清楚的认识,更不可能对这一法律界都存在争议的案件会自认为是盗窃犯罪。既然他不可能明确辨认自己的行为及其后果,我们也可以想象,对于一个穷孩子来说,几乎是从天而降的钱财对他意味着什么?! 我们不能苛求每一个公民都具有同等的道德水平和觉悟。同时,被告人取了钱带回老家,除了给弟弟一些钱,剩下的也一直不敢乱花,这说明他对社会管理秩序还是心存畏惧,被抓获之后,被告人随即全部退清所有款项,我们觉得,这孩子仍心存良知。

基于上述事实和理由,本院认为,对被告人判处刑罚并宣告缓刑的量刑幅度是适当的,能够达到刑罚报应与教育预防的目的。

(四)法官最后的说明

法官在判决末尾,对案件的裁量做了最后的说明:

"在作出本案判决之前,我们对与本案类似的著名许霆案做了详细的研究和对比,许霆案犯罪金额是十几万元,终审判决确定的刑期是 5 年。我们知道,法学理论界对许霆案的判决分歧非常大,国内多位顶尖刑法学教授也各自发表了论证严密但结论完全不同的法律意见。这既说明本案作为一个新类型案件有其自身的特殊性,另外也说明正义本身具有多面性,从不同的角度观察和认识会得出不同的结论。众多争论也说明,对复杂的新类型案件作出正确的司法判断是件非常困难的事,对法官的各项能力甚至抗压能力要求都非常高,因为法律毕竟是一门应对社会的科学,司法判断面临的是纷繁复杂、日新月异的世界,面临的是利益交织、千差万别的社会矛盾和价值取向,面临的是当事人、公众、媒体、专业人士等的挑剔眼光和评价。因而法律专家也好,法官、检察官也好,即使法律观念一致,但也存在不同的伦理观、道德观、世界观,存在不同的思维方式和行为路径,因此,在追求正义的过程中,司法官对案件的判断经常是不一致的但同时也是正常的。检察和审判机关之间,以及不同层级的审判机关之间对同一案件存在不同的认识和答案是正常的,希望得到社会各界的理解和尊重。

就本案而言,判词虽然已经详细阐明理由,但因本案被告在犯罪手段上非常特殊,合法形式与非法目的交织在一起,理论界对案件的定性争议也比较大,那么本判决结果可能难以让所有人肯定或认可。因此,我们也不能确认和保证本判决是唯一正确的,我们唯一能保证的是,合议庭三名法官作出的这一细致和认真的判断是基于我们的良知和独立判断,是基于我们对全案事实的整体把握和分析,是基于我们对法律以及法律精神的理解,是基于我们对实现看得见的司法正义的追求。"

四、法院裁判

经审理,法院判决如下:

经审判委员会讨论决定,依照《刑法》第264条,第67条第3款,第72条第1款、第3款,第73条第2款、第3款,第52条,第53条的规定,判处被告人于某水犯盗窃罪,判处有期徒刑3年,缓刑3年,并处罚金人民币10000元。

教学手册

教学对象及目标

本案例供法律硕士案例教学使用,法学本科(大四)、民商法学硕士也可以参酌试用。

本案例的教学目标在于:(1)使学生理解罪与非罪的概念和界限。(2)使学生掌握盗窃罪和侵占罪的构成要件和区别。(3)学生基本了解审判过程中法官心证形成的过程。

教学内容

本案判决过程,始终引起社会舆论的广泛关注。

对于某水的行为如何定性,存在四种不同意见:第一种意见认为,于某水的行为不构成犯罪。理由是,于某水的行为并不是"秘密窃取",因为他是用属于自己的银行卡取钱,没有盗窃或者侵占的故意,只是恰巧遇到自动取款机故障,取了不属于他的钱款,这属于民法上的不当得利,而不该作为刑事案件来定罪。第二种意见认为,于某水的行为构成盗窃罪。理由是:根据《刑法》第264条的规定,于某水以非法占有为目的,采取秘密窃取的方式,占有公私财物数额特别巨大,构成盗窃罪;且由于ATM属于“金融机构”,属于盗窃罪中“盗窃金融机构,数额特别巨大的”情形,应当处无期徒刑或者死刑。第三种意见认为,于某水的行为构成信用卡诈骗罪。理由是:根据《刑法》第196条第1款第4项的规定,于某水恶意透支,利用信用卡进行诈骗,数额巨大,构成信用卡诈骗罪。第四种意见认为,于某水的行为构成侵占罪。理由是:ATM里的钱款属于银行所有,于某水取出的9万元属于银行遗失的物品,于某水将此非法据为己有,数额巨大,根据《刑法》第270条的规定,于某水的行为构成侵占罪。

也有特别观点认为,对于于某水的行为,不能越过或抛开其得利的手段谈论其行为性质。另外,即使是“不当得利”后,如果“非法占有”的,仍可能触犯刑律构成犯罪;是否属于遗忘物,只能以行为人实施行为当时的财物占有状态为准来判断,而不是在行为之后加以判断。金融机构疏于检修取款机,当然负有责任,但这种责任只是属于自己内部的管理责任,不能成为于某水开脱罪责的借口;秘密窃取是指行为人采用自认为不为他人发觉的方法获取他人的财物。是否属于秘密窃取,通常取决于行为人本人是否认为自己的行为不被人发现,行为人自认为无人发现但客观上已被人发现,仍然成立秘密窃取;现行的司法解释将盗窃罪“数额特别巨大”的标准定得过低,对“数额特别巨大”的标准予以重新确定已是当务之急。笔者拟从以下几个角度,对于某水案进行考量。

1. 刑法上的非法占有与民法上的不当得利

一般而言,追究犯罪嫌疑人刑事责任应遵循主客观相统一原则。据此,行为人犯罪时的主观心态是对其行为定性的关键之一。在本案中,于某水的主观心态明显存在一个不断发展变化的过程,于某水主观恶性程度有多大?该行为应适用民法调整还是应进行刑法处罚?

我国现行《刑法》虽然没有明确规定主客观相统一的刑事责任原则,但刑法理论与刑事司法实践仍然将该原则作为刑法的一个基本原则。根据主客观相统一的刑事责任原则,一个人只有主观上出于某种犯罪故意或者犯罪过失,客观上实施了该种犯罪的客观行为,才能令其对该种犯罪承担刑事责任。只是客观上实施了某种犯罪的行为而主观上没有相应的犯罪故意,或者反之,都不能构成犯罪。于某水使用银行卡在ATM上取钱,发现ATM出现了故障,于是反复地取现,他在主观上已由最初取款的善意性转变为取款的恶意性,可以说他主观上是具有一定恶性的。刑法上的非法占有,是指行为人通过一定的非法手段将他人的财物占为己有的行为。民法上的不当得利,是指没有合法的依据使他人利益受损而自己获益的行为。《民法通则》第92条规定:“没有合法根据,取得不当利益造成他人损失的,应当将取得的不当利益返还受损失的人。”二者的关键区别在于:刑法上的非法占有是通过一定的非法手段占有他人的财物,而不当得利则不存在使用非法手段的问题,只是使他人利益受损而自己获益没有合法的依据。可以肯定的是,于某水的行为不成立不当得利。于某水明知银行取款机出现故障,而反复恶意取款,并且在事后潜逃达一年之久,这表明其主观上不仅对自己行为以及行为可能造成的后果具有认识,并且具有非法占有他人财产的意图,客观上也实施了非法占有他人财产的行为,这种行为所具有的社会危害性已经超出了民法上不当得利的调整范围,具有严重的社会危害性,应当属于刑法的调整范围。

2. 犯罪对象的属性

对于因银行ATM出现故障,而被于某水恶意取走的9万元款项能否视为“遗忘物”？于某水对此款项能否属于“代为保管”？金融服务的提供方银行应对ATM进行日常检修和监管,对该案件银行方面是否应该承担相应责任?

遗忘物,是指由于财物所有人或者持有人有意识地将财物放置在某处,因一时疏忽忘记拿走,而暂时失去控制的财物。ATM中的现金始终处于银行的控制之下,不存在被遗忘的问题,因此,在ATM中的现金不是遗忘物。代为保管,是指暂时代他人保管财物。代为保管应是善意的、主动的,恶意地占有了他人财物后予以保管的,不能成立《刑法》第270条所讲的“代为保管”。作为提供金融服务的银行当然具有对ATM进行日常检修和监管的义务,但是,银行未履行应尽的义务不是持卡人大肆恶意取款的免责理由,只是从轻处理的一个酌定情节。于某水明知自己无权支取却连续恶意透支,将银行控制的财物置于自己控制之下,然后逃匿,其取得财物的方式已经违法,其非法占有意图非常明显,不符合“代为保管”的特征。任何通过犯罪得到的东西(赃物)都是不当的利益,都是应当返还的。但是,不能把应当返还的东西,统统视为代为保管物,而且行为人的责任也不是一个返还能了结的。对方的过错,不是自己行为不成立犯罪的理由。阻却犯罪事由中,有正当防卫、紧急避险、被害人同意等,没有对方错误的事由。

因为银行取款机出了故障,就说该故障机器中出来的钱是银行的遗忘物,这是非常没有道理的看法。难道一个人不小心被偷了以后,一直没有发现,过了几天之后意识到自己被盗的时候,就可以说因为被害人没有意识到自己被盗,所以,该物就是遗忘物,小偷的行为就不是盗窃了吗？显然不行。是否属于遗忘物,只能以行为人实施行为当时的财物占有状态为准来判断,而不是在行为之后加以判断。金融机构疏于检修取款机,当然负有责任,但这种责任只是属于自己内部的管理责任,不能成为于某水开脱罪责的借口。因为,刑法不同于民法,适用“过失相抵”原则,不能说因为对方有一定的过失,就认为行为人的杀人行为或者盗窃行为就不构成犯罪。

3. “秘密窃取”的实质内涵

盗窃罪与侵占罪都属于侵犯财产犯罪,区分二者的关键何在？盗窃罪是否必须采取“秘密占有”的行为方式?

侵占罪和盗窃罪区别的关键,就是看所侵占的财物是在自己控制之下还是在别人控制之下。侵占别人控制下的财物,就是盗窃;侵占自己控制之下的财物,就是侵占。秘密窃取,应当做比较广义上的理解,通常是采用不为财物主人知道的方式获取,但也并非一定如此。在财物主人知道的情况下,采用不侵害财物主人身体的手段的获取,只要违反了财物主人的意思,也应看作为盗窃。如夜晚小偷入室盗窃,虽然主人暗中发现了,但其假装熟睡,任小偷将财物窃走。尽管小偷就是当着财物主人的面将财物拿走的,说不上是秘密窃取,但通常还是认定为盗窃罪,理由即在此。因此,就本案而言,即便是在银行监视器之下获取,也应属于广义上的秘密获取。

盗窃,是一种违背他人意志,非法占有他人财物、严重侵犯他人财产权益的行为。把盗窃方式限定为“秘密窃取”是不妥的,是对盗窃罪法律特征的误解和不当限定。在众目睽睽之下,未经同意、擅取他人财物的,也是盗窃。从情理上讲,安装了防盗的监视器就不能认定盗窃,是不足取的。

秘密窃取是指行为人采用自认为不为他人发觉的方法获取他人的财物。是否属于秘密窃取,通常取决于行为人本人是否认为自己的行为不被人发现,行为人自认为无人发现但客观上已被人发现,仍然成立秘密窃取。但出于非法占有的目的,以平和的手段非法拿走公私财物,即使被他人发现,也可以构成盗窃罪。在银行监视器监视下以平和的手段取走 ATM 中现金的行为,也可以成立秘密窃取。

4. 自动柜员机是否属于金融机构

盗窃金融机构中的“金融机构”应如何进行界定? ATM 能否作为金融机构的延伸,而成为金融机构的一部分?

ATM 是否属于金融机构,这应当作实质理解,立法意图是出于加强保护金融机构“经营资金”的安全。否定柜员机为金融机构的学者认为,“它(柜员机)是金融机构的延伸,但某物的延伸恰恰就不是该物本身”,所以柜员机不是金融机构。这种立论是经不起推敲的。我国刑法中的“盗窃金融机构”有特定的含义,最高人民法院《关于审理盗窃案件具体应用法律若干问题的解释》第 8 条明确规定,刑法第 264 条的“盗窃金融机构”,是指“盗窃金融机构的经营资金、有价证券和客户的资金等,如储户的存款、债券、其他款物,企业的结算资金、股票,不包括金融机构的办公用品、交通工具等财物的行为。”自动取款机应当属于金融机构的一部分,其是银行所设置的,代替银行工作人员从事一定业务的设施。由于这种机构的存在,所以,银行的服务更加便捷,人们的生活更加方便。从现实情况看,ATM 现在已被银行广泛运用,ATM 里面的资金,也都是由银行来补充。现在与 ATM 打交道,也是在与一个有代理权的主体打交道,一样存钱、取钱或办理第三方业务,都有契约精神存在。所以,从这个意义上说,ATM 应该属于金融机构的一个组成部分或者延伸。盗窃金融机构,并不是指盗窃金融机构的一切财产,如日常工作用的电脑等,而主要是指盗窃金融机构中的信贷资金。自动取款机作为替代银行人工业务的一种手段,其中所放置的资金当然是银行的资金,从柜员机中盗取的钱款显然属于银行的经营资金,所以,利用柜员机故障非法逾额提款的行为显然是盗窃金融机构。银行的信贷资金不仅涉及千家万户的个人资产,也涉及国家的金融安全,应对其予以特别保护,盗窃金融机构的要加重处罚。随着社会经济的不断发展,ATM 等自动设备也会不断增多,在生活中日益重要但也很脆弱,加强保护以警示不法分子,符合社会生活的需要。

5. 利用 ATM 错误提款的性质分析

机器能否成为被骗的对象? 骗取机器,是盗窃还是诈骗? 如何理解“恶意透支”? 于某水的行为是否属于信用卡诈骗中的“恶意透支”?

机器能否被骗,是盗窃还是诈骗,不能一概而论,要根据骗的对象、方式、手段、目的等各方面情况综合分析,既可能构成盗窃,也可能构成诈骗。比如采用欺骗手段,骗开了门禁、锁禁系统,取得了他人室内、保险柜、金库内的钱物,符合盗窃罪的特征。但如果采用欺骗手段,骗取了具有结算、支付功能的智能系统的信任而取得财物,这种情况就符合诈骗罪的特征。

如前文所述,机器是代人从事某些特定业务的,骗机器实际上就是骗人。从适用的方式来看,说机器能被骗,也未尝不可。本案中,于某水的行为难以说是透支。在透支即便是恶意透支的场合,行为人的实际透支数额和保留在银行的透支记录应当是一致的,透支人透支的金额一目了然;但在利用取款机的故障恶意取款的场合,行为人每次取款 1 元,在取款记录上也是 1 元,但实际所得是 1000 元,这样,在每次取款过程中,就有 999 元在银行不知情的情况下,被非法转移到了于某水个人手中。这种做法显然不能说是透支行为。

于某水在 ATM 上恶意取款行为应定性为盗窃罪。尽管银行在取款机存在故障而没有发现,在财物管理上存在疏忽,但这种疏忽并不意味着对该财物因此就失去占有,使财物处于无主状态;行为人采用真实合法手段侵入该机器,在银行方面不知情的情况下,秘密将该机器中所存放的财物据为己有,当然构成盗窃罪。这是毫无疑问的。

6. 犯罪引诱与期待可能性

于某水的行为有许多诱因,对此应如何理解?有人用期待可能性理论,也有人用刑法的谦抑性理论,对于某水的行为有不同的理解,对此如何评价?首先,认为于某水的行为是受自动取款机诱惑而违法,不应当受到刑罚处罚的观点,是不妥当的。诱惑,是一种有意而为的行为,在本案中,银行的责任是没有及时发现取款机发生故障的过失责任,但过失显然不是有意而为。因此,认为上述行为是诱惑犯罪,不受刑事处罚的观点,是不成立的。同时,上述观点在逻辑关系上也存在问题。按照这种观点,停放在外的汽车被盗,不是因为窃贼的贪婪,而是因为车主人没有把车停放在路人可以看得见的地方。这显然不符合正常逻辑。其次,说行为人缺乏期待可能性而不具备可罚性的见解也是对期待可能性概念的误解。期待可能性理论认为,如果不能期待行为人实施其他适法行为,就不能对行为人的行为进行非难,因而就不存在刑法上的责任。但是,就本案而言,并不存在强迫行为人一定要实施恶意取款的外在压力和客观环境。而且,我国《刑法》中并没有规定作为免责事由的期待可能性。同时,在国外,也因为期待可能性的判断标准无法准确把握而有放弃的趋势。因此,将期待可能性作为本案中的免责事由并不妥当。

目前理论界有滥用、误用期待可能性和谦抑性理论的不良趋势。法律本于人情、法律不悖人情、法不强人所难、法律不要太刻薄、责任应当以自由为前提。这种意义的期待可能性不能用于本案的情形。理解人性的弱点是社会观念、法治理念的进步。关键在于如何把握。把握不当,谅解人性弱点就成了"妇人之仁";同情之泪就成了软弱。哪种犯罪没有诱惑性?刑法就是帮助人们克制私欲、抵制诱惑的,是犯罪诱惑的反作用力。这正是所谓刑法规范人行为的作用。我们要发挥这种作用而不是抑制这种作用。如果认为国家、社会要求他不做那种行为是过分的,国家、社会不应该要求他在当时的情景下不做那样的事情,那么,刑法还有存在的根据吗?妇女穿戴性感以至于被告人抑制不住性冲动也能成为强奸免责的理由吗?金钱的诱惑力太大,以至于被告人抑制不住贪欲也能成为盗窃、贪污免责的理由吗?绝不能把责任完全推到ATM出错这一诱因上，于某水自身经不起诱惑才是犯罪的真正原因，正如一个入室盗窃的犯罪分子不能把犯罪的原因归咎于被害人的门窗没有关好一样。认为于某水的行为没有“期待可能性”是错误的。期待可能性是指期待一个人作出合法行为的可能性，反过来讲，不具有期待可能性就是在特定的情况下不能期待一个人作出适法的行为，如不能期待面临饿死的人不去偷窃他人的面包。于某水是一个正常的人，具有作出适法行为的期待可能性。银行对ATM疏于管理不是免除于某水刑事责任的理由，不影响定罪，但在量刑时可以将其作为犯罪的诱因，从而考虑适当地给予从轻处罚。

于某水作为个案，随着判决的生效已尘埃落定，但由该案引发的诸多法律问题还值得学者们去深深思考。时代在发展，科学技术越来越多地被运用到人们的日常生活中来，科技在给人们带来便利的同时，其负面效应也逐渐显现，越来越多的新型犯罪开始涌现。由于刑法固有的滞后性，这些新型犯罪的手段和方法在现行《刑法》中并没有明文规定，但其社会危害性却又不容忽视。在《刑法》进行新的修订前，怎样利用我国《刑法》现有的规定对这些犯罪行为进行规制，做到既不轻纵这些犯罪，又不矫枉过正，便是法律人不得不深入思考的问题。面对错综复杂的案情，司法者应该准确地从中归纳出法律事实，在不违背罪刑法定原则的前提下，在正义观念的指导下，对法律条文作出合理的解释，对复杂的具体案件作出合法合理的判决，以达到法律效果和社会效果的和谐统一。

预期效果

1. 学生了解罪与非罪的边界。
2. 学生掌握盗窃罪、侵占罪的犯罪构成要件。
3. 学生基本了解审判过程中法官心证形成的过程。

教学计划

1. 课前计划：安排学生阅读案例及相关参考资料，对案例所涉及问题进行思考，撰写实践题答案。

2. 课中计划：介绍教学目的，明确讨论主题；分组讨论，回答各项思考题，讨论实践题的撰写要点；小组代表提出撰写要点，学生讨论和分析；教师归纳总结。

课堂时间安排

本案例可以作为专门的案例教学课来进行，整个案例课的课堂安排3个课时，每课时45分钟。

思考题和实践题

思考题

1. 刑事诉讼程序是怎样的，和民事诉讼有何区别？
2. 请问你是否支持法院的观点？

实践题

请问如果你是于某水的辩护律师,你应当采取何种诉讼策略?

参考法条

《刑法》

第二百六十四条　盗窃公私财物,数额较大的,或者多次盗窃、入户盗窃、携带凶器盗窃、扒窃的,处三年以下有期徒刑、拘役或者管制,并处或者单处罚金;数额巨大或者有其他严重情节的,处三年以上十年以下有期徒刑,并处罚金……

第六十七条

……

犯罪嫌疑人虽不具有前两款规定的自首情节,但是如实供述自己罪行的,可以从轻处罚;因其如实供述自己罪行,避免特别严重后果发生的,可以减轻处罚。

第七十二条　对于被判处拘役、三年以下有期徒刑的犯罪分子,同时符合下列条件的,可以宣告缓刑,对其中不满十八周岁的人、怀孕的妇女和已满七十五周岁的人,应当宣告缓刑:

(一)犯罪情节较轻;

(二)有悔罪表现;

(三)没有再犯罪的危险;

(四)宣告缓刑对所居住社区没有重大不良影响。

……

被宣告缓刑的犯罪分子,如果被判处附加刑,附加刑仍须执行。

第七十三条　……有期徒刑的缓刑考验期限为原判刑期以上五年以下,但是不能少于一年。

缓刑考验期限,从判决确定之日起计算。

第五十二条　判处罚金,应当根据犯罪情节决定罚金数额。

第五十三条　罚金在判决指定的期限内一次或者分期缴纳。期满不缴纳的,强制缴纳。对于不能全部缴纳罚金的,人民法院在任何时候发现被执行人有可以执行的财产,应当随时追缴。由于遭遇不能抗拒的灾祸缴纳确实有困难的,经人民法院裁定,可以延期缴纳、酌情减少或者免除。

(李睿,上海财经大学法学院讲师)

8 CASE 陶某、刘某操纵证券市场案

摘　要

本案例是一起真实且经典的证券犯罪案件，行为人以抢先交易的方式（俗称“抢帽子”）实施犯罪行为。各国普遍将抢先交易规制为市场操纵犯罪，而我国则以操纵证券市场罪的兜底条款进行解释并入罪。操纵证券期货市场罪明示行为类型为价量操纵，本案实质是市场操纵，但契合资本操纵机理，具有操纵证券、期货市场的犯罪实质，应纳入“兜底条款”归责。本文对证券市场抢先交易的行为在刑法属性上予以分析辨正。同时，本文围绕法官审理刑事案件的诉讼程序，了解刑事诉讼中的审判程序和刑事法官的工作职责，以及证据的分类、证据效力、证明标准和认证规则等刑事诉讼程序内容。该案例对于学习证券法、金融刑法、刑事诉讼法、证据法均有所裨益。

关键词

操纵资本市场犯罪　抢先交易　信息型操纵　兜底条款

教学目标

（1）从案例教学的角度，教授证券市场抢先交易行为的刑法规范、域外借鉴以及我国的解释规则；（2）从抢先交易行为的操纵属性规范论证和规制边界角度，来论证抢帽子交易行为的法律性质及刑法处罚，掌握资本操纵犯罪的难点问题；（3）知悉刑事诉讼程序，掌握法院审理一审刑事案件中审判员的工作任务、程序和职责；（4）学习刑事诉讼各个阶段当事人的地位、作用和工作程序；（5）了解刑事诉讼中，证据的收集、分类、效力认定、证明标准和认证规则。

教学案例

一、背景介绍

理想中的资本市场应当是完全自由竞争市场,证券、期货、衍生品等金融产品价格由投资者在自由市场上通过充分竞价形成,充分自由竞价形成的证券价格总是围绕证券价值而波动。完全自由竞争市场实现的前提是市场信息的公开透明,[1]理性投资者通过分析当前证券的交易价格以及该证券有关的市场信息,从而对证券价值作出合理评估进而采取相应的投资操作。然而,完全自由竞争发展到一定程度必然会出现垄断,操作证券市场行为就是资本市场中常见的垄断行为之一。市场操纵行为人为了攫取巨额利润,破坏自由竞争机制,利用其资金或信息优势,介入市场竞争与价格形成机制,使理性投资者在评估证券价值时对相关市场信息发生认知错误进而采取基于错误认知的交易行为,使证券价格形成受到严重的影响且大幅度偏离其证券价值。

抢先交易(Forward Trading),又称"抢帽子"交易,通常是指证券公司、证券咨询公司、资产投资管理公司以及投资咨询公司从业人员,先行从事相关证券、期货合约交易,并对有关证券交易价格进行预测,对有关证券的发行人、上市公司等进行公开评价,或者公布投资建议、研究报告,通过预期的市场反应获取经济利益的行为。因为我国刑法操纵证券、期货市场罪没有明示禁止抢先交易行为,造成刑法理论与实务界对抢先交易是否构成市场操纵犯罪产生了极大的争议。世界上主要国家和地区的经济刑法对抢先交易的规制策略对我国刑法理论与实践具有重要的参考价值和借鉴意义。然而,当前我国刑法理论对操纵证券、期货市场罪以及抢先交易刑法规制问题的比较研究无论是在全面性还是在深度性层面上都有所欠缺。尤其是抢先交易法律标准问题,在一定程度上停滞于德国最高法院于2003年宣判的抢先交易案。实际上,随着国际社会金融创新不断发展,全球主要金融市场法律监管规则进行了较大幅度的完善和优化,对抢先交易等金融违法犯罪行为,业已制定了比较完善的法律规则。所以,需要精准地解分现阶段全球主要证券期货市场的反操纵刑事法律规范及司法实践经验,在交互性反思中研究抢先交易刑事法律的国际标准与我国现实,从中得出我国抢先交易刑法规制完善路径的启示。

二、案情介绍

(一)被告人的身份信息

被告人陶某,西藏同信证券有限责任公司上海营业部原投资顾问助理。

---

〔1〕 戚聿东:《中国现代垄断经济研究》,经济科学出版社1999年版,第10页。

被告人刘某，西藏同信证券有限责任公司投资咨询部原投资顾问。

（二）控方观点——检察院指控的犯罪事实

被告人刘某于2011年4月进入西藏同信证券有限责任公司投资咨询部担任投资顾问一职，被告人陶某于2012年3月进入该公司担任被告人刘某的助理。

2012年1月起，西藏同信证券有限责任公司冠名湖北卫视"天生我财"系列财经节目，被告人刘某担任每日17时播出的节目板块的嘉宾分析师，对证券或者其发行人、上市公司公开作出评价、预测或者投资建议。被告人陶某帮助刘某制作PPT课件，主要是证券市场相关板块的走势图和相关个股的走势及数据。由于该节目在全国财经类电视节目中有较高的行业地位和影响力，节目嘉宾对所推荐股票在荐股次日的交易价格和成交量有较明显影响。

（1）被告人陶某于2012年6月6日至8月10日，利用协助被告人刘某制作电视节目的便利条件，提前获悉被告人刘某和另一节目嘉宾于某在节目中将要推荐的股票信息后，亲自让李某按其通知交易股票。其先后借用朱某在中银国际证券有限责任公司黄孝河路营业部资金账号为26×××67的证券账户和人民币50万元、陈某在兴业证券股份有限公司漳州胜利东路营业部资金账号为80×××29的证券账户及人民币50万元，于节目播出当日下午收盘前全仓买进四川九州、澳柯玛等24只股票，买入股票总金额为人民币2842万余元。待推荐的股票信息在电视节目上播出后立即卖出，非法获利103.45万余元。

（2）被告人刘某于2012年7月12日至8月10日，操作前女友龙某在招商证券有限公司深圳东门南路营业部资金账号为10×××44的证券账户，提前买入其将在电视节目上推荐以及于某将推荐的金利科技、金路集团等6只股票，买入总金额共计人民币196.78万余元。在节目播出后卖出，非法获利共计人民币7.54万余元。

公诉机关认为，被告人陶某、刘某身为证券公司从业人员，利用职务便利提前买入相关股票，利用荐股电视节目对所推荐股票的影响，在节目播出后卖出股票谋取利益，情节严重，其行为触犯了《刑法》第182条第1款第4项的规定，均应当以操纵证券市场罪追究刑事责任。二被告人在中国证券监督管理委员会调查期间，主动交代自己的犯罪事实，具有自动投案的情节。

（三）辩方观点——被告人及辩护人的辩护意见

被告人陶某的辩护人提出陶某犯罪情节较轻，社会危害性相对较小，当庭自愿认罪，且具有自首情节，并愿意退出非法所得，可以依法免除处罚。此外，应从陶某非法获利的金额中扣除股票交易亏损部分。

被告人刘某的辩护人提出刘某的犯罪情节轻微，社会危害程度小，个人未从中获利，当庭认罪悔罪且具有自首情节，恳请对其依法从宽处理。

三、法院查明犯罪事实

2011年4月，被告人刘某进入西藏同信证券有限责任公司投资咨询部担任投资顾问，

2012年3月,被告人陶某进入该公司任刘某的助理。2012年1月起,西藏同信证券有限责任公司冠名湖北卫视"天生我财"系列财经节目,刘某担任每日17时播出的该节目板块的嘉宾分析师,对证券或者其发行人、上市公司公开作出评价、预测或者投资建议。陶某协助刘某制作PPT课件,内容为证券市场相关板块的走势图和相关个股的走势及数据。因该节目在全国财经类电视节目中有较高的行业地位和影响力,节目嘉宾对所推荐股票在荐股次日的交易价格和成交量有较明显影响。

事实一:2012年6月6日至8月10日,陶某利用协助刘某制作PPT课件的便利条件,提前获悉刘某和另一节目嘉宾分析师于某在湖北卫视"天生我财"节目中将要推荐的股票信息后,亲自或者委托李某按其指令进行股票操作,于节目播出当日下午收盘前全仓买进,待推荐的股票信息在湖北卫视"天生我财"电视节目播出后,伺机卖出股票获利。交易的股票有四川九州、澳柯玛、蓝科高新、天瑞仪器、康达新材、中山公用等。

(1)2012年4月底,陶某借用朱某在中银国际证券有限责任公司黄孝河路营业部开立的证券账户(账号为26×××67)和500000元(人民币,下同)进行股票交易。该证券账户于2012年6月6日至8月10日,共交易于某在湖北卫视"天生我财"电视节目中推荐的股票14只,买入金额共计9538790.06元,卖出金额9695774.16元,非法获利共计98557.15元;交易刘某在湖北卫视"天生我财"电视节目中推荐的股票10只,买入金额共计5908473.44元,卖出金额6283536.74元,非法获利共计332203.68元。

(2)2012年6月初,陶某与王某协商,由陶某代其进行股票交易,盈利部分陶某占六成,王某占四成。王某将妻子陈某在兴业证券股份有限公司漳州胜利东路营业部开立的证券账户(账号为80×××29)及500000元交陶某操作。该证券账户于2012年6月6日至7月20日,共交易于某在湖北卫视"天生我财"电视节目中推荐的股票14只,买入金额共计8106443.14元,卖出金额8231585.16元,非法获利共计98922.87元;交易刘某在湖北卫视"天生我财"电视节目中推荐的股票8只,买入金额共计4866545.1元,卖出金额5242648.98元,非法获利共计310409.51元。

综上所述,陶某利用朱某、陈某的证券账户交易股票共计24只,买入股票金额共计28420251.74元,卖出金额29453545.04元,非法获利840093元,陶某个人实际获利430817元。

事实二:2012年7月12日至8月10日,刘某利用担任湖北卫视"天生我财"财经节目嘉宾分析师的优势条件,操作前女友龙某在招商证券有限公司深圳东门南路营业部开立的证券账户(账号为10×××44),提前买入其将在湖北卫视"天生我财"节目上推荐的股票5只,买入金额共计1607398.2元,在节目播出后卖出金额1692031.2元,账户上非法获利共计73042.68元;买入于某在湖北卫视"天生我财"节目上推荐的股票1只,买入金额共计360428元,卖出金额365350元,账户上非法获利共计2379.31元。交易的股票有金利科技、玉龙股份、金路集团、乐山电力、北斗星通、新民科技。

综上所述,刘某利用龙某的证券账户交易股票共计6只,买入股票金额共计1967826.2

元,卖出金额2057381.2元,为龙某非法获利共计75422元。

2012年9月,刘某、陶某在接受证券监管机构调查时,供认利用他人证券账户交易股票的事实。2013年8月5日、6日刘某、陶某接到武汉市公安局经济犯罪侦查支队让其接受调查的电话通知后,前往公安机关接受调查,并如实供述全部犯罪事实。法院审理期间,陶某、刘某退出全部非法所得。

四、争议焦点的归纳、总结与分析论证

经法庭调查,法官归纳出本案控辩双方存在以下焦点问题,并逐一作出了分析与论证。本案争议的焦点问题如下:

1. 关于陶某、刘某的辩护人提出的二人具有自首情节的辩护意见。

经查,陶某在接受证券监管机构调查时,能供认涉案的主要事实,刘某能供认涉案的全部事实。二被告人在接到公安机关电话通知后,均能自动前往公安机关接受调查,并如实供述全部犯罪事实,其行为符合自动投案的构成条件,均应当认定自首,公诉机关及辩护人的意见,法院予以采纳。

2. 关于陶某的辩护人提出的陶某主动退出非法所得,并积极缴纳罚金,自愿认罪,依法可以从轻处罚的辩护意见。

经查,辩护人提出的上述辩护意见客观真实,法院在量刑时予以考虑。辩护人提出应从陶某获利的金额中扣除炒股亏损的辩护意见。经查,扣除股票交易中亏损,客观认定获利数额,符合立法的原意。法院在查明的事实中对公诉机关指控其非法获利数额予以了更正,辩护人的意见,法院予以采纳。辩护人提出的陶某犯罪情节轻微,社会危害性相对较小,可以免除处罚的辩护意见。经查,陶某作为证券从业人员,利用工作便利,采取抢帽子交易操纵的方式,买卖股票金额达2800余万元,并为自己牟取非法利益,严重损害了公众投资者对证券投资咨询机构的信任,扰乱了正常的市场交易秩序,情节严重,达到了犯罪的追诉标准,辩护人提出的免除处罚的意见,法院不予采纳。

3. 关于刘某的辩护人提出的刘某未从股票交易中获利,主观恶性较小的辩护意见。

经查,刘某利用其担任证券机构投资顾问的专业优势及湖北卫视“天生我财”节目嘉宾的影响力,通过媒体对证券或其发行人、上市公司公开作出评价、预测或者投资建议,足以影响证券市场交易价格波动,采取抢帽子交易操纵的方式,牟取不正当利益,违反了证券交易市场公平、信用的原则。其主观上是为自己牟利或者帮助他人获利,不影响对其行为性质的认定。辩护人就此提出的辩护意见,法院不予采纳。辩护人提出的刘某犯罪手段轻微,社会危害程度小,当庭自愿认罪悔罪,且一贯表现良好,工作业绩突出的辩护意见。经查,刘某在接受证券监管机构和公安机关调查、讯问中,自始能如实供述犯罪事实,认罪悔罪,且任职单位出具材料证明其任职期间表现良好,专业知识较强,工作业绩突出。辩护人及其任职单位的意见,法院予以采纳。辩护人提出的刘某与陶某不构成共犯的辩护意见。经查,陶某以其做股权投资的名义向刘某借款,隐瞒了自己买卖股票的真实意图,且无证据证明二被告人主观上有共

同犯罪的意思联系。公诉机关及法院亦未在审理查明的事实中认定二被告人有共谋犯罪的故意。辩护人提出的二被告人不构成共同犯罪的观点成立,法院予以采纳。

五、法院裁判

法院认为,被告人陶某、刘某身为证券公司从业人员,违反国家对证券交易的管理制度和有关从业禁止性的规定,在公开作出评价、预测或者投资建议前买入其将要推荐的股票,待电视节目播出后卖出牟取非法利益,情节严重,其行为均已构成操纵证券市场罪。公诉机关指控的罪名成立,法院予以确认。公诉机关指控陶某非法获利的数额有误,应予更正。被告人陶某、刘某在接到公安机关电话通知后,自动前往公安机关接受调查,如实供述犯罪事实,具有自首情节,应当从轻、减轻处罚。被告人陶某认罪悔罪,且能退出全部非法所得,可以酌情从轻处罚。根据本案事实、情节,宣告缓刑对所居住社区没有重大不良影响。被告人刘某犯罪情节较轻,认罪悔罪,且能退出全部非法所得,可以酌情从轻处罚。对被告人陶某依照《刑法》第64条、第67条第1款,第72条第1款、第3款,第73条第1款、第3款,第182条第1款第4项以及最高人民法院《关于处理自首和立功若干具体问题的意见》第1条的规定;对被告人刘某依照《刑法》第64条、第67条第1款、第182条第1款第4项以及最高人民法院《关于处理自首和立功若干具体问题的意见》第1条的规定,判决如下:

(1)被告人陶某犯操纵证券市场罪,判处拘役6个月,缓刑1年,并处罚金人民币15万元(已缴纳)。(缓刑考验期限,从判决确定之日起计算。)

(2)被告人刘某犯操纵证券市场罪,判处罚金人民币10万元(已缴纳)。

(3)被告人陶某非法所得人民币840093元、被告人刘某非法所得人民币75422元,予以追缴,上缴国库。

教学手册

教学对象及目标

本案例供法律硕士案例教学使用,法学本科(大四)、民商法学硕士也可以参酌试用。

本案例的教学目标在于:(1)使学生掌握抢先交易的操纵证券、期货市场罪。(2)使学生掌握理解抢帽子交易属性规范论证。(3)使学生掌握抢帽子交易刑法规制理性边界。

教学内容

一、抢先交易的操纵证券、期货市场罪辨析

(一)法律规定

操纵证券、期货市场罪,是指以获取不正当利益或者转嫁风险为目的,集中资金优势、持股或者持仓优势或者利用信息优势联合或者连续买卖,与他人串通相互进行证券、期货交易,

自买自卖期货合约，操纵证券、期货市场交易量、交易价格，制造证券、期货市场假象，诱导或者致使投资者在不了解事实真相的情况下作出准确投资决定，扰乱证券、期货市场秩序的行为。根据《刑法》第182条，其客观方面的表现为：

（1）单独或者合谋，集中资金优势、持股或者持仓优势或者利用信息优势联合或者连续买卖，操纵证券、期货交易价格或者证券、期货交易量的；

（2）与他人串通，以事先约定的时间、价格和方式相互进行证券、期货交易，影响证券、期货交易价格或者证券、期货交易量的；

（3）在自己实际控制的账户之间进行证券交易，或者以自己为交易对象，自买自卖期货合约，影响证券、期货交易价格或者证券、期货交易量的；

（4）以其他方法操纵证券、期货市场的。

（二）问题提出

我国《刑法》第182条操纵证券、期货市场罪明确规定了连续买卖、联合买卖、对敲、洗售等四种操纵资本市场犯罪行为模式，并以"兜底条款"将"以其他方法操纵证券、期货市场"的行为类型归入操纵市场犯罪的刑事规制领域。然而，随着我国证券期货市场的突飞猛进，金融事务领域逐渐产生了部分新类型的操纵证券期货市场违规、违法甚至犯罪行为，难以被《刑法》第182条规定的四种操纵市场行为所明确规制，抢先交易（"抢帽子"）行为就是其中最为典型的表现形式，因而需要对该"兜底条款"进行实质解释。

（三）域外经验

1. 德国模式

德国《证券交易法》明确禁止以下干扰德国或欧盟各国股票买卖、金融工具交易价格的操纵行为：（1）散布对金融工具价格评估具有现实或潜在重大影响的虚假、误导信息；（2）实施对股票、金融工具市场供求关系具有信息欺诈、误导效果的证券发行或买卖行为；（3）从事其他对德国或欧盟各国金融工具交易价格有现实或潜在影响的误导、欺诈行为。上述行为属于市场操纵，构成犯罪的，处5年以下监禁或单处罚金。

德国《证券交易法》明确设置抢先交易构成市场操纵的刑事责任法律条款。这种证券期货犯罪的刑事责任并非来自经济刑法的具体条款，而是渊源于德国《证券法》的规范授权，由联邦金融监管局根据法律程序对法律规定的"其他"市场操纵犯罪的刑事责任判断规则对抢先交易的刑事违法认定具有刑法上的效力。德国《经济刑法》与我国《刑法》中的证券期货犯罪实际上具有构成要件结构清晰、法律逻辑严密的特点；但是，德国《经济刑法》在立法技术上更加专注于构成要素刑法解释的体系性、科学性与前瞻性。即使经济刑法条文对相关构成要素采取了"兜底条款"的法律规定，但仍可以通过授权机制，通过反应更为敏捷的行政法律、法规、规章等填充开放型较强的构成要件内容。对于同属于刑法法典化程度依赖程度较高的我国《刑法》而言，具有较高的借鉴价值。

2. 美国模式

根据美国《证券交易法》的规定，禁止在证券发行与买卖时实施欺诈行为。这便从反欺诈原则的层面确认了证券市场操纵的违法性。美国《证券交易法》第 9 条更是明确禁止证券价格操纵。证券经纪商、承销商或者任何市场人士,出于提高或压制证券交易价格的意图散布信息诱导市场参与者交易特定证券,属于证券市场操纵行为;构成刑事犯罪的,处以 500 万美元以下罚金,或处以 20 年以下监禁,或并处上述刑罚。

美国尽管属于判例法国家,但是,随着刑法法典化程度的不断深入,美国相关证券期货法律对市场操纵犯罪也进行了相对完善的法律规定。特别是金融改革法案对《商品交易法》进行了重大修改,以相对原则性的规定方式禁止抢先交易行为,并规定了严苛刑事责任。虽然其原则性的刑法禁止明显区别于我国《刑法》中的"兜底条款",但两者实际上都具有模糊立法的因素。这种刑事模糊立法在很大程度上是罪刑法定原则在司法认定具有高度困难的证券期货犯罪领域的"折价"。但应当注意到,美国通过特有的辩诉交易程序,在司法实践中缓解了罪刑法定原则与模糊立法之间的紧张关系,采取"不定罪、严处罚"的实用性方式,不仅解决了市场操纵犯罪刑法控制问题,而且实质性地保护了被告人的实体权益。美国在司法程序上的实用性价值选择和操作经验,值得我国刑事司法实践参考。

(四)难点剖析

证券、期货市场中的"抢帽子"交易通常是指证券期货公司、证券期货咨询机构、专业中介机构以及相关投资咨询专业人员买卖或者持有相关证券、期货合约,并对相关证券、上市公司、期货合约及其标的资产等公开评价、预测或者提出投资建议,研究报告,通过期待的市场反应获取经济利益的行为。2008 年 10 月至今,中国证监会陆续查处一批具有重大影响的证券投资咨询机构及其责任人员操纵证券市场案件。如邓晓某、邓悉某操纵证券市场案,[1]武汉新兰德、朱某某、陈某操纵证券市场案等。[2]

由于相关证券投资咨询机构及分析师利用专业优势和影响力,通过影响证券市场价格谋取不正当利益,严重损害了公众投资者对证券咨询机构的信任,扰乱了正常的市场交易秩序,且涉案数额达到了司法解释规定的立案追诉标准,"抢帽子"交易刑法规制问题正式进入了刑事司法的考察范围。2011 年 8 月 3 日,中国"抢帽子"交易第一案一审构成操纵证券市场罪。[3] 至此,"抢帽子"交易刑法属性问题的法理探讨与实践论辩进入最高潮。

我国刑法理论与实务中对"抢帽子"交易是否构成操纵证券、期货市场罪问题的争议主要集中于这种刑法没有明确规定的证券期货违法交易类型能否解释为"以其他方法操纵证券、期货市场"。肯定的意见认为,"抢帽子"交易与操纵证券市场罪列举条款具有同质性,以操纵证券市场罪"兜底条款"认定为犯罪,符合现行刑法条文规定和刑法理论,不违背罪刑法定

---

[1] 参见中国证监会行政处罚决定书(2011)4 号。

[2] 参见中国证监会行政处罚决定书(2008)44 号。

[3] 北京首放是一家具备证券投资咨询业务资格的证券投资咨询机构。汪建中是该公司控股股东,并任执行董事、经理,2007 年至 2008 年 5 月间,北京首放向社会公众发布咨询报告,在此之前,汪建中利用其实际控制的账户买入咨询报告推荐的证券,并在咨询报告向社会公众发布后卖出该种证券。汪建中以上述方式买卖 38 只股票和权证,买入证券金额累计 52 亿余元,卖出金额累计 53 亿余元,买卖证券行为合计 55 次,累计获利 1.25 亿余元。参见中国证监会行政处罚决定书(2008)42 号。翟兰云、陆昊:《股市"黑嘴"汪建中一审获刑七年》,载《检察日报》2011 年 8 月 4 日,第 1 版。

原则。[1] 否定的意见认为，刑法规范中的"兜底条款"应当进行限制解释，尤其是在操纵证券市场罪运用"双重兜底"（刑法与证券法均采取"兜底条款"规定）立法技术的情况下，"抢帽子"交易不宜认定为操纵证券市场罪。[2] 正反意见相持不下形成理论僵局，其实践结果无非是择一观点形成判决或解释。然而，这实际上是对操纵证券、期货市场罪"兜底条款"刑法解释僵局的"消化"而非破解，并不利于操纵证券、期货市场罪刑法适用本源性问题的实质性解决。

在前文对操纵证券、期货市场实质内涵探索与"以其他方法操纵证券、期货市场"深度解释的基础上，笔者认为，应当对"抢帽子"交易是否构成操纵证券、期货市场罪进行缜密的刑法分析，对操纵证券、期货市场罪"兜底条款"的规范边界进行逻辑反思与本质追问。资本市场金融创新客观上衍生了操纵市场违法犯罪行为的"创新"。刑法明示的操纵证券、期货市场犯罪类型逐渐演变为相对"低端"的行为模式，"兜底条款"司法适用的必要性与重要性随之提升。"抢帽子"交易刑法属性辨正的理论基础在于对操纵证券、期货市场罪"兜底条款"进行合法且合理的解释，而"兜底条款"的规范边界是由操纵证券、期货市场罪的实质内容所决定的，操纵证券、期货市场罪又属证券期货犯罪体系中的核心犯罪类型。所以，在刑法理论上深度论证"抢帽子"交易的刑法属性，对于探索罪刑法定原则在证券期货犯罪中的具体化路径，破解证券期货犯罪类案疑难问题，具有重大的理论与实践价值。"抢帽子"交易行为性质判断虽然是一个具体的司法认定问题，但是，该问题的法律解释实际上能够更为直观且具体地理解操纵证券、期货市场罪的实质，更有利于为证券期货犯罪立法、司法完善提供拓展新的理论视野。

二、"抢帽子"交易属性规范论证

我国刑法理论倾向于从操纵证券、期货市场罪明确规定的行为类型中探索本罪"兜底条款"实质方面的同等性价值，从而为判断"抢帽子"交易是否构成操纵证券、期货市场罪提供理论支撑。例如，有观点认为，《刑法》"兜底条款"的认定必须通过与统一条文明确规定的行为类型进行比照，确定其具有相同或类似的价值。[3] 更为具体的意见指出，操纵证券、期货市场罪明确列举的连续买卖、合谋买卖、自我买卖等三种行为类型的共同性特征在于，故意通过欺诈性手段致使证券交易价格异常或形成虚拟的价格水平，或者致使证券交易量异常或形成虚拟的交易量水平；"兜底条款"实质内涵应以此同质性特征为限。但是，由于上述意见未在深入解构操纵证券、期货市场罪刑法规范、全面把握该罪特质的基础上分析"兜底条款"隐含的同质性特征，故其适用的解释规则与最终的法律观点并不正确。

笔者认为，操纵证券、期货市场罪的实质内容与规范结构相对特殊，本罪实质内涵并不直接等同于明示行为类型的共同内容，"兜底条款"的同质性特征不能按照一般解释规则予以归纳，即操纵证券、期货市场罪"兜底条款"的同质性特征不能直接或表象性地受制于明示法律

---

〔1〕参见王崇青：《"抢帽子"交易的刑法性质探析——以汪建中操纵证券市场案为视角》，载《政治与法律》2011年第1期。

〔2〕参见何荣功：《刑法"兜底条款"的适用与"抢帽子交易"的定性》，载《法学》2011年第6期。

〔3〕参见何荣功：《刑法"兜底条款"的适用与"抢帽子交易"的定性》，载《法学》2011年第6期。

类型,同质性信息必须从本罪的行为类型与实质内涵两方面予以获取与检验。只有这样才能确保对操纵证券、期货市场罪及其“兜底条款”的全面理解。也正如前文所述,《刑法》第182条明示的三种操纵证券、期货市场犯罪行为类型的本质内容是价量操纵,而市场操纵的行为内容还可以包括资本操纵。所以,“抢帽子”交易行为在本质上归属于价量操纵,而市场操纵的行为内容还可以包括资本操纵。所以,“抢帽子”交易行为在本质上归属于价量操纵或者资本操纵之一,都可以认定为具有市场操纵的犯罪性质。

从“抢帽子”交易与价量操纵的关系上看,“抢帽子”交易中的“交易”并不直接与相关证券、期货合约的交易价格或者交易量发生操纵与被操纵的因果关系。因为“抢帽子”交易中的“交易”是证券期货投资咨询意见公开之前的建仓行为与公开之后的平仓行为。“抢帽子”交易者买卖行为对证券、期货合约交易价格变动的关联度亦不显著。同时,“抢帽子”交易中的发布证券期货投资咨询意见行为并非直接作用于证券、期货交易价格与交易量,而是通过公布投资咨询意见影响资本市场投资者的交易行为,进而引发相关证券、期货交易价格或者交易量达到一定的水平。当然,“抢帽子”交易中的核心要素,即发布投资咨询意见,是影响证券、期货交易交割或者交易量变动的客观条件。根据刑法因果关系中的条件因果关系理论,两者之间存在因果关系。但这种理论上的因果关系并无实证依据与证据依托。因为在条件因果理论下,“抢帽子”交易与价量变动之间存在两层条件关系——投资咨询意见是受其影响的投资者从事交易的条件,受影响投资者的交易行为是价量变动的条件。正常情况下的证券、期货市场是一个流动性高度分散的交易平台,基于证券投资咨询机构及其从业人员发布的隐瞒利益冲突的投资意见而从事相关证券、期货交易的投资者数量、交易量、资金流向、交易价格分布等事实状况根本无法统计,这意味着发布投资咨询意见行为与受到诱导的投资者交易行为之间的因果关系难以直接证明。不能排除同时期相关证券、期货交易品种的部分市场参与者没有受到投资咨询意见的影响,按照正常的供求关系认识配置资本,这就进一步稀释了投资咨询意见对市场投资者的影响。故第一层条件因果是推定的。在受到投资咨询意见影响的投资者资本运作行为无法通过客观证据认定的情况下,所谓相关证券、期货交易价格或交易量进而受到影响的论断更无从证明。故第二层条件因果同样是推定的。因此,除非“抢帽子”交易者自身的交易行为产生价量操纵效应,[1]否则,“抢帽子”交易与价量操纵结果之间的因果关系即使成立,也是二次推定的结论。理论上认为,刑事司法推定的规则之一就是推定以一次为限,因为推定的基础事实必须是牢固的,二次推定的基础上推定的结论,导致最后的结论无法在刑事上被认定为真实可靠。[2] 同时,推定本身是一种对事实的盖然性判断,本不应在刑事程序中被采纳,只是在基础事实与推断事实之间存在充分且合理联系的极少数情况下,才允许适用刑事推定。而在盖然性基础上再次推定,后次推定结论的盖然性成分将会呈现乘数效应,超越刑事证明标准对盖然性的容忍限度。“抢帽子”交易通过影响投

---

〔1〕 此时,行为实际上已经转变为通过连续交易、约定交易、自我交易等交易型操纵的方式控制证券、期货交易价格或交易量,同时以散布利益冲突咨询意见配合相关交易,在性质上应属价量操纵。

〔2〕 参见邓子恢:《刑事法中的推定》,中国人民公安大学出版社2003年版,第116页。

资者行为进而影响证券、期货交易价格或交易量的论断,充其量只是二次推定下的条件因果,不能成为刑事证明程序下的法律判断,故不能认定“抢帽子”交易具有价量操纵的类型化特征。所以,任何将“抢帽子”交易解释为与《刑法》第182条明示的市场操纵犯罪类型具有同质性的观点实际都是错误的,因为“抢帽子”交易本身根本不具有加量操纵的实质属性。

在市场操纵等同于价量操纵的刑法判断下,分析至此即可认为“抢帽子”交易不能纳入操纵证券、期货市场罪“兜底条款”予以归责。但正如前文所述,市场操纵内含着加量操纵与资本操纵两种行为类型,既不能无视证券、期货市场理论以及证券期货犯罪原理强行认定“抢帽子”交易构成加量操纵,也不能否定“抢帽子”交易操纵特征后直接认定其不构成市场操纵——应当通过剖析“抢帽子”交易是否具有资本操纵的激励,进一步探究其是否符合市场操纵的实质内涵。

“抢帽子”交易具体表现为证券期货投资咨询机构及其从业人员提前建仓,随后通过报纸、杂志、网络等金融信息媒体针对已经建仓的相关证券、期货合约发表投资咨询意见,并向公众隐瞒证券、期货交易事宜与投资咨询意见之间的利益冲突,同时执行相关证券、期货交易谋取利益。由于发布投资咨询意见的机构或者从业人员对于市场具有一定影响力,引发投资者按照咨询意见从事交易,相关证券、期货交易品种的市场供求关系由此发生变化,最终使得上述投资咨询机构及从业人员平仓获利。投资咨询意见与投资者从事相关证券、期货交易之间影响与被影响的因果关系可以根据相关基础事实予以推定。证券期货投资咨询机构或从业人员市场影响力巨大,信息发布媒体数量及其影响范围极广、相关证券期货供求关系基本面没有发生明显变化等基础事实可以推定该投资咨询意见对于投资者行为产生重大影响。对照前文所述资本操纵的实质内容,我们发现,“抢帽子”本质上就是通过控制市场投资者的资本流向操纵证券、期货市场,因此,“抢帽子”交易与资本操纵在理论上具有相同的运作机理。故“抢帽子”交易属于市场操纵中的资本操纵类型,符合操纵证券、期货市场罪的实质,在《刑法》第182条没有明示这种行为类型的情况下,可以通过同质性解释将其纳入“兜底条款”进行刑法评价。

三、“抢帽子”交易刑法规制理性边界

运用刑法解释理论证明“抢帽子”交易实质上符合操纵证券、期货市场的刑法属性,意味着这种刑法未予明示的行为类型与连续交易、约定交易、自我交易等刑法明示的价量操纵类型一样具备市场操纵的犯罪性质,操纵证券、期货市场罪“兜底条款”应当规制“抢帽子”交易行为,但刑法介入度必须予以限制。这不仅是因为“兜底条款”立法上的模糊性与不确定性决定了其在司法上应当更为谨慎与严格,更重要的是,证券、期货市场的特征决定了刑法介入理应秉持克制的理念。

2010年最高人民检察院、公安部《关于公安机关管辖的刑事案件立案追诉标准的规定(二)》(以下简称《追诉标准二》)首次以经济犯罪立案标准的形式对“以其他方法操纵证券、期货市场”的具体内容进行了填充。根据《追诉标准二》第39条的规定,证券公司、证券投资咨询机构、专业中介机构或者从业人员,违背有关从业禁止的规定,买卖或者持有相关证券,通过对证券或者其发行人、上市公司作出公开评价、预测或者投资建议,在该证券的交易中谋取利益,情节严重的,应当以涉嫌操纵证券、期货市场罪予以立案追诉。对于此类刑事案件追诉标准属于司法解释,刑法理论上一直存在争议。笔者认为,即使肯定追诉标准属于司法解释,首先必须受到溯及力制约,其时间效力范围只能覆盖实施之后的行为。其次,追诉标准只是启动刑事程序追究进行立案侦查的标准,对于犯罪性质与数额的认定不具有最终决定性。因此,司法实践以操纵证券、期货市场罪“兜底条款”追究“抢帽子”交易行为的刑事责任,应当以规定这种行为类型定罪量刑标准且受到溯及力制约的司法解释为规范基础。

“抢帽子”交易作为操纵证券、期货市场罪的“其他方法”,其行为构成必须进行合理的要素配置,并注重“抢帽子”交易违法与犯罪之间的界限划分。对于“抢帽子”交易操纵违法,符合以下要素即可予以认定:(1)行为主体是证券期货公司、证券期货投资咨询机构、专业中介机构及其从业人员;(2)对相关证券及其发行人、相关期货合约及其标的金融产品公开进行评价、预测或发布投资建议;(3)在公开进行评价、预测和发布投资建议前买卖或者持有相关证券、期货合约;(4)通过公开评价、预测或投资建议,在相关证券、期货合约交易中谋取利益。“抢帽子”交易操纵犯罪则应对上述构成要素进行限制性理解或提高量化标准。

“抢帽子”交易属于市场操纵中资本操纵类型,其核心在于通过未披露利益冲突的投资咨询意见诱使投资者按照行为人的意见而与其进行资本配置。投资咨询意见本身是否具有虚假性或误导性,并不影响“抢帽子”交易操纵违法性质的认定。但是,在“抢帽子”交易操纵犯罪的认定过程中,必须将利用具有客观依据但未披露利益冲突的投资咨询意见操纵市场的行为排除在外。行为人发布符合证券、期货市场供求关系的投资咨询信息,即使市场投资者受到信息影响力的控制从事相关交易,毕竟是客观上符合市场价格机制的投资行为。此时,“抢帽子”交易操纵的违法性主要建立在违规不披露利益冲突信息基础之上,其目的主要是加速形成符合市场基本面及其规律的交易价格或交易量并使操纵者快速获取利益,没有或较少地损害投资者利益。行为人编造并散布完全没有客观依据的虚假性或误导性投资咨询意见,利用在投资咨询行业的影响力欺诈客户或者市场投资者,诱使其从事完全没有合理市场依据的资本配置,不仅充分暴露了行为人欺诈市场的主观恶性,而且对投资者利益造成了重大实际损害,相对于单纯利益冲突的“抢帽子”交易,其情节明显更为严重。因此,在事实上能够显著地区别社会危害与主观恶性的情况下,证券期货犯罪刑法规范有必要坚守适度性介入理念,仅对最严重的一部分“抢帽子”交易操纵行为予以刑事处罚。

“抢帽子”交易操纵构成违法或犯罪均应以实际获取利益为前提。行为人利用发布投资咨询意见从事相关证券、期货交易却未获利,说明其没有对市场形成操纵,不能以反操纵法律规定进行评价。从犯罪的角度进行具体分析,操纵证券、期货市场罪的社会危害性表现为扰乱市场机制与侵害投资者权益,价量操纵侧重于前者,诸如“抢帽子”交易等资本操纵侧重于后者。证券、期货市场机制遭受侵害能够在本罪明示的操纵(影响)“证券、期货交易价格或者证券、期货交易量”构成要素中予以评价。投资者权益的侵害则无法在本罪构成要素中予以直接评价,只能通过民事诉讼予以解决。操纵证券、期货市场刑事程序解决的并非投资者损害赔偿问题，而是被告人刑事责任问题。即使将被害人损失作为重要的量刑情节，基于证券、期货市场投资者高度分散的现实，刑事程序仅能对投资者损害进行概括评价。但投资者权益损害可以在操纵实际获利要素中予以间接评价。因为针对特定证券期货产品所进行的资本竞争属于零和博弈，[1]诸如“抢帽子”交易等资本操纵着获取的利益可以视为投资者遭受的损失。[2] “抢帽子”交易没有获取利益可以反向推断证券、期货市场没有按照“抢帽子”交易者的预期进行变化，投资者的资本配置行为没有显著地受到相关投资咨询意见的影响，市场操纵社会危害的性质与程度便难以界定与评估。为获取利益的“抢帽子”交易者所从事的证券、期货交易，实际上成了提供市场流动性的投机行为；发布投资咨询意见时隐瞒利益冲突的，可以通过反虚假陈述法律规定予以规制；向市场发布重大虚假信息，造成投资者重大损失或者市场波动等严重后果的，应以编造并传播证券、期货虚假信息论处。应当看到，根据我国《刑法》第181条及《追诉标准二》的规定，编造并且传播影响证券、期货交易的虚假信息，扰乱证券、期货交易市场，应立案追诉的标准，除有达到一定数额的获利或者避免损失、造成投资者直接经济损失等要求外，如果达到致使交易价格和交易量异常波动，多次编造且传播影响证券、期货交易的虚假信息以及其他造成严重后果等，也可以构成编造并传播证券、期货虚假信息罪。笔者认为，从刑法理论分析，行为人实施编造并传播证券、期货交易虚假信息犯罪行为，引起证券、期货市场的波动，再通过实施相关证券、期货交易从中获利或规避损失，实际上是以编造并传播虚假信息的手段实现操纵证券、期货市场并从中牟利的目的。也即行为人的“编造并传播”行为与“操纵”行为具有牵连关系。在司法实践中，这类案件应该按刑法理论上的牵连犯原则处理，即根据“从一重处断”的原则，对行为人以操纵证券、期货市场罪定罪处罚。[3] 所以，没有实际获利的“抢帽子”交易不应构成操纵证券、期货市场罪。同时，“抢帽子”交易操纵的定罪标准，不仅应当在获利数额层面明显高于刑法，而且有必要附加其他严重情节的限制，例如，引发大规模证券集团诉讼、关联诉讼等，从而进一步突出证券期货违法与犯罪的界限。

综上分析，全球主要证券、期货市场及法律监管体系以不同的规范形式将“抢帽子”交易规定为市场操纵犯罪。这对我国刑法全面理解“抢帽子”交易的运作机理，操纵证券、期货市场罪的实质，证券期货犯罪刑法规制的国际标准，具有重大的参考价值，也为启动“兜底条款”评价“抢帽子”交易提供了有益的必要性论证。价量操纵并非操纵证券、期货市场罪的全部内

〔1〕 零和博弈是指参与博弈的各方，在严格竞争下，一方的收益必然意味着另一方的损失，博弈各方的收益和损失相加总和永远为“零”。参见 Samuel Bowles, Microeconomics: Behavior, Institutions, and Evolution, Princeton University Press, 2004, pp. 35 –38。

〔2〕 在交易成本为零且不存在外部性介入的模拟环境下，资本操纵者的获利与投资者损失之间正负相抵为零。现实证券、期货市场不存在理论上模拟的环境，但两者在数量之上仍可视为相当。

〔3〕 当然，正如前文所述，我国刑法将编造并传播证券、期货交易虚假信息罪规定为独立的罪名固然有其合理性的一面，然而，尽管世界各国和地区有关法律虽然对于编造并传播证券、期货交易虚假信息的行为都强调要加以处罚，但大多将这种行为归入市场操纵犯罪或市场滥用犯罪（Market Abuse）之中。我国司法实践中也极少认定和处理编造并传播证券、期货交易虚假信息犯罪案件。为了简化刑法条文并有利于司法实际操作，从完善刑法规定的角度来看，将编造并传播证券、期货交易虚假信息罪归入操纵证券、期货市场罪中显得更为合理。

容。证券、期货市场是金融商品与资本两者要素的有机结合,操纵证券、期货交易价格或交易量仅是市场操纵的违法类型之一,资本操纵同样是一种独立的市场操纵类型。价量操纵通过实施交易行为直接作用于证券期货商品进而控制其交易价格或交易量;资本操纵通过发布虚假信号直接作用于市场投资者进而影响其资本配置策略与行为。这不仅是法系“抢帽子”交易刑法属性、解释“兜底条款”的前提,也是深入理解价量操纵本质、市场操纵范围的理论的开拓。操纵证券、期货市场罪“兜底条款”同质性解释规则的分析结论是,“抢帽子”交易不具有刑法明示行为类型价量操纵的共同特征,但与资本操纵的运作机理完全契合,具有操纵证券、期货市场的犯罪实质,应当纳入“兜底条款”进行刑事归责。司法解释具体规定“抢帽子”交易操纵的定罪量刑标准时,应予从严把握,准确划分违法与犯罪的界限,限制“兜底条款”的归责范围。

预期效果

1. 学生掌握抢先交易的操纵证券、期货市场罪。
2. 学生掌握理解“抢帽子”交易属性规范论证。
3. 学生掌握“抢帽子”交易刑法规制理性边界。

教学计划

1. 课前计划:安排学生阅读案例及相关参考资料,对案例所涉及问题进行思考,撰写实践题答案。

2. 课中计划:介绍教学目的,明确讨论主题;分组讨论,回答各项思考题,讨论实践题的撰写要点;小组代表提出撰写要点,学生讨论和分析;教师归纳总结。

课堂时间安排

本案例可以作为专门的案例教学课来进行,整个案例课的课堂安排 3 个课时,每课时 45 分钟。

实践题

请问如果你是辩护律师,你应当采取何种诉讼策略?

参考文献

1. 戚聿东:《中国现代垄断经济研究》,经济科学出版社 1999 年版。
2. 王崇青:《“抢帽子”交易的刑法性质探析——以汪建中操纵证券市场案为视角》,载《政治与法律》2011 年第 1 期。
3. 何荣功:《刑法“兜底条款”的适用与“抢帽子交易”的定性》,载《法学》2011 年第 6 期。
4. 邓子恢:《刑事法中的推定》,中国人民公安大学出版社 2003 年版。

(李睿,上海财经大学法学院讲师)

9 CASE 陈传钧抢劫案

摘　要

本案例以真实案件为蓝本,围绕案件的事实认定与法律适用,剖析刑事诉讼的证明标准,探讨疑罪从无原则的确立与适用。案例教学主要涉及直接证据与间接证据的划分、证据的证明力判断、间接证据的运用规则、刑事证明标准确定等具体问题,并在此基础之上,解析疑罪从无原则的理念内涵与严格适用。强调在人权保障的理念之下,如果现有证据无法达到确实、充分的证明标准,应当恪守证据裁判规则,坚持疑罪从无。

关键词

间接证据　刑事证明标准　疑罪从无

教学目标

通过本案例的教学,力图使学生掌握下述四个方面的主要内容,进而培养其解决具体法律问题的能力与素养:(1)直接证据与间接证据的证明力;(2)间接证据的运用规则;(3)刑事诉讼证明标准;(4)疑罪从无原则的内涵与适用。

教学案例

一、案件事实

广东省东莞市中级人民法院审理广东省东莞市人民检察院指控原审被告人陈传钧犯抢劫罪,原审附带民事诉讼原告人方某庚、方某申、方某酉、方某戌、方某辛刑事附带民事诉讼一案,于2011年12月19日作出(2011)东中法刑一初字第99号刑事附带民事判决。宣判后,原审被告人陈传钧不服,以其没有实施犯罪为由提出上诉。广东省高级人民法院于2013年9月9日作出(2012)粤高法刑一终字第455号刑事附带民事裁定书,裁定撤销原判,发回广东省东莞市中级人民法院重新审判。广东省东莞市中级人民法院依法重新组成合议庭审理本案,于2014年4月15日作出(2013)东中法刑二重字第1号刑事附带民事判决。宣判后,原审被告人陈传钧仍不服,继续以其没有实施犯罪、不应承担赔偿责任为由提出上诉。广东省高级人民法院依法组成合议庭,公开开庭审理了本案。

二、一审认定事实及判决

原审判决认定:2001年9月25日左右,被告人陈传钧意欲抢劫其打工期间所熟识的广东省东莞市沙田镇西太隆村崇兴商店,事先购买了铁锤作为作案工具并进行了踩点。同月27日早上6时许,陈传钧进入崇兴商店假意购买商品,趁被害人方某申不备时,用铁锤猛击方某申后脑数下致其晕倒,随后进入店内卧室,用铁锤猛击正在睡觉的被害人方某己头部、背部等部位数下,击打方某己的女儿方某酉、方某辛各一下,之后取走方某己裤袋内装有现金500元等财物的钱包并逃离现场。方某己送医院经抢救无效死亡,方某申、方某酉、方某辛所受损伤均为重伤。

另查明,被告人陈传钧的犯罪行为导致被害人方某己死亡,方某申、方某酉、方某辛伤残,造成附带民事诉讼原告人方某庚、方某申、方某酉、方某戌、方某辛经济损失,依法应赔偿包括死亡赔偿金、丧葬费、被扶养人生活费、残疾赔偿金及交通费在内的各项经济损失520206.19元。

原审判决认定上述事实,有经庭审举证、质证的下列证据证实:

(一)勘验、检查笔录

现场勘查笔录、现场图及照片证实:现场位于广东省东莞市沙田镇西太隆市场崇兴商店内,店铺东面货柜靠南地面有一处血泊,西南面有一扇木门通向卧室,卧室床上有沾有血迹的蚊帐、被单及枕头,床头处分布有溅状血迹,床靠西面地上有点状及擦蹭状血迹。卧室东南面洗手间内的洗衣机上放有一件右袖处沾有血迹、商标为"XinChao"的白色衬衫,洗衣机旁边地上有一个无把柄的、锤面宽4厘米的红色铁锤头,铁锤旁的黑色塑料袋内有一个折断的木柄。

（二）鉴定意见

1. 法医学尸体检验报告书及尸检照片证实：被害人方某己系被他人用钝器多次打击头面部致颅脑损伤死亡。

2. 法医学活体损伤程度鉴定书及伤情照片证实：被害人方某申被砸致重伤，伤残九级；被害人方某酉头部被打致重伤，伤残九级；被害人方某辛被砸致重伤，伤残七级。

（三）到案经过

到案经过及证明证实：案发后，东莞市公安局沙田分局通过侦查确定本案的抢劫性质，有证人反映案发时有一名在附近打工的男子在店铺门口喊“救命”，经过摸查，确定曾在附近工地打工的陈传钧与证人所述男子的外形特征相符，且案发后下落不明；被害人方某申后辨认出案发当时来店铺自称买东西的男子是陈传钧。综合上述线索，确定陈传钧有重大作案嫌疑，于2001年10月9日对陈传钧进行网上追逃，并于2001年10月10日、2003年先后前往福建省抓捕陈传钧均未成功，后在福建省上杭县公安局的配合下，于2010年4月23日在福建省龙岩市新罗区西陂镇小洋村一间食杂店抓获陈传钧。

（四）被害人陈述

被害人方某申于当年（2001年10月8日）陈述：从2001年三四月开始，有一名在伟昇厂“花安”那里做事的男子经常来我店里买东西。2001年9月中旬，该男子在店里寄放了几天包裹，期间记账购买了红色胶手套等物品。同月27日早上6时许，我打开店门后，该男子进来说要买被子，我问好型号就拿了一床被子给他看，这时小女儿在卧室哭，我就去抱她出来，出来后该男子说暂时不买被子，等他走后，我将女儿放在地上，把被子准备放回货架时，背后受到袭击，没看到凶手。

经辨认照片，方某申于2001年10月15日辨认出被告人陈传钧是打伤其的男子。

被害人方某申于被告人陈传钧归案后（2010年4月30日、7月12日）的陈述有所变化，称该男子进店要买鞋子，其去货架上找鞋时被人从后面打到头部晕了过去。还称，当时方某己和大女儿在床上睡觉，小女儿在哪里想不起来。并辨认出被告人陈传钧是案发当天早上到店买鞋的男子。

（五）证人证言

1. 证人方某甲（被害人方某己的妹夫）于当年（2001年9月27日）证明：案发当天早上7时许，我到大舅子方某己铺面准备买早餐，进店看见左边地上有血从一床被子里流出来，我打开被子发现方某己的老婆方某申倒在地上。这时方某己正从房间爬出来，满脸是血，我马上跑回去叫老婆方某乙，方某乙去叫了方某丁和老乡过来。被打伤的还有睡在床上的方某己的两个女儿，一个七个月，一个三岁。在扶方某己出来时，他讲“不要理我，是广西仔做的，快去捉他”,当时我在现场没有看到可疑人员。

证人方某甲于被告人陈传钧归案后(2010 年 4 月 30 日、5 月 2 日)补充证明:其进入现场时没有其他人跟随,其在现场除发现带血的铁锤外,还在洗手间内见到一把尖部带血迹的剪刀。

2010 年 7 月 12 日改称:案发当天早上,其进方某己店铺时,见一名陌生男子在货架处看东西,等其从店后卧室出来时,该男子就不见了。

2. 证人方某丙(又名方某乙,被害人方某己的妹妹)于当年及被告人陈传钧归案后共作出四次证言,内容基本一致:2001 年 9 月 27 日早上,我起床开门见嫂子方某申正常打开店门,我进房叫醒老公方某甲,约五分钟后,方某甲起床去我哥哥方某己的店里买饼,发现出事。方某甲称方某己只说了“广西”二字。我到案发现场时,有一名案发四五天前经常到方某己店里坐的男子在店门口叫“救命”。我送方某己的两个女儿去了医院,一个从床上抱起,另一个不记得从哪里抱起。

经辨认照片,方某丙于2010 年5 月1 日辨认出被告人陈传钧是案发当天早上在方某己店门前叫“救命”的男子。

3. 证人方某丁(被害人方某己的弟弟)于被告人陈传钧归案后(2010 年 4 月 30 日)证明:2001 年 9 月 27 日早上 7 时许,我妹妹方某乙跑来说,二哥被人打了,我马上跑到方某己店里,见方某己正从卧室慢慢向门口走过来,身上很多血。我问是谁打的,方某己说“广西、广西”,后来又说“还有一个福建的”。

证人方某丁于2010 年7 月8 日补充证明:方某己当时满眼是血,基本看不见东西,其在卧室没有发现剪刀,记得大女儿当时躺在床上,小女儿好像坐在卧室门口附近的凳子上。

4. 证人方某戊(被害人方某申的弟弟)证明:2001 年 9 月的一天早晨 7 时许,方某乙跑来找我和方某丁说方某己被人打了,我和方某丁赶到店里,见方某己满头是血,看不到路,好像是方某甲扶他走到收银台坐下。

5. 证人冯某(摩托车搭客司机)于当年(2001 年 9 月 27 日)证明:案发当天早晨 7 时许,我以 5 元的价格在西太隆市场门口搭载了两名从西太隆管理区方向走来的男子到沙塘路口。这两名男子都是 30 多岁,身高都在 170cm 左右。

证人冯某于被告人陈传钧归案后(2010 年 5 月 1 日)改称,该两名男子一个身高 1 米 7 左右,一个 160cm 多。

6. 证人邱某(西太隆锐兴五金店老板)证明:2001 年 9 月 23 日左右,我卖了一把四五磅的方锤给一个讲普通话的陌生男子,该男子 25 岁左右,中等身材,但无法辨认出来。

7. 证人陈某乙证明:帮我在伟昇厂做事的员工有福建人黄某甲以及黄某甲介绍的陈姓男子等人。该陈姓男子于 2001 年农历六七月在伟昇厂里做绿化、水泥等,之后不知去向。

8. 证人黄某甲证明:陈传钧于 2001 年农历五六月在伟昇厂做泥水工,之后去了深圳。当年农历八月十四,我在福建老家看到过陈传钧,他说是公历 9 月 28 日回到福建老家的。

9. 证人陈某丙(被告人陈传钧的哥哥)证明:陈传钧于 2001 年下半年从东莞回来家里,

几天后,东莞民警来找他但没找到,之后陈传钧就带着妻儿离开福建上杭老家,没有回来过。

10. 证人黄某乙(被告人陈传钧的妻子)证明:2001 年下半年,陈传钧回来福建上杭,东莞民警来找过他但没找到,之后陈传钧去了福建龙岩,差不多十年没有回老家。

（六）被告人供述

被告人陈传钧在侦查阶段共作出十份讯问笔录和一份亲笔供词,其中第一、二及八至十次笔录为无罪供述,三至七次及亲笔供词为有罪供述;在起诉阶段及审判阶段均作出无罪供述。

被告人陈传钧于 2010 年 4 月 23 日、4 月 24 日、5 月 28 日、9 月 9 日、12 月 31 日及审判阶段所作无罪供述,内容基本一致:

案发当天早上 7 时左右,我到东莞市沙田镇西太隆村一家食杂店准备买烟,因见店内无人,便进入店后卧室,见老板躺在地上,满身是血,好像在向我求救,我过去扶起老板,老板鼻子里喷出很多血溅我全身,我放下老板,心里很害怕,老板的两个女儿在床上哭,我到床旁的水龙头处洗手,将自己的衣服脱下,换上老板的短袖 T 恤,并到店门口喊"救命",此时老板的一名亲戚进店,我便跟在后面,见老板亲戚过去抱了老板,扶起了老板娘,我就叫老板亲戚赶快报警。随后我搭乘摩托车离开了现场并于第二天回了福建老家。回家后,东莞警察来找过我但没找到,我因为害怕没有把事情讲清楚,之后离开老家,十年没回去。

被告人陈传钧于 2010 年 5 月 1 日 13 时、16 时,5 月 2 日 0 时、15 时,5 月 12 日及亲笔供词所作有罪供述,内容基本一致:

2001 年 9 月 25 日左右,我想搞点钱回老家,便想到以前在东莞沙田做工时常去的食杂店抢钱。次日早上 6 时许,我在大朗镇一家五金店买了一把四磅、红色锤头、木质锤柄的锤子,然后到沙田西太隆村那家店去看情况,老板以为我还在附近花场做工。之后两天,我在寻找下手机会,并以记账方式在店里买了胶手套用于作案。案发当天早上 6 时许,我在店门口等老板娘开门后,假意买鞋,趁老板娘到货架处找鞋时,我戴上胶手套,拿出铁锤向老板娘后脑连打三下,老板娘后脑流血并晕过去,我从货架上拿了一床被子盖住她。之后我进入店内房间,发现老板和两个小女孩在床上睡觉,我看老板好像要睁开眼,便用铁锤连续锤打老板的头部正面,然后把床头的一条沙滩短裤拿到冲凉房搜钱包,刚把钱包拿出来就发现老板掉到地上往门口爬去,我立刻又拿起锤子打老板的后脑、太阳穴及背部,可能因为太用力,锤柄从锤头部位断开,我便用手拿着锤头继续打,直到老板不动为止。这时两个小女孩在床上哭,我怕哭声引人注意,就用锤头打了两个小女孩头部各一下,她俩就不哭了。我接着去冲凉房拿钱包,并脱下自己沾血的衬衫,准备换一件干净衣服。这时老板娘的弟弟进来看见地上的老板,便跑出去叫人。我不确定他有无看到我,就赶快穿上一件老板的衣服跑出食杂店。我怕被人发现自己可疑便在门口装样子喊:"救命啊,老板被人打了,赶紧报警。"这时老板娘的弟弟又跑进店里,我便跟在后面,老板娘的弟弟去抱了一下老板,接着又发现了老板娘,我叫他赶快报警。后来我趁人多时偷偷离开,以 5 元的车费搭摩托车到厚街沙塘路口,第二天回了福建老家。我抢的钱包里有500元人民币等财物。

经辨认照片,陈传钧于2010年5月1日至2日辨认出方某申、老板娘的弟弟(方某甲)、作案所穿的白色长袖衬衣、所使用的锤头及锤柄;指认出案发前临时藏匿睡觉的地点、购买铁锤的地点、案发地点、寄放铁锤的位置、用铁锤打晕老板娘的位置、拿被子的位置、打伤老板及两个女儿的位置、取走老板沙滩裤找钱包的位置、用水龙头冲洗双手血迹的位置、案发后丢弃手套的地点、乘坐摩托车离开现场的地点。

(七)其他证据

1. 公安机关出具的调查函证实:被告人陈传钧的身份情况。

2. 附带民事诉讼原告人提交的身份证、户口本及亲属关系证明证实:各附带民事诉讼原告人与被害人方某己的亲属关系及被害人方某申、方某酉、方某辛的身份情况。

原判认为,被告人陈传钧使用暴力手段劫取他人财物,并致一人死亡,三人重伤,其行为已构成抢劫罪。根据被告人陈传钧的犯罪手段、犯罪情节、犯罪后果等情况,决定对陈传钧判处死刑,不必立即执行。陈传钧的犯罪行为造成附带民事诉讼原告人方某庚、方某申、方某酉、方某戍、方某辛经济损失,应承担相应的民事赔偿责任。依照《刑法》第36条、第48条第1款、第50条、第51条、第56条第1款、第57条第1款、第59条、第253条第5项,《民法通则》第119条,最高人民法院《关于审理人身损害赔偿案件适用法律若干问题的解释》,《刑事诉讼法》第195条第1项的规定,以抢劫罪判处被告人陈传钧死刑,缓期2年执行,剥夺政治权利终身,并处没收个人全部财产;并赔偿附带民事诉讼原告人方某庚、方某申、方某酉、方某戍、方某辛人民币520206.19元。

三、二审控辩双方的争议观点

广东省人民检察院出庭检察员提出如下意见:(1)被害人方某申指认,陈传钧是案发当天早上唯一到店买东西的人,证人方某乙指认,案发时其在店铺门口见到陈传钧在喊“救命”,以上两人的指认,证实陈传钧有作案时间;(2)根据陈传钧的供述,可以确认现场提取的带血衬衣系陈传钧所留;(3)陈传钧能够指认案发地点、打伤各名被害人的位置、取走沙滩裤找钱包的位置、清洗手上血迹的地方;(4)陈传钧的有罪供述在起因、准备作案工具、作案手段、过程、细节等方面与现场勘查笔录及现场照片、法医学尸体检验报告书、证人证言、被害人陈述等证据相吻合;(5)陈传钧的无罪辩解与常理不符,与现有证据亦存在矛盾,不足采信;(6)陈传钧的家人关于其案发后近十年没有回过老家的证言,从侧面印证了陈传钧犯罪后躲藏的行为;(7)陈传钧的供述反复,前后辩解内容相差较大,且与本案其他证据不符;(8)陈传钧作案手段残忍,造成一死三重伤的严重后果,表现出极大的主观恶性和社会危害性。综上,建议法院依法判决。

陈传钧辩护人的辩护意见:(1)本案是一人还是两人作案未查清楚;(2)证人方某甲、方某丁和方某乙均证实死者陈述凶手是“广西仔”,在没有相反证据的情况下,不应被推翻;

(3)如果是陈传钧行凶则被害人鲜血一定会大量喷溅到其衣服上,而现场勘验笔录证实,现场遗留的衬衫右袖处沾有血迹,而非喷溅血迹;(4)被害人方某申及证人方某乙均没有目击凶手行凶,因而对凶手的指认是错误的;(5)在现场提取的铁锤上,没有提取到任何指纹、血迹等痕迹,不能认定为凶器;(6)本案关键的证物之一沙滩裤在现场勘查笔录中没有任何记录,属于证物缺失;(7)即使在被告人的有罪供述中,作案细节也与案发现场多处细节不符;(8)公安机关的侦查偏离正确方向,且丢失重要物证,存在根本性缺陷;(9)陈传钧称其有罪供述是刑讯逼供的结果,公安机关仅提供了部分审讯录像,公安机关如无法举证其他时间的审讯情况,应对该部分证据予以排除;(10)陈传钧的有罪供述与2001年被害人及证人所做的笔录之间矛盾很多;(11)关于陈传钧在案发现场表现冷静、不合常理的推测没有依据,且不能依此定案;(12)案发时陈传钧在工地上已以现金方式结算工钱,不存在经济困难,没有抢劫的动机,本案的真实情况应该是陈传钧出于本能主动救人。综上,认定陈传钧有罪仅有其有罪供述这一孤证,无法形成有效的证据链条,依照疑罪从无的原则,请二审依法判决陈传钧无罪。

四、二审对证据及事实的认定

广东省高级人民法院针对原审判决认定的事实、证据以及辩检双方争议的焦点问题,综合分析评判如下:

(一)二审阶段证据补查情况

本案案发时间与上诉人陈传钧归案时间相距近九年,被害人方某申及多名证人在案发当年(2001年)和陈传钧归案后(2010年)所做的笔录存在矛盾或前后出现不合理变化,为本案证据体系带来了不稳定因素。为尽力厘清证据状态,稳固证据格局,广东省高级人民法院在将本案发回重审时对有关事实和证据的补查与补强提出了要求,但因时过境迁未能取得实效。本次审理期间,又重新找被害人方某申及重要证人方某甲、方某丁做了调查,重点了解案发时的有关情况及前后接受侦查人员询问时的情形。上述三人均表示,对于当时的情况记忆已经模糊,但每次接受询问时都没有受到不良影响。至此,证据补查工作已经无以为继。

(二)全案证据分析

1. 关于物证

原判认定现场提取的一把柄、头分离的红色铁锤是被告人陈传钧实施抢劫犯罪的作案工具;现场提取的一件有疑似血迹的长袖衬衫是被告人陈传钧所遗留。

辩方认为,现场提取的锤子上没有提取到被害人的血迹或痕迹,亦没有提取到被告人的指纹,不能认定为作案工具;现场遗留的衬衫只在右袖处沾有血迹,没有一般情况下作案时所穿衣服会留下的喷溅式血迹,不能认定为作案人员所穿。

检方认为,上诉人陈传钧在有罪供述中提到,案发前购买了红色木柄锤子,打击男被害人时锤柄断掉,现场换下了带血的长袖衬衫,上述细节与现场提取到的锤子及衬衫两个物证的状态相吻合,可以认定现场的锤子系作案工具、现场的衬衫为陈传钧所遗留。

广东省高级人民法院认为,现场提取的铁锤照片未显示铁锤沾有血迹、毛发、人体组织等物质,亦未做相关痕迹物证的提取和鉴定,认定该铁锤是作案工具的证据不足。现场提取的衬衫照片显示,衬衫右袖处有疑似血迹,但侦查机关未对该衬衫上的斑迹做相关鉴定,且衬衫尺码为54码,与身高160cm、体形中等的上诉人陈传钧正常情况下所穿衬衫尺码(48码左右)有一定差距。除陈传钧关于该衬衫系其遗留在现场的供述之外,没有其他证据予以印证,尚不足以认定该衬衫系陈传钧遗留。综上所述,由于上述两项物证均未进行相关检验、鉴定工作且原物被侦查机关遗失,证明上诉人陈传钧犯罪的客观证据缺失。"狱情之失,多起于发端之差"。由于侦查机关的工作疏忽,导致认定作案人员与案发现场之间具有直接联系的最有力物证灭失,经再三补查无法找回,成为本案证据链条上不可补救的硬伤。

2. 关于被害人陈述

原判采信被害人方某申关于被告人陈传钧于案发当天假借购物之机袭击她的陈述及其辨认笔录。

辩方认为,被害人方某申被人从后面袭击,没有看到凶手,对陈传钧是凶手的指认不能成立。

检方认为,被害人方某申指认,陈传钧是案发当天早上唯一一个到店买东西的男子。这一指证证明陈传钧有作案时间。

广东省高级人民法院认为,(1)被害人方某申在案发当年对于陈传钧打伤其的指认,与其关于被人从后面袭击、没有看到凶手的陈述相悖,不足采信。陈传钧归案后,方某申指认陈传钧是案发当天早上到店买东西的男子,这一指认与其陈述内容吻合,但仅证实陈传钧在案发时间出现在案发现场,并非指向陈传钧实施本案犯罪。(2)方某申在案发当年陈述,一名男子进店买被子,但看了之后表示不买并离开了,其将被子放回货架时被袭击;方某申在陈传钧归案后改变陈述称,该男子进店买鞋,其去货架处找鞋时被袭击;后一陈述在购买的物品、被袭击的时机等方面与陈传钧关于假意买鞋、趁老板娘到货架处找鞋时实施抢劫的供述吻合。(3)方某申在案发当年陈述,其被袭击前已将哭闹的8个月大的小女儿抱出放在外面地板上;陈传钧在有罪供述中称其在床上击打两名小女孩,与证人方某甲关于当时见两个受伤的女儿都在床上的证言相印证。方某申在陈传钧归案后改变陈述,称想不起当时小女儿在哪里。综上,被害人方某申作为本案唯一幸存的成年被害人,其陈述及指认的证据意义重大。但是,方某申未能目击凶手作案,其对于陈传钧在其被袭击前一刻出现在现场的指认系间接证据;且方某申在陈传钧归案前后所作的陈述发生多处改变,前后不一,证据的可信度降低。

3. 关于证人证言

原判采信证人方某丁关于听被害人方某己说作案人是"福建人"的证言。

辩方认为,(1)证人方某甲、方某乙、方某丁在证言中均提及被害人方某己生前说作案人是广西人的内容,上述证言相互印证,在没有相反证据的情况下,不应推翻方某己生前关于凶手是广西人的陈述,这与陈传钧是福建人之间存在矛盾;(2)证人方某乙不是案件目击者,仅证明陈传钧在案发现场喊“救命”。

检方认为,(1)证人方某甲证实听被害人方某己说作案人是广西人,证人方某丁证实听方某己说作案人是广西人和福建人,方某己在熟睡中被人袭击后立即作出一个判断,之后经过思考重新确认作案人的人数及户籍,是正常人的思维,证据之间不存在矛盾;(2)证人方某乙指证,案发几分钟后见到陈传钧在现场门口喊“救命”,可以证明陈传钧有作案时间。

广东省高级人民法院认为,(1)证人方某甲在案发当年证明,其当时听被害人方某己说作案人是“广西仔”,这一证言得到了证人方某乙关于听方某甲说到上述情况的证言的佐证;在时隔九年、陈传钧归案后,证人方某丁所作的关于听方某己说凶手是广西人和福建人的证言,在时间长度、有无印证等方面的证明力均弱于方某甲的证言;而陈传钧系福建人,在户籍问题上与证人方某甲、方某乙的证言存在重大矛盾。(2)证人方某乙关于案发时在现场门口见到陈传钧在喊“救命”的证言及指认,仅指向陈传钧于案发时间出现在案发现场门口,系间接证据。(3)证人方某甲在案发当年明确陈述,其在现场没有见到可疑人员,也没有人跟随其进入现场;陈传钧在有罪供述中称,其未离开现场时见到方某甲进来,之后一直跟随方某甲进出现场,并叫方某甲报警;方某甲在陈传钧归案后改称,其进入现场时见到一名陌生男子在货架处看东西,随后不见。搭客司机冯某在案发当年证明,其在现场附近搭载的两名男子均在170cm左右,陈传钧归案后,其改变证言称其中一名男子为160cm多(符合陈传钧的身高特征)。证人证言逐步向被告人供述及其个体特征靠近,证言的证明力减弱。

4.关于被告人供述

原判采信被告人陈传钧的有罪供述,认为其供述的案件起因、确定犯罪对象、踩点、准备作案工具、作案手段、后果等过程,与本案其他证据在主要事实方面能够吻合;其关于去到现场已见到凶案发生,只是抱了被害人方某己才将衬衫染血、因害怕才逃离现场回老家的无罪辩解有违正常人的行为逻辑。从陈传钧在整个诉讼过程中的表现来看,其比一般人更冷静。故对其无罪辩解不予采纳。

辩方认为,陈传钧的有罪供述是刑讯逼供的结果,系非法证据,应当予以排除。陈传钧的无罪供述稳定,其作为一个普通人,突然置身凶案现场,出于救助心态抱了被害人并在门口喊“救命”,符合正常人的临场反应,其离开现场回老家也并无不妥之处,原判据此对陈传钧作出的有罪推断没有依据。

检方认为,陈传钧的有罪供述与现场勘查笔录、被害人方某申的陈述、多名证人的证言、多份书证等证据相互印证;其无罪辩解不符合正常人的行为逻辑,前后内容相差较大,与本案其他证据所证实的内容亦不相符。

针对上诉人陈传钧及其辩护人提出讯问过程中存在刑讯逼供情形的意见,重审时一审、二审法院均启动了非法证据排除程序,分别以通知侦查人员出庭、当庭有针对性地播放审讯录像等方式,对被告人供述这一证据收集的合法性进行了法庭调查,控辩双方就审讯程序是否合法、审讯方式是否恰当等问题对侦查人员进行了充分的询问;当庭播放的有罪供述的审讯录像全程无删节,显示陈传钧被讯问时神态自若,表情轻松,审讯时间和方式合法,不存在刑讯逼供情形。陈传钧关于为救助而抱了被害人方某己导致衬衫沾血、因害怕别人认为是其作案而在现场更换衣服并于第二天回老家的无罪辩解,虽与一般人的常态反应不同,但与本案其他证据无根本性冲突。因社会个体之间存在的思维、行动等方面的差异及多元化,不能以常态覆盖非常态的存在,不能排除其无罪辩解的情形在现实中出现的可能性。原判作出陈传钧在诉讼过程中表现冷静,因此不可能在案发现场未作案却惊慌换衣及逃回老家的推断,系常理性、不周延推断,在本案证据格局不稳固的情况下,难以起到强化证据的效果。此外,陈传钧在有罪供述中称,其从被害人方某己的沙滩短裤中搜到钱包,未将该短裤带离现场,但现场勘查笔录及现场照片中均未显示该沙滩短裤的存在。

教学手册

教学目标

本案例供法律硕士研究生案例教学使用,刑法学、刑事诉讼法学、证据法学方向硕士研究生也可以参酌试用。

通过本案例的教学,力图使学生掌握下述四个方面的主要内容,进而培养其解决具体法律问题的能力与素养:

(1)直接证据与间接证据的证明力;

(2)间接证据的运用规则;

(3)刑事诉讼证明标准;

(4)疑罪从无原则的内涵与适用。

教学内容

1. 间接证据与直接证据的划分

根据证据与案件主要事实的证明关系不同,将证据划分为直接证据和间接证据。证明关系的不同,是指某一证据是否可以单独、直接地证明案件的主要事实。

直接证据,是指能够单独、直接证明案件的主要事实,分为肯定性的直接证据和否定性的直接证据。肯定性的直接证据必须同时涵盖存在犯罪案件和谁是实施者这两个方面。否定性的直接证据即只有上述两方面任意一方面被否定即可。

间接证据,是指不能单独、直接证明刑事案件的主要事实,而需与其他证据相结合才能证明案件的主要事实。间接证据不可单独地作为判断案件事实的证据使用,需要与其他证据相结合、相印证,所以间接证据之间相互依赖性也比较强。间接证据作为判断案件事实时,必须形成一个完整的证明体系,且该体系必须足以排除其他可能性,达到自由法官的内心确信。实物证据一般是间接证据。

2. 直接证据与间接证据的证明力

证明力,是指证据在证明案件事实方面所起的作用。所有的证据都具有证明案件事实的作用,但证据不同,其证明作用力的大小也有所不同,即证据证明力的强弱有所不同。证明力包含两个方面:第一,证据有无证明力;第二,证据对案件证明力大小。证明力的考察是司法机关审查判断的诉讼活动。证据证明力的有无和大小的确定,一是根据法律的规定,二是依靠法官的判断。

一般的规则,直接证据的证明力就往往大于间接证据的证明力:(1)从两者的本质概念看。直接证据是能够单独、直接地判定案件事实,间接证据不能够单独、直接判定案件事实,所以直接证明的证明力一般会大于间接证据。(2)从两者对案件的关联性看。证明力问题的实质就是关联性问题。直接证据能单独、直接作为定案的依据,说明直接证明和案件的事实息息相关,它和案件的关系密切。间接证据不可以单独定案,其和案件事实的关联性相对直接证据就不那么密切。(3)两者的判定过程。直接证据一般直接作为判断的依据,不需要任何推理的过程。间接证据由于是案件的侧面部分反映,所以需要将一定量的间接证据集合在一起,严格推理,得出共同的指向,才能作为定案依据。所以间接证据有一个复杂的推理过程。这也从侧面反映出直接证据和案件的关联性更强,直接证据的证明力大于间接证据。

最高人民法院《关于适用〈中华人民共和国刑事诉讼法〉的解释》第104条规定,对证据的证明力,应当根据具体情况,从证据与待证事实的关联程度、证据之间的联系等方面进行审查判断。证据之间具有内在联系,共同指向同一待证事实,不存在无法排除的矛盾和无法解释的疑问的,才能作为定案的根据。

3. 间接证据的运用规则

(1)客观性审查,每个间接证据都必须经过司法人员查证属实;(2)关联性审查,间接证据需与案件事实存在联系;(3)完整性审查,间接证据需形成一个完整的链条体系;(4)协调性审查,各个间接证据之间必须是协调的,间接证据与案件事实也是无矛盾的,得出的结论也是唯一的。

《刑事诉讼法》第53条第1款规定,没有被告人供述,证据确实、充分的,可以认定被告人有罪和处以刑罚。最高人民法院《关于适用〈中华人民共和国刑事诉讼法〉的解释》第105条规定,没有直接证据,但间接证据同时符合下列条件的,可以认定被告人有罪:(1)证据已经查证属实;(2)证据之间相互印证,不存在无法排除的矛盾和无法解释的疑问;(3)全案证据已经形成完整的证明体系;(4)根据证据认定案件事实足以排除合理怀疑,结论具有唯一性;(5)运用证据进行的推理符合逻辑和经验。

4. 刑事诉讼的证明标准

证明标准,是指按照法律规定认定案件事实所要求达到的标准和程度。在《刑事诉讼法》中,刑事诉讼的证明标准是指刑事诉讼中认定犯罪嫌疑人、被告人所要求达到的程度。我国《刑事诉讼法》的证明标准:犯罪事实清楚,证据确实、充分。

这一证明标准贯穿于刑事诉讼的全过程。所谓犯罪事实清楚,是指与定罪量刑有关的事实和情节,都必须查清。证据确实、充分,是指对作出定案根据的证据质和量的总要求。证据确实,即每个证据都必须真实,具有证明力,这是对证据在质上的要求。包含两个方面:(1)据以定案的单个证据,查证属实;(2)单个证据与案件事实,必须存在关联。证据充分,即证明必须达到一定的量,足以排除其他可能性,认定的犯罪事实具有唯一性,这是对证据在量上的要求。

同时刑事诉讼法对证据确实、充分规定了具体的条件。《刑事诉讼法》第53条第2款规定,证据确实、充分,应当符合以下条件:(1)定罪量刑的事实都有证据证明;(2)据以定案的证据均经法定程序查证属实;(3)综合全案证据,对所认定事实已排除合理怀疑。第195条规定,在被告人最后陈述后,审判长宣布休庭,合议庭进行评议,根据已经查明的事实、证据和有关的法律规定,分别作出以下判决:(1)案件事实清楚,证据确实、充分,依据法律认定被告人有罪的,应当作出有罪判决;(2)依据法律认定被告人无罪的,应当作出无罪判决;(3)证据不足,不能认定被告人有罪的,应当作出证据不足、指控的犯罪不能成立的无罪判决。

5. 疑罪从无原则的含义与体现

疑罪从无原则又称"有利被告原则",是无罪推定原则的派生原则。"疑罪从无",是指由于现有证据既不能证明被追诉人的犯罪行为,也不能完全排除被追诉人实施了被追诉犯罪行为的嫌疑,依据该原则,从诉讼程序和法律上推定被追诉人无罪,从而终结诉讼活动的法律原则。

我国《刑事诉讼法》在侦查、起诉、审判方面均有体现"疑罪从无"精神的具体规定。在审判阶段,"疑罪从无"体现为:《刑事诉讼法》第195条第3项规定:"证据不足,不能认定被告人有罪的,应当作出证据不足、指控的犯罪不能成立的无罪判决。"这是对疑罪从无原则的典型概括。同时,《刑事诉讼法》第205条第2项规定:"缺乏罪证的自诉案件,如果自诉人提不出补充证据,应当说服自诉人撤回自诉,或者裁定驳回。"这也是在审判阶段贯彻"疑罪从无"原则的表现。

6. 疑罪从无原则的适用

我国《刑事诉讼法》第195条规定:(1)案件事实清楚,证据确实、充分,依据法律认定被告人有罪的,应当作出有罪判决;(2)依据法律认定被告人无罪的,应当作出无罪判决;(3)证据不足,不能认定被告人有罪的,应当作出证据不足、指控的犯罪不能成立的无罪判决。从条款的体系看,第1款和第2款组成一个部分,即案件事实清楚,证据确实、充分,依法律当作有罪或无罪之宣告;从其逻辑看,如果有合法且具有充分证明力的证据存在并能清楚地反映案件事实,人民法院应当作出确定的无罪或有罪判决。而第3款之规定,则专门针对虽然存在证据,但不足以反映案件事实,无法确定被告人犯罪事实是否存在的疑罪情形。由此可见,立法者所追求的仍是对客观事实的真实再现和无限接近,仍采用以证据是否能证明客观事实存在的"一元制"客观标准。

而"疑罪从无"精神在具体案例中的表现,则是我国司法进步的一个标志。司法实践证明,在刑事诉讼中落实人权保障的要求,落实宪法关于公民自由权利的规定,就应当坚定不移地贯彻“疑罪从无”原则,任何形式的“疑罪从轻”“疑罪从有”“疑罪从挂”都必须坚决予以摒弃。

正如广东省高级人民法院在上述教学案例的判决书中所写道:“因受制于犯罪的隐蔽性、复杂性及侦查手段局限性等诸多因素,本案目前无法通过证据体系还原客观事实、认定法律事实。在对于上诉人陈传钧是否为本案真凶既无法证实亦无法证伪的两难局面下,人民法院应当恪守证据裁判规则,决不能为片面追求打击效果而背离‘疑罪从无’的刑法精神。‘疑罪从无’并非放纵犯罪,而是对司法公权力的合理制约和规范使用,是对任何有可能身陷囹圄的公民基本人身权利的有力保障。在刑事科学日益发达、侦查手段日益精进的时代,案件欠缺的证据链条一旦出现新的弥补和完善,司法机关还可再次启动司法程序,严惩犯罪,以民众看得见的方式来抚慰被害方,以法治的精神和途径来推进公平正义的实现。”

课堂时间安排

本案例可以作为专门的案例教学课来进行,整个案例课的课堂安排 6 个课时,每课时 45 分钟。

如下课堂设计,仅供参考。

1. 课前计划:安排学生阅读案例及相关参考资料,对案例所涉及问题进行思考,撰写实践题答案。

2. 课中计划:介绍教学目的,明确讨论主题;分组讨论,回答各项思考题,讨论实践题的撰写要点;小组代表提出撰写要点,学生讨论和分析;教师归纳总结。

3. 课后计划:布置学生了解外国(英美法系国家与大陆法系国家)刑事证明标准,进而思考我国刑事证明标准存在的问题;并就疑罪从无原则在我国立法及司法适用中存在的问题进行较为深入的探讨。

思考题和实践题

思考题

1. 思考间接证据的证明力判断。间接证据的运用规则。
2. 如何理解英美法系国家刑事证明标准——排除合理怀疑?
3. 如何理解大陆法系国家刑事证明标准——内心确信或高度盖然性?
4. 如何理解“事实清楚,证据确实、充分”? 我国刑事证明标准是否存在问题?
5. 我国刑事证明标准如何具体完善?
6. 疑罪从无原则在我国刑事诉讼法中的体现及存在的问题是什么?
7. 疑罪从无原则在我国司法实践中存在的问题是什么?
8. 我国疑罪从无原则的立法与司法完善。
9. 针对证据证明力的有无和大小的确定,法官自由心证的依据与边界是什么?
10. 无罪推定原则的含义与要求是什么?

实践题

1. 7 ~ 9 人一组,进行模拟法庭演练;

2. 撰写起诉书、辩护词、刑事判决书等相关法律文书。

参考文献

1. 陈传钧抢劫案,载北大法宝,http://www.pkulaw.cn/case/pfnl_1970324844277402.html,2016 年 9 月 26 日访问。

2. 章宁旦、曾洁赟:《法官详解“死刑到无罪”改判理由》,载人民网 2015 年 8 月 18 日,http://legal.people.com.cn/n/2015/0818/c188502-27476997.html。

3. 陈光中主编:《刑事诉讼法》,北京大学出版社、高等教育出版社 2013 年版。

4. 陈瑞华:《刑事证据法学》,北京大学出版社 2014 年版。

5. 陈卫东:《反思与建构:刑事证据的中国问题研究》,中国人民大学出版社 2015 年版。

6. 郭志远:《证明标准研究——以刑事诉讼为视角》,中国人民公安大学出版社 2010 年版。

7. 左卫民:《“印证”证明模式反思与重塑——基于中国刑事错案的反思》,载《中国法学》2016 年第 1 期。

8. 陈兴良:《一份疑罪从无的判决书:分析与评论》,载《中国法律评论》2015 年第 4 期。

9. 姚显森:《疑罪从无处理的程序法规制》,载《现代法学》2014 年第 5 期。

10. 卞建林、张璐:《我国刑事证明标准的理解与适用》,载《法律适用》2014 年第 3 期。

11. 沈德咏:《论疑罪从无》,载《中国法学》2013 年第 5 期。

12. 郝川:《“疑罪从无”的当代命运与规则要义》,载《西南大学学报》(社会科学版)2013 年第 1 期。

附件

案件真实来源

《广东省高级人民法院刑事附带民事判决书》,(2014)粤高法刑四终字第 127 号

参考法律法规及司法解释

1.《中华人民共和国刑事诉讼法》(2012)

2. 最高人民法院《关于适用〈中华人民共和国刑事诉讼法〉的解释》(2012)

(赵辉,上海大学法学院)

10 CASE 曹东旺故意伤害案

摘 要

本案以一起争议较大的人身伤害案件作为蓝本,围绕人身伤害犯罪案件中的辩护思路与阅卷技巧进行讲授。本案例涉及的知识点与执业技能内容包括:律师辩护思路的制定、刑事案件阅卷技巧、故意伤害罪与过失致人死亡罪的区分以及犯罪因果关系的异常与介入。本案例主要涵盖了刑事案件的一审与二审两个环节,涉及的实体问题包括故意伤害致死与过失致人死亡罪的刑事界分、危害行为与犯罪结果之间因果关系的认定、伤害故意与殴打故意的区分等;涉及的证据和事实问题包括:律师如何进行有效阅卷、口供证据的对比分析、司法鉴定意见的证据效力、现场调查的证明作用。本案对于其他相关案件的辩护具有一定的参考意义。

关键词

故意伤害罪　过失致人死亡　因果关系　特异体质　刑事辩护　阅卷技巧

教学目标

着重让学生把握以下五方面的内容:(1)在侦查阶段和审查起诉阶段,辩护律师如何构建辩护思维、撰写辩护词;(2)辩护律师如何进行有效阅卷,从中寻找犯罪嫌疑人罪轻、无罪的证据;(3)故意伤害致死与过失致人死亡罪的刑事司法界分;(4)特异体质与刑法的因果关系;(5)上诉状的撰写。

教学案例

一、案件概况

曹东林系江海市东海区江宁镇农民,家住江海市东海区江宁镇金园村金陵213号,与其弟曹东旺比邻而居。曹东林与曹东旺虽是亲兄弟,但两家关系素来不睦,已断绝来往多年。2016年6月5日8时许,曹东林之妻张曼在自家住宅东面的空地上因木柴堆放的问题与曹东旺之妻冯媛媛发生口角,进一步演变为推搡、厮打,随后曹东旺与曹东林加入扭打。在斗殴过程中,曹东林与曹东旺均受到不同程度的伤害。事后,曹东林与其妻张曼一起用劳动车推着自家西瓜去本村瓜贩处卖掉四百余斤西瓜,其后身体未现异常。2016年6月8日凌晨3时许,曹东林突觉腹部疼痛难忍,腹胀便秘,遂于当日由其亲属送至江海市东海医院就医。东海医院对其进行了十余个小时的抢救、诊疗。2016年6月8日19时许,曹东林因抢救无效于东海医院内死亡。

2016年6月9日,受公安机关委托,江海市司法鉴定科技所司法鉴定中心对曹东林的尸体进行了解剖,鉴定意见指出:"曹东林符合在自身罹患神经纤维瘤并累及腹腔器官及血管病变的基础上,与人纠纷过程中腹部遭受外力作用促发自身病变血管破裂,引起腹膜后大出血,致失血性休克死亡。"

案发时,同村村民曹林荣目击了斗殴的全过程,并制作了笔录;此外,据同村人刘建设反映,他在2016年6月7日看到被害人曹东林到自家瓜棚看瓜秧时,曾在瓜棚的地上摔了一跤。但事后民警再找刘建设制作笔录时,刘建设拒绝配合工作,未能制作笔录。

二、司法鉴定意见摘录

(一)基本情况

委托人:江海市公安局东海分局刑科所
委托事项:尸体解剖,死因鉴定
委托日期:2016年6月9日
解剖日期:2016年6月9日
解剖地点:江海市东海殡仪馆
被鉴定人:曹东林,男,60岁

(二)案情摘要

据鉴定协议书:2016年6月8日19时20分许,东海区江宁派出所接报:金山镇东海医院有一人死亡。死者曹东林,男,60岁。据医院介绍,死者于2日前到医院就诊,自称腹部受到外力打击后受伤(具体不详),当时腹部无明显疼痛,无恶心呕吐,2 天后逐渐加重,于 6 月 8 日 8 时许,送东海医院就诊,后抢救无效死亡。

(三)法医病理学诊断

1. 失血性休克:
(1)尸斑浅淡、呈淡红色,双手指甲床苍白;
(2)腹腔出血 900mL,后腹腔及盆腔血肿约 3000mG,肠系膜周围出血;
(3)多器官(脑、心、肝、脾、肾等)贫血貌。
2. 神经纤维瘤病,累及右肾:
(1)全身体表多发皮下结节,大小不等;
(2)全身皮肤多处点、片状皮肤色素沉着;
(3)左手掌骨骼发育畸形;
(4)右肾实质局部神经纤维瘤样改变。
3. 膈肌、肝脏表面、肠系膜神经节瘤样改变。
4. 腹膜后软组织神经、血管组织增生,小动脉管壁变性;肝、脾小动脉管壁增厚。
5. 额部皮肤青紫、皮下出血,下唇黏膜正中及下牙床牙龈右侧挫伤。
6. 右下腹部皮肤青紫、皮下出血,左下腹、左侧腹股沟区及臀部内侧皮肤青紫。
7. 四肢多处皮肤青紫。
8. 胃大部切除术后。

(四)分析说明

根据案情介绍:2016 年 6 月 6 日,曹东林因与人发生纠纷,腹部受外力打击后受伤,当时腹部无明显疼痛,无恶心呕吐,2 天后逐渐加重,于 6 月 8 日 8 时许,送东海医院就诊,经抢救无效死亡。

尸体检验发现:尸斑浅淡、呈淡红色,双手指甲床苍白,腹腔出血 900mL,腹膜后血肿约 3000mG,肠系膜周围出血,脑、心、肝、脾、肾等多处器官贫血貌,休克肺;上述改变符合失血性休克的病理学特征。

另见死者全身体表多发大小不等皮下结节,伴皮肤多处色素沉着斑及左手骨骼发育畸形;镜下见右肾实质内神经纤维瘤样结构,主要由施万细胞和成纤维细胞组成,具有神经纤维瘤病的病理学特征。此外,组织病理学检查还发现膈肌、肝脏表面、肠系膜多发神经节瘤样改变伴细胞组织坏死、炎症细胞浸润、纤维化、钙化灶,腹腔后神经、血管组织增生,个别小血管管壁变性,平滑肌增生,管壁内见神经节瘤样结构,肝、脾小动脉管壁增厚,符合神经纤维瘤病的继发性改变。神经纤维瘤病主要表现为皮肤着色过度斑和多发的神经纤维瘤,亦可累及骨骼、周围神经系统和其他器官。当病变累及血管、内部血管的自主神经时可引起血管病变或其他并发症。

本例,根据案情介绍,曹东林与人发生纠纷过程中腹部遭受一定外力作用,尸体检验发现,死者右下腹部片状皮肤青紫伴皮下出血,出血范围较局限,以皮下为主,临近实质器官亦未见破裂或挫伤出血的改变,说明其右下腹遭受外力作用并未引起腹腔重要器官损伤,但可促使原有病变血管破裂出血。故本例曹东林腹部遭受外力作用是构成腹膜后病变血管破裂出血致失血性休克死亡的辅助因素。

此外,经毒物分析:死者血液和胃内容物中均未检出常见药物、杀虫剂及毒鼠强成分,可排除其他因常见毒物中毒导致死亡的可能。

综上所述,根据尸体检验所见并结合案情分析,曹东林的死亡原因符合在自身罹患神经纤维瘤并累及腹腔器官及血管病变的基础上,与人纠纷过程中腹部遭受外力作用促发自身病变血管破裂,引起腹膜后大出血,致失血性休克。

(五)鉴定意见

曹东林符合在自身罹患神经纤维瘤并累及腹腔器官及血管病变的基础上,与人纠纷过程中腹部遭受外力作用促发自身病变血管破裂,引起腹膜后大出血,致失血性休克死亡。

三、一审刑事判决书

江海市东海区人民法院
刑事判决书

[2016]东海刑初字第349号

公诉机关江海市东海区人民检察院。

被告人曹东旺,男,1956年11月28日生,出生地江海市东海区江宁镇金园村,身份证号码310225195611285022,汉族,小学文化,农民。户籍地江海市东海区江宁镇金园村金陵211号,现住址江海市东海区江宁镇金园村金陵211号。2016年7月23日被刑事拘留,因涉嫌故意伤害罪于2016年8月6日被依法逮捕,现羁押于东海区看守所。

辩护人蓝江山,江海市真谛律师事务所律师。

江海市东海区人民检察院以东海检刑诉(2016)236号起诉书指控被告人曹东旺犯有故意伤害罪,于2016年9月15日向本院提起公诉,本院审查后,认为符合审理条件,依法组成合议庭,公开开庭审理了本案。江海市东海区人民检察院指派检察员刘喆出庭支持公诉,被告人曹东旺及其辩护人蓝江山到庭参加诉讼。本案现已审理终结。

经审理查明:于2016年6月5日上午9时许,被告人曹东旺的家属冯媛媛与受害人曹东林的家属张曼因堆放木柴时的地界问题产生纠纷,被告人曹东旺随后赶来,与受害人曹东林发生扭打。在互殴的过程中,曹东旺向受害人曹东林的头部、胸部等处重击数拳。被害人曹东林回家后身体渐感不适，并出现腹痛、便秘等状况，遂住院治疗，2016 年 6 月 8 日 19 时许，曹东林经抢救无效死亡。经鉴定，被害人曹东林符合自身罹患神经纤维瘤并累及腹腔器官及血管病变的基础上，与他人纠纷过程中腹部受到外力作用促发自身病变血管破裂，引发腹腔膜后大出血，致失血性休克死亡。

被告人在开庭审理过程中对上述事实无异议；并有证人冯媛媛、张曼、曹中政、曹林荣的证言、现场勘验检查笔录、检查笔录、法医学尸体检验鉴定书、户籍证明、抓获经过、被告人曹东旺的供述等证据证明，足以认定。

本院认为，被告人曹东旺故意伤害他人身体，致人死亡，其行为已触犯《中华人民共和国刑法》第二百三十四条之规定，构成故意伤害罪。现依据《中华人民共和国刑法》第二百三十四条之规定，判决如下：

被告人曹东旺犯故意伤害罪，判处有期徒刑十年，剥夺政治权利一年（刑期从判决执行之日起计算。判决执行以前先行羁押的，羁押一日折抵刑期一日）。

审 判 长 余 政
审 判 员 李 娜
审 判 员 潘紫依
江海市东海区人民法院
二零一六年九月三十日

四、口供证据摘录

（一）曹东旺第一次讯问笔录（2016 年 7 月 23 日 10:30 ~ 12:00）

问：将涉嫌的案情交代一下？

答：我家在东海区江宁镇金园村金陵 211 号，我哥哥曹东林就住在我家北面。2016 年 6 月 5 日上午 9 点多，曹东林在我家东面的空地上堆木柴，我当时叫他拿走，不让他堆在那里，曹东林不同意，我就过去要把木柴搬走，但是他上来阻拦我，曹东林先抓住我的肩膀，我也转回身抓住他的肩膀，我们就扭在一起了。然后曹东林把我按倒在地上，他用膝盖顶住我的右侧肋部，我人向左侧倒在地上，左手压在身体下，曹东林一边压住我一边用拳头打我的头部、身上，我就这样在地上用右拳朝他挥打，具体打到曹东林身上什么部位我没看清楚。这样打了几分钟，我妻子上来想将我们拖开，但是曹东林的老婆也过来用竹子打我老婆的头部，这样打了几分钟，就停下来了，我们分开了。

问：后来怎么样？

答：后来我回去后就报警了。曹东林夫妻拉着板车去卖西瓜了。到 2016 年 6 月 8 日，曹东林死了。

问：你除了用拳打到曹东林，还用脚踢过他吗？

答：我没有踢过曹东林。

问:当时你用拳打到曹东林的什么部位?

答:当时曹东林一边压住我一边用拳头打我的头部、身上,我人向左侧倒在地上,左手压在身体下,我就在地上用右拳朝他挥打,具体打到曹东林身上什么部位我都没看清楚。

问:你当时打到曹东林是几拳?

答:打了好几拳的,但是具体几拳我不记得了。

问:当时用拳打曹东林是否用力?

答:当时曹东林在打我,我打他也用力的。

问:用力用拳头打人是什么行为?

答:是伤人的行为。

问:对本案有什么想法?

答:我和亲哥哥因为纠纷引起的案子,我想家里赔偿我哥哥的损失,希望我哥哥曹东林的家人能够原谅我。我自己患有黄疸肝炎,身体不好的,我不是故意犯罪,希望政府能够从轻处罚我。

(二)曹东旺第二次讯问笔录(2016 年 9 月 9 日 14:30~15:20)

问:你是否有故意伤害他人的犯罪行为?

答:我和曹东林打架。

问:将事情的经过交代清楚?

答:我家的房子和曹东林的房子相邻,2016 年 6 月 5 日 9 时许,曹东林在我房子东侧的空地上堆木柴,我看到后,就让他将木柴拿走,但曹东林不愿意将木柴拿走,于是我和我妻子冯媛媛和他发生了争吵,我上去准备把他的木柴搬走,但曹东林不让我将他的木柴搬走,他用两只手抓住我的两个肩膀,我也用两只手抓住他的两个肩膀,我们两个人就扭在一起。接着曹东林把我按倒在地上,我是向左侧着身子被他按倒在地上,我的左手压在我的身体下面,他用膝盖顶住我的右肋,并用拳头打我头、身体等部位,我不可能白白让他打,于是右手握拳向他挥舞。这样过了约几分钟,我妻子冯媛媛上来想将我们拖开,但是曹东林的老婆张曼上来用竹子打冯媛媛的头。这样我们夫妻两人和曹东林夫妻二人打了一会儿后,曹东林放开了我,我们分开了。我回家后,擦了擦头上的血,就报警了。警察来了之后,把我带到了派出所,给我开了验伤单,让我去验伤。之后曹东林也去派出所报警了,警察也让他去验伤,他从医院验伤回来,看上去没什么事儿。2016 年 6 月 8 日,曹东林突然死掉了。

问:你为何不让曹东林将木柴堆在你房子东侧的空地上?

答:这块空地不是我的也不是曹东林的,我们俩平时都在这块空地上堆东西,但是曹东林将木柴堆在我的自留地旁边的一条垄沟上的小路上,靠近他自留地的地方却空着,所以我要他将木柴搬走。

问:你为何会与曹东林扭打起来?

答:我要去将曹东林的木柴搬开,他不让我搬,还抓住我的两个肩膀,于是我也抓住他的两个肩膀，我们就扭在一起，接着他把侧着身子的我按到地上，我的左手压在我的身体下面，他用膝盖顶住我的右肋，用拳头打我的头、身体，我不可能白白挨打，于是右手握拳向他挥舞。

问：你右手握拳向曹东林挥舞，打到他身上什么部位吗？

答：我是握拳向他身体正面挥舞的，应该打中他了，但具体打中他身体什么部位，因为我侧着身子，没看清楚。

问：你当时打了曹东林几拳？

答：记不清了。

问：你右手握拳打曹东林的用力程度？

答：用了一定的力气的，但当时我是侧着身体被按倒在地上，所以我向曹东林挥拳时，用不出很大力气的。

问：曹东林被你挥拳打之后，有什么反应？

答：没什么事，他还和他老婆一起拉着板车去卖西瓜的。事后我去报警后，曹东林也去报警的，他当时到医院去验伤的，他验伤回来之后看上去也没什么事。

问：曹东林有什么病吗？

答：2007 年、2008 年时，曹东林胃穿孔，开过两次刀。我和他身上都长满了一个个疙瘩，这是遗传的，我母亲也有的。他是否还有其他疾病我不知道。

（三）冯媛媛询问笔录（2016 年 6 月 9 日 13:00～14:50）

问：你今天因为何事来到派出所？

答：为了 2016 年 6 月 5 日上午曹东林夫妻两个和我们夫妻两个发生矛盾的事情。

问：请具体讲一下。

答：好的。2016 年 6 月 5 日 9 时 30 分许，我在自己家里的东壁角看到曹东林老婆张曼将蚕豆梗放在我家东壁角芦竹梗子上面，当时张曼还在拿掉我放在那些芦竹梗和蚕豆梗贴南侧的三个树枝，我当时看到后，就问她："你干吗将我的树枝拿掉，我不拿掉你的，你倒拿掉我的。"张曼听了之后，就和我说："你的地界哇？"我听了就说："怎么不是我的地界。"说完之后我就过去开始拿掉那些芦竹梗和蚕豆梗。当时，曹东林和曹东旺听到我们两个吵架的声音都出来了，曹东林夫妻看到我在拿掉那些芦竹梗和蚕豆梗，他们两个人就都倚在那些芦竹梗和蚕豆梗上不让我拿掉，当时我在拿的时候，还被张曼推了一把，将我推倒在地，我被推倒之后又重新起来继续拿那些芦竹梗和蚕豆梗，曹东旺看到了之后就过来劝我，他一边拖我，一边叫我让他们去。我当时没有听曹东旺的劝，继续拿那些芦竹梗和蚕豆梗，还将罩在那些芦竹梗和蚕豆梗上面的尼龙薄膜扯碎。之后曹东林夫妻两个就很火大，曹东林过来将曹东旺按倒在地，还用拳头打曹东旺，张曼就从芦竹梗堆里抽了芦竹梗子开始打曹东旺，我当时看到曹东旺被他们夫妻两个打，所以就要去拖曹东旺出来，在拖的过程中，我也被张曼用芦竹梗打到好几下。之后我看到曹东旺脸上和身上都是血，大概曹东林也看到曹东旺脸上和身上都是血，所以也就停手不打了。之后曹东旺就回到自己的屋子里去了。之后我就和曹东林夫妻两个说：

“那我就堆在你的地界上了。”说着我就将我堆在那些芦竹梗和蚕豆梗贴南侧三个树枝拿到张曼家东壁角。张曼接着就将我堆过去的树枝拿掉。我就仍然将那三个树枝放回到那些芦竹梗和蚕豆梗的贴南侧。之后大家都回到自己的屋子里去了。在屋子里,我看到曹东旺的伤,就让他到村卫生室去看看,之后曹东旺就骑自行车去卫生室了。之后我就看到曹东林夫妻两个出门了。过不了多久,你们派出所的民警就来了,随后我也看到曹东旺回到家了,那时我才知道曹东旺报警了。民警现场勘查了之后,就要求我们夫妻两个到派出所去开验伤单并制作材料,之后曹东旺就到派出所开验伤单来了,我因为当时伤得不重,就不要开验伤单。之后我就卖瓜去了,后来我接到曹东旺在南汇中心医院打来的电话,说他要挂点滴,让我送钱去,所以我就去送钱了。之后他就一直在中心医院挂点滴,直到今天到派出所来。

问:你们夫妻和曹东林夫妻两个是因为什么原因发生矛盾的?

答:是因为界子头的事情,曹东林夫妻两个说我家东壁角是他们的地界,我们夫妻两个说那是我们的地界,所以为了这个才吵起来的。

问:当时现场有多少人动手?

答:当时曹东林将曹东旺按倒在地,用拳头打他,张曼则用芦竹梗朝曹东旺和我头上和身上乱打。

问:曹东林是怎么按倒曹东旺的?

答:当时曹东林用膝盖顶住曹东旺的身体,曹东旺身体被顶住之后,人就不能动了,只有两个手能动。

问:你和曹东旺有否还手?

答:曹东旺被曹东林按倒在地上打的时候肯定还手的,我当时看到曹东旺用拳头乱挥,因为曹东旺头上本来有伤,所以我急于将他拖出来,没有还手。

问:曹东旺用拳头挥打有否打到曹东林?

答:这个我当时没有注意到有没有打到。

问:现场还有谁看见?

答:我不知道。

问:你们几个人有受伤吗?

答:当时我就看到曹东旺脸上和身上都是血,脸和眼睛都肿了,还有我的脸上和头上都肿了,别的不知道。

问:当时事情发生之后,你有否再见到曹东林?

答:我每天都看到曹东林的。

问:你看到曹东林的时候他都在干什么?

答:事发后,6 月 5 日 11 时我看到曹东林夫妻两个拉了瓜到金陵小学后面潘红云家里去卖瓜去了(贩子来收的),旁边 17 时 30 分许我看到曹东林出门去遮棚去的;6 月 6 日早上 6 时 30 分许我看到曹东林一个人出门去开棚,11 时 30 分许我在南汇中心医院的时候看到曹东林也在医院里。6 月 7 日 15 时许,我看到曹东林夫妻两个在弄被大风吹掉的瓜棚。

问:曹东林有什么疾病吗?

答:我知道7到8年前胃出过血,具体情况我不是很清楚。

问:还有什么补充?

答:没有了。

(四)张曼第一次询问笔录(2016年6月9日10:30~11:45)

问:你的基本情况?

答:我叫张曼,女,1952年10月12日生,汉族,文盲。我是曹东林的妻子。

问:2016年6月5日你有没有和其他人发生纠纷?

答:有的。

问:把当时的情况详细讲一下。

答:好的。2016年6月5日8时许,我当时在江宁镇金园村金陵213号自家东面的一条路上准备种扁豆,今年年夜的时候我在那里堆了七八个柴,曹东旺(我丈夫曹东林的弟弟)家在那里也堆了几个柴,我因为种扁豆要穿绳子,让扁豆爬上去,所以将曹东旺家的一个柴拨开,这时曹东旺的老婆冯媛媛看到就过来了,她说你将我的柴扔掉,我也把你的柴扔掉,她就上来扔我的柴,我就抓住我的柴不让她扔掉,当时曹东旺也在,我就对曹东旺说:东旺,我这些柴不是一直堆在这里的,等柴干了我就要去烧掉的。于是曹东旺就对他老婆说不要吵了。他老婆不听,还骂他帮我说话。冯媛媛为了这事还上去打曹东旺,之后她又要扔我的柴,我还是夺我的柴,不让她扔掉,之后她被我一甩,就甩到了地上。冯媛媛爬起来之后就上来打人,我老公曹东林看到后上来劝,不知怎么的就和曹东旺扭打在一起,我老公把曹东旺按倒在地上,双方拳打脚踢,冯媛媛则在后面打我老公,我就上去捡了一根竹子,对着他们乱抽,抽到谁我自己都不知道。打了一会儿双方也不打了,后来就自己分开来,之后双方就各自走开了。之后我就听村里的人说他们报警了。

问:几个人参与打架?

答:就我和老公曹东林。对方是曹东旺夫妻两个人。

问:双方怎么打的?

答:双方就拳打脚踢。

问:打架的过程有没有其他人看到?

答:住在我家西隔壁的曹林荣当时也在场地上干活,他应该看到了。

问:你老公被打在什么地方?

答:头上和身上。身上被打了之后也没有什么感觉。所以之后检查也没有进行全身检查。

问:对方被打在什么地方?

答:这个我没有注意。

问:你们发生冲突之后,你老公去干吗了?

答:打好之后我们还去卖了400斤左右的瓜,是我和老公一起用劳动车推到金陵收瓜的地方卖掉的。卖掉了之后我老公感觉不舒服就回家休息了。当天也再没出去过。第二天(也就是6日)我老公发现自己身体不舒服,所以第二天上午10时左右的时候自己到江宁派出所开了验伤单去东海医院就诊了。就诊的时候也就拍了头部的CT,其他没有验伤。医生对他说头上没什么事,所以他自己又回来了。6日这天也就干了这点事,然后就回家休息了,可能在晚上的时候出去溜达了一圈,就在家门口路上兜了一圈。昨天(也就是7日)就早上6:30到7:30在自己瓜棚看了一下,然后又回家休息了。到今天凌晨3时他自己感觉很不舒服,所以在4:30,我媳妇和妹夫将他送到医院的,送进去之后就开始抢救,但到19时左右的时候人不行了,休克死了。

问:你还有什么要补充的吗?

答:没有了。

(五)张曼第二次询问笔录(2016年7月2日9:30~10:50)

问:请你将2016年6月5日你家和曹东旺家发生纠纷一事讲一下?

答:好的。2016年6月5日8时许,我当时在江宁镇金园村金陵213号自家东面的一条路上准备种扁豆,由于今年年夜的时候我在那里堆了7到8个柴,曹东旺(我丈夫曹东林的弟弟)家在那里也堆了几个柴,而我种扁豆要穿绳子,让扁豆爬上去,所以将曹东旺家的一个柴拨开,这个时候曹东旺的老婆冯媛媛看到就过来了,说我将她家的柴扔掉,她也要将我的柴扔掉。于是她就上来扔我的柴,我就抓住我的柴不让她扔掉,当时曹东旺也在,我就对曹东旺说:“东旺,我这些柴不是一直堆在这里的,等柴干了我就要去烧掉的。”于是东旺就对他老婆说不要吵了。他老婆不停,还骂他帮我说话。冯媛媛为了这件事还上去打曹东旺,之后她又要扔我的柴,我还是夺我的柴,不让她扔掉,之后她被我一甩,就甩到了地上。冯媛媛爬起来之后就上来打人,我老公曹东林看到后上来劝,不知怎么的就和曹东旺扭打在一起,我老公把曹东旺按倒在地上,双方拳打脚踢,冯媛媛则在后面打我老公,我就上去捡了一根竹子,对他们乱抽,抽到谁我自己都不知道。打了一会儿双方也不打了,后来就自己分开来,之后双方就各自走开了。之后我就听说他们报警了。

问:几个人参与打架?

答:就我和老公曹东林。对方是曹东旺夫妻两个人。

问:双方怎么打的?

答:双方就拳打脚踢。

问:打架的过程有没有其他人看到?

答:曹林荣看到了,他当时在地里干活。

问:你老公被打在什么地方?

答:头上和身上(前胸和后背)。身上被打了之后也没有什么感觉。所以之后检查也没有进行全身检查。

问:对方被打在什么地方?

答:这个我没有注意。

问:曹东林被打伤的头部和(前胸和后背),为什么去看的时候只看头部?

答:因为当时曹东林被打伤后,只有头部淤青,身上没有明显的伤痕,而且当时身体也没有觉得不舒服,所以就只看了头部。

问:那曹东林是什么时候感觉到身体不舒服的?

答:2016 年 6 月 8 日凌晨 3 时,曹东林觉得肚子很痛,而且大便大不出来,他痛得在床上滚来滚去。我觉得不对,就带他去医院看了。

问:2016 年 6 月 7 日,你们是什么时候去看的自家的瓜棚?

答:就在 2016 年 6 月 7 日早上 6:30 到 7:30。

问:2016 年 6 月 7 日下午,曹东林在哪里?

答:他自从早上从瓜棚回来后就一直在家,没有出门过。

问:那在瓜棚,曹东林有没有摔倒之类的情况?

答:没有。

(六)曹中政询问笔录(2016 年 6 月 9 日 18:00 ~ 20:15)

问:曹东林和你什么关系?

答:曹东林是我父亲。

问:2016 年 6 月 5 日你父亲和他人发生争执的事情你知道吗?

答:我知道,我是 6 月 8 日听我母亲张曼和我讲的。

问:具体讲下?

答:我是 6 月 5 日 6 时 40 分许从家中离开至我工作的工地上上班的,我就住在我父母隔壁。直到 6 月 8 日 6 时 40 分接到我妻子张也的电话称我父亲要住院,叫我快点回来。于是我直接从工地到家里,我到家后碰到母亲张曼,得知我父亲曹东林已经在医院。我就问我母亲到底怎么回事,她告诉我 6 月 5 日早上我走后我父母因为场地堆放柴火的事和我叔叔曹东旺夫妻发生争执,曹东旺之妻欲将我父母堆放的柴火丢掉,此时我母亲就上前夺柴火,两人在争抢中我母亲因力气小就倒在地上,据我母亲讲她倒地后头有点晕,等她清醒过来时就看到曹东旺按住我父亲的手,曹东旺的妻子骑在我父亲身上,两人在打我父亲,于是她爬起来去拉那个女的,后来双方就分开了。分开之后怎么样我母亲没和我讲,她就和我讲后来曹东旺报了警,我母亲也不知道怎么办,就去问我姨夫,他就叫我父亲也去验伤,之后在第二天就陪我父亲到医院去验伤了。

问:你父亲被打的情况如何?

答:我听我母亲讲,我父亲被打得两眼都肿了,额头上还有很大块淤青,去医院检查时就检查了头部,其他部位因我父亲没感到有何异样,故没有检查。

问:你到医院时看到你父亲情况如何?

答:我到医院时我父亲已经在抢救室,听医生讲我父亲已经病危,我看到我父亲时他两眼乌青,额头上也有乌青。

问:医生是如何和你说的?

答:医生说我父亲多数是因为右肾破裂致使腹腔出血,出血止不住导致的。

问:你有无和你父亲说过话?

答:我到医院看到他后叫过他,不过他只是眼睛睁了下就又闭上了,没有和我说过话。

问:你父亲平时的身体状况如何?

答:据我所知,我父亲平时身体蛮好的,也没有什么小毛小病,好像也没有什么高血压等情况,就是好几年前在东海医院因为胃穿孔做过一次手术,把穿孔的胃部组织切除了。

问:手术后你父亲身体情况如何?

答:蛮好的,也没有复发过,也没生过其他什么病。

问:6月5日和曹东旺夫妻发生冲突后,你父亲的生活情况如何?

答:这个我不清楚,因为期间家里也没和我打过电话说过这事。

问:据你所知,6月5日这事还有谁看到吗?

答:这我不知道,也没听我母亲讲起过。

(七)曹林荣询问笔录(2016年6月11日8:45~11:00)

问:你认识曹东林和曹东旺吗?

答:认识,我们都是邻居,住得不远。

问:2016年6月5日早上你在哪里?

答:我当时在自家瓜地里摘西瓜。

问:你当时有否看见曹东林和曹东旺两家人吵架的事情?

答:看到了。我当时在我家的瓜地里摘西瓜,一开始听见曹东林和曹东旺两家方向上有吵架的声音,吵声越来越大,等我抬头一看,发现两家人已经打起来了。不过,由于距离稍微有点远,所以看得不是很清楚。

问:他们打架的地方离你家有多远?

答:不太远,大概有100米吧。

问:他们吵架的时间大概是几点?

答:大概早上不到10时。

问:你把他们吵打的经过说一说?

答:好的。一开始我只听见这两家女人在争执,开始声音小,后来逐渐变大,好像是为让不让堆柴草的事。后来两家男的也加入进来了,并且双方还打了起来。

问:他们怎么打的,谁先动的手?

答:我开始也没太在意,仍然在摘瓜,因此对于他们怎么动手打的,我不清楚。等我注意他们时,他们兄弟两个人已经扭打在一起了。双方先相互扭住对方的肩膀,并用手打对方的头部和胸部,两个女的也在打。后来,曹东林和曹东旺都摔倒在地上了。曹东林先起来,然后把曹东旺按在地上,用腿压住曹东旺的腰部,继续用手打曹东旺。曹东旺被压住后,也在地上反抗,用手挥舞着朝曹东林身上乱打,两腿也在地上乱踢。我本来想过去拉架,后来一想,他们是兄弟,家庭内部的纠纷,外人不便介入,所以我也就没过去。过了一会,两人就不打了,各自离开了。

问:当时两人打了多长时间?

答:我没注意时间,大概有十来分钟吧,不太长。

问:曹东旺开始和曹东林扭打时,他用手打曹东林胸部、腹部没有?

答:双方扭打在一起时,两人都是用拳头相互狠打对方的脸部、胸部和腹部。

问:倒地前,曹东旺打了曹东林身上有多少下?

答:这个我没数,双方你来我往的,感觉各方都往对方身上打有十来下吧。

问:两人怎么倒地的?

答:好像是曹东旺被什么东西绊倒了,由于双方是扭着的,所以,两人一起倒了,但曹东林先爬起来,压住了曹东旺的身体。

问:倒地后,两人继续打吗?

答:是,曹东林按住曹东旺的身体,用腿压住曹东旺的腰部,继续用手打曹东旺。曹东旺被压住后,也在地上反抗,用手挥舞着朝曹东林身上乱挥打,两腿也在地上乱踢。

问:曹东旺被曹东林按倒在地上后,他用手打曹东林,打了多少下?什么部位?

答:只看到他手往曹东林身上挥,到底打到什么地方了,打了几下,我也说不准,反正不止一两下吧。

问:倒地后,曹东旺用腿踢曹东林了吗?

答:他被曹东林压着,两腿乱蹬,但蹬不到曹东林的身子。主要是躺在地上用手向曹东林的身体挥打。

问:他们两个人的妻子参加打架了吗?

答:主要是他们两个兄弟在扭打,他们的两个妻子当时在一边也有打的动作,但好像都是为了保护住自己的老公不要吃亏。

问:曹东旺的妻子冯媛媛打曹东林了吗?

答:我没看到曹东旺的老婆冯媛媛有打曹东林的动作,她主要是和曹东林的老婆张曼在撕扯。

问:两人怎么结束打架的?

答:打了一会,曹东林自己起身离开了,后来曹东旺也起来走了。

问:曹东林和曹东旺离开时,身体有无异常的表现?

答:好像没有。

教学手册

教学对象及目标

本案例主要供法律硕士研究生案例教学使用,法学本科高年级学生、刑法学硕士研究生与诉讼法学硕士研究生也可酌情试用。

本案例主要就辩护律师在人身伤害犯罪案件中的活动、作用与辩护技巧展开讲授,具体要解决的问题是:(1)在一审以及一审之前的刑事侦查、审查起诉阶段,辩护律师如何构建合理的辩护思路;(2)律师如何阅卷;(3)如何撰写辩护词和上诉状;(4)故意伤害与过失致人死亡罪的罪名界分;(5)特异体质与刑法因果关系的判断。

教学内容

1. 在一审阶段,辩护律师如何构建合理的辩护思路?

根据《刑事诉讼法》第20条的规定,只有危害国家安全、恐怖活动案件以及可能判处无期徒刑、死刑的案件由中级人民法院一审,在实践中,辩护律师面临的大量案件都是由基层人民法院管辖,在一审阶段,辩护律师主要针对检察机关的起诉进行辩护,因此一审阶段辩护的基本思路主要是围绕起诉书所指控的罪名及其理由、依据展开反驳。在确立辩护思路时,首先,要对案件的整体情况进行宏观把握,了解案件的梗概和基础事实;其次,针对公诉方提出的证据事实,寻找这些证据在关联性、合法性和真实性三个方面所存在的问题;再次,对于公诉方所指控的罪名以及所阐述的法律理由,辩护方要仔细思考其中的漏洞和破绽,寻找有利于己方当事人的法律规范加以辩驳;最后,还要注意在案卷中寻找能够证明本方当事人罪轻、无罪以及从轻、减轻处罚的相关证据事实。

2. 律师如何阅读刑事案卷?

刑事案件一旦移送至检察院,律师就应当在第一时间赶赴检察院阅卷,以避免出现律师还没有来得及阅卷,检察院便将案卷退侦的情况出现,从而延误律师阅卷时间,错过了了解案件的最早时机。具体来说,阅卷的步骤如下:首先,要粗略浏览案卷封皮和目录,对全部案卷有一个概况式的了解,例如,本案涉嫌的罪名是什么,本案的侦查机关是哪个单位,书证有几本,被告人、被害人以及相关证人的关系如何,案发的时间、场所、过程等;其次,要详细阅读起诉书(或起诉意见书),了解公诉方的控诉思路;最后,正式开始阅卷。第一步,要先看程序卷。通过对程序卷的翻阅,律师可以从程序上对案件的发起及前期侦查过程有一个全面的了解,比如该案的起因、何人报案、办案的期限是否合法、侦查人员的行为是否违法、手续是否完备、嫌疑人是否具备自首等有利情节、前后罪名是否发生变化等,虽然我国司法实践中对于程序的重视还远远不够,但是在越来越多的案件中,程序辩护也渐渐凸显出重要性。第二步,看口供部分(嫌疑人/被告人供述和被害人陈述)。重点看与起诉意见书不一致的部分、口供之间不一致的部分，比如应关注犯罪嫌疑人是否认罪以及其在到案后的前几次供述，看供述是否稳定、是否有变化，关注言词证据的形式、程序是否合法等（比如是否告知了当事人相应的权利义务、是否有两个办案人员讯问、笔录是否完整）等，在此基础之上结合会见情况，找出案件的疑点，形成初步辩护思路。第三步，要详细阅读案卷中所附的书证、物证、鉴定意见、勘验、检查、辨认、侦查实验等证据，寻找其中可能存在的问题与漏洞。第四步，要仔细阅读证人证言，在阅读证人证言时，一定要着重关心该证人与犯罪嫌疑人、被害人的关系、证人当时在案发时的状态以及取证的合法性等，一旦发现疑问，一定要经过多方位核实。

在阅卷时，应当把握以下阅卷技巧：(1)重点看矛盾之处；(2)简化案卷，制作阅卷笔录；(3)在阅卷笔录基础之上形成不同的分析意见，比如在本案中，关于打架的过程诸人说法各异，因此需要将每个人对于打架过程的叙述单独摘列出来并进行对比分析，从而有利于捋清思路、提高效率；(4)重视阅卷笔录等文书的形式，以便开庭时候方便查阅，从而让法官能更清楚地了解辩护理由以及相关证据事实。

3. 律师如何撰写辩护词、上诉状？

辩护词主要针对检察机关的起诉书展开，而上诉状则主要围绕一审判决中的事实认定不清、法律适用错误等内容展开，两者均以辩护思路为基础。在书写形式上，辩护词和上诉状的要求是一致的，包括以下几点：(1)简明扼要、言简意赅，一般而言，辩护词或者上诉状应当以1~2页篇幅为宜，主要围绕起诉书或一审判决中的错误、漏洞精炼地提出自己反驳的观点，切忌连篇累牍式的长篇大论；(2)条理清晰、层次分明，辩护词应当抓住案件的焦点与核心内容，反驳控方指控，从法律规范与证据事实两个方面提出被告人罪轻和无罪的理由与证据，上诉状则主要指出一审判决在事实认定和法律适用方面的错误，需要特别突出新的证据、事实和理由；(3)语言专业、得当，切忌华而不实的空洞论述，辩护词和上诉状是高度专业化、法律化的文书，不需要掉书袋式的引经据典与情绪化的表达。

4. 本案需要解决哪些核心问题？律师可以从哪些角度提出被告人无罪或罪轻的理由？

本罪主要解决的核心问题，主要涉及两个方面。一是事实方面，涉及案件的证据、口供比对等问题；二是法律方面，涉及故意伤害罪与过失致人死亡罪的界分、因果关系的介入等问题。具体说来，包括以下核心问题：(1)现有证据是否足以证明被告人曹东旺构成故意伤害罪？(2)本罪应当以何种罪名起诉为宜？(3)本罪中曹东旺的主观方面如何认定？(4)本案中曹东林死亡的因果关系应当如何认定？(5)故意伤害罪致死与过失致人死亡罪如何区分？针对本罪的相关证据材料、因果关系、罪名认定等方面，辩护律师均可以提出质疑以及辩护的理由，从中寻找被告人无罪或罪轻的理由。

课堂时间安排

本案例可以作为专门的案例教学课来进行，也可以作为《刑法》分则中的专题课程讲授。整个课程安排6个课时，每课时45分钟。

如下课堂设计仅供参考。

1. 第一阶段:课前准备

在课前,安排学生认真阅读案卷材料与参考文献,增进对本案案情以及相关基础知识的了解,并对思考题中列举的问题进行思考。

2. 第二阶段:基础知识的讲授(2 课时)

教师围绕与本案有关的知识点进行讲授,讲授包括两方面的内容:其一,辩护技巧方面,应重点传授辩护思路的构建、辩护词/上诉状的撰写以及辩护律师的阅卷技巧等实务知识;其二,法理规范方面,应对与本案有关的实体问题加以讲解,包括刑法因果关系的认定、特异体质的处理以及故意伤害与过失致人死亡罪的刑事界分等问题。

3. 第三阶段:小组学习与启发式探讨(2 课时)

将学生划分为若干学习小组,对思考题与实践题的内容进行作答,可以采取分组发言和自由讨论的形式,进行启发式教学,从而锻炼学生的辨疑能力与逻辑思维。在此基础上,布置学生完成实践题作业。

4. 第四阶段:课程总结(2 课时)

教师对思考题的内容进行统一解答,并从实践题中选出若干份优秀作业进行评析。

此外,本案例亦可采用模拟法庭教学的方式,将全班同学分为三组:一组作为公诉方、一组作为辩护方、一组作为裁判方。教师先进行 2 节课的讲授,讲授关于本案基本情况、基础知识与模拟法庭的基本要求,之后由学生每组采取小组学习的方式对本案涉及的有关法律问题进行研判,在此过程中完成实践题和思考题,每组推举 3 名同学担任诉辩双方与仲裁庭,另推举若干学生担任证人与被告人等角色。模拟法庭组成后,建议使用 2 ~ 3 节课时进行模拟,之后教师运用 1 ~ 2 节课时对学生的整体表现以及本案的有关要点进行统一讲授。

思考题和实践题

思考题

1. 刑事辩护中的委托授权有几种?有何要求?
2. 刑事案件的审理期限是如何规定的?本案是否超期?
3. 本案可否适用简易程序?为什么?
4. 若对江海市东海区的一审判决不服,应当如何上诉?
5. 曹东旺的几次口供之间有何区别?可能存在哪些问题?
6. 张曼的证词可能存在哪些问题?可能存在哪些可能性?
7. 曹林荣的证词是否存在问题?如果有,是什么问题?
8. 刘建设反映的情况能否作为对曹东旺有利的证据?有何作用?
9. 作为曹东旺的辩护人,对于本案的鉴定意见,你将提出哪些质疑?
10. 试分析曹东旺的行为与曹东林死亡结果之间的因果关系。
11. 被害人具有特异体质的情况下,加害人的刑事责任如何认定?
12. 如何区分故意伤害致死和过失致人死亡罪?
13. 你可从本案中找出哪些对曹东旺有利的证据事实和辩护理由?

14. 如果你是本案的二审法官,你将会对一审判决:A. 改判 B. 维持原判 C. 其他? 请说明你这么做的理由。

实践题

1. 作为本案的公诉机关,你认为东海区人民检察院应以何种罪名起诉曹东旺? 请从检察院的角度根据本案的情况撰写一份起诉书。
2. 如果你是被告曹东旺的辩护律师,请编写一份辩护工作计划。
3. 请根据本案所给出的案件材料,撰写一份阅卷笔录。
4. 请针对本案的一审判决书撰写一份上诉状。

参考文献

1. [日]大塚仁:《刑法概说》(第三版),冯军译,中国人民大学出版社 2003 年版。
2. [美]H. L. A 哈特、托尼 · 奥诺尔:《法律中的因果关系》,张绍谦、孙战国译,中国政法大学出版社 2005 年版。
3. 李文军:《故意伤害致特异体质者死亡案件处断争议之辨析》,载《法学》2010 年第 8 期。
4. 许任刚、黄伯青:《殴打特异体质者致死型案件的刑法解读》,载《犯罪研究》2010 年第 3 期。

(张绍谦,上海交通大学凯原法学院教授、上海博和律师事务所律师;
张弛,上海交通大学凯原法学院刑法学博士研究生、
上海交通大学金融检察法治创新研究基地科研助教)

11 CASE 张三不作为故意杀人案

摘　要

本案例以一起邪教自杀案件为蓝本,围绕不作为的故意杀人案刑事程序各环节,涉及知识点和执业技能内容包括,辩护律师如何参与各阶段刑事诉讼活动,不作为故意杀人案件的证据收集、事实认定与法律适用等。本案例涵盖刑事侦查阶段、审查起诉阶段、审判阶段三个诉讼环节,涉及实体问题包括消极的帮助自杀认定、不作为手段的认定及来源、宗教迷信的认识因素与刑事责任的关系,涉及证据和事实问题包括,不作为故意杀人案件的证据收集、有责无责证据的分析判断、证明标准等问题。本案例对于解决因邪教因素帮助自杀等类似案件具有参考意义。

关键词

故意杀人案　不作为故意杀人行为的认定　认识因素　刑事责任　证据分析

教学目标

着重让学生把握三方面内容:(1)在侦查阶段,辩护律师接受委托后应从事哪些法律活动;(2)在审查起诉阶段、审判阶段应如何撰写法律文书;(3)以不作为的故意杀人罪认定为例,如何解决邪教当中帮助自杀的定性问题,尤其提出处理具体案件的思路、分析步骤、事实认定与法律分析之间的基本框架。

教学案例

一、案件经过

2013 年 2 月 9 日，犯罪嫌疑人张三（男）与其妻李四（女）租赁×市××路××号××室居住，直至 2014 年 4 月 14 日房东王某因张三长期借故拖欠支付该房屋租金，而到该处房屋探视时，发现卧室衣柜内有一具女尸，遂报案。经×市公安局刑科所 DNA 鉴定证实该具女尸即为张三的妻子李四，犯罪嫌疑人张三到案后虽坚称其妻李四是信仰为爱绝食自杀的，但是张三的供述中有下列情节与事实不符。（1）张三所供称的李四绝食自杀的理由与基督教正统教义不符。（2）张三自述的李四绝食死亡期间（2013 年 7 月 1 日至 8 月 14 日），李四未与任何人有过接触，亦未离开过××路××号××室，只有张三在李四的身边。（3）在张三自述的李四绝食死亡期间，张三未采取任何挽救、制止措施，且李四死亡后直至案发，张三都未通知警方、亲属或任何社会关系。（4）在李四死亡后的 2013 年 11 月间，张三为避免他人发现李四的尸体，还将李四的尸体从床上包裹后移至衣柜内藏匿。（5）×市公安局刑科所对李四作出的尸体检验报告中，亦不能完全排除他杀可能性。

二、认定事实

2007 年下半年，犯罪嫌疑人张三在考入××大学××专业读书期间，邂逅了也在该大学就读的李四，在相互接触中，张三渐渐受到李四关于宗教信仰观点和见解的吸引，2009 年 12 月 21 日张三向党组织书面提出“本人因皈依佛教，现申请退出中国共产党”的要求，一度失去完成学位论文的兴趣。2010 年 9 月毕业后应聘至××公司工作。2011 年 6 月张三与李四结婚，婚后，李四、张三与李四父母关系较为紧张，公开吵架，同住同一楼层却互不来往。2012 年 12 月，张三、李四与房东赵某签订合同租赁了××路××号××室居住，2013 年 9 月赵某将房屋出售给了本案中的王某，张三与新房东王某签订合同，续租该房屋，直至 2014 年 4 月 14 日房东王某因张三长期借故拖欠租金，而到该处房屋探视时，发现卧室衣柜内有一具被包裹的女尸，经市公安局刑科所 DNA 鉴定证实该具女尸即为张三的妻子李四。一方面，张三到案后坚称其妻李四是 2013 年 7 月 1 日突然向他宣布“她要为我舍命”，他“明确劝说李四不要这样做，不要为我舍命，并喂她进食，但遭到她拒绝”。随后张三“想知道她（李四）这么做的意思……通过看圣经，我知道李四是在效仿圣经中的耶稣为门徒舍命，而且以后还会‘复活’的，像耶稣那样”。并通过不断阅看圣经而至今对李四会“复活”坚信不疑。另一方面，市公安局刑科所对李四作出的尸体检验报告称，“经检验死者衣着较整齐，尸体整体呈‘干尸’状，头（面）部、颈项部、躯干部及四肢部未见损伤与骨折；颈（项）部未见索沟及伤痕，颈部软组织未检出出血，舌骨未检见骨折，据此分析，可以排除颅脑损伤、创伤性损伤和机械性窒息的可能性”“取死者的胃组织及其内容物检验，未检出一般常见毒物成分，可以排除剧毒物及一般常见毒物中毒致死的可能性”“根据尸体呈干尸,部分已腐败、霉变、皂化,并结合包裹物内蛹壳及苍蝇等综合分析,尸检时间距死亡时间应在三个月以上”。

三、相关证据

(一)第一组证据:勘查笔录

《现场勘查笔录》证明:2014 年 4 月 14 日 16 时 45 分至 2014 年 4 月 15 日 1 时 50 分,市局刑科所痕迹室朱某等人接报至××路××室××号勘查现场,发现:(1)该房屋系二室一厅结构,门窗完好无明显撬痕;室内家电呈通电待机状态;室内物品摆放整齐,呈长期无人使用状态;(2)客厅一只旅行箱内有大量书籍(据公安承办介绍多为佛教、道教、伊斯兰教、天主教等宗教类书籍);(3)在东北面卧室靠北墙摆放一张六尺大床,床上床单凌乱,床垫下中间部位发现腐败血迹,床下发现大量虫蛹;靠西墙放有一只衣橱,橱门呈关闭状,打开衣橱左侧橱门,发现一具呈倒立折起状的女尸;(4)女尸外侧包裹浴帘、床单、床罩、被子;(5)在案发现场的电视机上发现并提取脚印。

(二)第二组证据:两份鉴定结论

1. 市公安局出具的《尸体检验报告》及所附照片证明:2014 年 4 月 20 日公安局出具由法医师张某等人签署的尸检报告,分析说明:(1)“经检验死者衣着较整齐,尸体整体呈‘干尸’状,头(面)部、颈项部、躯干部及四肢部未见损伤与骨折;颈(项)部未见索沟及伤痕,颈部软组织未检出出血,舌骨未检出骨折,据此分析,可以排除颅脑损伤、创伤性损伤和机械性窒息的可能性。”(2)“取死者的胃组织及其内容物检验,未检出一般常见毒物成分,可以排除剧毒物及一般常见毒物中毒致死的可能性。”(3)“根据尸体呈‘干尸’,部分已腐败、霉变、皂化,并结合包裹物内蛹壳及苍蝇等综合分析,尸检时间距死亡时间应在三个月以上。”

2. 市公安局出具的《DNA 检验报告》证明:2014 年 4 月 28 日公安局出具由法医胡某等人签署的相关 DNA 检验报告,经 STR 基因座检测,“失踪人员李四的父母拥有作为该无名女尸之生身父母所必须具有的各自一半的等位基因。结论为××路××号××室内发现的无名女尸不能排除为失踪人员李四”。

(三)第三组证据:张三供述和辩解

张三到案后供述和辩解:(1)2009 年我因身体不好参加××大学里的太极拳练习,李四也在打太极拳,所以我们就认识了。我对她就像救世主,以后有什么事就都听她的。开始我们也有过争论,主要是对信仰方面的,后来就全听她的话,她怎么说我就怎么做了。为了信仰,我还在 2010 年申请退出中国共产党,我是跟随我妻子信仰上帝的,我非常爱我的妻子。(2)我和妻子李四婚前有过约定要过圣洁的生活,我对她就像师傅一样,她经常教育(纠正)我有违反圣洁的行为。我们只是形式上的夫妻,我们结婚从没有过夫妻生活。我妻子非常爱我,我也很爱我妻子,为了我的妻子我断绝了和我家人的关系,仅仅因为我家人不喜欢我妻子。因为我妻子和她父母关系不好,所以我们就租了××路××号××室居住。(3)她(李四)平时在家只是看书、看电视、上网,平时家务活她很少做的,都是我做的,外面也没有什么朋友来往。(4)2013年7月1日中午,我妻子打电话给我,让我回××路××号××室,下午我请假回来,我妻子很认真地对我说,为了证明她对我的爱,为了证明死后能否复活,她决定为我舍命。然后就开始不吃不喝,我当时很不理解,一再劝她不要这样,并喂她吃东西,但她就是躺在床上,对我不理不睬,也不肯吃东西,一副很坚决地要为我舍命的样子。这样一直持续到8月14日下午近天黑,那天我发觉我妻子不行了,没有呼吸、瞳孔放大,我看着她为我舍命了。之前的四五天她基本上不能下床了,东西我送到她嘴里也吃不下去了。大小便都在床上,每隔一二天我替她换衣服。(5)这期间,我因为妻子在家这个样子,我无法正常工作而到公司办了辞职手续,其他时间我基本上都在房间里……开始的几天,我买了八宝粥、饮料给她吃,她不肯吃,我强迫她吃。吃了有几天,我不记得了,每次吃得很少,是我强迫喂她吃的,她自己不肯吃。开始几天她还能下床,有时就躺在地板上,有时在厨房开水龙头,有时在卫生间里把门关上不出来,直到我用螺丝刀把门弄开……后来她不肯去卫生间大小便,在屋里随地大小便,沙发上、床上到处拉,有时在屋里走来走去,嘴里自言自语,我也听不懂她在说些什么……究竟什么时候开始用尿布的,我不记得了,我是从体育场联华超市里买的,当天替她用上了,她当时什么也不动,我是一二天换一下,换下的尿布都丢掉了。(6)我妻子舍命后,开始几天就放在床上,过了两天以后,我发现她和以前不一样了,发白了,我也没有很注意,就用床单盖在她身上,她当时穿一件睡衣。过了几天,我发现床单上有苍蝇在飞,床上、地上有蛆虫在爬,有时我用扫把扫一下蛆。我自己并没有出门,晚上就睡在客厅的沙发上,我只是看书……后来,房东通知我要装修房子,所以我用床单、被套和洗手间的浴帘将我妻子包裹起来,放在衣橱内。2013年11月13日至17日房东开始装修,我一个人住回到老房子去了,17日以后我回到租借房内,就再也没有动过我妻子,她一直都在衣橱内。2014年4月11日,我没钱付房租了,所以为了躲房东催债而到老房子去了。我妻子那张存折她没有告诉我密码,我取不到钱,我也没有办法,只能听从上帝安排。(7)开始我并不相信我妻子真会舍命,我想她可能是为了考验我才这么做的。到了最后关头,她可能会自己挽救的。但是真到最后,她呼吸越来越困难的时候,她都没有挽回,呼吸停后,我才真正领悟到她真的为我舍命了,也就是因为我只是认为她在考验我,所以我什么都没做,看着她为我舍命了……因为我有信仰,我坚信我妻子能够复活,再说这是我和我妻子两个人的事情,与别人无关,我为什么要告诉别人……相信爱的最高境界就是为爱的人舍命……因为我想耶稣已经为所有信徒舍命过一次了……耶稣舍命后能复活,那我妻子也能在舍命后复活……我再重申一次,我妻子(李四)没有死,她只是“睡着了”!她是为了证明对我的爱,为了证明死后还是可以复活而为我舍命了,绝不是一般人眼中,你们法律上认定的死亡。

(四)第四组证据:证人证言

1. 证人李四之母陈述内容概括起来:一是女儿李四早在高中阶段即表现出对宗教书籍的

极大兴趣,“沉湎于宗教了”。2005 年李四考入大学后曾一度厌学想退学,认为大学教育是上课,内容里找不到“真理”。“最后李四要我答应入教会才肯继续完成学业”,后来还是休学一年,“在家自己看一些书籍,主要是宗教和逻辑类的”。二是李四本来就比较内向,从不看言情类书籍,就爱看宗教和逻辑类书籍。三是李四 2010 年 9 月大学毕业后,一直在家没有找过工作,称“我女儿尽管一直对圣经和基督教感兴趣,我却没有听说她接受洗礼,加入教会,我女儿似乎只是自己钻研教义,而没有参加任何宗教活动”。四是李四与张三“从表面上看我觉得他们两个人关系似乎蛮好的”。2011 年 7 月李四和张三与我丈夫吵架后就不再到我们家里。

2. 张三的胞弟向公安作证:张三是其亲哥哥,家中就兄弟俩。张三考入大学读书后,每年回家探亲一次。曾写信说:他和李四是因为共同的信仰走到一起的,他和李四先是信仰佛教,后来转信基督教。张三总认为父母不喜欢李四,反对他的婚事,后来相互误解越来越深,越闹越僵,2012 年后张三就再没有和家里联系过,全家人从来没见过李四。

3. 证人赵某(第一位房东)向公安作证:其将位于××路××号××室租给张三、李四夫妇居住,先签订了半年租赁合同,后又续租三个月。续租期间,郭俊将房屋出售给王某;“张三夫妇性格都比较内向,做事也很仔细……我感觉张三较听他老婆的话,平时拿主意都是他老婆,他们感情也挺好的”。2013 年 11 月,郭俊找人装修过一次房子,装修过后就很快把房子卖给了王某。

4. 证人王某(第二位房东)向公安作证:××路××号××室是她从赵某手中买下的,当时该套房屋还租赁给张三的。2014 年 1 月 9 日第一次在新购买的住户见到张三,张三表示“他很喜欢我这套住宅,希望我能继续租给他”,一月房租是支付现金,二月房租约定由张三将钱打入了王某的银行卡,三月张三欠费。2014 年 4 月 14 日在检查房屋时与物业清洁工一起发现女尸,遂报警。

(五)第五组证据:书证

1. 张三手书的《退党申请》,证明:2009 年 12 月 12 日本案中的张三亲笔书写《退党申请》,内容为:本人因皈依佛教,现申请退出中国共产党。

2. ××超市购物凭证(复印件),该购物凭证由张三提供,证明:2013 年 8 月 3 日、13 日,持单购物者曾先后两次购买“唯尔福成人尿布”“真的活力八宝粥”“娃哈哈无糖八宝粥”等。

3. 基督教传道朱某某等人的《对话笔录详述》证明:(1)李四、张三两人早先都去过“安息日”教会,但去的次数很少,时间也很短;两人都未去过教会正式慕道受过信仰培训,不是严格意义上登记入册的基督教会的正式信徒。(2)李四、张三两人基本是脱离了教会的正规教养,远离教会和信众;过的是“两人世界的信仰生活”,张三“一方面认妻为师,一方面是信仰偏谬,对《圣经》断章取义、肆意曲解”。(3)李四、张三两人原本的宗教信仰背景颇为复杂、混乱,对基督教中心教义的理解存在严重偏谬。

教学手册

教学对象及目标

本案例供法律硕士案例教学使用,法学本科(大四)、刑法学硕士、刑事诉讼法学硕士也可以参酌试用。

本案例主要就辩护律师在刑事诉讼中从事的法律活动和帮助自杀的认定问题进行讲授。具体要解决的问题包括:(1)在侦查阶段,辩护律师接受委托后应从事哪些法律活动;(2)辩护律师在审查起诉阶段、审判阶段应如何从事各项法律活动,如何撰写辩护词;(3)以法官对帮助自杀的认定为例,解决消极帮助自杀的定性问题、邪教迷信的认识因素对刑事责任的影响问题,尤其提出处理具体案件的思路、分析步骤、事实认定与法律分析之间的基本框架。

教学内容

1. 在侦查阶段辩护律师如何维护犯罪嫌疑人的合法权益,尤其是诉讼权利?

在侦查阶段,如何保障当事人不被羁押,或者在被刑事拘留或逮捕后变更为取保候审或者监视居住,对于当事人而言,是维护其正当利益的一种重要因素,因而如何与办案机关沟通,并代为主张相应利益,是辩护律师在侦查阶段应当着重解决的问题。

2. 律师如何撰写辩护词?

律师在参与法庭调查时,事先要积极准备,全面而仔细地阅读卷宗,对各项证据材料,尤其与定罪量刑有关的证据材料要熟稔于心;对控方提出的有罪证据要有明确的判断,对于有利于被告的证据要适时提出。律师在法庭辩论过程中,发表意见要重点突出、说理充分,发言要遵守法庭纪律。

律师在刑事辩护活动中,如何撰写一份有分量的辩护词应当从以下几方面入手:(1)对已有证据材料进行全面、适度且合理的分析,指出不同证据材料之间存在的差异、漏洞;(2)提出对当事人有利的证据材料,包括侦查机关收集的证据材料和律师调查收集的证据材料;(3)对与本案定罪量刑有关的现有法律法规及司法解释进行分析,寻找对当事人有利的法律法规和司法解释上的根据,以及最高人民法院的指导性案例;(4)对案件程序性问题进行分析,指出侦查、审查起诉环节是否存在违反法律的问题;(5)对案件发生的原因等进行分析,寻找当事人从事违法行为的客观根据;(6)对其他影响定罪量刑的情节进行阐述分析。撰写辩护词的形式要求包括:(1)证据分析与法律分析部分界限分明;(2)辩护重点突出,尤其是与定罪量刑直接有关的要点要突出;(3)层次分明,逻辑顺畅;(4)篇幅得当、语言简练易懂;(5)法律分析要有权威的论理根据;(6)语言平和、得体,忌用攻击性语言。

3. 如何正确分析邪教中帮助自杀类型的刑事案件?

(1)参与自杀的违法性判断。自杀行为不可罚,这已经成为一种共识,对自杀未遂者,不能以犯罪论处。帮助自杀,是指在他人已有自杀意图的情况下,帮助他人自杀。我国《刑法》对杀人罪规定得比较简单,没有将教唆、帮助自杀的行为规定为独立的犯罪。在这种立法体制下,是认为教唆、帮助自杀的行为根本不成立犯罪,还是认为教唆、帮助自杀的行为成立普通的故意杀人罪,涉及诸多问题。

按照共犯的从属性理论,人的生命属于人自身,自杀者对自己的生命有处分的自由,因而自杀行为不具有违法性。自杀是合法行为,参与自杀的行为也就不具有可罚性。既然作为正犯的自杀者本人的行为都不构成犯罪,那么,作为教唆犯和帮助犯的行为,自然也不构成犯罪,不能予以处罚。如何看待该观点?

也有学者认为,由于事关生命这种重大法益的自己处分,《刑法》禁止他人介入是具有充分合理性的,应当将自杀者本人剥夺自己生命的行为与剥夺他人生命的行为区分开来。教唆或帮助他人自杀,实际上就是对他人生命的一种特殊的侵害,严重破坏了正常的法秩序和法底线,具有相当程度的违法性,故可以单独正犯定罪。如何看待该观点?

(2)是否构成不作为的故意杀人。主动帮助与被动允许之间存在重要区别,就被动允许而言,除非有主动介入的义务,否则,被动地听任他人安乐死等自杀行为是不受处罚的。能否认为本案中的张三依法不具有救生义务,他妻子的自杀死亡行为也不是由他引发的。因此,张三不应该承担不作为的故意杀人刑事责任。什么情况下会被认为负有法定的救助义务?夫妻之间是否有救生义务还是仅仅是生活扶助义务?

(3)邪教迷信的主观认识能否排除犯罪性。对帮助自杀来说,行为人主观上则可以包括间接故意,至于帮助者是出于何种动机实施帮助行为,在所不问。如在邪教犯罪案件中,有的邪教组织人员因受邪教的蛊惑而相约自杀。那么,本案当中张三宗教信仰的状况能否作为阻却责任的事由?

(4)精神病鉴定的重要性。从本案认定的事实看,他的妻子死后不掩埋,放在家里,自己坐在边上等,他的思维好像不太正常。当然本案中张三思维是否正常,要从司法精神病角度进行鉴定。

此外,通过对该案例的开放式问题设计,启发和培养学生分析案例的思辨能力,让学生自己探索答案。

课堂时间安排

本案例可以作为专门的案例教学课来进行,整个案例课的课堂安排 5 个课时,每课时 45 分钟。

如下课堂设计,仅供参考。

1. 课前计划:安排学生阅读案例及相关参考资料,对案例所涉及问题进行思考,撰写实践题答案。

2. 课中计划：介绍教学目的，明确讨论主题；分组讨论，回答各项思考题，讨论实践题的撰写要点；小组代表提出撰写要点，学生讨论和分析；教师归纳总结。

思考题和实践题

思考题

1. 根据现行刑事诉讼法和《公安机关办理刑事案件程序规定》，公安机关在接到报案后，应如何处理？
2. 根据现行刑事诉讼法和《公安机关办理刑事案件程序规定》，刑事立案的条件有哪些？本案是否符合刑事立案的条件？
3. 根据现行刑事诉讼法，对张三进行逮捕是否符合法律规定？
4. 如果你是负责本案的侦查人员，你还应收集、提取哪些证据材料？
5. 在侦查阶段聘请律师，应遵守哪些法律规定？如果犯罪嫌疑人提出聘请律师，侦查机关应如何处理？
6. 根据现行刑事诉讼法，在侦查阶段，辩护律师会见在押犯罪嫌疑人张三，应办理哪些手续？
7. 根据现行刑事诉讼法，辩护律师应如何提出取保候审申请？
8. 本案是否存在超期羁押的情况？如果存在这种情况，侦查机关应如何处理？侦查终结应具备哪些条件？如何撰写移送起诉意见书？
9. 检察机关收到律师提供的证据材料，应如何处理？
10. 检察机关提起公诉应符合哪些条件？

实践题

1. 如果你是张三的辩护律师，在这一阶段应该做哪些工作？请根据以上案情，编写工作计划。
2. 结合本案案情，为张三撰写取保候审申请。
3. 如果你是张三案件的检察官，针对以上认定事实，为张三撰写批捕意见书和起诉意见书。
4. 请根据以上案件信息，分析张三的行为是否构成故意杀人罪。

参考文献

1. 赵秉志主编：《外国刑法各论》，中国人民大学出版社 2006 年版。
2. 黎宏：《刑法学》，法律出版社 2012 年版。
3. 赵国强：《澳门刑法（各论）》，社会科学文献出版社 2013 年版。
4. 黎宏：《日本刑法精义》，中国检察出版社 2004 年版。

附件

1.《刑法》第 232 条　【故意杀人罪】故意杀人的，处死刑、无期徒刑或者 10 年以上有期徒刑；情节较轻的，处 3 年以上 10 年以下有期徒刑。

2. 1999 年 10 月 20 日《关于办理组织和利用邪教组织犯罪案件具体应用法律若干问题的解释》第 4 条：组织和利用邪教组织制造、散布迷信邪说，指使、胁迫其成员或者其他人实施自杀、自伤行为的，分别依照刑法第 232 条、第 234 条的规定，以故意杀人罪或者故意伤害罪定罪处罚。

3."两高"2001 年 6 月 4 日《关于办理组织和利用邪教组织犯罪案件具体应用法律若干问题的解释(二)》第 9 条:组织、策划、煽动、教唆、帮助邪教组织人员自杀、自残的,依照刑法第 232 条、第 234 条的规定,以故意杀人罪、故意伤害罪定罪处罚。

(程兰兰,上海师范大学哲学与法政学院副教授)

12 CASE 陈满涉嫌故意杀人、放火案

摘　要

本案是一起著名的刑事错案，且系由最高人民检察院向最高人民法院提出抗诉而得以最终纠正，具有标志性的意义。在实体上，本案涉及故意杀人罪和放火罪两个罪名。在诉讼程序上，本案涉及侦查取证、再审管辖、申诉、抗诉、证据规则、审查判断证据等多个方面。此外，本案还涉及国家赔偿的处理等内容。该案对于学习刑法、刑事诉讼法、证据法，增强对司法制度的了解都有所裨益。

关键词

故意杀人罪　放火罪　申诉　刑事证据　证据规则　无罪判决　国家赔偿

教学目标

(1)掌握故意杀人罪和放火罪两个罪名的犯罪构成和定罪量刑的知识；(2)掌握刑事证据的分类、收集、审查判断的方法、证明标准和证据规则；(3)掌握刑事诉讼中的主要程序，尤其是侦查、申诉、再审等程序细节；(4)理解刑事辩护的要点；(5)理解和领会无罪推定、疑罪从无等基本理念和原则。

教学案例

仔细阅读以下七则原始材料。以下七则材料分别源自最高人民检察院指导性案例以及新闻媒体的报道。围绕“陈满案”发生的经过和前因后果,学会分析原始材料,运用所学的法学原理和法律法规,按照“教学指导手册”的要求,理解、分析所涉及的刑法、刑事诉讼法、证据法和司法制度的知识点及其问题。

一、最高人民检察院指导性案例“陈满申诉案”

陈满,男,1963 年 2 月生。

1992 年 12 月 25 日 19 时 30 分许,海南省海口市振东区上坡下村 109 号发生火灾。19 时 58 分,海口市消防中队接警后赶到现场救火,并在灭火过程中发现室内有一具尸体,立即向公安机关报案。20 时 30 分,海口市公安局接报警后派员赴现场进行现场勘查及调查工作。经走访调查后确定,死者是居住在 109 号的钟某,曾经在此处租住的陈满有重大作案嫌疑。同年 12 月 28 日凌晨,公安机关将犯罪嫌疑人陈满抓获。1993 年 9 月 25 日,海口市人民检察院以陈满涉嫌故意杀人罪,将其批准逮捕。1993 年 11 月 29 日,海口市人民检察院以涉嫌故意杀人罪对陈满提起公诉。海口市中级人民法院一审判决认定以下事实:1992 年 1 月,被告人陈满搬到海口市上坡下村 109 号钟某所在公司的住房租住。其间,陈满因未交房租等,与钟某发生矛盾,钟某声称要向公安机关告发陈满私刻公章帮他人办工商执照之事,并于同年 12 月 17 日要陈满搬出上坡下村 109 号房。陈满怀恨在心,遂起杀害钟某的歹念。同年 12 月 25 日 19 时许,陈满发现上坡下村停电并得知钟某要返回四川老家,便从宁屯大厦窜至上坡下村 109 号,见钟某正在客厅喝酒,便与其聊天,随后从厨房拿起一把菜刀,趁钟某不备,向其头部、颈部、躯干部等处连砍数刀,致钟某当即死亡。后陈满将厨房的煤气罐搬到钟某卧室门口,用打火机点着火焚尸灭迹。大火烧毁了钟某卧室里的床及办公桌等家具,消防队员及时赶到,才将大火扑灭。经法医鉴定:被害人钟某身上有多处锐器伤、颈动脉被割断造成失血性休克死亡。

(一)诉讼过程

1994 年 11 月 9 日,海口市中级人民法院以故意杀人罪判处陈满死刑,缓期 2 年执行,剥夺政治权利终身;以放火罪,判处有期徒刑 9 年,决定执行死刑,缓期 2 年执行,剥夺政治权利终身。

1994 年 11 月 13 日,海口市人民检察院以原审判决量刑过轻,应当判处死刑立即执行为由提出抗诉。1999 年 4 月 15 日,海南省高级人民法院驳回抗诉,维持原判。判决生效后,陈满的父母提出申诉。

2001 年 11 月 8 日，海南省高级人民法院经复查驳回申诉。陈满的父母仍不服，向海南省人民检察院提出申诉。2013 年 4 月 9 日，海南省人民检察院经审查，认为申诉人的申诉理由不成立，不符合立案复查条件。陈满不服，向最高人民检察院提出申诉。

2015 年 2 月 10 日，最高人民检察院按照审判监督程序向最高人民法院提出抗诉。

（二）抗诉理由

最高人民检察院复查认为，原审判决据以定案的证据不确实、不充分，认定原审被告人陈满故意杀人、放火的事实不清，证据不足。

1. 原审裁判认定陈满具有作案时间与在案证据证明的案件事实不符。原审裁判认定原审被告人陈满于 1992 年 12 月 25 日 19 时许，在海口市振东区上坡下村 109 号房间持刀将钟某杀死。根据证人杨某春、刘某生、章某胜的证言，能够证实在当日 19 时左右陈满仍在宁屯大厦，而根据证人何某庆、刘某清的证言，19 时多一点听到 109 号传出上气不接下气的“啊啊”声，大约过了 30 分钟看见 109 号起火。据此，有证据证明陈满案发时仍然在宁屯大厦，不可能在同一时间出现在案发现场，原审裁判认定陈满在 19 时许进入 109 号并实施杀人、放火行为与证人提供的情况不符。

2. 原审裁判认定事实的证据不足，部分重要证据未经依法查证属实。原审裁判认定原审被告人陈满实施杀人、放火行为的主要证据，除陈满有罪供述为直接证据外，其他如公安机关火灾原因认定书、现场勘查笔录、现场照片、物证照片、法医检验报告书、物证检验报告书、刑事科学技术鉴定书等仅能证明被害人钟某被人杀害，现场遭到人为纵火；在案证人证言只是证明了发案时的相关情况、案发前后陈满的活动情况以及陈满与被害人的关系等情况，但均不能证实犯罪行为系陈满所为。而在现场提取的带血白衬衫、黑色男西装等物品在侦查阶段丢失，没有在原审法院庭审中出示并接受检验，因此不能作为定案的根据。

3. 陈满有罪供述的真实性存在疑问。陈满在侦查阶段虽曾作过有罪供述，但其有罪供述不稳定，时供时翻，且与现场勘查笔录、法医检验报告等证据存在矛盾。如陈满供述杀人后厨房水龙头没有关，而现场勘查时，厨房水龙头呈关闭状，而是卫生间的水龙头没有关；陈满供述杀人后菜刀扔到被害人的卧室中，而现场勘查时，该菜刀放在厨房的砧板上，且在菜刀上未发现血迹、指纹等痕迹；陈满供述将“工作证”放在被害人身上，是为了制造自己被烧死假象的说法，与案发后其依然正常工作，并未逃避侦查的实际情况相矛盾。

（三）案件结果

2015 年 4 月 24 日，最高人民法院作出再审决定，指令浙江省高级人民法院再审。2015 年 12 月 29 日，浙江省高级人民法院公开开庭审理了本案。法院经过审理认为，原审裁判据以定案的主要证据即陈满的有罪供述及辨认笔录的客观性、真实性存疑，依法不能作为定案依据；本案除原被告人陈满有罪供述外无其他证据指向陈满作案。因此，原审裁判认定原审被告人陈满故意杀人并放火焚尸灭迹的事实不清、证据不足，指控的犯罪不能成立。2016 年 1 月 25

日,浙江省高级人民法院作出再审判决:撤销原审判决裁定,原审被告人陈满无罪。

(四)要旨

证据是刑事诉讼的基石,认定案件事实,必须以证据为根据。证据未经当庭出示、辨认、质证等法庭调查程序查证属实,不能作为定案的根据。对于在案发现场提取的物证等实物证据,未经鉴定,且在诉讼过程中丢失或者毁灭,无法在庭审中出示、质证,有罪供述的主要情节又得不到其他证据印证,而原审裁判认定被告人有罪的,应当依法进行监督。

——摘录自最高人民检察院第七批指导性案例“陈满申诉案”(检例第26号)

二、最高人民检察院对申诉资料的审查

2月17日,央视记者采访到了主办此案的最高人民检察院刑事申诉检察厅的检察官,详细讲述了这起案件的复查、抗诉始末。

2014年4月,陈满案的申诉状递交到最高人民检察院刑事申诉检察厅,二处处长杜亚起对这份申诉材料进行了审查。

杜亚起对记者说,他首先考虑的是确定在案的物证是否真的丢失了,真的没有在一审和二审法庭上出示,这一点很重要;其次,确定除了这些物证之外,本案还有哪些证据,特别是被告人曾经做过的有罪供述,他的供述情况到底是怎么样的,其真实性能不能够得到保障……

1994年3月23日,海口市中级人民法院一审开庭审理此案。陈满的辩护律师指出,庭审过程中,并没有出示任何物证和鉴定材料,能直接证明陈满是凶手……

陈满及律师向最高人民检察院提出申诉的理由主要有三条:一是陈满根本没有作案时间,也没有实施被指控的犯罪,应当宣告陈满无罪;二是原审裁判认定陈满犯罪的证据没有达到确实、充分的标准;三是陈满的供述是在刑讯逼供下作出,应当予以排除……

接下来,检察人员梳理了全案的证据。在物证方面,最高人民检察院复查认为主要存在三大疑点,分别涉及陈满工作证、现场关键物证和作案工具。

根据现场勘查笔录和法医检验报告,现场勘查曾在被害人尸体口袋内搜出陈满工作证,但现场照片中没有这个工作证的照片。公安机关在补充侦查报告中表示,这个工作证遗失,无法附卷。而这个工作证却是侦查机关锁定犯罪嫌疑人的最主要的一个依据。而这起案件中,丢失的关键物证还不止这一件。根据现场勘查笔录及现场照片,在案发现场客厅及厨房内发现并提取了带血白衬衫一件、黑色男西裤一件、带血白色卫生纸一块、带血海南日报碎片等物品。但是,公安机关出具的相关情况说明表示,上述物证因保管不善,在案件移送审查起诉前已经丢失,无法随案移送……

杜亚起和同事仔细查阅卷宗,发现陈满从被抓获到案到审查起诉再到两级法院审理期间,他的供述经历了从不承认犯罪,到作出有罪供述,翻供后再供认,最后全面翻供的过程。其中,他们特别注意到,即使在陈满的8次有罪供述中,对于作案主要情节的供述,比如作案

地点、作案工具、作案方式,存在多处前后矛盾。

——摘录自《陈满案检察官杜亚起:见到他获释后的笑容,我感到非常欣慰》,澎湃新闻:http://www.thepaper.cn/newsDetail_forward_1433158

三、检察机关的抗诉意见

最高人民检察院刑事申诉厅这名负责人向记者解释表示,原审裁判认定原审被告人陈满具有作案时间与在案证据证明的案件事实不符;原审裁判认定事实的证据不确实、不充分,定案的主要证据之间存在矛盾;陈满有罪供述的真实性和合法性存在疑问,证明力较弱。

经最高人民检察院检察委员会讨论认为,陈满案原审裁判事实不清,证据不足。2015 年 2 月 10 日,最高人民检察院将陈满案向最高人民法院提出抗诉。2015 年 4 月 24 日,最高人民法院采纳最高人民检察院意见,指令浙江省高级人民法院异地再审。2015 年 12 月 29 日,浙江省高级人民法院在海南公开开庭审理陈满申诉案。

在 29 日的公开庭审中,浙江省人民检察院三名出庭检察官代表检察机关发表了明确监督意见,认为本案没有任何指向陈满作案的客观性证据和技术性证据,且作为本案认定犯罪事实的唯一直接证据即原审被告人陈满有罪供述的真实性、合法性存疑。最高人民检察院抗诉理由充分,原审裁判认定事实不清、证据不足,依法应当通过再审宣判原审被告人陈满无罪。

2016 年 2 月 1 日,浙江省高级人民法院在海南省美兰监狱公开宣判:陈满无罪。陈满被当庭释放。

——摘录自《最高检公布抗诉陈满案始末:在案证据与原审判决有直接矛盾》,澎湃新闻:http://www.thepaper.cn/newsDetail_forward_1428197

四、再审法院的审理工作

记者:浙江省高级人民法院再审立案后开展了哪些审理工作?

答:原审被告人陈满故意杀人、放火再审案系历史旧案,有些物证在一审审理前已经丢失,审理难度较大。为确保案件审理结果经得起历史的检验,达到最佳效果,我院合议庭按程序调阅案卷、提审陈满,踏勘作案现场,认真调查核实有关证据。为进一步查清案情,我院、浙江省人民检察院还找到了多名关键证人进行调查取证。同时,还就陈满有罪供述与本案现场勘查、尸体检验和物证检验等证据之间所存在的一些疑点问题,委托相关技术部门进行技术分析。

2015 年 12 月 8 日,合议庭根据刑诉法和相关司法解释的规定,召集浙江省人民检察院出庭人员、原审被告人陈满的辩护人召开庭前会议,就回避、原裁判据以定罪和量刑的证据、是否有出庭证人和新证据等问题了解情况,听取意见……

记者:再审改判陈满无罪的主要理由是什么?

答:再审改判的主要理由有两条:

一是原裁判据以定罪的原审被告人陈满的有罪供述不能作为定案的根据；

二是除原审被告人陈满的有罪供述外,无其他证据证明陈满作案。

记者:为何陈满的有罪供述不能作为定案的根据?

答:经再审审理,陈满的有罪供述存在以下几个问题:

(1)原审被告人陈满的有罪供述不稳定……

(2)原审被告人陈满关于作案时间、进出现场、杀人凶器、作案手段、作案过程以及对作案时着装的处理等主要情节的供述不仅前后矛盾,而且与在案的现场勘查笔录、法医检验报告、证人证言等证据所反映的情况不符……

(3)原审被告人陈满供述将自己工作证留在现场的动机得不到合理解释……

因此,原裁判据以定案的主要证据即陈满的有罪供述及辨认笔录的客观性、真实性存疑,依法不能作为定案依据。

记者:除陈满有罪供述外,原判认定陈满作案的其他证据,再审是如何评判的?

答:本案其他证据,经再审审理,存在以下问题:

(1)收集在案的现场勘查笔录、法医检验报告等证据不能证明原审被告人陈满作案……

(2)案发现场提取的物证无法对原审被告人陈满的有罪供述起到印证作用……

(3)原裁判认定的作案凶器难以确认……

(4)在案证人证言只是证明了发案时的相关情况、案发前后原审被告人陈满的活动情况以及陈满与被害人钟作宽的关系等,无法证明陈满实施了杀死钟作宽并焚尸灭迹的行为。

——摘录自《浙江高院释疑改判陈满无罪:原供述不能作为根据,无其他证据》,澎湃新闻:http://www.thepaper.cn/newsDetail_forward_1427958

五、律师的辩护意见

2014年7月,澎湃新闻记者走访四川、海南等地,查阅陈满案大量卷宗材料,发现该案存在五大悬疑,包括有无作案时间、有无作案动机、有无刑讯逼供,以及重要物证是否都丢失、警察是否做伪证。

作为陈满的申诉人之一,清华大学法学教授易延友仔细梳理所有案卷后得出的结论是:陈满不可能有作案时间。陈满的一审、二审辩护人曹铮称陈满的口供至少有18处矛盾……

无论是在庭审中,还是本案宣判后,陈满始终强调,他的多份有罪供述,均是刑讯逼供的结果。

根据易延友的统计,陈满总共的13份笔录,可以分为5个阶段:不供认——供认——收回供认——供认——再次翻供。

陈满被抓获后,在前三次讯问中,他均不认罪,并详细交代了自己当天的活动轨迹。但在1993年1月9日凌晨,也就是其被抓后的第11天,在“反复交代政策”“多次提审”后,他终于供认。

其后,陈满的口供又历经多次反复。“一个开始完全不承认自己杀人,却在凌晨两点突然承认,这是在什么样的情况下做出来的供述?”易延友在申诉书里反问。

曹铮在分析案卷后还提出,这些口供也有许多与实情不符之处。据他当年的统计,这些矛盾的口供至少有18处。

比如,陈满交代说当时使用毛巾捂住老钟的嘴巴、头部,还用来擦拭地板血迹,但现场勘查并未发现带血的毛巾;陈满称自己使用打火机点燃了煤气罐,但现场发现的却是火柴盒和散落的火柴若干;陈满还说自己杀人后取走了钱物,并存放在一个朋友那里,但检方后来并未出具这方面的证据……

——摘录自《海南陈满案申诉16年两次被驳,申诉人指全案存5大悬疑》,澎湃新闻:http://www.thepaper.cn/newsDetail_forward_1304475

六、无罪判决之后的国家赔偿

备受关注的陈满案有了最新进展,今天上午,海南省高级人民法院公布了对陈满国家赔偿案的结果:向陈满支付国家赔偿金2753777.64元,其中包括人身自由赔偿金185万余元,精神损害抚慰金90万元。在两个月前,陈满向海南省高级人民法院提出966万余元的国家赔偿申请。

海南省高级人民法院新闻发言人严献文表示,根据最高人民法院、最高人民检察院《关于办理刑事赔偿案件适用法律若干问题的解释》有关规定,海南省高级人民法院以最高人民法院公布的上年度即2014年度国家职工日平均工资219.72元为准计算人身自由赔偿金。陈满被无罪羁押监禁8437天,向陈满支付人身自由赔偿金1853777.64元。

关于精神损害抚慰金,海南省高级人民法院认为,陈满被错判死刑缓期两年执行并被无罪羁押监禁8437天,人身自由被剥夺超过23年,应当认定为遭受了严重的精神损害。根据《国家赔偿法》有关规定,综合考虑陈满被错误定罪量刑,长期剥夺人身自由的情况,支付陈满精神损害抚慰金90万元。

虽然赔偿金与申请金额之间存在差距,但陈满仍表示接受。

——《蒙冤23年获赔275万余元》,载《法制日报》2016年5月14日,第8版

教学手册

教学对象及目标

本案例供法律硕士教学使用,法学本科、刑法学专业硕士、刑事诉讼法学专业硕士也可参考试用。

本案例主要围绕陈满案的诉讼经过,尤其是其申诉后引起的再审以及对刑事证据如何进行审查认定而展开。通过讲授,达到如下目标:(1)掌握故意杀人罪和放火罪两个罪名的犯罪构成和定罪量刑的知识;(2)掌握刑事证据的分类、收集、审查判断的方法、证明标准和证据规则;(3)掌握刑事诉讼中的主要程序,尤其是侦查、申诉、再审等程序细节;(4)刑事辩护的要点;(5)理解和领会无罪推定、疑罪从无等基本理念和原则。

教学内容

教学时可以着重讲授及讨论以下几个问题,并结合本案例引领学生理解、领会和掌握,并适当展开讨论。

1. 何为我国《刑法》中的故意杀人罪和放火罪?它们的犯罪构成如何?

故意杀人罪和放火罪是我国《刑法》中两个非常常见的罪名。教学中应当向学生讲授该两个罪名的含义和犯罪构成,并结合本案例中的案情来展开。尽管本案是一宗著名的错案,但是现实中确是发生了涉及这两个罪名的诉讼,该案系围绕这两个诉讼而展开。在讲授罪名的客观方面的时候,由于行为需要证据予以印证,因此应当结合案件所涉及的证据材料来讲述。

2. 故意杀人罪和放火罪如何定罪处罚?

在讲授定罪处罚时,可以围绕这两个问题展开教学:(1)我国《刑法》中关于故意杀人罪和放火罪定罪处罚的规定;(2)本案中所涉及的案件行为和情节对定罪量刑的影响(可以假定如果罪名成立,来讨论原来一审、二审的定罪量刑有无不当)。

3. 我国法律对侦查机关讯问犯罪嫌疑人的措施有何规范?对非法言词证据如何处理?

除了讲授讯问程序中对讯问人员人数、时间地点、步骤方法、录音录像、讯问笔录等方面的要求之外,还要着重讲授关于禁止刑讯逼供的相关理念和制度。基于刑讯逼供与非法证据排除规则的密切关系,在讲授讯问程序时,应当着重结合对非法言词证据的排除问题进行讲解,让学生理解法律对非法言词证据和非法实物证据如何处理上的区分及其理由,并结合本案例中所反映出来的问题展开讨论。

4. 审查判断证据应当遵循什么样的方法?

审查判断证据是对证据进行分析、探究,辨别真伪,确定其证据能力和证明力的诉讼活动,应让学生领会对单个证据,对不同种类和分类的证据,对全案的证据分别如何审查,并如何综合运用证据来认定案件事实。在讲授时,尤其应当注意结合本案例中出现的证据多处矛盾、无法印证、缺乏直接证据、存在合理怀疑等多种问题,来引领学生理解审查判断证据的方法。

5. 本案中涉及哪些证据种类?如何理解补强证据规则?

引领学生掌握证据种类和证据分类的联系和区别,结合本案例中所出现的证据种类,理解它们对本案定罪的不同影响。针对本案中有罪供述得不到其他证据印证的情况,着重向学生讲授"补强证据规则"的含义、内容和我国法律的有关规定,理解仅依靠口供定罪的危险性和不合理性。

6. 刑事判决、裁定发生法律效力之后，当事人如何寻求救济？

掌握我国法律对于当事人及其法定代理人、近亲属对已经发生法律效力的判决、裁定向法院或者检察机关提出申诉的规定。结合本案，了解申诉如何委托律师代为进行。按照法律和司法解释的规定，申诉应当符合法定理由之一，才能引发审判监督程序。

7. 检察机关对申诉如何进行受理和审查处理？以及对已经发生法律效力的判决、裁定如何进行抗诉？

引导学生掌握检察机关对申诉材料的受理和审查处理的程序，以及最高人民检察院和上级人民检察院如何按照法律规定的程序向同级人民法院提出抗诉。结合本案例，让学生理解最高人民检察院的抗诉过程。

8. 法院在审判时应当遵循什么样的证明标准？

引导学生掌握我国法律中“犯罪事实清楚，证据确实、充分”的证明标准，并重点理解何为“排除合理怀疑”。结合本案中各项证据的疑点，理解证明标准在刑事判决中的应用。并且，引导学生重点理解在无法达到证明标准时必须贯彻疑罪从无的理由。

9. 了解刑事赔偿的基本规定。

刑事赔偿是我国《国家赔偿法》中所规定的国家赔偿的重要组成部分。结合本案，让学生了解我国法律对于刑事赔偿的赔偿范围、赔偿请求人和赔偿义务机关、赔偿程序、赔偿方式和计算标准的基本规定。

预期效果

预期通过本案例的教学，使学生得以较好地掌握故意杀人罪和放火罪两个重点罪名的犯罪构成和定罪量刑的把握，掌握侦查讯问中的基本规范和违反规范的制裁性措施，掌握证据种类和证据规则的重点法律问题，掌握司法机关审查判断证据的方法，掌握刑事申诉和审判监督程序的相关制度，并且能够具备撰写相关的刑事法律文书（如结合本案材料撰写申诉状、抗诉书等法律文书）的能力。通过教学和讨论，使学生能够更加深入地了解刑法、刑事诉讼法、证据法等相关制度规范，学习运用这些制度规范分析实际问题和撰写法律文书的能力。

教学计划

本案例可以安排以如下方式进行：

1. 课前计划：布置学生课前阅读相关的案例材料，并且让学生通过互联网检索相关案件的新闻报道和法律文件。

2. 课中计划：(1)介绍教学目的，明确讨论主题；(2)进行一定程度的课堂教授，概括案例内容，观看相关的新闻报道视频，并提出相关的知识点；(3)就已经提出的问题进行课堂讨论；(4)布置学生撰写相关法律文书；(5)教师归纳总结和点评。

3. 课后计划：布置学生继续阅读相关论著，加深对相关法律问题的思考，并撰写小论文。

课堂时间安排

整个案例课的课堂安排共6个课时,每课时45分钟。

1. 案例介绍及讲授:2课时,共90分钟。

2. 分组讨论:2课时,共90分钟。

3. 对分组讨论情况进行归纳总结和点评:1课时,共45分钟。

4. 对课后撰写的法律文书进行点评:1课时,共45分钟。

思考题和实践题

思考题

1. 结合本案,如果要查明当事人所提出的刑讯逼供问题,如何理解证据合法性的证明责任、证明方式、证明标准?
2. 结合本案,如何理解补强证据规则?
3. 结合本案检察机关的抗诉意见,如何理解审查判断证据的方法?
4. 从诉讼管辖的角度如何理解本案中"最高人民法院作出再审决定,指令浙江省高级人民法院再审"的行为?
5. 结合本案,如何理解证明标准的意义、内容及其适用?
6. 结合本案,如何理解无罪推定、疑罪从无的理念?

实践题

1. 如果你是一名辩护律师,你应当着重从哪些要点出发为本案被告人辩护?
2. 请你从检察官和律师的角度,分别为本案撰写抗诉书和辩护词。
3. 请你运用法学原理并结合本案,自选主题,撰写一篇小论文。

参考文献

1. 卞建林主编:《刑事证明理论》,中国人民公安大学出版社2004年版。
2. 陈瑞华:《刑事证据法的理论问题》,法律出版社2015年版。
3. 戴长林、罗国良、刘静坤:《中国非法证据排除制度:原理·案例·适用》,法律出版社2016年版。
4. 何家弘主编:《迟到的正义:影响中国司法的十大冤案》,中国法制出版社2014年版。
5. 焦悦勤:《刑事审判监督程序研究》,法律出版社2013年版。
6. 龙宗智:《证据法的理念、制度与方法》,法律出版社2008年版。
7. 田文昌、陈瑞华:《刑事辩护的中国经验》(增订本),北京大学出版社2013年版。
8. 杨宇冠等:《非法证据排除规则在中国的实施问题研究》,中国检察出版社2015年版。
9. 周永年主编:《刑事抗诉重点与方法》(修订版),中国检察出版社2008年版。
10. [美]吉姆·佩特罗、南希·佩特罗:《冤案何以发生:导致冤假错案的8大司法迷信》,苑宁宁、陈效等译,北京大学出版社2012年版。

附件

(一)思考题参考答案

1. 结合本案,如果要查明当事人所提出的刑讯逼供问题,如何理解证据合法性的证明责任、证明方式、证明标准?

关于证明责任,根据《刑事诉讼法》第57条的规定,“在对证据收集的合法性进行法庭调查的过程中,人民检察院应当对证据收集的合法性加以证明。现有证据材料不能证明证据收集的合法性的,人民检察院可以提请人民法院通知有关侦查人员或者其他人员出庭说明情况;人民法院可以通知有关侦查人员或者其他人员出庭说明情况。有关侦查人员或者其他人员也可以要求出庭说明情况。经人民法院通知,有关人员应当出庭”。因此,如果要查明当事人所提出的刑讯逼供问题,检察机关应当对证据后继的合法性进行证明,即作为控方的检察机关应对控诉证据的合法性承担证明责任。假设原审法院有启动对是否发生刑讯逼供的法庭调查程序,原审程序中的检察机关应当对该言词证据的合法性进行证明。

关于证明方式,根据最高人民法院《关于适用〈中华人民共和国刑事诉讼法〉的解释》第101条的规定,“法庭决定对证据收集的合法性进行调查的,可以由公诉人通过出示、宣读讯问笔录或者其他证据,有针对性地播放讯问过程的录音录像,提请法庭通知有关侦查人员或者其他人员出庭说明情况等方式,证明证据收集的合法性。公诉人提交的取证过程合法的说明材料,应当经有关侦查人员签名,并加盖公章。未经有关侦查人员签名的,不得作为证据使用。上述说明材料不能单独作为证明取证过程合法的根据”。

关于证明标准,根据《刑事诉讼法》第58条的规定,“对于经过法庭审理,确认或者不能排除存在本法第五十四条规定的以非法方法收集证据情形的,对有关证据应当予以排除”。因此,检察机关应当证明或排除该证据系非法取得的可能性,否则该证据就应予以排除。

2. 结合本案,如何理解补强证据规则?

补强证据规则,是指为了防止错误认定案件事实或发生其他危险性,而在运用某些证明力显然薄弱的证据认定案情时,法律规定必须有其他证据补强其证明力。补强证据规则主要适用于言词证据。适用于言词证据的补强为口供的补强。根据《刑事诉讼法》第53条的规定,“对一切案件的判处都要重证据,重调查研究,不轻信口供。只有被告人供述,没有其他证据的,不能认定被告人有罪和处以刑罚……”根据最高人民法院《关于适用〈中华人民共和国刑事诉讼法〉的解释》第83条的规定,“审查被告人供述和辩解,应当结合控辩双方提供的所有证据以及被告人的全部供述和辩解进行。被告人庭审中翻供,但不能合理说明翻供原因或者其辩解与全案证据矛盾,而其庭前供述与其他证据相互印证的,可以采信其庭前供述。被告人庭前供述和辩解存在反复,但庭审中供认,且与其他证据相互印证的,可以采信其庭审供述;被告人庭前供述和辩解存在反复,庭审中不供认,且无其他证据与庭前供述印证的,不得采信其庭前供述”。本案中,原审裁判认定原审被告人陈满实施杀人、放火行为的主要证据,除陈满有罪供述为直接证据外,其他如公安机关火灾原因认定书、现场勘查笔录、现场照片、物证照片、法医检验报告书、物证检验报告书、刑事科学技术鉴定书等仅能证明被害人钟某被人杀害,现场遭到人为纵火;在案证人证言只是证明了发案时的相关情况、案发前后陈满的活动情况以及陈满与被害人的关系等情况,但均不能证实犯罪行为系陈满所为。陈满在侦查阶段虽曾作过有罪供述,但其有罪供述不稳定,时供时翻,且与现场勘查笔录、法医检验报告等证据存在矛盾。因此,除了原审中的被告人有罪供述外,其他证据均不能证实犯罪行为系陈满所为,且该有罪供述与其他证据存在矛盾,不能相互印证。根据补强证据规则的原理,没有其他有效证据来补强其口供,则不能对被告人定罪。

3. 结合本案检察机关的抗诉意见,如何理解审查判断证据的方法?

在单个证据方面,应从真实性、关联性和合法性等方面进行审查:要着重审查证据形成的时间、地点和条件等因素,排除虚假的材料;应审查证据是否具有关联性;还应从证据的来源、表现形式、收集程序等方面审查其合法性。对于不同种类和分类的证据,应当根据其不同的特点来进行审查判断,区别实物证据与言词证据、原始证据与传来证据等。对全案证据是否能够相互印证,加以审查判断。孤证不能定罪。运用间接证据定案时必须小心谨慎,任何一个间接证据都不能单独证明案件的主要事实,必须构成一个完整的证据体系,对主要事实的证明要达到"唯一性"才能作出有罪认定。最后应当贯彻疑案从无的原则。

最高人民检察院的抗诉意见主要有三点:(1)原审裁判认定陈满具有作案时间与在案证据证明的案件事实不符;(2)原审裁判认定事实的证据不足,部分重要证据未经依法查证属实;(3)陈满有罪供述的真实性存在疑问。这三点抗诉意见反映了审查判断证据时的若干方法,主要包括:对证据真实性、关联性的审查;对直接证据与间接证据在运用上的区别;对作为原审唯一直接证据的有罪供述的审查;对证据之间存在矛盾、不能相互印证的问题的审查认定,通过发现上述问题,检察机关作出了"原审判决据以定案的证据不确实、不充分,认定原审被告人陈满故意杀人、放火的事实不清,证据不足"的复查意见。

4. 从诉讼管辖的角度如何理解本案中"最高人民法院作出再审决定,指令浙江省高级人民法院再审"的行为?

根据《刑事诉讼法》第244条的规定,"上级人民法院指令下级人民法院再审的,应当指令原审人民法院以外的下级人民法院审理",最高人民法院应当指令原审法院(海南省高级人民法院)以外的其他下级法院再审该案,这符合利益冲突回避原则,因此,最高人民法院指令浙江省高级人民法院再审该案符合我国法律的规定,也符合程序正义的要求。

5. 结合本案,如何理解证明标准的意义、内容及其适用?

证明标准,是指按照法律规定认定案件事实所要求达到的程序或标准。刑事证明标准是指刑事诉讼中认定犯罪嫌疑人、被告人犯罪所要达到的程度。准确把握证明标准,对于案件的公正裁判具有至关重要的意义。我国《刑事诉讼法》将证明标准表述为"犯罪事实清楚,证据确实、充分",根据《刑事诉讼法》第53条第2款的规定,"证据确实、充分,应当符合以下条件:(一)定罪量刑的事实都有证据证明;(二)据以定案的证据均经法定程序查证属实;(三)综合全案证据,对所认定事实已排除合理怀疑"。这分别对证据的量、质和结论的唯一性提出了要求。根据最高人民法院《关于适用〈中华人民共和国刑事诉讼法〉的解释》第105条第4项的规定,运用间接证据认定被告人有罪,必须做到"根据证据认定案件事实足以排除合理怀疑,结论具有唯一性"。通说认为,我国法律所规定的"排除合理怀疑",是指排除符合常理的、有根据的怀疑,要做到结论之"确定性""唯一性"。在本案中,诸多证据之间无法相互印证,多处存在矛盾,当然不能得出该犯罪行为系被告人所为的结论"确定性""唯一性","合理怀疑"也就无法排除,不能达到法律所规定的证明标准。如果据此对被告人定罪,则违背了证明标准之于公正裁判的价值。

6. 结合本案，如何理解无罪推定、疑罪从无的理念？

无罪推定被视为刑事诉讼制度的基石之一，它是指任何人在未被依法确定为有罪之前，应被推定或者假定为无罪。无罪推定有三项要求：(1)被告人不得被强迫自证其罪；(2)证明被告人有罪的责任由检察官承担；(3)疑罪从无。在本案中，原审程序中的检察机关本应承担证明被告人有罪的责任，用确实、充分的有罪证据来推翻无罪的假定。在本案中，由于控诉证据达不到证明标准，则形成疑案，应当贯彻疑罪从无的要求。显然，原审法院也没有贯彻这一要求，将无罪判为有罪，从而形成错案，才需要用审判监督程序予以纠正。

(二)实践题操作指引和要求

1. 如果你是一名辩护律师，你应当着重从哪些要点出发为本案被告人辩护？

律师的辩护一般包括三个方面的辩护：事实方面的辩护、程序方面的辩护、法律适用方面的辩护。在本案中，焦点主要集中在事实方面，也就是控方证据是否能够证明待证事实的内容。因此，辩护律师可以着重从证据出发，对控方某些证据的真实性、关联性、合法性提出质疑。例如，多项间接证据不能证明所指控的犯罪行为的问题，证据之间的矛盾问题，部分言词证据取证的合法性问题等。

2. 请你从检察官和律师的角度，分别为本案撰写抗诉书和辩护词。

本案系经过当事人的申诉和检察机关的抗诉才得以再审而获得纠正。通过学习本案例，学生应结合法律文书课程的知识，联系运用本案例的材料来撰写检察机关的抗诉书和律师的辩护词。具体文书内容此处不再赘述，但是应当符合法律文书格式，紧扣案例材料，准确运用法律和司法解释。

3. 请你运用法学原理并结合本案，自选主题，撰写一篇小论文。

本案涉及诸多法学原理，学生可以结合所学的相关法学课程知识，根据本案例材料，自选主题，来撰写一篇小论文。要求必须结构合理，结合本案例，论证符合基本法理和逻辑，引用有据，论文格式规范。

（吴啟铮，上海师范大学哲学与法政学院法律系讲师）

13 CASE 付某某等受贿上诉案

摘　要

本案例是以一起真实的受贿罪二审案例为蓝本,并以此来辐射到实体法和程序法的相关知识,同时,通过案例来了解司法实务的现实境况,从而使理论与实践相勾连,思想往返于规范与事实之间。在本案例中选取的知识点主要包括:审视我国二审程序的全面审查原则,思考现有规制的问题;指出共同犯罪中主犯从犯认定的难点和自首立功认定应注意的问题;阐明单位受贿罪认定的要点及其与受贿罪的主要区别;提示司法解释的溯及力的理论论证的必要性以及受贿罪相关司法解释的效力。

关键词

受贿罪　二审　共同犯罪　立功　单位犯罪　溯及力

教学目标

本案例主要是通过对受贿罪二审的研习,掌握一些程序法与实体法中的相关知识,不仅对司法实务予以了解,而且以此为基础进行理论的进一步探讨,一方面训练学生的实际操作能力,另一方面也培养学生的理论素养。具体而言,主要对以下几个问题予以探讨:(1)理解刑事二审程序中的全面审查原则;(2)共同犯罪中主犯、从犯的认定问题;(3)共同犯罪中自首和立功认定中应注意的问题;(4)受贿罪中的单位犯罪的认定;(5)受贿罪中如何把握司法解释的溯及力。

教学案例

一、案情介绍

原公诉机关北京市人民检察院第二分院。

上诉人(原审被告人)付某某,男,56岁(1959年12月4日出生);因涉嫌犯受贿罪于2014年11月21日被羁押,同年12月8日被逮捕;现羁押在北京市第一看守所。

辩护人金某某,北京市倡信律师事务所律师。

辩护人张某,北京市观澜律师事务所律师。

上诉人(原审被告人)刘某某,男,53岁(1962年12月31日出生);因涉嫌犯受贿罪于2014年11月21日被羁押,同年12月8日被逮捕;现羁押在北京市第一看守所。

辩护人田某某,北京市中元律师事务所律师。

上诉人(原审被告人)张某某,女,50岁(1966年3月8日出生);因涉嫌犯受贿罪于2014年11月21日被羁押,同年12月8日被逮捕;现羁押在北京市第一看守所。

辩护人于某某。

1. 2006年至2014年,被告人付某某伙同呼×(另案处理),利用呼×担任北京市公安局信息通信处(以下简称信通处)副处长、北京市公安局科技信息化部副主任的职务便利,接受北京某通信技术有限责任公司(以下简称通信公司)的请托,为该公司承揽业务提供帮助,二人先后收受该公司总经理王×给予的贿赂款共计人民币500万元。

认定以上事实的证据有如下:

(1)证人王×的证言:2002年底,我进入通信公司工作,担任总经理。公司的业务是通信工程施工、通信线路维护、宽带互联网接入业务、管道光纤的租售,客户有联通、电信、移动三大运营商、北京市政府、北京市公安局、国家新闻出版广电总局以及一些高校和大的民营企业如百度、电信通、世纪互联等。其中,公司主要是给北京市公安局和北京市政府提供光缆铺设施工和后期维护工作。

2002年,我通过朋友认识了信通处的付某某。2003年"非典"期间,北京市公安局承担小汤山医院监控和光缆的施工工程,付某某找到我,让我们公司承担了小汤山医院的光缆架设工程,后期我们公司还承担了地坛医院、疾控中心等多个光缆架设工程。由于在"非典"期间我们公司架设的光缆画面质量和通信保障很好,"非典"过后信通处加大了同我们公司的合作。2004年,信通处将北京市政府的北京市电子政务网和北京市公安局内网的光缆维护工作交给我们公司做。2009年前后,在公安局的光缆维护工程中,还增加了公安部委托北京市公安局维护公安部网络的一块业务,同时由于北京市政务网光缆线路增长,我们的维护工作量也逐年增加。除此之外,从2006年开始,我们公司还先后承接了北京市公安局的架空光缆入地工程、市局在水立方和国家会议中心的安保施工项目、备用光缆的工程、长安街监控光缆的铺设工程、交管局在雍和宫或小街桥办公地点的光缆工程、市局到昌平陈庄的北京警察学院光缆铺设工程等。

2006年或2007年,我和呼×、付某某一起吃饭时,呼×跟我说以后有钱就直接给付某某,让付某某跟我联系,意思就是呼×需要钱的时候就让付某某直接找我,呼×就不出面了。除了2012年、2013年,从2006年至2014年,我平均每年大约给付某某100万元,总共给了700万元左右,上述这些钱是给呼×和付某某两个人的。每次给钱都是我交给付某某,之后付某某和呼×两人再分。我给付某某钱,有时是付某某来我的公司,我将钱装在印有"通信公司"字样的纸袋里给他;大多数时候是我到信通处维护中心的办公地点后,我给付某某打电话,然后在一层仓库里把钱交给付某某。我之所以给呼×和付某某钱,是因为我们公司这些年来一直做市局的工程,呼×是主管通信维护工程的副处长,付某某是维护中心的主任,一是为了感谢他们协助让我们公司中标,没有他们在中标过程中把公司的优势设置为打分条件以及将工程标底提前告诉我,我们公司也不会中标;二是为了今后继续中标市局的工程,我要给他们钱,跟他们搞好关系。

(2)证人呼×的证言:1997年至今,我在北京市公安局工作。2003年7月,我通过竞聘担任信通处副处长,2008年晋升为正处级,2012年至今担任北京市公安局新成立的科技信息化部副主任。王×的通信公司从2007年开始在北京市公安局主要负责两个项目,一个是公安网光缆维护项目,另一个是北京市政务网光缆维护项目。这两个项目都是延续的项目,我分管维护中心的时候,王×的通信公司已经开始在做这两个项目。我对通信公司的工作表示支持,主要表现是维护中心在每年续签合同之前都会先跟我汇报,提出今年光缆维护项目的承包公司还是通信公司,我听了之后表示同意。维护中心再起草审批单,后面附上合同。审批单经过各部门审批,最后由我签批同意。

在一次我和付某某、王×的聚会中,王×提出要感谢我和付某某支持他们公司在市公安局的工作,意思就是要给我和付某某感谢费。我听了之后就说这个事情可以让付某某具体经办,因为我不愿意跟公司有直接的接触,付某某和王×都同意我的这个想法。之后王×给我们的感谢费,都是先交给付某某,然后我和付某某再分。从2007年至2011年,还有2014年,我和付某某共计收受王×500万元左右,其中2012年、2013年我不分管维护中心,就没有收钱。我和付某某基本上是按照我占60%,付某某占40%比例分了这些钱。我一共收了王×300万元,这些钱都是他们在市公安局的项目中给我的感谢费。

(3)北京市公安局信息通信处职能配置内设机构和人员编制规定、北京市公安局京公政字[2012]238号关于成立科技信息化部的通知、情况说明等书证证明北京市公安局信息通信处、北京市公安局科技信息化部的设立及职能情况。

(4)北京市公安局政治部人事处出具的领导干部综合情况表、中共北京市公安局信息通信处信通文字[2006]17号关于规范处领导班子分工的意见、中共北京市公安局科技信息化部委员会科信文[2014]5号关于印发部领导工作分工的通知等书证证明:2006年至2014年间,被告人呼×先后担任北京市公安局信息通信处副处长、科技信息化部副主任,负责信息通信维护中心等工作。

(5)北京市电子政务光缆线路代理维护合同与光缆工程施工合同等书证证明:2005年至2014年,通信公司承接北京市电子政务网和北京市公安局内网的光缆维护工作以及部分光缆工程施工建设项目。

(6)北京市公安局信息通信处工程项目(买卖、技术合同)审批表证明呼×在有关通信公司承接北京市公安局的光缆施工项目过程中进行审批的情况。

(7)中共北京市公安局纪律检查委员会出具的工作说明证明付某某到案后如实供述了其伙同呼×收受王×贿赂的情况。

(8)被告人付某某的供述:2007年前后,呼×找到我,跟我说他跟王×已经谈好,从北京市公安局金盾网和北京市政府的电子政务专网维护费用里每年拿出100万元用来打点和跑关系,让我去取钱。第一年是在2007年,我在王×那里取了三四次钱,共100万元,每次取钱都是王×提前打电话告诉我,印象中不是我去王×办公室取钱就是王×到我办公室给我送过来。基本上每次我拿到钱之后就送到呼×的办公室,有时候呼×也到我的办公室去拿。呼×拿到钱之后有时直接分给我,有时过几天到我的办公室分给我,第一年总共分给我30万元。从2008年至2011年,我每年都从王×那里拿100万元,呼×每年分给我15万元或20万元,具体记不清了。2014年五六月,呼×找到我说他跟王×说好了,让我从王×那里拿50万元,之后我从王×那里分两次拿了20万元和30万元,呼×分别给了我5万元和10万元,他自己留下35万元。这些年我一共分了100多万元,但不超过150万元。

呼×让我去跟王×拿钱,一是因为我和王×比较熟,工作有往来;二是因为呼×觉得他和王×谈的事瞒不过我,就让我去办了。我觉得王×给我们钱就是为了跟我们搞好关系,能够延续维护合同。

2. 2006年至2012年,被告人付某某伙同被告人刘某某、张某某,利用在北京市公安局信息通信处信息通信维护服务中心工作的职务便利,接受通信公司的请托,为该公司承揽业务提供帮助,三人先后收受该公司总经理王×给予的贿赂款共计人民币210万元。

被告人付某某、刘某某、张某某于2014年11月21日被查获,案发后涉案赃款已全部追缴。

认定以上事实的证据如下:

(1)证人王×的证言:通信公司是1998年6月成立的,主要是做通讯光缆工程施工,最大的客户是北京市公安局。2002年开始跟北京市公安局合作,2003年业务量加大,主要给公安局做光缆施工。我在工作过程中认识了付某某,他是北京市公安局信通处下属一个处室的副处长,也是维护中心主任,认识付某某后才认识了刘某某和张某某,这两个人是付某某的下属。我平时跟付某某接触得比较多,因为工程主要是跟付某某谈,他有决定权,跟他谈好了就直接跟公安局签合同。这几年的光缆维护合同,分别是公安部光缆维护合同、北京市公安局光缆维护合同、补充合同,这三个合同都是付某某去协调好,我们直接找付某某签合同。我认为我们公司能承接北京市公安局的工程项目一方面是因为我们公司自身的实力强,另一方面是我们给公安局信通处的相关领导和工作人员好处费,否则肯定承接不了这么多项目。

付某某基本都是主动提出来跟我要好处费,名义都是以民警比较辛苦发补贴的形式,后期就直接要了。我给付某某钱有两种情况,一种是直接给付某某,这些钱他用来做什么我不清楚;另一种是给维护中心的民警,我觉得他们是把钱分了,共计有五次。第一次是在2007年春节前,我安排副总经理王某某给付某某送去20万元,对方是谁接收的不清楚,这笔钱肯定是他们分了,因为说好了是辛苦费;第二次是2008年春节前,王某某给付某某送去40万元;第三次是2009年春节前,王某某给付某某送去50万元,王某某跟我说钱已经给了付某某他们,至于王某某给了谁我不清楚;第四次和第五次是2010年春节前和2011年春节前,一次是刘某某到我的办公室拿了50万元,另一次是李×给付某某送去50万元,这两次的前后顺序记不太清了。前三次让王某某送的钱都是我让出纳给我取的现金,多数情况下是把钱装在印有“通信公司”字样的纸袋子里,王某某知道为什么给这些钱,李×也应该清楚这钱是干什么用的。

我给他们钱是因为我们公司一直在做北京市公安局的工程,为了感谢他们协助让我们公司中标,如果没有他们在中标过程中把公司的优势设置为打分条件以及提前把工程标底告诉我,我们公司也不会中标。为了今后继续中标北京市公安局的工程,我要送钱跟他们搞好关系。

(2) 证人李×的证言:我是通信公司的副总经理,公司主营范围是通信工程的建设与维护。2010年,好像是在十一之前,王×给我打电话说公安局那边要钱,让我送过去,然后我就去了王×的办公室,当时他已经把钱准备好了,放在一个用胶带封住的黄色纸箱子里,王×明确跟我说了装的是钱,但没说多少钱,要送给公安局维护中心的付某某。印象中我把钱给了付某某,但时间比较长,记不太清了,肯定没有给刘某某,也有可能给了张某某,张某某给了付某某,我觉得钱肯定是到了付某某手上。

(3) 证人杨×的证言:我是通信公司的会计,王×是公司的总经理,主要负责业务和财务。从2004年开始,王×每年都有提取现金的情况。提取现金后,业务支出产生的发票由王×签字,我来做账。银行规定我们公司每周可以去银行取现金2次,每次最多9万元,除了公司正常报销以外,王×会不定期地让出纳取现金,王×拿到现金以后会给出纳打个类似备用金的纸条。经我对收到了的发票计算,大概每年有300万元左右的现金。

(4) 证人侯×的证言:我是通信公司的出纳,王×是我们的总经理,直接领导我的工作。这些年王×从我这里取的钱记不清了,每次从我这里取9万元,因为银行规定我们公司每次最多只能提9万元,每周只能提两次,一个月只能提8次。王×从我这里领完现金有时会给我打一个备用金的条,有时什么手续也没有。

(5) 北京市公安局信息通信处职能配置内设机构和人员编制规定、北京市公安局京公政字[2012]238号关于成立科技信息化部的通知、情况说明、中华人民共和国事业单位法人证书、组织机构代码证等书证证明:北京市公安局信通处、科技信息化部的设立及职能,信息通信维护服务中心属于信通处的下级处室,性质为国家事业单位法人。

（6）领导干部综合情况表、中国共产党北京市公安局科技信息化部委员会出具的付某某、刘某某、张某某的职责情况、中共北京市公安局信息通信处信通文字［2007］11号关于王忠书等9名同志任党内职务的通知、北京市公安局信息通信处信通任字［2009］2号关于李学军等11名同志任期届满续任的通知等书证证明：付某某于2006年至2012年先后任北京市公安局信通处信息通信维护服务中心副处长、主任，负责北京市公安局公安金盾网光缆规划、建设、运维管理工作，北京市电子政务网城区光缆建设、运维管理等工作。刘某某于2006年至2012年间在北京市公安局信通处信息通信维护服务中心工作，负责北京市公安局公安金盾网光缆建设对外联络、协调办理管道租用和施工手续等工作。张某某于2006年至2012年间在北京市公安局信通处信息通信维护服务中心工作，负责北京市公安局公安金盾网光缆配纤资源管理工作、光缆维护管理及内勤工作。

（7）北京市有线政务专网市区光缆维护服务合同、北京市公安局公安光缆线路代理维护合同、新增光缆线路代理维护合同、公安部北京地区城域网络光缆代维合同及租用合同等书证证明：2006年至2012年，北京市公安局信通处信息通信维护服务中心与通信公司签订的光缆铺设及维护合同的情况。

（8）北京市公安局信息通信处工程项目（买卖、技术合同）审批表证明：付某某参与审批的通信公司与北京市公安局之间的部分光缆维护合同、建设工程合同。

（9）通信公司提供的记账凭证、支出凭单、发票、结算业务申请书证明通信公司于2007年至2014年提取现金的情况。

（10）中共北京市公安局纪律检查委员会关于移送曹明等人案件线索的函、案件移送函、举报材料、侦查人员出具的侦破经过、立案决定书、拘留证、逮捕证等书证证明：中共北京市公安局纪律检查委员会于2014年9月26日、10月7日分别将付某某、刘某某、张某某从科技信息化部带走调查。2014年11月17日朝阳区人民检察院对付某某、刘某某、张某某涉嫌犯受贿罪一案立案侦查，并于11月21日将付某某、刘某某、张某某带至朝阳区人民检察院进行讯问，后依法对该三人采取了强制措施。

（11）中共北京市公安局纪律检查委员会出具的工作说明证明：被告人付某某、刘某某、张某某到案后均如实供述了犯罪事实。

（12）押财物、文件清单、案款收据等书证证明：案发后涉案赃款已全部退缴。

（13）北京市朝阳区人民检察院反贪污贿赂局侦查二处出具的工作记录证明：有关葛某某涉嫌敲诈勒索的线索未能查实。

（14）户籍信息证明付某某、刘某某、张某某的身份情况。

（15）被告人付某某的供述：2002年至2011年12月，我在北京市公安局信通处信息通信维护服务中心担任副处长，从2006年开始，兼任服务中心的主任，全面负责各项事务。2011年10月至2012年6月，我担任无线通信处副处长。信息通信维护服务中心是事业单位编制，服务中心的上级领导也即法人代表是呼×。服务中心的主要工作是建设北京电子政务专网和金盾信息专网，主要负责设计、规划、组织施工以及验收，具体施工承包给施工单位，对施工单位进行管理和监督。服务中心下属人员刘某某主要负责对外协调工作,张某某担任内勤,负责日常行政、光纤的配备、维护抢修等工作,还有其他人,但服务中心的主要人员就是我、刘某某和张某某。从2006年至今,服务中心与通信公司的业务合作有两类,一类是运营维护,另一类是施工建设工程的监督管理。他们公司经常找我们服务中心协调工作,必要时还需要服务中心的工作人员到场指挥,服务中心确实给予他们很大的帮助和支持,也非常辛苦,我和通信公司的总经理王×谈过给中心好处费的事情,我也和刘某某、张某某提起过,他们没有反对,赞成这事。

从2007年起,通信公司共给过中心5次好处费。第一次是在2007年春节前,我向王×提出好处费40万元、50万元都行,他同意了,但没确定具体多少钱。后来我让刘某某和通信公司的副总经理王某某联系,刘某某找王某某拿的钱,取回了45万元,刘某某还告诉我王某某自己扣了5万元,我让刘某某先保管这笔钱,到2007年春节前,我和刘某某、张某某在中心会议室把这笔钱平分了,每人拿了10万元左右,其余的留给中心日常开销。除了第一次之外,还收过四次,具体我记不清楚了,印象中有一次王×春节前直接把钱拿到中心,但我肯定没经手过钱,也是让他把钱给刘某某;还有一次是王×安排他公司的副总李×送来的,金额应该也是40万元或50万元,前后五年收取的好处费共计200多万元,大部分是被我们三人平均分了。印象中我分得70万元左右,刘某某、张某某也差不多分了这些钱。

因为服务中心隶属于信通处,直接决定市局各项光缆建设的工程和后期维护,这些公司必须和我们搞好关系,而且中心还帮他们处理手续,监督工程质量,确实给他们提供了不少帮助,通信公司等公司为了和我们搞好关系,更好地完成各项工程,就以感谢费或辛苦费的名义给我们送钱。我现在认识到我们的行为是受贿,是违法的。

(16)被告人刘某某的供述:2002年至2012年,我在北京市公安局信通处信息通信维护服务中心工作,2012年10月至今任北京市公安局科技信息化部副调研员。服务中心隶属于信通处,主要负责北京市公安局光缆工程项目施工建设与维护,重点是北京市政务网和公安局金盾网的建设和维护。我在服务中心工作期间主要负责光纤施工维护的协调、配合等对外沟通业务。付某某是中心的主任,全面负责中心的工作,张某某是内勤,负责线路图的设计以及光纤的配备等。通信公司主要工作是北京市政务专网和公安金盾网的建设和维护,服务中心对通信公司的施工质量、进程进行监督管理、办理施工手续等。

从2006年至2011年,中心每年都会收取通信公司的好处费,收好处费的事情应该是付某某前期与通信公司的负责人沟通好的,每年的好处费都是现金,大部分都是由付某某、张某某和我三个人分的,还有一小部分可能留作中心的日常费用支出和花销了。2006年和2007年付某某各分给我5万元,印象中是单独给我的,分钱地点是付某某的办公室或者二楼会议室,那两年我不知道钱的来源,后来付某某告诉我钱是通信公司给的。我第一次收钱是2008年年前,付某某让我去找通信公司副总经理王某某取点东西,我问是什么东西,付某某告诉我是钱。我开车到通信公司取了45万元回来。取钱之后,付某某告诉我5万元给了王某某。我拿回钱后,付某某让我先拿着,印象中我就直接把钱放在写字楼一层的杂物间了。之后应该是在付某某办公室或者二楼会议室,每人分了15万元。第二次是在2009年我从王×那里拿到的50万元,是付某某安排我去王×那里拿的还是王×给我送过来的,我记不清楚了。印象中是从王×办公室拿的,他事先把50万元现金准备好,装在一个纸袋子里。我拿到钱之后就通知了付某某,之后每人分了15万元。2010年春节前,印象中我们三个人分了15万元,但这次我没有去收钱。2011年时付某某要调离中心,印象中在下半年付某某单独给了我20万元,这几年我分的钱总共是75万元左右,我现在认识到自己的行为是受贿。

(17)被告人张某某的供述:2002年至2012年,我在北京市公安局信通处信息通信维护服务中心任民警,2012年信通处改制为科技信息化部,我调回市局科技信息化部工作。我在服务中心工作期间一直担任内勤,主要工作是对连接各个单位的光缆进行设计、施工,还负责光纤配备等。付某某是中心的主任,全面负责中心的工作,刘某某主要负责对外沟通协调工作。通信公司主要工作是北京市政务专网和公安金盾网的建设和维护,服务中心对共建恒业进行监督、管理和协调。

从2006年开始到2011年,我从付某某手里先后6次共拿了74万元。这些钱都是付某某给我的,他跟我说工作辛苦了之类的话,那段时间我们的工作确实比较辛苦,我就拿着了。第一次是在2006年春节前,具体时间记不清了,付某某把我叫到他办公室,当时只有我和付某某,他给了我9万元,但付某某没有告诉我这些钱的来源。第二笔钱是2007年春节前,付某某把我叫到他办公室给了我10万元,具体细节记不清了。第三笔钱是2008年底,付某某让我去他办公室给了我10万元,这次刘某某没在场。第四笔钱是2009年春节前,付某某给了我两笔钱分别是20万元、12万元让我保管,钱的真实来源我不清楚,2009年春节的时候付某某分给我和刘某某每人10万元。第五笔钱是2010年春节前,付某某给我打电话说通信公司的李×来送东西,让我替他收下。过了会儿李×来了,我直接把印有通信公司名字的装钱的纸袋锁在柜子里了,后来知道是50万元,付某某给了我和刘某某各15万元,他自己留了20万元。第六笔钱是2011年10月左右,付某某要调走了,他说这些年我挺辛苦的,就单独给了我20万元,至于钱的来源我不清楚。

除2008年和2010年的两笔钱之外,我不清楚付某某分给我的其他钱的具体来源,这些钱应该是社会上的公司给的好处费,具体是哪一家公司给的,我不清楚。我觉得服务中心是工程的管理、监督方,通信公司是施工方,他们给服务中心钱就是希望和服务中心保持良好的合作关系,但好处费的具体事情我没有参与谈判,应该是付某某谈的。我现在觉得我错了,我收的钱不可能是单位发的辛苦费,因为数额太大了,我当时有侥幸心理,认为是付某某分给我的,就把好处费想成了辛苦费。

二、一审法院的判决结果及其理由

一审法院(北京市第二中级人民法院)认为,被告人付某某、刘某某、张某某身为国家工作人员,利用他人或自己职务上的便利,非法收受他人财物,为他人谋取利益,数额特别巨大,行为均已构成受贿罪。北京市人民检察院第二分院指控被告人付某某、刘某某、张某某犯受贿罪的事实清楚,证据确实、充分,指控的罪名成立。付某某在共同犯罪中起主要作用,系主犯,鉴于其到案后基本能如实供述所犯罪行,且赃款已全部退缴,可对其从轻处罚;刘某某、张某某在共同犯罪中起次要作用,系从犯,且到案后均能如实供述所犯罪行,并能主动退缴全部赃款,依法可对刘某某、张某某减轻处罚。故依法判决:(1)被告人付某某犯受贿罪,判处有期徒刑11年,并处罚金人民币11万元;(2)被告人刘某某犯受贿罪,判处有期徒刑6年,并处罚金人民币6万元;(3)被告人张某某犯受贿罪,判处有期徒刑6年,并处罚金人民币6万元;(4)在案扣押的钱款人民币360万元作为违法所得予以没收,上缴国库;(5)在案冻结的银行账户(账号×××、×××)内的钱款折抵被告人付某某的罚金。

三、当事人提出上诉

一审判决后,付某某不服,提起上诉称:一审判决认定其的受贿数额有误,应以实际收取的钱款作为认定依据;其与呼×共同受贿时,是呼×决定收受贿赂又主持分赃,其只起到辅助作用,应认定为从犯;其与刘某某、张某某共同受贿是三人协商决定,应共同承担刑事责任,不应只认定其为主犯;因其已退还贿赂款200万元,应作为案发前退赃予以扣减,并将家属多退的部分钱款返还;其在司法机关采取强制措施前已向单位纪检部门如实供述自己的犯罪事实,应认定为自首。

付某某的辩护人金某某的辩护意见为:一审判决认定的事实严重错误,证据不足,导致对付某某量刑过重;其与呼×共同受贿中应认定为从犯,而在与刘某某、张某某共同受贿中不应被认定为主犯,并在分得的赃款数额中扣减案发前已退还的部分,同时认定具有案发前退赃情节从轻处罚;其在纪检部门审查期间主动交代所有受贿事实,应认定为自首;同案人呼×和行贿人王×未在一审法院庭审时到庭对质,严重违反法定程序,导致同案犯间的量刑不平衡。

付某某的辩护人张某的辩护意见为:付某某是按单位领导呼×指示收受贿赂,在与呼×共同犯罪中起次要作用,是从犯;同案人呼×和行贿人王×均另案处理,在二人未经本案庭审质询的情况下,一审判决就认定付某某与呼×同为主犯,违反法定程序;在纪检部门仅掌握其与呼×共同受贿犯罪线索的情况下,其主动交代了与刘某某、张某某共同受贿的犯罪事实,应认定为自首;其在案发前已向行贿人退还了部分赃款,家属在一审审理期间针对该起犯罪又退赃150万元,导致实际退赃数额超出得赃数额,且其受贿行为未损害国家利益,社会危害性较小,一审判决量刑过重,请求对付某某减轻处罚。

付某某的辩护人申请调取付某某2014年9月26日被北京市公安局纪委关禁闭期间交代犯罪事实的相关证据材料,用以证明付某某在被司法机关采取强制措施前主动向有关机关投案,并如实交代犯罪事实,构成自首;付某某及其辩护人申请同案人呼×、行贿人王×、北京市公安局信息通信处信息通信维护服务中心员工葛某某出庭对质,用以证明付某某是与呼×共同受贿犯罪的从犯和其在案发前主动退还部分受贿款的事实。

刘某某上诉提出:一审判决量刑过重,其在共同受贿犯罪中未起主要作用,到案后主动如实供述犯罪事实,积极配合司法机关调查,希望二审法院对其再予减轻处罚。

刘某某的辩护人田某某的辩护意见为：刘某某是从犯，向单位纪检部门坦白了全部受贿犯罪事实并积极退赃，还检举他人涉嫌犯罪的线索，具有悔罪态度，依据最高人民法院、最高人民检察院《关于办理贪污贿赂刑事案件适用法律若干问题的解释》属于受贿数额巨大，应判处3年以下有期徒刑，并考虑对其适用缓刑。

张某某上诉提出：一审判决量刑过重，其仅听从部门领导付某某安排分得受贿款，处于从属地位，应以其分得的钱款数额认定犯罪数额；鉴于其如实供述犯罪事实、主动退赃、检举他人涉嫌犯罪的线索，并结合最高人民法院、最高人民检察院《关于办理贪污贿赂刑事案件适用法律若干问题的解释》的规定，应对其再予减轻处罚。

张某某的辩护人于某某的辩护意见为：一审判决认定张某某为个人犯罪有误，本案属于单位犯罪，且应以其知情收受的50万元认定为受贿数额；张某某在单位纪检部门找其谈话期间如实交代全部犯罪事实，还交代了付某某受贿犯罪的线索，应认定为自首和立功；其系从犯，未给行贿人谋取不正当利益，社会危害性小，认罪悔罪，积极退赃，请求二审法院对张某某再予减轻处罚。

教学手册

教学对象

本案例供法律硕士案例教学使用，法学本科（大四）、刑法学硕士、刑事诉讼法学硕士也可以参酌试用。

教学目标

本案例主要是通过对受贿罪二审的研习，掌握一些程序法与实体法中的相关知识，不仅对司法实务予以了解，而且以此为基础进行理论的进一步探讨，从而既训练学生的实际操作能力，又培养学生的理论素养。具体而言，主要对以下几个问题予以探讨：(1)理解刑事二审程序中的全面审查原则；(2)共同犯罪中主犯、从犯的认定问题；(3)共同犯罪中自首和立功认定中应注意的问题；(4)受贿罪中的单位犯罪的认定；(5)受贿罪中如何把握司法解释的溯及力。

教学内容

1. 理解刑事二审程序的全面审查原则

本案是二审案件，而二审程序中一个基本原则就是全面审查原则。我国《刑事诉讼法》第222条规定："第二审人民法院应当就第一审判决认定的事实和适用法律进行全面审查，不受上诉或者抗诉范围的限制。共同犯罪的案件只有部分被告人上诉的，应当对全案进行审查，一并处理。”在此需要注意的是,二审中的全面审查只是对一审判决的审查,而不是对一审裁定的审查。二审中的全面审查既体现了有错必纠,保证诉讼公正的方针,又体现了上级法院的监督职责,保证刑事司法的统一性,并且也有利于满足当事人的合理要求,消除当事人的不满情绪。不过,在我国司法实务中,二审的全面审查往往会流于形式,以及有时会产生违反控审分离原则的嫌疑,比如二审法院根据全面审查原则纠正人民检察院抗诉书中的错误内容的情形,就存在法院僭越检察院抗诉职能之嫌。然而,从世界各国刑事诉讼的立法来看二审的审查范围,绝大多数国家实行的是部分审查制。因此,我国现有的规定值得我们进一步思考。

2. 共同犯罪中主犯和从犯的认定

根据我国《刑法》第 25 条规定,“共同犯罪是指二人以上共同故意犯罪”。并且以共同犯罪人在共同犯罪中所起的作用为主、以共同犯罪人在共同犯罪中的分工为辅,将共同犯罪人分为主犯、从犯、胁从犯和教唆犯。主犯与从犯的划分就是以共同犯罪人在共同犯罪中所起的作用为依据的。其中主犯就是组织、领导犯罪集团进行犯罪活动或者在共同犯罪中起主要作用的犯罪人,从犯就是在共同犯罪中起次要作用或者辅助作用的犯罪人。然而在司法实践中,何为主要作用、何为次要或辅助作用,经常发生混淆或错误,以至于导致对主犯和从犯的认定具有一定的随意性。对此,我们应当从主客观两个方面来认识主要作用和次要或辅助作用。总体而言,在司法实践中区分主犯和从犯应考虑这样几种情形(但并不是绝对情形):第一种情形,首次提起共同犯罪犯意的一般是主犯,而附和或表示赞同的一般为从犯。第二种情形,在共同犯罪中起策划、组织、指挥、领导作用的是主犯,其他的参与者为从犯。第三种情形,参加全部共同犯罪或多次参加共同犯罪的一般是主犯,而首次参加共同犯罪或参加部分共同犯罪的一般为从犯。第四种情形,在共同犯罪中行为强度较大、对危害结果的产生有直接作用的一般为主犯,而行为强度较小、对危害结果的产生有间接作用的一般为从犯。第五种情形,在共同犯罪中造成的危害后果较重的一般为主犯,造成的危害后果较轻的一般为从犯。

3. 共同犯罪中自首和立功的认定

自首和立功都是一种重要的刑罚裁量制度。我国的自首制度规定于《刑法》第 67 条,即“犯罪以后自动投案,如实供述自己的罪行的,是自首。对于自首的犯罪分子,可以从轻或者减轻处罚。其中,犯罪较轻的,可以免除处罚。被采取强制措施的犯罪嫌疑人、被告人和正在服刑的罪犯,如实供述司法机关还未掌握的本人其他罪行的,以自首论”。而立功制度主要规定于《刑法》第 68 条,即“犯罪分子有揭发他人犯罪行为,查证属实的,或者提供重要线索,从而得以侦破其他案件等立功表现的,可以从轻或者减轻处罚;有重大立功表现的,可以减轻或者免除处罚”。不过,对于立功历来都有狭义和广义之区分,狭义的立功就是指《刑法》第 68 条规定的立功,广义的立功不仅包括狭义的立功,还包括作为刑罚执行制度的立功,比如死缓犯的立功、军人的戴罪立功,我们这里讨论的是狭义上的立功。由于共同犯罪的复杂性,共同犯罪中立功的认定以及立功与自首的界分就存在一定的难度,现实中有如下几种情形需要引起重视:第一种情形,揭发共同犯罪中与本人同一犯罪行为的,能否认定为立功?这种情形不能认定为立功，只能作为自首的必要条件。根据 1998 年 4 月 17 日最高人民法院发布的《关于处理自首和立功具体应用法律若干问题的解释》（自 1998 年 5 月 9 日起施行）的规定，“共同犯罪案件中的犯罪嫌疑人，除如实供述自己的罪行，还应当供述所知的同案犯，主犯则应当供述所知其他同案犯的共同犯罪事实，才能认定为自首”。“共同犯罪案件的犯罪分子到案后，揭发同案犯共同犯罪事实的可以酌情予以从轻处罚。”也就是说，共同犯罪中，犯罪分子与同案犯属于共同犯罪的一个整体，犯罪分子揭发同案犯属于自首中“自己的罪行”，是其自首的必要条件，而不属于立功中的“揭发他人犯罪行为”。第二种情形，揭发共同犯罪中同案犯的其他罪行的，能否认定为立功？这种情形根据我国的相关法律和司法解释的规定，应当认定为立功。因为犯罪分子所犯的共同犯罪与同案犯的其他罪行并不属于共同犯罪的整体，也就不属于自首中的“自己的罪行”，理应属于立功中的“揭发他人犯罪行为”。第三种情形，揭发共同犯罪中与本人同一犯罪行为又协助司法机关将同案犯抓捕归案的，能否认定为立功？此种情形应当认定为立功。因为抓捕共同犯罪人是司法机关的义务，此已超出行为人“如实供述自己的罪行”的法定义务，是有利于国家和社会的行为，故应当认定为立功。据此，本案中的上诉人（一审被告人）都无存在立功的法律依据。

4. 如何认定受贿罪中的单位犯罪

单位作为犯罪主体是我国 1997 年《刑法》修订时新增加的。与此同时，受贿类犯罪中也增设了单位受贿罪，即现行《刑法》第 387 条的规定。单位受贿罪与受贿罪在犯罪主体、主观故意的内容和形式、客观方面、受贿财物的归属等方面都存在着差异。就本案来看，重点需要把握的是故意的内容和形式以及受贿财物的归属问题。单位受贿罪的故意具有整体性，也即是单位领导集体讨论决定或者代表人以单位名义作出的，其受贿财物虽然是单位成员接受的，但其最终归属于单位这个集体。受贿罪的故意不具有整体性，也即是个人自我意志的决定，受贿财物也归属于个人所有。另外，最高人民法院 1999 年制发的《关于审理单位犯罪案件具体应用法律有关问题的解释》第 3 条规定：“盗用单位名义实施犯罪，违法所得由实施犯罪的个人私分的，依照刑法有关自然人犯罪的规定定罪处罚。”就本案而言，有上诉人（一审被告人）的辩护律师主张构成单位犯罪，法院并未予以采纳是正确的。因为本案中收受财物的行为并非集体意志的体现，且所谓的给予单位的“辛苦费”，其实是打着单位的名义进行索贿的行为，而且所得财物也在上诉人（一审被告人）之间予以私分，所以，本案中没有单位受贿罪成立的法律依据。

5. 受贿罪中如何把握司法解释的溯及力

我国刑法的溯及力采取的是从旧兼从轻原则，对于司法解释仍然贯穿着此项原则。根据 2001 年 12 月 7 日最高人民法院、最高人民检察院发布的《关于适用刑事司法解释时间效力问题的规定》（自 2001 年 12 月 17 日起施行）的第 3 条规定：“对于新的司法解释实施前发生的行为，行为时已有相关司法解释，依照行为时的司法解释办理，但适用新的司法解释对犯罪嫌疑人、被告人有利的，适用新的司法解释。”针对受贿罪来说，最高人民法院、最高人民检察院于 2016 年 4 月 18 日发布了《关于办理贪污贿赂刑事案件适用法律若干问题的解释》，其中对受贿数额的标准作出了重新规定,且有利于犯罪嫌疑人、被告人。虽然本案发生于该司法解释实施之前,但二审发生于该司法解释生效之后,故二审适用新的司法解释对本案的有关上诉人(一审被告人)予以改判。

预期效果

通过对案例的分析,不仅使学生掌握案例中体现的实体法和程序法的相关基础知识,而且能够自己独立地分析问题、解决问题,将自己所学的知识运用到实际的案件当中。同时,也培养学生形成逐步完善立法、司法的法治发展意识。

课堂时间安排

本案例可以作为专门的案例教学课来进行,整个案例课的课堂 4 个课时,每课时 45 分钟。

教学计划

1. 课前计划:安排学生阅读案例及相关参考资料,对案例所涉及问题进行思考,撰写实践题答案。

2. 课中计划:介绍教学目的,明确讨论主题;分组讨论,回答各项思考题,讨论实践题的撰写要点;小组代表提出撰写要点,学生讨论和分析;教师归纳总结。

3. 课后计划:布置学生进一步思考司法实务的要求和理论研究的相互关系,从而使学生更好地理解实务中的问题解决和理论上的深入推进的相互作用。

思考题和实践题

思考题

1. 对二审程序中全面审查原则予以反思并提出改进的具体措施。
2. 思考我国共同犯罪中主犯和从犯的立法完善问题。
3. 我国现有立功制度的立法和司法困境。
4. 自首制度的理论根基和现实功能。
5. 对我国司法解释的时间效力原则予以理论思考。

实践题

1. 司法实务中如何进行证据的收集以及如何形成证据链?
2. 我国司法实务中贿赂犯罪案件遇到的难题和破解。
3. 探寻由于立功制度设计的不足而导致现实中模糊运用的情形。

参考文献

1. 谭世贵主编:《刑事诉讼法原理与案例教程》,清华大学出版社 2014 年版。
2. 刘仁文主编:《贪污贿赂犯罪的刑法规制》,社会科学文献出版社 2015 年版。

3. 项明主编:《刑事二审程序难题与应对》,法律出版社 2008 年版。
4. 陈瑞华:《程序性制裁理论》(第二版),中国法制出版社 2010 年版。
5. 刘宪权、谢杰:《贿赂犯罪刑法理论与实务》,上海人民出版社 2012 年版。
6. 林维主编:《共犯论研究》,北京大学出版社 2014 年版。

(骆群,上海政法学院副教授)

14 CASE 易某、刘某、杨某等诈骗案

摘 要

本案例以一起真实电信诈骗案件为蓝本,围绕诈骗案件刑事诉讼程序各环节展开论述。涉及法律知识和执业技能内容包括刑事诉讼程序、辩护律师如何参与刑事诉讼活动、诈骗案件的定罪量刑分析等。本案例涵盖刑事侦查阶段、审查起诉阶段、审判阶段三个诉讼环节。涉及实体问题包括诈骗罪的认定、刑事责任年龄、诈骗案件的刑事责任等问题,涉及证据和事实问题包括诈骗案件的证据收集、减轻处罚的分析判断等问题,涉及律师实务问题包括辩护律师刑事诉讼中的权利、辩护律师如何撰写辩护词等。本案例对诈骗罪的研究学习具有一定参考意义。

关键词

诈骗案　刑事责任年龄　刑事诉讼程序　辩护律师权利　辩护词撰写

教学目标

着重让学生把握四方面内容:(1)刑事责任年龄的分类、起算以及跨刑事责任年龄犯罪的认定;(2)刑事诉讼程序以及未成年人刑事诉讼特别程序;(3)诈骗罪的构成、定罪金额;(4)辩护律师的权利及辩护词如何撰写。

教学案例

一、案件背景与起因

电信诈骗犯罪是犯罪人利用现代电信技术手段实施诈骗犯罪的一种，属于诈骗犯罪手段的翻新。随着社会进步和电子科技的发展，当前利用手机短信、电话、网络等科技手段实施诈骗活动呈高发态势，犯罪分子充分利用高科技手段，抓住人性的弱点、电信部门监管漏洞以及银行资金流动便利，跨地区团伙作案，涉案金额大，给人民群众造成巨大财产损失。

2015 年 4 月，于某某、陈某某为牟取非法利益，经商议利用合伙经营的某某商务信息咨询有限公司的电话购物平台实施诈骗活动，由于某某负责公司人员与业务的组织管理，陈某某负责诈骗所用"收藏品"的物品采购，并约定非法所得二人平分。后于某某又与汪某某、吴某某等人共同研究通过电话实施诈骗的话术模板，再由汪某某、吴某某组织培训公司的 140 余名员工分组实施电话诈骗。各业务组长负责监督、管理各组内业务员实施电话诈骗，对全组的业绩负责，业务员通过电话诈骗被害人钱款，均从中提取非法收益。

被告人易某、刘某、杨某等人均为某某商务信息咨询有限公司的业务员，并在 VIP 三组组长高山手下担任业务员。易某、刘某、杨某等被告人在进入公司后经过公司的话术培训，参照于某某、陈某某、汪某某等人制定的话术模板，制订了一系列的诈骗方案。被告人易某、刘某、杨某等人通过拨打被害人电话，参照话术模板虚构的事实，谎称公司举行周年庆活动，抽奖免费赠送胜利玉玺、手串、收藏版人民币、天下粮仓粮票等所谓"收藏品"，肆意夸大"收藏品"价值和升值空间，取得被害人信任后，以收取所谓的"保证金""物流及保价费""税费""过户费""会员费"等名义骗取被害人的钱款。

2015 年 12 月下旬开始，为规避风险，于某某、陈某某等又调整诈骗方法，改变了诈骗手段，被告人易某、刘某、杨某等通过电话谎称被害人"刮刮卡"中奖享受 1000 元代金券，同时肆意夸大第四套收藏版人民币的价值和升值空间，引诱被害人以高价购买第四套收藏版人民币。

至案发，该犯罪组织通过上述犯罪手段骗取钱款共计人民币 3200 余万元，受害者遍布全国各地达 5000 余人。其中被告人易某诈骗人民币 71.9 万元；被告人刘某诈骗人民币 56.7 万元，被告人杨某诈骗人民币 42.2 万元……

2016 年 1 月，被告人易某、刘某、杨某等被公安机关抓获归案。

二、案件基本情况

(一)用于证明以上事实的证据

1. 被害人周某、葛某、包某等人的陈述及其提供的快递单据、"收藏品"实物及照片、监制证书、收藏证书等,证实被害人被骗的经过。

2. 公安机关从涉案公司电脑硬盘中提取的员工业务量电子数据,从快递公司调取的收货收款收据,以及制作的电子数据检验工作记录、远程勘验工作记录、提取电子数据清单等,证人的证言,证实骗取被害人钱款的具体金额。

3. 公安机关从涉案公司调取的话术材料、刮刮乐复印件以及电话录音,证实该犯罪组织通过电话实施诈骗所虚构事实的具体内容。

4. 上海市白云区价格认证中心出具的价格鉴定结论书,证实该犯罪组织实施诈骗所使用的胜利玉玺、手串、收藏版人民币、天下粮仓粮票等所谓"收藏品"的实际价值。

5. 同案犯于某某等的历次供述,证实本案被告人参与犯罪组织实施诈骗的事实。

6. 公安机关调取的公司工商登记材料、劳动合同、薪资方案、薪资明细、培训签到表、培训须知等材料,证实涉案公司对员工的招聘、培训以及按诈骗金额计酬等情况。

7. 公安机关制作的搜查笔录、扣押笔录、扣押清单、照片、调取证据清单、协助查询财产通知书、银行交易明细、协助冻结财产通知书回执等,证实本案的搜查、扣押、调取赃证物品以及涉案赃款的查询、冻结等情况。

8. 被告人易某、刘某、杜某等历次供述,证实各被告均对主要犯罪事实供认不讳。

9. 公安机关出具的侦破经过、户籍资料,证实本案案发以及各被告人的到案情况与年龄等身份信息。

(二)案件发展过程

本案被害人周某、葛某、包某等人至公安机关报案后,本案案发,上海市公安局白云分局随即展开侦查,2016 年 1 月易某、刘某、杨某、杜某等因涉嫌诈骗罪被刑事拘留,同年 2 月被批捕。

本案由上海市公安局白云分局侦查终结。2016 年 3 月 28 日,上海市公安局白云分局以被告人易某、刘某、杨某、杜某等涉嫌诈骗罪,向白云区人民检察院移送审查起诉。白云区人民检察院受理后,同年 3 月 29 日、30 日,及时告知了被告人有权委托辩护人,及时告知了未成年被告人的代理人有权委托辩护人,及时告知了被害人有权委托诉讼代理人,为未成年被告人申请了法律援助,对未成年被告人进行了社会调查,依法讯问了被告人,听取了未成年被告人的法定代理人、辩护人、被害人的意见,审查了全部案件材料。经审查,上海市白云区人民检察院于 2016 年 5 月 13 日将本案退回补充侦查,上海市公安局白云分局于 2016 年 6 月 13 日补充侦查终结,移送白云区人民检察院审查起诉。白云区人民法院就是否适用简易程序审理听取了各被告人的意见,后者均表示同意。

2016 年 9 月,本案在白云区人民法院开庭审理,庭审过程中被告人易某的辩护人认为,易某系从犯且系初犯,大部分犯罪事实是在未成年时实施,案发后又积极退赃,认罪、悔罪态度较好,建议法院从轻、减轻处罚。被告人刘某的辩护人认为,刘某是通过正规途径进入公司,受到公司的洗脑,经劝说进入犯罪团伙,系从犯、初犯,无犯罪前科,到案后如实供述,建议法院从轻、减轻处罚。被告人杨某的辩护人认为,起诉书对杨某诈骗数额的认定不准确,本案不属电信诈骗,杨某系从犯、初犯,犯罪主观恶性不大,家属愿意协助退赃。建议法院对其减轻处罚并适用缓刑。其他被告人的辩护人依法定程序也均发表了辩护词,在此不一一赘述。本案并未当庭宣判,于庭审后一周公开宣判。

教学手册

教学对象及目标

本案例可供刑法学、刑事诉讼法学教学使用,主要适用于法学本科、法律硕士的案例教学课程。

本案例主要就刑事责任年龄、未成年人刑事诉讼程序、诈骗罪的定罪量刑、刑事诉讼程序、辩护律师的权利、辩护词的撰写等问题进行讲授。具体要解决的问题包括:(1)刑事责任年龄的分类、起算以及跨刑事责任年龄犯罪的认定;(2)刑事诉讼程序以及未成年人刑事诉讼特别程序;(3)诈骗罪的构成、定罪金额等;(4)辩护律师的权利及辩护词的撰写。

教学内容

一、刑事责任年龄

(一)刑事责任年龄概述

1. 释义

刑事责任年龄是指法律规定行为人对自己的犯罪行为负刑事责任必须达到的年龄。达到刑事责任年龄是构成犯罪的条件之一。

刑事责任年龄的确定是刑法中的重大问题,它直接涉及刑罚适用范围,涉及是否从轻、减轻处罚,甚至是否适用死刑,如果行为人尚未达到法定应负刑事责任的年龄,即使在客观上造成了严重结果,也不能追究他的刑事责任。学习刑事责任年龄对于正确定罪量刑具有重要意义。

2. 责任年龄

年龄	14 周岁以下	14~16 周岁	16 周岁以上
刑事责任	无刑事责任	相对负刑事责任	完全刑事责任
法律规定		《刑法》第 17 条第 2 款:已满十四周岁不满十六周岁的人,犯故意杀人、故意伤害致人重伤或者死亡、强奸、抢劫、贩卖毒品、放火、爆炸、投毒罪的,应当负刑事责任	《刑法》第 17 条第 1 款:已满十六周岁的人犯罪,应当负刑事责任

3. 年龄计算

(1)年龄的计算规则:按公历的年、月、日计算,并且应以出生日起按日为单位计算年龄,过了周岁生日,从第二日起,为已满周岁,例如,“不满14周岁”,包括周岁生日在内,“已满14周岁”则应从周岁生日之第二日起计算。

(2)刑事责任年龄指的是实施犯罪时的年龄,而非破案或审判时的年龄。

(3)刑事责任年龄应当从出生之日计算至行为之日而不是结果发生之日。例如,行为人在实施杀人行为时不满14周岁但死亡结果发生时已满14周岁的,不能追究行为人故意杀人罪的刑事责任。

4. 跨刑事责任年龄犯罪

(1)法律规定

刑法对不同责任年龄犯罪、惩罚原则不一样,对于跨年龄犯罪的认定,不能按照前后一并认定的方法去处理,而应根据具体情况,区别不同的年龄时期,分别予以认定。凡属于该责任年龄时期不应负刑事责任的犯罪,一律不追究或不应当一并追究刑事责任。有些案件可以作为情节考虑。

具体来讲,如果未成年人在年满14周岁以前和已满14周岁不满16岁期间都实施了刑法第17条第2款规定的八大重罪,应当对其已满14周岁不满16周岁期间实施的行为追究刑事责任,而不应将年满14周岁以前实施的行为作为犯罪一并追究。未成年人在年满16周岁前后都实施了第17条第2款规定的八大重罪以外的其他犯罪行为,应当对其年满16岁以后的行为追究刑事责任,而不应把年满16周岁以前实施的行为作为犯罪一并追究。

(2)本案实践

本案中被告人易某,在案件庭审之日已经年满18周岁,但其在2015年开始实施诈骗行为时尚未成年,属于年满16周岁未满18周岁,因而其实施的电信诈骗行为不能简单作为诈骗罪进行处罚,而要综合考虑在年满18周岁之前和年满18周岁之后的犯罪行为,适当考虑是否可以从轻、减轻处罚。

(二)特殊年龄人量刑

1. 未成年人

《刑法》第17条第3款规定:“已满十四周岁不满十八周岁的人犯罪,应当从轻或者减轻处罚。”

《刑法》第17条第4款规定:“因不满十六周岁不予刑事处罚的,责令他的家长或者监护人加以管教;在必要的时候,也可以由政府收容教养。”

《刑法》第49条第1款规定:“犯罪的时候不满十八周岁的人和审判的时候怀孕的妇女,不适用死刑。”

2. 75岁以上老人

《刑法》第17条之一:“已满七十五周岁的人故意犯罪的,可以从轻或者减轻处罚;过失犯罪的,应当从轻或者减轻处罚。”

《刑法》第 49 条第 2 款规定:“审判的时候已满七十五周岁的人,不适用死刑,但以特别残忍手段致人死亡的除外。”

(三)未成年人刑事诉讼特别程序

1. 法律援助

(1)法律规定

我国《刑事诉讼法》规定:未成年犯罪嫌疑人、被告人没有委托辩护人的,人民法院、人民检察院、公安机关应当通知法律援助机构指派律师为其提供辩护。

(2)本案实践

本案中被告易某为 1997 年 11 月出生,在庭审当日已经年满 18 周岁,但由于其在未满 18 周岁时,已经开始实施电信诈骗行为,因而白云区法院及时告知了被告易某有权委托诉讼代理人,并在其没有委托辩护人的情况下,为其申请了法律援助。

2. 社会调查

(1)法律规定

我国《刑事诉讼法》规定:公安机关、人民检察院、人民法院办理未成年人刑事案件,根据情况可以对未成年犯罪嫌疑人、被告人的成长经历、犯罪原因、监护教育等情况进行调查。

(2)本案实践

本案中白云区法院对未成年期间存在电信诈骗行为的被告易某进行了社会调查。

3. 询问与听取辩护人意见

(1)法律规定

我国《刑事诉讼法》规定:对未成年犯罪嫌疑人、被告人应当严格限制适用逮捕措施。人民检察院审查批准逮捕和人民法院决定逮捕,应当讯问未成年犯罪嫌疑人、被告人,听取辩护律师的意见。

(2)本案实践

本案在庭审之前白云区法院讯问了被告人易某,并听取了未成年被告人的法定代理人、辩护人、被害人的意见。

4. 法定代理人到场

(1)法律规定

我国《刑事诉讼法》规定:对于未成年人刑事案件,在讯问和审判的时候,应当通知未成年犯罪嫌疑人、被告人的法定代理人到场。无法通知、法定代理人不能到场或者法定代理人是共犯的,也可以通知未成年犯罪嫌疑人、被告人的其他成年亲属,所在学校、单位、居住地基层组织或者未成年人保护组织的代表到场,并将有关情况记录在案。到场的法定代理人可以代为行使未成年犯罪嫌疑人、被告人的诉讼权利。

(2)本案实践

本案中被告人易某虽在庭审和批捕之日已经成年,但其在年满 16 周岁不满 18 周岁时期也曾实施诈骗行为,因而白云区法院在询问和庭审过程中,均通知了其法定代理人到场。

5. 附条件不起诉

(1)法律规定

我国《刑事诉讼法》规定:对于未成年人涉嫌刑法分则第4章、第5章、第6章规定的犯罪,可能判处1年有期徒刑以下刑罚,符合起诉条件,但有悔罪表现的,人民检察院可以作出附条件不起诉的决定。人民检察院在作出附条件不起诉的决定以前,应当听取公安机关、被害人的意见。

(2)本案实践

本案中被告人易某,存在未成年时期的诈骗行为,构成刑法分则第5章诈骗罪,但由于其在成年后也存在诈骗行为,且其诈骗金额达到人民币71.9万元,数额特别巨大,可判决刑罚明显超过1年有期徒刑,因而不适用附条件不起诉的规定。

6. 档案封存

为坚持未成年诉讼程序"对犯罪的未成年人实行教育、感化、挽救的方针,坚持教育为主、惩罚为辅的原则",我国《刑事诉讼法》规定:"犯罪的时候不满十八周岁,被判处五年有期徒刑以下刑罚的,应当对相关犯罪记录予以封存。犯罪记录被封存的,不得向任何单位和个人提供,但司法机关为办案需要或者有关单位根据国家规定进行查询的除外。依法进行查询的单位,应当对被封存的犯罪记录的情况予以保密。"

二、诈骗罪的定罪量刑

(一)诈骗罪的概念

诈骗罪是指以非法占有为目的,用虚构事实或者隐瞒真相的方法,骗取数额较大的公私财物的行为。

(二)诈骗罪的构成要件

1. 客体要件

诈骗罪侵犯的客体是公私财物所有权,仅限于国家、集体或个人的财物,而不是骗取其他非法利益。

2. 客观方面

诈骗罪在客观上表现为使用欺诈方法骗取数额较大的公私财物。一般表现为:首先,行为人实施了欺诈行为。欺诈行为从形式上说包括两类,一是虚构事实,二是隐瞒真相。其次,欺诈行为使对方产生错误认识。对方产生错误认识是行为人的欺诈行为所致,即使对方在判断上有一定的错误,也不妨碍欺诈行为的成立。在欺诈行为与对方处分财产之间,必须介入对方的错误认识。如果对方不是因欺诈行为产生错误认识而处分财产,就不成立诈骗罪。再次,成立诈骗罪要求被害人陷入错误认识之后作出财产处分。最后,欺诈行为使被害人处分财产后,行为人获得财产,从而使被害人的财产受到损害。

3. 主体要件

诈骗罪主体是一般主体,凡达到法定刑事责任年龄、具有刑事责任能力的自然人均能构成本罪。

4. 主观方面

诈骗罪在主观方面表现为直接故意,并且具有非法占有公私财物的目的。

(三)本案中诈骗罪的认定

本案中易某、刘某、杨某等被告人的行为以非法占有财产为目的,均具备相应刑事责任能力,符合诈骗罪的主观方面和主体要件要求;均成功骗取了被害人包括保证金、保价费、税费、会员费、购买高价收藏版人民币的费用等财产 3200 余万元,严重侵犯了被害人的财产所有权,符合诈骗罪的客体要件和客观要件,构成诈骗罪。

具体分析详见图 1.1:

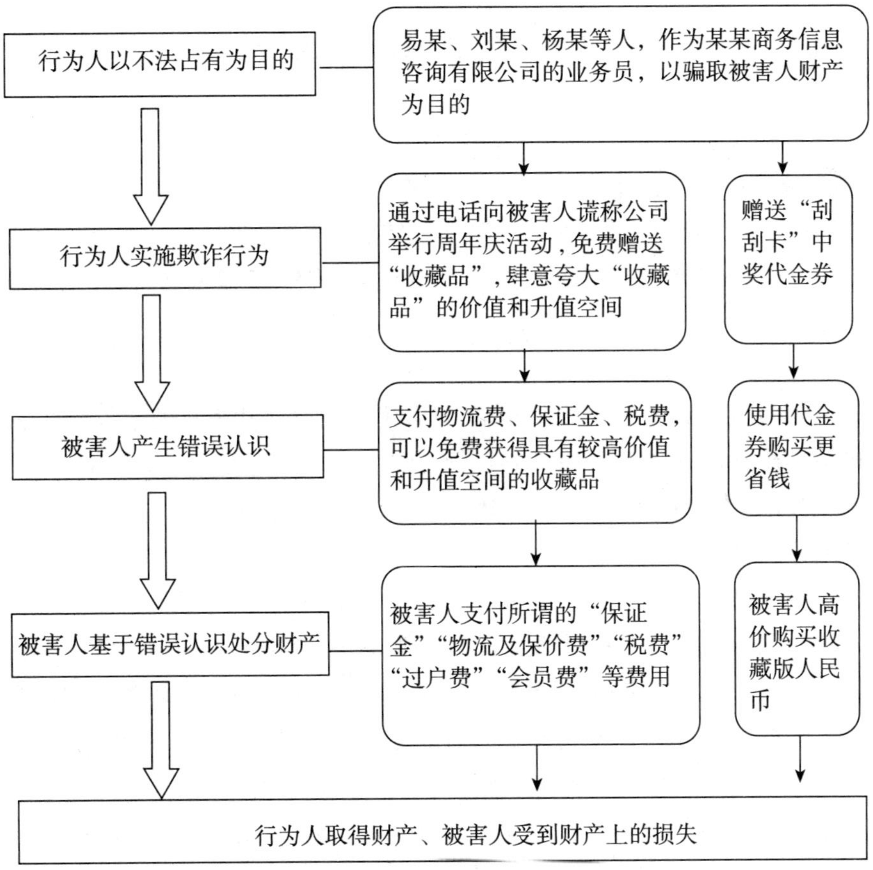

图 1.1　案件流程图

(四)量刑标准

1. 立法依据

我国《刑法》第 266 条规定:诈骗公私财物,数额较大的,处 3 年以下有期徒刑、拘役或者管制,并处或者单处罚金;数额巨大或者有其他严重情节的,处 3 年以上 10 年以下有期徒刑,并处罚金;数额特别巨大或者有其他特别严重情节的,处 10 年以上有期徒刑或者无期徒刑,并处罚金或者没收财产。本法另有规定的,依照规定。

2. 司法解释

根据最高人民法院、最高人民检察院《关于办理诈骗刑事案件具体应用法律若干问题的解释》的规定:诈骗公私财物价值3000元至10000元以上和30000元至100000元以上、500000元以上的,应当分别认定为《刑法》第266条规定的“数额较大”与“数额巨大”“数额特别巨大”。

诈骗公私财物达到上述规定的数额标准,具有下列情形之一的,可以依照《刑法》第266条的规定酌情从严惩处:

(1)通过发送短信和拨打电话或者利用互联网、广播电视、报刊杂志等发布虚假信息,对不特定多数人实施诈骗的;

(2)诈骗救灾和抢险、防汛、优抚、扶贫、移民、救济、医疗款物的;

(3)以赈灾募捐名义实施诈骗的;

(4)诈骗残疾人、老年人或者丧失劳动能力人的财物的;

(5)造成被害人自杀、精神失常或者其他严重后果的。

诈骗数额接近上述规定的“数额巨大”“数额特别巨大”的标准,并具有前款规定的情形之一或者属于诈骗集团首要分子的,应当分别认定为《刑法》第266条规定的“其他严重情节”“其他特别严重情节”。

3. 本案实践

本案中被告人由于诈骗金额、犯罪年龄、犯罪情节、在案件中发挥的作用不同等,最终被判处罚金、有期徒刑1～3年缓期2～3年执行、有期徒刑9个月至3年4个月附加罚金等刑罚,各被告人具体如何量刑在此先不予阐述。

三、刑事诉讼程序

根据我国《刑事诉讼法》,刑事诉讼程序分为立案、侦查、起诉、审判和执行五个阶段。侦查是刑事案件立案后、起诉前进行的收集证据、查明案情、确定是否对犯罪嫌疑人移送起诉的一种诉讼活动;起诉,即提起公诉,是指人民检察院对于已侦查终结的案件,经过审查确认犯罪事实清楚,证据确实、充分,依法应当追究刑事责任,将犯罪嫌疑人依法提交人民法院审判的一种诉讼活动;审判,包括第一审程序和第二审程序,是指人民法院依照法定的权限和程序,对于依法向其提出诉讼请求的刑事案件进行审理和裁判的诉讼活动;执行是指刑事执行机关执行发生法律效力的判决和裁定的活动。

(一)立案

立案是刑事诉讼的开端程序,是指在公安机关或检察院等侦查机关发现犯罪事实、犯罪线索或者犯罪嫌疑人,单位或个人报案或者举报,被害人报告或者控告,犯罪嫌疑人自首后,公安机关、人民检察院、人民法院等机关对于报案、控告、举报和自首的材料,以及自诉人起诉的材料,按照各自的管辖范围进行审查后,决定作为刑事案件进行侦查或者审判的一种诉讼活动。

1. 立案管辖

侦查机关	管辖案件
公安机关	一般刑事案件,法律另有规定的除外
人民检察院	刑法分则第八章规定的贪污贿赂案件,刑法第九章规定的渎职案件,国家机关工作人员利用职权实施的非法拘禁、非法搜查、刑讯逼供、报复陷害等侵犯公民人身以及民主权利的犯罪
人民法院	包括侮辱诽谤案件(严重危害社会秩序和国家利益的除外)、暴力干涉婚姻自由案件(致使被害人死亡的除外)、虐待案件(致使被害人重伤、死亡的除外)、侵占案件在内四类告诉才处理的案件,被害人有证据证明的轻微刑事案件,公诉转自诉的案件
国家安全机关	涉及危害国家安全犯罪的案件
军队保卫部门	涉嫌军职犯罪案件
监狱	监狱内的犯罪案件

2. 不予立案的救济

人民法院、人民检察院或者公安机关认为有犯罪事实需要追究刑事责任的时候,应当立案;认为没有犯罪事实,或者犯罪事实显著轻微,不需要追究刑事责任的时候,不予立案,并且将不立案的原因通知控告人。控告人如果不服,可以申请复议。

人民检察院认为公安机关对应当立案侦查的案件而不立案侦查的,或者被害人认为公安机关对应当立案侦查的案件而不立案侦查,向人民检察院提出的,人民检察院应当要求公安机关说明不立案的理由。人民检察院认为公安机关不立案理由不能成立的,应当通知公安机关立案,公安机关接到通知后应当立案。

3. 本案实践

本案属于一般刑事案件,由公安机关(白云区公安分局)负责立案。

(二)侦查

立案以后,侦查机关应当进行侦查,收集、调取犯罪嫌疑人有罪或者无罪、罪轻或者罪重的证据材料,对现行犯或者重大嫌疑分子可以依法采取拘留等强制方式,对符合逮捕条件的犯罪嫌疑人,应当依法逮捕。在侦查阶段,为查清事实、寻找证据,侦查机关有权采取讯问犯罪嫌疑人和证人,进行勘验、检查,进行搜查,扣押物证、书证,组织鉴定,运用技术侦察措施、发布通缉令等侦查措施,但均应遵守《刑事诉讼法》第2编第2章中的具体规定,保证侦查程序合法。

1. 侦查终结期限

对犯罪嫌疑人逮捕后的侦查羁押期限不得超过2个月。案情复杂、期限届满不能终结的案件,可以经上一级人民检察院批准延长1个月。但交通十分不便的边远地区的重大复杂案件,重大的犯罪集团案件,流窜作案的重大复杂案件,犯罪涉及面广、取证困难的重大复杂案件四类案件在上述期限届满后仍不能侦查终结的,经省、自治区、直辖市人民检察院批准或者决定,可延长2个月。其中对犯罪嫌疑人可能判处10年有期徒刑以上刑罚,延长2个月后,仍不能侦查终结的,经省、自治区、直辖市人民检察院批准或者决定,可以再延长2个月。因为特殊原因,在较长时间内不宜交付审判的特别重大复杂案件,由最高人民检察院报请全国人民代表大会常务委员会批准延期审理。

2. 侦查结果处理

侦查终结的案件,如果犯罪嫌疑人构成犯罪应追究刑事责任,则公安机关应当做到犯罪事实清楚,证据确实、充分,并且写出起诉意见书,连同案卷材料、证据一并移送人民检察院审查决定。如果犯罪嫌疑人不构成犯罪,应当撤销案件;犯罪嫌疑人已被逮捕的,应当立即释放,发给释放证明,并且通知原批准逮捕的人民检察院。

3. 本案实践

本案由白云区公安分局负责侦查,按照法律规定在期限内完成了案件的侦查,并依法将案卷材料、证据等移交至白云区检察院。

(三)起诉

人民检察院接到侦查机关移送的案件以后,案件进入到审查起诉阶段。人民检察院会对侦查机关提交的起诉意见书以及全部案卷材料和证据进行全面审查,并讯问犯罪嫌疑人,听取被害人的意见,听取犯罪嫌疑人、被害人委托人的意见,调查核实其他证据,着重对犯罪事实、情节是否清楚,证据是否确实、充分,犯罪性质和罪名的认定是否正确,有无遗漏罪行和其他应当追究刑事责任的人,是否属于不应追究刑事责任的,有无附带民事诉讼,侦查活动是否合法等方面进行查明。

1. 补充侦查

审查起诉阶段,认为案件事实不清,证据不足,需要对案件作进一步侦查时,可以决定退回侦查机关补充侦查。对于补充侦查的案件,应当在1个月以内补充侦查完毕。补充侦查以二次为限。补充侦查完毕移送人民检察院后,人民检察院重新计算审查起诉期限。对于需要补充侦查的案件,可以退回公安机关补充侦查,也可以自行侦查。

本案中上海市白云区人民检察院曾于5月13日将本案退回补充侦查,白云区公安分局于6月13日补充侦查终结后,再次移送白云区人民检察院审查起诉,经审查后,白云区人民检察院撰写起诉书,经白云区人民法院审理后宣判。

2. 期限

人民检察院对于公安机关移送起诉的案件,应当在1个月以内作出决定,重大、复杂的案件,可以延长半个月。对于补充侦查的案件,应当在1个月以内补充侦查完毕。补充侦查以二次为限。补充侦查完毕移送人民检察院后,人民检察院重新计算审查起诉期限。

3. 起诉与不起诉

审查结果	是否起诉
犯罪事实清楚，证据确实、充分，依法应当追究刑事责任的案件	起诉
二次补充侦查的案件，仍然认为证据不足，不符合起诉条件的案件	应当 不起诉
犯罪嫌疑人没有犯罪事实，或者有《刑事诉讼法》第 15 条规定的不追究刑事责任情形的案件	
对于犯罪情节轻微，依照刑法规定不需要判处刑罚或者免除刑罚的	可以 不起诉
一次补充侦查的案件，证据不足	

4. 本案实践

本案犯罪嫌疑人多达 100 余人，白云区公安分局侦查终结后，认为其中有 6 名犯罪嫌疑人犯罪情节轻微，依照刑法规定不需要判处刑罚或者免除刑罚，最终作不起诉决定。其余包括易某、刘某、杨某、杜某等在内的犯罪嫌疑人，犯罪事实清楚，证据确实、充分，构成犯罪，应当追究刑事责任，于 2016 年 3 月 28 日向白云区人民检察院移送审查起诉。

（四）审判

法院在收到并审查检察院移送起诉的案件后，除涉及国家秘密或者个人隐私的案件不公开审理，涉及商业秘密的案件当事人申请不公开审理的案件，人民法院一般会公开审理。

1. 管辖

基层人民法院	中级人民法院	高级人民法院	最高人民法院
除依法由上级人民法院管辖的普通刑事案件	危害国家安全、恐怖活动案件；可能判处无期徒刑、死刑的案件；违法所得没收程序	全省（自治区、直辖市）性的重大刑事案件	全国性的重大刑事案件

2. 审理期限

人民法院审理公诉案件，应当在受理后 2 个月以内宣判，至迟不得超过 3 个月。对于可能判处死刑的案件或者附带民事诉讼的案件，以及有我国刑事诉讼法第 156 条规定的延长侦查期限情形的案件，经上一级人民法院批准，可以延长 3 个月；因特殊情况还需要延长的，报请最高人民法院批准。

3. 判决结果

法庭按照程序审理后，根据已有查明的事实、证据和有关的法律规定，作出相应判决：

案件事实清楚，证据确实、充分，依据法律认定被告人有罪的	应当作出有罪判决
依据法律认定被告人无罪的	应当作出无罪判决
证据不足，不能认定被告人有罪的	应当作出证据不足、指控的犯罪不能成立的无罪判决

4. 二审

二审法院接到上诉或抗诉后,可能开庭审理,也可能只是进行书面审理。其如果认为一审法院认定事实和适用法律正确的,维持原判;认为原审法院认定事实正确但适用法律错误的,撤销原判,直接改判;原审法院审判过程中违反程序的,撤销原判,发回重审。二审法院作出的判决是终审判决,一般情况下,刑事诉讼程序到此终结。

5. 简易程序

基层人民法院管辖的案件,同时符合下列条件的,可以适用简易程序审判:第一,案件事实清楚、证据充分的;第二,被告人承认自己所犯罪行,对指控的犯罪事实没有异议的;第三,被告人对适用简易程序没有异议的。

6. 本案实践

本案是一起普通的刑事案件,应由基层人民法院管辖,本案案件事实清楚、证据充分,且被告人均承认自己的罪行,庭审前就是否适用简易程序审理听取了各被告人的意见,各被告人均表示同意,符合适用简易程序的条件。2016 年 9 月白云区人民法院依法对本案采用简易程序公开开庭审理。

(五)执行

执行是指刑事执行机关执行发生法律效力的判决和裁定的活动。在我国,刑事执行的主体主要是人民法院、公安机关和监狱等。

执行机关	执行种类
人民法院	死刑立即执行、罚金、没收财产、无罪、免除刑罚
监狱	死刑缓期二年执行、无期徒刑、有期徒刑(余刑超 3 个月)
社区矫正机构	管制、宣告缓刑、假释或者暂予监外执行
公安机关	执行时余刑不足 3 个月的有期徒刑和拘役、剥夺政治权利

四、辩护律师技能

(一)辩护律师权利

犯罪嫌疑人自被侦查机关第一次讯问或者采取强制措施之日起,有权委托辩护人;在侦查期间,只能委托律师作为辩护人。因而辩护律师在刑事诉讼程序中扮演着重要的角色,发挥着重大的作用。辩护律师的责任是根据事实和法律,提出犯罪嫌疑人、被告人无罪、罪轻或者减轻、免除其刑事责任的材料和意见,维护犯罪嫌疑人、被告人的诉讼权利和其他合法权益。为保障辩护律师在刑事诉讼中充分发挥作用,履行职能,我国刑事诉讼法赋予了辩护律师多项权利,主要权利如下:

(1)独立辩护权;

(2)会见通信权;

(3)阅卷权;

(4)调查取证权;

(5)提出辩护意见权；

(6)参加法庭调查和法庭辩论权；

(7)经被告人同意，提出上诉的权利。

除此之外，辩护律师还享有代理申诉、控告，申请变更强制措施等权利，具体可学习我国《刑事诉讼法》第一编第四章有关辩护的规定。

(二)辩护律师应有的技能

作为一名辩护律师应有较深的法律理论功底和应用能力、快速的反应能力和法律分析能力、对于证据的分析和搜集能力、善于总结经验与教训的能力。在具体实践中应明确自己在刑事诉讼各程序中的作用，并针对具体案情开展相应的法律服务，积极行使自己享有的各项法律权利，切实保障当事人的合法利益。

(三)辩护词撰写

辩护人为了维护被告人的合法权益，根据事实和法律，提出证明被告人无罪、罪轻，或者减轻、免除刑事责任的证据和意见，称为辩护词。辩护词的撰写是辩护律师必备的职业技能，辩护词主要包括以下内容：

1. 序言部分

(1)标题：写“辩护词”或“关于×××(被告人)××(案由)一案的辩护词”。

(2)称呼：根据法庭组成人员情况确定，写“审判长、人民陪审员”，“审判长、审判员、人民陪审员”或者是“审判长、审判员”。

(3)说明自己的合法身份、任务及出庭前所进行的活动：根据委托情况，写明自己受谁委托、受谁指派、担任谁的辩护人、何案由、何任务等基本信息，并对出庭前做的会见、调查取证等庭前准备工作予以说明。

(4)表示对本案总的看法：针对起诉书、已有证据等，作出概括性的评论，说明对案情看法上存在的分歧，据以引出下文。

2. 理由部分

该部分应根据案件具体情况进行撰写，具体可以比照以下条目内容进行撰写：

(1)认定事实：①提出反证，否定被指控的全部或部分犯罪事实。凡起诉书或自诉状中所列写的事实不能成立，或不能完全成立时，应当首先从否定事实入手。②对证据不够确实、充分的，在提出充分理由加以论证的基础上，指出证据不足，事实不能认定。

(2)案件定性：如果对案件定性存在争议的应引证有关法律条款比照被告人的行为进行分析论证，指出控诉一方确实存在案件定性上的错误。

(3)犯罪情节：从犯罪情节等方面对被告人的犯罪行为进行分析，如果存在从轻、减轻或者免除处罚情节的，应根据具体情节和相关法律规定提出从轻、减轻、判处缓刑或者免除处罚情节的建议。

(4)因果关系：对于被告人犯罪确属客观原因起了决定性作用的，如被害人本身负有一定责任，多因一果，危害后果不是被告人的行为直接造成的，甚至是属于意外事件的等，都要予以提出,据理争辩,并适当提出量刑建议。

(5)被告人一贯表现和认罪态度:被告人在历史上如果一贯表现较好,认罪、悔罪态度较好,有退赃等情节的,可以提出量刑建议。

(6)案件影响:同类案件很少,社会危害性不大,案件结果产生的社会影响不严重,可据此提请法庭考虑从宽处理。

由于案件情况不同,撰写辩护词也不能一概而论,上述罗列的撰写要点必然存在不足,仍需在实践和学习中不断完善。撰写辩护词可适当动之以情,但是均应注意使用法言法语。撰写辩护词的水平可以间接反映出一个辩护律师对法律知识的运用能力和对法律精神的体会能力。

3. 结论部分

对辩护发言作出总结,引出结论。结论一般要对法庭提出明确、具体的建议。即建议法庭宣告被告人无罪或免除刑罚还是对被告人从轻、减轻处罚。

4. 署名

辩护词的最后,由辩护人署名,并写明年、月、日。

预期效果

学生能够掌握刑事责任年龄的区分、未成年人刑事诉讼程序、诈骗罪的定罪量刑、刑事诉讼程序等知识,能了解辩护律师在刑事诉讼中的权利,学会撰写辩护词。

教学计划及课堂安排

本案例可作为案例教学课进行讲授,整个案例可安排 6 个课时,每课时 45 分钟。

如下课堂设计,仅供参考。

1. 课前计划

安排学生阅读案例及相关法律法规,了解案件主体信息,分析案件主体责任能力等实体问题,熟悉整个案件过程,对案例中存在的法律问题进行思考。

2. 课中计划

第 1 课时:介绍教学目的,明确教学目标,分组对案件进行讨论,本节课并不对案件进行定性和作出任何结论。

第 2 课时:对本案是否构成诈骗罪进行分析,明确诈骗罪的定性标准。

第 3 课时:对本案存在的未成年人刑事责任年龄、刑事诉讼特别程序等进行分析研究,结合案例实际对相关知识点进行学习。

第 4 课时:分组讨论本案诉讼程序应当如何进行,不同小组担任不同主体进行讨论,可分为侦查机关、检察机关、法院、辩护人、被告人等不同角色小组。

第 5 课时:参照上节课的分组,通过模拟法庭的方式,模拟法庭审判程序。

第 6 课时:教师对整个案件进行分析,对本案涉及的程序、实体问题等作归纳总结。

3. 课后计划

结合案例内容和课堂教学内容，让学生完成思考题和实践题。鼓励学生到法院多旁听同类型案件，并与本案进行比较分析。

思考题和实践题

1. 本案中，若被告人易某出生年月日为 1998 年 11 月、1999 年 11 月，分别应该怎样对其定罪量刑？
2. 如果你是法官，根据本案中被告人诈骗金额及犯罪情节，结合案例中辩护律师提出的辩护意见，你将如何判决各被告人应承担的法律责任？
3. 本案中，若 6 月 13 日白云区公安分局补充侦查后，再次移送审查后，白云区人民检察院仍认为证据不充分，本案程序应该如何进行？
4. 若本案被告人杨某对判决不服，想要提起上诉，应当在什么时间内怎么做，又将产生什么样的结果？
5. 本案中辩护律师会见被告人时应携带哪些材料，办理何种手续？
6. 学习法律文书写作，撰写本案起诉意见、起诉书、判决书。
7. 撰写本案的辩护词。

（赵运锋，上海政法学院副教授）

民商事诉讼实务

15 CASE 苹果公司与智臻公司就“小 i 机器人”发明专利公开充分争议案

摘　要

本案例以一起真实的专利无效案件为蓝本，涉案一方当事人是行业巨头苹果公司，另一方是上海市科技企业智臻公司。本案涉及通信行业这一新兴技术领域专利文件的撰写、专利实质要件、技术创造性判断等各个环节，全面地涉及了专利文件、专利申请、专利无效等专利代理实务中的各方面问题。涉及知识点和执业技能内容包括专利代理人在撰写文件时如何处理充分公开与技术秘密之间的关系，专利代理人在从技术交底资料到专利文件撰写过程中如何处理公开充分、新颖性创造性等专利实质要件之间的关系。此外，还包括专利代理人如何在专利无效案件代理中准备证据、应对答辩、参加口头审理等环节。本案例涵盖专利无效阶段、专利行政诉讼阶段等多个知识产权代理环节，涉及多项专利实质要件的实体判断问题。本案例对于专利代理实务具有极大的学习和参考意义。

关键词

专利说明书公开充分　创造性　权利要求清楚支持　权利要求的必要技术特征　专利无效　专利无效行政诉讼

教学目标

着重让学生把握四方面内容：(1)通信技术行业专利文件撰写的公开充分问题；(2)专利文件公开充分与创造性的关系，专利文件公开充分与权利要求书清楚、支持之间的关系；(3)专利无效中证据收集与使用，专利无效口头审理中专利代理人的作用，专利行政诉讼中的程序、证据与实体问题；(4)专利行政诉讼与专利无效程序的异同，以及专利行政诉讼中应当注意的情况。

教学案例

一、案件背景

2004年8月13日,智臻公司提交专利申请,2009年7月22日获准授权。专利技术的初衷是提供一个具有人工智能的对话系统,让用户可以向机器人下达"命令"来查询信息、做游戏。以这项技术为基础,可以衍生出多种带有语音互动功能的所有产品,包括智能移动终端、智能穿戴设备、智能家居等。

2012年6月,上海智臻公司以苹果公司Siri技术涉嫌侵犯其智能语音系统"小i机器人"的专利权,向上海法院提起诉讼。苹果公司方面则向国家知识产权局专利复审委员会申请"小i机器人"的专利权无效。案件尚在进行之中。

从该案的争议过程来看,专利文件的撰写在专利争议中起到了基础的重要的作用。此类案件的技术纠纷凸显了我国科技实力的进步、专利代理专业程度的重要性,也显示了从技术文件到专利文件的过程中专业代理人的重要作用。

二、争讼概况

(一)涉案专利基本情况

专利号为200410053749.9,申请日为2004年8月13日,授权公告日为2009年7月22日,现专利权人为上海智臻网络科技有限公司。

本专利授权公告时的权利要求书内容如下:

1. 一种聊天机器人系统,至少包括:一个用户、一个聊天机器人,该聊天机器人拥有一个具有人工智能和信息服务功能的人工智能服务器及其对应的数据库,该聊天机器人还拥有通讯模块,所述的用户通过即时通讯平台或短信平台与聊天机器人进行各种对话,其特征在于,该聊天机器人还拥有查询服务器及其对应的数据库和游戏服务器,并且该聊天机器人设置有一个过滤器,以用来区分所述通讯模块接收到的用户语句是否为格式化语句或自然语言,并根据区分结果将该用户语句转发至相应的服务器,该相应的服务器包括人工智能服务器、查询服务器或游戏服务器。

2. 如权利要求1所述的聊天机器人系统,其特征在于,所述的用户包括使用短信平台的用户,该使用短信平台的用户根据与中国移动或中国联通签订的通信协议通过短信的方式与机器人进行各种对话。

3. 如权利要求1所述的聊天机器人系统,其特征在于,所述的聊天机器人设置有对话模块和查询模块;该对话模块和查询模块一端共同连接在过滤器上,以接收经过过滤器区分后的语句;另一端则连接在各自相对应的服务器上;对话模块连接的是人工智能服务器;查询模块连接的是查询服务器。

4. 如权利要求1所述的聊天机器人系统,其特征在于,所述的人工智能服务器对应的数据库为对话数据库,该数据库的数据来源由三部分组成:人工添加部分、对话过程中用户教话添加部分和网络学习添加部分。

5. 如权利要求4所述的聊天机器人系统,其特征在于,所述的对话数据库的数据来源中,采用了一种自我学习的方式,该数据库不仅可以通过聊天机器人与用户对话的过程进行自我学习,还可以通过英特网网络学习的方式,不断扩充自己的数据库信息。

6. 如权利要求1所述的聊天机器人系统,其特征在于,所述的查询服务器对应的数据库为信息数据库,该数据库的数据来源由三部分组成:自建信息库部分、与专业内容服务商合作部分和网络精确搜索部分。

7. 如权利要求6所述的聊天机器人系统,其特征在于,所述的信息数据库的数据来源中,采用了一种精确搜索功能,可以快速、精确地搜索到用户所需要的信息。

8. 如权利要求1所述的聊天机器人系统,其特征在于,所述的数据库还包括一个用户数据库,该数据库中记录了用户基本资料、访问记录、自定义菜单、用户定制信息,并可以随时添加新的用户数据资料。

9. 一种使用如权利要求1至8中任一项所述的聊天机器人系统与机器人聊天的方法,其特征在于,包括如下步骤:用户找到联机的聊天机器人,并通过即时通讯平台发送对话语句,即时通讯平台将该对话语句传送给与其相对应的通讯模块,通讯模块再将这种对话语句转送至过滤器,过滤器通过对该语句的判断后再转送至相应的服务器,该相应的服务器包括人工智能服务器、查询服务器或游戏服务器,该相应的服务器依据其相应的数据库对该对话进行答复后转通讯模块发送给用户。

10. 如权利要求9所述的方法,其特征在于,过滤器传送对话信息至查询服务器时,查询服务器对信息数据库访问有一个优先权级别顺序:查询服务器首先对信息数据库的自建信息库部分进行搜索,如果没有找到相应的数据,再访问与专业内容服务商合作的信息库部分,如果还是没有找到相应的数据,最后才使用网络精确搜索部分的信息库。

11. 如权利要求9所述的方法,其特征在于,所述的对话语句在数据流向上包括有如下步骤:用户找到联机的聊天机器人,并通过即时通讯平台发送对话语句;聊天机器人的通讯模块收到通讯模块发出的对话语句后转送到过滤器;过滤器判断该语句是否为格式化命令语句;若是,送查询模块,连接查询服务器和相应的信息数据库,获得返回结果后转通讯模块发送给用户;若否,送对话模块,首先试图转化为格式化命令语句,若转化成功,送回过滤器,若否,送对话系统,连接人工智能服务器和相应的对话数据库,取得回复语句以后转通讯模块发送给用户。

(二)无效请求人情况与理由

针对这一专利,苹果电脑贸易(上海)有限公司(以下简称请求人)于2012年11月19日向专利复审委员会提出了无效宣告请求。

请求人认为本专利不符合《专利法》第26条第3款(公开充分)的具体理由为:本专利实施例没有给出采用什么样的技术手段使得用户能够与聊天机器人系统做游戏,特别是没有记载如何利用游戏服务器5来实现所述的游戏功能,导致本领域技术人员根据本专利说明书记载的内容无法实现其所声称的游戏功能;本专利说明书未给出关于格式化语句和自然语句的准确定义,本领域技术人员不清楚何种输入语句为格式化语句,何种输入语句为自然语句;另外,本专利的说明书中仅仅给出了过滤器能够区分格式化语句和自然语句的构想,没有给出任何使得本领域技术人员能够具体实施的技术手段,本领域技术人员无法得知过滤器如何工作以区分上述两种语句;本专利实施例仅给出了对话数据库可以通过网络学习来扩充词汇的构想、精确搜索的构想和对话系统可以访问对话数据库并选择最合适的应答语句的构想,而没有给出任何使得本领域技术人员能够具体实施的技术手段。基于上述原因,本领域技术人员根据说明书不能实现权利要求1~11的技术方案。

请求人认为本专利不符合《专利法实施细则》第20条第1款规定的具体理由为:本专利权利要求1中限定的“相应的服务器”“格式化语句或自然语言”的含义不清楚,导致权利要求1的保护范围不确定,从属权利要求2~8未能克服权利要求1不清楚的缺陷;权利要求9记载的“对该语句的判断”的含义不清楚;基于与上述权利要求1的理由类似,权利要求9中限定的特征“相应的服务器”的含义也不清楚,导致权利要求9的保护范围不清楚,其从属权利要求10~11也未能克服权利要求9的不清楚的缺陷;权利要求11中限定的特征“格式化语句”的含义不清楚,导致权利要求11的保护范围不清楚。

请求人认为本专利不符合《专利法实施细则》第21条第2款规定的具体理由为:实现用户与聊天机器人系统的拟人化交互是本专利所要求解决的技术问题之一,而本专利说明书中记载的能通过三种方式不断扩充的对话数据库是解决“对话拟人化”这一技术问题所必不可少的技术特征,而本专利的独立权利要求1和9并未记载;独立权利要求1缺少如何将答复返回给用户的关于“交互式对话的”相关技术特征,独立权利要求1的从属权利要求2~8也未能克服权利要求1的上述缺陷,独立权利要求9的从属权利要求10~11也未能克服权利要求9的上述缺陷。

请求人认为本专利不符合《专利法》第26条第4款规定的具体理由为:本专利的权利要求1和9的技术方案包含用户语句在经过滤器的判断后会被转发至游戏服务器的情形,而本专利的说明书中记载的是过滤器根据用户输入的语句分别将其转发至查询服务器和人工智能服务器,没有用户语句在经过滤器的判断后会被转发至游戏服务器的情形,因此,权利要求1和9所请求保护的技术方案与本专利说明书中的记载不一致,从属权利要求2~8和从属权利要求10~11也未能克服权利要求1和9的上述缺陷;权利要求1和9中记载了过滤器可以通过任何方式将用户语句转发至相应的服务器的技术方案,而本专利说明书中仅公开了过滤器通过查询模块和对话模块转发用户语句至相应的服务器的具体形式,本领域技术人员无法构想除经查询模块和对话模块之外的其他形式也可以实现过滤器与各服务器之间的交互,因此，权利要求 1 和 9 中关于过滤器的上位概括不适当，从属权利要求 2、4～8、10 均未能克服上述缺陷；权利要求 1 和 9 中记载了人工智能服务器及其对应数据库可以由任何人工智能服务器和任何数据库实现的技术方案，而本专利说明书仅记载了可以通过人工添加、与用户对话过程中学习、网络学习进行扩充的对话数据库，并非任何人工智能服务器和数据库都能够解决上述聊天机器人系统"拟人化交互"的问题，并达到相同的技术效果，因此，本领域的技术人员不能够从本专利说明书充分公开的内容中得到或概括得出本专利权利要求 1 和 9 中人工智能服务器及其对应数据库的这种上位概括，从属权利要求 2～8、10、11 也未能克服上述缺陷；权利要求 9 中记载的"用户找到联机的聊天机器人"得不到说明书的支持，在本专利说明书中并未记载用户搜索并确定想要进一步交互的聊天机器人的步骤，从属权利要求 10～11 也未能克服上述缺陷；权利要求 10 中记载的"查询服务器对信息数据库访问有一个优先权级别顺序：查询服务器首先对信息数据库的自建信息库部分进行搜索，如果没有找到相应的数据，再访问与专业内容服务商合作的信息库部分，如果还是没有找到相应的数据，最后才使用网络精确搜索部分的信息库"得不到说明书的支持，在本专利说明书中并未记载查询服务器按照自建信息库部分、与专业内容服务商合作部分以及网络精确搜索部分的优先顺序依次搜索；根据权利要求 11 中的记载，在过滤器判定某一用户输入语句为格式化命令语句时，该语句被转送给查询模块，通过与查询服务器和对应的信息数据库连接，获得返回结果经通讯模块返回给用户，而本专利说明书中并未记载，语句在被转送给查询模块后，通过与查询服务器和对应的信息数据库连接，获得返回结果经通讯模块返回给用户。因此，权利要求 11 所请求保护的技术方案得不到说明书的支持。

请求人认为本专利不符合新颖性、创造性具体理由为：权利要求 1 中的全部技术特征均已在附件 1 中被公开，因此本专利的权利要求 1 相对于附件 1 不具备新颖性，在其不具备新颖性的情况下，权利要求 1 也不具备创造性；附件 2 公开了权利要求 1 的技术特征"所述的用户通过短信平台与聊天机器人进行各种对话"，权利要求 1 的技术方案与附件 1 和附件 2 的结合相比不具备创造性；权利要求 2 的附加特征已被附件 2 所公开，并且其中限定的"该使用短信平台的用户根据与中国移动或中国联通签订的通信协议通过短信的方式与机器人进行各种对话"是本领域技术人员的公知常识，因此权利要求 2 相对于附件 1 和附件 2 的结合不具备创造性；权利要求 3、6～8 的附加技术特征被附件 1 公开，因此在其引用的权利要求 1 不具备新颖性和创造性的情况下，本专利的权利要求 3、6～8 也不具备新颖性和创造性；权利要求 4、5 的附加技术特征被附件 1 或附件 3 公开，因此在其引用的权利要求不具备新颖性和创造性的情况下，权利要求 4、5 也不具备新颖性和创造性；权利要求 9 中的全部技术特征均已在附件 1 中被公开，因此本专利权利要求 9 相对于附件 1 不具备新颖性，在其不具备新颖性的情况下，权利要求 9 也不具备创造性；附件 3 公开了权利要求 10 的附加技术特征，另外权利要求 10 请求保护的按照优先级顺序依次访问上述数据部分是本领域的惯用手段，本领域技术人员在附件 1 的基础上很容易想到设置对各数据库部分的不同优先级，因此，权利要求 10 的技术方案与附件 1 和本领域公知常识的结合相比不具备创造性，权利要求 10 相对于附件1和附件3的结合也不具备创造性;本专利权利要求11中的全部技术特征均已在附件1中公开,因此权利要求11不具备新颖性,在其不具备新颖性的情况下,权利要求11也不具备创造性。

另外,请求人在案件口头审理当庭就本专利说明书公开是否充分补充如下理由:(1)用户数据库公开不充分,说明书中没有描述该用户数据库与其他组成部件的交互,如何使用户数据库达到拟人化;(2)转化为格式化语句公开不充分,说明书中没有记载如何将自然语言尝试转化成格式化语句,即说明书中没有给出具体的实施手段。

专利权人提交了反证。

三、专利复审委员会对相关问题的判断

经过两次口头审理,专利复审委员会认定:

(一)关于专利说明书公开充分问题

1. 针对请求人提出的本专利实施例没有给出如何利用游戏服务器5来实现游戏功能的无效理由,合议组认为,本领域技术人员根据说明书的上述记载能够实现本发明利用聊天机器人系统的游戏服务器互动游戏的功能。

2. 关于如何理解格式化语句和自然语句以及过滤器如何区分格式化语句和自然语句,合议组认为对于本领域技术人员来说,格式化语句和自然语言的含义是清楚的。本领域技术人员在清楚地了解格式化语句和自然语言的语言形式的情况下,根据说明书中给出的实施例完全可以设置出能够区分格式化语句和自然语言的过滤器。

3. 本领域技术人员根据说明书公开的内容,可以利用现有技术方法对输入语言进行处理和分析,并和对话数据库中的对话进行语义匹配,找到最为匹配的回答作为机器人的回答发送给用户以实现人机交互。

(二)关于《专利法实施细则》第20条第1款权利要求应该清楚的法律适用

1. 对于请求人提出的本专利权利要求1不清楚的理由,合议组认为,格式化语句是格式化的命令语句的简称,本领域技术人员根据所掌握的知识可以理解,因此对于本领域技术人员来说,格式化语句和自然语言的含义也是清楚的。请求人主张的权利要求1不符合《专利法实施细则》第20条第1款的规定的理由不能成立,相应地,引用权利要求1的从属权利要求2~8也符合《专利法实施细则》第20条第1款的规定。

2. 对于请求人提出的本专利权利要求9不清楚的理由,合议组认为,本领域技术人员根据权利要求书的上下文记载可以清楚地确定,该语句是指"用户对话语句",过滤器是对用户通过即时通讯平台发送的对话语句进行判断;不会导致权利要求1的保护范围不清楚。本领域技术人员根据权利要求9的上下文及对权利要求9整体技术方案的理解,请求人主张的权利要求9的保护范围不清楚的理由不能成立,引用权利要求9的从属权利要求10~11也符合

《专利法实施细则》第 20 条第 1 款的规定。

3. 对于权利要求 11 中的“格式化命令语句”，如上所述，本领域技术人员根据该权利要求的上下文及对权利要求整体技术方案可以理解，其在权利要求 11 中的含义是清楚的，不会导致权利要求 11 保护范围的不确定。

(三)关于《专利法实施细则》第 21 条第 2 款权利要求中必要技术特征问题

1. 为实现发明目的，本专利权利要求 1 中记载了一系列特征，如说明书所述，通讯模块用来接收来自于各种方式的用户语句和给用户回话，即即时通讯平台或短信平台与通讯模块保证了交互式对话的实现。因此权利要求 1 并不缺少解决发明所要解决的技术问题的必要技术特征。

2. 具有人工智能和信息服务功能的人工智能服务器及其对应的数据库则是使得到拟人化的对话的发明目的得以实现的技术特征，因此请求人主张的本专利权利要求 9 中缺少解决发明所要解决的技术问题的必要技术特征的理由同样不能成立。

(四)关于《专利法》第 26 条第 4 款权利要求与说明书的关系

《专利法》第 26 条第 4 款对于权利要求书应当得到说明书支持的要求并不是指权利要求书一定要在形式上得到说明书的支持，而是指权利要求书要在实质上得到说明书公开内容的支持。

1. 对于请求人提出的权利要求 1 和 9 中关于游戏服务器的记载与说明书不一致，合议组认为，本领域技术人员根据说明书记载的内容可以得出权利要求 1 和 9 中的经过滤器判断后送到游戏服务器的实施方案，权利要求 1 和 9 中有关“游戏服务器”的特征能够得到说明书的实质支持。

2. 对于请求人主张的过滤器的上位概括不适当的理由，本领域技术人员根据说明书公开的经过查询模块、对话模块的实施例，根据过滤器判断结果的需要，可以得到经查询模块、对话模块之外的其他需要模块的实施例，因此权利要求 1 和 9 中对“过滤器”的限定不存在得不到说明书支持的问题。

3. 对于权利要求 1 和 9 中的“人工智能服务器及其对应数据库”不支持的无效理由，合议组认为，权利要求以简明、概括的语言表述请求保护的范围，技术方案的具体内容则由说明书及附图来阐述，对于权利要求中的简明和概括语言的理解要依据说明书及附图的解释功能，并非所有的权利要求中的术语都是上位概括。根据本专利说明书第 3 页最后 1 行至第 4 页第 7 行的记载可知，权利要求 1 和 9 中的“人工智能服务器的对应数据库”即为实施例中的对话数据库，两者之间不是上位概念与具体概念的关系。

4. 虽然在本专利说明书中并未记载用户搜索并确定想要进一步交互的聊天机器人的步骤，但是根据说明书背景技术的记载可知，聊天机器人是基于即时通讯平台的计算机处理系统，因此，用户完全可以使用即时通讯平台找到聊天机器人，权利要求 9 中记载的“用户找到联机的聊天机器人”能够得到说明书的实质支持。同理,权利要求10的记载也能得到说明书的支持。虽然本专利说明书中并未具体表述,语句在被转送给查询模块后,通过与查询服务器和对应的信息数据库连接,获得返回结果经通讯模块返回给用户,但是本领域技术人员根据说明书中的记载可以明确得到上述内容,因此记载有上述内容的权利要求11的技术方案能够得到说明书的支持。

(五)关于新颖性、创造性

本专利权利要求1请求保护一种聊天机器人系统,至少包括:一个用户、一个聊天机器人,该聊天机器人拥有一个具有人工智能和信息服务功能的人工智能服务器及其对应的数据库,该聊天机器人还拥有通讯模块,所述的用户通过即时通讯平台或短信平台与聊天机器人进行各种对话,其特征在于,该聊天机器人还拥有查询服务器及其对应的数据库和游戏服务器,并且该聊天机器人设置有一个过滤器,以用来区分所述通讯模块接收到的用户语句是否为格式化语句或自然语言,并根据区分结果将该用户语句转发至相应的服务器,该相应的服务器包括人工智能服务器、查询服务器或游戏服务器。

附件1没有公开本专利权利要求1的过滤器及其相关功能,也不存在得出过滤器及其相关功能的启示。而本专利权利要求1由于上述区别技术特征的存在,使其相对于附件1具有更加显著的技术进步,过滤器区分格式化语言与自然语言,通过人工智能服务器的辨识和语法分析功能及其对应数据库的扩充维护功能,使对自然语言的处理更加智能化,即达到更好的智能聊天的效果。因此权利要求1相对于附件1具备《专利法》第22条第2款、第3款规定的新颖性和创造性,在此基础上,权利要求3~8也相对于附件1具备《专利法》第22条第2款、第3款规定的新颖性和创造性。

附件2涉及一种报警装置,其中公开了一种GSM短信远程报警器,用来解决现有报警装置无法对采集的信息进行人机互换的缺陷。附件2仅公开了能够通过短信平台进行通信,并没有公开本专利权利要求1中的特征“该聊天机器人设置有一个过滤器,以用来区分所述通讯模块接收到的用户语句是否为格式化语句或自然语言,并根据区分结果将该用户语句转发至相应的服务器,该相应的服务器包括人工智能服务器、查询服务器或游戏服务器”。因此权利要求1相对于附件1和附件2的结合具备《专利法》第22条第3款规定的创造性,在此基础上,权利要求2~8也相对于附件1和附件2的结合具备《专利法》第22条第3款规定的创造性。

附件3也没有公开本专利权利要求1中的特征“该聊天机器人设置有一个过滤器,以用来区分所述通讯模块接收到的用户语句是否为格式化语句或自然语言,并根据区分结果将该用户语句转发至相应的服务器,该相应的服务器包括人工智能服务器、查询服务器或游戏服务器”。因此权利要求4、5相对于附件1和附件3的结合、权利要求4、5相对于附件1和附件2以及附件3的结合均具备《专利法》第22条第3款规定的创造性。

附件1至少没有公开权利要求9请求保护的技术方案中的“通讯模块再将这种对话语句

转送至过滤器，过滤器通过对该语句的判断后再转送至相应的服务器，该相应的服务器包括人工智能服务器、查询服务器或游戏服务器”，且上述区别技术特征相对于附件1能为权利要求9的技术方案带来显著的进步，因此权利要求9相对于附件1具备《专利法》第22条第2款、第3款规定的新颖性和创造性，其从属权利要求11也相对于附件1具备新颖性和创造性。

附件3也没有公开过滤器，即附件3也没有公开上述区别特征，此外，也没有证据表明上述区别特征属于本领域的公知常识，因此权利要求9相对于附件1和公知常识的结合、附件1和附件3的结合具备《专利法》第22条第3款规定的创造性。

四、后续行政诉讼引发的进一步争议

在针对这一决定的一审行政诉讼程序中，一审判决认为，“权利要求1中限定的游戏服务器，本领域技术人员运用其普通技术知识可以明了游戏服务器主要涉及提供服务的内容，需要对用户语句进行语言分析才能判断其是否与游戏功能相关，因此聊天机器人系统必然对用户语句进行语言分析，将语言分析后与游戏相关的内容发送至游戏服务器，这也是本领域技术人员根据其普通技术知识能够实现的……”除了关注本领域普通技术人员这一认知标准外；一审判决还认为，在公开充分条款的适用中，应区分发明的基本功能和附加功能。只有说明书记载的内容无法满足基本功能的公开程度，才会导致专利无效，而对于附加功能是否满足，则并非该条款规制的内容。

二审判决在这一问题上，持相反观点。本案二审中，二审法院特别查明了在本专利得以授权的实质审查过程中，专利申请人智臻公司的意见陈述，在该意见陈述中智臻公司认为本专利权利要求1相对于现有技术文件JP特开2000－339314A的区别在于“查询服务器”和“游戏服务器”，这两个特征使得该权利要求具备创造性。基于上述认定，二审判决认为：“……如何实现游戏功能是实现本专利必不可少的技术特征。然而，说明书仅仅记载了具有一个游戏服务器以及提到实现互动游戏的设想，而对于游戏服务器与聊天机器人的其他部件如何连接，例如，对什么样的用户输入的什么内容传送到游戏服务器以及如何将用户的指令传送到游戏服务器中，完全没有记载……”二审法院认为本专利说明书中所记载的内容仅指出了，“如果用户输入的是和游戏相关的语句，即使其能够由过滤器分析处理，其也只是被过滤器判断为自然语句或格式化语句，而送到人工智能服务器3或查询服务器4中，而根本不可能送到游戏服务器5中……”二审法院总结公开充分条款的适用时，认为“……判断说明书是否充分公开的依据在于本领域技术人员根据说明书的记载能够确定的内容，即说明书记载的信息量应当足够充分，或者至少应当提供足够明确的指引，以促使本领域技术人员据此获知相关的现有技术来具体实现本专利的技术方案。而原审判决却认为只要本领域技术人员可以实现的内容就属于公开充分，而不考虑这些内容是否已经在说明书中被教导、记载或指引，这显然不符合《专利法》第26条第3款的立法本意……”

教学手册

教学对象及目标

本案例供法律硕士知识产权方向案例教学使用,知识产权法学硕士、法学本科(大四)也可以参酌试用。

本案例主要就专利文件公开充分的判断展开,具体围绕讨论的问题包括:(1)通信行业作为新兴的特殊技术领域,专利说明书公开充分判断的标准和考虑因素有哪些;(2)专利公开充分制度的理论与实践意义;(3)专利充分公开制度的判断步骤和判断标准包括哪些主客观因素;(4)专利说明书公开充分判断与创造性、新颖性等其他专利实质要件之间的逻辑关系;(5)专利无效程序中的证据运用、举证期限与口头审理的思路与步骤;(6)专利行政诉讼中的证据与理由的组织。

教学内容

1. 专利说明书公开充分判断的要素包括哪些?

早期专利制度中,文件公开制度并不完善或者说并无强制性专利文件披露要求。但是,目前专利制度体系中对说明书设立了相当严格的规范,尽管各国法律表述并不完全相同,但基本意思均在于要求发明人或申请人对主张要求享有垄断权的技术内容进行充分披露,用以保证授权的发明必须记载了足够的信息。这一制度在我国《专利法》中的表述为"说明书应当对发明或者实用新型作出清楚、完整的说明,以所属领域的技术人员能够实现为准"。

专利文件本身必然存在很大的客观局限性。当具体案件中面对不可避免的文字表达缺陷,如何恰当衡量文字表达与技术思想之实质关联、确定对说明书要求的合理尺度,应从以下角度考虑:

(1)公开制度之本质要求是发明人以公开换取对特定技术方案的专有,所以要求说明书对于权利要求书要求保护的技术方案进行"充分"完整的披露,需要使本领域技术人员能够实现的是要求保护的技术方案;而至于申请人意愿披露其他的技术方案或者技术信息而不在权利要求中予以保护,对于与权利要求无关的技术信息是否充分披露,与这一制度的判断无关。

(2)公开充分的判断建立在综合认识发明的基础上。专利说明书公开充分,并不是单纯指说明书中的实施例能够被简单再现,而是指对于本领域技术人员而言,能够通过说明书记载的内容,重复该技术方案、解决要解决的技术问题、达到相应的技术效果、完成发明目的。

(3)按照我国《专利法》及审查指南规定,权利要求是一个完整的技术方案,自多余指定原则被废止后,无论是侵权程序中还是授权确权程序中,都应将权利要求中的所有技术特征作为一个整体来理解。因此,在说明书公开充分的判断中也不能任意去除某些技术特征。与此相关的是：一份专利说明书可能描述了多个技术方案、多种技术效果，权利要求所限定的这个技术方案可能只能实现了部分，在这种情形下，公开充分条款应则无须要求某一权利要求实现所有说明书中声称的技术效果，只要其能实现基本的技术效果即可；至于申请人所声称的其他技术效果，是在将这一技术方案与现有技术进行比较判断有无“显著的进步”时需要考虑的因素。

（4）公开充分这一条款的个案适用中，实质在于对说明书记载之内容基于何种知识水平进行阅读，并衡量所获得的技术信息量。公开充分条款下争议的实质在于作为拟制的判断标准“本领域技术人员”在个案中如何被判断者确定，以及需要考虑哪些因素确定发明人的信息披露已经完成其义务，即一是说明书披露信息程度的客观标准；二是作为拟制标准的本领域技术人员知识水平与认知能力在具体案件事实中的实现。

2. 公开充分条款与其他条款之间的逻辑关系如何？

《专利法》确定的专利知识要件之间，具有强大的内在逻辑关系，各个条款之间有互相配合、协调一致的需求和特点：

（1）公开充分是判断新颖性、创造性的基础

新颖性、创造性要求专利技术方案相对于现有技术具有突出的实质性特点和显著的进步；公开充分条款要求发明人将自己的技术予以充分披露。

（2）公开充分与权利要求完整、得到说明书的支持相互配合

针对发明目的以及相应的技术效果和预期解决的技术问题来说，撰写形成的权利要求书必须完整，能够涵盖解决预期技术问题的全部必要技术特征；同时，也必须得到说明书的支持，不能由于概括过宽而超出说明书记载的范围。

综合来看，对权利要求不能缺少必要技术特征、不能概括过宽范围的要求，必须立足于说明书充分公开的内容，说明书记载的信息制约了权利要求书的撰写和概括范围。

3. 专利代理人在撰写专利申请文件时的注意事项

现代专利制度是一个完整复杂的体系，形成了一整套撰写规则以保证专利文件形成格式化的文件体系。基本的注意事项包括：

（1）注意界定技术秘密与公开充分之关系；专利代理人在进行专业撰写时需要明确必须公开的技术内容，以防止由于达不到公开充分的要求而致使无法获得授权或者专利被无效。

（2）在专利文件撰写过程中，要注意对现有技术的检索和分析；要针对交底材料的技术内容进行充分检索和分析，厘定发明的发明点，在确保达到公开充分要求的基础上，一方面合理公开技术内容，另一方面也要最大化程度确保专利文件的授权。

4. 专利代理人在专利无效程序中的作用

专利无效宣告程序不同于普通的民事诉讼，有着自己的程序特点和审理特点，具有较强的专业性。在无效宣告程序中，专利代理人有诸多需要注意的地方：

（1）专利无效程序中的证据使用与无效请求书的撰写；专利无效请求书必须按照要求详细说明对涉案专利认为不符合专利法规定的理由；同时必须结合相关证据作出具体说明，未

作出具体说明的证据和未详细分析的理由,会被视为未提出相关内容。

(2)专利无效程序的举证期限,一般为 1 个月,对于公知常识类证据,可在口头审理结束前提出。

(3)专利无效宣告程序中的反证的提交和意见陈述撰写,对于专利权人而言,在专利无效程序中要积极、充分地提交反证和意见陈述。此外,专利权人还需要认真研究对方证据和理由,分析是否需要对授权文件的权利要求进行修改。

5. 在专利申请、实质审查、专利无效、行政诉讼过程中如何掌握本领域技术人员这一判断标准?

说明书公开充分的判断,在个案中,实质上离不开主观标准的确定。各国的审查实践中对于这一抽象标准的拟制注意到应衡量和确定其所掌握的知识范围、信息来源以及其具备的分析与运用能力,以此试图给实际判断者在论证内心结论的判断过程中以可模拟之主观对象。而基于案件事实往往是全新领域的复杂技术,实际的裁判主体需要对技术事实理解之后并以之为基础进行分析和技术推理,进而完成技术预测与技术判断;在此过程中,必须依赖与日常生活相去甚远的技术经验和具备强大的技术学习与认知能力。

针对上述问题,目前主要有两种解决路径,一是增加判断主体的技术理解能力,例如,各国审查机构的审查员均要求相关技术学科背景,并在实际工作中要求审查之案件与其学科背景密切相关。再如,司法中的技术调查官制度,采用技术法官或者具有技术背景同时满足法律任职资格的法官,这些均是使得裁判主体本身具备理解技术事实以及进行相应判断的能力。二是采用专家证人制度或采用鉴定方式,将案件所涉技术事实按照查明事实的方式予以证明,并将相关问题归纳后诉诸行业专家或鉴定机构,从而辅助裁判者理解或得出可资引用之阶段结论。

充分公开条款下如何最大合理化实现"本领域技术人员",可从以下角度认识:首先,本领域技术人员的知识水平范围,是公开充分这一条款下当事人可以举证之范围,也是判断机关可以查明之事实范围。这一范围各个国家的规定不同,代表各国家不同的立法政策倾向。这一步骤应该是客观化的证据证明过程,而非简单基于当事人陈述或实际判断者的经验进行认定。其次,对于本领域技术人员认知能力的确定,这一因素决定了判断者可以运用的技术推理能力程度。尽管是判断主体可以依据根据其自身技术经验在具体案件中基于其理解进行预测或估计,但是基于专利案件技术判断之复杂、个体知识之局限导致的推理局限与误差,应更多借助事实鉴定和专家证人方式,弥补判断者能力不足,并消除当事人基于其立场而刻意带来的技术曲解。在这一过程中不仅事实判断应借助证据证明或查明,对技术经验和相关推理分析能力的确定也应借助专家证言或鉴定才能得出更客观的合理化结论。

课堂时间安排

本案例可以作为制度教学和案例教学相结合的课程来进行,整个案例课的课堂安排 8 个课时,每课时 45 分钟。

如下课堂设计,仅供参考。

1. 课前计划:安排学生阅读案例及相关参考资料,对案例所涉及问题进行思考,自行编写思考题的答案,并根据情况熟悉案情,准备课上模拟实践互动。

2. 课中计划:介绍教学目的,讲解专利充分公开制度,以及围绕专利说明书充分公开的判断与其他专利实质要件的逻辑关系展开,进行知识讲解;分组讨论,由各组回答思考题进行讨论,扩展到其他相关案例和情况中去进行分析总结,讨论并准备实践模拟环节;小组代表提出各自的观点和讨论成果,小组之间进行讨论和点评;分小组模拟发明人、无效请求人、专利代理人、合议组等,进行实践环节的模拟讨论;教师进行点评、总结。

3. 课后计划:布置学生进一步思考专利无效程序与专利实质审查程序的异同,以及在两种程序中如何最大化发挥专利代理人的作用。

思考题和实践题

思考题

1. 结合本案,检索类似专利授权文件或专利申请公开文件,总结通信技术领域专利文件撰写中常见的问题、缺陷。
2. 结合本案,总结通信技术领域中中公开充分的判断要点。
3. 结合本案,检索国内外类似技术领域中的专利申请公开文件和授权文件,总结国内外专利代理人在撰写中的差异。
4. 根据我国《专利审查指南》的相关规定,分析本案中,充分公开判断与新颖性、创造性判断的关系。
5. 根据我国《专利审查指南》的相关规定,分析本案中,充分公开判断与权利要求得到说明书支持判断的关系。
6. 根据我国《专利审查指南》的相关规定,分析本案中,权利要求清楚与权利要求得到说明书支持判断的关系。
7. 根据我国《专利审查指南》的相关规定,分析本案中,权利要求不能缺少必要技术特征与权利要求得到说明书支持判断的关系。
8. 检索相关无效案例,结合本案,分析专利无效宣告程序中的举证期限问题。
9. 结合本案,分析专利无效宣告程序、专利无效宣告行政诉讼程序之间的差异。
10. 假设你是专利代理人,苹果公司收到侵权应诉通知书,请帮助你的客户分析案情并给出解决方案。
11. 假设你是专利权人的专利代理人,专利权人欲启动侵权诉讼,请帮助专利权人提出你能想到的解决方案并分析各种方案的利弊。

实践题

1. 模拟专利代理人,从技术交底材料,撰写专利申请文件。
2. 模拟审查员,针对专利申请文件撰写《审查意见通知书》。
3. 模拟无效宣告请求人及其专利代理人,撰写无效宣告请求书,检索证据文件和分析无效理由。
4. 针对无效请求,模拟专利权人,撰写专利权人的意见陈述。
5. 根据请求人、专利权人的各项理由,模拟专利复审委员会合议组,分析本案专利的有效性问题。
6. 根据专利权人专利以及被告苹果公司的产品,分析苹果公司是否侵权,以及苹果公司在无效程序中应采用何种策略才能最大化获取对其有利的结果。

7. 根据整个无效案件的情况,模拟作为无效请求人委托的专利代理人,在收到专利复审委员会的无效决定后,撰写行政起诉状。

8. 根据整个无效案件的情况,模拟作为专利权人委托的专利代理人及专利复审委员会的审查员,在收到行政起诉状后,撰写答辩状。

9. 根据整个无效案件的情况,模拟审理此行政诉讼案件的法官,面对起诉状、答辩状以及无效决定等资料,给出如何组织庭审、如何调查相关技术事实等专业问题的可能方案。

参考文献

1. 竹中俊子主编:《专利法律与理论——当代研究指南》,知识产权出版社 2013 年版。
2. 黄清明:《专利审查指南》,知识产权出版社 2010 年版。
3. [美]Martin J. Adelman, Randall R. Rader, Gordon P. Klancnik:《美国专利法》,郑胜利、刘江彬译,知识产权出版社 2010 年版。
4. [美]罗杰·谢科特、约翰·托马斯:《专利法原理》,余仲儒组织编译,知识产权出版社 2016 年版。
5. 中国人民大学知识产权教学与研究中心:《十二国专利法》,《十二国专利法》翻译组译,清华大学出版社 2013 年版。
6. 万琦:《说明书公开的若干问题研究——以小 i 机器人案为基础》,载《知识产权》2015 年第 5 期。
7. 《欧洲专利局审查指南 F 部分》第三章第 1 节,http://documents.epo.org/projects/babylon/eponet.nsf/0/A62ECC3718E570B3C1257EF100351F38/$File/guidelines_for_examination_part_f_en.pdf,2016 年 2 月 20 日最后访问。
8. 《欧洲专利局审查指南 G 部分》第七章第 3 节,http://documents.epo.org/projects/babylon/eponet.nsf/0/A62ECC3718E570B3C1257EF100351F38/$File/guidelines_for_examination_part_g_en.pdf,2016 年 2 月 20 日最后访问。
9. 《日本专利审查指南》第Ⅱ部分第一章第 1 部分第 2 节,http://www.jpo.go.jp/tetuzuki_e/t_tokkyo_e/files_guidelines_e/02_0101_e.pdf,2016 年 2 月 20 日最后访问。
10. 《日本专利审查指南》第Ⅱ部分第一章第 1 节,http://www.jpo.go.jp/tetuzuki_e/t_tokkyo_e/files_guidelines_e/02_0101_e.pdf,2016 年 2 月 20 日最后访问。
11. 《日本专利审查指南》第Ⅲ部分第二章第 2 节,http://www.jpo.go.jp/tetuzuki_e/t_tokkyo_e/files_guidelines_e/03_0202_e.pdf,2016 年 2 月 20 日最后访问。

(唐春,华东政法大学知识产权学院副教授;

郭鹏鹏,华东政法大学知识产权学院博士研究生/兼职教师)

16 CASE 光大证券股份有限公司与秦帅章期货内幕交易责任纠纷案

摘　要

本案例以我国首例判决内幕交易民事诉讼中原告获胜的案件为蓝本，对于内幕交易民事责任中的构成要件和损害赔偿等进行详细的研讨。主要包括内幕信息的界定、内幕信息已经公开的认定、内幕交易行为人的主观过错、内幕交易民事责任构成中因果关系认定、被告的抗辩事由、适格的原告和损失计算的方法等。

关键词

内幕信息　主观过错　因果关系　抗辩事由　善意反向交易方　损失计算

教学目标

使学生比较全面地了解禁止内幕交易的理由及其面临的挑战；使学生了解内幕交易民事责任的构成要件；使学生了解内幕交易民事责任的损失计算方法。

教学案例

一、法院确认的案件事实

(一)中国证券监督管理委员会(以下简称中国证监会)对光大证券公司内幕交易行为的行政处罚决定

中国证监会在[2013]59号行政处罚决定书中认定:2013年8月16日(以下简称当日)11时5分,光大证券公司在进行交易型开放式指数基金(以下简称ETF)申赎套利交易时,因程序错误,其所使用的策略交易系统以234亿元的巨量资金申购180ETF成分股,实际成交人民币72.7亿元(以下币种同)。经测算,180ETF与沪深300指数在2013年1月4日至8月21日的相关系数达99.82%,即巨量申购和成交180ETF成分股对沪深300指数,180ETF、50ETF和股指期货合约价格均产生重大影响。同时,巨量申购和成交可能对投资者判断产生重大影响,从而对沪深300指数,180ETF、50ETF和股指期货合约价格产生重大影响。根据《证券法》第75条第2款第8项[1]和《期货交易管理条例》第82条第11项[2]的规定,"光大证券公司在进行ETF套利交易时,因程序错误,其所使用的策略交易系统以234亿元的巨量资金申购180ETF成分股,实际成交72.7亿元"为内幕信息。光大证券公司是《证券法》第202条和《期货交易管理条例》第70条所规定的内幕信息知情人。上述内幕信息自当日11时5分交易时产生,至当日14时22分光大证券公司发布公告时公开。

同日不晚于11时40分,徐浩明召集杨赤忠、沈诗光和杨剑波开会,达成通过做空股指期货、卖出ETF对冲风险的意见,并让杨剑波负责实施。因此,光大证券公司知悉内幕信息的时间不晚于当日11时40分。

当日13时,光大证券公司称因重大事项停牌。当日14时22分,光大证券公司发布公告,称"公司策略投资部自营业务在使用其独立套利系统时出现问题"。但在当日13时开市后,光大证券公司即通过卖空股指期货、卖出ETF对冲风险,至14时22分,卖出股指期货空头合约IF1309、IF1312共计6240张,合约价值43.8亿元,获利74143471.45元;卖出180ETF共计2.63亿份,价值1.35亿元,卖出50ETF共计6.89亿份,价值12.8亿元,合计规避损失13070806.63元。

光大证券公司在内幕信息公开前将所持股票转换为ETF卖出和卖出股指期货空头合约

---

〔1〕 本项规定为,"证券交易活动中,涉及公司的经营、财务或者对该公司证券的市场价格有重大影响的尚未公开的信息,为内幕信息。下列信息皆属内幕信息:……(8)国务院证券监督管理机构认定的对证券交易价格有显著影响的其他重要信息"。

〔2〕 本项规定为,"内幕信息,是指可能对期货交易价格产生重大影响的尚未公开的信息,包括:国务院期货监督管理机构以及其他相关部门制定的对期货交易价格可能发生重大影响的政策,期货交易所作出的可能对期货交易价格发生重大影响的决定,期货交易所会员、客户的资金和交易动向以及国务院期货监督管理机构认定的对期货交易价格有显著影响的其他重要信息"。

的交易，构成《证券法》第202条和《期货交易管理条例》第70条所述内幕交易行为。徐浩明为直接负责的主管人员，杨赤忠、沈诗光、杨剑波为其他直接责任人员。

对于上述事实，中国证监会认为：光大证券公司因程序错误申购，可能影响投资者判断，对沪深300指数，180ETF、50ETF和股指期货合约价格均可能产生重大影响，同时这一信息在一段时间内处于未公布状态，符合内幕信息特征。中国证监会据此依法认定其为内幕信息。光大证券公司自身就是信息产生的主体，对内幕信息知情。按照光大证券公司《策略投资部业务管理制度》的规定和策略投资的原理，光大证券公司可以进行正常的对冲交易，但是光大证券公司决策层了解相关事件的重大性之后，在没有向社会公开之前进行的交易，并非针对可能遇到的风险进行一般对冲交易的既定安排，而是利用内幕信息进行的交易。此时公司具有进行内幕交易的主观故意，符合《证券法》中"利用"要件，应当认定为内幕交易。光大证券公司内幕交易行为性质恶劣，影响重大，对市场造成了严重影响，应当依法予以处罚。据此，中国证监会决定没收光大证券公司ETF内幕交易违法所得13070806.63元，并处以违法所得5倍的罚款；没收光大证券公司股指期货内幕交易违法所得74143471.45元，并处以违法所得5倍的罚款。上述两项罚没款共计523285668.48元。此外，中国证监会对于徐浩明、杨剑波等相关责任人员还给予警告并处以罚款。

（二）杨剑波与中国证监会行政诉讼情况

作为被行政处罚对象，杨剑波不服上述行政处罚决定，向北京市第一中级人民法院起诉中国证监会，请求该院撤销上述处罚决定中对其作出的处罚。主要理由为错单交易信息不构成内幕信息，光大证券公司并未利用错单交易信息从事证券或期货交易活动，杨剑波并非直接责任人员，处罚决定对光大证券公司违法所得数额认定错误等。经过审理，北京市第一中级人民法院作出行政判决，驳回杨剑波的诉讼请求。杨剑波不服上诉至北京市高级人民法院，北京市高级人民法院于2015年5月判决驳回上诉，维持原判。

（三）中国证监会对光大证券公司董事会秘书梅键信息误导的行政处罚决定

中国证监会在[2013]59号行政处罚决定书中认定：2013年8月16日11时5分，光大证券公司发生程序错误，11时59分左右光大证券公司董事会秘书梅键在与大智慧记者高欣通话时否认了市场上"光大证券自营盘70亿元乌龙指"的传闻，而此时梅键对相关情况并不知悉。随后，高欣发布《光大证券就自营盘70亿乌龙传闻回应：子虚乌有》一文。12时13分，梅键向高欣表示需进一步核查情况，要求删除文章。但此时该文已无法撤回，于12时47分发布并被其他各大互联网门户网站转载。梅键的相关行为违反了《证券法》第78条第2款关于禁止信息误导的规定。中国证监会认为，梅键作为光大证券公司董事会秘书，在对具体事实不知情的情况下，明知对方为新闻记者，轻率地对未经核实的信息予以否认，构成信息误导。大智慧当日13时4分发布的报道与光大证券公司13时公告的"重要事项未公开，8月16日下午停牌"内容基本一致，未披露当天上午交易的真实原因，不能视为对大智慧于当日12时

47分发布信息的更正。据此,中国证监会决定责令梅键改正,并处以20万元罚款。

(四)光大证券公司的《策略投资部业务管理制度》

光大证券公司2013年7月修订的《策略投资部业务管理制度》第3章第3.1条第15项关于市场中性策略型交易管理制度指引规定:"如果因市场出现流动性急剧下降、市场压力、系统故障,以及其他原因而导致交易异常,应考虑采用合适的对冲工具(包括但不限于股指期货、ETF等)及时控制风险,进行对冲交易,以保证部门整体风险敞口处于可控范围,保持市场中性。"

(五)媒体对于乌龙指的报道

当日11时32分,21世纪网刊发了标题为《A股暴涨:光大证券自营盘70亿乌龙指》的报道称:"据21世纪网独家获悉,今天上午的A股暴涨,源于光大证券公司自营盘70亿的乌龙指。对上述消息,光大证券公司董秘梅键对大智慧通讯社表示自营盘70亿乌龙纯属子虚乌有。光大证券公司权威人士对大智慧通讯社表示,有上述相关传闻说明他们不了解光大证券公司严格的风控,不可能存在70亿元乌龙情况,称传闻纯属子虚乌有。21世纪网已从多个渠道获悉,上午巨额买盘的资金的确是走的光大证券公司自营席位的通道。"该报道随后由多家网站转载。

当日13时,光大证券公司因重要事项未公告,向上海证券交易所申请临时停牌,该消息随后由多家网站转载。

(六)交易情况

1.光大证券公司的交易情况

当日内幕交易时间段内,光大证券公司交易的IF1309合约6077张,与该时间段市场总成交量437499张相比所占比例为1.39%,交易的IF1312合约163张,与该时间段市场总成交量9065张相比所占比例为1.80%。

2.相关期货品种的交易情况

经一审法院向中国金融期货交易所调查,IF1309合约当日的结算价为2302元,8月19日结算价为2331.4元,8月20日结算价为2307.6元,三个交易日的平均结算价为2313.6元;IF1312合约当日的结算价为2310.6元,8月19日结算价为2341.2元,8月20日结算价为2318.8元,三个交易日的平均结算价为2323.5元(8月17日、18日为非交易日)。

3.一审原告秦帅章的期货交易情况

一审原告秦帅章在中原期货有限公司及金鹏期货经纪有限公司开立账户进行股指期货交易。秦帅章诉请所涉及的具体交易情况及损失计算方式如下:(省略号表示列明记录的前后仍存在交易)

(1)中原期货账户序号开仓平仓买卖方向手数成交价成交时间交易品种

……

A 开仓卖出 12322.89:15:17IF1309

B 开仓卖出 12323.49:15:52IF1309

C 平仓买入 12373.213:01:16IF1309

D 平仓买入 12369.413:03:16IF1309

E 开仓买入 1235413:08:03IF1309

F 平仓卖出 12293.415:02:39IF1309

……

秦帅章对该账户的损失计算方式为:[(C-A)+(D-B)+(E-F)]点数×1手×300元=47100元

(2)金鹏期货账户序号开仓平仓买卖方向手数成交价成交时间交易品种

……

A 开仓买入 12339.613:20:52IF1309

B 平仓卖出 1229914:50:00IF1309

……

秦帅章对该账户的损失计算方式为:(A-B)点数×1手×300元=12180元。

对于上述交易,秦帅章还主张手续费损失115.2元。

二、一审法院的判决

一审法院将本案进行了如下归纳并进行了深入分析:

(一)光大证券公司是否存在内幕交易行为

对此,秦帅章认为中国证监会已经作出行政处罚决定,确认光大证券公司的行为构成内幕交易,该行政处罚决定未被推翻。光大证券公司认为,其行为不构成内幕交易。光大证券公司错单交易影响的是整个证券市场,不应属于证券市场的内幕信息。由于光大证券公司异常交易发生在证券市场,因此也不构成期货市场的内幕信息。错单交易信息在当日11时32分即在各媒体披露,不具有"未公开性"。光大证券公司于当日13时申请临时停牌并发布提示性公告,对投资者和整个市场已经产生了提示性作用。另外,被处罚对象之一杨剑波也已经提出行政诉讼,诉讼结果有可能影响本案定性。

一审法院认为,中国证监会在行政处罚决定书中已经认定,光大证券公司在内幕信息公开前将所持股票转换为ETF卖出和卖出股指期货空头合约的交易,构成《证券法》第202条和《期货交易管理条例》第70条所述内幕交易行为。而且光大证券公司作为被行政处罚的对象,并未针对该处罚决定提起相应的行政诉讼,应视为认同该处罚决定。另外,杨剑波提出的行政诉讼,相关法院审理之后,认为被诉行政处罚认定事实清楚,作出处罚决定的程序合法,一审、二审判决驳回了杨剑波的诉请。上述行政及司法认定,具有约束力,一审法院据此确认光大证券公司存在内幕交易行为。

本案中,光大证券公司还提出,媒体已经披露了错单交易信息,信息已经公开,主要依据是当日11时32分21世纪网刊所发表的《A股暴涨:光大证券公司自营盘70亿乌龙指》报道以及相关网站转载。一审法院认为这一问题既涉及内幕交易是否构成的认定,也涉及投资者损失因果关系的认定,应当加以审查。鉴于中国证监会行政处罚中并未涉及该情节,一审法院认定如下:首先,从报道的主体来看,该报道并非由光大证券公司主动披露,而是由财经媒体自主报道,不能视为光大证券公司履行了法律法规以及证券监管部门、证券交易所要求的公开披露义务。其次,从报道的消息来源来看,该报道提及"独家获悉",该用语往往体现了财经媒体报道的消息来源为私下、非公开渠道,未经官方确认,不具有权威性,受众未必对此产生信赖。最后,从报道的内容来看,该报道既提到了A股暴涨原因为"乌龙指",同时也提到了光大证券公司董秘梅键称"乌龙纯属子虚乌有",对同一件事件的两种截然不同观点均予以报道,只能为受众提供参考,受众无法从中得到准确答案。基于以上原因,不能视为内幕信息已经具有公开性。

(二)光大证券公司作为内幕交易行为人是否具有主观过错

一审法院认为,首先,光大证券公司的错单交易行为引起市场暴涨,可能影响投资者判断,对市场上众多的交易品种价格可能产生影响。暂且抛开对市场的影响,光大证券公司应认识到该信息至少对于光大证券公司本身股票价格的重要影响,因为错单成交量巨大,作为自营业务,足以对光大证券公司的经营业绩产生重大影响,并且因当天的交割结算会引发巨额债务。此类事件已经成为《证券法》第67条所规定的可能对上市公司股票交易价格产生较大影响的重大事件,在这种情况下,无论是否能够判断该信息为内幕信息,无论是否进行对冲交易,均应"立即"披露。一审法院认为,"立即",根据《现代汉语词典》的解释,为立刻、马上,紧接着某个时候,应当是一个较短的时间段。本案中,应考虑两方面的因素:第一,从技术层面而言,考虑到目前传播沟通技术的便捷性,光大证券公司有足够的时间在13时开市前在监管部门指定媒体以及其他媒体平台广而告之,比如光大证券公司因重要事项未公开向上海证券交易所申请临时停牌,上海证券交易所也在当日13时发布了盘中停牌提示性信息。这说明"立即披露"在技术上无任何障碍。第二,从主观层面而言,根据一审法院查明的事实,当日11时40分,光大证券公司已经开会准备进行对冲,这说明光大证券公司此时完全知晓其上午的交易属于错单交易,因此才有对冲交易的需要。在此时真相已经明了的情况下,光大证券公司完全可以立即披露,但光大证券公司并未遵守监管部门的信息披露要求,而是实施对冲交易以规避自己的损失,主观上具有过错。

至于光大证券公司提出,光大证券公司进行的对冲交易是根据既定的、公开的交易策略和《策略投资部业务管理制度》进行的,具有合规性和正当性。一审法院认为,任何公司的内部规定均不能违反国家的法律规定。如果违反,应承担相应的法律责任。对冲交易策略本身并不违法，即便因系统故障引起的微量错单交易，可以通过对冲交易规避损失，但在特定情况下，尤其是本案中因巨量错单交易进而产生内幕信息的情况下，因为国家法律法规、监管部门的要求，此时公司就具有更高的义务来确保自己的行为合法，而不仅仅是考虑公司内部的规定。因此，光大证券公司以存在公司内部规定为由主张其无过错，一审法院不予支持。

（三）秦帅章经济损失与光大证券公司内幕交易是否存在因果关系

一审法院认为，证券市场中因果关系不同于传统的民事因果关系。首先，证券市场主体人数众多、交易迅速、成交量大。作为一个以计算机网络技术为基础的市场，大多数证券交易是通过集合竞价和连续竞价，采取交易所主机撮合方式而完成的，内幕交易行为人与受害人并不直接对应或接触。因此，投资者交易的股票无法与内幕交易行为人交易的股票完全一一对应。其次，在证券市场中，投资者的损害主要表现为证券价格的下降或上升，但是影响证券价格的因素非常多，往往是多种原因相互交织引起证券价格波动。在这种情况下，由投资者通过证据去证明内幕交易的因果关系几乎不可能，相当于架空了内幕交易惩罚制度，不符合立法的本意。

我国目前法律法规或者司法解释并未对内幕交易与投资者损失的因果关系方面作出具体明确规定，但与此最相类似、同样涉及证券市场投资者民事赔偿的最高人民法院《关于审理证券市场因虚假陈述引发的民事赔偿案件的若干规定》第 18 条对因果关系作出如下规定："投资人具有以下情形的，人民法院应当认定虚假陈述与损害结果之间存在因果关系：（一）投资人所投资的是与虚假陈述直接关联的证券；（二）投资人在虚假陈述实施日及以后，至揭露日或者更正日之前买入该证券；（三）投资人在虚假陈述揭露日或者更正日及以后，因卖出该证券发生亏损，或者因持续持有该证券而产生亏损。"根据该规定，具备一定条件的情况下，推定因果关系的成立。

考虑到上述因素，一审法院认为，在认定内幕交易与投资者损失的因果关系方面，亦应采用推定因果关系的做法。基于有效市场理论，假定证券及期货市场的价格受所有投资公众可获知的公开信息的影响，交易时不披露内幕信息，会在极大程度上影响市场价格的真实性。因此，存在内幕交易行为应当推定为会影响到投资者所投资的交易品种价格，进而造成投资者的损失。具体而言，一审法院认为，在内幕信息具有价格敏感性的情况下，在内幕交易行为人实施内幕交易行为的期间，如果投资者从事了与内幕交易行为主要交易方向相反的证券交易行为，而且投资者买卖的是与内幕信息直接关联的证券、证券衍生产品或期货合约，最终遭受损失，则应认定内幕交易与投资者损失具有因果关系。

光大证券公司还提出，当日内幕交易时间段，光大证券公司交易 IF1309 和 IF1312 的数量远远低于市场成交总量，每分钟交易 IF1309 和 IF1312 的数量又较为平均，因此并不会导致大盘价格下降，与秦帅章损失之间没有因果关系。另外，光大证券公司于 14 时 22 分发布公告前后，相关市场价格走势呈平稳下跌趋势，没有明显地突变，说明无论光大证券公司是否公开内幕信息，对市场价格走势不会产生较大影响，故投资者交易受损并非光大证券公司内幕交易行为所致。一审法院认为,内幕交易中,交易总量的大小、交易数量是否平均,对因果关系的认定并无影响,因为立法禁止从事内幕交易行为,并未区分上述具体实施因素,而是考虑到内幕交易破坏证券市场交易制度的公平性,影响一般投资人对证券市场公开、公正、公平的信赖。在采用推定因果关系的情况下,上述具体交易数量与具体交易模式,对于与内幕信息直接关联的交易品种,并不影响因果关系的认定,最多在赔偿责任限额方面对内幕交易行为人有影响。另外,在本案较短的内幕交易期间内,光大证券公司也没有举证证明存在其他市场风险因素的明显介入,故其以自身交易模式为由否认因果关系存在的观点一审法院不予支持。

至于光大证券公司提出,秦帅章交易记录表明秦帅章反复多次买入和卖出股指期货合约,属于纯粹投机的双向交易,进而表明秦帅章从事交易系自主判断和自主决策,不受光大证券公司内幕交易行为影响。一审法院认为,基于摊低成本、规避风险等交易策略,投资者的交易模式确实可以表明其目的是通过捕捉相关交易品种短时间内的价格波动而通过频繁交易来获利,由于股指期货市场的交易特征,这种做法不违反投资规则,无可厚非。无论是否存在光大证券公司的内幕交易行为,投资者根据其投资策略完全可能在当日进行多次交易甚至频繁交易,但由于光大证券公司内幕交易行为影响了市场价格,根据推定因果关系的理论,只要造成了投资者的损失,亦应认定构成因果关系。至于交易方向,则是应考虑的问题,需要结合投资者的交易记录来判断,如果投资者主要交易方向与内幕交易行为人的交易方向相同的,则应当认定投资者的损失与内幕交易行为之间不存在因果关系。

根据本案的具体案情,光大证券公司在当日内幕交易时间段的交易行为是卖出股指期货合约 IF1309、IF1312 以及卖出 50ETF、180ETF。从本案秦帅章的交易记录来看,秦帅章在当日内幕交易时间段内的交易记录表明其均为买入 IF1309。可见,秦帅章的交易品种属于光大证券公司内幕交易品种,且交易方向与光大证券公司交易方向完全相反,最终遭受损失,应认定为秦帅章的损失与光大证券公司的内幕交易行为存在因果关系。

(四)秦帅章具体经济损失的认定

一审法院认为,在内幕交易引起投资者具体经济损失的计算方面,由于目前我国法律法规尚无详细规定,应由人民法院根据内幕交易所涉及交易品种的特点、市场的状况,参照类似的国内外规定予以酌情认定。根据本案的特定情况,一审法院认为应以投资者在内幕交易时间段内的交易价格与基准价格的差额,乘以交易的具体数量,计算损失金额。对于基准价格如何确定,应当以内幕信息公开后的一段合理时间,相关交易品种价格对相关信息的反应结束后的价格为基准价格。

光大证券公司内幕交易涉及不同交易品种,在认定基准价格方面,一审法院认为应考虑以下因素:一是光大证券公司内幕交易事件属于市场首例,经由新闻媒体的大规模报道,消息应能较快在市场上传递;二是不同品种的交易规则区别较大(比如保证金交易、T+1 还是 T+0等),对适格投资者的标准亦不相同,投资者的交易频率也有所差别,故确定基准价格的办法应根据交易品种的不同而有所区别。对于股指期货品种，由于投资者所面对的风险更高，专业性更强，而且日内交易次数较为频繁，应能更为密切关注市场。一审法院酌情认定内幕信息公开后的合理时间为三个交易日（含当日，因股指期货结算价与股票收盘价确定机制存在较大差别），上述期间足以使交易品种价格对相关信息的反应结束，故一审法院以三个交易日平均结算价作为基准价格。根据上文中一审法院查明的事实，其中 IF1309 基准价格为 2313.6，IF1312 基准价格为 2323.5。

本案中，秦帅章对于损失金额采用了由其自行决定的开仓、平仓一一对应的计算方式。股指期货不同于股票交易，由于交易次数较为频繁，而且股指期货交易中有时存在前一交易日的历史仓位，故如何一一对应存在争议，同时也需要历史交易记录来认定，故一审法院认为这种计算并不完全合理，而且较为烦琐，为此一审法院采用以下简便计算原则来认定秦帅章的损失额：(1)秦帅章内幕交易时间段内的所有反向交易（无论开仓或者平仓）价格减去基准价格形成的差额，乘以交易的具体数量，以此作为损失额。(2)如果秦帅章在内幕交易时间段内还存在同向交易的，则应将反向交易与同向交易在同等交易量（手）基础上先行结算冲抵计算交易盈亏额，剩余的反向交易按第 1 项原则计算交易盈亏额，然后两项交易盈亏额相加，以此作为损失额。至于交易的税费损失等各项成本费用，一审法院认为，内幕交易与虚假陈述行为有所不同，虚假陈述行为会直接影响投资者是否进行投资的判断，故应赔偿投资者的交易成本费用，而内幕交易则具有秘密性，投资者无法对他人的内幕交易行为产生信赖，因此内幕交易行为对交易品种的价格存在影响，但并不完全和必然影响投资者作出是否交易的决定，故对秦帅章的交易的税费损失不予支持。

具体而言，本案秦帅章两个账户中内幕交易时间段内买入 IF1309 的成交价格分别为 2373.2、2369.4、2354、2339.6，IF1309 的基准价格为 2313.6，具体计算方式为：[(2373.2 − 2313.6) + (2369.4 − 2313.6) + (2354 − 2313.6) + (2339.6 − 2313.6)] × 1 手 × 300 元 = 54540元。

（五）判决结果

综上所述，光大证券公司的行为构成内幕交易，具有主观过错，与秦帅章的投资损失具有因果关系，故应依法赔偿因此所造成的秦帅章损失 54540 元。

三、光大证券公司提出上诉

光大证券公司不服一审判决，向上海市高级人民法院提出上诉称：

（一）一审判决认定光大证券公司内幕交易侵权行为理由不能成立

对于行政处罚决定，光大证券公司没有明确表示认同。一审判决认定 21 世纪网的《A 股暴涨：光大证券自营盘 70 亿乌龙指》报道不属于内幕信息公开是错误的，该报道无论从内容和形式上都构成对错单交易信息的披露。

（二）一审判决认定光大证券公司具有内幕交易的主观过错，系由于适用法律错误而导致的认定事实错误

错单交易信息属于投资者交易信息，不属于内幕信息范畴，公司在中国证监会认定前也不能判断其是否属于内幕信息，所以公司没有过错。光大证券公司根据公司《策略投资部业务管理制度》的规定进行对冲交易具有合规性和正当性。

（三）一审判决因果关系认定不当

光大证券公司在8月16日下午的交易行为与被上诉人的交易损失之间没有因果关系。光大证券公司是否公开交易信息以及是否戒绝交易并不对市场造成明显的影响，被上诉人当日下午交易受到的损失很大程度上是由于大盘指数下跌造成的，与光大证券公司没有直接关系。

（四）一审判决确定的损失计算方式和数额错误

一审确定的基准价格受到内幕交易的影响，应以内幕交易发生之前而非发生之后的交易均价来判决交易基准价格。

被上诉人秦帅章认为一审认定事实清楚，适用法律正确，请求驳回光大证券公司的上诉。

四、二审法院的判决

二审法院将上诉争议焦点归纳如下并进行了全面分析：

（一）关于光大证券公司的行为是否构成内幕交易的问题

二审法院认为，我国《证券法》第75条已授予中国证监会认定相应内幕信息的权力，中国证监会的行政处罚决定认定，“光大证券公司在进行ETF套利交易时，因程序错误，其所使用的策略交易系统以234亿元的巨量资金申购180ETF成分股，实际成交72.7亿元”为内幕信息。光大证券公司当日下午内幕信息公开前将所持股票转换为ETF卖出和卖出股指期货空头合约的交易，构成《证券法》第202条和《期货交易管理条例》第70条所规定的内幕交易行为。该处罚决定已经发生法律效力。本案审理期间，光大证券公司原交易负责人杨剑波作为被行政处罚对象，不服上述行政处罚决定，提起了行政诉讼。北京市第一中级人民法院和北京市高级人民法院经审理后，认定被诉行政处罚认定事实清楚，作出处罚决定的程序合法，一审、二审判决驳回了杨剑波的诉请。因此，无论是生效的行政处罚决定，还是生效的行政判决均已经确认了光大证券公司的错单交易信息属于内幕信息。光大证券公司是否对此认同，并不影响相关行政处罚决定和行政判决的法律效力。光大证券公司主张错单交易信息不属于证券市场的内幕信息依据不足，二审法院不予支持。

关于当日11时32分21世纪网刊所发表的《A股暴涨：光大证券自营盘70亿乌龙指》报道是否属于对内幕信息的披露问题。该报道的主体是普通财经媒体，而非光大证券公司自身

或者其他权威机关。二审法院认为,从该报道的内容看,其提及“独家获悉”,没有明确信息的来源。报道发出后,也没有获得光大证券公司自身或者其他权威机构的即时确认。在当天市场出现大幅波动,市场上各种消息鱼龙混杂的情况下,该报道的权威性和真实性必然受到市场各方的怀疑,难以作为各方投资者进行投资决策的可靠依据。需要指出的是,光大证券公司董事会秘书梅键在下午开市前又对外宣称“‘乌龙’纯属子虚乌有”。无论梅键的行为是否系光大证券公司授权的行为,由于他当时的特殊身份,理性的投资者可能更愿意相信他所发表的言论。鉴于投资者对同一事件所获得的信息截然相反且真伪难辨,绝大部分投资者难以从当天中午出现的包括21世纪网刊报道在内的各种信息中获得准确答案,因此,21世纪网刊的报道不能作为对错单交易信息进行公开的依据。上诉人光大证券公司的此节上诉理由不能成立。

光大证券公司自身就是内幕信息产生的主体,其在内幕信息尚未对外公开的情况下进行对冲交易,显然违反了证券、期货法律法规关于禁止利用内幕信息进行交易的规定,该公司于其后至内幕信息公开时止进行的交易属于内幕交易。光大证券公司主张其下午开始起至14时22分的交易行为不属于内幕交易没有事实和法律依据,二审法院不予支持。

（二）关于光大证券公司是否具有主观过错的问题

二审法院认为,中国证监会行政处罚决定认定,光大证券公司的错单交易,可能影响投资者的判断,对相关证券、期货品种价格可能产生重大影响,同时这一信息在一段时间内处于未公布状态,符合内幕信息特征。光大证券公司作为上市公司,又系专业的证券、期货经营单位,理应知道并充分理解我国证券、期货法律法规关于禁止内幕交易的规定,其对于错单交易可能影响投资者的判断,对相关证券、期货品种可能产生重大影响应属明知,其关于不能判断是否属于内幕信息的辩解没有事实和法律依据。光大证券公司错单交易发生后,立即引发市场在短期内的大幅波动,光大证券公司自身的投资也产生巨额浮亏,进而对光大证券公司本身的股票价格也会产生重大影响。光大证券公司作为上市公司,有义务在了解事件真相后的第一时间,将相关错单交易信息向市场予以及时、全面的披露,同时,由于该重大信息属于内幕信息,在内幕信息未披露前,光大证券公司作为内幕信息持有人应戒绝交易。但光大证券公司出于自身利益的考虑,在尚未披露内幕信息的情况下,采取对冲减损的措施以规避自身的损失,其隐瞒事实真相,利用内幕信息获取非法利益的主观过错明显。

（三）关于光大证券公司的行为是否具有违法性问题

《证券法》第73条规定,禁止证券交易内幕信息的知情人和非法获取内幕信息的人,利用内幕信息从事证券经营活动。《期货交易管理条例》第3条规定,从事期货交易活动,应当遵循公开、公平、公正和诚实信用的原则。禁止欺诈、内幕交易和操纵期货交易价格等违法行为。光大证券公司管理层在不晚于当日11时40分时,已经掌握了错单交易信息,属于内幕信息知情人,并且利用内幕信息实施了法律所禁止的内幕交易行为,其行为具有违法性。光大证券公司提出,其进行的对冲交易是根据既定的、公开的交易策略和《策略投资部业务管理制度》进行的,所以具有合规性和正当性。二审法院认为,对冲交易策略其本身是中性的,不存在是否违法违规的问题,采用何种交易策略和方式是市场参与者的自主选择。但无论采用何种交易策略和方式在市场上进行交易,都不能违反法律法规的相关规定,否则就构成违法交易行为,应当承担相应的法律责任。光大证券公司可以进行正常的对冲交易,但是光大证券公司决策层在了解相关事件的重大性之后,在没有披露之前就决定进行交易,并非针对可能遇到的风险进行一般对冲交易的既定安排,而是利用内幕信息进行的违法交易。因此,光大证券公司以交易方式或者策略的中性为由,要求免除其因实施内幕交易行为应承担的法律责任于法无据。

(四)关于内幕交易的因果关系认定问题

二审法院认为,内幕交易者应承担的侵权责任,与一般侵权责任有所不同,特别是在因果关系的认定上不同于一般的民事侵权的认定标准。这是由证券、期货市场的特殊性所决定的。首先,由于交易制度原因,证券、期货市场的侵权人和被侵权人往往不直接进行交易,双方交易的证券、期货品种难以完全一一对应。其次,在证券、期货市场中,影响证券、期货价格发生变化的因素众多,如果采用一般民事侵权中的相当因果关系证明标准,被侵权人在客观上将难以证明侵权行为与其损失之间的因果关系。在此情况下,完全由被侵害的投资者提供证据证明内幕交易的因果关系几乎不可能。最高人民法院《关于审理证券市场因虚假陈述引发的民事赔偿案件的若干规定》对因果关系已经作出了比较具体明确的规定。根据该司法解释的规定,在符合相关限定性条件的情况下,可以推定因果关系。该司法解释所规范的证券虚假陈述与证券、期货内幕交易都属于证券、期货侵权行为的范畴,两者的立法目的都在于维护市场交易制度的公开性和公平性,两者具有一定的类似性。一审法院在内幕交易因果关系的认定上,参照虚假陈述司法解释的相关规定,采用推定因果关系的做法,符合相关法律、法规的原则和精神,并无不当。

内幕交易违背证券、期货市场公开、公平、公正的三公原则。内幕交易人利用内幕信息优势,与毫不知情的相对方进行交易,侵害了交易相对方的公平交易权,进而对交易相对方的合法财产权益构成严重威胁甚至造成实际损害,破坏证券市场交易制度的公平性,影响到一般投资人对证券市场公开、公正、公平的信赖。因此,无论内幕交易人进行内幕交易的数量多少和时间长短,内幕交易人是否因内幕交易获得实际的利益,其内幕交易行为是否对相关证券、期货品种的交易价格产生实质性影响,都不影响对内幕交易侵权因果关系的认定。只要内幕交易人进行了内幕交易,交易相对方在相应交易中产生了损失,除了内幕交易人能够证明交易相对方的损失是其自身原因或者其他原因造成的,原则上就可以推定内幕交易人的内幕交易与交易相对方的损失之间存在因果关系,内幕交易人就应当按照证券、期货法律法规的相关规定,对交易相对方的交易损失承担民事赔偿责任。只有这样,才能有效遏制内幕交易行为的发生,维护证券、期货市场交易制度的公平性,保障证券、期货市场健康有序发展。

本案中,光大证券公司进行了内幕交易,秦帅章在该时间段内进行了相同品种的反向交易,并产生了交易损失。光大证券公司并没有举证证明被上诉人的损失是由其自身原因或者其他原因造成,故可以认定光大证券公司的内幕交易行为与秦帅章的投资损失之间存在法律上的因果关系。光大证券公司关于其内幕交易与投资者损失之间没有因果关系的主张,二审法院不予支持。

(五)关于经济损失认定的问题

我国有关内幕交易的法律法规对投资者损失的计算方面尚无详细的规定,人民法院审理中只能根据内幕交易案件的具体情况,参照相类似的规定酌情认定。一审法院以内幕信息公开后的一段合理时间相关证券、期货品种的价格作为基准价格,以此确定投资损失的做法,符合本案的实际情况,也与相类似的虚假陈述纠纷案件的损失认定标准相一致,于法无悖,二审法院予以确认。光大证券公司主张应以内幕交易发生之前的交易均价来确定基准价格没有事实和法律依据,二审法院不予支持。

教学手册

教学对象及目标

本案例供法律硕士案例教学使用,法学本科(大四)、民商法学硕士也可以参酌试用。

本案例的教学目标在于:(1)使学生比较全面地了解禁止内幕交易的理由及其面临的挑战;(2)使学生了解内幕交易民事责任的构成要件;(3)使学生了解内幕交易民事责任的损失计算方法。

教学内容

1. 关于禁止内幕交易的理论争议

对于是否应当禁止内幕交易,理论上是有不同看法的,支持禁止内幕交易诸理论如下:(1)内幕交易违反市场公平之原理,违反了平等取得信息的机会;(2)违反忠实义务;(3)私取理论,窃取公司财产,该内幕信息为公司财产,在公开之前,为公司所有;(4)诱使知情人延迟公布信息,妨碍市场效率。反对禁止内幕交易的理论是:(1)有助于信息的传播;(2)对于公司管理层的补偿;(3)没有明确的受害人。任课教师可以让同学们讨论各种理由是否成立,尤其是反对禁止内幕交易的理论。

但是,目前看来,主要发达国家或地区都是禁止内幕交易的。我国《证券法》第73条明确规定,"禁止证券交易内幕信息的知情人和非法获取内幕信息的人利用内幕信息从事证券交易活动”。事实上,正如本案中法院所说,内幕交易违背证券、期货市场公开、公平、公正的三公原则。内幕交易人利用内幕信息优势,与毫不知情的相对方进行交易,侵害了交易相对方的公平交易权,进而对交易相对方的合法财产权益构成严重威胁甚至造成实际损害,破坏证券市场交易制度的公平性,影响一般投资人对证券市场公开、公正、公平的信赖。

2. 内幕交易民事责任的构成要件

我国理论和实务界都认为,内幕交易行为所产生的责任是侵权责任,因此需要满足侵权责任的构成要件,即主观过错、违法行为、损害后果和因果关系。此外,由于内幕交易行为的特殊性,还有其他附加的条件。

(1)内幕信息(《证券法》第75条)

①信息的重大性

②信息的未公开性[1]

(2)适格的被告(《证券法》第74条)

①内幕信息知情人

②非法获取内幕信息的人

③其他[2]

(3)内幕交易行为人具有过错

行为人知道该信息为内幕信息,在该内幕信息没有公开之前,故意或者过失利用该信息(该过错应当是法律推定,因为行为具有不利用该信息的义务)

(4)内幕交易行为人从事了违法行为:利用了内幕信息(《证券法》第76条)

(5)损失

(6)利用行为与损失之间因果关系(因果关系推定)

包括:交易上的因果关系、损失上的因果关系

3. 内幕交易民事责任的损失计算(《证券法》第76条)

适格原告:与内幕交易行为人从事反向交易的善意投资者;赔偿范围:(1)投资损失,(2)无佣金、印花税等。

4. 被告抗辩:原告恶意投资、系统性风险。

预期效果

1. 学生应当知道在理论界对于禁止内幕交易行为是否正当的争议(支持理由和反对理由)。

2. 学生应当掌握内幕交易民事责任的构成要件。

3. 学生应当掌握投资者损失的计算方法和被告的抗辩。

---

[1] 随着新兴传播媒介的出现,例如微信朋友圈或者微博等,授课教师可以和学生讨论通过此类媒介的传播是否构成公开。

[2] 授课教师可以和学生讨论,其他人例如偶尔听到内幕信息的人,是否属于适格被告。

教学计划

1. 课前计划:安排学生阅读案例及相关参考资料,对案例所涉及问题进行思考。

2. 课中计划:介绍教学目的,明确讨论主题;分组讨论,回答各项思考题;小组代表提出撰写要点,学生讨论和分析;教师归纳总结。

课堂时间安排

本案例可以作为专门的案例教学课来进行,整个案例课的课堂安排 3 个课时,每课时 45 分钟。

思考题

1. 什么是 ETF? 如何进行套利交易?
2. 内幕信息与非公开信息的区别是什么? 你认为本案中的"乌龙指信息"是否属于内幕信息?
3. 对于法院或者行政机关的认定,被告是否可以提出反驳?
4. 本案中法院如何认定内幕信息已经公开或者未公开?
5. 内幕交易行为人有无公开信息的义务?
6. 本案中内幕交易行为人主观过错是如何认定的?
7. 本案中法院如何确定内幕交易行为与损害因果关系?
8. 光大证券公司以按规定进行对冲操纵,是否合法?
9. 什么是合法的对冲交易,什么是不合法的对冲交易?
10. 本案中法院是如何计算投资者损失的?
11. 本案中光大证券公司董秘是否构成虚假陈述? 如果构成,民事责任如何认定?

参考文献

1. 叶林主编:《证券法》(第四版),中国人民大学出版社 2013 年版。
2. 朱锦清:《证券法学》(第三版),北京大学出版社 2011 年版。
3. 彭冰:《中国证券法》(第二版),高等教育出版社 2007 年版。
4. 张鹂:《内幕交易规制的理论及实务疑难问题研究》,载《法律适用》2015 年第 3 期。
5. 陈洁、曾洋:《对 816 光大事件内幕交易定性之质疑》,载《法学评论》2014 年第 1 期。
6. 缪因知:《光大证券事件行政处罚与民事索赔之合法性质疑》,载《法学》2014 年第 1 期。
7. 曾洋:《内幕交易侵权责任的因果关系》,载《法学研究》2014 年第 6 期。
8. 曾洋:《证券内幕交易的"利用要件"》,载《环球法律评论》2013 年第 6 期。
9. 赵旭东:《内幕交易民事责任的司法政策与导向》,载《法律适用》2013 年第 6 期。
10. 耿利航:《证券内幕交易民事责任功能质疑》,载《法学研究》2010 年第 6 期。
11. 苑多然:《内幕交易的认定及其民事责任》,载《人民司法》2007 年第 17 期。

参考案例

1. 吴屹峰诉杜鹃内幕交易二审民事判决书,北京市高级人民法院,(2013)高民终字第 606 号。

2. 陈祖灵诉潘海深证券内幕交易赔偿纠纷民事判决书,北京市第一中级人民法院,(2009)一中民初字第8217号。

(樊健,上海财经大学法学院讲师)

17 CASE 申请人孙焱、张辉因与被申请人上海米蓝贸易有限公司段治立、陈亦斌股东会决议效力纠纷案

摘　要

本案例以真实发生的案件为蓝本，分析在两种不同理念碰撞下司法裁判的难点。质言之，公司意思自治要求法院尊重股东之间关于公司解散条件的既定安排，而公司维持原则则要求法院尽量使公司存续而不是解散。因此，当这两种理念之间发生冲突的时候，法院如何来裁判，妥善地平衡股东之间、公司与外部权利人之间的关系，是司法实践难点。

关键词

公司意思自治　股东会决议无效与可撤销　公司维持原则　股东权利行使

教学目标

使学生了解公司意思自治的实现方式；使学生掌握关于公司股东会决议无效和可撤销的相关规定；使学生了解公司维持责任及其在公司法中的体现；使学生对股东正当行使权利有所认识。

教学案例

一、案件事实

上海米蓝贸易有限公司(以下简称米蓝公司)成立于1999年4月6日,为自然人投资设立的有限责任公司,注册资本为人民币1000万元。股东构成为段治立(认缴出资额660万元,占66%股权)、孙焱(认缴出资额160万元,占16%股权)、陈亦斌(认缴出资额100万元、占10%股权)、张辉(认缴出资额80万元、占8%股权),公司法定代表人为段治立。

2002年5月28日的米蓝公司章程第三章即"股东的权利、义务"中第15条的条款内容为:"公司设立股东会并由全体股东组成,股东会行使下列职权:(十一)修改公司章程";第16条的表述内容为:"股东会的议事方式和表决程序依《公司法》的有关规定进行";章程第六章即"公司的解散事由和清算办法"中第三十四条的条款内容为:"本公司自《企业法人营业执照》签发之日起,经营期限满十年即行解散,并在三十日内办理注销登记。如需延长,则在经营期限届满前75日作出决议报上海市工商行政管理局批准,办理变更登记注册手续";章程第七章即"公司章程的修改程序"的第三十八条的条款内容为:"因国家规定或公司业务的发展需要须对本章程进行修改时,应遵循下列章程修改程序:(一)全体股东(或董事会)对章程修改内容进行充分讨论;(二)修改后的章程条款内容应符合国家的有关法律、法规和政策规定;(三)新章程须在股东会上经全体股东通过;(四)新章程须经上海市工商行政管理局审查同意方能生效。"

2011年1月7日,公司执行董事段治立向包括孙焱、张辉在内的公司各股东发出《上海米蓝贸易有限公司临时股东会会议通知》,通知各股东于2011年1月28日16时召集全体股东和公司管理层在米蓝公司办公室召开临时股东会会议,主要议题为:(1)延长公司经营期限;(2)表决股东借款归还事宜;(3)决定段治立、陈亦斌领取报酬事宜;(4)讨论孙焱、张辉查阅公司财务账册的要求。

2011年1月26日,孙焱、张辉通过当面提交和邮政特快专递方式向公司执行董事段治立出具了回复函,函中对于上述议题作出回复,对于议题1关于米蓝公司经营期限问题,孙焱、张辉认为米蓝公司因营业期限届满10年已符合解散条件,公司应立即办理注销登记手续,孙焱、张辉不同意也认为没有任何必要召开股东会会议商议公司经营期限问题。

2011年1月28日16时,在孙焱、张辉没有到会参加的情况下,米蓝公司股东会临时会议召开,出席会议的股东为段治立和陈亦斌,两人的股权份额合计占公司总股权的76%,会议通过了股东会《决议(一)》。该决议中一项内容为将公司经营期限由原来的1999年4月6日至2009年4月5日变更为1999年4月6日至2029年4月5日,公司营业执照有效期由"2009年4月5日"变更为"2029年4月5日"。

因孙焱、张辉认为上述股东会《决议(一)》存在召集程序违反法律和公司章程规定以及决议内容违反公司章程规定的情形，故诉至普陀法院要求撤销该股东会《决议（一）》。2012年6月26日，普陀法院对该案作出一审判决，判决撤销米蓝公司股东会于2011年1月28日作出的决议。米蓝公司不服该判决提起上诉，二审法院于2012年10月18日作出终审判决，判决：驳回上诉，维持原判。该案判决的依据主要是根据公司股东的约定，即系争公司章程的修改必须经全体股东一致通过，如有一个股东不同意，就不能通过新章程。

2012年7月12日，米蓝公司监事耿瑛提议称：米蓝公司营业期限至2009年4月5日；原工商行政管理部门作出的准予米蓝公司延长经营期限的登记通知，因股东张辉提起行政诉讼而被依法撤销；现股东张辉、孙焱针对公司股东会决议的有效性问题再次提起民事诉讼，目前此案正处于二审阶段；鉴于上述公司股东会决议如最终被人民法院依法确认为无效，公司将处于不确定之状态，为尽早对此作出预案，耿瑛作为米蓝公司监事，特根据我国《公司法》及《上海米蓝贸易有限公司章程》的相关规定，提议召开临时股东会会议，审议公司存续或解散以及目前公司僵局的救济方案等相关事宜。米蓝公司执行董事对该提议予以同意。

2012年8月11日米蓝公司召开临时股东会议，审议事项为"如果在股东张辉、孙焱对公司股东会决议有效性问题提起的民事诉讼中，讼争的股东会决议最终被人民法院依法确认为无效的情况下，公司经营或者解散的相关事宜。"审议结果（一）为："股东段治立先生和陈亦斌先生提出要求米蓝公司存续经营，股东张辉先生和孙焱先生提出要求公司解散清算"；审议结果（三）为："鉴于股东张辉先生、孙焱先生不同意公司存续经营，由股东段治立先生和陈亦斌先生按合法合理价格对其持有的公司股份进行收购"。[1]

由于孙焱、张辉不同意米蓝公司继续存续，故认为米蓝公司于2012年8月11日作出审议决议（一）因违反公司章程的规定而应予撤销。同时认为，股东会无权在两人不同意的情况下，强行收购他们的股权，故由股东会决定段治立、陈亦斌收购孙焱、张辉股权的审议决议（三）应属于无效。为此，2013年1月5日孙焱、张辉再次起诉至普陀法院，请求判令：(1)撤销米蓝公司于2012年8月11日作出的临时股东会会议分项决议（一）；(2)确认米蓝公司于2012年8月11日作出的临时股东会会议分项决议（三）无效。

二、一审法院的判决结果及其理由

一审法院驳回孙焱、张辉的全部诉讼请求，其理由是如下：

1. 法人是法律拟制人，具有独立的财产和人格，本案涉及一个"拟制人"的生命。当事人之间可以有矛盾，可以从自己的角度考虑，但法官应当综合各方面因素慎重处理本案。本案

---

[1] 另查明：2012年11月19日，段治立、陈亦斌以孙焱、张辉为被告，米蓝公司为第三人起诉至普陀法院，请求判令：由段治立、陈亦斌依据米蓝公司股东会决议并以合理合法价格向孙焱、张辉收购所持有的米蓝公司共计24%的股权。在该案审理中，普陀法院委托上海立信资产评估有限公司以2012年12月31日为基准日，对米蓝公司的资产进行了评估。评估结论为：在米蓝公司存续的情况下，股东全部权益价值评估值为1433.82万元；在米蓝公司进行清算的情况下，公司的清算价值为1448.41万元（不考虑清算中折现的因素及需支付的税费等）。段治立、陈亦斌表示为最大程度上保护孙焱、张辉的权益，愿意取上述评估值中较高的一种作为标准计算收购价格。

孙焱、张辉、米蓝公司、段治立、陈亦斌花费了数年时间,分别提起了多场诉讼,根本原因就是公司的“人和”因素已不存在,而经营期限已满,如不修改公司章程延长期限,公司将难以为继,但偏偏合作四方在制定章程时可能基于充分保护小股东利益的考量,约定了修改公司章程不依“资本多数决”而是需要一致通过。所以就出现了目前这种原本可以“健康存活”的公司却不得不在“父母”一方的固执、刚愎之下走向消亡。因此,基于公司法所具有的部分公法性质,在遇到这种情况时,不仅要考虑当事人之间的合意,还要考虑当事人的行为对社会经济环境、经济管理秩序的影响。商事主体延续存在比消亡更有益于社会。一方面,公司作为独立的法律主体,依法成立并开展经营活动,有其独立的利益。股东虽然是公司的所有者,但公司的职工也是公司组织体上的利益相关者,股东的利益是投资收益,职工的利益是获取报酬,公司解散对股东的风险是丧失投资利益,对职工的风险则是失去工作,股东一意孤行罔顾职工利益的做法是不可取的。另一方面,公司的商业伙伴和债权人也是公司经营活动的利益相关者,公司的良好经营不仅能保障债权的顺利实现,也能提供相应的交易机会,而公司的倒闭解散则会严重影响交易活动的正常开展,债权债务无论是否必须都不得不进入清理之中,致交易链、资金链产生障碍甚至脱节,从而对方方面面造成各种程度的负面影响。因此,健康商事主体的稳定存续有益于社会经济生活的稳定和发展。根据公司维持的理念,在某些解散事由出现后,如果不存在必然阻止公司存立的事由,只要公司成员愿意公司继续存在,则尊重公司继续经营,这较之于公司进行清算并由公司成员另行设立新的公司更为经济、效率。本案中米蓝公司是一个已成立十余年的公司,在业间已有一定的知名度,段治立、陈亦斌同意以原资本额继续沿用米蓝公司的字号、营业文件来经营,无论是对公司本身及相对方都是有利的。

2. 商事活动中追求的是“共赢”,法律是商事主体权益不受侵犯的保障,所以公司法在“资本多数决”之外着重强调了对小股东权益的保护,但这是有个限度的,关键是大股东有没有侵犯小股东的权益。本案的特殊性在于:孙焱、张辉与段治立、陈亦斌过去的恩怨无须再考虑,孙焱、张辉退出公司已成定局,清算或收购二选一,区别在于公司是否还让它存续下去,我们需要研究的仅是孙焱、张辉的权利有无受侵犯。审理中法院已委托上海立信资产评估有限公司分别对米蓝公司在持续经营以及清算情况下的资产价值进行了评估。在持续经营的前提下,其资产对应股权的转让参考价为 1433.82 万元;而在清算情况下的股权转让价值为 1448.41 万元,且是在未扣除全部资产出售后应缴纳的营业税、土地增值税、所得税等费用支付的前提下所得出的。根据股东会决议,段治立、陈亦斌愿意收购孙焱、张辉的股权,且愿意采取上述评估价值较高的作为股权收购价。若米蓝公司进入解散清算程序,孙焱、张辉可获得的公司剩余财产价值,显然应远小于目前由段治立、陈亦斌提出的收购价格。再考虑到公司解散清算所需花费的精力、财力以及后续可能存在的风险,可以说对于铁定离开公司经营的孙焱、张辉来说,两人股权如被收购,相关的利益并未受任何损失。

3. 决议所涉“强制收购”有无法律依据。我国《公司法》第 74 条第 1 款〔1〕规定:“有下列

〔1〕 原文为《公司法》第 75 条。2013 年《公司法》修改之后,本条变为第 74 条,特此说明。

情形之一的，对股东会该项决议投反对票的股东可以请求公司按照合理的价格收购其股权，其中第（三）项的情形为："公司章程规定的营业期限届满或者章程规定的其他解散事由出现，股东会会议通过决议修改章程使公司存续的。"这一规定表明法律本身是赞同在公司章程规定的营业期限届满这一事由出现时，是可以通过用一定的方式让公司存续下去的。前提是保护好小股东的利益，即保证其在不愿继续经营却又无力阻止公司存续的股东会决议通过的情况下，可以通过让公司收购其股权的方式退出。该规定条款充分体现了我国《公司法》立法中对在公司中处于相对弱势地位的小股东的权利保护。但任何事情都不能一概而论，小股东有时也能充分利用手中的权力限制大股东、限制公司。本案就是因"修改公司章程须经全体股东一致通过"这一约定引发的特例。由于形成公司存续的决议意味着"修改章程"，则基于这一约定，除非孙焱、张辉既投反对票又不主张撤销决议，否则法律规定的"该项决议"就永远无法生效，也就不存在之后的股权收购了。所以米蓝公司和段治立、陈亦斌才形成系争决议并交由法院来决定，这是一种无奈之下的变通，但这一变通是符合我国《公司法》第 74 条的立法精神的，也符合诚实信用原则和公平原则。因为孙焱、张辉的行为本质上就是反对公司在经营期限届满后延续下去，只是改投反对票为阻止决议生效，故同样是延长公司经营期限以避免公司解散，同样以合理的价格收购异议股东的股权，系争股东会决议拓展性地提出了一个特殊情况下如何适用我国《公司法》第 74 条的方案。

4. 股东会决议与之前的判决有无矛盾。原审法院在 2012 年 6 月 26 日作出的相关一审判决中，判决撤销米蓝公司于 2011 年 1 月 28 日作出延长公司经营期限的决议，理由是违反公司章程的规定；而本案却不支持孙焱、张辉的诉请，二者看似矛盾，但实际上有很大的区别。正如前面所述，孙焱、张辉既可以依法在投反对票后要求公司收购其股权，也可以紧抠章程的约定，阻止公司延续经营的决议生效，而前案中孙焱、张辉仅是主张撤销决议以让公司进入解散、清算。当时孙焱、张辉不要求收购，米蓝公司、段治立、陈亦斌也没有变通方案，法院只能就案论案。且考虑到延长经营期限的前提是股东之间仍须继续合作，已陷入僵局的公司继续经营下去必然会产生无法预知的各种风险，要求小股东承担其不愿承担的风险是不合理的，所以就必须按照公司章程的规定由股东一致通过，否则便不能平等地保护所有股东的权益，故支持孙焱、张辉撤销决议的请求。但在本案中，股东会会议分项决议 3 将孙焱、张辉与段治立、陈亦斌从公司中分离开来，孙焱、张辉的股权被收购后将退出公司，则章程规制的主体发生了变更，孙焱、张辉不再是公司股东，虽然章程也需进行修改，但此时的章程已非原章程。无论段治立、陈亦斌怎么样修改均不再涉及孙焱、张辉的利益，则本案的处理无须再考虑前案中孙焱、张辉被"强留公司"的因素。

综上所述，基于段治立、陈亦斌愿意以合理的价格收购孙焱、张辉的股权，在未损害孙焱、张辉合法权益的前提下，比照我国《公司法》中的相关规定，让孙焱、张辉退出米蓝公司的经营，这对于各方来说都是一个"共赢"的结果，符合诚实信用原则和公平原则。

三、孙焱、张辉提出上诉

一审判决后，孙焱、张辉不服，提起上诉称：（1）涉案股东会决议（一）的实质为股东讨论是否延长米蓝公司的经营期限,公司经营期限属于米蓝公司章程载明的事项,延长公司经营期限属于修改公司章程,根据米蓝公司章程规定,修改公司章程应经公司全体股东一致通过,而本案的事实是米蓝公司的四名自然人股东中两名股东不同意延长公司经营期限要求解散清算。因此,根据我国《公司法》第22条第2款的规定,即股东会决议内容违反公司章程的,股东可以自决议作出之日起60日内,请求人民法院予以撤销。故涉案股东会决议(一)应予撤销。(2)根据我国《公司法》第38条规定的股东会可行使的十一项职权范围表明,股东会无权决定股东所持股权的转让事宜。因此,依据我国《公司法》第21条第1款的规定,即股东会决议内容违反法律、行政法规的无效。故涉案股东会决议(三)应属无效。(3)原审判决适用我国《公司法》第74条第1款的规定存在适用法律错误。该款规定适用的前提为:其一,股东会决议有效并决议修改公司章程使公司存续;其二,请求收购股权的权利主体为投反对票的股东;其三,收购的义务主体应为公司,而非投赞成票的股东。除此之外,原审判决无权对我国《公司法》第74条第1款规定的适用范围擅自进行扩大解释。(4)原审判决无视之前已生效法院判决的既判法律效力。(5)原审判决缺乏法理依据和逻辑关系。综上所述,请求:撤销原审判决,改判支持孙焱、张辉的全部原审诉请。

米蓝公司辩称:原审查明事实清楚,适用法律正确,不同意孙焱、张辉两人的上诉请求。系争米蓝公司股东会决议的召开程序符合法律规定,内容也符合法律规定。该股东会决议是基于股东之间就公司延长经营期限存在分歧和僵局,进而通过股东会决议的方式而寻求的解决方法和救济途径,该决议在解决了大股东希望公司存续经营问题的同时,又兼顾到了保护小股东权益的问题。故请求:维持原判,驳回孙焱、张辉两人的上诉。

段治立、陈亦斌共同辩称:第一,系争米蓝公司股东会决议的召集程序、表决方式均符合法律和章程的规定,内容亦为合法有效。第二,原审判决系依据我国《民法通则》的诚实信用和公平原则,并结合我国《公司法》第74条的立法精神而作出的。其依法行使了司法审查的权利并兼顾了对各方利益的平衡,符合法律规定。更有利于解决米蓝公司的股东僵局。第三,至于孙焱、张辉认为本案一审判决和之前生效的法院判决相矛盾的问题。之前的生效判决考量的重点在于原股东会决议如不撤销,将导致作为股东的孙焱、张辉因公司存续而继续被留在公司,这可能会损害或不利于保护两人作为小股东的权益。而涉案股东会决议系公司股东会新形成的决议,其中作出的同意由段治立、陈亦斌两人以合理价格收购孙焱、张辉所持公司股权的决议内容,应为充分保护了作为小股东的孙焱、张辉两人的合法权益。第四,原审判决平等保护了对米蓝公司延长经营期限存在意见不一致的两方股东的权益,同时兼顾了公司拟制法人的利益,全体公司员工、公司债权人及社会整体的利益。综上所述,请求:维持原判,驳回孙焱、张辉两人的上诉。

四、二审法院的判决结果及其理由

二审法院驳回上诉,维持原判,其理由如下:

1. 关于涉案股东会决议(一)应否予以撤销的问题。孙焱、张辉所持的理由为,米蓝公司章程所规定的公司经营期限为10年,如延长公司经营期限则将面临要修改公司章程,而根据米蓝公司章程规定的修改程序,新章程必须在股东会上经全体股东表决通过,从本案的客观事实反映,涉案的股东会决议(一)并未经合计持有公司24%股权的股东孙焱、张辉予以表示同意,故违反了米蓝公司的章程,依法可主张予以撤销。对此,本院的认定意见为,从该项决议的内容表明,该项决议只是反映为对一个客观事实的陈述,即在米蓝公司章程约定的10年经营期限届满后,合计持有公司76%股权的两名股东段治立和陈亦斌提出要求米蓝公司存续经营,合计持有公司24%股权的两名股东张辉和孙焱则提出要求公司解散清算。显然,上述描述内容并不具有任何表决结果意义上的效力,故依法不应视为构成一项股东会决议。因此,孙焱、张辉诉请撤销涉案股东会决议(一),无事实和法律依据,本院不予支持。

2. 关于涉案股东会决议(三)应否认定无效的问题。孙焱、张辉对此所持的理由为,鉴于公司股权转让属于股东意思自治的范畴,而公司股东会并无权决定股东是否应转让其股权的事宜,故涉案米蓝公司股东会作出的由段治立、陈亦斌收购孙焱、张辉所持米蓝公司股权的股东会决议(三)应属无效。本院认为,有限责任公司的股东对于其所持公司股权依法享有收益和处分的权利,因而股权转让与否属于股东意思自治的范畴。但涉案的米蓝公司股东内部之间的股权收购决议的形成有其特定的背景,即在米蓝公司章程规定的公司10年经营期限届满后,合计持有公司76%股权的两名股东段治立和陈亦斌提出要求米蓝公司存续经营,合计持有公司24%股权的两名股东张辉和孙焱先则提出要求公司予以解散清算。对于上述股东会决议效力的认定问题,应从合理性、合法性以及是否有违米蓝公司章程规定等方面进行考量。关于其合理性的问题,原审判决已经从社会效应、经济效应等方面进行了充分的阐述,本院予以认同不再赘述。

关于其合法性以及是否有违米蓝公司章程规定的问题,本院的认定意见如下:

(1)关于涉案股东会决议(三)的内容是否违反我国法律、法规的问题。虽然我国《公司法》第74条第1款第3项的规定,仅是赋予对以股东会决议方式延长公司经营存续期限投反对票的股东享有请求公司按照合理的价格收购其股权的权利,而并未直接赋予公司或持赞同意见的股东可以按照合理价格收购投反对票股东所持股权的权利。但这一法律条款内容至少可以证明,我国《公司法》认可在原公司章程规定的营业期限届满后,公司股东会会议可以通过决议修改公司章程使公司存续,同时反映我国《公司法》对于公司与股东之间或股东之间就延长公司经营期限所形成的僵局,隐含着可以通过股权收购方式加以解决的立法精神。但前提是保护好小股东的利益,即保证小股东在不愿继续经营却又无力阻止公司存续经营的股东会决议通过的情况下,可以通过让公司收购其股权的方式退出。因此,对于段治立、陈亦斌要求强制收购孙焱、张辉所持公司股权的问题,应该不涉及违反我国法律禁止性规定的事实。

(2)关于涉案股东会决议(三)的内容是否有违米蓝公司章程规定的问题。米蓝公司章程第六章第34条条款规定"本公司自《企业法人营业执照》签发之日起,经营期限满10年即行解散,并在30日内办理注销登记。如需延长,则在经营期限届满前75日作出决议报上海市工商行政管理局批准,办理变更登记注册手续",上述米蓝公司章程所规定的内容表明,在公司经营期限届满后,米蓝公司的股东可通过决议的方式延长公司经营期限,但依约应在经营期限届满前75日作出决议报上海市工商行政管理局批准和办理变更登记注册手续。因此,就米蓝公司自身章程而言,并不存在限制公司延长经营期限的问题。但问题在于,米蓝公司章程第七章第38条中有关"新章程须在股东会上经全体股东通过"的约定内容表明,对于因延长公司经营期限所涉及的章程修正事宜,依约应由全体股东一致表决通过。而客观事实是,在米蓝公司章程约定的10年经营期限届满后,公司的两名股东张辉和孙焱反对延长公司经营期限并坚决要求解散清算,为此,米蓝公司的四名自然人股东之间形成僵局。为解决股东间的僵局以及考虑到公司章程中就延长经营期限所涉的章程修改内容须经全体股东通过的规定内容,段治立和陈亦斌提出按合理价格对张辉和孙焱持有的公司股权进行收购,并因此形成涉案股东会决议(三)。通常情况下,股东制定的公司章程只要不违反社会公共利益和法律的强制性规定,就应当得到法律的认可和保护。米蓝公司的四名自然人股东在制定公司章程时,可能是基于充分保护小股东利益的考量,约定了修改公司章程不依"资本多数决"而是需经股东一致表决通过。但任何事情都不能一概绝对而论,小股东在利用章程所赋予的权利对大股东进行限制时,亦应兼顾公司控股股东、债权人以及社会公众的利益。解散清算是股东以消灭公司人格的方式而退出对公司的经营,对于经营业绩良好的公司来说,绝非为股东间离散的最佳选择。而作为打破公司僵局的另一种救济措施的股权收购,则实际上是对公司进行重组的过程,即在按章程约定让异议一方股东在公司经营期满后以股权出让方式退出的同时,又实现了另一方股东存续公司经营避免公司解散清算的目的,促使公司破裂的人合性回复到原来的完满状态,从而以较小的代价化解了公司的僵局,进而保全了公司的主体经营资格。诚如段治立和陈亦斌所辩称的,由想存续公司经营的股东一方通过合理的价格收购另一方要求公司解散清算股东所持的股权,从而得以让一方股东退出公司经营,这不仅可以帮助想退出公司经营的股东取得公平合理的股权转让对价,而且也达到了另一方股东不想解散公司从而使公司经营得以存续的目的,且利益相关者的损失也会降到最低,因此,不失为一种"多赢"的救济措施。况且,在原公司经营期限已经届满,公司面临延长经营或解散清算两种选择的情形下,对于公司延长经营持反对意见的孙焱、张辉而言,只要保证两人的股权转让或收购价格合理且不低于公司解散清算所能获得的利益,选择服从合计持有公司76%股权股东的意见,以转让股权或请求收购股权的方式退出公司经营,从而解决公司股东间的僵局,对两人的股东权益实际并不会产生损害。同样如原审判决所认为的,当孙焱、张辉所持公司股权因被收购而退出公司后,则章程所对应规制的主体也发生了变更,即孙焱、张辉不再是米蓝公司的股东,对于米蓝公司因延长经营期限而涉及的章程修改事宜,也无须再由两人参与表决和通过。因此,涉案股东会决议(三)本身在于解决米蓝公司章程所规制的问题,故并不有违米蓝公司章程的规定。

五、孙焱、张辉提出再审申请

孙焱、张辉不服二审判决,向上级法院提出再审申请。其认为,关于分项决议(一)的性质，一审、二审法院的认定并不相同。一审法院用大量篇幅表述公司存续的利弊，未对分项决议（一）是否属于股东会决议予以定性。而二审则否定了一审意见，直接认定分项决议（一）仅为客观事实的描述，而非股东会决议。既然二审不认同一审的意见，就应当认定原审认定事实错误，进而予以改判。关于分项决议（三）是否无效的问题，在孙焱、张辉合法享有米蓝公司股权且拒绝转让的情况下，段治立、陈亦斌作出强行收购股权的分项决议（三），显然有违《合同法》规定的平等自愿原则，应属无效。一审、二审法院因未找到明确支撑分项决议（三）有效的法律依据，便自行造法支撑其判决，即以所谓立法精神对《公司法》相关条款作拓展性理解。但是，法律解释的主体是最高人民法院，本案一审、二审法院显然不具备解释主体资格。一审、二审法院以“公司维持”凌驾于“保护中小股东合法权益”原则之上，是对《公司法》立法本意的错误理解。现有《公司法》相关的关于股东行使其权利的制度已经充分考虑了公司维持的理念，无须再行拓展解释。申请人作为小股东是因为米蓝公司章程中有“全体股东一致通过”的规定，如知晓章程中的该项规定可能被轻易否定，申请人未必参与设立米蓝公司。由此推知，将有众多人基于对权利不稳定的恐惧而选择放弃担任小股东，又将有众多企业将基于小股东股权不稳定而缺乏归属感。鉴于原一审、二审判决存在前述错误，请求再审撤销原生效判决，改判支持申请人的原审诉讼请求。

被申请人米蓝公司辩称：米蓝公司设立以来一直经营良好，公司经营期限届满后，唯一阻碍公司经营下去的就是修改章程的问题。由于股东之间存在矛盾，无法达成一致意见，分项决议（一）就是对此的客观描述。分项决议（三）也是有法律依据的，根据最高人民法院关于《公司法》的相关司法解释，公司经营期限届满后公司是否存续下去可采取收购股权或者减资的方式。现公司已经进行资产评估，其他股东愿意高价收购孙焱、张辉的股权，但孙焱、张辉不同意。孙焱、张辉阻碍公司存续下去的目的是为实现自身利益最大化，属滥用股东权利的表现，不应得到法院支持，请求维持原审判决。

被申请人段治立、陈亦斌辩称：米蓝公司股东会决议是采用“股东决”而非“股份决”，因此本案中并不存在大小股东之分。分项决议（一）仅是对客观事实的描述，不需要撤销。分项决议（三）是股东讨论公司解散事宜，属股东会的法定权限。其中提到的收购事宜，是《公司法》规定的替代解决途径，收购股权的事宜已由另案解决。孙焱、张辉主张公司解散，说明有退出公司的意图，并且将公司资产进行评估，孙焱、张辉也无异议。孙焱、张辉的行为属滥用股东权利，分项决议（三）应为有效，请求维持原审判决。

六、再审法院的判决结果及其理由

再审法院认为：

1. 关于分项决议（一），因其仅是对客观事实的描述，不具有表决效力，无须予以撤销，原二审的处理并无不当，再审予以认同。

2. 关于系争股东会决议的第三项内容为“鉴于股东张辉先生和孙焱先生不同意公司存续，由股东段治立先生和陈亦斌先生按合法、合理价格对其持有的公司股份进行收购”，实质是大股东以股东会决议形式强行收购小股东股份,强制小股东退出公司,侵害了小股东的利益。就该决议内容而言,既违反了《民法通则》第75条关于公民合法财产受法律保护的规定,又违反《公司法》第20条第1款关于股东不得滥用股东权利损害其他股东利益的规定,依据《公司法》第22条第1款之规定应作无效处理。《公司法》第74条第1款第3项关于"公司营业期限届满情况下,股东会会议通过决议修改章程使公司存续,异议股东有权请求公司按合理价格收购其股权"的规定,是以公司已经通过修改章程延长经营期限为前提,且需异议股东提出请求,收购股权的主体是公司而非其他股东。但本案事实与上述法律规定的要件并不一致,而且公司章程修改需股东一致通过,在小股东反对情况下,原生效判决认为"《公司法》74条隐含了公司与股东之间或股东之间就延长公司经营期限形成僵局,可通过股权收购方式解决",并以"隐含的立法精神"和公司"多赢"为由,支持大股东强行收购小股东股份的决议,缺乏充分法律依据。

教学手册

教学对象及目标

本案例供法律硕士案例教学使用,法学本科(大四)、民商法学硕士也可以参酌试用。

本案例的教学目标在于:(1)使学生理解公司意思自治的概念和实现方式。在此基础上讨论意思自治的法律边界。(2)使学生掌握公司股东会决议无效和撤销制度。(3)使学生掌握公司维持原则的概念及其在公司法和司法解释中的体现。(4)结合在本案中出现的公司意思自治与公司维持原则之间冲突,让学生充分讨论本案中小股东行使其否决权是否正当。分析为何再审法院会不同意一、二审法官的观点。并让学生提出自己的观点和理由。本问题具有开放性,没有确定性答案。

教学内容

1. 公司意思自治

(1)公司意思自治的实现方式

公司是法人,具有独立的民事主体资格。因此,私法自治原则同样适用于公司。并且公司基于意思自治方能实现其自身利益,实现公司设立的目标。

公司可以通过多种方式来进行自我管理,自我经营,实现意思自治。例如,通过股东协议的方式来赋予创始股东否决权。更多的则是通过公司内部的制度性规范,例如,公司章程和管理规定等。公司通过股东会或者董事会决议作出的决议也能实现公司意思自治。

(2)公司意思自治的边界

虽然法院应当充分尊重公司的意思自治(例如,在少数情况下才否决公司的股东会决议等)。但是,公司意思自治也有其边界,跨过这个边界则可能会无效。如果公司的自治条款违反法律、行政法律和公序良俗的规定，则无效。例如，章程规定公司即使没有发生亏损也要分配利润。此外，如果公司自治条款侵犯到其他民事主体的权利，尤其是中小股东的权利，例如强制要求股东转让其股权，如果没有经过该股东的同意，则该条款无效。

任课教师可以重点分析本案中对于修改公司章程需要全体股东同意的效力和股东会决议大股东收购小股东股权的决议效力。此外，任课教授还可举出其他一些有争议的自治条款，加深学生对于公司意思自治边界的思考，例如，限制股东权利转让的条款、在某些条件下强制股东转让股权的条款以及罚款条款等（相关案件附于参考案例中）。

2. 股东会决议无效和撤销制度

（1）股东会决议无效制度

《公司法》第22条第1款规定："公司股东会或者股东大会、董事会的决议内容违反法律、行政法规的无效。"除了本款规定的无效情形，《公司法司法解释四（征求意见稿）》第6条还规定："股东会或者股东大会、董事会决议存在下列情形之一的，应当认定无效：（一）股东滥用股东权利通过决议损害公司或者其他股东的利益；（二）决议过度分配利润、进行重大不当关联交易等导致公司债权人的利益受到损害；（三）决议内容违反法律、行政法规强制性规定的其他情形。"理论上，由于无效的决议自始、确定和绝对无效，因此《公司法》并没有明确提出无效之诉的原告资格，对此《公司法司法解释四（征求意见稿）》第1条规定："公司股东、董事、监事及与股东会或者股东大会、董事会决议内容有直接利害关系的公司高级管理人员、职工、债权人等，依据《公司法》第22条第1款起诉请求确认决议无效或者有效的，应当依法受理。"任课教授可以提问：如此宽泛的规定，有什么负面后果。由于其他法律已经保护了诸多职工或者债权人的利益，是否有必要让他们来干预公司的意思自治（即便是这种意思自治有问题）。此外，《公司法司法解释四》还规定了公司决议的不存在之诉[1]、未形成有效公司决议之诉[2]以及确认公司决议有效之诉，任课教师可以结合课程进度给学生做讲解。

（2）股东会决议可撤销制度

《公司法》第22条第2款："股东会或者股东大会、董事会的会议召集程序、表决方式违反法律、行政法规或者公司章程，或者决议内容违反公司章程的，股东可以自决议作出之日起六十日内，请求人民法院撤销。"其中，"召集程序" 和"表决方式"，包括股东会或者股东大会、董事会会议的通知、股权登记、提案和议程的确定、主持、投票、计票、表决结果的宣布、决议的

---

[1] 《公司法司法解释四（征求意见稿）》第4条规定："本规定第一条规定的原告有证据证明系争决议存在下列情形之一，请求确认决议不存在的，应予支持：（一）公司未召开股东会或者股东大会、董事会，但是公司按照《公司法》第三十七条第二款或者公司章程的规定不召开股东会或者股东大会而直接作出决定，并由全体股东在决定文件上签名、盖章的除外；（二）公司召开股东会或者股东大会、董事会，但是未对决议进行表决。"

[2] 《公司法司法解释四（征求意见稿）》第5条规定："公司召开股东会或者股东大会、董事会并作出决议，但是本规定第一条规定的原告有证据证明存在下列情形之一，请求确认未形成有效决议的，应予支持：（一）出席会议的人数或者股东所持表决权不符合公司章程的规定；（二）决议通过比例不符合公司法或者公司章程的规定；（三）决议上的部分签名系伪造，且被伪造签名的股东或者董事不予认可；另一种观点：决议上的部分签名系伪造，且被伪造签名的股东或者董事不予认可，在去除伪造签名后通过比例不符合公司法或者公司章程的规定；（四）决议内容超越股东会或者股东大会、董事会的职权。"

形成、会议记录及签署等事项[《公司法司法解释四(征求意见稿)》第7条]。股东应当在决议作出之日起60日内提出撤销之诉。但是,任课教师可以提问:如果公司未通知股东,撤销之诉的起算时间如何计算,将会是争议问题。《公司法》并没有对股东资格作出要求,因此只要具有股东资格就可以提出。《公司法司法解释四(征求意见稿)》第2条规定,案件受理后不再具有公司股东身份的,应当驳回起诉。但是,任课教师需要提醒学生注意的是,会不会出现股东提出并没有坚实法律基础的骚扰性诉讼,影响公司的正常经营?对此应当如何防止?《公司法》第22条第3款规定的,人民法院可以应公司的请求,要求股东提供相应担保,可能是一个解决方法(还有其他的吗?)。但是,如果股东事后同意该决议,则不能再提出撤销之诉。对此,《公司法司法解释四(征求意见稿)》第8条规定:"股东起诉请求撤销股东会或者股东大会、董事会决议,公司有证据证明存在下列情形之一的,应当驳回诉讼请求:(一)决议作出后,股东明确表示同意决议内容;(二)决议作出后,股东以自己的行为明确表示接受决议内容;(三)作出新的决议,实质认可股东诉讼请求的内容。"

(3)股东会决议无效或者被撤销的法律效果

《公司法》第22条第4款规定:"公司根据股东会或者股东大会、董事会决议已办理变更登记的,人民法院宣告该决议无效或者撤销该决议后,公司应当向公司登记机关申请撤销变更登记。"《公司法司法解释四》(征求意见稿)第11条也规定:"人民法院判决股东会或者股东大会、董事会决议不存在、未形成有效决议、决议无效或者撤销决议的,该决议自始没有法律约束力。"但是,如果善意第三人与公司或者股东等发生的交易行为,即使该交易行为所依据的决议无效或可撤销,也应为有效以保护交易安全(可以和学生讨论)。

3. 公司的维持原则

公司在社会中扮演着重要作用,例如为员工提供就业机会、为消费者提供商品或者服务、为国家和地方提供税收等,因此从公司法政策的角度来说,应当尽量让公司存续而非解散(本案中法院也重点提到了这一点)。对此,《公司法》中的众多条文对此也有体现。例如,《公司法》第181条规定,当公司章程规定的营业期限届满或者公司章程规定的其他解散事由出现时,公司可以通过修改公司章程而存续。再如《公司法司法解释二》第5条规定,人民法院审理解散公司诉讼案件,应当注重调解。当事人协商同意由公司或者股东收购股份,或者以减资等方式使公司存续,且不违反法律、行政法规强制性规定的,人民法院应予支持。当事人不能协商一致使公司存续的,人民法院应当及时判决。这些条文都体现出了公司维持原则。任课教师还可以和学生讨论,《公司法》中还有哪些规定也体现这一原则。

4. 公司意思自治 vs 公司维持原则

由于有限责任公司的特点,例如股权转让受限、没有二级市场等,容易受到大股东的压制,因此小股东采取多种方法来防止受到大股东的侵害,例如本案中的一致同意条款。但是,该条款在运作中的负面效果就是小股东的机会主义行为,即利用一致同意条款反过来损害公司和大股东的利益。本案就存在这种紧张的对立关系。小股东要求解散公司,大股东要求回购小股东的股东使公司继续经营下去。从尊重公司意思自治的角度而言,应当认可小股东要求解散公司的权利。但是，从公司维持的角度而言，又应当限制小股东的权利。尤其是在大股东同意以公平的价格收购大股东的股权，则小股东坚持要求解散公司，是否具有正当性，对此《公司法》第 20 条第 1 款规定："公司股东应当遵守法律、行政法规和公司章程，依法行使股东权利，不得滥用股东权利损害公司或者其他股东的利益。"一审、二审法院从多种角度讨论了使公司继续经营下去的正当性，而再审法院却以无法律依据否定了一审、二审法院的理由。对此，任课教师可以和学生展开讨论，支持哪一个判决？小股东在利益受到保护的情况下仍然投出反对票，是否构成权利滥用？

预期效果

1. 学生了解公司实现意思自治的方式及边界。

2. 学生掌握股东会决议无效和可撤销制度，尤其是在《公司法司法解释四（征求意见稿）》尚未生效的前提下，可以对相关条文展开批判性讨论。

3. 学生了解公司维持原则的概念和体现。

4. 学生讨论在公司意思自治与公司维持相冲突的情况下，如何进行裁判（或者说，小股东是否有正当行使权利的义务）。

教学计划

1. 课前计划：安排学生阅读案例及相关参考资料，对案例所涉及的问题进行思考，撰写实践题答案。

2. 课中计划：介绍教学目的，明确讨论主题；分组讨论，回答各项思考题，讨论实践题的撰写要点；小组代表提出撰写要点，学生讨论和分析；教师归纳总结。

课堂时间安排

本案例可以作为专门的案例教学课来进行，整个案例课的课堂安排 3 个课时，每课时 45 分钟。

思考题和实践题

思考题

1. 再审的条件和程序是什么？本案中符合再审的条件是什么？
2. 有限责任公司小股东权利受到侵害的原因和情形是什么？
3. 小股东如何通过公司章程等公司自治方式来保护自己的权利免受大股东的侵害？
4. 股东决议无效或者可撤销的情形有哪些？本案属于哪种情况？
5. 公司维持原则的概念和体现？
6.《公司法》第 74 条是否适用于本案？
7. 在公司法对前述问题没有规定的情况下，法院如何填补公司法的漏洞？
8. 本案中，在小股东拒绝公司继续经营的情况下，大股东是否可以要求回购其股东？或者公司是否可以要求回购其股权?

9. 一审和二审举出了什么理由来支持其判决结果?你同意这些理由吗?

10. 本案中,小股东拒绝大股东的购买请求,是否构成权利滥用?

11. 小股东拒绝购买请求的时候,是否应当说明理由?

12. 再审法院是为何否定了一审和二审的判决?

13. 请问你支持一审、二审判决还是再审判决?理由是什么?

实践题

请问如果你是律师,客户要求你起草公司章程,并要求写入修改公司章程的一致同意条款,你应当如何向公司建议,以避免类似本案的情形出现?

参考文献

1. 赵旭东主编:《公司法学》(第四版),高等教育出版社 2015 年版。

2. 施天涛:《公司法论》(第三版),法律出版社 2014 年版。

3. 王军:《中国公司法》,高等教育出版社 2015 年版。

4. 蒋大兴:《社团罚抑或合同罚:论股东会对股东之处罚权——以"安盛案"为分析样本》,载《法学评论》2015 年第 5 期。

5. 常健:《股东自治的基础、价值及其实现》,载《法学家》2009 年第 6 期。

6. 钱玉林:《股东大会决议瑕疵的救济》,载《现代法学》2005 年第 5 期。

7. 张旭荣:《法律行为视角下公司会议决议效力形态分析》,载《比较法研究》2013 年第 6 期。

参考案例

1. 南京安盛财务顾问有限公司诉祝鹃股东会决议罚款纠纷案,载《人民法院公报》2012 年第 10 期。

2. 蒋小莉诉四川杰特机器有限公司股东资格确认纠纷一案二审民事判决书,四川省资阳市中级人民法院,(2014)资民终字第 355 号。

3. 上海产联电气科技有限公司与曾奕决议撤销纠纷二审民事判决书,上海市第二中级人民法院,(2013)沪二中民四(商)终字第 851 号。

(樊健,上海财经大学法学院讲师)

18 CASE 浙江圣大建设集团有限公司诉浙江玻璃股份有限公司动产浮动抵押权纠纷案

摘　要

本案例以一起真实的债权担保纠纷案件为蓝本,主要围绕浮动抵押设立的认定以及抵押财产的客体范围展开讨论,其中涉及设定担保性质的辨析、合同书形式的要求,浮动抵押结晶行权的条件、优先受偿范围划定等法律问题。通过案例的分析与讲授,有助于学生直观的理解在我国法律框架下,浮动抵押适用的空间和效力,对其设立方式、客体范围、应用特征、实现方法有更加深入的认识和思考。同时,对实务中签署此类担保合同需要防范的商业风险和法律问题提供参考和规范思路。

关键词

浮动抵押设立　动产抵押范围　浮动抵押行权　担保物权纠纷

教学目标

本案例教学应着重让学生掌握以下几方面内容:(1)浮动抵押与固定抵押的区别和联系;(2)浮动抵押的制度内涵与现实价值;(3)浮动抵押设立与否的参考标准;(4)我国《物权法》中关于浮动抵押的具体规定及其存在的问题;(5)浮动抵押与保证并存的认定与比较;(6)浮动抵押优先效力的认定和顺序;(7)浮动抵押实现的方式和途径;(8)抵押权人使用浮动抵押的风险控制。

教学案例

一、引言

2007 年 10 月 1 日正式实施的《中华人民共和国物权法》(下称《物权法》)首次引进了"浮动抵押制度",这是我国担保法律制度上的一次重大立法突破。该制度的确立一定程度上完善了担保物权体系,扩大了抵押财产的范围,特别是浮动抵押中抵押财产可自由流转经营的特点,对于抵押人的益处非常明显。

与此相对,抵押权人的利益如何得到有效保护却面临诸多法律问题。由于《物权法》第 181 条的规定较为原则,只是笼统规定设立浮动抵押需要签署书面协议,但该协议中究竟应该列明哪些事项,是否需要注明"浮动抵押"等字样并不明确。以其现有和将来的财产提供担保,是否构成浮动抵押,容易引发当事人的争议。而相应的登记机关也未提供专门的登记程序,对浮动抵押的浮动性认识不清;再加上制度引进时,没有赋予抵押权人在结晶后自行处置抵押财产,派出接管人接管抵押标的的保护性权利,多数仍需依靠法院来保障实施,给浮动抵押的权利实现造成了极大的不便。

因此,商业实践中,银行等债权人往往并不愿意接受债务人采取浮动抵押的方式对其债务提供抵押担保,即使偶有适用,也会面临较大的商业风险或法律问题。结果是,该项制度的引进并没能发挥其便利融资,为中小企业解决融资困局,促进社会资源有效配置的初衷和意愿。所以,我们有必要借鉴国外的成熟经验,对该项制度的运行模式以及司法实践中出现的疑难问题进行分析和反思,更加深入地理解其制度内涵,完善配套措施、挖掘制度红利。

二、案情概要

2008 年 8 月,浙江圣大建设集团有限公司(以下简称圣大公司)作为债权人与债务人光宇集团有限公司(以下简称光宇公司)签署《借款协议》,向其提供资金借款。同时,为担保其债权顺利实现,圣大公司分别与浙江玻璃股份有限公司(以下简称浙玻公司)以及自然人冯某签署了《补充协议》,约定由浙玻公司与冯某为该笔债务提供连带保证。

基于该债权债务关系,浙玻公司又于 2008 年 10 月 7 日向圣大公司开具了一份《浙江玻璃股份有限公司产品出库单》,上面注明"以其 1— 4 生产线的玻璃在 4000 万元范围内向原告提供货权担保"。

后圣大公司依据借款协议向光宇公司发放了借款。借款期满后,光宇公司仅归还 500 万元本金,其余借款本金及利息均未按期归还。

2010 年 9 月 13 日,圣大公司向法院起诉,要求债务人光宇公司清偿全部欠款及利息,并要求浙玻公司以及自然人冯某承担连带责任。该案经二审审理,Z 省高级人民法院作出生效判决:确认上述借款关系合法有效,债务人及其连带保证人应向债权人圣大公司偿还包括借款本金、相关利息以及实现该案债权所支付的全部费用。

据此，圣大公司又以浙玻公司为被告，向Z省S市中级人民法院提起诉讼，希望确认以下请求：

1. 圣大公司与浙玻公司订立的4000万元玻璃抵押权合法成立，圣大公司就抵押财产享有优先权利。

2. 圣大公司为实现抵押权所花费的合理费用216200元由浙玻公司承担，并在抵押财产范围内承担担保责任。

3. 本案诉讼费用由浙玻公司承担。庭审中，圣大公司进一步明确本案所涉的担保性质系浮动抵押担保。

被告浙玻公司辩称：浙玻公司从未作出抵押担保的意思表示，双方也从未就此达成合意，也未订立抵押合同，圣大公司所称的抵押合同并不成立，圣大公司无从就抵押财产享有优先受偿权。请求驳回圣大公司的全部诉讼请求。

三、主要证据示例

证据1：借款协议三份、补充协议二份、浙江省高级人民法院民事判决书一份（均为复印件），证明光宇公司的借款事实。

证据2：2008年9月6日，光宇公司（债务人）向浙玻公司（保证人）出具的联系单一份（复印件），内容为："浙江玻璃销售部、财务部：兹因向浙江圣大建设集团有限公司借用资金需要，需你部开具价值4000万元玻璃提货单，作为货权质押，望予以办理。"

证据3：2008年10月7日，浙玻公司向圣大公司出具的载有"浙玻公司财务专用章"的浙江玻璃股份有限公司产品出库单两份（提货联和客户联），上面注明："以其1—4生产线玻璃在4000万元范围内向原告提供担保"。

证据4：委托合同、发票、进账单、转账支票（复印件），证明原告为实现抵押权所支出的费用。

证据5：圣大公司与浙玻公司在前述借款协议中约定，浙玻公司的保证范围包括借款本金、费用、违约金和圣大公司为实现债权支出的全部费用。

证据6：圣大公司为本案诉讼已支付律师费216200元。

教学手册

教学对象及目标

本案例供法律硕士案例教学使用，法学本科（大四）、民商法学硕士、金融法学硕士也可以参酌试用。

本案例主要就浮动抵押的设立、抵押财产的客体、抵押权利的实现以及保证与抵押共存时的处理等法律问题进行讲授,内容涉及对物权法、担保法相关条文的解读与适用,并结合现实,对我国现行浮动抵押制度的运行和法律体系进行反思和评价。

希望通过案例教学的方式,让学生掌握和理解以下知识:(1)浮动抵押的含义和起源;(2)浮动抵押的性质、价值与风险;(3)浮动抵押设立与否的参考标准;(4)我国《物权法》中关于浮动抵押的一般规定;(5)保证与第三人浮动抵押并存的法律处理;(6)浮动抵押优先效力的认定和顺序;(7)浮动抵押实现的方式和途径;(8)抵押权人使用浮动抵押的风险控制。

在掌握知识的基础上,进一步培养学生分析法律事实、寻找法律依据、进行法律阐释、进行法律推理的分析和思辨能力。

教学内容

1. 浮动抵押的含义和起源

抵押可以是固定的,也可以是浮动的。固定抵押(fixed charge)指当抵押设立的时候,就立即依附于抵押物上,抵押权人取得抵押物上的权利,有权限制抵押人处分或损坏抵押物。抵押权人可以申请法院禁令,阻止抵押人未经授权处分抵押物。如果抵押人非法转让了抵押物,依法善意取得抵押物的第三人有权对抗抵押权人,因为他事先并不知道固定抵押的存在,但是如果他是恶意取得,则应当排除在外。固定抵押是依附于抵押物的抵押。固定抵押项下的抵押物既可以是现在的财产,也可以是将来取得的财产。原则上,区分固定抵押和浮动抵押的标准在于,抵押设立后抵押人是否有权自由处分抵押物。在固定抵押中,无抵押权人的同意,抵押人无法处分其财产。在浮动抵押(floating charge)中,抵押人则可在无抵押权人同意的情形下,自行处分抵押物,将所有权移转或在抵押物上设定其他权利。抵押人是否有权自由处分抵押物,取决于该抵押的性质。

英国的判例对浮动抵押的含义一直处于争论与发展当中。最先阐述浮动抵押含义的是Macnaghten法官,他认为:“浮动抵押是对持续经营的企业财产上设立的抵押。它依附于时时变化着的财产。这种抵押的本质是它发挥着强大的作用,一直到提供抵押的企业停业或者抵押权人干涉为止。抵押权人干涉的权利当然可以通过契约推延,但是如果没有推延契约,债务人违约后,他可以在任何高兴的时候行使权利。”在另一个案例中,Macnaghten法官进一步阐述:“我认为与固定抵押相比,给浮动抵押下个定义不是非常困难……浮动抵押的本质是流动的和不确定的,在不断变化着,可以说随着它试图要影响的财产而飘浮,直到促使它在可触及和掌握的范围内固定下来并依附于抵押物的特定事件的出现或者特定行为的发生。”

Romer法官则提到:“如果一个抵押具有我所谈到的三个特征,那么我当然认为它是浮动抵押:①如果它是对公司现行的和未来的财产设定的抵押;②如果那些财产在公司的日常经营活动中随时都在变化着;③如果你发现该抵押,除非将来被或代表着抵押利益的权利人采取了特定的措施,就我所谈的特定财产,公司可以开展正常的经营活动。”但他强调,这些并不是浮动抵押的精确定义。缺少其中一个或多个特征并不意味着抵押就不是浮动抵押。

综上所述,浮动抵押是相对于固定抵押而言的,固定抵押与大陆法系抵押权的概念相似,包括德国法上的财团抵押。浮动抵押制度始创于英格兰衡平法,普遍应用于公司发行债券的担保。1870 年英国上诉法院审理的 Panama,New Zealand and Australian Royal Mail Co. 案可视作正式确立浮动抵押制度的第一个案例。此案中公司发行的抵押债券上规定:“将企业及其产生的金钱,连同公司所有的不动产、权利、所有权及利益作为本金和利息的担保。”Giffard 认为:“‘undertaking’”一词指公司的所有财产,不仅发行债券之日存在的还包括日后公司可能取得的财产;同时公司享有继续在抵押财产上经营的权利。”也就是说,上诉法院认为:出抵一家企业现有的和将来取得的全部资产的效力等于出抵整个企业,但抵押权人不得干预企业的经营管理,也不得阻止出抵人处分企业的资产。

允许在一个公司全部或部分财产权利上设立担保,这种担保可以及于担保公司未来之财产;被担保公司享有对该财产一定的处分权利。这样经过一个多世纪的发展和总结,浮动抵押制度在英国法上建立起来。

2. 浮动抵押的性质、价值与风险

对浮动抵押性质的讨论一直没有中断。传统学说认为,它是一种担保利益,即意味着债权人拥有的在债务人财产上的财产性利益,债务人保留对财产的自由处置权,就如它们没有被抵押一样。Pennington 教授总结了目前比较流行的两种观点。一种是“许可理论”,认为浮动抵押人之所以有权处置抵押物,是因为债权人允许他们这样做。另一种是“对未来财产的抵押理论”,认为浮动抵押是一种担保利益,在设定时即赋予债权人对公司财产的财产性权利,尽管这种抵押在结晶之前并不依附于特定的财产。

已经达成的共识是,浮动抵押的财产性利益有别于,甚至少于固定抵押的财产性利益,但是很难用精确的语言来解释浮动抵押所产生的财产性利益的本质。Goode 建议,虽然浮动抵押给予权利人在财产上现行的权利,债务人在日常经营中仍可自由处置该财产。Gough 反对“未来财产的抵押”理论,根据他的观点,虽然浮动抵押是现行的衡平法上的担保,但抵押在结晶之前没有给予权利人任何衡平法上的财产性利益。他认为,浮动抵押产生了一种延迟的衡平法上的利益,在结晶之前,浮动抵押的权利人只享有人身上的或根据担保合同所产生的衡平法上的权利。

浮动抵押是一种特别抵押,抵押人以其现在和将来的财产为债权人设定担保。在行使抵押权之前,抵押人对抵押财产保留在正常经营过程中的处分权。但当特定事件或行为发生后,设押财产结晶固化,对抵押债权优先受偿。

浮动抵押最大的特点即是抵押物的不确定性和浮动性,在行使抵押权之前,抵押人仍可以在正常的经营中处分其财产,抵押人可以不经权利人的同意而自由将财产出售、出租、设定二次抵押。在财产固化之前,抵押权人无权主张对某一特定的物享有抵押权。

其浮动的特征既可以理解为抵押物的浮动,也可以理解为抵押权的浮动,抵押物的浮动是指被作为债权担保的财产在抵押权人实现抵押权之前可以发生增减变化,处于浮动状态;抵押权的浮动则是指抵押权人的抵押权在抵押物固定化之前悬浮于抵押财产之上,处于浮动状态。

但正因为如此,在极大的便利抵押人对财产运用的同时,也可能损及抵押权人的利益。为防止抵押权人的利益受损,抵押权人可以根据当事人之间约定或者法律规定的条件行使抵押权。

浮动抵押权的行使(或称抵押权的实现),必须将抵押物固定化,固定化的过程也是清算的过程,英美等国赋予抵押权人派员接管抵押公司的权利,或者在诉讼的情况下,直接由法院派人接管,以尽快确定并保障担保权的实现。

3. 浮动抵押设立与否的参考标准

英国法上并没有对浮动抵押协议作过多形式上的要求,通过债权证设立只是一种可选方式。而且英国债权证通常只是很概括地描述浮动抵押下的浮动抵押物,包括公司现在及将来的业务、财产、存货及原料等流动资产。但英国《1985 年公司法》明文规定:"浮动抵押设立后,债务人公司如果未能将该担保的规定项目连同担保设立的文件或证明文件一道在该担保设立之日后的 21 天之内提交登记或被登记官依法接受,那么该担保在清算程序或管理程序中对公司的清算人或行政管理人及公司的任何债权人均无效。"简言之,英国目前采取的是登记生效主义,浮动抵押权的设立以登记为要件,未经登记,不发生物权的效力,因为有严格的登记程序作为保障,故不会产生过多的权利争议。

我国采取的则是登记对抗主义,《物权法》第 181 条、第 189 条规定浮动抵押的设立必须采取书面的形式,抵押权自抵押合同生效时设立,未经登记的,不得对抗善意第三人。与登记生效主义不同,抵押权的设立只能依赖于书面的协议文本。但我国法律或细化规则并没有规定,该类书面协议的格式文本。抵押协议是否必须标明"浮动抵押"字样?抵押协议对抵押物的描述是否必须足够清晰,足以明确抵押物的范围和最低要求?如果只作出一般性描述是否足以构成浮动抵押担保,对于以上问题,法律或者相关配套条例并没有给出明确答案。

本案中,法院采取了实质重于形式的判断标准,认定当事人双方已经达成了担保意向,意思表示真实可信,担保债权也真实确定。抵押财产,虽然规格数量等约定并不明确,但已经通过书面形式列明为"1— 4 生产线生产的玻璃",属于以公司现有和将来的产品设立浮动抵押的情形。故虽然书面协议中并未明示该担保的性质为浮动抵押,但法院仍然支持了债权人优先受偿的物权请求。

4. 我国《物权法》关于浮动抵押的一般规定及其制度评析

(1)我国《物权法》第 181 条规定:企业、个体工商户、农业生产经营者都可以作为浮动抵押的设立主体。抵押人主体范围十分宽泛,但执行却较少。

纵观各国的浮动抵押制度,对于抵押人的范围,除美国等少数国家不做限制外,一般国家都做了特别规定。如英国法规定将浮动抵押的抵押人范围限于公司,而日本法的规定则更加严格仅限于股份公司。如此"苛刻"的规定,主要基于维护交易安全的考虑:原因在于公司普遍规模较大,经营状况较稳定,信誉较好,有信息披露制度,其财产状况及经营状况较透明,偿债能力较强。

反观我国《物权法》,将抵押人主体范围规定为"企业、个体工商户和农业生产经营者"。

对此,全国人大法工委的解释是:“考虑到我国设立浮动抵押,主要是为了解决中小企业和农民贷款难的问题,促进经济发展,因此将浮动抵押的主体规定为企业、个体工商户和农业生产经营者。”我们认为,立法者的出发点固然用心良苦,但是却忽视了我国当前的现实情况和实践中的可操作性,结果反而不尽如人意。

首先,我国市场经济发展尚不成熟,信用管理机制很不健全,目前对公司以外的其他各类型企业没有良好的制度约束。而且,我国的资产评估制度和登记制度也不健全,难以有效地监管浮动抵押物的流转。在这种情况下允许浮动抵押,不仅难以保障抵押权人的利益,还可能因信用机制的不完善而助长了骗贷行为。其次,中小生产经营者抗风险能力普遍较弱,并且其资金财产有限,在经营过程中很可能部分丧失甚至完全丧失偿债能力。在我国尚未实行个人财产申报制度以及个人破产制度的情况下,把个体工商户以及农业生产经营者纳入浮动抵押的主体范围,在制度上存在着衔接真空。因此,银行往往并不愿意接受个体工商户或农业生产者提供的浮动抵押,实践中,银行通过接受浮动抵押,为个体工商户或农业生产者提供贷款的案例几乎为零。

(可以鼓励学生开展实践调查,通过走访工商局、对银行工作人员进行访谈、运用企业信用信息公示系统,搜集浮动抵押的开展设立情况)

(2)抵押物种类过于狭窄导致浮动抵押担保功能过低。

与抵押人主体范围的过于宽泛相反,我国《物权法》规定的浮动抵押物种类则又显得十分狭窄。从各国的法律规定来看,浮动抵押物的种类都较为广泛,除了禁止流通的财产、处于依法被查封、扣押、监管期间的财产以及所有权不属于抵押人的财产外,几乎没有其他特别的限制。

我国《物权法》第181条却以明文列举的方式将浮动抵押物限于部分特定动产,仅限于“以现有的以及将有的生产设备、原材料、半成品和产品”设定抵押,将交通工具、办公设备、知识产权和股票、票据等证券债权以及不动产等价值较大的财产排除在外。抵押物种类过于狭窄无疑会使浮动抵押的担保功能大大降低,既不利于抵押人融资,也不利于抵押权人降低风险。

本案中,企业以其生产线生产的玻璃作为抵押物,属于合格的抵押标的,相当于在企业部分产品上设立了抵押,但协议并没有明确玻璃的编号、数量、品种规格,抵押标的并不确定,企业在正常经营的过程中也并不受到抵押权的限制,可以自由处分自己的产品。无疑给担保权人的权利实现造成了一定的风险。

(3)《物权法》第196条规定了浮动抵押的标的物特定化的四种情形,英美法系形象地称之为结晶。具体可以解释为:

①债务履行期届满,债权未实现的,抵押财产确定。这种情况下,无论抵押权人是否向抵押人提出实现抵押权的要求,抵押财产均应确定,自债务履行期届满之日起,抵押人不得再处分抵押财产。

②抵押人被宣告破产或者被撤销的,抵押人停止营业,进入清算程序,由于其财产不再发

生变动,抵押财产随之确定,抵押权人对抵押财产享有优先受偿的权利。

③发生当事人约定的实现抵押权的情形的,抵押财产确定。抵押权人为保障自己的债权得到清偿,可以与抵押人约定提前实现抵押权的情形,比如可以约定:抵押人从事关联交易或者低价交易为提前实现抵押权的情形,抵押人用于抵押的库存的产品数量低于库存总量的一定比例为提前实现抵押权的情形等。当事人约定了实现抵押权的情形的,一旦发生了该情形,抵押财产即被确定,抵押权人可以要求实现抵押权。

(4)发生严重影响债权实现的其他情形的,抵押财产确定。严重影响债权实现的情形,范围比较广泛。既可以是因经营不善导致抵押人经营状况恶化或者严重亏损,也可以是因抵押人放弃其到期债权、无偿转让财产或者以明显不合理的低价转让财产,致使其财产明显减少,还可以是抵押人为逃避债务而隐匿、转移财产。

抵押人有上述行为,严重影响债权实现的,抵押权人为保全抵押财产达到一定的数额,以起到担保其债权优先受偿的作用,可以向抵押人要求确定抵押财产,以实现抵押权。抵押财产一经固化,浮动抵押就转变为固定抵押,抵押权人就有权对该类财产优先受偿。抵押人对抵押权人的要求有异议的,抵押权人可以向人民法院请求确定抵押财产。

本案中,属于浮动抵押结晶固化的第一种情形,在履行期届满,债权未实现之日,浮动抵押就自动的转为固定抵押,抵押权人有权就固定化的财产优先受偿。但就如本案实际发生的情况一样,实践中,担保人常常拒不承认浮动抵押权人的优先权利,继续处分抵押财产,抵押权人也缺乏有效的手段控制抵押标的,满足自己的受偿要求;即使通过向法院起诉,请求法院确定其优先权利,也可能错过最佳的控制时机。

(此处可以引导学生思考:如果浮动抵押已经满足结晶固化的条件,转变为固定抵押,抵押人继续处分抵押财产,第三人可以善意取得吗?如果未经登记,当然不能对抗善意第三人;但即使依法办理了浮动抵押设立登记,但没有办理相应的固定抵押变更登记,根据《物权法》第189条第2款:浮动抵押权人“不得对抗正常经营活动中已支付合理价款并取得抵押财产的买受人”,抵押权人如果不能证明第三人明知或存在主观恶意,也很难追回其抵押财产)

5. 保证担保与第三人设立浮动抵押的比较分析

保证的一个特点是:作为第三人的保证人介入,提高了债务人的偿债信用。保证之第三人是以自己的信用作保,实际上是以自己所有的财产作为债权人之债权实现的总担保。这一点实际上与第三人以其全部财产(目前我国法律只允许在部分动产上设立浮动抵押)为债务人设定浮动抵押的情况比较类似,但保证担保的程度不如浮动抵押。

保证的优势在于,与债权人相比,由于保证人一般与债务人存在亲缘或相互关联的法律关系(比如相互之间是母子公司,或是被同一控制人控制的关联公司),保证人能以更低的成本来监督债务人,督促债务人履行义务。同时,保证人的加入使债权的实现多了一层保障,可以降低债权人发放借款的风险。

但其劣势也相当明显,保证并没有赋予债权人一个充分的担保利益,债权人无法控制保证人。债权人一般无权干涉保证人继续向第三人提供担保,或者在主债权到期前,自由处分自己财产的行为。债权人虽然可以在借款协议中限制公司在获得借款后向他人提供保证,但这种限制不能对抗第三人。而且由于债权的平等性、非排他性以及非追及性的特征,债权人无论是对债务人本人,还是对保证人享有的债权都是普通债权,并不优先于债务人及保证人的其他债权。有一定财产的债务人、保证人在其财产总量不变的情况下,可能因新的债务产生或转让其财产而导致债权人之债权不能够得到清偿或不能够得到完全清偿。

而浮动抵押却可以通过设定消极担保条款,禁止设立优先于该抵押受偿权的担保。一旦发现抵押人违背该承诺,抵押权人有权提前收回贷款。

浮动抵押一般还配有"自动结晶条款",在特定事件发生或特定条件满足时,浮动抵押将直接依附于抵押财产,结晶固化:锁定现有的财产和之后取得的所有财产,从而具有固定抵押的性质,保证抵押权人的债权得以顺利实现。并且,由于物权的优先性,转变为固定抵押的浮动抵押,可以保证抵押权人得以优先受偿。

引入浮动抵押以后,保证分化为两种:一种是保证人明确在其全部财产上设立浮动抵押,此时保证的性质变为抵押;另一种是保证人承诺承担担保责任,为原来的保证。但是中国目前的法律规定只能在"生产设备、原材料、半成品、产品"上设立浮动抵押,所以对于设立浮动抵押的这部分财产,在其结晶固化,满足行使条件之后,债权人可以优先受偿获得更好的保护;而对于其余财产,只能受到概括担保的一般保护,并不优于保证人的其他债权人。比如本案中,浙玻公司既是设定浮动抵押的抵押义务人,又是承担连带保证责任的连带保证人,故债权人可以先就浙玻公司拥有的"1—4 生产线"生产的所有玻璃优先受偿,其不足的部分,再以普通债权人身份向浙玻公司继续追偿。

6. 浮动抵押优先效力

《物权法》由于没有对浮动抵押进行单独设节,因此,实现浮动抵押权时,对于同一标的物上有多个担保物权的,其先后顺序一般按照法定担保物权先于意定担保物权、先设立的担保物权优于后设立的担保物权的顺序进行。《担保法》第 54 条、《担保法解释》第 76 条至第 79 条、《物权法》第 199 条等也做了详细规定。

由此,可以得出的结论是:若同一标的物上既有留置权又有浮动抵押权,显然留置权优先,这是由留置权的法定担保物权属性效力强于浮动抵押权的意定担保物权属性决定的。若同一标的物上既有质权又有浮动抵押权,则依照登记(或确权)先后处理。对于仅设立了浮动抵押权的标的物来说,浮动抵押权转化为固定抵押权的,抵押权人优先于一般债权人受偿。

可是,《物权法》却没有对作为特殊制度的浮动抵押的时间基准点做规定,这不得不说是一种遗憾,也给现实生活对其制度的适用带来困惑,比如:如果已经设立了浮动抵押,之后抵押人在正常经营中又以其财产向第三人设立固定抵押,在抵押人破产时,两个抵押权的优先效力如何认定,法律并没有进行明确的规定。

我们可以参考香港《公司条例》关于浮动抵押优先顺序的相关规定,香港特别行政区法律承继于英国的判例法规则,对其进行了总结和提炼,具有一定的借鉴意义。其确定优先顺序的基本原则是:对于浮动抵押,以其固定化的时间作为时间基点。在固定化之前,即使该浮动抵押已经登记,也不享有优先于其他一般债权或抵押权的权利。

具体来说:浮动抵押固定化之前浮动抵押人不能阻止公司向一般债权人清偿债务,公司可以自由的在其所有的财产上设定固定抵押,这些固定抵押优先于浮动抵押的清偿。

浮动抵押固定化之后,浮动抵押优先于普通债权,并且结晶后,公司在未经权利人同意的情况下,不得在该结晶财产上设定其他固定抵押。

有数个浮动抵押,相互之间清偿次序依登记先后而定。然而,在全体财产上设定的浮动抵押不能阻止公司在部分财产(比如账面款项)上设立比其优先的浮动抵押,当部分财产上的浮动抵押优先结晶后,可以比前一个抵押权人优先受偿。

当然,浮动抵押权人可以设定"消极担保条款"以保证其受偿的有优先性,比如规定:在浮动抵押之后设定的所有其他抵押权不能优先于该浮动抵押受偿。但是,若第三人不知道浮动抵押的存在,或虽然知道,但对限制性条款不知情,则第三人所获得的担保权益可以对抗浮动抵押权人。若第三人对限制性条款知悉,则浮动抵押权人的抵押权优先。

7. 浮动抵押实现的方式和途径

依据《物权法》第 195 条:债务人不履行到期债务或者发生当事人约定的实现抵押权的情形,抵押权人可以与抵押人协议以抵押财产折价或者以拍卖、变卖该抵押财产所得的价款优先受偿……抵押财产折价或者变卖的,应当参照市场价格。由此可见,《物权法》允许浮动抵押关系双方以协商的方式处理抵押物,用以清偿债务。

但是,对于浮动抵押这类特殊的抵押方式,由于抵押物本身的不确定性和浮动性,通过协商拍卖、变卖或折价方式,一般难以满足浮动抵押的担保要求,往往引发当事人之间的争端和对立,通过司法程序又需要耗费大量时间,不能及时控制和确定抵押财产的变动转移。

英美国家,是通过任命接管人方式,来实现制度的配套和完善的。接管人,是指当浮动抵押权的标的物处于危险时,抵押权人可以依照约定或请求法院指派特定人员,对抵押标的进行保管。该保管行为可以是收取孳息、获得收益,也可以是处分标的物。从这个角度来讲,接管人制度是一项极大扩大抵押权人权利的制度,而且能较快实现抵押权。

目前,我国法律并不支持这种做法,当发生争议时,浮动抵押权人多是通过向法院提请诉讼,以确认其优先权利。如同本案中,圣光公司起诉浙玻公司,要求法院判决其对浙玻公司 4000 万元的玻璃享有抵押权,并要求优先受偿。但可能发生的风险是,即使法院最终承认其优先权,但由于我国财产保全的成本高、程序难,权利人往往缺乏好的手段来提前控制抵押物的转移流失,其玻璃的存量或价值很可能早已达不到 4000 万元的担保价值,最终陷入"赢了官司却无法执行"的现实困局。所以引入接管人制度,在抵押物固定化之后,由抵押权人或者法院指派专人对特定化的抵押财产进行管理或处分是值得尝试的探索。

总之,在实现抵押权的方式方面:浮动抵押的实现方式可分为私力救济和公力救济两类。当固定化事由成就时,抵押财产固定化,抵押权人对抵押财产享有以下权利:占有及处分的权利(比如出售);就抵押物向法院申请拍卖,优先受偿的权利;在英美国家,还可以委任管理人来接管和处理抵押物,以对抵押权人利益最大化的方式处理该部分抵押财产。

8. 抵押权人使用浮动抵押的风险控制

(1)谨慎选择浮动抵押的合作对象

中小经营者的信用度的问题,是造成其融资难的重要原因。由于我国物权法将浮动抵押人的范围扩大为所有类型的企业、个体户和农业生产经营者,加之浮动抵押制度本身具有浮动性,因此抵押权人会承担更高的风险。在我国信用管理机制不健全且法律规定的抵押人主体范围过宽的情况下,最佳的风险防范措施是在设定浮动抵押时谨慎选择抵押人。

例如,对银行来说,为确保贷款的安全,应注意选择规模较大且公司治理及信息披露较为完善的公司法人作为抵押人。而且在贷前调查要细致,要认真审查抵押物的所有权是否明晰、是否存在瑕疵,抵押物的市场需求是否旺盛、是否存在供过于求的情况,以及抵押物是否便于保存、价值是否相对稳定、变现能力的强弱等问题。总之,应力求全面掌握抵押人动产的实际价值、贷款人经营管理的实际情况、信用状况,从而合理确定贷款额度。以此,为浮动抵押的实施奠定良好的基础。

(2)加强对抵押物的监管

浮动抵押设定后,一方面,在正常经营范围内抵押人有权自由处分设押财产;另一方面,浮动抵押权的实现程度又依赖于抵押权确定时抵押财产的数额。由于生产设备、原材料、半成品、产品等这类动产的流动性较高,抵押人对其处分非常便利,故一旦抵押人的信用出现问题,很容易给抵押权人造成较大的损害。因此,加强对抵押物的监管是保证抵押权人利益的重要有效手段,具有不可替代的意义。抵押权人只有切实做好监管中的细节工作,措施得当,监管到位,方能为规避浮动抵押的浮动风险打下坚实的基础。

目前市场上通行的监管手段主要有两种:一是订立三方监管协议,由第三方负责监管;二是抵押权人自己派专人进行监管。

对于第一种监管方式,可以参照“存货质押”的操作方法,即由抵押权人、抵押人和第三方签订三方协议,由第三方作为监管人对货物承担监管责任,提供货仓,存放抵押财产。三方对所存放的财产登记入册,如抵押财产需要进出时,须经过抵押权人书面同意,并由监管人做好登记。如出仓货物较多时,抵押人应在一定时间内补足,如不能及时补足,监管人应及时通知抵押权人。如监管人导致货物减少或灭失,则由监管人与抵押人对抵押权人的损失承担连带责任。

与第一种监管方式相比,抵押权人自行派人监管的方式具有减少债务人融资成本从而提高其市场竞争力的优势。但如果抵押权人成为监管方,则需要自行选聘保管人员、寻找仓储场地等,不可避免地要对货物损失、自然灾害、治安风险、道德风险等造成的损失承担相应后果。此外,自行监管与第三方监管相比,少了第三方的赔偿责任保障。

通过上面的比对,从尽可能保护抵押权人的角度来讲,我们认为采用第一种方式对抵押物进行监管,更有利于保护抵押权人的利益。当然,采取这种做法将不可避免的增加债务人的融资成本,可以通过谈判的方式,将费用适当的向抵押权人转嫁。

从规避风险的角度,需要特别强调的是,事前订立一份完备、详细的监管协议和监管规则,并且将监管协议作为抵押合同不可撤销的附件进行登记非常的必要,这将为将来胜诉和权益的实现奠定良好的基础。同样重要的是,在履行中监管措施到位也是必不可少的。抵押权人为规避风险应至少做到:第一,要求保管人定期提供关于抵押物的报告,说明抵押物的现状、抵押财产目前的数量等;第二,定期或不定期到抵押物保管场所进行检查,了解抵押物的保管情况,与保管人提供的清单进行核对;第三,一旦发现异常,应及时根据合同的约定,要求提前实现抵押权,必要时应毫不迟疑地采取财产保全措施。

(3)通过合同限制性条款的设计约束抵押人

浮动抵押制度的最大问题主要为债务人在“正常经营范围”内对其抵押财产享有自由处分权,从而导致担保能力的下降。通常表现为如下方式:一是债务人在正常经营活动中以某种方式处分掉了抵押物,二是在浮动抵押财产上设定了一般抵押权,三是浮动抵押财产上再设立一个或多个浮动抵押。对此,抵押权人可以通过在抵押合同(或监管协议)中设定限制性条款的方法来对债务人的自由处分权予以合理限制,以弥补我国《物权法》规定的不足。

限制性条款,即在浮动抵押合同(或监管协议)中约定禁止抵押人在抵押物范围内新设其他抵押、质押的条款。更广义的限制性条款还包括:限制抵押人未经抵押权人同意以某些方式处分其财产的约定,或者限制抵押人进行某些明显降低自身偿债能力的行为以及设定抵押权提前实现的其他具体情形。根据抵押权人的不同需要,限制性条款主要起到以下作用:第一,约束抵押人的将资产转移给后来的其他抵押权人;第二,维持同一顺序抵押权人间的平等待遇;第三,有利于阻止债务人进行过多贷款;第四,方便抵押权人及时主张抵押权的实现。

需要注意的是,限制性条款是抵押人与抵押权人之间的约定,对于第三人,原则上不具有约束力。抵押人即便违反了该限制性的约定,在抵押财产上新设固定抵押或浮动抵押的,其行为属于违约行为,由抵押人对抵押权人承担违约责任;但抵押权人不能以此为由主张新设立的固定抵押或浮动抵押无效。但是我们坚持认为,设置限制性条款有其积极的意义,至少对诚信的债务人来说是一个约束,在某些情况下也有利于债权人提前实现抵押权。

预期效果

本案例案情概要较为清晰,学生通过阅读和教师指导,应该能够归纳案件争议焦点问题、直观的理解浮动抵押设立的条件、抵押的财产、抵押权行使等抽象的概念,并通过课堂讨论和分析,进一步加深对浮动抵押制度的理解。对我国现行法律框架下存在的问题以及如何通过合同设计,规避、防范相关风险提供了学习资料和思考方向。在掌握知识的基础上,培养学生的思辨能力和实际解决问题的技能。

时间安排及课堂计划

本案例可以作为专门的案例教学课来进行,整个案例课的课堂安排 4 个课时,每课时 45 分钟。

如下课堂,仅供参考。

1. 课前计划:安排学生阅读案例及相关参考资料,对案例所涉及的问题进行思考,撰写思考题答案。

2. 课中计划:介绍教学目的,明确讨论主题;分组讨论,告知发言要求,回答各项思考题;小组代表归纳观点,发言汇报,并对其他小组的发言进行评述分析;教师进行引导分析,并做最后的归纳总结。

3. 课后计划:布置学生在课后进一步思考我国浮动抵押制度存在的漏洞和改进的空间,在现行法律框架下,如何通过合同设计或双方的约定,规避风险,发挥最大的制度价值。

思考题和实践题

思考题

1. 英美法系的浮动抵押与大陆法系的财团抵押有什么异同?
2. 浮动抵押的本质特征是什么,请简要评析其制度价值与固有风险?
3.《物权法》第 189 条提出“应当”登记,而后又说“抵押权不登记不对抗”,是否矛盾? 应如何理解?
4. 请对我国浮动抵押制度的建立进行简要评析,分析其制度优势和存在的弊端?
5. 如果企业已经在先办理了浮动抵押,是否还可以在相同的标的物上设立固定抵押,如果可以,那么建立在相同物上的浮动抵押和固定抵押效力如何? 谁更优先?
6. 如何界定我国《物权法》第 189 条第 2 款中“正常经营活动”的概念和内涵,如果第三人明知抵押人存在破产风险,仍然以合理的市场价格购买其产品,抵押权人是否可以撤销该交易行为?
7. 如何理解第三人提供浮动抵押与第三人提供保证担保的差别与联系,既有物的担保,又有人的担保,在实现时需要区分优先顺序吗?
8. 浮动抵押在什么条件下可转换为固定抵押? 抵押权人如何实现其担保利益?

实践题

1. 请起草一份浮动抵押合同,注意列明担保债权的价值、抵押财产的范围、行使权利的条件,在不违背法律强制性规定的前提下,尽可能地规避和防范风险。
2. 如果你是该案的法官,请以我国现行的法律为依据,结合案件事实,对案件作出判决,并阐明理由。

参考文献

1. 刘剑文:《国际借贷中的消极担保、浮动担保及其在中国之法律效力》,载《中外法学》1998 年第 3 期。
2. 陈本寒:《财团抵押、浮动抵押与我国企业担保制度的完善》,载《现代法学》1998 年第 4 期。
3. 鲍为民:《Floating Charge——浮动抵押》,载《河北法学》2004 年第 22 卷第 11 期。
4. 彭贵:《英国浮动抵押制度的理论基础探析》,载《重庆师范大学学报》(哲学社会科学版)2006 年第 2 期。
5. 关涛:《浮动抵押刍议》,载《法学论坛》2007 年第 3 期。
6. 彭贵:《中英浮动抵押制度之比较》,载《法律适用》2008 年第 1 ~ 2 期。
7. 董学立:《浮动抵押的财产变动与效力限制》,载《法学研究》2010 年第 1 期。
8. 王仰光:《动产浮动抵押抑或特别动产集合抵押? ——对我国〈物权法〉第 181 ~ 189 条及第 196 条的理解》,载《法治研究》2012 年第 11 期。

9. W. J. Gough(1992),Company Charges(2nd ed.),Butterworths.

10. Joshua Getzler & Jennifer Payne(2006),Company Charges: Spectrum and Beyond, Oxford University Press.

11. 彭贵:《英国浮动抵押制度研究》,法律出版社2008年版。

12. 王仰光:《动产浮动抵押权制度研究》,法律出版社2012年版。

(葛伟军,上海财经大学法学院教授)

19 CASE 舟山市华顺远洋渔业有限公司等诉冯波等追偿权纠纷再审案

摘　要

本案例以附担保的民间借贷合同纠纷案件为蓝本,围绕民间借贷纠纷案件民事程序各环节,涉及知识点和执业技能内容包括如何认定共同借贷人,公司法定代表人私自盖章是否视为公司行为,非法吸收公众存款罪是否导致合同无效,担保人替主合同无效的债务人清偿后能否向债务人行使追偿权,未缴足出资义务的股东对公司债务是否要承担补充清偿责任等问题。本案例对于解决其他涉及附担保的民间借贷纠纷案件具有参考意义。

关键词

非法吸收公众存款　共同借贷　保证合同　合同效力　追偿权

教学目标

着重把握五方面内容:(1)如何从借款合同或借据认定出借人;(2)法定代表人加盖公司公章行为是否可视为公司行为;(3)未完全履行约定出资义务的股东对公司债务在其应补足义务范围内承担补充清偿责任;(4)借款人涉嫌吸收公众存款罪,是否影响借贷合同效力;(5)承担了替代清偿责任的无过错保证人能否向无效借贷合同的主债务人追偿。

教学案例

一、本案当事人情况

申诉人(一审被告、二审被上诉人):舟山市华顺远洋渔业有限公司(以下简称顺远洋公司)。

法定代表人:俞从华,执行董事。

申诉人(一审被告、二审被上诉人):蒋位秧,个体工商户。

申诉人(一审被告、二审被上诉人):俞怀,个体工商户。

申诉人(一审被告、二审被上诉人):贺红波,个体工商户。

被申诉人(一审原告、二审上诉人):冯波。

原审被上诉人(一审被告):舟山市华顺水产有限公司(以下简称华顺水产公司)。

法定代表人:俞从华,执行董事。

原审被上诉人(一审被告):俞从华,现在浙江长湖监狱服刑。

二、本案事实情况

1. 华顺水产公司为俞从华自然人独资的有限责任公司,华顺远洋公司为俞从华、蒋位秧、俞怀、贺红波共同出资的有限责任公司。2011 年 8 月 24 日,俞从华因急需资金向冯波借款,冯波介绍润道公司出借给俞从华 350 万元,并由冯波为该借款提供保证担保。同日,华顺水产公司同润道公司签订一份借款协议,协议载明:“借款人舟山市华顺水产有限公司,出款人舟山润道贸易有限公司,担保人冯波,借款金额叁佰伍拾万元,借款期限为一个月,自 2011 年 8 月 24 日至 2011 年 9 月 23 日”。该借款协议借款人一栏处除俞从华本人签名外,还加盖了华顺水产公司和华顺远洋公司的公章。同时润道公司将借款 350 万元汇入华顺水产公司的账户。借款期限届满后,因俞从华未及时归还借款,润道公司向担保人冯波主张权利,冯波于 2011 年 10 月 23 日将借款本金归还润道公司。后冯波向华顺水产公司和华顺远洋公司追偿,但一直未能受偿。

2. 俞从华系华顺远洋公司股东,按该公司章程规定,俞从华认缴的出资款额为人民币 900 万元,其中货币出资 164 万元,实物出资 826 万元,实物出资应于 2011 年 4 月 30 日前到位,但俞从华仅在 2011 年 6 月 2 日以协议转让的形式将丰成 103 号船以 826 万元的价格出卖给华顺远洋公司,但并未办理产权过户手续。后俞从华因负债较多,将丰成 103 号船又以个人名义抵债的方式出卖给他人所有。

3. 蒋位秧、俞怀、贺红波作为华顺远洋公司的发起人。

4. 再审庭审中,华顺远洋公司等四申诉人提供了以下新的证据材料:舟山市普陀区人民法院(2013)舟普刑初字第 39 号刑事判决书。证明案涉借款为俞从华犯罪事实一部分,该判决认定案涉借款的借款人系华顺水产公司,认定该犯罪事实的依据包括证人冯波的证言。

5. 再审庭审中,华顺水产公司在再审庭审中提交了该公司代理人对俞从华所作的调查笔录一份,用以证明借款的事实经过情况以及借款的主体为华顺水产公司。

三、本案主要法律争点

1. 华顺远洋公司是否属于共同借款人。

2. 俞从华在借贷合同末尾借款人签名处,盖上华顺远洋公司公章,此意思表示的法律效果归于其个人,还是归于该公司。

3. 俞从华利用华顺水产公司从事非法吸收公众存款,相关借贷合同是否有效。

4. 倘若主借贷合同无效,保证人在承担替代清偿责任后,能否向主债务人追偿。

5. 未缴足出资的股东是否应在未缴足范围内对公司债务承担补充清偿责任。

6. 公司其他发起人是否应对未缴足出资的股东,就其未缴足的部分,向公司债权人承担连带清偿责任。

教学手册

教学对象及目标

本案例供法律硕士案例教学使用,法学本科(大四)、民商法学硕士、民事诉讼法法学硕士也可以参酌试用。

本案例主要就附担保的借贷合同纠纷进行讲授。具体要解决的问题包括:(1)如何从借款合同或借据认定出借人;(2)法定代表人加盖公司公章行为是否可视为公司行为;(3)未完全履行约定出资义务的股东对公司债务在其应补足义务范围内承担补充清偿责任;(4)借款人涉嫌吸收公众存款罪,是否影响借贷合同效力;(5)按照法律不应承担责任或只应当承担三分之一责任的保证人,承担了全部的替代清偿责任,是否正当,并当然取得全部的求偿权。

教学内容

1. 借贷合同抬头借款人与签章部分的借款人不一致如何认定?

普陀区人民法院一审认为,润道公司与华顺水产公司、冯波之间签订的借款协议系双方真实意思表示,合法有效。(借款一审:还未涉及犯罪刑民交叉)各方均应按约履行。该协议上借款人为华顺水产公司,出借人润道公司将该350万元借款汇入该公司的开户银行,履行了出借方的交付义务。借款协议的下方虽然盖有华顺远洋公司的公章,但由于该公章系俞从华实际控制,并非华顺远洋公司向外借款的真实意思表示,且该借款系俞从华用于归还个人债务,因此,案涉借款的实际借款人为华顺水产公司,而非华顺水产公司与华顺远洋公司。

舟山市中级人民法院二审认为,本案争议焦点在于案涉借款是否华顺远洋公司与华顺水产公司的共同借款,以及俞从华、蒋位秧、俞怀、贺红波是否应承担相应的民事责任。首先,从《借款协议》的内容上看,虽然该协议抬头借款人表述为华顺水产公司,但在该协议下方借款人一栏中,同时加盖了华顺远洋公司与华顺水产公司两枚印章,且华顺远洋公司印章加盖在上方,直接加盖于借款人一栏,应视为华顺远洋公司与华顺水产公司共同向润道公司借款;其次,根据俞从华一审庭审中的陈述,在《借款协议》上盖章时,冯波让其加盖两个公司的印章,俞从华遂按照冯波的要求在《借款协议》上加盖了两个公司的公章,冯波也陈述其因与华顺远洋公司有业务关系,是在两家公司均盖章的情况下才签名担保的。俞从华作为具有完全民事行为能力的自然人,对加盖两个公司公章的行为意义应为明知,其关于华顺水产公司独自借款的主张不能成立。故本案应认定系华顺远洋公司与华顺水产公司共同向润道公司借款。

浙江省人民检察院抗诉认为,原判认定华顺远洋公司为本案借款的共同借款人,依据不足,适用法律错误,理由:(1)案涉借款协议落款"借款人"处虽然加盖了华顺远洋公司的公章,但结合华顺远洋公司并非协议约定的借款人、协议内容也未涉及华顺远洋公司的权利义务等情况看,不足以据此认定华顺远洋公司为共同借款人。(2)案涉借款协议上华顺远洋公司公章虽系俞从华加盖,但俞从华诉讼中一直主张是代表其个人和华顺水产公司借款,协议内容也表明借款是为了解决华顺水产公司经营活动中的资金问题,款项实际上也是汇入华顺水产公司的账户,故俞从华并非代表华顺远洋公司从事经营活动,华顺远洋公司不应就俞从华在案涉借款协议上加盖该公司公章的行为对外承担责任。此外,俞从华因犯非法吸收公众存款罪被追究刑事责任,相关刑事判决认定案涉借款系俞从华原单位华顺水产公司向润道公司吸收存款,而未认定华顺远洋公司共同吸收存款。

浙江省高级人民本院认为,根据目前现有证据材料,原判认定华顺远洋公司为共同借款人并无不当,理由如下:

(1)合同系当事人合意的体现。对于借款主体的确定,重在对当事人合意的判断。案涉借款协议由润道公司事先打印后提供,按照冯波及俞从华二人在原审中的陈述,协议是由润道公司签名盖章后由冯波拿到俞从华的公司,由俞从华签名盖章并且由冯波签名之后再交给润道公司,润道公司再将款项汇出。润道公司提供协议并签名盖章的行为系润道公司发出的要约,俞从华在此协议落款"借款人"处签名并加盖华顺远洋公司和华顺水产公司公章的行为,以及冯波在担保人处签名的行为,应认为是对润道公司发出的要约的承诺。尽管润道公司在提供的协议上未将华顺远洋公司列为借款人,可以认为其原本要约的对象不包括华顺远洋公司,华顺远洋公司在借款人处盖章的行为只能视为向润道公司发出的要约。但润道公司在收到协议之后未对此提出异议,并且按协议履行,仍可认定润道公司已对华顺远洋公司的要约予以承诺。由此可以认定,润道公司已经就华顺远洋公司、华顺水产公司向该公司借款,并由冯波提供担保,与华顺远洋公司、华顺水产公司及冯波达成合意。案涉借款协议抬头载明的借款人确实不包括华顺远洋公司,350 万元款项也是汇入华顺水产公司账户,而未进入华顺远洋公司账户。但是,根据《合同法》第 32 条"当事人采用合同书形式订立合同的,自双方当事人签字或者盖章时合同成立"的规定,在协议抬头载明的当事人与落款的当事人不一致的情况下,不能简单地以协议抬头形式内容来确定案涉借款的借款人。同样,款项实际交付对象也不能作为确定借款主体的依据。因此,上述事实不足以认定华顺远洋公司非共同借款人。

(2)俞从华对于借款协议上为何加盖华顺远洋公司的公章说法不一。其在一审庭审中称,系应冯波要求同时加盖华顺远洋公司和华顺水产公司的公章。冯波要求同时加盖华顺远洋公司公章,用意自然是要求华顺远洋公司一并作为借款人。俞从华在冯波要求之下加盖华顺远洋公司公章,应认定系同意华顺远洋公司一并作为借款人。俞从华在二审中改变了上述说法,称华顺远洋公司和华顺水产公司的公章均由其保管,盖了一个之后发现盖错了,是华顺远洋公司的公章,但冯波说没事的,于是又盖了华顺水产公司的章,并称一审的陈述是因为其记忆错误。俞从华再审陈述与二审陈述一致。对于俞从华二审以及再审的陈述,冯波并不认可。另据一审卷宗材料反映,因当时俞从华已被刑事拘留,一审法院到看守所向俞从华送达民事诉状、应诉通知书等材料,并询问其对冯波在诉状中主张事实的意见。俞从华看过材料之后,认为 350 万元借款系事实,只是存在高利,并未对借款主体提出异议。俞从华一审中的相应陈述表明,其认可华顺远洋公司为共同借款人,其二审及再审中的主张,在无其他相应证据可予证明的情况下,不足以采信。

本案从一审到再审,相同的生活事实(华顺远洋公司仅在借贷合同末尾借款人处盖章),却引发了各方迥异的理解,归纳出了不同的法律事实。这充分说明,法律事实本身就不是纯粹的生活事实,而是添加了很强的规范意义。一份借贷合同,抬头的借款人为一人,落款签字处为二人,以何为准?从合同成立生效要件来看,合同结尾处的签章,显然要比其他地方重要得多,甚至可以说,在合同其他部位没有明确排除的情况下,合同签章处的签章人是唯一权威的债务人确定依据。本案中,华顺远洋公司在借贷合同末尾签章处盖章,视同对债务的加入,债权人对此默示同意,因此,华顺远洋与华顺水产构成共同借贷人。

2. 法定代表人加盖公司公章行为是否可视为公司行为?

抗诉机关抗诉以及华顺远洋公司等四申诉人申诉认为,借款协议上华顺远洋公司公章虽系俞从华加盖,但俞从华诉讼中一直主张是代表其个人和华顺水产公司借款,协议内容也表明借款是为了解决华顺水产公司经营活动中的资金问题,故俞从华并非代表华顺远洋公司从事经营活动。

浙江省高级人民法院认为,案涉借款协议主文抬头部分载明"为了解决甲方经营活动中所需的部分资金",由于协议抬头载明的借款人即甲方,与落款处盖章的"借款人(甲方)"并不一致,如果撇开借款人盖章确认这一部分内容,从文义角度,确实可以理解为借款是为了解决华顺水产公司经营活动中所需的部分资金,但是要正确理解协议的本意,必须考虑协议的全部内容,因此,如果从协议的整体考虑,显然不能得出上述结论。《合同法》第 50 条规定:

“法人或者其他组织的法定代表人、负责人超越权限订立的合同,除相对人知道或者应当知道其超越权限的以外,该代表行为有效。”俞从华作为华顺远洋公司的法定代表人,其以在借款协议上加盖华顺远洋公司公章的方式,以华顺远洋公司名义对外借款,即使该行为超越了公司章程赋予其的职权,但是因为公司章程的规定仅仅是内部制约机制,除非冯波知道或者应当知道其行为超越职权,否则俞从华行为的后果仍应由华顺远洋公司承担。华顺远洋公司的股东除了俞从华之外,虽然还有蒋位秧、俞怀和贺红波三人,但是俞从华占有 82.5% 的出资份额,实际控制华顺远洋公司。俞从华本人也在二审中表示,华顺远洋公司和华顺水产公司的公章均由其保管,二个公司也都是其一个人说了算。在无明确证据证明冯波知道或者应当知道俞从华的行为超越职权的情况下,仅凭俞从华诉讼中所提出的系代表其个人和华顺水产公司向润道公司借款的主张,无法采信上述抗诉意见以及申诉主张。

相对而言,这个问题不难裁决。法定代表人同时也是公司绝对控股股东控制公司公章,这符合常情常理。从证明责任上看,当这样的法定代表人在一份合同上盖上公司公章时,应推定相对人是善意的(即便无权代表,相对人也不应该知情)。因此,从交易安全角度来看,《合同法》第 50 条规定得非常清楚,即便超越权限的代表,该代表行为也有效。

3. 未完全履行出资义务的股东对公司债务是否在其补足义务范围内承担补充清偿责任?

浙江省人民检察院认为,二审判决适用公司法的相关规定,判令蒋位秧、俞怀、贺红波对俞从华的补充赔偿责任承担连带偿还责任,适用法律错误。

华顺远洋公司等四申诉人认为,华顺远洋公司未取得相应资格证书,实际没有经营,没有借款的需求,冯波都是与华顺水产公司发生交易关系,不是华顺远洋公司的客户,所以华顺远洋公司不是共同借款人。

浙江省高级人民法院认为,按照华顺远洋公司章程的约定,俞从华以货币方式出资 164 万元,以实物方式出资 826 万元,分 2 期出资,首期出资 164 万元,出资方式为货币,于 2010 年 4 月 30 日前到位;第二期出资 826 万元,出资方式为实物(船舶),于 2011 年 4 月 30 日前到位。依照公司法的规定,股东以非货币财产出资的,应当依法办理其财产权的转移手续。而现有证据材料证明,俞从华仅于 2011 年 6 月 2 日以协议转让的形式,将丰成 103 号船以 826 万元的价格出卖华顺远洋公司,并未实际办理产权过户手续,且该船其后又被俞从华以个人名义抵债的方式出卖他人。因此,俞从华对华顺远洋公司的实物出资并未实际到位。根据最高人民法院《关于适用〈中华人民共和国公司法〉若干问题的规定(三)》第 13 条的相关规定,俞从华应在未出资的 826 万元范围内对华顺远洋公司债务不能清偿的部分承担补充赔偿责任。蒋位秧、俞怀、贺红波作为华顺远洋公司的发起人,应对俞从华的补充赔偿责任承担连带责任。

这里的关键问题是,股东以实物出资的,是否办理了交付或登记手续。船舶作为特殊动产,其物权变动采登记对抗主义,实际上只需要交付即可完成物权移转。因此,本案中,仅签订转让协议,并不构成实物出资义务的履行。

4. 借款人涉嫌吸收公众存款罪,是否影响借贷合同效力?

华顺远洋公司、蒋位秧、俞怀、贺红波的申诉理由,除与抗诉意见一致外,另认为,案涉借款形式上属于企业之间借贷,违反了法律禁止性规定,实质上属于俞从华非法吸收公众存款,属于以合法形式掩盖非法目的,故案涉借款合同依法应认定无效。二审判决认定《借款协议》有效,并认为无论主合同是否有效,华顺远洋公司均应承担归还350万元款项的责任,适用法律错误。

浙江省高级人民法院认为,最高人民法院《关于在审理经济纠纷案件中涉及经济犯罪嫌疑若干问题的规定》第3条规定,单位直接负责的主管人员和其他直接责任人员,以该单位名义对外签订经济合同,将取得的财物部分或者全部占为己有构成犯罪的,除依法追究行为人的刑事责任外,该单位对行为人因签订、履行该经济合同造成的后果,依法应当承担民事责任。虽然案涉350万元借款已被生效刑事判决认定为俞从华非法吸收公众存款犯罪事实的一部分,基于犯罪行为的刑事违法性,该350万元借款应认定为以合法形式掩盖非法目的的行为,案涉借款协议依法应认定无效,但根据上述规定,俞从华的行为构成犯罪并不意味着案涉借款协议缔约方华顺水产公司和华顺远洋公司可以免责。

关于非法吸收公众存款罪是否会导致个别涉案借贷合同无效,司法实践中有截然相反的观点。本案中,二审法院认为借贷合同有效,而再审法院认定为无效,就是明证。非法吸收公众存款是对犯罪人总体借贷行为的评价。因而,每一笔借贷行为都被纳入价值评判,特别是当刑事判决书明确认定特定借贷合同属于涉案内容时,更是如此。这种情况下,根据现行法的规定,倾向于涉案合同无效。至于无效的理由,应以《合同法》第52条第5项为依据(此时,被违反的强制性规定是刑法禁止非法吸储的规则);但本案中,再审法院以《合同法》第52条第3项,以合法形式掩盖非法目的,实际上并不贴切。因为,根据该法条,则要证明出借人明知借贷人有非法吸储的意思,该条惩治的其实是一种掩盖非法目的的合意。

值得赞同的是,再审法院认为,尽管借贷合同无效,但债务人仍然有偿还本金的义务,并未将还款义务与追赃退赃杂糅在一起,从而否定债权人的权利。

5. 按照法律不应承担责任或只应当承担1/3责任的保证人,承担了全部的替代清偿责任,是否正当,并当然取得全部的求偿权?

华顺远洋公司等在二审时即主张:本案的借款合同主合同无效,担保合同也无效,冯波应承担1/3的赔偿责任,而冯波未进行抗辩,以借款金额350万元起诉,增加了华顺远洋公司等的责任。华顺远洋公司、蒋位秧、俞怀、贺红波的申诉理由同样包括:在主合同无效,担保合同也无效的情况下,冯波本无须承担担保责任,即便冯波向出借人支付过350万元,该行为并非承担担保责任的行为,其追偿权不应予以支持。

二审法院浙江省舟山市中级人民法院认为,无论主合同是否有效,华顺远洋公司都应承担归还350万元的责任,冯波因担保而代为归还350万元的行为,并没有加重华顺远洋公司的责任,该主张不能成立。

再审法院浙江省高级人民法院认为:依照《担保法》第5条之规定,因案涉借款协议无效,相应的冯波与润道公司之间的担保合同也无效。因无证据证明冯波对俞从华的犯罪行为知情,故其对担保合同无效不存在过错。最高人民法院《关于适用〈中华人民共和国担保法〉若干问题的解释》第9条规定:"担保人因无效担保合同向债权人承担赔偿责任后,可以向债务人追偿,或者在承担赔偿责任的范围内,要求有过错的反担保人承担赔偿责任。担保人可以根据承担赔偿责任的事实对债务人或者反担保人另行提起诉讼。”依据该规定,对担保合同无效存在过错的担保人在承担赔偿责任以后仍有权向债务人追偿。按照“举重以明轻”的原则,对担保合同无效不存在过错的担保人,在代债务人偿还债务之后,当然有权向债务人行使追偿权。由于案涉350万元款项已由冯波归还出借人润道公司,润道公司在诉讼中也已经出具证明予以证实,华顺远洋公司、华顺水产公司与润道公司之间的债权债务关系因此已实际消灭,故冯波向华顺远洋公司和华顺水产公司行使追偿权,既具有事实根据,又有法律依据。

从合同相对性来说,二审法院的说理是站不住脚的。不能以无论主合同是否有效,债务人都要承担还本的责任,来认定保证人拥有向债务人追偿的权利。负有同等的义务是不假,但谁有权主张,还是有区别的。

最高人民法院《关于适用〈中华人民共和国担保法〉若干问题的解释》第9条的规定,则表明了一种可能性,即保证人的确可能为无效主合同的债务人承担了替代清偿责任。从这个角度说,本案中,保证人替主债务人清偿了全部责任,并非没有法律依据。

这里问题的关键是,在合同被确认无效之前,保证人可以替主债务人还款,或者说保证人必须对合同无效持有善意(不知情)。倘若合同被确认无效之后,或者保证人明知主合同无效,仍然替代主债务人清偿,那么,这样的行为的确不构成替代清偿行为,也不能因此当然地享有代位求偿权。

课堂时间安排

本案例可以作为专门的案例教学课来进行,整个案例课的课堂安排6个课时,每课时45分钟。如下课堂设计,仅供参考。

1. 课前计划:安排学生阅读案例及相关参考资料,对案例所涉及问题进行思考,撰写实践题答案。

2. 课中计划:介绍教学目的,明确讨论主题;分组讨论,回答各项思考题,并讨论实践题的撰写要点;小组代表提出撰写要点,学生讨论和分析;教师归纳总结。

3. 课后计划:布置学生进一步思考影响资管合同效力的各种可能要素。

思考题

1. 非法吸收公众存款是否必然导致借贷合同无效?
2. 以合法形式掩盖非法目的,指的是单方隐匿还是双方隐匿?
3. 主合同无效场合,保证人倘若已经替主债务人清偿了本金、利息、违约金,其能否就其全部损失向主债务人追偿?

参考文献

孔祥俊:《担保法及其司法解释的理解与适用》,法律出版社2001年版。

(叶名怡,上海财经大学教授)

20 CASE 南昌农村商业银行股份有限公司与内蒙古银行股份有限公司资管合同纠纷案

摘　要

本案例以一起真实定向资管合同纠纷案件为蓝本,围绕定向资管合同纠纷案件民事程序各环节,涉及知识点和执业技能内容包括,代理律师如何参与各阶段民事诉讼活动,定向资管合同案件的证据收集、事实认定与法律适用等。本案例涉及实体问题包括涉及通道业务的资管合同是否有效、借户交易的认定、民事诉讼中的第三人追加问题、私募债违约纠纷场合下的民事责任追究问题。本案例对于解决其他类型资管纠纷案件具有参考意义。

关键词

资管合同　通道业务　私募债收益权　合同效力　违约责任

教学目标

着重让学生把握三方面内容:(1)私募债收益权转让与债权让与的关系;(2)借助他方资质的通道业务型资管合同是否有效;(3)私募债违约纠纷时,各方责任的承担。

教学案例

一、本案当事人情况

原告:南昌农村商业银行股份有限公司。

被告:内蒙古银行股份有限公司。

第三人:民生证券投资有限责任公司。

第三人:民生证券股份有限公司。

二、本案事实情况

1. 2013 年 6 月,案外人福建华珠(泉州)鞋业有限公司通过信达证券股份有限公司在深圳证券交易所发行《华珠(泉州)鞋业有限公司 2013 年中小企业华珠私募债券》,2013 年 7 月 10 日深交所备案通过,2013 年 8 月 23 日为发行起息日。该私募债券面值总额为人民币 8000 万元,期限 3 年,年息 10%。主承销商为信达证券股份公司,担保人为中海信达担保公司。

2. 2013 年 8 月 19 日,民生证券投资有限责任公司(以下简称民生投资公司)与信达证券股份公司签订《2013 年华珠鞋业中小企业私募债券认购协议》,民生投资公司认购了华珠债券全部份额 8000 万元,年收益利率为 10%,约定的付款期限是 2013 年 8 月 23 日。

3. 2013 年 8 月民生投资公司与民生证券股份有限公司(以下简称民生股份公司)签订《华珠私募债券收益权转让协议》,具体日期 8 月几日是空白的,但根据民生股份公司内部用印审批表的内容及签字代表邢欣取得的授权委托书时间为 2013 年 8 月 19 日,以及本案整个交易的全过程综合认定,协议签订时间应为 2013 年 8 月 19 日。该份协议甲方为民生投资公司、乙方为"民生股份公司(代表'民生证券理财 12 号定向资产管理计划')"。《华珠私募债券收益权转让协议》主要约定:第 1 条标的私募债收益权。(1)本协议项下"标的私募债收益权"是指甲方签署《2013 年华珠鞋业中小企业私募债券认购协议》购买的华珠(泉州)鞋业有限公司 2013 年中小企业私募债券投资本金 8000 万元对应的收益权及自标的私募债收益权转让价款支付之日起的全部利息以及为实现收益权及担保权利而支付的一切费用等。(2)甲方同意按照本协议约定的条款及条件向乙方转让标的私募债收益权,乙方同意按照本协议约定的条款及条件受让;第 2 条标的私募债收益权转让:转让价款为人民币 8000 万元,乙方于本协议签署后 2 个工作日将转让价款支付至甲方指定账户。第 5 条乙方的陈述与保证。(3)系根据资产管理计划相关文件的规定,以委托资金购买本协议项下甲方持有的标的私募债收益权,并且该等购买行为不违反法律、行政法规的强制性规定。双方还就保密、协议变更、解除、违约等事项作出了约定。

4. 2013 年 8 月 19 日,委托人内蒙古银行、管理人民生股份公司、托管人中国邮政储蓄银行三方签订《民生 12 号定向资管合同》。合同对于资产委托状况、委托资产的投资、委托人的声明与保证、委托人的权利与义务、管理人的声明与保证、管理人的权利与义务、托管人的声明与保证、托管人的权利与义务、管理费、托管费与其他相关费用、委托资产清算与返还、合同变更、终止、适用法律与争议处理方式等二十四个方面作出了详细的约定。

2013年8月19日的《民生12号定向资管合同》签订后，民生股份公司于2013年8月23日向中国证券业协会履行相应的备案手续，并于2013年10月21日经复审后通过了备案。

2013年8月23日内蒙古银行向民生股份公司发出投资指令（第1期），主要内容为：根据三方签署的《民生12号定向资管合同》，我行作为委托人经过审慎研究，委托贵公司投资，投资金额为人民币8000万元，用于认购"华珠（泉州）鞋业有限公司2013年中小企业华珠私募债券收益权"，委托期限3年，起息日2013年8月23日，到期日2016年8月23日。无论因任何原因，对合同所产生的后果，民生股份公司作为管理人无须承担任何责任。同日，民生股份公司出具《回执》，确认收到该投资指令并按照委托人指令进行投资。

5. 2013年8月19日同一天，原告南昌农商行（乙方）与被告内蒙古银行（甲方）签订《定向资管计划收益权转让协议》。主要约定：鉴于甲方与民生股份公司签署了《民生12号定向资管合同》，甲方内蒙古银行是资管合同项下的受益人，持有了该资管合同项下的全部资管计划收益权。本协议项下"资管计划收益权"，是指资管合同项下的委托人所享有的资管计划收益权，包括委托人根据资管合同约定应当收取的所有投资净收益及要求返还资产清算后的委托财产的权利，及为实现资管计划利益的其他权利。甲方拟将所持有的资管计划收益权转让给乙方南昌农商行。根据《合同法》《证券公司客户资产管理业务管理办法》《证券公司定向资产管理业务实施细则》等法律法规，平等协商自愿签订本协议。第1条"甲方向乙方转让资管计划收益权"：(1)转让标的。甲方向乙方转让的资管计划收益权是基于甲方与管理人签署的《民生12号定向资管合同》而持有的全部资管计划收益权，转让标的资管计划收益权对应的委托资金为人民币8000万元。(2)转让价款及支付。乙方应于2013年8月23日前将转让价款8000万元一次性划入甲方指定账户。(3)乙方全部价款之日为双方资管计划收益权转让日，乙方根据本协议和资管合同的规定享有资管合同项下的全部资管计划收益权，以及资管合同等相关文件项下的委托人权利和义务。自转让日起，甲方不再享有"管理合同"项任何权益、不再承担任何风险，该风险包括但不限于因合同文本、产品瑕疵等问题造成的本管理计划本金、收益等损失。乙方（南昌农商行）向甲方所购买的本收益权属于完全买断式。(4)自转让日起，未经乙方同意，甲方不得行使法律、法规规定的和资管合同等相关文件约定的委托人的任何权利，不得与管理人签署资管合同补充协议、不得解除资管合同。(5)甲方应于转让前或当日将资管合同、收益权转让协议等相关文件原件移交给乙方。(6)转让安排费。甲方向乙方转让标的资管计划收益权，有权收取安排费12万元。(7)甲方知悉并同意，乙方向甲方支付转让价款的前提是甲方已根据资管合同向管理人交付委托资金并成立资管计划，且资管合同不存在任何限制委托人转让资管计划收益权的情形。第2条"陈述与保证"：乙方（南昌农商行）确认其在签署本协议前已详细阅读与所受让收益权相关的文件及其他相关资料，同意文件所载明的全部条款，清晰了解并自愿承担其中的投资风险。双方还对违约责任、法律适用及争议解决等其他事项进行了约定。

2013 年 8 月 22 日南昌农商行转款 8012 万元至内蒙古银行,同日内蒙古银行将 8012 万元转至邮储银行上海分行营业部,收款人全称为:民生证券理财 12 号定向资产管理计划,账号尾号 50 × × ×66。2013 年 8 月 23 日,上述尾号 50 × × ×66 的账号转款 12 万元至内蒙古银行。

6. 2014 年 8 月 19 日信达证券股份公司向民生投资公司发出《告知函》,提示华珠鞋业有限公司因流动资金短缺将不能按时支付本年度利息 800 万元,特此通知并提示违约风险。2014 年 8 月 20 日民生投资公司向民生证券公司(代表"民生证券理财 12 号定向资产管理计划")发出《关于华珠鞋业有限公司 2013 年中小企业私募债券情况告知函》,提示华珠私募债券出现违约。

2014 年 8 月 20 日民生股份公司向内蒙古银行发出《关于民生证券理财 12 号定向资产管理计划的沟通函》,主要内容为:"贵行、我公司及中国邮政储蓄银行三方于 2014 年 8 月 19 日签订的《民生 12 号定向资管合同》,通过与民生投资公司(我司全资子公司)签订《2013 年华珠鞋业中小企业私募债券认购协议》,投资于信达证券股份公司承销的华珠(泉州)鞋业中小企业私募债券。贵行已于 2013 年 8 月 19 日对此进行了确认。我公司于 2014 年 8 月 20 日收悉民生投资公司发出的《告知函》。函告华珠鞋业有限公司因流动资金短缺将不能按时支付本年度利息 800 万元,申请延期支付。特此向贵行发起书面沟通,通知该情况并提示违约风险,请予确认"。2014 年 8 月 20 日内蒙古银行对此出具《回执》对沟通函予以确认。

2014 年 8 月 29 日信达证券股份有限公司发布《关于召开"13 华珠债"2014 年第一次债券持有人会议的公告》,载明会议基本情况、审议事项、出席会议的债券持有人登记办法等。

2014 年 9 月 3 日泉州市企业资金应急处置联席会议办公室出具《关于华珠公司资金问题协调专题会议纪要》[泉应联办(2014)5 号],就 2013 华珠私募债出现的问题进行了协商。南昌农商行参加了此次会议,并表示只要企业保证私募债不欠息,愿意继续给予支持。

2014 年 9 月 19 日南昌农商行向民生股份发出指令,要求民生股份公司于 2014 年 9 月 30 日前向担保人中海信达公司发送代偿函,要求其履行代偿义务。2014 年 9 月 26 日内蒙古银行向民生股份发出指令,要求民生股份公司向担保人中海信达公司发送代偿函,要求其履行代偿义务。

2014 年 9 月 28 日内蒙古银行给南昌农商行《告知函》,说明定向资管计划未能按期兑付 2013 年度利息,民生证券要求我行出具指令,要求民生证券向担保机构中海信达公司发送代偿函并履行代偿义务。2014 年 9 月 28 日南昌农商行给内蒙古银行的《回执》,对出具指令予以确认。2014 年 9 月 28 日内蒙古银行给民生股份公司的《指令》,要求民生股份公司向担保人主张代偿义务。

2014 年 12 月 9 日华珠(泉州)鞋业有限公司向南昌农商行出具《还款计划》《付息计划书》,表示经营困难,争取 2014 年 12 月 31 日前处置部分抵押物偿还利息。

2014 年 12 月 25 日民生股份公司收到南昌农商行及内蒙古银行出具的《资产管理计划收

益权人变更回执》。主要内容为:确认《民生12号定向资管合同》项下的受益人由内蒙古银行变更为南昌农商行。

2015年1月5日信达证券股份公司出具了《信达证券股份公司关于再次建议债券持有人就13华珠债务违约事件采取法律措施的函》,信达证券公司发函的主体是“民生投资公司并南昌农商行”,内容是建议民生投资公司并南昌农商行尽快自行或授权信达公司采取法律措施。

7. 除本案诉争标的《民生12号定向资管合同》收益权转让合同外,原告南昌农商行与被告内蒙古银行2013年12月25日还签订了涉及金额达1902715585.69元的《定向资产管理计划收益权转让协议》。

8. 公证费、律师费情况。原告当庭提交公证费59280元及律师费100万元的发票。原告提交了北京市公证处(2015)京方园内经证字第04687号公证书,涉及内容146项956页(主要内容是与本案相关的一些邮件的往来)。

三、本案主要法律争点

1. 原告与被告内蒙古银行2013年8月19日签订的《定向资管计划收益权转让协议》是否有效;

2. 本案是否存在借户交易(代购)的事实法律关系;

3. 第三人是否是本案的适格主体,是否应对内蒙古银行与原告的合同关系产生的债务承担连带责任;

4. 如果认定《定向资管计划收益权转让协议》无效,原告主张的返还本金及支付利息、赔偿损失等诉请能否得到支持。

教学手册

教学对象及目标

本案例供法律硕士案例教学使用,法学本科(大四)、民商法学硕士、民事诉讼法法学硕士也可以参酌试用。

本案例主要就定向资管合同纠纷进行讲授。具体要解决的问题包括:(1)以私募债的收益权为标的的转让合同是否有效;(2)借户交易的认定;(3)民事诉讼中的第三人追加问题;(4)私募债违约纠纷场合下的民事责任追究问题。

教学内容

1. 私募债的收益权转让与债券让与有何区别?

原告认为,《定向资管计划收益权转让协议》所交易的真实标的是企业债券。被告认为,

《定向资管计划收益权转让协议》转让的标的为债券的收益权,而不是债券本身。

法院认为:《定向资管计划收益权转让协议》所交易的是企业债券还是债券收益权,应从本案私募债券的法律性质以及原告对本案私募债券享有的权利进行分析认定。根据双方合同约定,原、被告交易的“资管计划收益权”是指:“资管合同项下的委托人所享有的资管计划收益权,包括委托人根据资管合同约定应当收取的所有投资净收益及要求返还资产清算后的委托财产的权利,及为实现资管计划利益的其他权利”。近几年,互联网金融迅猛发展,特定资产收益权交易日益增多,现行法律未明确禁止该类交易。从内容上看,本案的“资管计划收益权”应属于“特定资产收益权”的一种,是指“交易主体以基础权利或资产为基础,通过合同约定创设的一项财产性权利”。本案私募债的所有权人是民生投资公司,定向资管计划所投资购买的是该私募债的收益权。原告从被告处购买的是债券相关的收益权,虽然表面看上去更具有实际债券所有人的表象。在本案私募债出现违约后,有关方面通知民生投资公司及原告参加相关协调会,是基于民生投资公司是债券所有权人,而原告是债券收益权享有人。原告据此主张其为实际债权所有人没有事实及法律依据。故原告取得的是债券相关的收益权并不是债券本身。

值得思考的问题是:债券作为一种有价证券,除了收益权之外,还有什么和哪些实质性的权益内容?如果没有,那么,所谓的债券收益权和债券持有人权利,二者能有多大本质区别?被抽空所谓收益权的债券“所有权”,除了用来规避法律,还有何法律意义?内蒙古银行在与南昌农商行的合同中,约定自己不承担任何风险,这样的彻底让与后,它对标的债券,还能有什么实质性的权利或权益?再者,本案原告南昌农商行,除了享有所谓的债权收益权之外,是否享有再次让与债券(收益权)的处分权?倘若回答肯定,如何能说南昌农商行仅仅享有收益权?

2. 借户交易如何认定?

原告主张本案系民生投资公司设计了“四步走”并进行“借户交易”。原告认为,本案真实法律关系是民生投资与南昌农商行之间“债券借户交易”事实法律关系,从交易时间、资金来源、各项协议对债券权益流转内容的“买断性”与权利转让的彻底性、各方是否具有债券持有的真实意思方面、违约后原告作为实际债权人等方面可以推断出,并认为本案违反《证券法》“禁止借户交易及证券账户管理的相关性规定”。

法院认为,本案业已查明的事实表明,原告没有在深交所办理私募债合格主体资格的认定,无法直接购买私募债,而原告基于该私募债收益较高,评定风险较低(AA级)且有大型担保公司担保等因素,想获取债券相关的收益。于是本案四方当事人达成合意,采取了由民生投资公司购买私募债,并由委托人内蒙古银行以定向资管计划的形式投资该私募债的收益权,最后将定向资管计划收益权转让给原告的操作模式,实现了原告支付对价取得收益权的目的,这种变通方式解决了原告没有去申请合格投资者无法直接购买私募债的障碍。从正常交易过程看,该操作模式原告支付对价及手续费后,可以获得较高的收益,风险不大。购买资管计划收益权占用的是投资额度,不占信贷规模,在财务账册上反映是购买了银行间的非标资产,税率及风险资本计提较低。故本案原告的真实意图是为了尽可能地降低交易成本、减少风险资本计提,才采取购买定向资产管理计划收益权方式处理此事的。《证券法》第80条规定,禁止法人非法利用他人账户从事证券交易,禁止法人出借自己或他人的证券账户。本案已查明的事实并不足以证明原告存在非法利用民生投资公司账户进行证券交易之情形,也不存在民生投资公司出借其账户给原告或其他当事人之情形。原告没有提供证据证明民生投资公司与原告之间有"债券借户交易"的真实意思表示,同时本案被告和第三人也否认双方有"债券借户交易"的意思表示。根据现行法律规定,当事人对自己提出的诉讼请求所依据的事实或者反驳对方诉讼请求所依据的事实,应当提供证据加以证明。当事人未能提供证据或者证据不足以证明其事实主张的,由负有举证证明责任的当事人承担不利的后果。主张法律关系存在的当事人,应当对产生该法律关系的基本事实承担举证证明责任。故原告基于本案已经发生的交易事实、交易过程等推定民生投资公司与南昌农商行之间存在"债券借户交易"事实法律关系,本院不予支持。

这里需要思考的问题是:借户交易是否必须由各方当事人通过合同明示出来?倘若没有这种明示出来的合意,是否就不可能认定为借户交易?当一个不具备投资特定金融标的资格的主体,通过合同安排,实质上从事了该种特定金融标的的交易,如本案这种情况,为何不能认定为借户交易?如果这都不算借户交易,那么,关于借户交易的禁止性规定,就太容易被规避而成为一种空文。

3. 本案中当事人协议是否构成法律规避

关于本案交易过程是否存在以合法形式掩盖非法目的的情形。首先,原告提出的其不属于"合格投资者",没有在深交所履行合格投资者认定程序,无法购买该债券,本案各方行为系规避金融强制监管、规避合格投资者制度,应认定为以合法形式掩盖非法目的情形。法院认为,根据《深圳证券交易所中小企业私募债券业务试点办法》规定,南昌农商行属于中小企业私募债券的合格投资者,经申请批准后可以从事私募债交易,南昌农商行成为合格投资者不存在法律上的障碍,至于其有无向深交所申请备案成为企业私募债券合格投资者(或因何原因不去办理),则属其内部决策事宜,不足以得出原告诉状所主张的"无法在深交办理企业私募债券合格投资者认证程序,故需要借户交易"的结论。

其次,中国银监会《关于加强农村中小金融机构非标准化债权资产投资业务监管有关事项的通知》明确,以理财资金投资非标资产的,原则上应满足监管等级在二级(含)以上。原告已举证证明其评定等级为2C,符合相关监管部门的规定。监管部门制定有关合格投资者适当性管理的制度,其主要目的在于保护投资者的利益,避免不具有风险识别能力和风险承担能力的投资者购买债券。投资者明知不是合适投资者但仍然进行债券投资的(本案采取的是变通方式进行投资),损害的是投资者本人利益,并不损害国家、集体、第三人利益,也不损害社会公共利益。

最后,规避金融强制监管并不等同于以合法形式掩盖非法目的,规避金融强制监管不损害国家或集体或第三人利益或社会公共利益的,不宜认定为以合法形式掩盖非法目的。本案中,原告和被告均是金融机构,对于本案私募债券的风险和利益均有充分认识,在合同中也有明确的约定,并且双方签订本案协议的目的均是进行正当商事交易(投资获利),并无以合法交易为名行损害国家或集体或第三人利益或社会公共利益之非法目的。同时,本案证据显示,南昌农商行在2013年12月与被告内蒙古银行还进行了高达19亿元的定向资管收益权的转让业务。因此,原告南昌农商行在华珠私募债出现逾期违约且担保方也未履行担保责任的情况下,主张本案整个交易无效,有违诚信原则,也有悖市场公平原则及契约必须严守的基本精神。故对原告主张本案系各当事人以合法形式掩盖非法目的交易无效的诉请,本院不予支持。

对于上述立场,有以下问题需要辨析。

第一,原告有资格申请成为合格有资质的交易者,与本案中原告是否具有交易资质,二者能否等同?一审法院显然将二者简单等同了。但这显然是值得商榷的。按照现行法的规定,本案中原告是不可以从事私募债券认购的,这一结论不因其实质上具有成为合格的有资质的认购者之潜力,而有任何改变。

第二,投资者明知不是合格投资者仍然进行债券投资(本案采取的是变通方式进行投资),损害的并不仅仅是"投资者"(一审法院这里指的显然是南昌农商行)的利益。相反,南昌农商行所使用的资金,一定是广大投资者投向该银行的投资理财资金,或者是吸储资金,因此,国家关于交易资格的强制性规定,与其说是保护不具备交易资质的特定金融机构的利益,不如说保障的是不特定广大社会公众投资人或储户的利益。从这个意义上说,国家关于交易资格的强制性规定,确确实实关系到公共利益,违反了这样的强制性规定,必然会损害到公共利益。

第三,南昌农商行在本案中的行为,的确可以称得上违背诚实信用原则,但不能以南昌农商行违背诚信原则为由,强行维持一个违反强制性规定的合同的效力。违背诚信的行为,可以作为损失分摊时的考量因素,但不能成为维持合同效力的理由。

4. 关于本案协议效力的认定及适用法律问题

原告主张,本案当事人所签协议违反金融监管法规及金融监管政策的禁止性和强制性规定,包括中国银行业监督管理委员会、中国证券监督管理委员会制定的相关规范性文件。被告及第三人主张,原告是"合格投资者",是适格的合同主体,本案审理不适用证券法等法规及江西银监局有关文件,应适用合同法的相关规定。

法院认为,本案的交易过程包含私募债购买及相关收益权转让两个环节。第一,民生投资公司购买私募债合法有效,各方均无异议。第二,委托人内蒙古银行、管理人民生股份公司、托管人中国邮政储蓄银行三方签订的《民生12号定向资管合同》,主体资格及内容均符合中证协发[2013]124号《关于规范证券公司与银行合作开展定向资产管理业务有关事项的通知》之规定,而且在合同签订后,民生股份公司按《证券公司定向资产管理业务实施细则》的规定于2013年8月23日向中国证券业协会履行相应的备案手续。第三,本案的债券收益权及定向资产管理收益权转让并不受到债券购买资格的限制,民生投资公司系债券的所有人,转让该债券的收益权,并未违反法律、行政法规的禁止性规定,属于合法的商业投资行为。第四,中国人民银行、银监会、证监会、保监会、外汇局五部门联合发布了《关于规范金融机构同业业务的通知》对于"同业投资[金融机构购买同业金融资产,或特定目的载体(包括但不限于证券公司资产管理计划)的投资行为]"并未持否定态度,涉案的华珠2013私债券的信用评级结果为AA,结合中国银监会[2014]11号《关于加强农村中小金融机构非标准化债权资产投资业务监管有关事项的通知》中"投资的非标资产标的不得包括AA级以下债券品种和交易所发行的高风险私募债",证明南昌农商行从内蒙古银行受让诉争资管计划收益权的行为符合国家相关监管部门对类似交易行为的监管要求。综合分析,本案从现有证据及相关监管部门的规定来看,涉及本案的四份合同均系各方当事人的真实意思表示,内容未违反法律、行政法规的强制性规定及相关部门的规定,应认定为合法有效。

另外,法院还认为,最高人民法院《关于适用〈中华人民共和国合同法〉若干问题的解释(一)》第4条规定,"合同法实施以后,人民法院确认合同无效,应当以全国人大及其常委会制定的法律和国务院制定的行政法规为依据,不得以地方性法规、行政规章为依据"。故对本案民事行为及合同效力的认定应根据民法及合同法等法律、行政法规的规定确认。中国银行业监督管理委员会、中国人民银行、中国证券监督管理委员等部门颁布的部门规章在不与法律、行政法规相冲突的前提下,可以作为合同效力依据的参考。对原告提出的江西银监局的两个文件,其适用范围应在江西,从内容上看本案协议也不存在违反其具体规定,即使违反了该文件规定,也是相关部门进行行政处罚的问题,不能导致本案合同无效。对于原告提出的相关证券法规,主要是针对证券交易所、证券公司和证券登记结算机构的管理性规范,也不能作为认定本案合同法律效力的依据。关于原告用于购买本案定向资管计划收益权的资金来源,其在起诉书中明确表示"用自有资金进行投资",因此,本案不能适用《企业债券管理条例》第19条"办理储蓄业务的机构不得将所吸收的储蓄存款用于购买企业债券"之规定。综上,涉案协议合法有效。

如前所述,法院立论的核心逻辑是,债券收益权不等于债权"所有权","本案的债券收益权及定向资产管理收益权转让并不受到债券购买资格的限制,民生投资公司系债券的所有人,转让该债券的收益权,并未违反法律、行政法规的禁止性规定。"但问题的关键是,债券收益权其实就是要求还本付息的债权请求权,它与债券的"所有权"或者说"持有人权益"本质上完全一致。就此而言,一审法院的上述核心逻辑并不能成立。不过,一审法院的第二个立论是正确的,即能够确定导致合同无效的禁止性规定违反,仅限于法律或行政法规的效力性强制性规定的违反,不包括部门规章或地方性规章,因此,本案中涉诉协议即使违反,也不能确定导致本案合同无效。

5. 关于第三人追加的合法性问题

本案第三人民生投资公司提出原告将其列为第三人违反法定程序的问题。法院认为,根据最高人民法院《关于适用〈中华人民共和国民事诉讼法〉的解释》第222条之规定,"原告在起诉状中直接列写第三人的,视为其申请人民法院追加该第三人参加诉讼。是否通知第三人参加诉讼,由人民法院审查决定”。本案在立案阶段本院经审查已将民生投资公司、民生股份公司列为本案的第三人,应视为人民法院同意原告的申请,将两公司列为第三人参加诉讼。故民生投资公司提出原告不应直接列其为第三人、程序不当的抗辩理由没有法律依据,不能成立。

课堂时间安排

本案例可以作为专门的案例教学课来进行,整个案例课的课堂安排 6 个课时,每课时 45 分钟。

如下课堂设计,仅供参考。

1. 课前计划:安排学生阅读案例及相关参考资料,对案例所涉及问题进行思考,撰写实践题答案。

2. 课中计划:介绍教学目的,明确讨论主题;分组讨论,回答各项思考题,并讨论实践题的撰写要点;小组代表提出撰写要点,学生讨论和分析;教师归纳总结。

3. 课后计划:布置学生进一步思考影响资管合同效力的各种可能要素。

思考题和实践题

思考题

1. 本案中,民生投资公司和民生证券公司扮演的角色,是否构成了通道业务?
2. 对禁止投资领域的强制性规定的何种规避行为是违法无效的?
3. 借户交易在实践中有哪些变形形态?
4. 实物资产(有体物)的占有、使用、收益和处分权能可以分离,无体物(权利),诸如债券或股票,有这些权能的划分吗,如果有,它们能分离吗?
5. 在不断涌现的私募债违约事件中,纯粹作为桥梁的中间商,如本案中的内蒙古银行,能否通过协议完全免责?
6. 在形形色色的资管计划越来越沦为禁止性交易的保护外衣的当下,如何完善对资管合同的法律规制?

实践题

1. 如果你是南京农商行的代理律师,如何为何当事人的合法权益?
2. 如果你是内蒙古银行的代理律师,如何答辩?
3. 如果你是第三人民生投资公司或民生证券公司,如何阐述己方的立场?

参考文献

缪因知:《证券交易场外配资清理整顿活动之反思》,载《法学》2016 年第 1 期。

(叶名怡,上海财经大学教授)

21 CASE 上海欧宝诉辽宁特莱维企业借贷纠纷案

摘　要

本案例为原、被告两企业之间的借贷纠纷，原告胜诉的判决书生效后，案外人向法院申诉称，原审当事人之间系恶意串通伪造借贷事实，其目的是损害被告债权人的合法权益，请求法院再审并撤销原生效判决。法院在再审过程中，考虑到原审当事人存在虚假诉讼的重大嫌疑，因而启动职权调查程序，对原审当事人之间是否存在关联关系以及当事人之间是否存在真实借贷关系进行了严格审查，最终发现原审当事人之间存在公司法上的关联关系，同时根据证据之间的矛盾并运用经验法则认定原审当事人之间的借贷关系系虚构。依据上述事实，再审法院撤销了原生效判决，并对原审当事人依法予以制裁。

关键词

企业借贷纠纷　民事诉讼　虚假诉讼　案外人申诉　职权调查　经验法则　关联关系　真实借贷关系

教学目标

通过本案例的学习，让学生了解在真实的诉讼之外，当事人也有可能虚构案件事实提起虚假诉讼，以表面合法的诉讼形式掩盖侵害国家、社会或第三人合法权益的非法目的。通过本案例分析，学生应了解虚假诉讼的发现和证明很大程度上依赖法院的职权调查，因此应当对法院启动职权调查的前提条件有所认识，对法院证明虚假诉讼的过程和考量因素有大致的把握，最后当虚假诉讼得以认定时，应当知晓当事人应该为此承担何种法律责任。

教学案例

一、本案当事人情况

一审原告、二审上诉人:上海欧宝生物科技有限公司(以下简称欧宝公司)。

一审被告、二审被上诉人:辽宁特莱维置业发展有限公司(以下简称特莱维公司)。

一审申诉人:谢涛。

二、本案事实情况

欧宝公司诉称:欧宝公司借款给特莱维公司8650万元,用于开发辽宁省东港市特莱维国际花园房地产项目。借期届满时,特莱维公司拒不偿还。故请求法院判令特莱维公司返还借款本金8650万元及利息。

特莱维公司辩称:对欧宝公司起诉的事实予以认可,借款全部投入到特莱维国际花园房地产项目,房屋滞销,暂时无力偿还借款本息。

辽宁省高级人民法院(以下简称辽宁高院)原一审查明:欧宝公司曾与特莱维公司共签订九份《借款合同》,借款人特莱维公司以特莱维国际花园面积33158.26平方米的土地以及地上物等公司全部财产作为抵押,借款人如不能按时偿还借款本金,除按约定归还本金及利息外,从借款日起按日千分之五加收违约金,上述所列资产不足以清偿本金时,出借方保留追究借款方其他资产的权利,但双方未办理抵押登记。以上借款本金总计为8650万元,约定利息均为同年贷款利率的4倍。欧宝公司在合同签订后,通过中国建设银行将约定款项全部付给了特莱维公司。特莱维公司均未能依约偿还。

辽宁高院原一审于2011年3月21日作出(2010)辽民二初字第15号民事判决,判令:特莱维公司于判决生效后10日内,偿还欧宝公司借款本金8650万元及借款实际发生之日起至本判决确定给付之日止的中国人民银行同期贷款利息。如特莱维公司未按判决指定的期间履行给付义务,应当加倍支付迟延履行期间的债务利息。案件受理费474300元,保全费5000元,由特莱维公司承担。

前述判决发生法律效力后,因谢涛提出申诉,辽宁高院于2012年1月4日作出(2012)辽立二民监字第8号民事裁定,再审本案。再审过程中,欧宝公司与特莱维公司的诉辩意见同原一审诉辩意见。一审申诉人谢涛称:特莱维公司与欧宝公司恶意串通,通过虚构债务的方式,恶意侵害特莱维国际花园房地产项目投资人谢涛的合法权益,请求法院查明事实。

辽宁高院再审查明:除原审查明的事实之外,借款合同签订后,欧宝公司先后共汇款10笔,计8650万元,而特莱维公司却在收到汇款的当日或几日后立即将其中的6笔转出,共计转出7050万余元。其中5笔转往翰皇公司,共计6400万余元。此外,欧宝公司在一审诉讼要求特莱维公司还款期间,仍向特莱维公司转款3笔,计360万元。

另查明,欧宝公司2005年9月13日成立,当时股东有2人,为李万革、曲叶梅,法定代表人是李万革。2008年5月28日公司经股权转让和增加注册资本,股东变更为8人,其中曲叶丽出资885万元,持股比例73.75%,姜雯琪出资24万元,持股比例2%,宗惠光出资24万元,持股比例2%。同时,法定代表人变更为宗惠光。

特莱维公司于2006年1月12日成立,法定代表人王作新,翰皇公司出资1800万元,出资比例90%,王阳出资200万元,出资比例10%。2010年8月16日法定代表人变更为姜雯琪。工商档案记载,该公司在变更登记时,领取执照人签字处由刘静君签字,而刘静君又是本案原一审诉讼期间欧宝公司的委托代理人,身份系欧宝公司的员工。

翰皇公司前身为上海特莱维化妆品有限公司,2002年3月26日成立。王作新出资200万元,出资比例67%,曲叶丽出资100万元,出资比例33%,法定代表人为王作新。同年10月28日,变更为王作新出资200万元,出资比例67%,王阳出资100万元,出资比例33%。2004年10月10日公司更名为翰皇公司,公司登记等手续委托宗惠光办理,2011年7月5日该公司注销。

王作新与曲叶丽系夫妻关系。

又查明,本案原一审诉讼期间,欧宝公司于2010年6月22日向辽宁高院提出财产保全申请,要求查封、扣押、冻结特莱维公司5850万元的财产,王阳以其所有的位于辽宁省沈阳市和平区澳门路23-3号F32-1、F32-2,建筑面积均为236.4平方米的两处房产为欧宝公司担保,王作鹏以其所有的位于沈阳市皇姑区宁山中路81号的建筑面积为671.76平方米的房产为欧宝公司担保,沈阳沙琪化妆品有限公司(简称沙琪公司,股东为王振义和修桂芳)以其所有的,位于沈阳市东陵区白塔镇小羊安村建筑面积分别为212平方米、946平方米的两处厂房及使用面积为4000平方米的一块土地为欧宝公司担保。

欧宝公司与特莱维公司的《开立单位银行结算账户申请书》记载地址均为东港市新兴路1号,委托经办人均为崔秀芳。

再查明,再审期间谢涛向辽宁高院提供上海市第一中级人民法院(2008)沪一中民三(商)终字第426号民事判决书一份,该案系张娥珍、贾世克诉翰皇公司、欧宝公司特许经营合同纠纷案,判决所列翰皇公司的法定代表人为王作新,欧宝公司和翰皇公司的委托代理人均系翰皇公司员工宗惠光。

辽宁高院再审认为:本案的争议焦点为欧宝公司与特莱维公司之间是否存在真实的借款关系。根据上述查明的事实,特莱维公司并未将所借款项用于特莱维国际花园房地产项目,借款立即转走,有悖借款目的,不符合常理。欧宝公司在一审诉讼要求特莱维公司还款期间,仍向特莱维公司转款360万元,欧宝公司作为原告起诉特莱维公司偿还欠款,却在此期间仍然给特莱维公司转款,不符合常理。欧宝公司提出财产保全申请,要求查封、扣押、冻结特莱维公司5850万元的财产,而特莱维公司的股东王阳却以自己的房产为欧宝公司提供担保,不符合常理。

此外,欧宝公司与特莱维公司之间存在人员混同、办公地点同一的情形。通过工商档案可以看出特莱维公司的股东是翰皇公司和王阳,翰皇公司占90%的股份,而翰皇公司的股东是王作新、王阳,王作新占67%的股份,据此可以判定王作新对特莱维公司具有绝对的控股权。而王作新的妻子曲叶丽持有欧宝公司73.75%的股份,对欧宝公司具有绝对的控股权。上述事实能够认定,王作新夫妻对特莱维公司、欧宝公司、翰皇公司具有完全的控制权。

综上所述,对欧宝公司与特莱维公司之间的借款法律关系不予认定。2015年5月20日辽宁高院作出(2012)辽审二民再字第13号民事判决,撤销辽宁高院(2010)辽民二初字第15号民事判决;驳回欧宝公司的诉讼请求。

欧宝公司不服向最高人民法院提起上诉,最高人民法院在审理中查明的事实除了关于涉案借款合同真实性及另查明的事实外,与辽宁高院再审查明的事实相同。

最高人民法院另查明:

(一)关于欧宝公司和特莱维公司之间关系的事实

沈阳特莱维化妆品连锁有限责任公司(以下简称沈阳特莱维)成立于2000年3月15日,工商档案表明,该公司由欧宝公司控股(持股96.67%),设立时的经办人为宗惠光,公司登记的处所系向沈阳丹菲专业护肤中心承租而来,该中心负责人为王振义。

2005年12月23日,特莱维公司原法定代表人王作新代表欧宝公司与案外人张娥珍签订连锁加盟(特许)合同。

2007年2月28日,霍静代表特莱维公司与世安公司签订关于特莱维国际花园项目施工的《补充协议》。

2010年5月,魏亚丽经特莱维公司授权办理银行账户的开户,2011年9月又代表欧宝公司办理银行账户开户事宜。两账户所留联系人均为魏亚丽,所留联系电话均为××××,与欧宝公司2010年6月10日提交辽宁高院的《民事起诉状》中所留特莱维公司联系电话相同。

2010年9月3日,欧宝公司向辽宁高院出具《回复函》,称:“同意向贵院提供位于上海市青浦区苏虹公路332号的面积12026.91平方米、价值2亿元人民币的房产作为保全担保。贵院随时可查封上述房产作为保全担保。我公司将积极配合。”欧宝公司庭审中承认,前述房产属于上海特莱维护肤品股份有限公司(以下简称上海特莱维)所有。上海特莱维成立于2002年12月9日,法定代表人为王作新,股东有王作新、翰皇公司的股东王阳、邹艳,欧宝公司的股东宗惠光、姜雯琪、王奇、韩雪花等人。王阳同时任上海特莱维董事,宗惠光任副董事长兼副总经理,王奇任副总经理,霍静任董事。

2011年4月20日,欧宝公司向辽宁高院申请执行(2010)辽民二初字第15号民事判决,该院当日立案执行。同年7月12日,欧宝公司向辽宁高院提交书面申请称:“为尽快回笼资金,减少我公司损失,经与被执行人商定,我公司允许被执行人销售该项目的剩余房产,但必须由我公司指派财务人员收款,所销售的房款须存入我公司指定账户。”2011年9月6日,辽宁高院向东港市房地产管理处发出《协助执行通知书》,以相关查封房产已经给付申请执行人抵债为由,要求该处将前述房产直接过户登记到案外买受人名下。

欧宝公司申请执行后,除谢涛外,特莱维公司的其他债权人世安公司、江西临川建筑安装工程总公司、东港市前阳建筑安装工程总公司也先后以提交执行异议或者通过人大代表申诉等形式,向辽宁高院反映欧宝公司与特莱维公司虚构债权进行虚假诉讼,损害建设工程承包人债权。

翰皇公司的清算组成员由王作新、王阳、姜雯琪担任,王作新为负责人;清算组在成立之日起10日内通知了所有债权人,并于2011年5月14日在《上海商报》上刊登了注销公告。2012年6月25日,王作新将翰皇公司所持特莱维公司股权中的1600万元转让于王阳,200万元转让于邹艳,并于2012年7月9日办理了工商变更登记。

沙琪公司的股东王振义和修桂芳分别是王作新的父亲和母亲;欧宝公司的股东王阁系王作新的哥哥王作鹏之女;王作新与王阳系兄妹关系。

(二)关于欧宝公司与案涉公司之间资金往来的事实

欧宝公司的账户(3115,以下简称欧宝公司8115账户),2006年1月4日至2011年9月29日的交易明细显示,自2006年3月8日起,欧宝公司即开始与特莱维公司互有资金往来。其中,2006年3月8日欧宝公司该账户汇给特莱维公司账户(2191,以下简称特莱维公司4891账户)300万元,备注用途载明为"借款",2006年6月12日转给特莱维公司801万元(账户不明)。2007年8月16日至2007年8月23日从特莱维公司账户转入欧宝公司8115账户将近70笔款项,备注用途多为"货款"。该账户自2006年1月4日至2011年9月29日与沙琪公司、沈阳特莱维、翰皇公司、上海特莱维均有大笔资金往来,用途多为"货款"或者"借款"。

欧宝公司在中国建设银行东港支行开立的账户(2157)2010年8月31日至2011年11月9日的交易明细显示:该账户2010年9月15日、9月17日由欧宝公司以现金形式分别存入168万元、100万元;2010年9月30日支付东港市安邦房地产开发有限公司工程款100万元;2010年9月30日自特莱维公司账户(2149)转入100万元,2011年8月22日、8月30日、9月9日自特莱维公司账户分别转入欧宝公司该账户71.6985万元、51.4841万元、62.3495万元,2011年11月4日特莱维公司账户(2155,以下简称特莱维公司5555账户)以法院扣款的名义转入该账户84.556787万元;2011年9月27日以"往来款"名义转入欧宝公司8115账户193.5万元,2011年11月9日转入欧宝公司账户(2148,以下简称欧宝公司4548账户)157.995万元。

欧宝公司设立在中国工商银行上海青浦支行的账户(1017)显示,2012年7月12日该账户以"借款"名义转入特莱维公司50万元。

欧宝公司在中国建设银行沈阳马路湾支行的4548账户2013年10月7日至2015年2月7日期间的交易明细显示,自2014年1月20日起,特莱维公司以"还款"名义转入该账户的资金,大部分又以"还款"的名义转入王作鹏的个人账户和上海特莱维的账户。

翰皇公司建设银行上海分行账户(0517,以下简称翰皇公司4917账户)2006年1月5日至2009年1月14日的交易明细显示,特莱维公司4891账户2008年7月7日转入翰皇公司该账户605万元,同日,翰皇公司又从该账户将同等数额的款项转入特莱维公司5555账户,但自翰皇公司打入特莱维公司账户的该笔款项计入了特莱维公司的借款数额,自特莱维公司打入翰皇公司的款项未计入该公司的还款数额。该账户同时间段还分别和欧宝公司、沙琪公司以“借款”“往来款”的名义进行资金转入和转出。

特莱维公司5555账户2006年6月7日至2015年9月21日的交易明细显示,2009年7月2日自该账户以“转账支取”的名义汇入欧宝公司的账户(1201)600万元;自2011年11月4日起至2014年12月31日止,该账户转入欧宝公司资金达30多笔,最多的为2012年12月20日汇入欧宝公司4548账户的一笔达1800万元。此外,该账户还有多笔大额资金在2009年11月13日至2010年7月19日期间以“借款”的名义转入沙琪公司账户。

沙琪公司在中国光大银行沈阳和平支行的账户(7512)2009年11月13日至2011年6月27日的交易明细显示,特莱维公司转入沙琪公司的资金,有的以“往来款”或者“借款”的名义转回特莱维公司的其他账户。

欧宝公司和特莱维公司均承认,欧宝公司4548账户和在中国建设银行东港支行的账户(2157)由王作新控制。

最高人民法院认为:人民法院保护合法的借贷关系,同时,对于恶意串通进行虚假诉讼意图损害他人合法权益的行为,应当进行制裁。本案争议的焦点有二:

1. 欧宝公司与特莱维公司之间是否存在关联关系。曲叶丽为欧宝公司的控股股东,王作新是特莱维公司的原法定代表人,也是案涉合同签订时特莱维公司的控股股东翰皇公司的控股股东和法定代表人,王作新与曲叶丽系夫妻关系,说明欧宝公司与特莱维公司由夫妻二人控制。虽然辽宁高院受理本案诉讼后,特莱维公司的法定代表人由王作新变更为姜雯琪,但姜雯琪向本院出具并经当庭质证的书面申请表明,王作新依然是特莱维公司的实际控制人。同时,欧宝公司股东兼法定代表人宗惠光、王奇等人,与特莱维公司的实际控制人王作新、法定代表人姜雯琪、目前的控股股东王阳共同投资设立了上海特莱维,说明欧宝公司的股东与特莱维公司的控股股东、实际控制人存在其他的共同利益关系。另外,沈阳特莱维是欧宝公司控股的公司,沙琪公司的股东是王作新的父亲和母亲。可见,欧宝公司与特莱维公司之间、前述两公司与沙琪公司、上海特莱维、沈阳特莱维之间均存在关联关系。

此外,欧宝公司与特莱维公司及其他关联公司之间还存在人员混同的问题。欧宝公司、特莱维公司以及其他关联公司的人员之间并未严格区分,均听从共同控制人王作新夫妻的调配,根据不同的工作任务,随时转换为不同关联公司的工作人员。辽宁高院关于欧宝公司和特莱维公司系由王作新、曲叶丽夫妇控制之关联公司的认定,依据充分。

2. 欧宝公司和特莱维公司就争议的8650万元是否存在真实的借款关系。在当事人之间存在关联关系的情况下,为防止恶意串通提起虚假诉讼,损害他人合法权益,人民法院对其之间是否存在真实的借款法律关系,必须严格审查。欧宝公司虽然提供了借款合同及转款凭证,但其自述及提交的证据和其他在案证据之间存在无法消除的矛盾,当事人在诉讼前后的诸多行为违背常理,主要表现为以下七个方面:第一,从借款合意形成过程来看,借款合同存在虚假的可能。欧宝公司和特莱维公司对借款法律关系的要约与承诺的细节事实叙述不清,语焉不详,于理不合。第二,从借款的时间上看,当事人提交的证据前后矛盾。第三,从借款的数额上看，当事人的主张前后矛盾。第四，从资金往来情况看，欧宝公司存在单向统计账户流出资金而不统计流入资金的问题。第五，从所有关联公司之间的转款情况看，存在双方或者多方账户循环转款问题。第六，从借款的用途看，与合同约定相悖。第七，从欧宝公司和特莱维公司及其关联公司在诉讼和执行中的行为来看，与日常经验相悖。

对上述矛盾和违反常理之处，欧宝公司与特莱维公司均未作出合理解释。由此可见，欧宝公司没有提供足够的证据证明其就案涉争议款项与特莱维公司之间存在真实的借贷关系。而且，从调取的欧宝公司、特莱维公司及其关联公司账户的交易明细发现，欧宝公司、特莱维公司以及其他关联公司之间、同一公司的不同账户之间随意转款，款项用途随意填写，结合在案其他证据，本院确信，欧宝公司诉请之债权系截取其与特莱维公司之间的往来款项虚构而成，其以虚构债权为基础请求特莱维公司返还 8650 万元借款及利息的请求不应支持。据此，辽宁高院再审判决驳回其诉讼请求并无不当。

至于欧宝公司与特莱维公司提起本案诉讼是否存在恶意串通损害他人合法权益的问题。首先，无论欧宝公司还是特莱维公司，对特莱维公司与一审申诉人谢涛及其他债权人的债权债务关系是明知的。从案涉判决执行的过程看，欧宝公司申请执行之后，对查封的房产不同意法院拍卖，而是继续允许该公司销售，特莱维公司每销售一套，欧宝公司即申请法院解封一套。在接受本院当庭询问时，欧宝公司对特莱维公司销售了多少查封房产，偿还了多少债务叙述不清，表明其提起本案诉讼并非为实现债权，而是通过司法程序进行保护性查封以阻止其他债权人对特莱维公司财产的受偿。以虚构债权而兴讼不止，恶意昭然若揭。其次，从欧宝公司与特莱维公司人员混同、银行账户同为王作新控制的事实可知，欧宝公司与特莱维公司已经失去了公司法人所具有的独立人格，两公司既同属一人，以一人而充任两造，恶意之勾连不证自明。一审申诉人谢涛认为欧宝公司与特莱维公司之间恶意串通提起虚假诉讼损害其合法权益的意见，以及对有关当事人和相关责任人进行制裁的请求，于法有据，应予支持。本院将同时对欧宝公司和特莱维公司的虚假诉讼行为进行处罚。

综上所述，辽宁高院(2012)辽审二民再字第 13 号民事判决认定的基本事实清楚，适用法律正确，判决结果应予维持。欧宝公司的上诉理由不能成立，对其上诉请求不予支持。2015 年 10 月 27 日最高人民法院作出(2015)民二终字第 324 号民事判决，驳回上诉，维持原判。

教学手册

教学对象及目标

本案例供法律硕士案例教学使用，法学本科(大四)、民法学硕士、诉讼法学硕士亦可以参酌试用。

本案例的讲授主要涉及民事诉讼中的虚假诉讼问题，重点在于虚假诉讼的识别与证明。通过本案例的学习，让学生了解在真实的诉讼之外，当事人也有可能虚构案件事实提起虚假诉讼,以表面合法的诉讼形式掩盖侵害国家、社会或第三人合法权益的非法目的。通过本案例分析,学生应了解虚假诉讼的发现和证明很大程度上依赖法院的职权调查,因此应当对法院启动职权调查的前提条件有所认识,对法院证明虚假诉讼的过程和考量因素有大致的把握,最后当虚假诉讼得以认定时,应当知晓当事人应该为此承担何种法律责任。

教学内容

1. 虚假诉讼及其特点

当前,民事商事审判领域存在的虚假诉讼现象,不仅严重侵害案外人合法权益,破坏社会诚信,也扰乱了正常的诉讼秩序,损害司法权威和司法公信力,人民群众对此反映强烈。

虚假诉讼,是指民事诉讼的双方当事人恶意串通,合谋编制虚假事实和证据向法院提起诉讼,利用法院的审判权、执行权,非法侵占或损害国家、集体、公民的财产或权益的诉讼行为。其特点表现为:(1)行为人主观上存在过错或恶意。原、被告双方恶意串通,为获取非法利益而欺骗法院和法官,双方当事人不具有对抗性,即便有也是“虚假”的对抗,以达到迷惑法院和法官的目的。(2)行为人以侵占他人财产或获取非法利益或侵害他人合法权益为目的。(3)行为人以民事诉讼的合法形式掩盖非法目的,虚构案件事实和证据。(4)行为人非法目的的实现有赖于法院的审判权和执行权。

2. 虚假诉讼的识别

法院和法官在审理案件过程中,应当警惕和防范虚假诉讼的发生,了解虚假诉讼的构成要素,并对实践中虚假诉讼高发的情形予以特别关注。

虚假诉讼一般包含以下要素:(1)以规避法律、法规或国家政策谋取非法利益为目的;(2)双方当事人存在恶意串通;(3)虚构事实;(4)借用合法的民事程序;(5)侵害国家利益、社会公共利益或者案外人的合法权益。

实践中要特别注意以下情形,以防范虚假诉讼的发生:(1)当事人为夫妻、朋友等亲近关系或者关联企业等共同利益关系;(2)原告诉请司法保护的标的额与其自身经济状况严重不符;(3)原告起诉所依据的事实和理由明显不符合常理;(4)当事人双方无实质性民事权益争议;(5)案件证据不足,但双方仍然主动迅速达成调解协议,并请求人民法院出具调解书。

在民间借贷、离婚析产、以物抵债、劳动争议、公司分立(合并)、企业破产等虚假诉讼高发领域的案件审理中,要加大证据审查力度。对可能存在虚假诉讼的,要适当加大依职权调查取证力度。

3. 法院对虚假诉讼的职权审查

根据最高人民法院2016年《关于防范和制裁虚假诉讼的指导意见》,法院对涉嫌虚假诉讼的案件有权进行职权调查。

(1)涉嫌虚假诉讼的,应当传唤当事人本人到庭,就有关案件事实接受询问。除法定事由外,应当要求证人出庭作证。要充分发挥民事诉讼法司法解释有关当事人和证人签署保证书规定的作用,探索当事人和证人宣誓制度。

(2)诉讼中,一方对另一方提出的于己不利的事实明确表示承认,且不符合常理的,要做进一步查明,慎重认定。查明的事实与自认的事实不符的,不予确认。

(3)要加强对调解协议的审查力度。对双方主动达成调解协议并申请人民法院出具调解书的,应当结合案件基础事实,注重审查调解协议是否损害国家利益、社会公共利益或者案外人的合法权益;对人民调解协议司法确认案件,要按照《民事诉讼法》司法解释要求,注重审查基础法律关系的真实性。

(4)在执行公证债权文书和仲裁裁决书、调解书等法律文书过程中,对可能存在双方恶意串通、虚构事实的,要加大实质审查力度,注重审查相关法律文书是否损害国家利益、社会公共利益或者案外人的合法权益。如果存在上述情形,应当裁定不予执行。必要时,可向仲裁机构或者公证机关发出司法建议。

(5)加大公开审判力度,增加案件审理的透明度。对与案件处理结果可能存在法律上利害关系的,可适当依职权通知其参加诉讼,避免其民事权益受到损害,防范虚假诉讼行为。

4. 对虚假诉讼的法律制裁

虚假诉讼干扰了法院正常的司法秩序,浪费司法资源,损害了他人的合法权益,损害了司法权威和社会公平正义,具有严重的社会危害性。虚假诉讼行为的法律责任包括刑事责任及民事责任。

2002 年 10 月 24 日最高人民检察院在《关于通过伪造证据骗取法院民事裁判占有他人财物的行为如何适用法律问题的答复》中指出,以非法占有为目的,通过伪造证据骗取法院民事裁判占有他人财物的行为所侵害的主要是人民法院正常的审判活动,可以由人民法院依照《民事诉讼法》的有关规定作出处理,不宜以诈骗罪追究行为人的刑事责任。但答复同时指出如果行为人伪造证据时,实施了伪造公司、企业、事业单位、人民团体印章的行为,构成犯罪的,应当依照《刑法》第 280 条第 2 款的规定,以伪造公司、企业、事业单位、人民团体印章罪追究刑事责任;如果行为人有指使他人作伪证的行为,构成犯罪的应当依照《刑法》第 307 条第 1 款的规定,以妨害作证罪追究刑事责任。

当事人虚构事实、伪造证据,是虚假诉讼的主要手段之一。而妨害作证罪的构成要件是阻止证人作证或者指使他人作伪证的行为。而在虚假诉讼中,当事人往往是自己提供伪造的证据。另外,《刑法》第 305 条规定的伪证罪限于在刑事诉讼程序中,而不包括民事诉讼中发生的伪证行为,从而使得民事诉讼中的伪证行为无法受到法律制裁。因此,在法律适用上导致既不能以妨害作证罪定罪,也不能以伪证罪定罪。但这种现象在 2015 年 11 月 1 日起将不再是无法可依的局面。《刑法修正案(九)》新增了诉讼诈骗犯罪罪名和条款。《刑法》第 307 条规定,“以捏造的事实提起民事诉讼,妨害司法秩序或者严重侵害他人合法权益的,处三年以下有期徒刑、拘役或者管制,并处或者单处罚金;情节严重的,处三年以上七年以下有期徒刑,并处罚金。单位犯前款罪的,对单位判处罚金,并对其直接负责的主管人员和其他直接责任人员,依照前款的规定处罚。”

2012 年修改后的《民事诉讼法》第 112 条规定,“当事人之间恶意串通,企图通过诉讼、调解等方式侵害他人合法权益的,人民法院应当驳回其请求,并根据情节轻重予以罚款、拘留;构成犯罪的,依法追究刑事责任。"第113条规定,"被执行人与他人恶意串通,通过诉讼、仲裁、调解等方式逃避履行法律文书确定的义务的,人民法院应当根据情节轻重予以罚款、拘留;构成犯罪的,依法追究刑事责任。"

2015年9月1日实施的最高人民法院《关于审理民间借贷案件适用法律若干问题的规定》第20条也规定:"诉讼参与人或者其他人恶意制造、参与虚假诉讼,人民法院应当依照《民事诉讼法》第111条、第112条和第113条之规定,依法予以罚款、拘留;构成犯罪的,应当移送有管辖权的司法机关追究刑事责任。单位恶意制造、参与虚假诉讼的,人民法院应当对该单位进行罚款,并可以对其主要负责人或者直接责任人员予以罚款、拘留;构成犯罪的,应当移送有管辖权的司法机关追究刑事责任。"

2016年6月28日发布的最高人民法院《关于防范和制裁虚假诉讼的指导意见》对虚假诉讼的制裁作出了更加详细的规定:"……11.经查明属于虚假诉讼,原告申请撤诉的,不予准许,并应当根据民事诉讼法第112条的规定,驳回其请求。12.对虚假诉讼参与人,要适度加大罚款、拘留等妨碍民事诉讼强制措施的法律适用力度;虚假诉讼侵害他人民事权益的,虚假诉讼参与人应当承担赔偿责任;虚假诉讼违法行为涉嫌虚假诉讼罪、诈骗罪、合同诈骗罪等刑事犯罪的,民事审判部门应当依法将相关线索和有关案件材料移送侦查机关。13.探索建立虚假诉讼失信人名单制度。将虚假诉讼参与人列入失信人名单,逐步开展与现有相关信息平台和社会信用体系接轨工作,加大制裁力度。14.人民法院工作人员参与虚假诉讼的,要依照法官法、法官职业道德基本准则和法官行为规范等规定,从严处理。15.诉讼代理人参与虚假诉讼的,要依法予以制裁,并应当向司法行政部门、律师协会或者行业协会发出司法建议。16.鉴定机构、鉴定人参与虚假诉讼的,可以根据情节轻重,给予鉴定机构、鉴定人训诫、责令退还鉴定费用、从法院委托鉴定专业机构备选名单中除名等制裁,并应当向司法行政部门或者行业协会发出司法建议。"

5.虚假诉讼的法律救济

救济途径之一,第三人撤销之诉。2012年修改的《民事诉讼法》第56条增设第三人撤销之诉,使得受到虚假诉讼侵害的第三人有了明确的救济途径。根据该条第3款,"前两款规定的第三人,因不能归责于本人的事由未参加诉讼,但有证据证明发生法律效力的判决、裁定、调解书的部分或者全部内容错误,损害其民事权益的,可以自知道或者应当知道其民事权益受到损害之日起六个月内,向作出该判决、裁定、调解书的人民法院提起诉讼。人民法院经审理,诉讼请求成立的,应当改变或者撤销原判决、裁定、调解书;诉讼请求不成立的,驳回诉讼请求。"

救济途径之二,第三人执行异议。针对侵占第三人财产的虚假诉讼,第三人往往到执行程序才发现自己的财产变成了执行标的物,此时的第三人可以通过提出执行异议之诉获得救济。根据《民事诉讼法》第227条的规定,"执行过程中,案外人对执行标的提出书面异议的,人民法院应当自收到书面异议之日起十五日内审查,理由成立的,裁定中止对该标的的执行;

理由不成立的,裁定驳回。案外人、当事人对裁定不服,认为原判决、裁定错误的,依照审判监督程序办理;与原判决、裁定无关的,可以自裁定送达之日起十五日内向人民法院提起诉讼。”

救济途径之三,第三人向法院或检察院提出申诉。合法权益受到侵害的第三人,如果不符合第三人撤销之诉的主体条件,又不涉及财产被执行的问题因而不能提出执行异议之诉,那么该第三人仍旧存在一条救济途径,即向法院或检察院提出申诉,由法院自行发动再审,或者由检察院抗诉引起再审,最终撤销原生效裁判或调解书,使受到虚假诉讼侵害的第三人获得救济。

课堂时间安排

本案例可以作为专门的案例教学课来进行,整个案例课的课堂安排 6 个课时,每课时 45 分钟。

如下课堂设计,仅供参考。

1. 课前计划:安排学生阅读案例及相关参考资料,对案例所涉及问题进行思考,撰写实践题答案。

2. 课中计划:介绍教学目的,明确讨论主题;分组讨论,回答各项思考题,讨论实践题的撰写要点;小组代表提出撰写要点,学生讨论和分析;教师归纳总结。

3. 课后计划:布置学生进一步思考虚假诉讼的识别问题,如何才能帮助法院更早地发现虚假诉讼,减少司法资源的无端耗费,及时阻止虚假诉讼给利害关系人造成损害。思考可否在法院之外设立一个独立的虚假诉讼审查机构,从而法院可以将涉嫌虚假诉讼的案件移送该机构进行审查。

思考题和实践题

思考题

1. 什么是虚假诉讼?虚假诉讼的构成要素有哪些?其与恶意诉讼有何不同?
2. 司法实践中,虚假诉讼高发的案件类型有哪些?发生何种情形时,法官应警惕虚假诉讼的发生?
3. 如何进行虚假诉讼的识别?如何才能帮助法院更早地发现虚假诉讼,减少司法资源的无端耗费,及时阻止虚假诉讼给利害关系人造成损害?
4. 法官认为某案件涉嫌虚假诉讼时,可以依职权进行哪些调查活动?法院依职权进行调查和审查的正当性是什么?
5. 可否在法院之外设立一个独立的虚假诉讼审查机构,从而法院可以将涉嫌虚假诉讼的案件移送该机构进行审查?
6. 制造虚假诉讼的当事人,应当承担何种法律责任?
7. 受到虚假诉讼侵害的第三人,可以通过何种途径获得法律救济?
8. 在借贷纠纷中,法官可以考虑哪些因素对虚假诉讼作出认定?

实践题

7~9 人一组,进行模拟法庭演练,同时撰写起诉状、答辩状、代理词、判决书等相关法律文书。

参考文献

1. 王福华:《民事诉讼法学》,清华大学出版社 2015 年版。

2. 范健、王建文:《公司法》,法律出版社 2015 年版。

3. 李浩:《虚假诉讼中恶意调解问题研究》,载《江海学刊》2012 年第 1 期。

4. 李浩:《虚假诉讼与对调解书的检察监督》,载《法学家》2014 年第 6 期。

5. 肖建华:《论恶意诉讼及其法律规制》,载《中国人民大学学报》2012 年第 4 期。

6. 任重:《论虚假诉讼:兼评我国第三人撤销诉讼实践》,载《中国法学》2014 年第 6 期。

7. 魏新璋、张军斌、李燕山:《对"虚假诉讼"有关问题的调查与思考——以浙江法院防范和查处虚假诉讼的实践为例》,载《法律适用》2012 年第 1 期。

8. 项延永:《虚假民事诉讼之防范》,载《人民司法》2010 年第 11 期。

9. 王博:《论虚假诉讼与程序法规制》,载《法制与社会》2008 年第 29 期。

10. 牛玉兵、董家友:《民事恶意诉讼的司法规制——以我国新〈民事诉讼法〉为中心的考察》,载《法学杂志》2015 年第 2 期。

11. 尚海明、彭雨:《论虚假诉讼的刑法规制——基于对虚假诉讼发生与司法实践状况的实证研究》,载《西南政法大学学报》2013 年第 2 期。

12. 朱健:《论虚假诉讼及其法律规制》,载《法律适用》2012 年第 6 期。

(史长青,上海大学法学院)

22
CASE

南平开矿毁林纠纷案

摘要

本案例以一起真实的环境公益诉讼案件为蓝本，围绕环境公益诉讼民事程序各环节来展开，涉及的知识点和执业技能内容主要包括律师如何参与各阶段环境公益诉讼活动，环境公益诉讼案件的证据收集、事实认定与法律适用等。本案例涉及的实体问题与程序问题包括环境公益诉讼中的法律关系、民事主体资格的认定，民事主体在环境公益诉讼中的举证责任分配、环境公益诉讼中的责任承担方式、环境公益诉讼案件的法律适用、环境公益诉讼中的和解与调解程序等。本案例对于解决其他类型公益诉讼案件具有参考意义。

关键词

环境公益诉讼　主体资格认定　举证责任分配　诉讼程序

教学目标

着重让学生把握三方面内容：(1)在环境公益诉讼中学会梳理当事人之间的法律关系，分析案件事实，查找可适用的规范性法律文件。(2)加强对我国现行的环境公益诉讼司法解释的理解，增强学生的法制观念并使其学会用所学的法律知识分析、处理环境公益诉讼的能力。(3)熟悉解决环境公益纠纷的民事诉讼程序。

教学案例

一、案件背景

近年来,当公共利益受到损害时,由于缺乏传统的直接受害人,且没有健全的相关法律规定,公益诉讼救济相对于私益诉讼救济更为困难。2015 年,最高人民法院发布了《关于审理环境民事公益诉讼案件适用法律若干问题的解释》(以下简称《环境民事公益诉讼司法解释》),对环境公益诉讼中的若干问题进行了明确。本案例为《环境民事公益诉讼司法解释》颁布后的环境公益诉讼第一案,通过对本案例的分析与探究,能帮助学生更好地了解公益诉讼,把握公益诉讼中应注意的实务问题。

二、当事人背景

中国文化书院绿色分院作为社会团体分支机构(英文名称为 Friends of nature,以下简称自然之友),于 2003 年 5 月 8 日经民政部登记,并以"自然之友"名义开展环境保护公益活动。在此基础上,自然之友于 2010 年 6 月 18 日在北京市朝阳区民政局登记成立,属于民办非企业单位,从事非营利性社会服务活动。章程规定的宗旨是:倡导生态文明、从事环境研究、促进可持续发展。业务范围:固体废弃物处理技术研究及相关政策研究,固体废弃物对生态环境的影响研究,固体废弃物研究相关科普活动推广及相关环境教育推广。经北京市朝阳区民政局年度检查,2010 年度合格、2011 年度基本合格、2012 年度合格、2013 年度合格。自然之友提供了 2009 年至 2014 年各年度工作报告,内容主要体现从事环境问题调查研究、保护生态环境、环保知识教育等公益活动。

福建绿家园是 2006 年 11 月 7 日在福建省民政厅登记的民办非企业单位,是非营利性社会服务活动的社会组织。章程规定的宗旨:普及公民环境保护意识,保护生态环境与生态平衡。业务范围:保护生态环境、传播环境文化、开展学术技术交流。经福建省民政厅年度检查,2009 年至 2013 年度均合格。福建绿家园提供了 2009 年至 2013 年各年度工作报告,内容主要体现参与环境问题调查、保护生态环境、宣传环境保护等公益活动。

三、案情简介

1. 当事人信息

原告:自然之友、福建绿家园

被告:谢某、倪某、郑某、李某

第三人:国土延平分局、延平区林业局

2. 主要事实

自然之友于 2003 年 5 月 8 日经民政部登记并开展环境保护公益活动。福建绿家园是

2006 年 11 月 7 日在福建省民政厅登记的民办非企业单位,是非营利性社会服务活动的社会组织。

2005 年 5 月 18 日,经国土延平分局许可,李某取得证号为 3507020520004 的采矿许可证,采矿权人为李某,矿山名称为南平市延平区恒兴石材厂,有效期限自 2005 年 4 月至 2008 年 8 月,矿区面积 0.0039 平方公里,矿种为饰面花岗岩,开采深度由 282 米至 252 米标高。李某亦取得南平市延平区恒兴石材厂个体工商户营业执照。2008 年 6 月 3 日,经国土延平分局许可,李某取得证号为 3507020820014 的采矿许可证,有效期限自 2008 年 6 月至 2008 年 8 月,开采深度由 520 米至 483 米标高,采矿权人、矿山名称、矿区面积、矿种等与 3507020520004 的采矿许可证一致。2008 年 5 月 28 日,李某向国土延平分局交纳了 10000 元生态环境恢复保证金。李某采矿过程中未依法取得占用林地许可证。

2008 年 11 月福建省冶金工业设计院出具一份《南平市延平区砂基洋(恒兴)矿区饰面花岗岩开发利用方案》对矿区水土保持、土地复垦、闭坑措施等作了可行方案。2008 年 7 月 28 日,李某与谢某签订一份《采矿权转让合同》。2008 年 7 月 29 日,李某与谢某、倪某、郑某又重新签订一份内容相同的《采矿权转让合同》,约定李某出让给谢某、倪某、郑某的采矿矿区位于福建省南平市延平区太平镇葫芦山村,矿山名称为南平市延平区恒兴石材厂,矿区面积 0.0039 平方公里,矿种为饰面花岗岩,采矿权四至范围及界址为矿山范围扩大至现采矿点山顶整个范围。登记于李某名下的《采矿许可证》证号为 3507020520004,李某负责办理该采矿许可证续期十年,矿山范围扩大至现采矿点整个山顶范围。李某领取续期《采矿许可证》之日起配合将采矿权人变更至谢某名下。李某负责协调开通矿山脚部至山顶的道路。合同末尾注明:原 2008 年 7 月 28 日,李某与谢某单独签订的合同无效,以 2008 年 7 月 29 日李某与谢某、倪某、郑某三个股东共同重新签订的合同为有效合同。合同还约定了价款支付、违约责任等内容。该合同签订后,未经采矿权审批管理机关审批。谢某、倪某、郑某三人经商量决定由谢某具体负责矿山的采矿事宜。

此后,在未依法取得占用林地许可证及办理采矿许可续期手续的情况下,谢某、倪某、郑某改变李某原有塘口位置,从山顶剥山皮、开采矿石,并将剥山皮和开采矿石产生的弃石往山下倾倒,直至 2010 年初停止开采,造成林地原有植被严重毁坏。谢某、倪某、郑某还在矿山的塘口的下方兴建了砖混结构的工棚用于矿山工人居住。在国土资源部门数次责令停止采矿的情况下,2011 年 6 月,谢某、倪某、郑某还雇佣挖掘机到该矿山,在矿山边坡处开路和扩大矿山塘口面积,造成该处林地原有植被严重毁坏。经福建天祥司法鉴定所鉴定,谢某、倪某、郑某采石塘口位于 005 林班 08 大班 040 小班、013 林班 02 大班 050 小班,占用林地面积 10.54 亩;弃石位于 013 林班 02 大班 050 小班和 013 林班 02 大班 020 小班,占用林地的面积 8.62 亩;工棚位于 005 林班 08 大班 070 小班,占用林地的面积 0.28 亩,非法占用林地面积共计 19.44亩。李某原采石塘口位于 013 林班 02 大班 020 小班、050 小班、070 小班占用林地面积 8.89 亩。占用林地现场被用于采石、堆放弃石弃土,林地的原有植被遭到严重破坏。谢某、倪某、郑某因犯非法占用农用地罪,于 2014 年 7 月 28 日被南平市延平区人民法院分别判处有期徒刑1年6个月、1年4个月、1年2个月。三人不服,提起上诉,南平市中级人民法院二审裁定:驳回上诉,维持原判。2010年3月26日,李某出具委托书委托谢某、倪某、郑某代为办理证号3507020520004《采矿许可证》所属矿山的拆迁补偿相关事宜。2014年11月13日,国土延平分局向李某登记的南平市延平区恒兴石材厂发出一份《关于缴纳矿山生态环境恢复治理保证金的通知》,要求缴纳矿山生态环境恢复治理保证金252000元。

在谢某、倪某、郑某犯非法占用农用地罪一案侦查过程中,侦查机关南平市公安局延平森林分局制作的2014年1月20日补充现场勘验笔录记载:"谢某、倪某、郑某三人后期采矿的弃石处下方与原老板李某的矿山塘口部分重叠,原老板李某的矿山塘口部分被弃石覆盖。"2014年1月22日谢某的现场辨认笔录记载:"原李某的旧塘口已被山顶新塘口采挖期间所产生的弃石、弃土所掩埋。"以及2014年2月12日第二次补充现场勘验笔录记载:"原老板李某在现场同时表示,他今天在现场指认的其原来采石塘口现部分已被谢某、倪某、郑某三人后期采矿所产生的弃土、弃石掩埋覆盖。"自然之友委托北京中林资产评估有限公司评估。经评估,北京中林资产评估有限公司作出评估报告,意见为:生态修复项目的总费用在评估基准日的价值为110.19万元;价值损害即生态环境受到损害至恢复原状期间服务功能损失为134万元,其中损毁林木价值5万元,推迟林木正常成熟的损失价值2万元,植被破坏导致碳释放的生态损失价值、森林植被破坏期生态服务价值、森林恢复期生态服务价值127万元。

3. 诉求

(1)判令谢某、倪某、郑某、李某在3个月内清除南平市延平区葫芦山砂基洋恒兴石材厂矿山采石处现存工棚、机械设备、石料和弃石,恢复被破坏的28.33亩林地植被(山顶19.44亩、原塘口8.89亩)。

(2)谢某、倪某、郑某、李某不能按第一项请求3个月内恢复林地植被的,赔偿生态环境修复费用110.19万元,由延平区林业局用该款组织恢复林地植被。

(3)判令谢某、倪某、郑某、李某赔偿生态环境受到损害至恢复原状期间服务功能损失134万元。

(4)判令谢某、倪某、郑某、李某承担诉讼费;赔偿自然之友支出的律师服务费96200元、评估费6000元、工作人员差旅费56537.9元;赔偿福建绿家园支出的律师服务费25261元、工作人员差旅费19000元。

4. 谢某、倪某、郑某辩称

(1)自然之友的主体不适格。

(2)诉讼请求第一项恢复被破坏的林地植被28.33亩,其中8.89亩是李某实施的与谢某、倪某、郑某无关。

(3)诉讼请求第二项即不能按第一项请求3个月内恢复林地植被的,赔偿生态环境修复费用110.19万元,不能成立。

(4)对第三项诉讼请求赔偿生态环境受到损害至恢复原状期间服务功能损失费没有法律依据。

（5）对本案侵权责任，谢某、倪某、郑某只应承担次要责任。

（6）生态修复费用估算报告及损害价值评估不能作为定案的依据。

5. 李某辩称

（1）自然之友的主体不适格。

（2）其并没有实施破坏生态环境的侵权行为。

6. 延平区林业局陈述

（1）直接将延平区林业局列为本案第三人缺乏法律依据。

（2）对于破坏种植条件拒不履行土地复垦义务的行政处罚的责任主体是县级以上人民政府土地行政主管部门。

（3）国土资源部办公厅关于印发《全国"矿山复绿"行动方案》的通知已明确"矿山复绿"的责任主体是土地行政主管部门。

7. 自然之友、福建绿家园提供的主要证据及证明事项

第一组：

（1）自然之友的登记证书、组织机构代码证、法定代表人身份证明及身份证、章程、中国文化书院绿色文化分院的登记证书、中国文化书院绿色文化分院理事会决议、关于自然之友的注册变更情况的说明、北京市朝阳区民政局民办非企业单位年度检查结论通知书 4 份（2010 至 2013 年度）、自然之友年度报告 6 份（2009 年度至 2014 年度）、无违法记录的声明。

证明：自然之友前身是中国文化书院绿色文化分院，2003 年 5 月 8 日在民政部登记，专门从事环保公益活动，章程的内容体现公益活动包括生态环境保护，符合公益诉讼的主体条件。

（2）福建绿家园的登记证书 2 份、组织机构代码证、法定代表人身份证明及身份证、章程、民办非企业单位年度检查报告书 5 份（2009 年度至 2013 年度）、无违法记录的声明。

证明：福建绿家园是 2006 年依法登记的非企业单位，宗旨是保护生态环境与生态平衡，业务是保护生态环境等，年检合格。

第二组：

（1）《南平市延平区砂基洋（恒兴）矿区饰面花岗岩开发利用方案》复印件，来源于福建省南平市延平区人民法院（2014）××刑初字第××号刑事卷宗。

证明：涉案矿区林地植被有可恢复性。

（2）（2014）××刑初字第××号刑事判决书复印件，来源于福建省南平市延平区人民法院（2014）××刑初字第××号刑事卷宗，（2014）××刑终字第××号刑事裁定书复印件，来源于福建省南平市中级人民法院（2014）××刑终字第××号刑事卷宗。

证明：谢某、倪某、郑某毁坏的林地植被有可恢复性以及谢某、倪某、郑某从李某手中购得采矿权未经国土资源部门批准，四人对林地植被毁坏有共同过错。

（3）2013 年 12 月 19 日南平市延平区林业局的《鉴定意见》及配套材料复印件；2014 年 2 月 13 日《福建天祥司法鉴定所林业物证补充鉴定意见书》及配套材料复印件；《补充现场勘验笔录》复印件；《第二次补充现场勘验笔录》复印件；《现场辨认笔录》复印件，来源于福建省南

平市延平区人民法院(2014)××刑初字第××号刑事卷宗。

证明:证明四人毁坏林地植被面积为28.33亩。

第三组:

《采矿权出让合同》(2008年7月28日)复印件;《采矿权出让合同》(2008年7月29日)复印件;《授权委托书》复印件;(2014)××刑初字第××号刑事判决书复印件,来源于福建省南平市延平区人民法院(2014)××刑初字第××号刑事卷宗,(2014)××刑终字第××号刑事裁定书复印件,来源于福建省南平市中级人民法院(2014)××刑终字第××号刑事卷宗,来源于福建省南平市人民检察院。

证明:李某转让的矿区范围超过了许可证,并承诺为谢某、倪某、郑某办理采矿许可证延期十年、采矿权范围扩大至采矿点山顶整个范围,采矿权人变更为谢某;李某对谢某、倪某、郑某超范围采矿毁坏林地植被有直接故意的过错和积极实施的行为,应承担全案连带民事责任,以及该矿征迁补偿款所有人为李某。李某与谢某、倪某、郑某的授权行为是基于无效的采矿权转让行为的内部合同行为。

第四组:

福建省南平采石场生态修复初步费用估算报告、福建省南平采石场生态修复初步费用估算报告补充意见、福建南平采石场生态修复初步费用估算报告补充意见的说明,来源于北京中林资产评估有限公司。

证明:证明违法采矿毁坏林地植被造成生态环境修复费用110.19万元,生态环境受到损害至恢复原状期间服务功能的损失134万元(损毁林木的价值5万元,推迟林木成熟的价值2万元,植被破坏导致碳释放的生态损失价值、森林被破坏期生态服务价值、森林恢复期生态服务价值合计127万元),共244.19万元。

第五组:

评估费用发票复印件、律师费发票、委托代理协议、关于律师费收费计算说明、上海市律师服务收费政府指导价标准、差旅费发票复印件、律师费发票、委托代理协议、律师费计算说明、关于印发《湖北省律师服务收费管理实施办法(暂行)》的通知、关于印发《福建省律师服务收费管理规定》的通知。

证明:自然之友支出评估费用6000元,律师服务费96200元,工作人员支出差旅费56537.9元;福建绿家园支出律师服务费25261元,工作人员支出差旅费19000多元。

8. 李某提供的主要证据及证明事项

(1)证号3507020520004《采矿许可证》、证号3507020820014《采矿许可证》。

证明:李某依法取得采矿许可。

(2)2014年11月13日南平市国土资源延平分局《关于缴纳矿山生态环境恢复治理保证金的通知》。

证明:李某持有的《采矿许可证》有效期至2008年8月届满的3年3个月后才被要求缴纳矿山生态环境恢复治理保证金,而李某签收的时间则是2015年1月21日,李某不存在侵权的主观故意。

9. 谢某、倪某、郑某提供的主要证据及证明事项

(1)采矿许可证

证明:2009 年 5 月涉案矿山采矿许可证通过了年检。

(2)福建省冶金工业设计院《恒兴矿区开发利用方案》

证明:配合当地政府部门做了大量的矿山采矿许可延期(含征用林地许可证)及矿区扩大前期手续,后因合福铁路建设被停。

(3)发票

证明:涉案矿山已缴纳了生态环境恢复保证金。

10. 国土延平分局提供的主要证据及证明事项

《制止国土资源违法行为通知书》3 份。

证明:系争矿产的原采矿权人是李某,采矿证已经过期,是非法采矿。

11. 案件争议焦点

(1)自然之友、福建绿家园是否符合"从事环境保护公益活动连续五年以上"的主体资格要件。

(2)谢某、倪某、郑某、李某是否应承担破坏生态环境的侵权责任,及具体的责任形式和责任大小。

(3)最高人民法院《关于审理环境民事公益诉讼案件适用法律若干问题的解释》规定的生态环境受到损害至恢复原状期间服务功能损失是否适用于本案。

(4)评估费用、律师费以及为诉讼支出的其他合理费用的确定问题。

(5)国土延平分局、延平区林业局是否应承担组织恢复植被的民事责任。

教学手册

教学对象及目标

本案例供法律硕士案例教学使用,法学本科(大四)、法学硕士也可参酌试用。

本案例通过对环境公益诉讼案件进行分析,具体解决下列问题:(1)环境公益诉讼中的社会组织作为起诉主体的资格认定;(2)环境公益诉讼案件管辖法院的确定;(3)环境公益诉讼中的举证责任如何分配;(4)明确环境公益诉讼中侵权人为多数人时的责任承担;(5)环境公益诉讼中的证据问题;(6)如何把握环境公益诉讼中的和解与调解程序。

教学内容

1. 环境公益诉讼中,如何认定社会组织作为原告的资格?

主体资格是环境公益诉讼的核心问题。《环境保护法》第 58 条规定了有权提起环境公益

诉讼的社会组织需要满足两个条件:(1)依法在设区的市级以上人民政府民政部门登记;(2)专门从事环境保护公益活动连续5年以上且无违法记录。律师需要准确把握其所涵盖的要求,在实务过程中学会抓取重要信息来判断社会组织是否满足上述要件,如通过社会组织章程的宗旨及其主要业务范围判断其是否专门从事环境保护公益活动;通过在权威网站上查询该组织的年检情况、评估登记等信息来了解活动时间以及违法情况。

2. 环境公益诉讼案件中的举证责任如何分配?

在环境公益诉讼中,能够证明案件事实的证据通常被集中控制于不负担举证责任的当事人或第三人手中,且原告很难向对方当事人或者第三人收集证据,导致环境公益诉讼中通常出现收集证据难的状况,为了平衡双方当事人,我国相关法律规定减轻了原告的证明责任,社会组织向法院起诉仅需提供诉讼相对人的行为已经损害社会公共利益或者具有损害社会公共利益重大风险的初步证明材料,不需要证明与损害之间的因果关系。而律师在此过程中可以通过法律规定的途径收集证据,如请求有关机关单位协助收集证据、要求提供证据以及利用专家辅助人协助收集有关证据。

3. 环境公益诉讼案件中如何筛选证据以及对证据质证?

法庭审理的是法律证据,民事判决书认定的也是法律事实,民事案件的结果主要看证据是否能够证明自己的主张,因此证据的重要性不言而喻,环境公益诉讼案件中,在采用证据的时候要充分考虑到证据的三大特性:真实性、合法性、关联性。在审判阶段要学会根据这“三性”进行质证以及对证据的效力进行抗辩等。

在筛选证据方面要围绕诉讼请求来对证据进行筛选,要依照法律对证据进行分析、判断,保留对自身不利的证据,提交对自己有利的证据。

在证据质证上要就对方提交的证据形成质证观点,主要围绕证据的三性(真实性、合法性、关联性)进行。紧紧围绕证据的“三性”进行分析、判断,就证据来源是否合法、与诉求的关系、是否完全质证、是否可用推定等发表综合意见。

4. 多个侵权人实施污染环境行为造成损害的,对外应当如何承担责任?

数个侵权人实施污染环境行为,包括两种情形:一是数个侵权人共同实施污染环境行为;二是数个侵权人分别实施污染环境行为。在第一种情形下,多个侵权人应当承担连带责任。在第二种情形下,若两个以上侵权人分别实施污染环境行为造成同一损害,每一个侵权人的污染行为都足以造成全部损害的,被侵权人可要求侵权人承担连带责任;若两个以上侵权人分别实施污染环境行为造成同一损害,每一个侵权人的污染行为都不足以造成全部损害的,被侵权人可依照《侵权责任法》第12条请求侵权人承担责任;两个以上侵权人分别实施污染环境行为造成同一损害,部分侵权人的污染行为足以造成全部损害,部分侵权人的污染行为只造成部分损害的,被侵权人可依据《侵权责任法》第11条规定请求造成全部损害的侵权人与其他侵权人就共同造成的损害部分承担连带责任,其余损害由造成全部损害的侵权人承担责任。

5. 因第三人的过错导致环境损害的,应当如何承担责任?

实践中,有些破坏环境的行为是由于侵权人与被侵权人之外的第三人的过错导致的。根据《侵权责任法》第68条规定，被侵权人可以选择请求侵权人或者第三人赔偿。但是，侵权责任法并未明确侵权人与第三人的诉讼地位、侵权人对污染环境行为也有过错的，第三人应当如何承担责任以及侵权人能否以第三人过错为由主张减免责任的问题。

根据《环境民事公益诉讼司法解释》的相关规定，如第三人有过错，被侵权人可分别或者同时起诉侵权人与第三人。若侵权人请求第三人承担赔偿责任的，人民法院应当按照第三人的过错程度确定其相应赔偿责任。侵权人以第三人过错造成损害为由主张不承担责任或者减轻责任的，人民法院不予支持。从而充分保护被侵权人的合法权益。

6. 环境公益诉讼案件中如何认定环境影响评价机构等是否存在弄虚作假的行为？

环境评价机构作为环境评估报告的出具机构，其提供的证据对环境公益诉讼案件的审判有重要的参考性作用。因此要严厉打击弄虚作假的行为，维护法治权威。《环境保护法》第65条规定，“环境影响评价机构、环境监测机构以及从事环境监测设备和防治污染设施维护、运营的机构，在有关环境服务活动中弄虚作假，对造成的环境污染和生态破坏负有责任的，除依照有关法律法规规定予以处罚外，还应当与造成环境污染和生态破坏的其他责任者承担连带责任”。

根据《环境民事公益诉讼司法解释》的相关规定，环境影响评价机构存在以下情况则认定为弄虚作假：一是环境影响评价机构与委托人恶意串通或者明知委托人提供的材料虚假而出具严重失实的评价文件的；二是环境监测机构或者从事环境监测设备维护、运营的机构与委托人恶意串通，隐瞒委托人超过污染物排放标准或者超过重点污染物排放总量控制指标的事实的；三是从事防治污染设施维护、运营的机构与委托人恶意串通导致设施不能正常运行的；四是有关机构在环境服务活动中因其他弄虚作假造成环境污染的情形。

7. 律师如何把握环境公益诉讼中的和解与调解程序？

除适用民事诉讼调解程序一般规定外，环境公益诉讼中的调解与和解程序有以下三点特殊之处：首先，调解、和解协议需向社会公告；其次，限制当事人和解后撤诉；最后，要求公开调解书。在实践过程中，律师需要重点把握其中的第二点，由于公益保护的特殊性，为了防范公益诉讼中原存在的私利勾兑行为，法律规定当事人不得以达成和解协议为由撤诉，且公益诉讼案件在法庭辩论终结后申请撤诉的，人民法院不予准许。但除上述一般规定外，负有环境保护监督管理职责的部门依法履行监管职责而使诉讼请求全部实现，申请撤诉的，人民法院应予准许。

8. 环境公益诉讼案件的管辖法院如何确定？

适格的主体必须向有管辖权的法院起诉才能启动诉讼程序，出于对公益保护的考量，管辖法院的确定需要考虑到两个问题：向何地法院起诉和向哪一层级法院起诉。根据最高人民法院发布的《环境民事公益诉讼司法解释》第6条的规定，环境公益诉讼案件由污染环境、破坏生态行为发生地、损害结果地或者被告住所地的中级以上人民法院管辖。为了克服地方保护主义，《环境民事公益诉讼司法解释》还规定了跨行政区域管辖制度。律师在实务过程中需要根据具体案情，明确具有管辖权的法院，切实保护环境公益。

9. 民事判决书的内容包括哪些?

《民事诉讼法》第152条规定,判决书应当写明判决结果和作出该判决的理由。判决书内容包括:

(1)案由、诉讼请求、争议的事实和理由;

(2)判决认定的事实和理由、适用的法律和理由;

(3)判决结果和诉讼费用的负担;

(4)上诉期间和上诉的法院。判决书由审判人员、书记员署名,加盖人民法院印章。

课堂时间安排

本案例可以作为专门的案例教学课来进行,整个案例课的课堂安排6个课时,每课时45分钟。

如下课堂设计,仅供参考。

1. 课前计划:安排学生阅读案例及相关参考资料,对案例所涉及问题进行思考,撰写实践题答案。

2. 课中计划:介绍教学目的,明确讨论主题;分组讨论,回答各项思考题,讨论实践题的撰写要点;小组代表提出撰写要点,学生讨论和分析;教师规纳总结。

3. 课后计划:布置学生进一步思考律师在民事诉讼活动中的职能,并对律师应如何发挥其职能进行探讨。

思考题和实践题

思考题

1. 自然之友、福建绿家园是否有资格提起诉讼?
2. 谢某、倪某、郑某、李某是否应承担破坏生态环境的侵权责任?
3. 若谢某、倪某、郑某、李某承担破坏生态环境的侵权责任,他们之间的责任应如何分配?
4. 最高人民法院《关于审理环境民事公益诉讼案件适用法律若干问题的解释》规定的生态环境受到损害至恢复原状期间服务功能损失适用于本案是否违背了法不溯及既往的原则?
5. 国土延平分局、延平区林业局是否应承担组织恢复植被的民事责任?
6. 在本案中,自然之友、福建绿家园如果想要提起诉讼,可利用的证据有哪些?
7. 本案中,举证责任如何分配?
8. 公益诉讼与私益诉讼的区别在哪里?
9. 若本案双方当事人达成和解,原告方是否可以撤诉?
10. 评估费用、律师费以及为诉讼支出的其他合理费用如何确定?

实践题

1. 如果你是自然之友、福建绿家园的辩护律师,在接受委托后,如何对案情进行分析,把握各方当事人之间的法律关系?请撰写一份代理词。
2. 如果你是法官,你会如何对本案进行判决?为什么?请撰写一份民事判决书。

参考文献

1. 邓一峰:《环境诉讼制度研究》,中国法制出版社 2008 年版。
2. 王明远:《环境侵权救济法律制度》,中国法制出版社 2001 年版。
3. 李天相:《环境公益诉讼原告利益的维度——以环保民间组织为视角》,载《法学杂志》2016 年第 8 期。
4. 郭雪慧:《论公益诉讼主体确定及其原告资格的协调——对〈民事诉讼法〉第 55 条的思考》,载《政治与法律》2015 年第 1 期。
5. 王灿发、程多威:《新〈环境保护法〉下环境公益诉讼面临的困境及其破解》,载《法律适用》2014 年第 8 期。
6. 黄俊、韩文雅:《环境公益诉讼原告资格的限缩与扩张》,载《江西理工大学学报》2016 年第 4 期。
7. 张锋:《环保社会组织环境公益诉讼起诉资格的“扬”与“抑”》,载《中国人口 · 资源与环境》2015 年第 3 期。
8. 范红霞:《环保社会组织的公益诉讼原告资格分析》,载《深圳大学学报》(人文社会科学版)2014 年第 3 期。
9. 周凌云:《常州市土壤污染民事公益诉讼案》,载《绿色视野》2016 年第 8 期。
10. 蔡守秋:《从环境权到国家环境保护义务和环境公益诉讼》,载《现代法学》2013 年第 6 期。
11. 张卫平:《民事公益诉讼原则的制度化及实施研究》,载《清华法学》2013 年第 4 期。

(杨宏芹,上海对外经贸大学法学院副教授;
余迪,上海对外经贸大学 2015 级法律硕士)

23 CASE 东方先导公司与鹏远、福顺船务等公司海上货物运输合同等纠纷案

摘 要

本案例为一起真实的主要涉及国内海上货物运输中货损赔偿责任纠纷案，同时也牵涉船舶营运借款合同纠纷和共同海损分摊纠纷，经历了一审、二审，涉及了作为海事海商案件中最有代表性的国内海上货运货损赔偿责任纠纷的多个环节。本案件涵盖国内海上货运合同货损赔偿纠纷中索赔主体的认定、实际承运人认定、货损程度的认定、海事赔偿责任限制运用、救助款项的垫付、海上保险赔付、共同海损分摊处理等内容。本案对于理解和把握《海商法》的有关原理和理念，了解海事案件的有关特性，有一定的启示。

关键词

国内海上货运合同　实际承运人　共同海损　施救费用垫付　海事赔偿责任限制　海上保险

教学目标

着重让学生把握三方面内容：(1)掌握国内海上货运合同的签订、履行过程中所要注意的问题；(2)海上货运合同货损赔偿案件中，责任人的认定、货损程度的认定、承运人免责事项的认定方面应注意的问题；(3)掌握海上保险、共同海损、海难救助、海事赔偿责任限制等基本制度的内容。

教学案例

一、基本案情

2013 年 4 月 26 日，原告东方先导糖酒有限公司（以下简称东方先导公司）向广西恺山糖业有限公司（以下简称恺山公司）购买 3000 吨白砂糖并签订买卖合同。

2013 年 5 月 3 日，东方先导公司与鹏远公司签订《航次运输合同》，约定由鹏远公司将上述货物中的 2750 吨从钦州港运至上海港。同日，航茂公司代表鹏远公司又与万安公司订立《航次运输合同》，万安公司再与福顺公司订立《航次租船合同》。

2013 年 5 月 9 日，万安公司、福顺公司就前述 2750 吨货物的运输开具水路货物运单，载明货物由万安公司承运，由福顺公司实际承运，承运船舶为"福顺 66"轮，托运人为广西田东南华糖业有限公司（以下简称南华公司），收货人为东方先导（湛江）糖酒有限公司（以下简称湛江先导公司）。

2013 年 5 月 11 日，"福顺 66"轮装载前述 2750 吨白砂糖从钦州港起航。

2013 年 5 月 15 日，"福顺 66"轮以生活补给为由，停泊在福建平潭吉钓锚地。

2013 年 5 月 16 日 13:20，"福顺 66"轮重新起航开出锚地；14:00 左右该轮为避让小船采取右转舵，避让后回正舵，由于惯性、水流及船速原因，触礁搁浅于福建平潭海坛海峡金鲟礁。

2013 年 11 月 29 日，福州海事局出具《调查报告》，认定：事故原因为"舵机意外故障，船舶失控偏离航向是导致本起事故发生的直接原因""通航环境影响为事故的客观原因""本起事故为一般等级水上交通事故"。

该事故航次所载 2750 吨白砂糖，除短量 363.826 吨外，收回货物 2386.174 吨，残值计 10416996.54 元，货损为 5175503.46 元。

东方先导公司为船东代垫施救费用共计 2299175 元。船东自行支付救助费 95 万元。

"福顺 66"轮被救后进行修理，修理费 168 万元。

东方先导公司于 2013 年 8 月 9 日向厦门海事法院起诉鹏远公司、万安公司、福顺公司，厦门海事法院以海上货物运输合同纠纷和船舶营运借款合同纠纷立案。东方先导公司要求三被告连带赔偿原告货物损失共计 5473918.46 元及其利息；连带向原告返还原告垫付的施救费用共计 2299175 元及其利息，并向法院申请财产保全。

法院判决：鹏远公司与福顺公司应于判决生效之日起 10 日内按照货物损失的海事赔偿责任限额 1685964.61 元赔偿原告东方先导公司，并支付该款自 2013 年 6 月 12 日起至本判决确定的支付之日止按照中国人民银行同期贷款基准利率计算的利息；福顺公司应于本判决生效之日起 10 日内返还原告东方先导公司垫付的施救费用 2299175 元，并支付该款自 2013 年 9 月 25 日起至本判决确定的支付之日止按照中国人民银行同期贷款基准利率计算的利息。

判决后福顺公司提出上诉，并另行向厦门海事法院提起要求东方先导公司及湛江先导公司共同分摊海损之诉。

二审法院福建省高级人民法院审理后认为福顺公司上诉理由不能成立,判决驳回福顺公司上诉,维持原判。

而福顺公司共同海损分摊之诉也在2016年1月被法院驳回,福顺公司没有上诉。

二、本案有关合同签订的具体情况

2013年4月26日,南华公司(供方)与湛江东方先导公司(需方)订立《2012/2013榨季商品购销合同》,约定由南华公司将3400吨白砂糖出售给湛江东方先导公司,其中3000吨单价5540元,400吨单价5530元,总价18832000元。同日,湛江东方先导公司(供方)又与恺山公司(需方)订立《销售合同》,约定由湛江东方先导公司将3000吨单价5540元的白砂糖出售给恺山公司,总价16620000元。

同日,恺山公司(供方)再与东方先导公司订立《销售合同》,约定将3000吨白砂糖出售给东方先导公司,单价5670元,总价17010000元。2013年5月3日,东方先导公司与鹏远公司就水路货物运输订立《航次运输合同》,约定:东方先导公司为承租方,鹏远公司为出租方;货名白糖,数量2750吨,包装编织袋;承运船舶为"福顺66"轮或同类轮,载货2810吨;装货港钦州,卸货港上海;运费按毛重每吨89元,货物不足2750吨,按2750吨计费;货损货差按《国内水路货物运输规则》办理;鹏远公司保证船舱干净,适航适载;船员理货交接,货损货差赔款按每包310元在运费中扣除,由原告与船东结算。

东方先导公司与鹏远公司确认,东方先导公司已将运费244750元支付给鹏远公司。同日,就前述货物,航茂公司代表鹏远公司又与万安公司订立《航次运输合同》,约定:鹏远公司为承租方,万安公司为出租方;货名白糖,货量2750吨;承运船舶"福顺66"轮;装货港钦州,卸货港上海;受载期2013年5月6日正负一天;运费按毛重每吨75元;货损货差按《国内水路货物运输规则》办理;万安公司保证船舱干净,适航适载;船员理货交接,货损货差赔款按每包340元在运费中扣除。

同日,就前述货物,万安公司再与福顺公司订立《航次租船合同》,约定:万安公司为承租人,福顺公司为出租人;承运船舶"福顺66"轮,装船日2013年5月6日;运费65元每吨;船方负责理货,如造成承租人的货物短少、被盗而造成的一切经济损失,出租人应按实际价格赔偿给承租人,承租人可以从出租人运费中扣除;航行过程中所发生的任何事情由船方负责,如途中发生船舶意外险情货物过驳或拖船所发生的一切经济损失由船方承担;有关承租人和出租人之间的权利、义务和责任界定,适用于《国内水路货物运输规则》;如有纠纷,提交钦州仲裁委员会管辖。

2013年5月6日,东方先导公司为上述货物向安信农业保险股份有限公司投保国内水路货物运输保险,总保险金额1540万元,被保险人东方先导公司,保险费7700元。

三、案件所涉事故的具体情况

2013年5月11日,"福顺66"轮从钦州港开航。5月15日,该轮在平潭吉钓锚地附近抛锚。5月16日13时15分,备车准备起锚开往上海。5月16日13时52分,该轮航行至平潭海坛海峡金鲟礁附近水域时,发生触礁事故,造成船体破损变形,货舱进水,未有人员伤亡和水域污染。

福州海上搜救中心接报后第一时间调派海巡艇前往事故现场抢险和勘验,并联系专业救助机构开展应急抢险作业。5月16日16时40分,"安达拖"轮和"利亚拖3"轮协助试图脱浅未成功。5月17日至19日,"福顺66"轮进行过驳货物和船上所有存量燃油。5月19日19时11分,该轮成功堵漏起浮,重新选择安全锚位抛锚。

2013年5月21日,"福顺66"轮船长郑声福向福州海事局出具《水上交通事故报告书》,其中"船舶代理人/租船人"一栏记载为陈乃燕,事故的详细经过摘要为:"福顺66"轮从钦州港驶往上海港,5月15日停靠福建平潭吉钓锚地进行生活补给,5月16日检测船上设备一切正常后起航,在穿越航道时,为避让小船,我船采取右转舵,最终由于重载惯性大、水流及船速等原因搁礁。当日下午,"明航1"到现场对我船货物进行施救,吊往"金茂盛9"轮,到今天止我船所载货物全部被吊空,分别装载在"金茂盛9"轮、"锦泰158"轮和"正力海工6"轮,因船舱进水,估计有300多吨白糖溶化。

2013年11月29日,福州海事局出具《调查报告》,认定:"(一)船舶、船员概况:(1)总吨1681,净吨941,船舶种类干货船,所有人/经营人为福顺公司。(2)法定技术证书齐全有效。(3)保养情况检查正常。(4)船员配备满足最低配员要求。(二)气象、海况和事故水域通航环境:事故海域能见度好,事发时涨潮,事故水域通航情况复杂,但助航设施基本满足船舶通航要求。(三)事故原因:(1)在狭水道航行过程中舵机意外故障,船舶失控偏离航向是导致本起事故发生的直接原因。(2)通航环境影响为事故的客观原因。事发时西南风5~6级,涨潮流,船舶舵机故障后受风流压的影响,导致触碰礁石。(四)结论和责任认定:本起事故为一般等级水上交通事故。'福顺66'轮在平潭海坛海峡金鲟礁附近水域航行时,因舵机意外故障,船舶失控偏离航向发生触礁事故。事发前该轮已采取备车备锚等符合相关法规和海员通常习惯做法的安全措施,调查中未发现船长、船员及相关船舶操纵存在明显过失行为。"

四、当事人提交证据情况

1. 原告东方先导公司提交的证据材料

证据1.《航次运输合同》;证据2. 水路货物运单;证据3."福顺66"轮国籍证书;证据4.《2012/2013榨季商品购销合同》,用以证明南华公司将涉案货物出售给湛江东方先导公司;证据5.《销售合同》(编号:KS2013042604),用以证明湛江东方先导公司将涉案货物出售给恺山公司;证据6.《销售合同》(编号:KS 2013042602),用以证明恺山公司将案涉货物卖给原告东方先导公司;证据7—8. 增值税专用发票、保险单,用以证明涉案货物的保险费用;证据9. 货损现场查勘记录,用以证明货物运抵南通港的数量及状况;证据10. 港航内部记录证明,用以证明货物运抵上海港的数量及状况;证据11. 货损处理会议纪要,用以证明货物运抵上海港的检查结果及处理意见;证据12. 招标相关材料,用以证明相关方组成招投标小组,以简易招投标形式变卖部分受损较严重的货物;证据 13—14. 原告与上海达泰实业有限公司的两份买卖合同,用以证明原告将部分受损较严重的货物以每吨 3872.7 元的价格出售,将部分受损较轻微的货物以每吨 5152 元的价格出售;证据 15. 关于协助"福顺 66"轮处理海损事故的函(传真件),用以证明被告福顺公司要求原告协助处理事故相关事宜,并指定陈乃燕作为其代表;证据 16."福顺 66"轮事故经过;证据 17—18. 抢险施救费用协议两份;证据 19. 租赁"安顺 6777"轮的合作协议书,用以证明福顺公司租赁"安顺 6777"轮参与施救作业;证据 20. 吊卸合同;证据 21. 福顺公司关于部分施救费用的说明;证据 22—23. 中国光大银行(上海分行)借记通知及收条,共同证明原告向"明航 1"轮"金茂盛 9"轮共支付 447500 元;证据 24—25. 转账凭证、收据及账户明细查询单,用以证明原告向"安顺 6777"轮支付 665000.00 元;证据 26. 中国建设银行网上查询打印单,用以证明原告向福建正力海洋工程有限公司支付人民币 1185575 元;证据 27.《过驳租船合同》,用以证明货物过驳转运事宜;证据 28. 货物交接单,用以证明涉案事故发生后,部分货物由"顺鑫 618"轮转运至南通;证据 29. 吊秤计量单,用以证明"顺鑫 618"轮与收货人在交接货物时使用电子吊秤进行称重,计重 1123.324 吨;证据 30. 关于本案受损货物残值处理中招标书、招标规则等资料来源的说明;证据 31. 南华公司的"说明",用以证明南华公司仅仅是交付货物,未与任何主体订立运输合同;证据 32. 东方先导湛江公司的"说明",用以证明原告是真正的收货人;证据 33. 达泰公司的情况说明,用以证明达泰公司代替原告支付了施救费用,并用应支付给原告的货款中抵扣;证据 34. 发票,用以证明部分货物运抵上海后产生了起驳费;证据 35.《水上交通事故报告书》,用以证明船长确认陈乃燕为"船舶代理人/租船人",且案涉运输存在非法绕航。

针对原告的举证,被告鹏远公司均无异议,而且鹏远公司还证明,在运输合作过程中,陈乃燕代表"福顺 66"轮来操作并收取运费。

被告万安公司仅对证据 31、32 提出异议,认为相关主体的"说明"需要其他辅助证据佐证,对其他证据的真实性均无异议。

被告福顺公司质证认为:证据 1—3 无异议;证据 4—6 的文件形式存在缺陷,并质疑这种多手转让交易的真实性;证据 7 没有原件,不予认可;证据 8—14 没有异议;证据 15 的真实性有异议,无法反映是福顺公司发出的传真件;证据 16,无法确认内容的真实性,因为陈乃燕并非案涉船舶的船长或船员;证据 17—18 无异议;证据 19—23 的真实性无法确认;证据 24—25,真实性予以确认,但与本案的关联性有异议;证据 26 为网络打印体,真实性无法确认;证据 27—30 没有异议;证据 31 的表面真实性无异议,该证据证明了原告并非运单中的权利人;证据 32 的表面真实性无异议,但证明对象有异议;证据 33 中情况说明的真实性、合法性均无异议,但对所附凭证有异议;证据 34 的真实性无异议,但该发票没有相应的合同作支撑;证据 35 的真实性无异议,但该证据不能证明陈乃燕代表船东,也不能证明船舶存在非法绕航。

结合三被告的质证意见,一审法院认为:原告提交的证据 4—6 系三份背靠背的买卖合同,部分合同一方加盖印章与原件核对无异,这三份合同之间以及与证据 7 发票之间均能相互印证,故法院对其真实性予以认定;证据 15 是复印件,无法与原件核对一致,不予采信;福顺公司对证据16、19—23、26提出异议，但这些材料系案涉船舶遇险后有关海损事故处理、抢险施救、费用支出凭证等相关证据，陈乃燕的签名是原件，且加盖手印，这些材料反映的事实与原告提供的证据33达泰公司的情况说明及所附的付款凭证、证据35船长在《水上交通事故报告书》中反映的事实均能相互印证，且福顺公司作为“福顺66”轮船东，一方面不认可上述材料，另一方面又不能提供有关施救及费用支付的证据材料的情况下，法院对原告提交的前述证据的真实性均予采信。至于陈乃燕是否有权代表船东应综合予以认定。其他证据的真实性，各方均无异议，一审法院予以采信。

2. 被告鹏远公司提交的证据材料

被告鹏远公司提交了航茂公司的“情况说明”，用以证明航茂公司是代鹏远公司与万安公司订立案涉《航次运输合同》。鹏远公司在庭审中还确认，鹏远公司和航茂公司系关联公司，均由鹏远公司在本案中的代理人林亚池控制。对该份证据，原告和其他两被告对其真实性没有异议，一审法院由此可以确认这一事实，即航茂公司是代鹏远公司与万安公司订立案涉《航次运输合同》。

3. 被告万安公司提交的证据材料

证据1. 组织机构代码证和营业执照，用以证明主体和运输资质；证据2.《航次租船合同》，证明万安公司向福顺公司承租“福顺66”轮；证据3.《航次运输合同》，证明万安公司将“福顺66”轮出租给航茂公司，并约定货物风险由航茂公司负担。对该三份证据的真实性，其他各方均无异议，但原告东方先导公司认为万安公司提供的两份合同与本案无关联。由于该三份证据的真实性各方无异议，故一审法院予以采信。

4. 被告福顺公司提交的证据材料：

证据1—4. 船舶国籍证书、海上船舶检验证书簿、安全管理证书及符合证明，共同证明案涉船舶证书配置情况；证据5. 货损情况检验律师函，用以证明湛江东方先导公司向福顺公司发律师函，原告不是合同当事人。对于该五份证据，各方均无异议，一审法院予以采信。

根据被告鹏远公司的申请和案件审理需要，法院向福州海事局调取了《福州“516”“福顺66”轮触礁事故调查报告》。各方对该报告的真实性均无异议，法院决定予以采信。

教学手册

教学对象及目标

本案例供法律硕士案例教学使用，法学本科、国际法学硕士、民商法学硕士也可以参酌试用。

本案例需主要就海上货物运输合同货损责任纠纷认定问题及共同海损分摊纠纷处理问题进行讲授。具体要解决的问题包括：(1)海上货物运输合同货损责任索赔主体的认定；(2)海上货物运输合同关系中当事人的认定；(3)律师在办理此类案件时，就海上货运合同中货损范围、程度等事项的确定所要注意的问题;(4)对共同海损行为的认定和处理有基本的了解。

教学内容

本案例引发了诸多问题,涉及的诉讼案件共两起,虽两起诉讼案件的标的不大,但涉及的法律关系复杂,且程序及实体上都存在争议。主要可讨论的问题有:

1. 东方先导公司作为货损的索赔主体是否适格?

福顺公司等作为被告的几家公司提出,运单上的托运人和收货人都不是东方先导公司,而东方先导所提供的买卖合同和发票也不能证明东方先导是货物所有权人,因此东方先导无权索赔。福顺公司进一步主张,其作为实际承运人与东方先导之间不存在水路货物运输合同关系。在此情况下,只有货主有权以侵权的诉由起诉,而东方先导不是货主,因此无权索赔。

东方先导公司辩称,东方先导公司是实际货主。《水路货物运单》中虽然载明托运人为南华公司,收货人为湛江先导公司,但该运单仅是运输合同的证明之一,而非证明货物所有权的唯一依据。根据《国内水路货物运输规则》对"托运人"的定义,东方先导公司为真正的托运人。此外,根据东方先导公司先后订立的三份买卖合同来看,案涉货物在被南华公司交付至指定船舶时,货物的所有权已归东方先导公司。根据东方先导公司与鹏远公司签订的《航次运输合同》,东方先导公司也处于实际收货人地位。此外,东方先导公司提供了支付凭证及收货人湛江东方先导的证词,因此东方先导是实际的货主,当然有索赔的权利。

法院最终采纳了东方先导公司的意见。法院认为鹏远公司等的辩称不能成立。理由是:第一,《航次运输合同》只约定"货损货差赔款由原告和船东结算",但结算不代表索赔,并未明确排除鹏远公司承担赔偿责任;第二,《国内水路货物运输规则》第45条第2款适用的前提是"明确约定合同所包括的特定的部分运输由承运人以外的指定的实际承运人履行",但鹏远公司是将全程运输转委托给其他主体承运,明显与上述规定不符;第三,前述条款的核心是承托双方通过约定将承运人部分区段的赔偿责任转嫁给指定的实际承运人,该实际承运人应是明确的,但东方先导公司与鹏远公司之间的《航次运输合同》指定的承运船舶是"福顺66"轮或同类船舶,说明在订立该合同时,实际承运人并未完全确定。因此,《航次运输合同》中关于"货损货差赔款由原告和船东结算"的约定不符合《国内水路货物运输规则》第45条第2款规定的情形,不能据此免除赔偿责任。作为承运人的鹏远公司对货物运输损失负有赔偿责任,而作为实际承运人的福顺公司在其与万安公司的《航次租船合同》项下也对货物运输损失负有赔偿责任。而且,虽然船舶触礁事故的发生系舵机意外故障引发,但仍不能排除福顺公司在舵机维护上存在过错。根据《国内水路货物运输规则》第46条关于"承运人与实际承运人都负有赔偿责任的,应当在该项责任范围内承担连带责任"的规定,并结合最高人民法院《关于国内水路货物运输纠纷案件法律问题的指导意见》第6条关于"人民法院可以参照《国内水路货物运输规则》第46条的规定判定合同承运人和实际承运人的赔偿责任,充分保护国内水路货物运输合同托运人或者收货人的合法权益,减少当事人的讼累"的指导精神,为避免出现连环追诉，一审法院对原告要求本案的实际承运人福顺公司承担货物损失的连带赔偿责任，予以支持。至于转委托运输的万安公司，其对原告来说，既不是合同承运人，也不是实际承运人，故无需向原告承担货物运输损失的赔偿责任。

事实上此争议在海上货运合同纠纷中，索赔人都会面临的货物所有权证明问题。而水路运输的索赔主体是否必须是货物所有人本人，实践中存在争议。

2. 货损纠纷能否与代垫款返还并案审理？

在本案事故处理中，“福顺66”轮的船东代表要求东方先导公司垫付部分施救费用。其后东方先导公司主张福顺公司应当返还这些代垫费用。

一审法院最初认为，货物所有人索赔货物损失是水路货物运输或航次租船合同的法律关系，与代垫款纠纷不属于同一法律关系，因此应当另行诉讼。

东方先导公司主张，本案的纠纷都是由同一海上事故引起，东方先导公司因此遭受损失应一并向责任人主张。之前的司法实践为便于当事人索赔，都是一并审理的，并案审理有助于提高诉讼效率、节省司法资源。

最终一审法院采纳了东方先导公司的意见。法院认为，原告在本案中提出的诉讼请求有两类，一类是要求赔偿货物在运输过程中遭受的损失，另一类是请求向原告返还其垫付的施救费用，二者属于不同类型的诉讼请求，故本案应依据该两项诉讼请求及对应的法律基础关系来确定相应的案由。首先，原告依据其与鹏远公司签订《航次运输合同》提起诉讼，虽然《航次运输合同》在性质上属于航次租船合同，但鉴于航次租船合同本质上属于海上货物运输合同的一种，且原告同时也将实际运输货物的“福顺66”轮船东福顺公司等人列为共同被告，在原告明确选择海上货物运输合同纠纷之诉的情况下，本案第一个案由应确定为海上货物运输合同纠纷。其次，原告主张，在其为福顺公司垫付了货物施救合同项下本应由福顺公司支付的施救费用后，构成了福顺公司对原告的借款。由于该垫付行为发生在船舶营运过程之中，故本案另一个案由应确定船舶营运借款合同纠纷。本案原告主要依据其与鹏远公司之间的《航次运输合同》提起诉讼，故本案应依据海上货物运输合同纠纷由海事法院专门管辖。

实践中，法院有一事一审的倾向。许多法院对两个当事人之间同时签署、同时履行的一系列合同均有分别立案审理的偏好。固然，从法理上看，基于法律关系区分不同的案件是正确的。如甲乙两个当事人存在买卖合同关系，甲又驾车撞了乙，在该情形下，当然是两种没有任何联系的独立法律关系，分案审理是正确的。但很多时候，往往不同法律关系的纠纷是由于同一事件引发的，或是同一事件引起的纠纷之间的法律关系必须依靠审理才能确定的，那么，这些纠纷之间存在关联性，在查明事实时，并案处理更有助于提高司法效率，节约诉讼资源。因此，如是基于同一事件引起的不同法律关系的纠纷应当是能合并审理的。

3. 东方先导公司与鹏远公司、航茂公司、万安公司、福顺公司之间的法律关系如何？

本案中，东方先导公司与鹏远公司签订了《航次运输合同》，该合同符合航次租船合同的特点,因此东方先导公司与鹏远公司之间应当存在航次租船合同关系。而航茂公司仅是受鹏远公司委托,代鹏远公司与万安公司订立《航次运输合同》,航茂公司不是运输合同关系的当事人。

万安公司在其制作并与福顺公司共同出具的《水路货物运单》中,签署自身为承运人,说明其自认本人是承运人。但托运人是谁就有争议,是实际交付货物的人,还是与其签订《航次运输合同》的鹏远公司?《水路货物运单》与国际海上货物运输的提单在我国司法实践中有不同的法律性质,根据不同的制单人有不同的形式和内容,运单也不是物权凭证,万安公司在此事故中是否应当对东方先导公司承担承运人责任?

福顺公司是货物运输的实际承担者,在运单中其是"实际承运人"。但在本案抗辩中,其主张在航次租船运输中,没有实际承运人的概念。货物所有人无权向其索赔,而只能根据合同相对性,找航次运输合同的相对方索赔,也即东方先导公司即便有索赔权,也只能向鹏远公司主张。而鹏远公司可以向万安公司主张,福顺公司只需向万安公司承担合同责任。

一审法院认为,万安公司既不是实际承运人,也不是东方先导公司的合同相对人,即契约承运人,因此不需要承担责任。

可以讨论的是,万安公司在一系列的环节中,获取了相应的利益,在发生货损事故后,应当承担相应的责任。而现行的法律对此没有明确规定,显然很难体现公平原则。

4. 如果存在航次租船合同,是否就不存在实际承运人?

福顺公司提出,根据最高人民法院在"艾斯欧洲集团有限公司与连云港明日国际海运有限公司、上海明日国际船务有限公司航次租船合同纠纷案"(以下简称明日案件)认为航次租船合同中,不存在实际承运人。该判决引起了海商法学界很大的争议。

东方先导公司主张本案所涉运输是国内水路货物运输,与"明日案件"所涉的国际海上货物运输不同,且最高人民法院的判决本就引起很大争议。海商法很多判决是根据航运实践的需要而形成的,法理研究往往滞后于实务发展。而在实践中确定"实际承运人"避免了一系列的追偿,有利于保证索赔人的权益及节约诉讼资源。

一审法院最终认定福顺公司为"实际承运人",应当与鹏远公司承担连带赔偿责任。

有必要指出,2016 年 5 月 30 日交通运输部发布的《关于废止 20 件交通运输规章的决定》(以下简称《规定》),自公布之日起施行。根据此项《决定》,被废止的规章包括 2000 年原交通部公布的《国内水路货物运输规则》(以下简称《水规》)。由于我国《海商法》第四章明确规定不适用于国内水路货物运输,而《合同法》第十七章关于运输合同的专章规定,适用于所有运输方式,不能应对水路货物运输领域纷繁复杂的实际需要。《水规》除起到国内水路货物运输的承运人、托运人、实际承运人和收货人行为规则的作用外,也成为法院处理国内水路货物运输合同纠纷案件的依据。《水规》第 3 条规定了实际承运人概念,第 46 条规定了承运人与实际承运人都负有赔偿责任的,应当在该责任范围内承担连带责任。而《民法通则》与《合同法》均没有实际承运人的概念,《水规》中实际承运人的概念在《合同法》中至多属于第三人履行合同的情形,根据《合同法》第 121 条的规定,货方显然只能够对缔约的承运人提起赔偿请求，而不能对实际履行运输的第三人（实际承运人）提起赔偿请求。在《水规》被废止的情况下，国内水路货物运输中关于实际承运人责任的承担将显然缺少明确的法律依据。

5. 本案所涉货损赔偿金额如何确定？

对本案所涉货损赔偿金额的计算，在《航次运输合同》中，约定了发生货损的计算方法。但在要求实际承运人承担赔偿责任时，实际承运人福顺公司确实不是《航次运输合同》的当事人，要求其按照《航次运输合同》的约定方式承担赔偿责任没有充分依据。而如果承运人与实际承运人承担连带责任的情况下，赔偿金额还是以法定计算方式或根据行业习惯计算为宜。

最终一审法院是按照货物的发票价格加运费和保险费的方式确定货损的赔偿金额。

法院强调了《合同法》第 312 条："货物的毁损、灭失的赔偿额，当事人有约定的，按照其约定；没有约定或者约定不明确，依照本法第六十一条的规定仍不能确定的，按照交付或者应当交付时货物到达地的市场价格计算。法律、行政法规对赔偿额的计算方法和赔偿限额另有规定的，依照其规定。"

法院认为，本案中东方先导公司与鹏远公司的《航次运输合同》特别约定"货损货差赔款按每包 310 元在运费中扣除"，说明原告与鹏远公司之间已经对货损货差的赔偿额进行了约定。由于案涉货物全部发生了水湿或者短量，水湿即毁损，短量即灭失，严格按照约定方式计算，赔偿额为 55000 包 ×310 元 =1705 万元，再扣减掉回收的湿损货物残值 10416996. 54 元，计 6633003. 46 元。本案原告并未依据合同约定的计算方式主张赔偿额，而是按照实际发生的损失主张并提供相应的证据，其合同相对方鹏远公司也未提出异议，故法院视为原告自愿放弃按照合同约定的赔偿额主张权利，予以准许。

在原告放弃按照合同约定主张赔偿额后，其主张各项实际损失必须提供相应的证据，否则法院不予支持。原告主张的实际损失包括货物灭失和损坏的损失、运费、保险费和起驳费。对此，法院认为，货物灭失的赔偿额应按照货物的实际价值即装船时的价值加保险费加运费计算，而货物损坏的赔偿额则应按照货物受损前后实际价值的差额或者货物的修复费用计算。本案中，原告在与鹏远公司订立《航次运输合同》前，其从恺山公司购买案涉货物单价为每吨 5670 元，故本案货物湿损额为：2386. 174 吨（回收货物数量）×5670 元/吨 －10416996. 54 元 = 3112610. 04 元。因本案货物系部分灭失，故应按相应比例来计算赔偿的运费和保险费，故货物灭失的损失额为：363. 826 吨 ×5670 元/吨 + 363. 826/2750 ×（244750 元 + 7700 元）= 2096292. 42 元。至于原告主张的起驳费 45965 元，从原告提交的证据看，这属于货物转船运输到目的地上海港后发生的费用，不属于货物损失的内容，不应计算在货物损失的赔偿金额之内。综上，原告实际遭受的货物损失总计 5208902. 46 元人民币。

6. 鹏远公司、福顺公司是否能享受海事赔偿责任限制？

由于本案所涉为国内水路货物运输，通说认为不存在《国际海运条例》中无船承运人概念，也不存在最高人民法院在相关海事赔偿责任限制的司法解释中的"无船承运人不能享受海事赔偿责任限制"的问题，因此鹏远公司并不被排除可以享受海事赔偿责任限制的权利。

根据《海商法》第 204 条的规定，船舶所有人、船舶承租人和船舶经营人，均可以依法享受海事赔偿责任限制。所谓船舶承租人应包括航次租船承租人、期租承租人和光船承租人。鹏远公司虽不是“福顺66”轮的所有人或经营人,但鹏远公司委托航茂公司与万安公司订立的《航次运输合同》明确约定承租“福顺66”轮,故鹏远公司应认定为该《航次运输合同》项下的航次租船承租人。因此,鹏远公司符合《海商法》第204条规定的有权享受赔偿责任限制的主体,其提出的赔偿责任限制的抗辩应予支持。实际承运人福顺公司作为“福顺66”轮的所有人和经营人,同样有权享受赔偿责任限制。

《海商法》第210条规定,从事我国港口之间运输的船舶,其赔偿限额由国务院交通主管部门制定。根据《关于不满300总吨船舶及沿海运输、沿海作业船舶海事赔偿限额的决定》第4条有关“300总吨以上的,其海事赔偿限额依照《海商法》第210条第1款规定的赔偿限额的50%计算”的规定,结合“福顺66”轮总吨数,一审院认定福顺公司享有的赔偿限额为[167000 + 167 × (1681 - 500)] × 50% = 182113.5计算单位,即特别提款权(SDR)。按照事故发生之日特别提款权与人民币的汇率计算,上述限额折合人民币1685964.61元。原告东方先导公司主张,“福顺66”轮在事故发生过程中存在不合理绕航,根据《海商法》第209条的规定应丧失赔偿责任限制的权利,但法院认为原告未举证证明“福顺66”轮从钦州驶往上海经由平潭,并在平潭进行生活补给属于不合理绕航,而且福州海事局的《调查报告》中也未提及“福顺66”轮有不合理绕航,故法院对原告提出的有关丧失责任限制权利的主张不予支持。

综上所述,虽然原告遭受的货损为5208902.46元,但鹏远公司和福顺公司均有权享受海事赔偿责任限制,且该赔偿限额低于原告遭受的货损金额,故鹏远公司应对原告遭受的货损按照责任限额1685964.61元予以赔偿,福顺公司对该赔偿承担连带责任。原告遭受货物损失至今未获得赔偿,其要求鹏远公司和福顺公司支付货物赔偿的利息,公平合理。考虑到2013年6月11日货物受损的数量和金额才最终确定,法院确定货损赔偿从损失完全确定之次日,即2013年6月12日起按照中国人民银行同期贷款基准利率计算利息。

可以讨论的问题是,本案的货损事故,是由于船舶触礁搁浅引起,而船舶在航行过程中,存在涉嫌“绕航”的情况,而承运人不得绕航是强制性规定。因此,在绕航之后发生的事故,承运人是否可以援引海事赔偿责任限制?法律对此没有明确规定,且也缺乏这样的判例。此类问题值得研究。

另外一个相关联的问题,是否所有的货物损失或费用均属于限制性债权?在本案的审理中,法院没有支持东方先导公司所持的“即便船东可以享受海事赔偿责任限制,也存在部分的债权是非限制性债权”的主张。但实际上,本次事故的损失是多方面的损失构成的,有一些损失是由于施救延误造成的,有一些损失与事故并没有相应的关系,如疏于管理导致的货差等。

7. 东方先导公司垫付的施救费用福顺公司是否应当返还?

这是本案的重要争议焦点之一。

在船东代表(实际是船东)的要求下,东方先导公司垫付了229万余元人民币的施救费用,船东代表对此予以确认。但在二审时,福顺公司认为,东方先导公司也是救助费用的支付义务人之一,福顺公司自己也支付了95万元的救助费。东方先导垫付的费用并非给福顺公司的借款,而是大家各自垫付所有费用后,根据各自获救的财产进行合理分摊。

东方先导公司认为,在发生海事的情况下,船东仍然对船舶和货物的安全有绝对的义务,其应当及时请求救助以减少损失。货主应船东要求垫付的费用,船东应当及时返还。至于船东认为救助费属于共同海损,要求分摊是另外的法律关系,应当另行主张。况且国内水路货物运输是“严格责任制”,货主即便分摊了共同海损也可以向承运人索赔。

最终一审法院判决福顺公司应当返还垫付费用。一审法院认为,“福顺66”轮发生触礁事故后,船货处于共同危险,必然需要及时救助。庭审过程中,福顺公司未向法院提交有关订立施救合同和由其支付施救费用的证据材料,而原告提供的与“明航1”轮、“金茂盛9”轮、“安顺6777”轮以及正力公司共四份有关货物施救方面的协议记载,代表福顺公司与施救方订立合同的是陈乃燕。虽然福顺公司对陈乃燕的身份不予确认,但“福顺66”轮船长在事故发生后向福州海事局出具《水上交通事故报告书》时,在“船舶代理人/租船人”一栏记载为陈乃燕,而且事故处理过程中,“福顺66”轮所投保的保险人平安保险发出的电子邮件抬头也显示“汕头市福顺船务有限公司、船东陈乃燕先生”。

此外,船长出具的《水上交通事故报告书》描述的货物救助情况也与原告提交的这四份协议相吻合,鹏远公司也证明了陈乃燕是船东的代表。施救船舶在实际对船载货物进行抢卸以及抢卸成功后福顺公司派遣三副参与对被救货物定损、核价的过程中,福顺公司也都未对货物之前的救助提出任何异议。

上述事实足以说明福顺公司知晓并认可了对货物的救助,陈乃燕应视为船东福顺公司的代表,根据《民法通则》第66条关于“本人知道他人以本人名义实施民事行为而不作否定表示的,视为同意”的规定,法院认定陈乃燕代理福顺公司与施救船方订立的施救合同合法有效,其法律后果由福顺公司承担,故福顺公司应承担支付施救费用的义务。鹏远公司和万安公司不是订立施救合同的当事人,不承担支付施救费用的义务。原告东方先导公司提交的证据已经证明相关施救费用均已由其垫付,但垫付的方式不大相同。东方先导公司分别于2013年5月27日和28日直接支付给施救方指定账户施救费38万元和6.75万元,另外达泰公司代原告向何昌杰、正力公司支付总计1851675元的施救费用。由于支付施救费用本属于福顺公司的合同义务,现原告已事实替代福顺公司履行,虽然原告未提交证据证明其是经福顺公司请求而垫付费用,但从常理判断,只有经福顺公司请求后,原告才可能知悉履行对象和履行金额。陈乃燕在前述四份施救合同中均书面确认“货主垫付”,也说明福顺公司接受了原告的借款,双方至此形成借款合同关系,借款金额2299175元。现原告请求福顺公司返还,依法能够成立。双方未明确约定该垫付款何时返还,根据《合同法》第62条第4项的规定,债权人随时可以要求对方履行,但应当给予对方必要的准备时间。原告东方先导公司于2013年8月9日提起本案诉讼,一审法院于2013年9月9日将原告的起诉状送达给福顺公司,再给予15天的准备时间,故法院认定福顺公司应于2013年9月24日偿还该款项,其未履行,应承担自2013年9月25日起按中国人民银行同期贷款基准利率计算的利息。鹏远公司和万安公司不构成原告垫付的对象,故原告要求鹏远公司和万安公司对返还施救费用承担连带责任的主张不成立。

至于福顺公司提出施救费用的海事赔偿责任限制主张,由于原告要求福顺公司返还垫付的款项属于福顺公司通过合同约定应支付给施救方的救助报酬,不属于《海商法》第207条第1款规定的可以享有责任限制的海事赔偿请求。而且,《海商法》第207条第2款明确规定,责任人以合同约定支付的报酬,责任人的支付责任不得援用本条赔偿责任限制的规定,故福顺公司无权就此费用主张赔偿责任限制。

8. 福顺公司是否有权要求东方先导分摊共同海损?请求分摊共同海损时效规定如何确定?共同海损分摊是否应当理算?

福顺公司在垫款返还纠纷案件中被判应当返还后,向厦门海事法院另行提出共同海损分摊之诉。而此时已经距事故发生之日近两年。

由于国内水路货物运输采用"严格责任制",通常认为,如果货主分摊的共同海损,其有权就其分摊的部分向承运人索赔。因此国内水路货物运输中鲜有船东要求货主分摊共同海损的诉讼。这也是本案在事故发生后,船东及其保险人没有根据共同海损的处理惯例,宣布共同海损并及时委托理算的原因。

但福顺公司在一审败诉后,提出了共同海损的分摊之诉。此时主审法官发现之前各海事法院几乎没有同样的案例可供参考。但《海商法》《海事诉讼特别程序法》又对共同海损有明确的法律规定。

东方先导公司提出,在"严格责任制"的情况下,特别是船东已经在另案中享受了海事赔偿责任限制的情况下,船东无权提出共同海损分摊请求。

即便船东有权提出共同海损分摊,也应当受到时效的限制。但《海商法》在共同海损时效的起算点是在理算结束之日,而如果没有进行理算的情况下怎么办却没有规定。在《海事诉讼特别程序法》及其司法解释出台前,国际上共同海损的分摊都是必须进行理算的,这是国际航运惯例。但《海事诉讼特别程序法》及其司法解释对此惯例进行了否定,认为没有理算也可以在法院阶段委托理算或由法院裁判。《海事诉讼程序法》的规定与实际操作是脱节的。

一般认为,共同海损理算是共同海损分摊的前提。只是理算不一定要在诉前进行而已,但如果没有获得分摊各方的同意,理算只能由有公认的有理算经验和资格的人进行。而在没有及时委托理算的情况下,一般认为诉讼时效应当从共同海损发生之日或共同海损发生的航次终了之日起算。从法理上来说,理算是共同海损分摊之诉的法定中断事由而已。

对此一审法院认为:首先,《海商法》第215条规定:"享受本章规定的责任限制的人,就同一事故向请求人提出反请求的,双方的请求金额应当相互抵销,本章规定的赔偿限额仅适用于两个请求金额之间的差额。"根据该条规定,享受责任限制的一方就同一事故向请求人提起反请求的,须将请求与反请求两项金额相互冲抵后,一方仍需补差的赔偿额再进行责任限制。东方先导公司因案涉事故遭受的货物实际损失达5208902.46元。因此,即便福顺公司及时宣布了共同海损,且哪怕东方先导公司应分摊的共同海损费用达到福顺公司所主张的2461986.81元,二者两相冲抵后的差额仍然高达2746915.65元,远高于福顺公司享受的海事赔偿责任限额1685964.61元。

其次，福顺公司在其所签订的《航次租船合同》中已明确承诺“航行过程中所发生的任何事情由船方负责，如途中发生船舶意外险情货物过驳或拖船所发生的一切经济损失由船方承担”。也即，福顺公司已经预先抛弃（实体处分）了其可能享有的共同海损分摊请求权。

再者，《海商法》第197条“引起共同海损特殊牺牲、特殊费用的事故，可能是由航程中一方的过失造成的，不影响该方要求分摊共同海损的权利；但是，非过失方或者过失方可以就此项过失提出赔偿请求或者进行抗辩”规定，表明法律不承认责任事故引起的共损分摊。而福顺公司在（2015）闽民终字第861号案中未能免责的前提就是基于该案中“福顺66”轮舵机失灵这一责任事故。由于福顺公司不可免责的过失而导致的共同海损损失，当然地应由其自行承担，而不能将该损失转嫁给非过失方，否则既对非过失方先导公司不公平，亦有悖法律关于承运人最低责任的规定。

故此，福顺公司要求东方先导公司分摊共同海损费用，既缺乏事实依据，也缺乏法律依据，法院不予支持。本案中东方先导公司还提出了共同海损分摊请求权的诉讼时效之抗辩，鉴于以上三项理由已足以对本案作出判决，法院对福顺公司请求是否超过诉讼时效的问题不再进一步审议。

法院虽没有采纳东方先导公司有关时效的观点，但支持了其认为此案作为国内水路货物运输的承运人无权提出共同海损分摊请求的观点，驳回了福顺公司的起诉。

预期效果

通过本案例的讲授、讨论和模拟庭审，使学生对海事海商案件有比较清楚的感性认识和认知，了解海事案件的处理流程与方式，特别是对海上货运合同纠纷案件的特点有一定掌握，培养学生对海事诉讼类案件的兴趣和热情。

教学计划及课堂时间安排

本案例可以作为专门的案例教学课来进行，整个案例课的课堂安排4个课时，每课时45分钟。

如下课堂设计，仅供参考。

1. 课前计划：安排学生阅读案例及相关参考资料，对案例所涉及问题进行思考，酝酿案件处理的思路，查找与案件有关的法律依据，撰写案件处理方案。

2. 课中计划：介绍本案例的教学目的，明确案例讨论的主题；分组讨论，回答各项思考题，讨论本案争议要点及应注意的事项；小组代表提出撰写要点，学生讨论和分析；教师归纳总结。

3. 课后计划：布置学生进一步思考海事法官和海事律师在海事诉讼活动中的职能，以及如何发挥其职能。

思考题和实践题

思考题

1. 试述我国《海商法》第四章“海上货物运输合同”的适用范围;我国《合同法》第十七章“运输合同”的适用范围。两者之间是什么关系？为何有此区别？你对此有何见解？
2. 海上货运合同的当事人、关系人有哪些？试述其法律地位。
3. 何为海上货运合同中的“实际承运人”？试分析实际承运人制度产生的历史背景及制度价值。国内水路货物运输中需要设立实际承运人制度吗？为什么？
4. 海上货运合同中货物损害及其赔偿的认定标准有哪些？请你对此谈看法。
5. 承运人在海上货运合同中对货损赔偿责任可以主张免责的事由有哪些？
6. 何为共同海损？共同海损的牺牲和费用应如何分摊？国内水路货运中,是否存在共同海损制度？为什么？
7. 海难救助与海上货运合同货损赔偿责任的承担是什么关系？施救费用应由何方当事人承担？为什么？
8. 海上货运合同中的“绕航”是项什么义务？违反此项义务,将会产生哪些法律后果？
9. 海上货运合同纠纷中如何适用海事赔偿责任限制的规定？

实践题

1. 撰写海事海商纠纷案件起诉状。
2. 了解海上货运合同中货损的定损做法。

参考文献

1. 尹东年、郭瑜:《海上货物运输法》,人民法院出版社 2000 年版。
2. 司玉琢主编:《海商法》,法律出版社 2012 年版。
3. 应新龙主编:《上海海事法院案例精选》,法律出版社 2011 年版。
4. 袁发强主编:《海商法案例教程》,北京大学出版社 2012 年版。
5. 沈志先主编:《海事审判精要》,法律出版社 2011 年版。
6. 王沐昕、仲磊:《中国海商法操作实务与典型案例解析》,法律出版社 2008 年版。

(沈秋明,上海海事大学法学院教授、中国海事仲裁委员会仲裁员、
上海泛洋律师事务所律师、上海国际航运研究中心航运政策与法律研究所常务副所长)

24 CASE 新世纪工业园与龙鑫公司建设工程施工合同纠纷案

——民事诉讼和仲裁中关于调解问题的探讨

摘　要

本案例以新世纪工业园与龙鑫公司的建设工程施工合同为蓝本，贯彻了民事诉讼中一审、二审、再审、抗诉不同阶段的法院开庭庭审程序，着重分析了当事人申请再审的启动方式。申诉与申请再审的区别，探讨了民事诉讼中诉讼和解、调解与仲裁和解、调解；明确了第三人撤销之诉与再审的关系；分析了委托代理人的代理权限；涉及与仲裁相关的若干问题，如关于仲裁条款的效力认定等问题进行分析。本案例讨论了建设工程施工合同对合同相对性原则的突破，同时对与建设工程施工合同有关的价款纠纷案件具有参考意义。

关键词

建设工程施工合同　诉讼和解　仲裁条款效力　诉讼代理人

教学目标

本案例以建设工程施工合同为基础，围绕审判为中心的诉讼体制，主要解决的问题有：(1)诉讼代理人如何撰写起诉状；(2)申请再审与申诉的区别；(3)民事诉讼和仲裁中的和解与调解的区别；(4)民事诉讼的再审程序启动中，当事人可以申请检察院抗诉的理由；(5)如何理解建设工程施工合同中对合同相对性原则的突破；(6)申请执行人如何向人民法院申请限制被执行人的措施；(7)以建设工程施工合同为例，为不同的庭审阶段中提出的调解和解、反诉、第三人撤销之诉等民诉问题的处理提供具体的思路、分析步骤、基本构思框架。解决民事诉讼中对于不履行生效判决时对原告人权利的救济途径，探究司法独立的意义。引导学生去主动学习，自我探索，在深入思考中发现与民事诉讼相关的实务问题的解决方式，强化思维活动。

教学案例

一、基本案情

2001年4月10日,新世纪工业园与龙鑫公司的前身葫芦岛锌厂工程总公司(葫芦岛锌厂工程总公司于2003年4月26日变更为龙鑫公司)签订了一份《工程施工合同》。工程名称为填海造地。工程地点为锌厂东南侧。工程内容为土、石方爆破、运输填海造地,工程量为800万立方米(包括土石方爆破、运输推平、辗碾轧等)。开工日期为4月份,工期为2年。龙鑫公司方工作:(1)龙鑫公司按新世纪工业园要求每月25日前报工程进度计划、统计报表。(2)龙鑫公司方编制好施工组织计划,并报新世纪工业园方批准后组织施工。(3)安全施工。(4)龙鑫公司对土源进行实测(新世纪工业园方认可)。(5)龙鑫公司不得将本工程转包,一经发现解除合同。工程预付款、工程款支付及竣工结算:龙鑫公司方施工车辆进场完成工程量200万立方米后,按90%的比例结算100万立方米工程款,另100万立方米待工程总量竣工验收合格后一个月内结清。以后按每月完成实际工程量90%结算工程量。待工程竣工验收合格后一个月内结清工程款。结算方式:按新世纪工业园方认可实际工程量验收后结清。合同签字盖章生效时龙鑫公司方交工程质量保证金500万元人民币,其中400万元即日交付给新世纪工业园方,另100万元两个月内交付。质量保证金的返回分两次,当总工程量完成一半时返还250万元,余下的250万元,待工程竣工验收合格后一个月内结清。如新世纪工业园不按期支付龙鑫公司已完成工程量的工程款,龙鑫公司有权将新世纪工业园部分土地使用权证作为抵押,其土地价格按当时市场价格作价冲抵工程款。双方约定违约与争议处理及解决程序为:先协商,协商不成双方调解,最后申请葫芦岛仲裁委员会仲裁。

龙鑫公司方按合同约定履行了合同约定的义务,首先交付了400万元工程质量保证金,并于2001年5月工程进度月报表完成土石方80万立方米。6月工程进度月报表完成土石方90万立方米。七八月工程进度月报表完成土石方180万立方米。此时龙鑫公司已完成土石方工程量350万立方米,但新世纪工业园并没有按合同约定结算工程款,也未提出工程质量问题,龙鑫公司也没有按合同约定交付另100万元工程质量保证金。双方的违约行为,均得到了对方的认可,合同继续履行。龙鑫公司9月完成土石方50万立方米。10月至12月完成土石方150万立方米。2002年1月1日至2月10日完成土石方80万立方米。2002年2月8日新世纪工业园向龙鑫公司出具了填海造地工程款支付计划,承诺2002年2月20日—3月21日,一个月之内支付龙鑫公司工程款2000万元人民币,其中,3月6日之前支付1000万元人民币,3月21日之前支付1000万元人民币,但新世纪工业园违背承诺没有按计划付款。3月至8月龙鑫公司制作的工程进度月报表载明其完成土石方合计149.5247万立方米。上述龙鑫公司工程进度月报表完成土石方合计779.5247万立方米,均有新世纪工业园方现场施工代表签字确认,虽然该代表人在签字时已注明“以实测为准”,但新世纪工业园至今也没有实测验收。

新世纪工业园主张龙鑫公司违反合同约定非法转包，拒绝支付到期工程价款，但其未提供龙鑫公司转包合同部分违约的证据，2002 年 12 月 12 日龙鑫公司向葫芦岛仲裁委员会申请仲裁。在此期间，新世纪工业园向葫芦岛仲裁委员会提出请求确认仲裁协议无效，2002 年 12 月 27 日，葫芦岛仲裁委员会裁定双方的仲裁协议有效，驳回新世纪工业园的申请。

2003 年 1 月 10 日，新世纪工业园向辽宁省高级人民法院对龙鑫公司提起诉讼，请求依法确认双方建设工程施工合同中的仲裁条款无效；请求赔偿由于龙鑫公司转包工程和工程质量不合格造成的经济损失 3500 万元，并在一审法院开庭后，请求辽宁省中级人民法院进行工程质量鉴定。龙鑫公司对新世纪工业园提出反诉，反诉要求新世纪工业园给付工程欠款 17440 万元，返还龙鑫公司工程质量保证金 400 万元。同时，龙鑫公司对新世纪工业园的"填海造地"建设工程项目提出保全。一审法院判决新世纪工业园于判决生效后十日内给付龙鑫公司工程款 169936384.60 元；返还龙鑫公司工程质量保证金 400 万元，同时驳回龙鑫公司的反诉请求，新世纪工业园不服一审判决，向辽宁省高级人民法院提起上诉。

辽宁省高级人民法院二审审理期间，双方当事人于 2006 年 3 月 24 日达成如下《诉讼案件和解协议书》。该协议书载明"本协议自双方法定代表人签字后立即生效，和解协议签订以后，由辽宁省高级人民法院根据和解协议制定民事调解书，调解协议内容具体如下：(1) 新世纪工业园同意支付龙鑫公司和解协议内工程款，从交通局结算结束 1 个月内付满 1400 万元，上述款项打入龙鑫公司指定账户。新世纪工业园于全部工程完成双方验收后 7 日内给付工程款 5000 万元，之后每 3 个月给付 5000 万元，直至给付完毕为止。(2) 剩余工程仍然由龙鑫公司完成，新世纪工业园支付工程总价款 20800 万元。(3) 和解协议签订后 10 日内，新世纪工业园如没有给付 500 万元工程款，则和解协议无效，按辽宁省葫芦岛市中级人民法院(2004) 葫民合初字第 00033 号民事判决执行"。

新世纪工业园于 2005 年 4 月 1 日向该院递交了委托本公司员工田某某作为委托诉讼代理人的授权委托书和周某某为法定代表人的法定代表人身份证明书(该证明有公章没有具体日期)。2005 年 4 月 19 日二审开庭时，新世纪工业园法定代理人周某某和委托代理人田某某出庭参加了诉讼。新世纪工业园的法定代理人周某某和龙鑫公司的法定代表人魏凤柱在该和解协议上签字。2006 年 3 月 29 日，新世纪工业园的工作人员兼诉讼代理人田某某在辽宁省高级人民法院的民事调解书送达回证上签字，收取了本案民事调解书。2006 年 8 月 29 日，新世纪工业园申请再审后，向辽宁省高级人民法院提交了《外商投资企业变更登记通知书》，该通知书记载，2005 年 11 月 21 日，新世纪工业园的原法定代表人周某某变更为徐某某。但新世纪工业园在与龙鑫公司签订和解协议和调解协议时，并没有主张过此事实。2006 年 4 月 10 日，龙鑫公司申请执行本案。2006 年 5 月 11 日，葫芦岛市人民政府办公室召开龙鑫公司与新世纪工业园共同履行辽宁省高级人民法院(2005) 辽民一终字第 54 号民事调解书争议问题协调会，龙鑫公司法定代表人魏凤柱、新世纪工业园的副董事长周某某等参加了会议。并于 2006 年 5 月 12 日给付龙鑫公司 500 万元工程款。2006 年 6 月 9 日，新世纪工业园向辽宁省高级人民法院申请再审,主张2006年3月24日,双方签订的民事和解书和法院调解书违反了自愿合法的原则。2007年8月1日辽宁省高级人民法院于作出维持辽宁省高级人民法院二审制定的民事调解书。2007年至2013年,新世纪工业园一直未履行生效的调解书。

二、争议焦点

2013年4月5日,新世纪港口工业园区有限公司不服,向最高人民检察院申诉。最高人民检察院接受申诉意见。新世纪工业园向最高人民检察院提交的《抗诉申请书》。2014年7月16日,最高人民检察院抗诉认为,辽宁省高级人民法院作出的民事判决认定的基本事实缺乏证据证明,适用法律确有错误。新世纪工业园同意检察机关的抗诉意见,请求撤销再审判决、二审调解书、一审判决,驳回龙鑫公司的全部诉讼请求。

最高人民检察院抗诉意见:第一,本案双方签订的《诉讼案件和解协议书》并未生效。在本案和解协议书签订时,周某某已经不是新世纪工业园的法定代表人,其签字行为不符合双方在和解协议书中约定的"本协议自双方法定代表人签字后立即生效"的生效条件,《诉讼案件和解协议书》也因缺乏必要的生效要件而未生效。辽宁省高级人民法院根据《诉讼案件和解协议书》作出的(2005)辽民一终字第54号民事调解书因违反了当事人自愿原则这一基本的调解原则而无效。第二,再审判决将委托代理人田某某对民事调解书的代收行为认定为新世纪工业园对民事调解书的签收行为,从而据此认定涉案民事调解书已经生效,适用法律确有错误。本案中,委托诉讼代理人田某某既不是新世纪工业园的法定代表人,也不是新世纪工业园负责收件的人,田某某无权代表新世纪工业园签收民事调解书,其签收行为不对新世纪工业园产生法律效力。第三,再审判决认定新世纪工业园参加葫芦岛市人民政府办公室召开的执行协调会并付款的行为是对本案民事调解书的认可,系认定事实缺乏证据证明。首先,该次协调会系在龙鑫公司申请强制执行本案一审判决,法院启动强制执行程序后召开,新世纪工业园无权拒绝履行。

新世纪工业园补充理由:第一,本案民事调解书没有生效。第二,本案民事调解书即便生效,因其违反合法性和自愿原则,也应撤销。第三,本案民事调解书对工程量的认定严重失实,且工程质量存在严重瑕疵。同时提交葫芦岛市通用物资有限公司、葫芦岛市龙港区连湾镇荒地村委会、葫芦岛鑫顺建筑工程有限公司三家单位在本案二审后分别以其为被告提起诉讼的一、二审民事判决书,据此主张龙鑫公司与上述三家施工单位实际上是总包与分包的关系。因此龙鑫公司存在违反约定分包的情况。

龙鑫公司辩称:第一,新世纪工业园在二审中变更法定代表人,但并未按照民事诉讼法的相关规定向法院提交新的法定代表人的身份证明文件,其原法定代表人周某某在《诉讼案件和解协议书》上签字的行为应依法认定为新世纪工业园的意思表示。另外,周某某未能提供任何证据证明系在被强迫或者受到威胁的情况下签订《诉讼案件和解协议书》,新世纪工业园主张基于《诉讼案件和解协议书》作出的民事调解书违反自愿原则没有事实依据。第二,《诉讼案件和解协议书》的内容为双方在法院主持下自愿就工程价款、支付方式等达成的一致意见,民事调解书的内容也没有任何违反法律、行政法规的强制性效力性规定,内容是合法有效的。第三,龙鑫公司在民事调解书生效后又以一审判决作为执行依据并申请执行的行为,不仅符合法律规定,也符合本案的实际情况。第四,对于新世纪工业园提出的工程量差异及工程质量等实体问题,一审判决已在查明事实的基础上对其主张予以驳回。

教学手册

教学目标

本案例供法律硕士案例教学使用,法学本科(大四)、民商法学硕士、诉讼法学硕士也可以参酌试用。

本案例以建设工程施工合同为基础,围绕着审判为中心的诉讼体制,主要解决的问题有:(1)诉讼代理人如何撰写起诉状;(2)申请再审与申诉的区别;(3)诉讼和仲裁中的和解与调解;(4)民事诉讼的再审程序启动中,当事人可以申请检察院抗诉的理由;(5)如何理解建设工程施工合同中对合同相对性原则的突破;(6)申请执行人如何向人民法院申请限制被执行人的措施;(7)以建设工程施工合同为例,为不同的庭审阶段中提出的调解、和解、反诉、第三人撤销之诉等民诉问题的处理提供具体的思路、分析步骤、基本构思框架。解决民事诉讼中对于不履行生效判决时对原告人权利的救济途径,探究司法独立的意义。

教学内容

一、诉讼代理人如何撰写起诉状?

民事起诉状,是指公民、法人或其他组织,在认为自己的合法权益受到侵害或者与他人发生争议时或者需要确权时,向人民法院提交的请求人民法院依法裁判的法律文书。民事起诉状应当记明以下事项:(1)原告的姓名、性别、年龄、民族、职业、工作单位、住所、联系方式,法人或者其他组织的名称、住所和法定代表人或者主要负责人的姓名、职务、联系方式;(2)被告的姓名、性别、工作单位、住所等信息,法人或者其他组织的名称、住所等信息;(3)诉讼请求和所根据的事实与理由;(4)证据和证据来源;(5)有证人的,载明证人姓名和住所。

律师撰写起诉状时,应当注意突出重点,详略得当。务求能够彰显主干,少枝叶;脉络清晰层次分明,叙述案情时要注意事实本身的条理,把它分成若干层次进行叙述,做到有条不紊。既可以按照案情发展的时间顺序来划分层次,也可以按照问题的主次来划分层次。对于理论问题和法律条文的理解问题在起诉状中尽量少讲或者不讲。

二、申请再审与申诉的区别有哪些?

申诉是指公民或者企业、事业单位等认为人民法院对某一问题处理结果不正确,而向国家的有关机关申述理由,请求重新处理的行为。申诉是每一个公民享有的权利,因此对于申诉的主体没有严格的限制,而且不受诉讼时效的限制。(1)申诉不必然引起再审,但是是发现错案的重要途径。具体而言,申诉与申请再审的区别为:申诉是当事人依据宪法所享有的一项民主权利,范围比申请再审广泛。申请再审是当事人所享有的一项诉讼权利。(2)当事人申请再审应当在法院的判决裁定生效后的2年内提出,而申诉不受时间限制,在人民法院的判决、裁定、调解书发生法律效力之后的任何时候,均可提出。(3)申诉与申请再审引起的法律效果不同,符合法定条件的申请再审必然直接引起再审程序的开始。申诉不能必然的引起再审,只能作为法院在审判监督程序中了解情况的一个渠道。(4)申诉与申请再审案件的范围不同。申诉案件范围无限制,而申请再审的案件的范围限制。对于以下案件,当事人均不得申请再审:已经发生法律效力的解除婚姻关系的判决,按特别程序、督促程序、公示催告程序、企业法人破产还债程序等非诉程序审理的案件。(5)申请再审作为诉讼权利只能向人民法院提出,申诉则不仅可以向任何一级法院提出,还可以向人大、检察院等部门提出。(6)申请再审的主体一般限于案件的当事人。申诉的主体既可以是案件的当事人,也可以是当事人以外的其他公民。

三、如何正确认识诉讼和仲裁中的和解与调解?

在诉讼中,诉讼和解是指当事人在诉讼过程中通过自行协商,就案件争议问题达成协议,并共同向法院陈述协议的内容,要求结束诉讼从而使诉讼终结的制度,诉讼调解是指有关组织、机关、机构、个人在法院的主持下,对当事人之间的纠纷进行裁决的活动。诉讼和解时,当事人在诉讼中对自己诉讼权利和实体权利的处分。而诉讼调解时人民法院行驶审判权的一种方式;诉讼和解参加的主体只有双方当事人,诉讼调解由人民法院和双方当事人共同参加;根据法院调解协议制定的调解书生效后诉讼程序终结,有给付内容的调解书具有强制执行力。而在诉讼和解中,和解协议不具有强制执行力。当事人在诉讼过程中自行达成和解协议的,当事人可以请求人民法院确认和解协议的效力,也可以申请根据和解协议制作调解书。但不可以申请根据和解协议或者调解协议制作裁决书。除非是因为无民事行为能力人的离婚案件,法定代理人与对方当事人达成协议要求发给判决书的,可以根据协议制作判决书。或者涉外的民事诉讼中,经调解双方达成协议,当事人要求发给判决书的,可以根据协议制作判决书。

仲裁调解是指在仲裁庭主持下,仲裁当事人在自愿协商、互谅互让基础上达成的协议,从而解决纠纷的一种制度。仲裁和解是指仲裁当事人经过协商,自行解决已经提交仲裁的争议事项的行为。在仲裁程序中,当事人达成调解协议后,仲裁庭应当根据调解协议制作调解书或者根据调解协议制作裁决书,裁决书自双方当事人签收后生效。当事人达成和解协议以后,可以请求仲裁庭根据和解协议制作裁决书,可以请求撤回仲裁申请,撤回仲裁申请后反悔的,可以根据原仲裁协议申请仲裁。但是不可以根据和解协议制作调解书。

四、民事诉讼的再审程序启动中,当事人可以申请检察院抗诉的理由有哪些?

事实证据原因:有新的证据,足以推翻原判决、裁定;原判决、裁定认定的基本事实缺乏证据证明;原判决、裁定认定事实的主要证据是伪造的;原判决、裁定认定事实的主要证据未经质证的;对审理案件需要的证据,当事人因客观原因不能自行收集,书面申请人民法院调查收集，人民法院未调查收集的。

法律认定原因：原判决、裁定适用法律确有错误的；违反法律规定，管辖错误的。

程序原因：审判组织的组成不合法或者依法应当回避的审判人员没有回避的；无诉讼行为能力人未经法定代理人代为诉讼或者应当参加诉讼的当事人，因不能归责于本人或者其诉讼代理人的事由，未参加诉讼的；违反法律规定，剥夺当事人辩论权利的；未经传票传唤，缺席判决的；原判决、裁定遗漏或者超出诉讼请求的；据以作出原判决、裁定的法律文书被撤销或者变更的。

五、申请执行人可以向人民法院申请哪些限制被执行人的措施？

在被执行人不履行法律文书确定的义务的，申请人可以根据实际情况，申请人民法院采取相应的措施。因此申请执行人龙鑫公司可以向人民法院申请限制被执行人新世纪工业园下列行为。

限制被执行人高消费，不得有以下以其财产支付费用的行为：乘坐交通工具时，选择飞机、列车软卧、轮船二等以上的舱位；在星级以上的宾馆、酒店、夜总会等高档场所进行消费；购买不动产或者新建、扩建高档装修房屋；租赁高档写字楼；购买非经营必备车辆；其他非生活和工作必需的高档消费品。限制被执行人出境。由申请人向执行法院提出书面申请，基层法院先报经省、直辖市高级人民法院备案登记，之后执行人员携带裁定书、协助执行通知等到公安局出入境管理局办理限制出入境手续。

执行程序中，申请人可以向法院申请将被执行人不履行法律文书确定的义务信息，通过报纸、广播、电视、互联网等新闻媒体公布被执行人信息。

六、如何理解建设工程施工合同中对合同相对性原则的突破？

合同相对性，是指合同对缔约当事人具有法律拘束力，对合同关系以外的第三人不产生法律拘束力。合同相对性原则的例外是指除合同当事人以外的第三人依法律规定或者合同约定，享有合同产生的请求权，或承担合同产生的责任。

合同相对性原则例外的确定正是适应社会经济发展的结果，满足了人民对经济效益和司法效益的需求，也彰显了法律对实质正义的保护理念。建设工程施工合同作为一种特殊的合同，往往因为参与主体众多等原因造成法律关系复杂。在此基础上，为了进一步提高工程质量，维护发包人的合法权益，同时加强对弱势群体农民工的保护，最高人民法院在《关于审理建设工程施工合同纠纷案件适用法律问题的解释》中突破了合同相对性原则，在工程质量责任追究和实际施工人利益保护方面确立了合同相对性原则例外。

因建设工程质量发生争议的，发包人可以总承包人、分包人和实际施工人为共同被告提起诉讼。总承包人将工程层层转包、违法分包的过程中，发包人更是处于被动地位，分包人和实际施工人对产品质量起着重要的作用。因此，为保证工程质量、保护发包人的利益和社会公共利益，建设工程司法解释在工程责任质量追究中突破了合同相对性原则，设立了总承包人、分包人和实际施工人为共同被告、共同承担责任的规定。

实际施工人以转包人、违法分包人为被告起诉的，人民法院应当受理。实际施工人以发包人为被告主张权利的,人民法院可以追加转包人或者违法分包人为本案当事人。发包人只在欠付工程价款的范围内对实际施工人承担责任。从建设工程施工的大量实践中看,承包人在与发包人签订施工合同后,往往又将工程转包或者违法分包给第三人,即实际施工人。在法院审理的建设工程案件中,大量存在着承包人将工程非法转包,向实际施工人收取一定的管理费后,却不向发包人进行工程结算或者对工程结算不主张权利,由于实际施工人只与承包人存在合同关系,与发包人没有合同关系,根据合同相对性原则不能向发包人主张权利,这样导致实际施工人没有办法取得工程款,利益无法得到保障,并直接影响了农民工工资的发放。因此,在这样情况下,突破合同相对性原则,赋予实际施工人直接向发包人主张的权利,有利于对实际施工人利益的保护,有利于对社会秩序的维护和公平正义价值的实现。

预期效果

以本案例为基础,引导学生去主动学习,自我探索,在深入思考中发现与民事诉讼相关的实务问题的解决方式,强化思维活动。明白诉讼代理人如何正确适当地进行诉讼代理活动,增强民事诉讼的实务能力。

教学计划

如下课堂设计,仅供参考。

1. 课前计划:安排学生阅读案例及司法解释等相关材料,熟悉整个案例流程,着重思考对案例中的疑难细节,对案例中提出的问题的进行课前思考。

2. 课中计划:介绍教学目的,明确讨论主题;引领同学们一起讨论相关问题及解决对策,可以根据不同的观点,分组发言;小组代表发言,提出解决方案,并对其他小组提出的方案进行评述;教师进行引导性分析,并做最后归纳总结。

3. 课后计划:阅读与本案例所涉及知识点相类似的案例,课后思考实践题答案,进一步理解不同的审判阶段的民事诉讼的特点。继续查阅文献,让学生自主思考诉讼代理人民事审判中的权限和地位。

课堂时间安排

本案例可以作为专门的案例教学课进行讲授,整个案例可安排 6 个课时,每课时 45 分钟。

思考题和实践题

思考题

1. 新世纪工业园和龙鑫公司签订的《诉讼案件和解协议书》和法院根据和解协议制定的调解书是否违反了自愿合法的原则?
2. 如果案外人葫芦岛市通用物资有限公司、葫芦岛市龙港区连湾镇荒地村委会、葫芦岛鑫顺建筑工程有限公司三家龙鑫公司的分包商作为第三人以新世纪工业园和龙鑫公司为被告在提起第三人撤销之诉后，法院依职权启动再审，再审按照二审程序审理，此时法院应如何处理？

3. 一方当事人向仲裁机构申请确认仲裁协议的效力，另一方当事人同时向法院申请确认仲裁协议的效力，该如何处理？
4. 新世纪工业园主张龙鑫公司违反合同约定非法转包，这一主张是举证责任还是证明责任？如何正确区分举证责任和证明责任？
5. 在人民法院再审期间，发现新世纪工业园有转移财产的行为，龙鑫公司应如何申请财产保全？
6. 委托诉讼代理人出庭时，除应提交授权委托书外，根据其不同的身份，还应当向法庭提交哪些材料？
7. 一审法院葫芦岛市中级人民法院开庭审理前，应当做的准备工作有哪些？
8. 被告龙鑫公司对新世纪工业园提出反诉，如果辽宁省高级人民法院决定合并审理后，原告新世纪工业园向法院申请撤诉，此时法院应如何处理？
9. 一般委托诉讼代理人与特别委托诉讼代理人的代理权限有哪些不同？
10. 辽宁省高级人民法院二审制定的民事调解书生效后，执行程序中，新世纪工业园如何申请暂缓执行？
11. 如何理解"调解贯穿于诉讼程序始终"这句话？
12. 在一审法院开庭审理时，新世纪工业园提出对工程质量进行鉴定法院，应如何处理？在民事诉讼中的鉴定机构应如何选择？
13. 龙鑫公司在一审时，以新世纪工业园"填海造地"的工程项目申请财产保全，法院应当如何进行财产保全？
14. 对于调解书可以采取公告送达和留置送达吗？民事诉讼文书的送达方式有哪几种？

实践题

1. 如果你是龙鑫公司的诉讼代理人，请以龙鑫公司为原告，新世纪工业园为被告，向葫芦岛市中级人民法院起诉，请你为龙鑫公司撰写一份起诉状。
2. 再审中，如果你作为本案的当事人新世纪工业园，在法庭调查中，应当重点注意哪些事项来维护自己的诉权？
3. 你作为龙鑫公司的诉讼代理人，在代理龙鑫公司向最高人民法院申请财产保全时应重点审查哪些事项？
4. 对于质量不合格的建设工程所造成损失数额的确定和责任的承担问题，如果你作为法官，审判中应如何进行调解？

参考文献

1. 陈浮：《律师办理民商事诉讼案件操作指引》，法律出版社 2016 年版。
2. 武文举：《民事诉讼法学原理与实务研究》，中国政法大学出版社 2013 年版。
3. 刘瑞川、柴建国：《民商事案件调解实务》，法律出版社 2004 年版。
4. 侯国跃、王斌：《民事诉讼业务办理规范与技能》，法律出版社 2014 年版。

（吴俐，上海海事大学法学院副教授）

25 CASE 徐广等诉朗瑞公司抵押合同纠纷案

摘 要

本案例以一起真实的抵押合同纠纷案引发的一审、二审案件为蓝本展开设计。本案例主要涉及签订的合同名为最高额抵押合同,但合同内容实际上是一般抵押,并且登记为最高额抵押,导致在认定系争抵押权的类型及是否生效等问题上产生争议。该争议涉及一般抵押与最高额抵押的区别、抵押权的生效与抵押合同的生效、抵押登记的效力等几个方面的问题,且直接关系到当事人行使抵押权能否得以支持。本案涉及抵押领域比较重要的各个知识点,具有较强的典型性。

关键词

一般抵押　最高额抵押　抵押登记

教学目标

着重让学生把握四方面内容:(1)合同名称与合同内容不一致时的法律效力;(2)在实务中如何区分一般抵押和最高额抵押;(3)抵押权的生效与抵押合同的生效;(4)抵押登记的效力;(5)抵押案件的执行。

教学案例

一、基本案情

上诉人:徐广、郑成功、徐卫庭

被上诉人:上海朗瑞进出口有限公司(以下简称朗瑞公司)

原审被告:上海革博制衣有限公司(以下简称革博公司)

2006 年 11 月至 2008 年 5 月,朗瑞公司分别与革博公司签订了 11 份《工矿产品购销合同》,朗瑞公司为此向革博公司支付预付款 391 万余元人民币。2008 年 10 月 28 日,革博公司与朗瑞公司签订《协议书》(详见背景附件一),革博公司确认获得朗瑞公司预付款 391 万余元,并表示将分期还款给朗瑞公司。同时,双方约定革博公司将位于松江区的 A 房屋作为还款担保抵押给朗瑞公司,抵押期限为 2008 年 12 月 8 日至 2009 年 12 月 8 日。2008 年 12 月 4 日,朗瑞公司与徐广(革博公司法定代表人)、郑成功、徐卫庭及革博公司签订《最高额个人抵押担保合同》(详见背景附件二),约定徐广等三人将其位于松江区的 A 房屋抵押给朗瑞公司,为革博公司偿付朗瑞公司 391 万余元预付款的担保,抵押期限为 2008 年 12 月 4 日至 2009 年 12 月 4 日止。2008 年 12 月 5 日,徐广等三人在松江区房地产交易所将上述房屋办理了最高额抵押登记,登记证明上记载的最高债权限额为 192 万元,债权发生期间为 2008 年 12 月 4 日至 2009 年 12 月 4 日。后革博公司未在约定期限内履行付款义务,朗瑞公司诉至法院,请求判令革博公司返还预付款 391 万余元;朗瑞公司有权以徐广等三人抵押的松江区 A 房屋折价或者拍卖、变卖后的价款优先受偿。

一审法院认为:革博公司应当偿还朗瑞公司预付款 391 万余元。对于徐广等三人是否应当承担担保责任,因《最高额个人抵押担保合同》系各方当事人真实意思表示,且系争抵押合同中的房屋已依法办理了房屋抵押登记,最高额抵押合法有效。双方当事人在 2008 年 12 月 4 日签订的《最高额个人抵押担保合同》中革博公司确认其所欠朗瑞公司的预付款金额为 391 万余元,此系双方当事人于 2008 年 12 月 4 日对其之间的债权债务进行新的确认,因此可以看成是债权的发生日期为 2008 年 12 月 4 日。朗瑞公司诉请的债权在最高额抵押合同的担保范围内,徐广等三人应当承担担保责任。一审法院遂判决:一、革博公司归还朗瑞公司款项 391 万余元;二、如革博公司届期不履行付款义务,朗瑞公司可以与徐广等三人协议,以松江区 A 房产折价或者拍卖、变卖后的价款优先受偿。

徐广、郑成功和徐卫庭不服一审判决,提起上诉,二审法院查明的事实与原审认定的事实基本相同。

二、背景附件一

债权债务确认协议书

甲方(债权人):上海朗瑞进出口有限公司(以下简称朗瑞公司)

法定代表人:×××

电话:×××××××××××

乙方(债务人):上海革博制衣有限公司(以下简称革博公司)

法定代表人:徐广

电话:×××××××××××

鉴于甲乙双方保持了多年的经济往来,为准确、清晰地确认双方最终的债权债务关系,避免因账册、单据、欠条等材料的丢失、损毁而造成纠纷,现甲乙双方针对2006年11月1日至2008年5月31日间的工矿产品购销预付款关系,经过谨慎、细致的核对后在平等、自愿的基础上签订本确认书。

第一条　截至2008年5月31日,甲方向乙方支付的预付款如下:

1.1　2006年11月1日,甲乙双方因签订《工矿产品购销合同》,甲方向乙方支付预付款×××元整(大写人民币××××××元整);

1.2　2007年1月10日,甲乙双方因签订《工矿产品购销合同》,甲方向乙方支付预付款×××元整(大写人民币××××××元整);

……

1.11　2008年5月20日前,甲乙双方因签订《工矿产品购销合同》,甲方向乙方支付预付款×××元整(大写人民币××××××元整);

第二条　根据第一条,甲方共计支付给乙方预付款人民币391万元(大写人民币叁佰玖拾壹万元整)。

第三条　针对上述债权债务,甲乙双方均不再提出任何异议。亦不得以己方所持2008年5月31日前的任何账册、单据、欠条、收条等为依据对抗本确认书。

第四条　乙方同意在2008年11月1日至2009年10月31日的期限内分5次返还甲方预付款人民币391万元(大写人民币叁佰玖拾壹万元整)。

第五条　为保证上述债权债务关系得到履行,革博公司将位于松江区×××路×××小区×××号××××室的房屋(房产证号×××××××)作为返还上述391万预付款的担保,抵押给朗瑞公司,抵押期限为2008年12月8日至2009年12月8日。

第六条　本协议一式两份,甲乙双方各持一份。双方签字按手印后生效。

第七条　因本协议发生的一切争议,双方一致同意交由甲方所在地人民法院诉讼解决。

甲方:朗瑞公司　　　　　　　　　　乙方(债务人):革博公司

法定代表人：　　　　　　　　　　法定代表人：
2008 年 10 月 28 日　　　　　　　2008 年 10 月 28 日

三、背景附件二

最高额个人抵押担保合同

甲方（抵押权人）：上海朗瑞进出口有限公司（以下简称朗瑞公司）

乙方（抵押人）：徐广、郑成功、徐卫庭

丙方（债务人）：上海革博制衣有限公司（以下简称革博公司）

丙方因拖欠甲方事先支付的预付款未返还，乙方愿提供房屋和土地为丙方返还该预付款抵押担保，根据《中华人民共和国合同法》《中华人民共和国担保法》规定三方就返还预付款、抵押等相关事宜平等协商一致订立本合同，内容如下：

第一条　被担保的主债权本金数额

本金数额人民币 391 万元（大写人民币叁佰玖拾壹万元整）。

第二条　抵押担保的范围

抵押担保的范围包括主债权本金、利息、复利、违约金、损害赔偿金，以及诉讼（仲裁）费、律师费、处置费、过户费等抵押权人实现债权和抵押权的一切费用。

第三条　抵押物

1. 乙方同意以位于松江区×××路×××小区×××号××××室的房屋（房产证号××××××）设定抵押。

2. 上述抵押物暂作价人民币 500 万元（大写人民币伍佰万元整），其最终价值以抵押权实现时实际处理抵押物所得价款为准。

第四条　抵押期限

抵押期限为 2008 年 12 月 4 日至 2009 年 12 月 4 日。

第五条　抵押人承诺

1. 抵押人已按有关规定和程序取得本合同担保所需的授权。

2. 抵押人对抵押物拥有充分、无争议的所有权或者处分权。

3. 抵押物依法可以流通或者转让。

4. 抵押物不存在被查封、扣押、监管等情况。

5. 抵押人如实告知拖欠税款、抵押物建设工程价款等款项及抵押物已设定抵押、已出租等情况。

6. 抵押人已就本合同项下抵押事宜征得抵押物共有人同意。

7. 抵押期间，发生下列情形之一的，抵押人应立即书面通知抵押权人：

（1）抵押物被查封、扣押、监管或者被采取其他强制措施；

(2)抵押人改变资本结构或者经营体制,包括但不限于承包、租赁、股份制改造、联营、合并、分立、合资、资产转让等;

(3)抵押人被撤销、吊销营业执照、责令关闭或者出现其他解散事由;

(4)抵押人申请破产、重整、和解或者被申请破产、重整。

8. 抵押物不存在其他影响抵押权人实现抵押权的情形。

第六条　抵押权的效力

抵押权的效力及于抵押物的从物、从权利、代位物、分离物、附合物、混合物、加工物及法律法规规定的其他财产和权利。

第七条　抵押物的占管

1. 本合同项下抵押物由抵押人占管,抵押人对抵押物负有妥善管理和合理使用的义务。抵押权人有权监督和检查抵押物的管理和使用情况。

2. 抵押期间,未经抵押权人书面同意,抵押人不得对抵押物作出赠与、转让、出租、再抵押或者其他任何方式的处分。经抵押权人书面同意,抵押人以转让、出租或者其他方式处分抵押物的,所得价款应用于提前清偿所担保的债权或者提存。

3. 抵押期间,抵押物毁损、灭失、被征收、被征用或者因附合、混合、加工使抵押物为第三人所有等,抵押人应及时采取有效措施防止损失扩大,同时立即书面通知抵押权人。抵押权人有权就获得的保险金、赔偿金或者补偿金等优先受偿;被担保债权的履行期未届满的,抵押权人有权要求提前清偿债务或者提存。

4. 抵押期间,抵押物价值减少的,抵押权人有权要求抵押人恢复抵押物的价值或者提供抵押权人认可的与减少价值相当的担保。

第八条　抵押物的保险

1. 抵押人应根据抵押权人的要求办理有关保险,并指定抵押权人为该项保险的第一受益人,保险单据原件交与抵押权人保管。

2. 保险费由抵押人承担,抵押人应按时足额缴纳保险费,并履行保险合同(含保险单或者其他保险凭证,下同)项下的其他义务。抵押期间,抵押人未按约缴付保险费或者办理保险(续保)手续的,抵押权人有权代为垫付或者办理保险(续保)手续,相关费用由抵押人承担。

3. 抵押期间,未经抵押权人书面同意,抵押人不得单方或者与保险人协商变更、解除或者终止保险合同;不得放弃保险金请求权或者向第三人请求赔偿的权利。

4. 抵押期间,抵押物发生保险事故的,抵押人应立即通知保险人及抵押权人,并负责索赔事宜。抵押人未及时通知或者索赔,造成抵押权人损失的,应当承担赔偿责任。

第九条　抵押登记

1. 抵押人应在本合同生效后五日内到有关登记机构办理抵押登记手续;抵押物的他项权利证书、抵押登记文件或者其他权利证书由抵押权人占管。

2. 抵押期间,如需登记机关办理变更登记的,抵押人应及时到有关机关办理相应的变更登记手续。

3. 抵押期间，抵押权人依本合同约定转让抵押权的，抵押人应当协助抵押权人、受让人办理相应的变更登记手续。

第十条 抵押权的转让

抵押权人转让部分债权的，有权不转让相应的抵押权。

第十一条 抵押权的实现

1. 发生下列情形之一的，抵押权人有权行使抵押权，并可以与抵押人协议以抵押物折价，或者以拍卖、变卖抵押物的价款优先受偿。所得价款不足以清偿本合同项下所担保的债权的，抵押权人可以选择将该款项用于归还本金、利息、违约金、复利或者费用等：

（1）主合同项下债务履行期限届满，抵押权人未受清偿。“期限届满”包括主合同约定的债务履行期限届满，以及抵押权人依照国家法律法规规定或者主合同的约定宣布主合同项下债权提前到期的情形；

（2）债务人、抵押人被撤销、吊销营业执照、责令关闭或者出现其他解散事由；

（3）债务人、抵押人被人民法院受理破产申请或者裁定和解；

（4）债务人、抵押人死亡、被宣告失踪或者被宣告死亡；

（5）抵押物被查封、扣押、监管或者被采取其他强制措施；

（6）抵押物毁损、灭失或者被征收、征用；

（7）抵押人未按抵押权人要求恢复抵押物的价值或者提供相应的担保；

（8）抵押人违反本合同项下义务；

（9）其他严重影响抵押权实现的情形。

2. 本合同所担保的债权同时存在两个以上物的担保的（含债务人自身提供物的担保），抵押权人有权就其中任一或者各个担保物行使担保物权。

3. 抵押人为债务人以外的第三人，且与债务人同时为本合同所担保的债权提供物的担保，抵押权人放弃该担保物权、担保物权顺位或者变更担保物权的，抵押人同意继续按本合同约定为主合同项下债权提供抵押担保。“该担保物权”是指债务人为主合同项下债权提供物的担保所形成的担保物权。

第十二条 违约责任

1. 本合同生效后，抵押人不履行合同义务，造成抵押权人损失的，应承担相应的赔偿责任。

2. 抵押人有下列行为之一的，应按本合同所担保主债权本金数额的×%向抵押权人支付违约金；造成抵押权人损失的，应同时给予全额赔偿：

（1）未取得本合同担保所需的合法有效授权；

（2）未如实告知拖欠税款、抵押物建设工程款等款项，以及抵押物存在共有、争议、异议、已设定抵押、已出租或者被查封、扣押、监管等情况；

（3）未按本合同约定办理抵押登记手续；

（4）未经抵押权人书面同意擅自处分抵押物；

(5)未按抵押权人要求恢复抵押物价值或者提供相应的担保;

(6)其他违反本合同约定或者影响抵押权人实现抵押权的行为。

第十三条　费用承担

本合同项下抵押物的登记、评估、保险、鉴定、公证、提存等费用由抵押人承担。

第十四条　争议的解决

若在本合同履行中发生争议,可由各方协商解决,协商无法解决的合同任何一方均可向合同签订地人民法院提起诉讼。

第十五条　合同的生效

本合同自各方签字或者盖章之日起生效。

本合同一式三份,甲乙丙三方各一份,效力相同。

甲方(签章)	乙方(签章)	丙方(签章)
法定代表人	法定代表人	
2008 年 12 月 4 日	2008 年 12 月 4 日	2008 年 12 月 4 日

教学手册

教学目标

着重让学生把握五方面内容:(1)合同名称与合同内容不一致时的法律效力;(2)在实务中如何区分一般抵押和最高额抵押;(3)抵押权的生效与抵押合同的生效;(4)抵押登记的效力;(5)抵押案件的执行。

教学内容

1. 要求学生分别起草、设计一份一般抵押合同和最高额抵押合同的典型条款,并对两者进行区分。

一般抵押担保条款范例如下:

第一条　被担保债权的种类、数额

1. 本合同项下被担保债权为抵押权人在主合同项下所享有的全部债权。

2. 主合同项下的债权本金合计总额为:人民币(大写)伍拾万元整,(小写)500000.00 元。债务履行期限从 2010 年 1 月 31 日起至 2012 年 1 月 30 日止。债权本金的实际金额和债务履行期限以主合同及其相关债权凭据所记载的为准。

第二条　抵押担保范围

1. 本合同抵押担保的范围为:主合同项下债务人应承担的全部债务,包括但不限于全部本金、利息(包括正常利息、逾期利息、复利和罚息等)、违约金、损害赔偿金和抵押权人为实现债权而发生的一切费用(包括但不限于诉讼费、律师费、财产保全费、差旅费、执行费、评估费、拍卖费等)。

2. 抵押权的效力及于抵押物的主物、从物、主权利、从权利、附合物、加工物和孳息等。

3. 本合同项下的抵押不受抵押权人持有债务人及抵押人以外其他第三人任何方式的担保的影响,即无论抵押权人对主合同项下的债权是否拥有其他担保(包括但不限于保证、抵押、质押、保函、备用信用证、保证金、履约保险等),抵押权人均有权直接要求抵押人以抵押物在其担保范围内承担担保责任,且承担担保责任不分先后顺序。

第三条 抵押权的存续期间

1. 本合同项下抵押权的存续期间自本合同签订之日起至主合同项下的债权债务之诉讼或仲裁时效届满之日止。

2. 抵押权存续期间,抵押权人有权依法将其在主合同项下的全部或部分债权转让给第三人,且无需征得抵押人同意,抵押人仍以抵押物对被转让的债权承担担保责任,并由受让债权的第三人按其所受让的债权受让相应的抵押权。

3. 抵押人在此同意,在抵押权存续期间,抵押权人可以许可债务人转让全部或部分债务,如将来抵押权人许可债务人转让债务的,无需再取得抵押人口头或书面同意,抵押人仍以抵押物在原抵押担保的范围内继续承担担保责任(包括对被转让的债务承担担保责任)。

第四条 抵押房地产的基本情况

房屋抵押时,房屋所占用的土地使用权同时抵押。以一处房屋设定抵押的,房屋基本情况如下:房屋座落: 房屋所有权人: 房屋所有权证号:
国有土地使用证号: 其他情况:

最高额抵押条款范例如下:

第一条 被担保的主债权

1.1 乙方在本合同项下所担保的主债权为自×年×月×日至×年×月×日期间(包括该期间的起始日和届满日),在人民币500万元(大写:人民币伍佰万元,大小写不一致时,以大写为准)的最高余额内,甲方依据与公司(以下简称债务人)签署的《国内货物买卖合同》以及其他相关文件(以下简称主合同)而对债务人享有的债权,不论该债权在上述期间届满时是否已经到期,也不论该债权是否在最高额抵押权设立前已经产生。

1.2 上条所述最高余额,是指在乙方承担担保责任的主债权确定之日以人民币表示的甲方对债务人享有的债权余额之和。

1.3 以上约定的担保的债务外的其他债务均不进入担保范围。

第二条 抵押担保范围

2.1 乙方最高额抵押担保的范围包括主债权本金、利息、违约金、损害赔偿金、汇率损失(因汇率变动引起的相关损失)以及实现抵押权的费用(包括但不限于诉讼费、律师费、评估费等),但实现抵押权的费用应首先从抵押物变现所得中扣除,而不包括在第1.1条所述之最高余额内。

第三条 抵押物

3.1 乙方提供的抵押物详见《抵押物清单》。《抵押物清单》作为本合同附件,与本合同具有同等法律效力。抵押物价值评估情况详见后附的评估报告。

3.2 甲方抵押权的效力及于抵押物的从物、从权利、附属物、添附物、天然孳息及法定孳息、抵押物的代位物,以及因抵押物毁损、灭失或被征收而产生的保险金、赔偿金、补偿金。

3.3 债务人不履行到期债务或发生本合同约定的实现抵押权的情形,致使抵押物被人民法院依法扣押的,自扣押之日起,甲方有权收取自抵押物分离的天然孳息和法定孳息,孳息应当先充抵收取孳息的费用。

2. 房屋抵押登记需要哪些程序和需要递交哪些材料?

办理房屋抵押设立登记流程:(1)抵押登记申请。(2)受理申请:审查申请人所提交的文件是否真实、齐备,申请文件不符合规定的,不予受理;申请文件符合规定的,则予受理,给该申请编号并给予回执,回执注明所收取的文件、受理日期和编号。(3)审核:①登记机关从房地产登记册查明申请转移登记的房地产权利状况;②从房地产登记册或电脑记录中查明申请抵押登记的房地产的权利状况后,审查相关材料是否真实、齐全和有效。(4)登记:对核准抵押登记的,在房地产权利证书上加盖抵押专用章,并在房地产登记册上作抵押记录。抵押记录应包括抵押人,抵押权人,抵押物名称、面积、价值、抵押金额和抵押期限等内容。(5)收费发证。(6)立卷归档。

办理房屋抵押设立登记一般需要以下材料:(1)登记申请书原件;(2)申请人身份证明;(3)房屋所有权证(原件及复印件),共有的房屋还需提交共有权证(原件及复印件)、共有人同意抵押的书面意见原件(共有人共同签订抵押合同的除外);按份共有的房屋,以其所有份额设定抵押的,可不提供其他共有权人的共有权证及共有人同意抵押的书面证明;(4)国有土地使用证(整宗房地产);(5)主债权合同原件、抵押合同原件;(6)未办理抵押权预告登记的,申请房屋转移登记和抵押登记一并办理的,提交抵押权人签署的领取房屋他项权证后向借贷人放款的具结原价;(7)以已购公有住房抵押的,提交原购房合同,其中央产已购公有住房抵押的,提交央产房上市出售确认表原件;(8)抵押当事人认定的已销售和办理转移登记房屋的清单原件(房地产开发项目)。

3. 本案抵押登记与抵押合同不一致,登记机关是否需要承担法律责任?

《物权法》第 21 条规定,当事人提供虚假材料申请登记,给他人造成损害的,应当承担赔偿责任。因登记错误,给他人造成损害的,登记机构应当承担赔偿责任。登记机构赔偿后,可以向造成登记错误的人追偿。

按照本条第 1 款规定,登记申请人承担赔偿责任的构成要件有三个:一是提供虚假材料,至于提供虚假材料究竟属于故意或者过失,在所不问;二是因登记申请人提供虚假材料导致登记错误;三是因此登记错误给他人造成损害。考虑到第 1 款已经规定了登记申请人提供虚假材料造成登记错误的赔偿责任,则第 2 款所谓"登记错误",应解释为:除登记申请人提供虚假材料造成的登记错误之外的登记错误,亦即因登记机构自身的原因造成的登记错误。

因此本条的意旨在于：凡属于登记申请人的原因造成的登记错误，均应当由登记申请人承担赔偿责任；凡属于登记机构自身的原因造成的登记错误，即在登记申请人提供的材料真实的前提下因登记机构内部工作人员的过错造成的登记错误，应当由登记机构承担赔偿责任。所以，在本案中，登记机构可以通过证明登记错误是由于登记申请人提供虚假材料所造成，而获得免责。将第 2 款"造成登记错误的人"解释为包括"登记机构内部工作人员"和"提供虚假材料申请登记的当事人"，不符合本条第 1 款规定申请人赔偿责任、第 2 款规定登记机构的赔偿责任，构成并立的两个完整法律规范的法律结构。

但是应当注意的是，如果在登记申请人提供的材料真实的前提下，由于登记机构内部工作人员的过错导致登记错误并给他人造成损害的，登记机构应当承担赔偿责任。并不要求请求赔偿的受害人举证证明登记机构工作人员存在的过错，同时登记机构也不能通过证明自己对工作人员无监督管理过错而要求免责。登记机构承担的是民法侵权责任中的使用人责任，是一种特殊的侵权责任，即《民法通则》第 121 条规定的，国家机关或者国家机关工作人员在执行职务中，侵犯公民、法人的合法权益造成损害的，应当承担民事责任。但登记机构赔偿后，可以向造成错误的登记机构工作人员追偿。

4. 我国物权变动采取何种模式？在上述模式下，抵押权设立需要满足哪些条件？

(1)我国物权变动模式

就大陆法系而言，具有代表性的物权变动模式有两种，即意思主义的物权变动模式和形式主义的物权变动模式。其中，形式主义的物权变动模式包括物权形式主义的物权变动模式和债权形式主义的物权变动模式。意思主义的物权变动模式，又称债权意思主义的物权变动模式，是指除了当事人的债权意思之外，物权变动无须其他要件的物权变动模式。比如，双方通过买卖合同进行物的交易，标的物所有权的移转，以当事人之间的买卖合同为根据，纯粹取决于当事人的自由意志，既不需要交付或登记行为，也不需要独立于买卖合同的物权行为。意思主义法制下物权交易模式是崇尚主体意思自由的结果，其充分强调交易当事人意思的至上效力。

形式主义的物权变动模式。简言之，是指物权变动除了当事人的意思表示以外，还必须具备一定的形式。形式主义的物权变动模式，在各个国家和地区的立法例上，有物权形式主义和债权形式主义之分。

我国采取的是债权形式主义，债权形式主义的物权变动模式，又称意思主义与登记或交付相结合的物权变动模式，指物权因法律行为发生变动时，当事人间除了有债权合意外，尚需践行登记或交付的法定方式。也就是说，在原则上尽管要求以交付或登记行为作为标的物所有权移转的表征，但并不承认所谓物权合意的存在，认为债权合同就是所有权移转的内在动力和根本原因。可见，债权形式主义的物权变动模式之下，物权变动法律效果的发生，并非法律行为这一单一民事法律事实的作用，而是以债权合同这一法律行为与交付或登记这一事实行为的相互结合为根据。《奥地利民法典》堪称债权形式主义物权变动模式的代表。尽管债权形式主义的物权变动模式产生在物权形式主义的物权变动模式之前，但一般都将其认为是前述两种物权变动模式的折中形态。

(2)我国抵押权设立条件

我国《物权法》第 180 条规定:“债务人或者第三人有权处分的下列财产可以抵押:(一)建筑物和其他土地附着物;(二)建设用地使用权;(三)以招标、拍卖、公开协商等方式取得的荒地等土地承包经营权;(四)生产设备、原材料、半成品、产品;(五)正在建造的建筑物、船舶、航空器;(六)交通运输工具;(七)法律、行政法规未禁止抵押的其他财产。抵押人可以将前款所列财产一并抵押。”第 187 条规定:“以本法第一百八十条第一款第一项至第三项规定的财产或者第五项规定的正在建造的建筑物抵押的,应当办理抵押登记。抵押权自登记时设立。”第 188 条规定:“以本法第一百八十条第一款第四项、第六项规定的财产或者第五项规定的正在建造的船舶、航空器抵押的,抵押权自抵押合同生效时设立;未经登记,不得对抗善意第三人。”因此在本案中以房屋抵押必须办理抵押登记,抵押权方才生效。

5. 重新确认债权具有什么法律效力?重新确认债权对诉讼时效有何影响?重新确认债权对抵押合同有何影响?

“对原债务的重新确认”,是指债权人要有催收逾期贷款的意思表示,债务人签字或盖章认可并愿意继续履行债务。债权债务关系经过重新确认以后视为新的债权债务关系。

重新确认债权后,诉讼时效重新起算。超过诉讼时效后重新确认债权债务关系的,根据最高人民法院《关于超过诉讼时效期间借款人在催款通知单上签字或者盖章的法律效力问题的批复》的规定,这一确认行为有效,经确认后的债权债务关系应受法律保护。即诉讼时效重新起算。另外最高人民法院《关于适用〈中华人民共和国担保法〉若干问题的解释》第 12 条规定:“当事人约定的或者登记部门要求登记的担保期间,对担保物权的存续不具有法律约束力。担保物权所担保的债权的诉讼时效结束后,担保权人在诉讼时效结束后的二年内行使担保物权的,人民法院应当予以支持。”

由于重新确认债权债务关系后,视为新的债权债务关系,因此如果为一般抵押的,需要由抵押人重新确认抵押关系,否则该债权为无抵押债权;如果是最高额抵押且在最高额抵押范围和期限内的,最高额抵押适用于该债权,否则最高额抵押不适用于该债权。

6. 最高额抵押担保的债权范围有哪些?未约定担保债权范围对于最高额抵押担保效力有无影响?

对于最高额抵押权所担保的债权范围,首先涉及的是担保的债权类型,并非所有债权都能成为最高额抵押权所担保的债权。依据我国现行法律规定,只有在一定期间内将要连续发生的债权,如因借款合同发生的债权,就某项商品连续发生交易而产生的债权等,才能作为最高额抵押权所担保的债权。一般来说,在最高额抵押合同中,应当载明最高额抵押所担保的债权种类。

其次,抵押担保的债权范围,应当经登记而公示。只有经过登记的不动产抵押权才能生效,因此最高额抵押担保的债权范围要以登记公示的为准。

再次,《担保法》规定,抵押权所担保债权范围包括主债权及其利息、违约金、损害赔偿金、保管抵押财产和实现抵押权的费用（当事人另有约定的，从其约定），最高额抵押权亦同。若上述合并计算的金额超过最高限额的，其超过部分并无优先受偿之权。（1）主债权。主债权指基于债的法律关系所发生的原本债权，如金钱债权、交付标的物债权或提供劳务的债权等。（2）利息：包括法定利息和约定利息。《担保法》规定，利息无须登记，为抵押权效力所及。也有人认为，约定利息，符合法律规定的，属于担保债权范围。但是，未经登记的约定利息，其利率超过法定利率标准的部分，因没有办理登记，欠缺公示效果，不得对抗其他债权人。（3）违约金和损害赔偿。因主债权派生的从债权违约金和损害赔偿，是债务人不履行债务应当承担的责任，当然属于抵押担保的范围。违约金和损害赔偿在办理抵押登记时无须登记，即属于抵押权担保的债权范围。（4）实现抵押权的费用。这些费用是由于债务人不履行债务而发生的，当然由债务人负担，包括诉讼费、保全费、鉴定费、评估费、公证费、拍卖费、变卖费、执行费等。但是，也有人认为，实现抵押权的费用不应列入最高限额，而应在抵押物拍卖、变卖所得价款中扣除。因为实现抵押权的费用基于抵押关系发生，如将此费用列入最高限额，将增加抵押权所担保的债权额，而一旦债权额超过最高限额，就会损害抵押权人的利益。

最后，以上为法定担保债权范围，当事人另有约定的，从其约定。当事人可以把聘请律师的费用和为实现抵押权所发生的其他合理费用也都包括在担保债权范围内。

最高人民法院《关于适用〈中华人民共和国担保法〉若干问题的解释》第 56 条规定："抵押合同对被担保的主债权种类、抵押财产没有约定或者约定不明，根据主合同和抵押合同不能补正或者无法推定的，抵押不成立。法律规定登记生效的抵押合同签订后，抵押人违背诚实信用原则拒绝办理抵押登记致使债权人受到损失的，抵押人应当承担赔偿责任。"因此，在最高额抵押中，虽然并不要求在签订抵押合同时可以明确将来发生的每一笔债权数额，但对于将来发生的债权的类型、大致范围必须约定清楚，如果事后不能补正或者无法推定的抵押不成立。

7. 不动产抵押中，若已经办理抵押登记，但抵押合同无效的，如何认定抵押效力？

在物权行为无因性理论下这一问题很好解决。物权行为无因性，又称为"分离原则"（Trennungsprinzip）。该原则的意义是，德国法将权利主体移转标的物的交付义务的法律行为（一般为债法上的契约或称之为合同）与其完成物权的各种变动的行为作为两个法律行为，而不是一个法律行为；前者为原因行为，后者为物权行为。因为这两个行为各自有其独立的意思表示和成立方式，因此他们是分离的两个不同的法律事实。依此分离原则，德国民法实现了物权法与债权法及其他民法制度在法学理论上的彻底明确的划分，因为物权从此有了自己独特的设立、变更和终止的法律根据，即"合意 Einigung"。根据无因性理论，抵押合同与抵押登记分离，抵押合同效力不影响抵押登记的效力，抵押合同无效的抵押登记仍然有效。

由于我国采取的是债权形式主义物权变动模式，不同于德国法上的物权形式主义物权变动模式，因此也可以认为我国立法上实际上没有采取物权行为理论，相应的也就无法采用物权行为无因性理论解决这一问题。

但抵押权登记作为物权公示方式具有物权公信力。登记簿上登记的权利与实际权利不符时,以登记记载的内容为准,信赖登记簿上记载的内容的善意第三人应当受到法律保护。对此,《担保法司法解释》第 61 条规定,抵押权登记记载的内容和抵押合同约定的内容不一致的,以登记记载的内容为准。据此,抵押权担保的债权种类和数额、债务人履行债务的期限、抵押财产的权属状况以及所担保债权的范围等,都以登记簿上的记载为准。

抵押权登记错误而与实际权利状况不符的,当事人有权就其错误的事实申请登记机关进行变更登记。但是,不能以登记错误为理由对抗信赖登记记载的善意第三人。例如因抵押权登记错误、遗漏或者错误撤销导致抵押登记簿上记载的内容与实际权利状况不符合,因信赖登记簿上记载内容的善意第三人与抵押人再次设定抵押权的,第三人取得抵押权,原抵押权人因此受到的损失由造成抵押权登记错误、遗漏或被注销的过错方承担。

因此,不动产抵押权已经办理登记的,即使抵押合同无效,在办理抵押权登记变更或注销之前,根据公示公信原则,抵押登记仍然有效,对善意第三人具有公信力。

预期效果

1. 能够区分一般抵押合同和最高额抵押合同的不同之处。
2. 掌握房屋抵押登记的一般流程和法律效力。
3. 掌握抵押合同的草拟技巧,尤其关于抵押范围和期限的有关知识点。
4. 在实践能力上,要求学生能够区分并运用诉讼时效和抵押期间进行诉讼中的攻防。
5. 在程序上,掌握执行程序中碰到唯一住房抵押的执行方法。

教学计划

本案例教学计划设计如下:

1. 课前计划:安排学生阅读案例及相关参考资料,对案例所涉及问题进行思考,撰写实践题答案。

2. 课中计划:介绍教学目的,明确讨论主题;根据事先发给学生的案例材料,由学生进行案情介绍,锻炼学生的表达能力和把握案件法律关系的能力;教师对教学内容部分进行一定的讲解;分组讨论,回答各项思考题,讨论实践题的撰写要点;小组代表提出思考题要点和实践题撰写要点,全体学生讨论和分析;教师归纳、总结、讲解。

3. 课后计划:按组分配角色,分别扮演律师和法官撰写代理词和判决书。

课堂时间安排

本案例可以作为专门的案例教学课来进行,整个案例课的课堂安排 3 个课时,每课时 45 分钟。其中介绍教学目的、介绍案情和分组讨论 1 个课时,小组代表提出思考题要点和实践题撰写要点,全体学生讨论和分析 1 个课时,教师归纳、总结、讲解 1 个课时。

实践题和思考题

思考题

1. 本案抵押合同到底是一般抵押合同还是最高额抵押合同?
2. 抵押权生效与抵押合同生效是一回事吗? 两者是什么关系?
3. 徐广等三人是否应当承担最高额抵押登记下的担保责任? 为什么?
4. 徐广等三人是否应当承担不动产抵押合同下的担保责任或违约责任? 为什么?
5. 合同名称与合同内容不一致时应如何处理? 合同名称对自己有利一方应如何提出诉讼理由? 合同内容对自己有利一方应如何提出诉讼理由?
6. 原审法院认定:"双方当事人在 2008 年 12 月 4 日签订的《最高额个人抵押担保合同》中革博公司确认其所欠朗瑞公司的预付款金额为 391 万余元,此系双方当事人于 2008 年 12 月 4 日对其之间的债权债务进行新的确认,因此可以看成是债权的发生日期为 2008 年 12 月 4 日。"试评析一审法院的这一观点。

实践题

1. 本案中革博公司与朗瑞公司约定的抵押期限为 2008 年 12 月 4 日至 2009 年 12 月 4 日,而徐广等与朗瑞公司约定的抵押期限为 2008 年 12 月 4 日至 2009 年 12 月 4 日,如果两者均有效,应当如何认定抵押期限?
2. 若革博公司与朗瑞公司签订《协议书》的时间分别为 2008 年 12 月 1 日、2008 年 12 月 5 日、2008 年 12 月 9 日,对于本案有什么影响? 诉讼双方应如何进行攻防?
3. 若主债务超过诉讼时效后,抵押人仍为该债务提供抵押担保的,法院应当如何认定抵押权效力?
4. 如果本案中的抵押担保合法有效,但松江区的 A 房屋为徐广等三人的唯一住房,法院可否强制执行?
5. 徐广等三人主张抵押合同无效和主张抵押登记错误有无不同? 从诉讼角度而言,哪个更有利?

参考文献

1. 国务院法制办公室:《中华人民共和国担保法注解与配套(含最新司法解释)》,中国法制出版社 2014 年版。
2. 国家法官学院、德国国际合作机构:《法律适用方法:物权法案例分析》,中国法制出版社 2013 年版。
3. 龙翼飞:《物权法原理与案例教程》,中国人民大学出版社 2008 年版。
4.《中国指导案例》编委会:《人民法院指导案例裁判要旨汇览:物权 · 房地产卷》,中国法制出版社 2013 年版。
5. 最高人民法院民事审判第二庭:《最高人民法院商事审判指导案例 · 借款担保卷》(上、下卷),中国法制出版社 2011 年版。
6. 王利明:《物权法研究》(第三版),中国人民大学出版社 2013 年版。
7. 王泽鉴:《民法物权》(第二版),北京大学出版社 2010 年版。
8. 杨立新:《物权法典型案例与法律适用》,中国法制出版社 2013 年版。
9. 王泽鉴:《民法学说与判例研究》(第 1 ~ 8 册),北京大学出版社 2009 年版。

(艾围利,上海师范大学哲学与法政学院)

26 CASE 陈喆与余征著作权纠纷案

摘　要

本教学案例采用被称为“文艺版权第一案”的司法样本，围绕剧本著作权的归属、小说与剧本的关系、原告主张被改编和摄制的内容能否受著作权法保护、涉案剧本是否侵害了原剧本及小说的改编权和摄制权以及侵害改编权及摄制权主体及民事责任的认定等基本问题进行分析，引导学生对著作权侵权纠纷中“思想与表达及其区分”以及“侵权主体及民事责任的认定”等疑难问题进行讨论，以提升学生的法律思维能力。同时，就著作权纠纷诉讼实务的诉讼方案设计、法律文书写作、举证与质证、专家辅助人等主要程序问题予以展开，着眼于培养学生的法律实践操作能力。主要采用案例研习教学法，旨在引导学生积极融入案件情境中，展开互动式讨论，模拟设计诉讼方案，撰写案例分析报告和法律文书，重在法律智慧与技能培养。

关键词

著作权　知识产权诉讼　案例研习　侵权认定　侵权责任　法律技能

教学目标

本案例教学的目标定位于著作权纠纷的法庭实务，重在从实体与程序两个面向培养学生的实务操作能力、法律思维能力。具体来说，本案例教学要解决的主要问题包括：(1)理解思想与表达及其区分原则，尤其是对“抽象概括法”的熟练运用；(2)围绕原告主张被改编和摄制的内容能否受著作权法保护、涉案剧本是否侵害了原剧本及小说的改编权和摄制权以及侵害改编权及摄制权主体及民事责任的认定等问题，引导学生争鸣，进行法律思维训练；(3)著作权纠纷的诉讼实务程序指引，包括代理词、答辩状等诉讼文书的书写、举证责任及其操作、专家辅助人陈述的法律效力。

教学案例

一、基本案情

陈喆(笔名琼瑶)于1992年10月创作完成剧本《梅花烙》,未以纸质方式公开发表。据该剧本拍摄的电视剧《梅花烙》内容与该剧本高度一致,由怡人传播有限公司拍摄完成,于1993年10月13日起在台湾地区首次电视播出,并于1994年4月13日起在中国大陆地区(湖南电视一台)首次电视播出。电视剧《梅花烙》的片头字幕显示署名编剧为林久愉。其间,陈喆根据剧本《梅花烙》改编小说《梅花烙》,该小说于1993年6月30日创作完成,1993年9月15日起在台湾地区公开发行,同年起在中国大陆地区公开发表。

余征(笔名于正)系剧本《宫锁连城》(又名《凤还巢之连城》)的作者,以及电视剧《宫锁连城》的署名编剧,剧本共计20集。电视剧《宫锁连城》剧本根据剧本《宫锁连城》拍摄,电视剧《宫锁连城》片尾出品公司依次署名为:湖南经视文化传播有限公司(以下简称湖南经视公司)、东阳欢娱影视文化有限公司(以下简称东阳欢娱乐公司)、万达影视传媒有限公司(以下简称万达公司)、东阳星瑞影视文化传媒有限公司(以下简称东阳星瑞公司)。

2014年5月28日,陈喆向北京市第三中级人民法院提起诉讼称,余征未经其的许可,擅自采用《梅花烙》的核心独创情节,改编创作电视剧本《宫锁连城》,并联合湖南经视公司、东阳欢娱乐公司、万达公司、东阳星瑞公司共同摄制了电视连续剧《宫锁连城》并播出。其严重侵害了陈喆的著作权并且给陈喆的剧本创作与后续的电视剧摄制造成了实质性妨碍,而余征等人从其版权侵权行为中获得巨大收益。陈喆认为,余征等人严重侵犯了她的改编权、摄制权,给她造成了极大的精神伤害。而各被告均认为:(1)陈喆的著作权人身份存疑;(2)陈喆所主张的著作权客体混乱,陈喆的指控没有事实和法律基础;(3)被指控作品具有独创性,陈喆指控被侵权的所谓“桥段”及“桥段组合”属于特定场景、公有素材或有限表达,不受著作权法保护。另外,湖南经视公司和万达公司认为,其并没有参与创作和改编,没有侵权的故意和事实。

二、一审法院判决理由

1. 剧本《梅花烙》著作权的归属

(1)原告提交的剧本《梅花烙》文本是否确系电视剧《梅花烙》的拍摄剧本

剧本是电视剧拍摄的依据,以文字形式呈现电视剧的拍摄内容。打印装订成册的剧本实物是剧本内容的物理载体,剧本物理载体这一实体形式的变化并不意味着剧本内容的变化。在本案中,原告陈喆提交的剧本《梅花烙》内容并未超出电视剧《梅花烙》的剧情表达,且与电视剧《梅花烙》的影像视听内容形成基本一致的对应关系,结合原告小说《梅花烙》“创作后记”中关于剧本创作完成在先的原始记载,原告提交剧本《梅花烙》内容的真实性,一审法院予以认可。

(2)剧本《梅花烙》的著作权归属

根据《著作权法》第11条以及最高人民法院《关于审理著作权民事纠纷案件适用法律若干问题的解释》第7条的规定,以署名情况认定作者身份仅为作品创作关系的初步推定证明。在本案中,电视剧《梅花烙》字幕虽有"编剧林久愉"的署名安排,但林久愉本人出具的《声明书》已明确表示其并不享有剧本《梅花烙》著作权的事实;电视剧《梅花烙》制片者怡人传播有限公司出具的著作权确认书等也已明确表述剧本《梅花烙》的作者及著作权人均为本案原告。一审法院对此予以确认。

对于被告提出林久愉在剧本《梅花烙》的创作过程中执行了相关整理工作,具有剧本《梅花烙》的作者身份,享有剧本著作权,至少可以认为林久愉享有该剧本的合作作者身份的这一问题,一审法院认为,著作权法意义上的整理是指,对一些散乱作品或者材料进行删节、组合、编排,经过加工、梳理使其具有可欣赏性,强调的是整理需融入行为人的独创性智力成果,并最终以其独创贡献造就了作品的形成;就合作作品而言,合作作者须为参与了作品创作的主体,需要对作品创作付出创造性智慧劳动在本案中,林久愉报据原告口述整理剧本《梅花烙》,是一种记录性质的执笔操作,并未融入独创智慧的合作创作活动,故林久愉并不是剧本《梅花烙》作者。

2. 小说《梅花烙》与剧本《梅花烙》的关系

根据一审法院查明的事实,小说《梅花烙》中虽然在故事内容上与剧本《梅花烙》存在高度关联性、相似性,但却具有不同于剧本《梅花烙》而存在的独创性,故小说《梅花烙》应为剧本《梅花烙》的改编作品,依法享有著作权。鉴于小说《梅花烙》的署名为原告陈喆,故一审法院认定小说《梅花烙》的作者及著作权人均为原告陈喆。

3. 原告主张被改编和摄制的内容能否受著作权法保护

一审法院认为,特定场景、有限表达、公知素材的使用虽不受著作权法限制,但并不意味着以其为基础,经作者独立创编形成的作品内容也会自动归入特定场景、有限表达或公知素材。利用这些素材创作出一个完整的剧情,其中包含人物设置、人物之间的关系、场景、情节、基于故事发展逻辑及排布形成的情节整体等许多要素,当然可以受著作权法的保护。创作者不能阻止他人使用特定情境、有限表达或公知素材,但当然可以阻止他人使用基于其独创成果产生的作品。因此,在考虑使用特定情境、有限表达及公知素材为基础形成的作品及内容是否属于著作权法保护时,应重点判断作者在使用相关素材时,是否加入了具有独创智慧的表达而赋予了相关成果特定的独创意义。在著作权侵权案件中,如果相关作品的内容足以认定为具体的表达,对于其是否属于特定情境、有限表达或公知素材,而非作者独立原创,这一举证责任应在被告。

4.《宫锁连城》剧本是否侵害了《梅花烙》剧本及小说的改编权

(1)被告是否接触了原告作品

侵害著作权的构成要件为接触加实质相似。接触可以分为两种情况:一是作品未发表但有证据证明被告实际接触了该作品，二是作品已发表，处于公之于众的状态。在本案中，电视剧《梅花烙》的公开播出即可达到剧本《梅花烙》内容公之于众的效果。鉴于本案各被告具有接触电视剧《梅花烙》的机会和可能，故可以推定各被告亦具有接触剧本《梅花烙》的机会和可能。

（2）改编与合理借鉴的关系

改编作为演绎作品本身是有著作权的，演绎作品作者有权禁止他人使用演绎作品，但使用时应经原作者的许可，未经许可进行使用是侵权的。

在侵害改编权的案件中，认定是否侵权的基础前提是判断改编行为、改编来源关系是否存在。为查证这一基础事实，可以采用的方法通常是以前后两作品进行内容比对，基于相似的表达性元素来判断两部作品是否存在著作权法意义上的关联性，这一关联性是指，在作品表达层面，在先作品与在后作品之间是否存在创作来源与再创作的关系。同时，就受众的欣赏体验而言，如果构成改编，则往往能够产生“两部作品近似或在后作品来源于在先作品”的感知。

而借鉴既可能是指单纯利用思想而非表达的行为，也可能是指合理使用。至于何种行为是侵权，何种行为是合理借鉴，实际上涉及的还是思想与表达的界限。思想上的借鉴并未涉及侵害原创作者的独创成果，通常不涉及侵害著作权的情形；而具体表达上的借鉴，则需考量借鉴内容所占的比例，这包括借鉴内容在原创作者作品中的所占比例，及借鉴部分内容在新作品中的所占比例。而这个比例的衡量，不仅要进行量化考量，也要从借鉴内容的重要性、表达独创性角度，即质的维度上考量。评判标准也需进行个案分析判断 。

（3）侵害改编权的相似性判断标准

改编并不否认改编作品融入了改编者的独创性智慧成果而形成新的独创特征并成为著作权法意义上的新作品 。与原作品相比，改编作品在表达上将发生一定的变化，特别是针对具有特定功能的作品形式发生的改编行为。比如，报据文学作品改编剧本。剧本作为文字作品的一种，其基本创作目的是用于影视作品的拍摄，剧本与影视作品之间具有高度的关联性与附随性，在这一方面，剧本显然具有区别于小说、散文、诗歌等文学形式的作品功能。基于剧本的作品功能与创作目的，剧本在创作内容及表达方式上需要符合影视作品的拍摄及视听呈现需求——主要以场景及台词设置为作品内容的展现方式。因此，剧本虽具有文字作品的性质，但已经在一定程度上放弃了类似小说等文学作品创作的基础表达方式——以直观的情节叙述及情感渲染等作为基本展现手法。那么，在以小说为基础进行剧本改编的行为判断中，以小说为参照比对剧本，或以剧本为参照比对小说，如果单纯依照两者的直观文字表述为基础和判定依据进行比对，并在台词不同的情况下否定前后两作品之间的相似性是不恰当的，对比是为了判断是否存在改编来源关系，且改编本身也意味着在后作品在最终形成的表达上将与在先作品有所不同。人物台词之于剧本或之于影视作品而言，是情节表达、故事呈现的方式与手段，而情节往往凝聚着剧本及影视作品的更为主要的创作内容。

因此，在台词不同而情节却存在显著相似性、关联性的情况下，仅根据台词表达来否定作品之间的相似性,从而作出否定侵权的结论,对原作者而言是不公平的——当然,这并不否认基于创作者语言风格不同而形成不同类型台词的艺术价值——对于剧本与剧本之间的比较也应遵循这样的原则,因为台词会因作者创作风格的不同而存在重大差异,而情节则应作为相似性、关联性判断的基本着眼点。

从作品类型的角度看,虚构作品不同于真实历史题材作品,作者的创作空间相对比较大,可以对时间、地点、人物、事件等要素自由的创设,对公知素材进行个性化选择、编排,并按照作者的想法自由创作,因此,即便针对同类情节,不同作者创作的差异也通常较大,不同作者创作的作品内容相同或高度近似的可能性较小。

此外,不同的作者因所处年代、人生阅历、生活体验、写作风格、技巧与技法的不同,通过作品所要表达的主题思想也往往不甚相同,然而,在达到足够相似的比对结论时,思想维度上的差异并不直接导致比对结论的减弱或相似情形的消弭。

(4)本集中的具体情况

其一,人物设置与人物关系的比对。

文学作品中,塑造典型人物关系的基础是特定情节的配搭,脱离情节而单独就人物关系进行比较,将可能构成在思想领域或公知素材维度上的比对,以此认定结论无论对于在先作品的作者还是在后作品的作者而言都是不公平的。但如果用于比对的作品中,人物关系结合基于特定人物发生的故事情节高度相似,则可以认定侵害著作权成立。

原告小说《梅花烙》、剧本《梅花烙》主要情节基于如下人物展开:硕亲王、福晋倩柔(雪如)、侧福晋翩翩、白吟霜、皓祯、皓祥、兰馨公主、崔嬷嬷、小寇子及阿克丹、素嬷嬷、白胜龄、香绮、多隆、婉柔(雪晴)、苏嬷嬷、皇上、皇后等。

剧本《宫锁连城》中就原告主张的相关情节,主要在如下人物之间展开:富察翁哈岱将军、福晋纳兰映月、侧福晋如眉、连城、恒泰、明轩、醒黛公主、李嬷嬷、郭孝、郭嬷嬷、宋丽娘、佟家麟、皇上、皇后等。

以硕亲王和富察翁哈岱将军为例(剧本及小说《梅花烙》人物在前,剧本《宫锁连城》人物在后),将原被告作品的特定人物设置与特定情节之间的关联进行共同比对:

硕亲王(府中地位最高的家长,福晋偷龙转凤的压力来源,偷龙转凤前没有儿子且宠爱侧福晋翩翩,多年来以皓祯为骄傲,得知皓祯打架救吟霜时杖责小寇子……)——富察翁哈岱将军(府中地位最高的家长,福晋偷龙转凤的压力来源,偷龙转凤前没有儿子且宠爱丫鬟如眉,多年来以恒泰为骄傲,得知恒泰打架救连城时鞭挞郭孝……),福晋倩柔/雪如(府中地位最高的女主人,连生三女,怀孕后遭受侧福晋地位威胁,偷龙转凤保护自己在府中的地位,得知皓祯与吟霜之间的恋情后赴小院见吟霜,后安排吟霜入府,目击梅花烙而认出女儿……)

上述人物对应不仅体现为人物身份设置的对应以及人物之间交互关系的对应,更与作品的特定情节、故事发展存在不可分割的联系,而这种内在联系在被告提供的证据中是不存在的,可以认定为原告独创,并推定剧本《宫锁连城》在人物设置与人物关系设置上是以原告作品小说《梅花烙》、剧本《海花烙》为基础进行的改编及再创作。

其二,原告主张的作品情节比对。

根据一审法院查明情况,原告以附表形式所列的上述情节具体内容在剧本、小说《梅花海》及剧本《宫锁连城》中,均有近似安排,并已构成具体表达。在此基础上,一审法院就原告主张的上述情节,以剧本《宫锁连城》与原告剧本《梅花烙》、小说《梅花烙》逐一比对,并区分了不同情况加以认定:

①原告主张剧本《宫锁连城》改编自原告剧本《梅花烙》、小说《梅花烙》的相关情节属于公知素材,因而不受著作权法保护的内容。

②原告主张剧本《宫锁连城》改编自原告剧本《梅花烙》、小说《梅花烙》的相关情节基础素材属于公知素材,但原告就相关素材进行了独创性的艺术加工,以使情节本身具有独创性,但剧本《宫锁连城》与原告就相关情节的独创设置不构成实质相似的内容。

③原告主张剧本《宫锁连城》改编自原告小说《梅花烙》、剧本《梅花烙》的相关情节为原告作品中的独创情节,且剧本《宫锁连城》中的对应情节安排与原告作品构成实质性相似关联的内容。

就该部分各情节的安排上,剧本《梅花烙》及小说《梅花烙》在情节表达上已经实现了独创的艺术加工,具备区别于其他作品相关表达的独创性。剧本《宫锁连城》就各情节的设置,与剧本《梅花烙》、小说《梅花烙》的独创安排高度相似,仅在相关细节上与原告作品设计存在差异(如:情节1中,将偷龙转凤的谋划安置在福晋与贴身嬷嬷之间;亲女肩上并未烫下烙痕,而是生来具有的朱砂记),而此类差异并不代表差异化元素的戏剧功能发生实质变更,以至于可造成与原告作品的情节设置相似的欣赏体验。在本案中,各被告亦未能充分举证证明剧本《梅花烙》及小说《梅花烙》中的上述相关内容缺乏独创性或剧本《宫锁连城》就相关情节另有其他创作来源等合理理由。剧本《宫锁连城》与原告剧本《梅花烙》及小说《梅花烙》在相关情节的设置上存在相似性关联。剧本《宫锁连城》就上述相关情节的设置,与原告作品剧本《梅花烙》及小说《梅花烙》相关情节之间存在改编及再创作关系。

其三,关于作品整体比对的问题。

本案原告主张的相关情节为剧本《梅花烙》中的21个情节以及小说《梅花烙》中的17个情节。

小说《梅花烙》相对于剧本《梅花烙》的情节排布的区别在于:在皓祯与吟霜私订终身前,已经得知皇上指婚的消息,而皓祯与吟霜的情义导致其在与兰馨成婚后始终逃避与之圆房,于是向雪如坦诚与吟霜之间的感情,雪如答应赴小院会见吟霜,起初希望借此打发吟霜离开皓祯,却反而被吟霜感动,于是接受小冠子的提议,接吟霜入府。

尽管小说《梅花烙》与剧本《梅花烙》的情节排布上存在细微差别,但并不导致基于情节而形成的逻辑推演关系与剧本《梅花烙》构成明显差异。原告作品剧本《梅花烙》及小说《梅花烙》基于特定素材的选择、加工及特定的排列组合,构成完整的情节推演并形成具有独创意义的整体作品。

剧本《宫锁连城》相对于原告作品小说《梅花烙》、剧本《梅花烙》在整体上的情节排布及推演过程基本一致,仅在部分情节的排布上存在顺序差异。

此外,作品中出现的不寻常的细节设计同一性也应纳入作品相似性比对的考量。如原被告作品均提及福晋此前连生三女,但后续并未对该三女的命运作出后续安排和交代。在著作权侵权案件中,受众对于前后两作品之间的相似性感知及欣赏体验,也是侵权认定的重要考量因素。以相关受众观赏体验的相似度调查为参考,占据绝对优势比例的参与调查者均认为电视剧《宫锁连城》情节抄袭自原告作品《梅花烙》,可以推定,受众在观赏感受上,已经产生了较高的及具有相对共识的相似体验。

综上,可以认定,剧本《宫锁连城》作品涉案情节与原告作品剧本《梅花烙》及小说《梅花烙》的整体情节具有创作来源关系,构成对剧本《梅花烙》及小说《梅花烙》改编的事实。

5.《宫锁连城》电视剧是否侵害了《梅花烙》剧本及小说的摄制权

在本案中,被告湖南经视公司提出,即使剧本《宫锁连城》系改编自小说《梅花烙》及剧本《梅花烙》而来的,依据剧本《宫锁连城》拍摄电视剧《宫锁连城》的行为也并没有侵害小说《梅花烙》及剧本《梅花烙》的摄制权。

就此问题,一审法院认为,电视剧剧本是以文字形式表现未来剧目内容的一种文学式样,又称为“电视文学本”,是电视艺术(包括电视剧)创作的文学基础。剧本的创作动因及用途均是用于电视剧的拍摄。基于这一特定的创作目的,电视剧本与小说在作品的表达方式上也有所不同。电视剧剧本的表述与结构要求精练严谨,要有很强的视觉形象感。电视剧剧本为导演、摄像、录音、美术等创作部门提供了最初的视听想象。优秀的电视剧本,能让人仿佛在观赏一组组活动画面,可以激发起表演者丰富的想象力和创作激情。因此,从影视作品创作角度来看,剧本到电视剧的转变是文字视听化的过程,而实现这一转变的两大核心创作活动就是剧本创作(包括改编)与影像摄制。

影视改编与摄制行为之间具有极其密切的附随关系,改编权与摄制权的行使目的具有较强的关联性与同一性,共同指向将作品拍摄成电影、电视作品的权利,以及授权他人以改编、摄制的方式使用作品并获得报酬的权利。在影视创作过程中,制片者为了使剧本表达更加符合拍摄需求,通常会要求编剧直接参与剧本的修改,编剧也通常需要根据制片者的要求来多次调整剧本的创作内容。由此可见,编剧与制片者之间的创作沟通是自觉的、意思联络是主动的。

未经许可改编他人作品尽管对原著作者来说是侵权作品,但改编作品本身也是创作活动的产物,依法享有著作权,但改编者在行使其著作权时,不得侵害原作品的著作权。也就是说,此时改编者对于改编作品仅享有消极意义上的著作权,即制止他人未经许可使用其改编作品的权利,而不享有积极意义上的著作权,即不得自行或许可他人使用其改编作品。根据在先作品创作的演绎作品同时包含原作作者和演绎作者的智力成果,任何对改编作品的使用,也必然同时构成对原作品的使用。因此,对改编作品著作权的行使或任何对改编作品的使用行为,除法律有特别规定外,均应征得改编者和原作品著作权人的同意,否则不仅侵害改编作品的著作权,还将侵害原作品的著作权。

在本案中，鉴于电视剧《宫锁连城》就是依据剧本《宫锁连城》摄制而成的，二者在内容上基本一致，故该摄制行为依然属于原告陈喆享有的摄制权的控制范围内，未经许可摄制电视剧《宫锁连城》侵害了原告陈喆享有的摄制权。

6. 侵害改编权及摄制权主体及民事责任的认定

（1）侵害改编权行为主体及责任认定

不可否认，文学作品创作中难免出现创意借鉴的情形，但借鉴应当限制在合理的范围之内。同时，如果特定作品流传广泛、深入人心，甚至可能使其在其他作者心中留下深刻印象，在日后的创作中将他人的在先独创内容不自觉地加以使用，在此情况下作者依然要对其过失承担责任。也就是说，即使确系上述情况，该创作者的行为仍然构成侵害著作权。这是因为，一般情况下，知识产权侵权归责原则为过错责任原则，而其中过错的具体情形既包括明知也包括应知。也就是说，在行为人应当知晓而事实上并不知晓的情形下，依然具有过错。这就意味着侵权人的行为意图在司法考量范围以内。比如，在损害赔偿问题上，应适当考虑侵权人的主观状态，如侵权行为过错程度高，则应加重赔偿金的数额；反之则应适当减轻赔偿金数额。另外需要明确的是，面对侵权行为的发生及侵权损害的蔓延，对侵权行为的制止及对侵权后果扩大化的及时抑制应成为对权利人提供的首要救济措施，而这种制止和抑制，直接针对的是侵权行为及后果的存在，并为防范权利人因侵权所遭受损害的扩大化，更注重保护权利人的利益。

根据《著作权法》第 10 条第 1 款第 14 项、第 12 条规定，改编著作权由改编人享有，但行使著作权时不得侵犯原作品的著作权。

在本案中，原告陈喆作为剧本及小说《梅花烙》的作者、著作权人，依法享有上述作品的改编权，受法律保护。被告余征接触了原告剧本及小说《梅花烙》的内容，并实质性使用了原告剧本及小说《梅花烙》的人物设置、人物关系、具有较强独创性的情节以及故事情节的串联整体进行改编，形成新作品《宫锁连城》剧本，上述行为超越了合理借鉴的边界，构成对原告作品的改编，侵害了原告基于剧本《梅花烙》及小说《梅花烙》享有的改编权，依法应当承担相应的侵权责任。

另据一审法院查明的事实，电视剧《宫锁连城》的制片者负责剧本《宫锁连城》的审查及确认，剧本的立项、报批等工作也由制片者完成。被告湖南经视公司、东阳欢娱公司、万达公司及东阳星瑞公司作为电视剧《宫锁连城》的制片者，深入介入了剧本《宫锁连城》的创作工作。原告小说《梅花烙》的广泛发行及市场影响力、知名度，以及根据原告剧本《梅花烙》所拍摄电视剧《梅花烙》的广泛发行传播及较大的公众认知度的事实背景，使被告湖南经视公司、东阳欢娱公司、万达公司、东阳星瑞公司已然知晓原告剧本《梅花烙》及小说《梅花烙》的内容。各被告在介入《宫锁连城》的剧本创作时，已完全了解剧本的全部内容，可明确判别该剧本内容存在使用原告作品剧本《梅花烙》及小说《梅花烙》进行改编的事实，以及依据该剧本拍摄电视剧将侵害原告相关著作权的结果。基于小说《梅花烙》的广泛发行及市场影响力、知名度，以及根据剧本《梅花烙》所拍摄电视剧《梅花烙》的广泛发行传播及较大的公众认知度的事实背景,根据被告湖南经视公司、东阳欢娱公司、万达公司及东阳星瑞公司的职业经验和应达到的注意程度,作为剧本的拍摄单位,在不排除知晓原告剧本及小说《梅花烙》内容的情况下,未尽到注意义务。因此,五被告在剧本《宫锁连城》的创作过程中,存在明知或应知剧本《宫锁连城 》侵害他人著作权的共同过错。

一审法院根据《侵权责任法》第 9 条第 1 款规定认定五被告共同侵害了原告剧本及小说《梅花烙》的改编权,应当承担连带责任。

(2)侵害摄制权行为主体及责任认定

《著作权法》第 10 条第 1 款第 13 项规定,摄制权即以摄制电影或者以类似摄制电影的方法将作品固定在载体上的权利 。

本案原告系剧本及小说《梅花烙》的著作权人,依法享有上述作品的摄制权,他人基于原告作品的独创性内容进行电视剧摄制时,需获得原告的许可并支付报酬,否则将构成侵害原告作品摄制权的行为。电视剧《宫锁连城》的出品单位为本案被告湖南经视公司、东阳欢娱公司、万达公司、东阳星瑞公司。被告万达公司虽在诉讼中提交了《联合投资摄制电视剧协议书》,以证明其仅就该剧进行投资并享有投资收益而并未参与电视剧《宫锁连城》的相关制作工作,但该合同系相关方内部约定,不具有对抗善意第三人的效力。故一审法院认定被告万达公司与被告湖南经视公司、东阳欢娱公司、东阳星瑞公司同为电视剧《宫锁连城》的制片者,共同实施了摄制电视剧《宫锁连城》的行为,应就电视剧《宫锁连城》侵害原告作品《梅花烙》摄制权的行为承担连带责任。

被告余征除作为电视剧《宫锁连城》的编剧外,同时担任该剧制作人、出品人、艺术总监,尽管余征并不属于著作权法意义上的制片者,但在其明知或应知《宫锁连城》剧本侵害原告作品著作权的情形下,仍向其他被告提供剧本《宫锁连城》的电视剧摄制权授权,并作为核心主创人员参与了该剧的摄制工作,为该剧的摄制活动提供了重要帮助,系共同侵权人,应就侵害原告摄制权的行为承担民事责任。

综上,本案五被告依法应就共同侵害原告作品改编权、摄制权的行为承担连带责任。

(3)五被告是否应当停止发行、传播电视剧《宫锁连城》

《著作权法》第 12 条规定,改编作品作为著作权法意义上的演绎作品,受到法律的保护,但作者对演绎作品行使著作权利,不得侵犯原作者的合法权利。

在本案中,各被告未经原告陈喆许可,擅自改编剧本及小说《梅花烙》创作剧本《宫锁连城》及对上述行为提供帮助,并以该剧本为基础拍摄、发行电视剧《宫锁连城》,侵害了原告陈喆依法就剧本《梅花烙》及小说《梅花烙》享有的改编权及摄制权。

关于对于被告是否应当承担停止侵害的法律责任,即停止电视剧《宫锁连城》的复制、发行与传播行为的问题,一审法院认为,著作权法的根本宗旨是保护文学、艺术和科学作品作者的著作权,以及与著作权有关的权益,鼓励有益于社会精神文明。著作权权益的实现,有赖于作品的创新、使用与传播,而著作权作为知识产权的重要内容,在保护作品的创作与激励作品的传播之间并不存在根本矛盾与冲突。

著作权作为权利人所享有的一项独占排他性支配其作品的权利，当著作权遭受侵害时权利人有权提出停止侵害的诉讼主张。停止侵害这一民事责任形式能迅速阻却即发的侵权行为，防止侵权损害的扩大，有效维护权利人著作权权益。损害著作权权益的行为本质上将损害作品创新的原动力；强化对著作权的保护，不仅可以有效维护著作权人的私人利益，更重要的是符合社会公众的普遍公共利益。

在本案中，被告的《宫锁连城》剧本及电视剧实质性整体改编了原告的小说及剧本《梅花烙》，《宫锁连城》现有的人物设置、人物关系、重要情节及情节串联整体的创作表达很大程度上来源于原告作品，是原告作品的主要创作表达，据此可以认定原告作品在被告作品中被使用的程度较高。在此情况下，如果被告未经许可所实施的侵权发行行为得以继续，将实际上剥夺原告对于其作品权利的独占享有，并实质阻碍或减少原告作品再行改编或进入市场的机会，有违公平原则。

截至本案庭审结束日，电视剧《宫锁连城》已经持续公开播映超过 8 个月，尽管各被告未按照法院要求提交编剧合同及发行合同，基于市场合理价格及商业交易惯例判断，被告余征应已取得了较高金额的编剧酬金，被告湖南经视公司、东阳欢娱公司、万达公司、东阳星瑞公司应已取得了的较高的发行收益。在此情况下，判令停止复制、发行和传播电视剧《宫锁连城》，不会导致原被告之间利益失衡。

一审法院认为，权利人合法有据的处分原则应当得到尊重，只有当权利人行使处分权将过度损害社会公共利益和关联方合法权益时，才能加以适度限制，以保障法律适用稳定性与裁判结果妥当性的平衡。而基于本案中被告的过错及侵权程度、损害后果、社会影响，应判令停止电视剧《宫锁连城》的复制、发行及传播为宜。

（4）被告余征是否应当承担消除影响、赔礼道歉的责任

据《著作权法》第 47 条第 6 项规定，本案中五被告应就其侵害原告改编权、摄制权的行为承担停止侵害、消除影响、赔礼道歉、赔偿损失的民事责任。鉴于原告就赔礼道歉的诉讼请求仅针对被告余征提出，一审法院视为原告自愿放弃对其余四被告的该项民事权利主张。

（5）五被告是否应当承担损害赔偿责任

原告陈喆在起诉状及庭审陈述中均表示，在发现各被告侵权情形之时，原告正在依据小说及剧本《梅花烙》进行电视剧《梅花烙传奇》的剧本改编，因各被告的侵权行为而不得不停止《梅花烙传奇》的剧本创作；被告的侵权行为，对原告剧本《梅花烙传奇》的创作造成了实质性妨碍与影响，但对于已实际造成的损失，原告未提供证据加以证明。

本案中，原告陈喆主张以被告违法所得作为损害赔偿的计算依据。诉讼中，原告陈喆要求各被告提交电视剧《宫锁连城》编剧合同，以确定其编剧酬金；原告陈喆要求各被告提交电视剧《宫锁连城》发行合同，以确定各被告发行《宫锁连城》剧的获利情况。各被告在明显持有编剧合同及发行合同的情形下，以上述合同涉及商业秘密为由未提供，且并未就原告陈喆的上述主张提出其他抗辩证据或充分、合理的反驳理由。因此，一审法院推定原告陈喆在庭审中主张的被告余征编剧酬金标准及《宫锁连城》剧的发行价格具有可参考性。

小说或剧本的影视改编、摄制、发行活动,是实现小说或剧本市场价值、商业利益的重要方式。自2014年4月8日起,电视剧《宫锁连城》已经在湖南卫视等多家电视台卫星频道完成首轮及二轮播出,在多家视频网站进行了信息网络传播权许可使用,公开可查的数据资料显示,该剧的电视收视率及网站点击率均较高,参考同期热播电视剧应有的市场发行价格,一审法院根据《著作权法》第49条认为,原告主张基于各被告违法所得给予侵权损害赔偿的请求具有合理性,且确定侵权赔偿数额应当能够全面而充分的弥补原告因被侵权而受到的损失。

原告陈喆关于赔偿经济损失及诉讼合理支出的诉讼请求,缺乏充分的依据,一审法院将根据涉案作品的性质、类型、影响力、被告侵权使用情况、侵权作品的传播时间与传播范围、被告各方应有的获利情况以及原告为本案支出的律师费、公证费等因素综合考虑,酌情确定。

三、案件二审审理情况

余征上诉称:一审判决证据不足,认定事实错误,陈喆并非是《梅花烙》剧本及小说的著作权人。根据提交的新证据,即一份台湾智慧财产局的函以及1992年本案涉案作品《梅花烙》在台湾地区的登记资料,陈喆在1992年创作完成了《梅花烙》,但已经将《梅花烙》的著作财产权完全转让给了其他公司(艺人传播有限公司),已经失去了对《梅花烙》的全部权利。一审适用法律不当,认定侵权没有法律依据。一审忽视了著作权保护的是作品的表现形式而不是作品内容,在两部作品的整体对比上,以陈喆方提供的在新浪网等进行的受众观赏体验相似度调查为参考,没有法律依据。一审法院认定9个情节相似,便据此认定抄袭,而实际上有将近1000个情节点,一审忽略了故事情节中实质上不同的细节。

针对上诉,二审法院认为:

(1)在余征方没有提供相反证据证明的情况下,应认定陈喆为《梅花烙》作者,享有全部著作权。余征方提交的台湾地区的著作权登记证书不符合相关公证认证的形式要件,而且此份证书的提交也超出了二审法院的举证期限,法院不予认定。余征方的上诉主张的事实和法律依据不足。

(2)原审中,“受众感受度”并非认定《宫锁连城》侵犯《梅花烙》改编权的决定性依据。并且,原审从被上诉人提出的21个情节对比中认定九个情节构成实质性相似关联内容,但并非仅据此认定《宫锁连城》系抄袭。文学作品创作中难免出现创意借鉴,但应限制在合理范围内,上诉人余征实质性使用了《梅花烙》的人物设置、人物关系以及一些具有较强独创性的情节,超越了合理借鉴的边界,构成对被上诉人作品改编权的侵害。上诉人的上诉主张,事实依据不足。

教学手册

教学对象及目标

1. 教学对象

本教学案例设计主要供法律硕士专业学位研究生教学使用,在面向法学专业本科高年级学生的教学中也可适当参酌试用。

2. 教学目标

本案例教学的目标定位于著作权纠纷的法庭实务,重在从实体与程序两个方面培养学生的实务操作能力、法律思维能力。具体来说,本案例教学要解决的主要问题包括:(1)理解思想与表达及其区分原则,尤其是对“抽象概括法”的熟练运用;(2)围绕原告主张被改编和摄制的内容能否受著作权法保护、涉案剧本是否侵害了原剧本及小说的改编权和摄制权以及侵害改编权及摄制权主体及民事责任的认定等问题,引导学生争鸣,进行法律思维训练;(3)著作权纠纷的诉讼实务程序指引,包括代理词、答辩状等诉讼文书的书写、举证责任及其操作、专家辅助人陈述的法律效力。

教学内容

1. 剧本著作权的归属

《著作权法》第11条规定,如无相反证明,在作品上署名的公民、法人或者其他组织为作者。最高人民法院《关于审理著作权民事纠纷案件适用法律若干问题的解释》第7条规定,当事人提供的涉及著作权的底稿、原件、合法出版物、著作权登记证书、认证机构出具的证明、取得权利的合同等,可以作为证据。可见,以署名情况认定作者身份仅为作品创作关系的初步推定证明,而作为相反证明的依据则有多种方式。

2. 根据剧本改编和摄制的内容能否受著作权法保护?

就文学作品而言,对于一些不是明显相似或者可归于公知领域的情节及素材,如果仅仅就单一情节及素材进行独立比对,很难直接得出准确结论,但将这些情节及素材的创编做整体对比,则更有利于发现两部作品在创作结构上的相似性。作品情节选择及结构上的巧妙安排和情节展开的推演设计,反映着作者的个性化的判断和取舍,体现出作者的独创性思维成果。基于相同的情节设计,配合不同的故事结构、情节排布、逻辑推演,则可能形成不同的作品。特定的故事结构、情节排布、逻辑推演可以赋予特定作品整体上的独创意义。如果用来比较的先后作品基于相同的内部结构、情节配搭等,形成相似的整体外观,虽然在作品局部情节安排上存在部分差异,但从整体效果看,则可以构成对在先作品的再现或改编。因此,足够具体的人物设计、情节结构、内在逻辑串联无疑是应受著作权法保护的重要元素。

3. 如何区分思想与表达?

抽象概括法可以作为思想与表达的分析方法,即将一部文学作品中的内容比作一个金字塔,金字塔的底端是由最为具体的表达构成,而金字塔的顶端是最为概括抽象的思想。当文字作品的权利人起诉他人的文字作品侵害其作品的著作权时,需通过对比的方式予以确认,则可参照相似内容在金字塔中的位置来判断相似部分属于表达或思想:位置越接近顶端,越可归类于思想;位置越接近底端,越可归类于表达。

4. 如何辨明特定情境、有限表达及公知素材的关系?

特定场景、有限表达、公知素材的使用虽不受著作权法限制,但并不意味着以其为基础,经作者独立创编形成的作品内容也会自动归入特定场景、有限表达或公知素材。利用这些素材创作出一个完整的剧情,其中包含人物设置、人物之间的关系、场景、情节、基于故事发展逻辑及排布形成的情节整体等许多要素,当然可以受著作权法的保护。考虑使用特定情境、有限表达及公知素材为基础形成的作品及内容是否属于著作权法保护时,重点在于作者是否赋予了相关成果特定的独创意义,这一举证责任应在被告。

5. 如何判断涉案剧本是否侵害了原剧本及小说的改编权?

(1)被告是否接触了原告作品

侵害著作权的构成要件为接触加实质相似。接触可以分为两种情况,一是作品未发表但有证据证明被告实际接触了该作品,二是作品已发表,处于公之于众的状态。

(2)改编与合理借鉴的关系

借鉴既可能是指单纯利用思想而非表达的行为,也可能是指合理使用。判断侵权,首先涉及的还是思想与表达的界限。思想上的借鉴并未涉及侵害原创作者的独创成果,通常不涉及侵害著作权的情形;而具体表达上的借鉴,则需考量借鉴内容所占的比例。

(3)侵害改编权的相似性判断标准

改编并不否认改编作品融入了改编者的独创性智慧成果而形成新的独创特征并成为著作权法意义上的新作品。与原作品相比,改编作品在表达上将发生一定的变化,特别是针对具有特定功能的作品形式发生的改编行为。基于剧本的作品功能与创作目的,剧本在创作内容及表达方式上需要符合影视作品的拍摄及视听呈现需求——主要以场景及台词设置为作品内容的展现方式。因此,剧本虽具有文字作品的性质,但已经在一定程度上放弃了类似小说等文学作品创作的基础表达方式——以直观的情节叙述及情感渲染等作为基本展现手法。那么,在以小说为基础进行剧本改编的行为判断中,以小说为参照比对剧本,或以剧本为参照比对小说,如果单纯依照两者的直观文字表述为基础和判定依据进行比对,并在台词不同的情况下否定前后两作品之间的相似性是不恰当的,对比是为了判断是否存在改编来源关系,且改编本身也意味着在后作品在最终形成的表达上将与在先作品有所不同 。人物台词之于剧本或之于影视作品而言,是情节表达、故事呈现的方式与手段,而情节往往凝聚着剧本及影视作品的更为主要的创作内容。

6. 如何判断电视剧是否侵害了原作剧本及小说的摄制权?

电视剧剧本是以文字形式表现未来剧目内容的一种文学式样,又称为"电视文学本",是电视艺术(包括电视剧)创作的文学基础。剧本的创作动因及用途均是用于电视剧的拍摄。从影视作品创作角度来看,剧本到电视剧的转变是文字视听化的过程,而实现这一转变的两大核心创作活动就是剧本创作(包括改编)与影像摄制。

影视改编与摄制行为之间具有极其密切的附随关系,改编权与摄制权的行使目的具有较强的关联性与同一性,共同指向将作品拍摄成电影、电视作品的权利,以及授权他人以改编、摄制的方式使用作品并获得报酬的权利。在影视创作过程中,制片者为了剧本表达更加符合拍摄需求,通常会要求编剧直接参与剧本的修改,编剧也通常需要根据制片者的要求来多次调整剧本的创作内容。编剧与制片者之间的创作沟通是自觉的、意思联络是主动的。

虽然改编作品具有独创性依法享有著作权,但改编者在行使其著作权时,不得侵害原作品的著作权。演绎作品同时包含原著作者和演绎作者的智力成果,任何对改编作品的使用,也必然同时构成对原作品的使用。因此,对改编作品著作权的行使或任何对改编作品的使用行为,除法律有特别规定外,均应征得改编者和原作品著作权人的同意,否则不仅侵害改编作品的著作权,还将侵害原作品的著作权。

7. 如何认定专家辅助人陈述的法律效力?

2002 年 4 月 1 日,最高人民法院《关于民事诉讼证据的若干规定》第 61 条创设了中国专家辅助人制度。其目的是充分保护当事人诉讼权利,帮助法官对事实进行准确认定并最终居中裁判。当然,专家辅助人和我们都知晓的鉴定人又有区别。鉴定人一般是由人民法院制定,而专家辅助人必须由一方当事人申请,人民法院认为确有出庭必要,专家辅助人方可与申请一方共同出庭。当然,专家辅助人的意见能否作为裁判依据,需要经过法庭质证程序、合议庭评议后方可确定。

8. 侵害改编权及摄制权主体及民事责任的认定

(1)侵害改编权行为主体及责任认定

文学作品借鉴应当限制在合理的范围之内。同时,如果特定作品流传广泛、深入人心,甚至可能使其在其他作者心中留下深刻印象,在日后的创作中将他人的在先独创内容不自觉地加以使用,在此情况下作者依然要对其过失承担责任,该创作者的行为仍然构成侵害著作权。这是因为,一般情况下,知识产权侵权归责原则为过错责任原则,而其中过错的具体情形既包括明知也包括应知。这就意味着侵权人的行为意图在司法考量范围以内。另外需要明确的是,面对侵权行为的发生及侵权损害的蔓延,对侵权行为的制止及对侵权后果扩大化的及时抑制应成为对权利人提供的首要救济措施,而这种制止和抑制,直接针对的是侵权行为及后果的存在,并为防范权利人因侵权所遭受损害的扩大化,更注重保护权利人的利益。

《著作权法》第 10 条第 1 款第 14 项规定,改编权,即改变作品,创作出具有与独创性的新作品的权利。《著作权法》第 12 条规定,改编、翻译、注释、整理已有作品而产生的作品,其著作权由改编、翻译、注释、整理人享有,但行使著作权时不得侵犯原作品的著作权。

(2)侵害摄制权行为主体及责任认定

《著作权法》第 10 条第 1 款第 13 项规定,摄制权即以摄制电影或者以类似摄制电影的方法将作品固定在载体上的权利 。

(3)是否应当承担消除影响、赔礼道歉的责任

《著作权法》第 47 条第 6 项规定,未经著作权人许可,以展览、摄制电影和以类似摄制电影的方法使用作品,或者以改编、翻译、注释等方式使用作品的,应当根据情况,承担停止侵害、消除影响、赔礼道歉、赔偿损失等民事责任。据此,本案中五被告应就其侵害原告改编权、摄制权的行为承担停止侵害、消除影响、赔礼道歉、赔偿损失的民事责任。

(4)是否应当承担损害赔偿责任

《著作权法》第 49 条规定,侵犯著作权或者与著作权有关的权利的,侵权人应当按照权利人的实际损失给予赔偿;实际损失难以计算的,可以按照侵权人的违法所得给予赔偿。赔偿数额还应当包括权利人为制止侵权行为所支付的合理开支 。

教学计划

1. 课时安排

本案例教学除课前准备和课后评价阶段外,课堂时间安排为 9 个课时,每课时 45 分钟。

2. 教学方法

主要采用案例研习教学法,旨在引导学生积极融入案件情境中,展开互动式讨论,撰写案例研习报告,重在法律智慧与技能培养。

3. 教学过程

(1)教学准备:案例与材料的精心选择与简要指引。教师要控制好案例研究所涉领域和内容的深广度,以与学生认知能力相适应。

(2)课前安排:学生阅读案例及推荐书目或参考文献,提炼案件的焦点问题,查找相关资料进行法律分析,尝试撰写有关诉讼文书或法律分析报告初稿。案例研习报告的目的主要是训练学生的法律思维能力和法律操作能力。

(3)课堂实施:由学生自主研究并分组报告,同时在教师引导下展开争鸣,在思维交锋中获取真知灼见,得到法律技能训练。教师必要时主动控制研习进程,不断补充新材料,随着案件事实的变化而引发学生法律思维的突破。

(4)技能检测:要求学生完成相应的课后作业,修改完善案例研习报告。

(5)预期效果:合理激励、积极评价与思维升华。必须肯定每一个参与的同学的努力和对思考结果的分享过程。除了在训练学生的法律智慧和技能之外,案例研习教学还培养学生的口头辩论和书面表达能力、合作与分享意识、职业伦理与礼仪等。这些收获都应让学生自己体会,并从中获得反思、自我评价和认知满足感。

4. 教学反思

根据教学对象和实际效果,检讨教学目标、教学方法、过程控制等是否得当,案例、材料的

深度和广度是否合理。

思考题和实践题

思考题

1. 如何区分思想和表达?
2. 如何辨明特定情境、有限表达及公知素材的关系?
3. 如何判断涉案剧本是否侵害了原剧本及小说的改编权?
4. 如何认定侵害改编权及摄制权主体及其民事责任?

实践题

1. 如果你是被告律师,会提出怎样的上诉方案? 请根据本案情况设计诉讼计划并撰写上诉状。
2. 如果你是原告律师,如何进行法律应对? 请根据本案情况撰写上诉应对方案及答辩意见。
3. 如果你是法官,如何认定本案的事实以及怎样归责? 请根据本案情况撰写终审判决书。
4. 根据本案事实,依据举证责任的分配原理,整理并分析双方的证据材料。
5. 就本案司法鉴定程序的启动、质证过程,以律师或法院身份撰写有关法律文书。

参考文献

1. 王迁:《情节相似是否构成侵权?》,载《社会观察》2015 年第 1 期。
2. 卢海君、张雨潇:《"扒剧"行为、著作权法保护与文化产品的竞争——以琼瑶诉于正案为例》,载《中国出版》2014 年第 13 期。
3. 吴汉东:《试论"实质性相似 + 接触"的侵权认定规则》,载《法学》2015 年第 8 期。
4. 卢海君:《论作品实质性相似和版权侵权判定的路径选择——约减主义与整体概念和感觉原则》,载《政法论丛》2015 年第 1 期。
5. 刘辉:《作品独创性程度"三分法"理论评析》,载《知识产权》2011 年第 4 期。

(姚颉靖,上海政法学院副教授)

27 CASE 区某诉麦某、上海 HG 投资管理有限公司不当得利纠纷案
——民事诉讼中代理律师的活动与不当得利的认定 *

摘　要

本案例以一起真实的诉讼案件为蓝本，围绕诉讼程序各环节，涉及知识点和执业技能内容包括，代理律师如何帮助当事人运用司法手段维护自身合法权益，诉讼案件的提起、事实认定与法律适用等。本案例涵盖一审和二审两个环节，涉及的诉讼法方面问题除起诉受理等程序外，重点是审理时事实认定中的举证责任分配和证明标准，实体法问题主要围绕不当得利的认定。

关键词

不当得利　举证责任分配　代理律师技能

教学目标

着重让学生把握四方面内容：(1)了解案件事实，接受当事人委托后，原告律师应如何为当事人选择诉讼标的（案由）；(2)代理律师在提起诉讼以及之后的诉讼各阶段应如何从事各项法律活动，如何撰写代理词；(3)被告律师应如何根据原告的诉讼请求和理由来进行有效的抗辩；(4)正确认识“不当得利”理论的运用及该类案件在诉讼中举证责任的分配及证明标准问题。

---

* 说明：本案例主要分为：民事诉讼程序的相关问题、律师如何在民事诉讼活动中为当事人提供法律服务以及代理律师职责和案件的实体处理三个部分。

教学案例

一、原告与被告概况

原告区某，原系上海某海鲜酒楼的投资人和经营者，为能进一步扩大其经营效益和名声，一直在寻找合适的合作伙伴。其因文化程度有限，法律意识较为薄弱。被告一麦某（香港居民），系广东省Z市HG饮食娱乐管理有限公司（该公司经营范围为饮食、娱乐业管理服务等，是HG商号的所有者）的主要股东和法定代表人，从事餐饮行业的经验多年，在业内小有名气，其与原告具有多年的商业合作关系。被告二上海HG投资管理有限公司，系原告区某与被告一麦某等人共同成立的公司，目的是HG这一餐饮品牌在江浙沪地区的管理发展和经营，以使原告和被告一等投资人获得更好的收益。

二、案情概述

2010年上半年，麦某与区某商定在上海设立上海HG投资管理有限公司（以下简称上海GH公司），可为今后江浙沪地区"HG"加盟企业提供"HG"商号并进行独家管理，利润来源是所收取的管理费。由于麦某表示，原告需先向其个人支付人民币400万元，作为将来要设立的上海HG公司独家管理的费用，而原告也表示同意，故同年7月3日，他委托案外人鲍某向麦某支付了280万港元（按当时牌价折合人民币300万元），同日，他又依照麦某的指示委托鲍某向案外人WONG KIM CHUNG划款932836港元（按当时牌价折合人民币100万元）。2010年9月2日，区某与麦某签订了公司组建协议，拟组建"上海HG公司"，该公司注册资本为人民币100万元，双方各占50%股份。同年9月3日，麦某、区某又与案外人鲍某、张某、杜某签订了一份"合资经营上海市HG投资管理有限公司合同"，该合同约定经营各方一致同意，采用中山HG公司提供的"HG"商号、厨艺出品技术、饮食管理经验和服务技能等无形资产，合资设立上海HG公司，专门负责江浙沪市场的开拓和管理。但上述合同中的鲍某、张某、杜某事后并未实际投资，即实际投资人是区、麦两人。9月15日，区某与麦某签订上海HG公司章程。10月11日，上海工商行政管理局浦东新区分局核发该公司营业执照，法定代表人区某，经营范围为：投资管理、酒店管理、企业策划（除广告外）。2012年12月17日，上海HG公司召开股东会，参加人为区某和麦某，股东会决议确认区某与麦某将其在上海HG公司各自所占50%的股权分别作价人民币50万元转让给案外人深圳市麦某饮食策划管理有限公司和上海MZ饮食管理有限公司。其后，上海HG公司向上海工商行政管理局浦东新区分局申请工商变更登记。上海HG公司成立后，公司业务一直未能积极有效开展，同时两名股东之间的矛盾越来越深。同时原告区某发现，在上海HG经营期间，麦某控制的广东省Z市HG饮食娱乐管理有限公司授权江浙沪地区的其他"HG"加盟企业使用"HG"商号等无形资产并收取管理费。2014年1月区某聘请律师处理上述商事活动中产生的法律问题，特别是希望运用法律手段向麦某要回2010年支付的400万元人民币。2014年2月8日,上海HG公司以无锡东方HG大酒楼有限公司未向其支付“HG”加盟费为由,向江苏省无锡市崇安区人民法院提起诉讼,该院于2014年8月30日判决驳回上海HG公司的诉讼请求。

2014年10月,原告区某以麦某为第一被告、上海HG公司为第二被告向上海市浦东新区人民法院起诉,声称:原告与第一被告具有多年的商业合作关系。2010年上半年,第一被告找到原告,表示要在上海设立HG投资管理公司,作为今后江、浙、沪地区海港加盟企业的管理公司,利润来源为向江、浙、沪地区的海港加盟企业提供海港商号并进行独家管理,收取管理费;问原告是否有意向共同投资,原告表示愿意共同投资。但第一被告提出要原告先向其个人支付400万元人民币,作为管理公司进行独家管理的费用,原告也表示同意。因当时原告资金紧张,遂委托案外人鲍某代为支付。鲍某根据第一被告指令于2010年7月3日分两笔向第一被告汇款3732836港元,按当日汇率折合人民币约400万元。为此,其后原告共向鲍某支付了420万元人民币现金及45万元人民币权益。2010年9月,原告与第一被告在上海共同投资设立了第二被告上海HG投资管理有限公司,注册资本为人民币100万元,原告与第一被告双方均出资50万元,各占50%的股份,第二被告的经营范围为投资管理、酒店管理、企业策划等。2014年,第二被告发现在江苏无锡及浙江杭州均有HG加盟企业,遂向法院提起诉讼,要求加盟企业支付HG商号等无形资产使用费及加盟费。诉讼过程中,第二被告发现广东省Z市HG饮食娱乐管理有限公司授予该加盟企业使用HG商号及厨艺出品技术等无形资产并进行管理,而第一被告是Z市HG饮食娱乐管理有限公司的实际控制人及法定代表人。经过该项诉讼,原告才知道第一被告当初收取原告400万元现金并无合法依据,纯属不当得利,遂要求两被告退还400万元人民币本金及利息,但遭两被告拒绝。故原告诉诸法院,请依法判令两被告返还原告不当得利款本金400万元,利息122.76万元(按中国人民银行固定资产贷款利率从2010年7月3日暂算至2015年1月3日),合计522.76万元;本案诉讼费由两被告承担。

一审中,被告一辩称:由于其在国内餐饮界享有很高的声誉,原告区某及案外人鲍某与其达成协议,出资人民币400万元购买即将设立的上海HG公司50%的投资权,但其本人没有承诺过上海HG公司享有对江浙沪地区的独家管理权,故本案争议应是合同纠纷,不是不当得利纠纷。麦某还认为,原告不是本案适格的主体,因为区某在2003年已将其在上海HG公司的股权转让给了案外人。因此,被告一麦某认为,原告区某的诉请没有事实和法律依据,故请求法院判决驳回原告的诉讼请求。被告二上海HG公司未发表答辩意见。

一审法院审理后认为:根据《民法通则》第92条之规定,不当得利的构成要件为:(1)一方获得利益;(2)他方受到损失;(3)一方获得利益没有法律上的依据。在诉讼中,以上三个构成要件均为案件的证明对象,必须由当事人加以证明,才能成立不当得利。

本案中,关于一方获得利益问题,虽然区某主张其向麦某支付人民币400万元,并提供2份银行付款凭证作为证据加以证明,但麦某仅认可其收到原告支付的280港元。鉴于原告未能证明其中1份涉及932836港元的票据的实际收款人为被告麦某,故法院只认定麦某收到区某支付的280万港元。

首先,关于麦某收取系争280万港元的法律依据问题,法院认为,对于不当得利的此项构成要件的证明责任应由不当得利的被告麦某负担。其次,麦某提出的“其在国内餐饮界享有极高的声誉,区某愿意出资人民币400万元向其购买即将成立的上海HG公司50%的投资权,故其获得上述280万元款项具有合法依据”的抗辩理由不成立,即麦某在餐饮界所享有的声誉并不能作为其收取上述款项的直接依据。最后,鉴于被告麦某没有提供其他有效证据证明其收取280万港元具有合法依据,根据最高人民法院《关于民事诉讼证据的若干规定》第2条第二款之规定,没有证据或证据不足以证明当事人的事实主张的,由负有举证责任的当事人承担不利后果,法院对麦某的抗辩主张不予采纳。

关于利息损失,原告区某在案件审理过程中书面申请放弃,法院应予准许。

关于区某诉请要求被告二上海HG公司共同返还不当得利的主张,法院认为该诉请没有法律依据,故不予支持。

因此,一审判决:(1)麦某应于本判决生效之日起10日内返还区某280万港元;(2)区某的其他诉讼请求不予支持。案件受理费人民币36148元,由原告区某负担人民币16786元,由被告麦某负担人民币19362元。

被告麦某不服一审判决,向上海市高级人民法院提出了上诉。二审时,上诉人更换了律师,同时也调整了抗辩思路,他一方面仍然坚持本案应为合同之诉;另一方面,向法庭提交了Z市HG公司出具的一份“证明”,内容为上诉人有权对Z市HG公司的“HG”商号及厨艺出品技术等无形资产实施处分,对上诉人的处分行为无条件予以认可,该证据意在证明上诉人收取被上诉人款项有合法依据。由于上诉人坚持本案为合同之诉,而其在一审、二审中陈述的收款原因与被上诉人的陈述不一致,故其关于本案应为合同之诉的理由不成立。而对于上诉人提交的“证明”,法院虽然认定为新证据,但因上诉人在一审中声称的收款原因是转让投资权所获对价,法院遂以该证据与被上诉人是否有合法收取款项的合法依据问题缺乏关联性而不予采信。最后二审法院维持原判。

另外,本案在管辖上双方也几经交锋:案件受理后,被告一提出管辖异议。理由为:(1)麦某系香港居民,该案为涉外案件;(2)第二被告不是适格当事人,不能成为被告,因而不能以第二被告所在地作为法院管辖地的依据。对此,原告辩称:(1)被告麦某虽有香港居住权,但主要在内地办公和居住。被告麦某在中山、深圳、上海都有公司,其办公地址大多在上海、深圳、中山等地。麦某不仅是第二被告上海HG投资管理有限公司(注册地为浦东张江路727号2楼)的监事,而且也是上海东方HG餐饮有限公司(注册及经营地为浦东福山路33号1F－3F)的监事。上海浦东是被告麦某办公的主要场所之一。(2)虽然原告将400万元资金交付被告麦某时第二被告尚未成立,但原告与第一被告是第二被告的股东。按第一被告的要求,原告是代第二被告预先支付费用给第一被告。如果第二被告追认原告的支付行为是代其所为,则应由第二被告返还原告。现未开庭审理,尚不清楚第二被告是否追认。原告支付的该笔款项到底是否需要返还,是应由麦某返还还是由上海HG公司返还,最终应由法院判决确定。因此,原告认为,海港管理公司是本案必要的共同诉讼人,原告将上海 HG 投资管理有限公司作为第二被告,并无不当。而第二被告注册地在浦东,故浦东新区人民法院对本案应有管辖权。浦东法院审查后将该案移送至上海市第一中级人民法院(移送管辖)。案件移送至上海市第一中级人民法院后,被告一麦某再次提出管辖异议,法院裁定驳回。被告不服该裁定,向上海市高级人民法院上诉,上海市高级人民法院维持了原裁定。

教学手册

教学对象及目标

本案例供法律硕士案例教学使用,法学本科(大四)、民法学硕士、民事诉讼法学硕士也可以参酌试用。

本案例主要就民事诉讼程序、代理律师在民事诉讼中从事的法律活动和证据规则等程序问题进行讲授。具体要解决的问题包括:(1)当事人认为自己的合法权益受到损害,希望律师运用诉讼手段为其维护权益时,律师应如何分析案情提供解决思路;以本案为例,讨论民事诉讼中的当事人、诉讼标的和诉讼请求如何选择确定问题,并找出相关司法解释和其他案例;(2)代理律师在诉讼提起阶段、应诉阶段应如何从事各项法律服务,例如,如何撰写起诉状、代理词,如何收集证据、举证等;(3)结合本案具体情况,先是从民事实体法角度分析不当得利的认定,然后从诉讼法角度分析不当得利案件的举证责任分配和转移、证明标准问题,最后提出处理具体案件的思路和分析步骤;(4)民事诉讼的管辖。

教学内容

1. 民事诉讼中当事人的确定

(1)何为民事诉讼中的适格当事人?

一般而言,当事人是指民事诉讼程序中起诉和应诉的人,起诉的人为原告,应诉的人为被告。但是,起诉和应诉的人是否都能作为民事诉讼的当事人,在理论上和实践中都会存在不同见解。民事诉讼理论对当事人的概念界定经历了利害关系当事人概念、权利保护当事人概念和程序当事人概念的发展过程。为避免起诉时法院对案件进行实质审查,防止其动辄以当事人不适格为由不受理案件而侵害当事人的诉权,现代民事诉讼理论一方面强调程序当事人概念,另一方面对当事人适格理论不断进行完善,把当事人适格的理论基础由“管理权或处分权”扩展到“诉讼担当”,并进而扩大到“诉的利益”。

(2)司法实务中当事人确定有何重要意义?如何确定?

就具体诉讼案件而言,当事人应在诉讼开始时加以确定,如果一个案件原告、被告都不明确,则诉讼无法存在。同时,当事人还对确定管辖法院、是否回避、判断诉讼是否具有同一性等问题有直接作用。例如,本案中被告二的存在是使上海法院具有管辖权的重要依据。

那么,如何确定当事人?或者说以什么标准来确定当事人?当事人概念的不同,答案也将大相径庭。从利害关系当事人出发,自然是以实体法或适格当事人为标准。从程序当事人的概念出发,无论对原告或被告的确定,都应摒弃实体法或适格当事人标准,而根据起诉状和应诉状载明的当事人判断和确认某个具体诉讼的当事人。[1]

我国《民事诉讼法》第119条规定:"起诉必须符合下列条件:(一)原告是与本案有直接利害关系的公民、法人和其他组织;(二)有明确的被告;(三)有具体的诉讼请求和事实、理由;(四)属于人民法院受理民事诉讼的范围和受诉人民法院管辖。"该条第1、2款对原被告适格的规定有区别。应当注意的是,在起诉受理阶段,法院对原告是否与本案有直接利害关系的审查应为形式审查。

本案中,在被告麦某提出的管辖异议中,所在地在上海浦东的上海HG公司是否能成为当事人(被告二)是关键问题。另外,在审理中,麦某也对区某是否具有原告资格提出了异议。

2. 民事诉讼中的诉讼标的

(1)如何认识民事诉讼中的诉讼标的理论?

一个完整的诉应由诉的主体、诉的客体和诉的原因三个要素组成。其中诉的客体包括诉的标的和诉讼请求,两者共同体现当事人提起诉讼的目的,构成法院审判的主要对象或主要范围。诉讼标的作为诉讼对象,在具体案件中处于核心地位,而诉讼标的理论亦是民事诉讼理论的核心问题之一。

在民事诉讼中,原告必须把自己所卷入的纠纷整理成请求的形式才能启动诉讼。但是原告可以选择是根据几个事实提出一个请求或者是根据一个事实提出一个或数个请求,这里所谓的"一个请求"或者"数个请求"往往指的是作为处理解决具体对象的最小单位,而划分这种最小单位的基础就是诉讼标的。之所以作如此划分,首先是因为原告的请求对象或适合于作出或胜或负的判决,判决的内容以及效力范围由请求所决定;此外,作为程序上处理的技术性需要,只有在"请求"或"诉"作为最小单位得到确定的前提下,才能够进行诉的合并或诉的变更等程序操作,才能够决定是否属于同一纠纷的重复起诉。来源于大陆法系德国法中的"诉讼标的"概念,正是为了给解决诉讼中这些程序上的实际问题提供一个普遍适用的基准或框架而被构想出来的理论工具。[2]

民事诉讼标的理论学说流派众多,各种学说的代表人物之间也有些许差别,但概括其要旨可以划分为旧实体法说、二分肢说、一分肢说、新实体法说、诉讼标的概念否认说等。在此不做展开。

在我国立法和实务中,诉讼标的是指民事当事人之间争议的请求法院审判的民事实体法律关系或者民事实体权利。由此,我们可以看出诉讼标的同时具有实体内容和程序内容。从实体上看,诉讼标的指的是民事实体权利或者说是当事人之间存在的民事实体法律关系;从程序上看,诉讼标的的确定使每个具体案件中法院的审理对象明确为某个具体的实体权利或

---

〔1〕 江伟、肖建国主编:《民事诉讼法》(第七版),中国人民大学出版社2015年版,第109页。

〔2〕 王亚新:《对抗与判定》,法律出版社2002年版,第86页。

法律关系。我国主要也是根据诉讼标的来确定案由的。可见,对于一起民事纠纷,诉讼标的的确定是非常重要的问题。通常情况下,纠纷的诉讼标的是明确的,但在请求权竞合或某些特殊的情况下,当事人或许可以进行诉讼标的的选择,以利于达到自己的诉讼目的。

(2)如何在实务中灵活运用?

以本案为例,原告首先涉及的问题就是诉讼标的的选择,即是否可以不当得利为由起诉,或者说本案到底是合同之诉还是不当得利之诉。

原告律师根据当事人陈诉,认为原告可以以合同之诉起诉。即原告与被告通过口头合同约定:原告支付给被告400万元人民币,作为对价,被告与原告共同成立上海HG公司并保证该公司对江浙沪地区的"HG"加盟店有独家管辖权,从而使该公司取得经营收入,进而使原告获利。原告依约支付了上述款项,被告虽依约与原告成立了公司,但并未使公司获得独家管辖权以取得预期的经营收入,故被告违约;同时,"HG"商标及其相关无形资产的真正权利人是Z市的HG公司,被告虽为Z市HG公司的实际控制人但无权直接与原告签订授权合同。据此,原告可以要求法院认定合同无效或被告违约。若按此思路,在诉讼中,原告将处于不利地位。首先,由于被告是Z市HG公司的实际控制人,所以他完全可以通过事后追认的方式来解决合同主体资格欠缺问题,以避免合同无效之说。事实上,被告在二审中就是这么做的。其次,若按合同之诉就要自认合同的存在,同时违约的证明责任也完全落在原告方,即便是能证明被告的违约,也无法实现原告追讨回400万元人民币付款的诉讼目标。

不过,仔细思考后,原告律师认为本案也可以提起不当得利之诉。不当得利请求权之成立,须具备三项基本要件:①受有利益;②致他人受损;受益和受损之间有因果关系;③无法律上的原因。不过,不当得利请求权,虽然以公平正义为其基础,但不是一个凌驾其他法律制度(尤其是契约)之上的超级规范。因此,法院对于这类案件必会特别审慎审查其构成要件,避免当事人借用(滥用)不当得利制度来调整自认为"不公平"的财产损益变动。如何向法院说明本案符合上述四个要件是案件解决的重点,其中前两项要件的证明并不困难,关键是第三项要件——"无法律上的原因"。结合本案,对于原告支付的400万元人民币,原告主张是上海HG公司取得独家管理权获得经营收入从而使自己获益的对价,被告一则主张是原告获得投资权(与被告共同成立上海HG公司的权利)的对价,似乎都是有原因和合法依据的。但被告一不认可原告的主张,且原告付款的目的无法达到(原告诉无锡东方HG大酒楼案证明了这一点);而原告亦不认可被告所称的投资权,被告对自己的主张又无任何证据证实(组建协议和合资经营合同中均无此付款内容),故不能作为合法依据。可见,上述两个合法根据都不成立。因此,认定被告收取原告400万元款项是不当得利并非毫无道理。

当一个案件可以以不同的诉讼标的起诉时,原告有选择权。最终,法院也以不当得利为案由受理了本案。

应注意的是,在案件审理中,被告一一直强调本案应为合同纠纷之诉,不能按不当得利之诉来审理。从实体法上分析是否构成不当得利以及不当得利的证明责任、证明标准是关键,对此放在后面的第4点中展开。

3. 代理律师在诉讼过程中应如何提供法律服务，如撰写起诉状、代理词，收集证据、举证等？

（1）如何收集证据、举证？

《民事诉讼法》规定了当事人对自己的主张有提供证据的责任，即谁主张，谁举证。作为民事案件的代理人及其律师，在民事诉讼活动中就应高度重视调查取证工作，运用专业技能，在法律规定和当事人授权范围内运用各种途径收集并向人民法院提供证据。律师收集证据与当事人相比，有许多有利条件。本案中，原告代理律师在接受了原告委托后一方面分析案情确定诉讼策略，另一方面十分积极而全面地进行了各种准备和调查取证活动。律师在调查取证中，寻找案件突破口，确定哪些证据材料需收集，如何收集、固定使证据不存在瑕疵而具有最大强度的证明力，是从事代理工作的难点。教师在授课中，应为学生提出基本的注意要点。如本案中，原告律师在提起本案之前，为了证明原告付款的目的无法达到，先安排原告起诉无锡东方 HG 大酒楼案，通过法院判决强有力的说明 HG 商号已由 Z 市的 HG 投资管理公司授权在江浙沪地区开展经营，原告的付款目的完全落空。再如本案审理中，被告一矢口否认曾收到原告支付的 400 万元。而原告又是委托他人在香港分两笔付款的，其中一笔 280 万港元的收款人是麦某本人，另一笔 932836 万港元的收款人却是麦某指定 WONG KIM CHUNG，之后原告用 420 万元人民币的现金和相当于 45 万元人民币的权益向案外人归还了这笔钱及利息。这个钱的划付凭证以及相关证人的证言，都必须一一对应、环环相扣。事实上，932836 万港元这一笔，由于麦某否认以及 WONG KIM CHUNG 的拒绝作证，不能形成确定麦某收款的证据链，法院最后没有认定。

（2）民事诉讼是如何进行的（民事诉讼的程序）？律师如何撰写起诉状、答辩状以及代理词等？

我国《民事诉讼法》对诉讼案件的起诉与受理、合议庭的组成、审前准备、开庭审理与调解裁决等程序都有明确规定。如前所述，在实务中，案由的选择、当事人的确定以及管辖法院的确定都相当重要。双方律师除在庭上充分发表辩论意见外，庭审结束后应向法庭提交一份有说服力的代理词。代理词的要求：第一部分，首部。注明文书名称；称呼语；前言：简要说明代理律师出庭代理诉讼的合法性、代理权限范围、出庭前准备工作概况。第二部分，正文。从具体案情出发，就案件涉及的实体法和程序法问题逐点展开分析；代理词是在开庭后提交的，所以撰写时应根据庭上双方的争议焦点展开。最后要概括总结己方结论。第三部分，尾部。代理律师署名；代理词发表日期。总之，撰写代理意见要重点突出，层次分明、逻辑顺畅，篇幅得当、语言简练易懂，法律分析要有权威的论理根据和法条依据。

4. 不当得利理论，结合本案分析构成不当得利的条件以及不当得利案件的证明

（1）如何理解不当得利纠纷？

不当得利作为债权发生的重要根据之一，在民事诉讼中正扮演着越来越重要的角色。我国法律关于不当得利的规定相当简略，只有两个条文：①《民法通则》第 92 条规定，没有合法根据，取得不当利益，造成他人损失的，应当将取得的不当利益返还受损失的人；②最高人民

法院《关于贯彻执行〈中华人民共和国民法通则〉若干问题的意见(试行)》第131条规定,返还的不当利益,应当包括原物和原物所生的孳息。利用不当得利所取得的其他利益,扣除劳务管理费用后,应当予以收缴。而实践中不当得利诉讼的问题之复杂,则远非上述两个条文可以解决。与发达国家和地区相比,我国关于不当得利的研究较为薄弱,不仅民事实体法上对不当得利的研究并未形成有系统的理论,而且司法实践中对不当得利诉讼也未进行类型化,甚至对不当得利的证明责任问题,理论及实务界亦有分歧。

根据我国立法中不当得利的三个构成要件,即获得利益、他人受损且两者之间有因果关系以及获得利益并无法律或合同依据。本案中,前两个要件毫无疑问均符合,对于最后一个"合法依据"要件如何判断?我们看到,原告主张其支付400万元人民币的目的是上海HG公司取得独家管理权获得经营收入从而使自己获益的对价,被告一则主张400万元是原告获得投资权(与被告共同成立上海HG公司的权利)的对价,似乎是有原因和合法依据的。但被告一不认可原告的主张,且原告付款的目的无法达到(原告诉无锡东方HG大酒楼案证明了这一点);而原告亦不认可被告所称的投资权,被告对自己的主张又无任何证据证实(组建协议和合资经营合同中均无此付款内容),两个理由都不能作为合法依据。故被告一获得的收益构成了不当得利。

(2)如何确定不当得利案件中的证明责任?

本案的另一关键点是关于不当得利的证明责任问题。证明责任分配是民事诉讼的脊椎。证明责任的分配对于诉讼结果起着至关重要的作用。大陆法系国家对证明责任的分配规则的通行学说为德国法学家罗森贝克提出的法律要件分类说。该学说总的分配原则是:主张存在权利或其他法律效果的当事人,应当对该权利或法律效果的发生所必须具备的要件事实负举证责任。我国最高人民法院《关于适用〈中华人民共和国民事诉讼法〉的解释》以这一理论为基础,在第91条规定:"人民法院应当依照下列原则确定举证证明责任的承担,但法律另有规定的除外:(一)主张法律关系存在的当事人,应当对产生该法律关系的基本事实承担举证证明责任;(二)主张法律关系变更、消灭或者权利受到妨害的当事人,应当对该法律关系变更、消灭或者权利受到妨害的基本事实承担举证证明责任。"其中所谓"主张法律关系存在",也就是主张应当适用产生该法律关系的实体法规范的,主张者应当对适用该规范所必须具备的基本事实(也即要件事实)负举证责任。另外,《民法通则》《合同法》《侵权法》等诸多实体法中的有关条款也就特定情形下举证责任的分配作出了明确规定。

有两点必须注意:一是最高人民法院《关于适用〈中华人民共和国民事诉讼法〉的解释》《民诉解释》使用了"举证证明责任"概念;二是举证证明责任具有两层含义,有时我们需要区分主张责任和证明责任。一般而言,证明责任的分配或承担在诉讼发生之前就存在于民事诉讼法或民事实体法中,只是在案件的审理过程中,出现待证事实真伪不明时,它的作用才体现出来。主张责任是当事人为了获得对自己有利的裁判需要向法院主张对自己有利的案件事实,主张责任与证明责任类似,也存在在双方当事人之间如何分配的问题,而它如何分配实际上亦取决于证明责任的分配。

在本案中,对前两个要件事实(一方获得利益,他方受损失且获利与受损之间有因果关系)的举证较为容易,对于谁应承担证明责任也不会产生争议。但对于第三个要件事实即一方获得利益是否具有法律上或合同上的根据,谁应当负证明责任争议很大。法院在审理时,也往往存在较大分歧。而不同观点所引起的判决结果可能完全相反。

一种观点认为,"没有合法根据"属于消极的事实,应当由被告承担证明责任。此种观点的立论依据有三:一是原告对消极的事实无法举证;二是从公平的角度看,被告收到原告给付的利益,应当说明其接受给付的依据;三是能证明收受利益原因的相关证据多在被告的控制之中,从离证据远近的角度看,应当由被告承担证明责任。

另一种观点则认为,我国是成文法国家,民事权利均来源于成文法律的规定,我国的民事诉讼属于规范出发型诉讼。在规范出发型诉讼中,当符合成文法规定的事件发生后,人们为实现法律所规定的效果而提起诉讼。而法院对原告主张的权利存在与否进行审理,当确认其权利存在时,就宣告原告为胜诉的判决。在我国,凡通过诉讼主张民事权利(请求权)者,亦必须依据特定的法律规范(请求权基础)提出。请求权基础的逻辑结构一般为:构成要件(要件事实)+法律后果(请求权)。在诉讼中,当法官确信每一个构成要件对应的事实——要件事实均得以证明后,通过逻辑三段论的演绎,法官方能作出支持原告请求权的判决。在不当得利诉讼中,不当得利请求权的请求权基础是《民法通则》第92条。依该条之逻辑结构,原告若欲通过诉讼实现不当得利的返还请求权,则不当得利的返还请求权的前提条件必须得到满足:即没有合法根据(构成要件1),取得不当利益(构成要件2),造成他人损失(构成要件3)均需得到证明。如果待证的构成要件事实陷于真伪不明(Non Liquet)状态,此时法官必须依举证证明责任的分配规则作出举证证明责任判决——因不能证明待证事实而作出让负有举证证明责任一方败诉的判决。在诉讼实践中,除非在法律中另有规定,不当得利诉讼亦应依据该原则来分配证明责任。毫无疑问,《民法通则》第92条是不当得利返还请求权的发生规范,该条的三个构成要件均属于对原告有利的要件,根据法律要件分类说和法律规定的要求,应当由原告对三个构成要件均承担证明责任。[1]

持第二种观点的学者还认为:首先,在不当得利诉讼中,原告主张不存在合法依据,并不意味着客观上就真的如原告所说的无合法依据。主张的事实不等于客观真实。把主张的事实的概念偷换(或许用"误用"更为恰当)为客观事实,然后依此判断原告无法举证犯了逻辑上的错误。无合法依据既有自始的无合法根据,亦有嗣后的无合法依据。在基于合同的给付而产生的不当得利诉讼中,如果合同被宣告无效、被撤销或被解除,原有给付因失去合同的支持而变为不当得利。此时"无合法根据"即"失去合法根据"实际上是积极的事实。其次,在不当得利诉讼中,被告收取了原告给付的利益,但被告收取原告的利益并非主动所为,造成给付错误这种危险状态的始作俑者是原告。被告收取原告给付的利益有诸多原因,未必均属"不当"。在给付原因未查明之前假定被告收取的是不当利益,把该要件的证明责任完全转移

[1] 刘言浩:《不当得利诉讼中的证明责任分配与法官的释明权》,载《人民司法》2009年第23期。

到被告一方有悖于司法规律与法官操守。在诉讼中,法院还可能运用高度盖然性证明标准对原告提交证据和被告提交证据的证明力比较或通过被告自认、事实推定的方法来认定"没有合法依据"的事实。再次,在不当得利诉讼中,经常发生的情况恰恰是,原告所为之给付行为有法律上的原因(如借贷、赠与、合伙、投资)等,相关的证据就在原告手中,但原告出于诉讼策略甚至是诉讼欺诈的考虑,谎称无合法根据。如果没有任何实证的依据就主观臆测被告离"没有合法根据"的证据更近,不但难以服人,而且会给被告带来巨大的也是不公平的风险。如某甲现金借款给某乙金额若干,由某乙出具借条,某乙还款时通过银行转账至某甲账户,某甲见款项到账后将借条还某乙。此时,如果某乙以不当得利起诉某甲还款,依前述观点,则某甲真是跳进黄河也洗不清了。再如,某甲依据与某乙的合作投资协议向某乙账户上汇入投资款若干,后因投资失败,某甲欲从中抽身,遂以不当得利起诉某乙还款,诉讼中某甲隐匿双方曾有合作投资协议的事实,此时依前述观点,证明责任即转移到被告方。同一事实及请求,以合同为由起诉时须由原告方举证,以不当得利为由起诉即由被告举证,难道法律真的是可以任人打扮的女孩子?复次,依据《民诉解释》第91条,完全可以得出不当得利诉讼中由原告承担"没有合法依据"的证明责任的结论。由被告承担"没有合法依据"的证明责任,实质上是倒置了不当得利的证明责任,而举证责任倒置需要有法律的明确规定,而翻遍法律及司法解释,无法找出不当得利诉讼举证责任要倒置的规定。虽然,《证据规定》第7条规定:"在法律没有具体规定,依本规定及其他司法解释无法确定举证责任承担时,人民法院可以根据公平原则和诚实信用原则,综合当事人举证能力等因素确定举证责任的承担。"赋予了法官一定的自由裁量权,但该条规定只能是一个极其有限的例外,有诸多的限制条件,不能随意滥用。最后,从比较法角度来看,原告对不当得利的三个构成要件均负证明责任不但为学术界的通说,亦是司法实践所通行的做法。法国最高法院曾于1986年5月13日作出明确不当得利证明责任的判决,谓"原告认为自己进行了不当支付,并请求返还其支付的款项,应举证证明其进行的支付属于不当支付的性质"。在我国台湾地区,亦因袭1939年上字第1793号判例谓:"非债清偿之不当得利,以债务不存在为其成立要件之一,主张此项请求权成立之原告,应就债务不存在之事实负举证之责任。本件被上诉人为原告,主张伊父生前并无向上诉人借用银两之事,上诉人历年收取伊家所付之利息,均属不当得利,请求返还,除须证明其已为给付之事实外,自应就债务不存在之事实负举证责任,原审仅以上诉人不能证明其债权人为存在,即认其历年收取之利息为不当得利,于法殊有未合。"1988台上字第1756号判决与此相同。[1]

基于上述理由,有学者和法官认为,在不当得利诉讼中,如果法官发现原告虽起诉为不当得利,但实际上双方另有基础法律关系时,在案件庭审法庭调查结束前经法官释明原告仍坚持不当得利的起诉理由时,法院应当判决驳回原告基于不当得利的诉讼请求。如果双方并无基础法律关系,如纯粹是基于错误给付而产生的不当得利,则法官应对双方提交证据的证明力进行比较,根据证据规定第73条确定的高度盖然性证标准判断待证事实是否证明。若已

[1] 刘言浩:《不当得利诉讼中的证明责任分配与法官的释明权》,载《人民司法》2009年第23期。

获证明（无论是肯定还是否定的结果），则依据证明结果判决；若未获证明，即事实陷于真伪不明时，则依证明责任分配规则判决原告败诉。

我们基本同意第二种观点。但在运用第二种观点时还有一个问题不能忽视，即在何种情况下可以说是“另有基础法律关系”的而应另行起诉？或者说，难道只有纯粹的错误给付才能构成不当得利？以本案为例，原告支付400万元显然不是无缘无故的，他必须对自己实施付款行为的原因进行主张和举证，为此原告主张并证明了他是为使自己投资并占一半股权的上海HG公司获得“HG”商号在特定地区的独家授权才支付这笔巨款，而事实是被告麦某根本不是该商号的所有者而且该商号的真正所有者已授权他人在该区域展开经营，其付款目的完全落空。到此我们可以认为原告达到证明标准完成了他的举证责任（包括要件3）。被告可以抗辩，麦某虽不是商号的所有者，但其商号的授予使用可以得到真正的所有者（麦某控制的Z市HG投资管理公司）的追认，同时鉴于上海HG公司也曾展开经营故原告的付款目的也并未完全落空。如果这样，原告的不当得利请求恐怕很难被支持。遗憾的是被告在抗辩时提出了另外一套说法，即原告付款400万元是基于麦某的特殊声誉，希望获得与麦某共同投资的资格或者说权利。被告的这一抗辩原告予以否认，它没有合同法上的支持，也没有法律上的支持。被告没有通过反证使案件事实处于真伪不明状态，也没有对自己的主张完成他的举证责任。最终败诉也就不足为怪了。

教学计划

本案例可以作为专门的案例教学课来进行，整个案例课的课堂安排4个课时，每课时45分钟。如下课堂设计，供参考。

1. 安排学生仔细阅读案例及相关法律法规，对案例所涉及问题进行思考，撰写思考题答案。（可以先隐去原告的起诉理由和被告的抗辩）

2. 介绍教学目的，明确讨论主题：按照民事诉讼程序中地位角色的不同分组讨论，回答各项思考题，讨论实践题的撰写要点；小组代表提出撰写要点，学生讨论和分析，互相辩论；教师归纳总结。

3. 拓展：要求学生进一步思考律师在民商事活动中的法律服务功能，以及如何在纠纷解决中发挥其作用。

思考题和实践题

思考题

1. 如何理解民事诉讼的当事人概念？
2. 适格当事人的理论基础有哪些？
3. 民事诉讼中如何确定当事人？司法实务中当事人确定有何重要意义？
4. 如何认识民事诉讼中的诉讼标的理论？如何在实务中灵活运用？
5. 我国民事诉讼法对于地域管辖、级别管辖、移送管辖以及管辖权异议是如何规定的？
6. 如何理解不当得利纠纷？本案是否可以不当得利纠纷受理？

7. 当前我国理论上关于证明责任的分配有哪些观点?
8. 如何确定不当得利案件中的证明责任的分配?
9. 不当得利案件中法官应如何行使释明权?
10. 在民事诉讼中,律师应如何帮助当事人确定诉讼标的和诉讼请求?如何撰写起诉状?
11. 当事人的代理律师应如何进行调查和证据的收集?实务中在程序上应该注意什么?
12. 如何理解二审法院对于新证据的判断和运用?
13. 本案的争议焦点有哪些?
14. 对于一审、二审法院的判决如何理解和评析?

实践题

1. 如果你是原告区某的代理律师,在接受委托后应该做哪些工作?请根据以上案情,编写案件分析报告和工作计划。撰写起诉书、证据目录、代理词等。
2. 如果你是被告麦某的代理律师,如何提出管辖异议?应如何来进行抗辩?应如何提供相应的证据?撰写管辖异议申请、答辩状和代理意见。
3. 针对麦某的抗辩观点(包括程序上和实体法上),原告律师如何来应对?撰写补充意见。
4. 如果你是法官,如何对该案在程序上和实体上作出裁决?撰写判决书。

参考文献

1. 江伟、肖建国主编:《民事诉讼法》(第七版),中国人民大学出版社 2015 年版。
2. 刘言浩:《不当得利诉讼中的证明责任分配与法官的释明权》,载《人民司法》2009 年第 23 期。
3. 王泽鉴:《民法学说与判例研究》(第五册),中国政法大学出版社 2005 年版。

(洪波,同济大学法学院讲师)

非诉讼实务

28 CASE 票据收益权资产证券化

——R资产支持专项计划案例

摘　要

2016年全国首单票据收益权资产证券化产品的成功发行，开启了我国票据业务发展的"证券化"时代。为此，本案例对该专项计划说明书以及主要专项计划相关法律文件进行节选和整理，并在教学手册中结合案例以《资产证券化的法律问题讨论》《票据融资的限制与突破》《收益权的理论争议与实践讨论》《专项计划实现破产隔离有效性的讨论》四个专题的形式，将票据融资的法律问题提升到法学理论层面进行深入的分析和讨论，其中既包括法学理论争议的探讨，也包括该法律问题在实践中应用的研究，旨在帮助学生从理论和实践中认识和掌握前述法律问题，也为进一步学习资产证券化乃至金融创新中的法律问题提供参考。

关键词

票据融资　资产证券化　收益权转让　破产隔离专项计划

教学目标

本案例以票据收益权资产证券化为实例，重点介绍以票据收益权为基础资产的资产证券化发行的交易流程、交易结构、各主体之间的法律关系、交易中所涉及的法律问题。通过学生对案例的阅读和思考，结合授课教师的指导，学生能够对票据收益权资产证券化中的法律问题有清楚的认识。结合案例本身的法律问题，本案例在教学手册中还以四个专题的形式，将票据融资的法律问题提升到法学理论层面进行深入的分析和讨论，其中的具体问题包括：(1)资产证券化中各方主体的法律关系；(2)票据作为基础资产进行转让的法律风险；(3)收益权的法律性质；(4)收益权作为信托财产在法律上的可行性；(5)收益权转让模式的法律风险与对策；(6)资产支持证券持有人与计划管理人的法律关系的模式选择；(7)收益权作为基础资产实现破产隔离的可行性；(8)融资性票据纳入《票据法》的必要性和可行性。

教学案例

引言

自2014年以来,我国经济“三期叠加”对金融行业的影响不断深化,经济增速下行压力日渐显著。2015年股市巨震后,资产荒现象凸显,“找资产”成为行业最普遍的诉求。在中央提出“金融支持实体经济发展,把握总量,用好增量”的形势下,票据资产证券化在促使票据业务规范持续发展、支持实体经济发展、满足企业融资需求、助推现代金融企业改革等方面发挥了重要意义。在此背景下,以B银行为主导的R资产支持专项计划,作为首单票据资产证券化产品于2016年成功发行。

B银行于2007年成立,目前是国内第三大城市商业银行。B银行作为国内较早涉足资产证券化业务的商业银行,近年来在金融创新领域成绩斐然。R资产支持专项计划作为全国首单基于票据收益权发行的资产证券化产品,一方面使大量优质存量票据资产变现,引导社会资金流入实体企业,满足中小企业在经营中对短期融资的需求,拓宽融资渠道;另一方面使得B银行自身减轻和缓解不良贷率的影响,实现变“存量”为“流量”、变“信贷交易”为“资金交易”的低资本消耗目标,有效降低银行资本达标压力,形成收益。从该意义上而言,R资产支持专项计划对2016年B银行的成功上市起到重要作用。

R资产支持专项计划之所以作为票据资产证券化的试点,在于其创新的结构设计和明晰的法律关系,既能平衡目前票据相关法律法规的矛盾,又能较为完善地保障各方权益。具体而言,本案例包括的法律问题如下:

(1)资产证券化中各方主体的法律关系;

(2)票据作为基础资产进行转让的法律风险;

(3)收益权的法律性质(用益物权说/债权说/物权权能说);

(4)收益权作为信托财产在法律上的可行性;

(5)收益权转让模式的法律风险与对策;

(6)资产支持证券持有人与计划管理人的法律关系的模式选择;

(7)收益权作为基础资产实现破产隔离的可行性;

(8)融资性票据纳入《票据法》的必要性和可行性。

本案例通过对R资产支持专项计划说明书以及主要专项计划相关法律文件的节选和整理,并在教学手册中结合案例以《资产证券化的法律问题讨论》《票据融资的限制与突破》《收益权的理论争议与实践讨论》《专项计划实现破产隔离有效性的讨论》四个专题的形式,对上述法律问题进行深入的分析和讨论,其中既包括法学理论争议的探讨,也包括该法律问题在实践中应用的研究,旨在帮助学生从理论和实践中认识和掌握前述法律问题,也为进一步学习资产证券化乃至金融创新中的法律问题提供参考。

一、专项计划资产支持证券品种及基本特征

（一）资产支持证券名称

R 资产支持专项计划资产支持证券。

（二）管理人

A 资产管理有限公司。

（三）规模

资产支持证券的目标募集总规模为人民币×××××万元。

（四）发行方式

面值发行。

（五）资产支持证券面值

每份资产支持证券的面值为 100 元。

（六）产品期限

自专项计划设立日（含该日）起至法定到期日止（含该日）。法定到期日不是资产支持证券的实际到期日，资产支持证券的本金将可能于法定到期日前清偿完毕。

（七）预期到期日

资产支持证券的预期到期日为 20××年×月××日。

（八）收益分配日

资产支持证券的收益分配日即为预期兑付日，20××年×月××日。延期兑付日为保证金风险解除日后的第 7 个工作日。

（九）预期收益率

在专项计划设立日（含）至预期兑付日（不含）期间内，资产支持证券的预期收益率为固定利率，根据专项计划《成立公告》确定。在预期兑付日（含）至延期兑付日（不含）期间内，资产支持证券的预期收益率为届时保证金存款所适用的利率。

（十）偿付方式

资产支持证券持有人的本金及预期收益于兑付日支付。未发生保证金风险事件时，于预

期到期日一次性支付;发生保证金风险事件时,预期到期日未偿的本金及预期收益将于保证金风险解除日后的第5个工作日支付。

(十一)信用级别

评级机构考虑专项计划基础资产的情况、交易结构的安排等因素,评估有关的风险,给予R资产支持专项计划资产支持证券评级为AAA级。

(十二)权益登记日

在未发生保证金风险事件时,系指预期兑付日前的第3个工作日;在发生保证金风险事件时,系指预期兑付日前的第3个工作日和保证金风险解除日后的第2个工作日。权益登记日日终在登记托管机构登记在册的资产支持证券持有人有权于兑付日取得资产支持证券在当期的本金和收益。

二、专项计划基本情况

(一)计划涉及主体

1. 原始权益人/持票人:系指作为票据号码分别为001000×××××××××A、001000×××××××××B、001000×××××××××C、001000×××××××××D、001000×××××××××F、001000×××××××××E的票据项下的收款人的X有限公司、Y贸易有限公司、Z有限公司。

2. 代理人:系指接受各原始权益人的委托,代理各原始权益人签署《资产买卖协议》、向专项计划转让基础资产、接收并向各原始权益人转付转让价款的B银行。

3. 管理人:系指根据《标准条款》担任管理人的A资产管理有限公司,或根据《标准条款》任命的作为管理人的继任机构。

4. 推广机构:系指A资产管理有限公司。

5. 服务机构/托收行:系指根据《服务协议》担任服务机构的B银行,或根据该协议任命的作为服务机构的继任机构。

6. 后备服务机构/后备托收行:系指根据《服务协议》的规定任命的后备服务机构,以及允许的继任机构。

7. 账户银行:系指各保证金账户的开户银行,即B银行。

8. 托管人:系指根据《托管协议》担任托管人的B银行上海分行,或根据该协议任命的作为托管人的继任机构。

9. 登记托管机构/中证登上海分公司:系指中国证券登记结算有限责任公司上海分公司。

10. 法律顾问:系指P律师事务所。

11. 评级机构:系指Q证券评估有限公司。

12. 资产支持证券持有人:系指任何持有资产支持证券的投资者。

13. 认购人:系指按照《计划说明书》《认购协议》的约定,认购资产支持证券,将其合法拥有的人民币资金委托给管理人管理、运用,并按照其取得的资产支持证券享有专项计划收益、承担专项计划资产风险的人。

(二)计划法律文件

1.《标准条款》:系指管理人A资产管理有限公司为规范专项计划的设立和运作而制作的本《R资产支持专项计划标准条款》。根据《计划说明书》和《认购协议》的约定,《标准条款》将视为《认购协议》的一部分。

2. 资产管理合同:《标准条款》《认购协议》和《计划说明书》一同构成《管理办法》第十九条所要求的管理人A资产管理有限公司与认购人之间的资产管理合同。

3.《计划说明书》:系指《R资产支持专项计划说明书》。

4.《授权委托协议》:系指各原始权益人与代理人B银行签订的《R资产支持专项计划授权委托协议》及对该协议的任何修改或补充。

5.《资产买卖协议》:系指代理人B银行代表各原始权益人与管理人A资产管理有限公司签署的《R资产支持专项计划资产买卖协议》及对该协议的任何修改或补充。

6.《服务协议》:系指管理人A资产管理有限公司与服务机构签署的《R资产支持专项计划服务协议》及对该协议的任何修改或补充。

7.《票据质押协议》:系指代理人B银行代表各原始权益人与管理人A资产管理有限公司、担保代理人B银行签署的《R资产支持专项计划票据质押协议》及对该协议的任何修改或补充。

8.《保证金质押协议》:系指各出票人与账户银行、管理人A资产管理有限公司分别签署的《R资产支持专项计划保证金质押协议》及对该协议的任何修改或补充。

9.《托管协议》:系指管理人A资产管理有限公司与托管人B银行签署的《R资产支持专项计划托管协议》及对该协议的任何修改或补充。

10.《认购协议》:系指管理人A资产管理有限公司与资产支持证券持有人(投资者)签署的《R资产支持专项计划资产支持证券认购协议与风险揭示书》及对该协议的任何修改或补充。

11. 专项计划文件:系指与专项计划有关的主要交易文件及募集文件,包括但不限于《计划说明书》《标准条款》《授权委托协议》《认购协议》《资产买卖协议》《服务协议》《票据质押协议》《保证金质押协议》和《托管协议》。

(三)交易流程

1. 计划管理人A资产管理有限公司设立专项计划面向合格投资者发行资产支持证券,与投资者签署《认购协议及风险揭示书》并募集资金。

2. 原始权益人(持票人)与B银行签订《授权委托协议》,B银行作为代理人接受各原始权益人的委托,代理各原始权益人签署《资产买卖协议》、向专项计划转让基础资产、接收并向各原始权益人转付转让价款。

3. 专项计划管理人A资产管理有限公司与代理人B银行签署《资产转让协议》,将资产支持证券募集资金用于购买票据收益权作为基础资产。

4. 持票人作为出质人、专项计划管理人A资产管理有限公司作为质权人,B银行作为担保代理人签署《票据质押协议》将票据质押给资产支持专项计划。B银行将对质押、解除、托收、转付等事宜进行服务。

5. 出票人作为出质人、专项计划管理人A资产管理有限公司作为质权人、B银行作为账户银行签署《保证金质押协议》将票据金额的全额保证金存至保证金账户,并将保证金质押给资产支持专项计划。

6. B银行作为资产服务机构为专项计划提供票据审验、票据保管、票据质押、票据解质、票据托收、提示付款等票据服务和资金转付、回收款催收、资产赎回通知等资产服务。

7. B银行作为托管人对专项计划资产进行保管,处理资金归集和划转、会计核算、专项计划资产清算交收等事宜。

8. 计划管理人A资产管理有限公司根据《计划说明书》及相关文件的约定,向托管人B银行发出分配指令,托管人B银行根据分配指令,将相应资金划拨至登记托管机构的指定账户用于支付资产支持证券本金和预期收益。

9. 中国登记结算提供资产支持证券的登记托管服务,具体包括资产支持证券持有人(投资者)账户管理、资产支持证券注册登记、清算等。

10. 在专项计划兑付日,专项计划向资产支持证券持有人(投资者)兑付证券本息;资产池中的票据或债权到期后,专项计划向承兑银行兑现票据资产,或者请求债务人偿还债务,并通过B银行向投资者兑付证券本息。

(四)各方权利义务

1. 资产支持证券持有人的权利与义务

(1)资产支持证券持有人的权利

①专项计划的资产支持证券持有人有权取得专项计划利益。

②资产支持证券持有人知悉信息权,要求说明权。

③专项计划的资产支持证券持有人享有知悉有关专项计划的相关信息及报告权。

④专项计划资产支持证券持有人取得赔偿权。

⑤资产支持证券持有人享有处置权和转让权。

⑥资产支持证券持有人享有召集权、出席权、表决权。

⑦资产支持证券持有人有权按照《标准条款》的约定参与分配清算后的专项计划剩余资产。

(2)资产支持证券持有人的义务

①专项计划的资产支持证券持有人应根据《认购协议》及《标准条款》的规定,按期缴纳专项计划的认购资金,并承担相应的费用。

②专项计划的资产支持证券持有人应自行承担专项计划的投资损失。

③资产支持证券持有人按法律法规规定承担纳税义务。

④专项计划存续期间,资产支持证券持有人不得要求管理人赎回其取得或受让的资产支持证券。

2. 计划管理人的权利与义务

(1)计划管理人的主要权利

①管理人有权购买基础资产,并管理专项计划资产、分配专项计划利益。

②管理人有权收取资产管理服务费和推广费。

③管理人有权根据相关规定终止专项计划的运作。

④管理人有权委托托管人托管专项计划资金,监督托管人的托管行为,保护资产支持证券持有人的合法权益。

⑤管理人有权委托账户银行对保证金进行管理及划转。

⑥管理人有权委托服务机构代为履行其对资产池的管理服务。

⑦当专项计划资产或资产支持证券持有人的利益受到任何第三方损害时,管理人有权代表全体资产支持证券持有人依法向相关责任方追究法律责任。

⑧管理人负责专项计划的整体运作工作,并对票据资产的管理、行权承担宏观监督、决策职能以及定期、临时的检查职能。

⑨在一定情况下,管理人有权自主决定更换新的担保代理人或以其他其认为合理的方式持有和/或行使票据权利。

⑩管理人有权要求提供、查询相应文件及信息权。

(2)计划管理人的主要义务

①管理人具有为资产支持证券持有人提供服务的义务。

②管理人应根据《管理规定》建立健全内部风险控制,将专项计划的资产与其固有财产分开管理,并将不同客户资产支持专项计划的资产分别记账。

③管理人应根据《管理规定》以及《标准条款》的规定,将专项计划募集资金用于向原始权益人购买基础资产。

④管理人在管理、运用专项计划资产时,应根据《管理规定》和《托管协议》的约定,接受托管人对专项计划资金拨付的监督。

⑤管理人应根据《管理规定》及《标准条款》的约定,按期出具管理人报告,保证资产支持证券持有人能够及时了解有关专项计划资产与收益等信息。

⑥管理人应按照《标准条款》第 12 条的规定向资产支持证券持有人分配专项计划利益。

⑦管理人应按照《管理规定》及《标准条款》的约定,妥善保存与专项计划有关的合同、协

议、推广文件、交易记录、会计账册等文件、资料,保存期不少于专项计划终止后20年。

⑧在专项计划终止时,管理人应按照《管理规定》《标准条款》及《托管协议》的约定,妥善处理有关清算事宜。

⑨管理人因自身或其代理人的过错造成专项计划资产损失的,应向资产支持证券持有人承担赔偿责任。

⑩因托管人过错造成专项计划资产损失时,管理人应代资产支持证券持有人向托管人追偿。

⑪管理人有监督义务。

⑫在专项计划存续期间内,若管理人发生合并、分立或新设具有客户资产管理业务资格的子公司等主体变更事项时,管理人应以公告形式向投资者披露(公告期不短于10个工作日)。若发生合并的,由合并后的主体承继和履行管理人权利义务;若发生分立的,由分立后具有客户资产管理业务资格的主体承继和履行管理人权利义务;若新设具有客户资产管理业务资格的子公司的,由新设的具有客户资产管理业务资格的子公司承继和履行管理人权利义务。

3. 托管银行的权利与义务

(1)托管银行的权利

①托管人有权收取专项计划的托管费。

②托管人拒绝执行权。

③托管人追偿权。

(2)托管银行的义务

①托管人应在专项计划托管活动中恪尽职守,履行诚实信用、谨慎勤勉的义务,妥善保管专项计划账户内资金,确保专项计划账户内资金的独立和安全,依法保护资产支持证券持有人的财产权益。

②托管人应依据《托管协议》的约定,管理专项计划账户,执行管理人的划款指令,负责办理专项计划名下的资金往来。

③托托管人在回收款归集日收到任何基础资产产生的回收款(含账户银行转付的保证金账户中的款项)后,应及时以电话、传真、电子邮件或双方约定的其他方式通知管理人。如果服务机构未能按照《服务协议》的规定于回收款归集日将届时全部回收款转付至专项计划账户或账户银行未能按照《保证金质押协议》的规定于保证金转付日将相应的款项转付至专项计划账户,托管人应立即将上述事项以传真或双方约定的其他方式通知管理人,以便管理人采取相应积极措施。

④托管人应按《托管协议》的约定制作并按时向管理人提供有关托管人履行《托管协议》项下义务的《托管报告》。

⑤专项计划存续期内,如果发生下列可能对资产支持证券持有人权益产生重大影响的临时事项,托管人应在知道该临时事项发生之日起5个工作日内以邮寄和传真的方式通知管理人。

⑥托管人应按照《管理办法》《管理规定》及《托管协议》的约定，及时将专项计划账户的银行对账单原件交给管理人。托管人应妥善保存《资产买卖协议》原件以及与专项计划托管业务有关的记录专项计划业务活动的原始凭证、记账凭证、专项计划账册、交易记录和重要合同等文件、资料，保管期限至自专项计划终止日起20年。

⑦在专项计划到期终止或《托管协议》终止时，托管人应协助管理人妥善处理有关清算事宜，包括但不限于复核管理人编制的清算报告，以及办理专项计划资金的分配。

⑧托管人未按《托管协议》约定执行指令或者错误执行指令进而导致专项计划资产产生任何损失的，托管人发现后应及时采取措施予以弥补，并对由此造成的实际损失负赔偿责任。

本案例所涉及法律法规一览

综合性法律		
中华人民共和国物权法	全国人大会	2007年10月1日
中华人民共和国担保法	全国人大常委会	1995年10月1日
中华人民共和国电子签名法	全国人大常委会	2005年4月1日
中华人民共和国民事诉讼法	全国人大常委会	2013年1月1日
票据领域法律		
中华人民共和国票据法	全国人大常委会	1996年1月1日
票据领域法规		
票据管理实施办法	国务院	1997年10月1日
整顿乱集资乱批设金融机构和乱办金融业务实施方案	国务院办公厅	1998年8月11日
最高人民法院和最高人民检察院关于票据问题的批复		
最高人民法院关于审理票据纠纷案件若干问题的规定	最高人民法院	2000年11月21日
最高人民法院经济审判庭关于银行承兑汇票能否部分金额贴现、部分用于抵押贷款的复函	最高人民法院	1994年10月1日
综合性规章		
商业银行表外业务风险管理指引	银监会	2001年3月22日
关于对金融机构违法违规经营责任人的行政处分规定	中国人民银行	1998年5月29日
支付结算办法	中国人民银行	1997年12月1日
商业汇票规章		
商业汇票承兑、贴现与再贴现管理暂行办法	中国人民银行	1997年5月22日
电子商业汇票业务管理办法	中国人民银行	2009年10月16日
中国人民银行关于切实加强商业汇票承兑贴现和再贴现业务管理的通知	中国人民银行	2001年7月24日
中国人民银行关于完善票据业务制度有关问题的通知	中国人民银行	2005年10月1日
中国人民银行对票据贴现有关问题的答复	中国人民银行	1998年8月7日

续表

中国人民银行关于《票据法》和《支付结算办法》中有关问题的复函	中国人民银行	2000年4月30日
中国人民银行关于对一起票据纠纷案中有关金融法律问题的答复	中国人民银行	1996年10月28日
银行承兑汇票规章		
中国人民银行关于对银行承兑汇票票据权利问题答复	中国人民银行	1996年7月2日
中国人民银行对票据承兑纠纷案件有关问题请示复函	中国人民银行	1999年4月24日

教学手册

教学对象

本案例可供金融法教学使用,主要适用于金融法硕士、法律硕士的案例教学课程。

教学目标

通过学生对案例的阅读和思考,结合授课教师的指导,学生能够对票据收益权资产证券化中的法律问题有清楚的认识。结合案例本身的法律问题,本案例在教学手册中还以《资产证券化的法律问题讨论》《票据融资的限制与突破》《收益权的理论争议与实践讨论》《专项计划实现破产隔离有效性的讨论》四个专题的形式,将票据融资的法律问题提升到法学理论层面进行深入的分析和讨论。

课时安排

本案例可以作为专门的案例教学课进行讲授,案例建议安排6个课时,具体课时分布建议详见教学内容。

教学计划

1. 课前计划:安排学生阅读案例及相关参考资料,熟悉整个案例流程,对案例中提出的问题进行思考。

2. 课中计划:介绍教学目的,明确讨论主题;教学中做到案例与研究专题相结合,以案例引出法学理论问题,再通过对法学理论问题的研究解决案例中问题;由于多个法律专题尚无明确定论,教学中鼓励学生发言,以小组为单位进行讨论,给予学生课堂交流的机会;教师进行引导性分析,并做最后归纳总结。

3. 课后计划：对本案例中涉及的法学理论问题，例如对融资性票据是否应当纳入《票据法》、资产支持证券持有人与计划管理人的法律关系的模式选择等开放式问题进行深化研究。

教学内容

1. 资产证券化的法律问题讨论（1 课时）

资产证券化是指将一个或一组流动性较差但是预计能产生稳定现金流的资产，通过一系列的结构安排和组合，对其风险和收益进行分割和重组，并实施一定的信用增级，从而将资产的预期现金流转换成流通性和信用等级较高的金融产品的过程。[1]

（1）资产证券化的基本框架

资产证券化的运作原理：

①资产重组原理。这里的资产指的就是在资产证券化过程中用作打包、重组的流动性较差，但未来具有稳定现金流的目标资产，通常称为基础资产（underlyingasset）。基础资产的核心点在于能够产生稳定的现金流，以此发行证券，而其现金流收入能够覆盖本息。资产重组本质上是充分利用市场化的方式将企业的基础资产进行分割组合，从而实现企业风险以及企业收益的分配，最终达到共赢互利的目的。

②风险隔离原理。资产的风险隔离本质上是要求证券化的标的——基础资产，不仅要转变所有权，而且其风险应该彻底与其原始所有者无关。实行风险隔离，实现了企业基础资产的风险转移，作为证券购买的持有者，仅仅需要承担企业基础资产的风险，并不需要承担企业所有运行过程中出现的风险。

③信用增级原理。信用增级指的是，充分利用内部或者外部的因素不断增强证券交易的信用等级，减少证券发行开销，降低成本。通过信用增级措施，例如优先次级结构化分层、外部机构流动性支持等可以进一步保证资产支持证券持有人的利益，不断降低资产证券化产品出现亏损的风险，提高信用评级，从而达到降低发行成本的目的。

（2）资产证券化的基本流程

不管企业证券化还是信贷资产证券化，其操作的方法非常类似，一般情况下，实现资产证券化主要从六个方面着手：

①组建资产池；

②设立特殊目的机构（SPV）；

③构架和信用增级；

④信用评级；

⑤证券发售；

⑥后期管理。

---

〔1〕 林华：《金融新格局——资产证券化的突破与创新》，中信出版社 2014 年版。

(3)资产证券化中的法律关系

从资产证券化的运作流程可知,资产证券化的法律问题实际上是一项涉及几乎所有经济法律领域的复杂法律系统工程。资产证券化过程中的各个参与主体,通过资产、信息、权利的转移,在他们之间形成了包括信托、投资、民事代理、委托代理、担保等多层法律关系,纷繁复杂。

2. 票据融资的限制与突破(1 课时)

票据是指出票人依据《票据法》签发的,由本人或委托他人在见票时或在票载日期无条件支付确定的金额给收款人或持票人的一种有价证券。[1] 通过票据承兑、贴现和转贴现等交易所体现的融资性功能,使得票据市场为宏观经济顺畅运行提供良好短期资金融通服务。

(1)票据融资功能的重要性分析

(2)票据融资功能的限制与争议

(3)融资性票据纳入《票据法》的讨论

3. 收益权的理论争议与实践讨论(2 课时)

本案例中的基础资产是票据收益权而非票据本身,由于收益权的概念不是物权法理论中固有的概念,但在金融市场改革中不断创新,出现多种以资产收益权为标的金融产品,使得对于资产收益权概念的讨论不断深化。收益权的实践作用在于:

①实现部分无法进行转让的资产,在不进行实体权利转让情况下的现金流转移;

②创设不能以本质形态呈现的类型化权利,例如通过收益权转让加回购创设债权;

③规避部分权利转让可能引致的权利完善要求,如登记/备案/审批等;

④用于灵活进行标的现金流的份额切分或期限错配;

在现有法律法规中,收益权概念虽然时有出现,也在司法实践中得到一定程度的认可,但目前仍未有任何法规或文件对收益权内涵直接作出明确的规定。

(1)收益权法律性质的争议

主要包括以下三种观点:

第一种观点认为,资产收益权是一种将来债权。

第二种观点认为,所谓资产收益权中的"收益权"其实就是指所有权四大权能中的"收益"权能。

第三种观点认为,资产收益权其实是一种用益物权。

上述观点均值得商榷。资产收益权不应属于债权。

(2)收益权内涵的共性

如前所述,尽管对于收益权的定性,在法律层面缺乏明确的界定,目前理论界和市场仍有一定争议,但是在诸多法律法规中已经得到了使用,并对其性质有了一定的倾向性认可,可以界定为一项以基础资产作为基础,以基础资产产生现金流入收益作为先决条件,由收益权的

---

〔1〕 王小能主编:《中国票据法律制度研究》,北京大学出版社 1999 年版。

持有人作为权利人向收益权创设方要求进行前述现有的或将来的现金流入收益转付的请求权。具体而言，收益权的内涵具有如下特点：

①以能够产生现金流的基础资产作为基础；

②以基础资产产生的现金流入收益作为支付内容和先决条件；

③现金流入收益往往涵摄至将来债权；

④以收益权创设方作为义务人；

⑤以对收益权创设方的转付请求权作为核心权利内容。

(3)收益权类交易的形式

从描述方式出发在通常的项目表述与具体定义中，收益权会被表述为，系指各基础资产项下的下列财产权益：

①因基础资产项下的义务人进行履约所产生的资金流入收益；

②通过基础资产的出售或其他方式的处置所产生的资金流入收益；

③基础资产项下的附属担保权益的履约或处置等(如有)所产生的资金流入收益；

④基础资产所衍生的全部其他权利或权益在任何情形下的出售或其他方式的处置所产生的资金流入收益。

从基础资产类型出发，目前市场上较为常见的收益权类交易主要包括：

①以债权作为基础资产的收益权；

②以股权作为基础资产的收益权；

③以特殊目的载体的份额作为基础资产的收益权。

(4)收益权作为信托财产的可行性分析

依据《信托法》第7条的规定，设立信托，必须有确定的信托财产，并且该信托财产必须是委托人合法所有的财产，而前述财产亦包括合法的财产权利。依据其第11条之规定，信托财产不能确定的信托无效。据此，收益权作为财产权信托的信托财产，除该等权利本身需要合法合规以外，其作为一项权利应该同时具备如下性质：须具有财产性；须具有确定性。

①关于收益权的财产性；

②关于收益权的确定性；

③收益权可以作为信托财产收益。

(5)收益权转让模式的法律风险

主要表现为：

①对于基础资产的从属性；

②追索权的不完整性；

③现金流的不确定性。

(6)针对收益权转让模式法律风险的对策

①设定回购义务；

②设定担保权利。

4. 专项计划实现破产隔离有效性的讨论(2 课时)

(1)资产支持证券持有人与计划管理人的法律关系

1)委托关系说

①委托关系说的依据;

②委托关系说的不足。

2)信托关系说

①信托关系说的依据;

②信托关系说的不足;

③小结。

(2)基础资产与计划管理人、原始权益人的破产隔离

1)与计划管理人的破产隔离

①委托关系下与计划管理人的破产隔离;

②信托关系下与计划管理人的破产隔离;

③小结。

2)与原始权益人的破产隔离

思考题

1. 结合本案例,试分析思考票据融资的意义何在?
2. 结合本案例,思考 R 资产支持专项计划中各方主体的法律关系。
3. 结合本案例,思考融资性票据是否应当纳入《票据法》?
4. 本案例中为什么不将票据作为基础资产进行转让,而是将票据的收益权作为基础资产进行转让?
5. 结合本案例,思考将票据收益权作为信托财产是否可行?
6. 在收益权没有明确法律法规规定的条件,结合本案例思考票据收益权转让模式存在什么风险?
7. 针对本案例票据收益权转让模式存在的风险,思考有哪些方式可以降低上述风险?
8. 结合本案例,思考投资者与 B 资管公司之间的法律关系。
9. 结合本案例,思考收益权作为基础资产是否实现破产隔离?
10. 结合本案例,试分析票据融资及其法律规制的发展趋势。

参考文献

1. 林华:《金融新格局——资产证券化的突破与创新》,中信出版社 2014 年版。
2. 吴庆宝主编:《最高人民法院专家法官阐释民商裁判疑难问题(2013 ~ 2014)》,中国法制出版社 2014 年版。
3. 王小能主编:《中国票据法律制度研究》,北京大学出版社 1999 年版。
4. 唐波:《新编金融法学》,北京大学出版社 2012 年版。
5. 宋刚:《论收益权能的用益物权化》,载《法商研究》2013 年第 6 期。
6. 孟勤国:《论资产收益权的法律性质与风险防范》,载《河北学刊》2014 年第 7 期。

7. 肖小和:《多角度聚焦新常态下的中国票据市场》,载《中国银行业》2014 年第 4 期。
8. 何如桢:《以供给侧结构性改革引领经济发展新常态——企业票据融资及票据融资探讨》,载《会计师》2016 年第 4 期。
9. 李伟群:《对我国〈票据法〉第 10 条之修改建议》,载《法学》2011 年第 9 期。
10. 尹乃春:《融资性票据推行的法律问题探析》,载《东北财经大学学报》2005 年第 2 期。
11. 林毅:《对〈票据法〉第 10 条的意见》,载《中国法学》1996 年第 3 期。
12. 王利明:《收费权质押的若干问题探讨》,载《法学杂志》2007 年第 2 期。
13. 梁上上:《物权法定主义:在自由与强制之间》,载《法学研究》2003 年第 3 期。
14. 尹飞:《时代需求与物权法回应——兼论我国本土化用益物权体系之构建》,载《法学家》2006 年第 4 期。
15. 赵意奋:《论融资性票据的入法》,载《宁波大学学报》(人文科学版)2016 年第 4 期。
16. 刘子平:《民间票据融资及其法律应对》,载《法治研究》2015 年第 1 期。

(唐波,华东政法大学教授、博士生导师;
黄骜,华东政法大学经济法博士研究生)

29 CASE China—Countervailing and Anti-Dumping Duties on Grain Oriented Flat-rolled Electrical Steel from the United States（DS414，中国取向电工钢案）

摘　要

本案例以一起真实的国际贸易救济措施争端解决案件为蓝本，包括专家组和上诉机构两次裁决文书，围绕争端解决的各个环节展开，涉及知识点包括世界贸易组织争端解决机构的基本程序、反倾销规则及计算方法、反补贴规则及计算方法、外部基准规则的适用和因果关系等内容。本案例对解决同类型的国际贸易救济措施案件具有参考意义。

关键词

世界贸易组织争端解决机构　反倾销　反补贴　因果关系

教学目标

本案例借助一起历时5年的世界贸易组织争端解决案件（DS414），通过对案例及相关资料的阅读和分析，结合授课老师的指导，使学生对世界贸易组织争端解决机构的基本程序、反倾销规则及计算方法、反补贴规则及计算方法、因果关系等内容有一个较为熟悉的把握，从而对国际贸易救济措施有一个更为深刻的理解，并对其进行思考与探讨，为今后的产学研提供方向。

教学案例

一、案件背景

近几年来,国际贸易摩擦对我国外贸影响逐渐加大:

第一,从贸易摩擦的时间跨度来看,其负面影响往往是持续多年。仅以2011~2015年国外对中国发起的案件为例,每年涉案平均金额约110亿美元,国外贸易救济措施一般实施是5年,累计涉案金额约550亿美元,而实际上大多数措施的实施期限达到10年甚至更长,这就对中国出口的预期限制作用更为负面。

第二,贸易保护措施针对的是产品,受到打击的则是涉案产品相关的整个行业,并进而影响到相关上下游产业的发展。当前国际贸易保护主义的矛头主要指向中国产品,这种做法不但减损了其自身外部环境优化的整体效果,也使中国一些出口企业对拓展国际市场持观望态度。当前,中国遭受国外贸易摩擦影响的行业主要集中在钢铁、轻工等劳动密集型产业以及机电、化工等附加值较高的企业,涉及的企业数量很多,贸易摩擦直接影响中国相关产业的就业,也削弱了相关产业的竞争力。

第三,"替代国价格"等歧视性规则的使用,人为推高了反倾销反补贴高税率并加大了中国企业的应对难度,挫伤了中国企业应诉的积极性,这反过来又进一步诱发进口国国内产业提起更多针对中国的贸易救济调查申请。即便2015年贸易救济调查的涉案数量和金额都有所下降,但并不意味着贸易摩擦对我国外贸带来的影响在趋缓。

2009年,中国商务部根据相关法律法规决定对原产于美国的进口取向电工钢进行反倾销和反补贴调查,这是中国首次对进口商品实施"双反调查"。2010年4月,中国商务部裁定,对自美国进口的取向电工钢征收反倾销税和反补贴税。取向电工钢又称冷轧取向硅钢(grain oriented flat - rolled electrical steel,GOES),是电力工业不可缺少的一种软磁材料,主要应用于变压器、整流器、电抗器及大电机等行业。

二、涉案主体与基本案情

本案争议措施为中国对美国产取向电工钢(GOES)征收的反补贴税和反倾销税,具体涉及中国商务部第21[2010]号公告及其附件。中国根据争议措施决定自2010年4月11日起,对原产于美国和俄罗斯的进口取向电工钢征收反倾销税,对原产于美国的进口取向电工钢征收反补贴税,上述措施实施期限为5年。2010年9月15日,美国依据DSU第4条、GATT第

22 条、《补贴与反补贴措施协定》第 30 条、《反倾销措施协定》第 17.3 条请求与中国进行磋商。[1]

2011 年 2 月 11 日,美国依据 DSU 第 6 条、《反倾销措施协定》第 17.4 条、《补贴与反补贴措施协定》第 30 条,要求争端解决机构(Dispute Settlement Body,DSB)设立专家组。

2011 年 3 月 25 日,DSB 专家组成立,主席:Mr. John Adank,成员:Mr. Anthony Abad 和 Mr. Jan Heukelman 。第三方成员:阿根廷、欧盟、洪都拉斯、印度、日本、韩国、沙特阿拉伯和越南。

2012 年 6 月 15 日,专家组将报告散发给各成员。中国于 2012 年 7 月 20 日提起上诉。2012 年 10 月 18 日,上诉机构如期向各成员散发了报告。2012 年 11 月 16 日,DSB 通过了上诉机构报告和经上诉机构修改的专家组报告。专家组和上诉机构裁定中国"双反"措施违反了《反倾销措施协定》和《补贴与反补贴措施协定》相关条款。

2013 年 5 月 3 日,依据 DSU 第 21.3(c)条仲裁员发布仲裁裁决,裁定本案合理执行期限为 8 个月零 15 天,至 2013 年 7 月 31 日结束。

2013 年 7 月 29 日,商务部公布了《执行世界贸易组织贸易救济裁决暂行规则》(商务部令 2013 年第 2 号),对于中国如何执行世贸组织贸易救济裁决作出了规定。

2013 年 7 月 31 日,商务部发布了《关于取向性硅电钢执行世贸裁决的公告》(商务部公告 2013 年第 51 号),在合理期限内修改了已被裁决违反世贸规则的"双反"措施。相比最初反倾销税和反补贴税,新的反倾销税和反补贴税有所下降。

2013 年 8 月 19 日,中国和美国将 DSU 第 21 条和第 22 条程序协议通报 DSB。

由于对中国执行本案裁决的情况不满意,美国于 2014 年 1 月 13 日提起根据 DSU 第 21.5 条的执行之诉。2015 年 7 月 31 日,执行专家组发布报告,裁定中国没有完全执行本案 DSB 建议和裁决。2015 年 8 月 31 日,DSB 通过了专家组报告。

注:2015 年 4 月 10 日,商务部发布了《关于终止原产于美国和俄罗斯的进口取向电工钢反倾销措施及原产于美国的进口取向电工钢反补贴措施的公告》(2015 年第 11 号),鉴于公告规定时限内国内产业或代表国内产业的自然人、法人或有关组织未提出期终复审申请,商务部亦决定不主动发起期终复审调查。因此,自 2015 年 4 月 11 日起,对原产于美国和俄罗斯的进口取向电工钢所适用的反倾销措施及对原产于美国的进口取向电工钢所适用的反补贴措施终止实施。

三、本案研究焦点

(一)争议措施:(Measure at issue)China's imposition of anti - dumping and countervailing

---

〔1〕 Articles 4 of the Understanding on Rules and Procedures Governing the Settlement of Disputes(the DSU),Article XXII:1 of the General Agreement on Tariffs and Trade of 1994(the GATT 1994),Article 30 of the Agreement on Subsidies and Countervailing Measures(the SCM Agreement)(to the extent that Article 30 incorporates Article XXIII of the GATT 1994),and Article 17.3 of the Agreement on Implementation of Article VI of the General Agreement on Tariffs and Trade 1994(the Anti - Dumping Agreement).

duties on grain oriented flat - rolled electrical steel from the United States, pursuant to China's Ministry of Commerce (MOFCOM) Final Determination [2010] No. 21 (10 April 2010).

（二）争议涉及的产品（Product at issue）Grain oriented flat - rolled electrical steel (GOES).

（三）DSB 专家组/上诉机构裁决的七个关键点

1. ASCM Arts. 11.2 and 11.3 (initiation of investigation—application): The Panel concluded that the obligation upon Members in relation to the assessment of the sufficiency of evidence in an application finds expression in Art. 11.3 and must be read together with Art. 11.2, which sets forth the requirements for sufficient evidence. The Panel found that MOFCOM initiated countervailing duty investigations into 11 programs without sufficient evidence to justify it, contrary to Art. 11.3.

2. ADA Art. 6.8 and Annex II para. 1/ASCM Art. 12.7 (evidence—facts available): The Panel found that MOFCOM improperly resorted to facts available to calculate the "all others" dumping margin and subsidies rate for unknown exporters and improperly used a 100% utilization rate when applying facts available to calculate the subsidy rates for the two known respondents under certain procurement programmes, contrary to ADA Art. 6.8 and Annex II and ASCM Art. 12.7.

3. ADA Art. 3.1/ASCM Art. 15.1 (injury determination—positive evidence and objective examination) and ADA Art. 3.2/ASCM Art. 15.2 (injury determination—evidence on price effects and volumes): The Appellate Body interpreted ADA Art. 3.2 and ASCM Art. 15.2 as requiring an investigating authority to consider the relationship between subject imports and prices of like domestic products, so as to understand whether subject imports provide explanatory force for the occurrence of significant price depression or suppression. The Appellate Body upheld the Panel's finding that MOFCOM wrongly relied on the "low price" of subject imports relative to domestic prices in reaching its price effects finding, as the evidence available could not have allowed an objective and impartial investigating authority to determine that subject imports were priced lower than domestic products.

4. ADA Art. 3.1/ASCM Art. 15.1 (injury determination—positive evidence and objective examination) and ADA Art. 3.5/ASCM Art. 15.5 (injury determination—causation): The Panel found that MOFCOM failed properly to examine whether the rapid increase in the capacity of the domestic GOES, was at the same time injuring the domestic industry, contrary to ADA Arts. 3.1 and 3.5 and ASCM Arts. 15.1 and 15.5.

5. ADA Art. 6.9/ASCM Art. 12.8 (evidence—essential facts): The Panel found deficiencies in MOFCOM's essential facts disclosure in connection with the resort of facts available, the price effects analysis and the causation analysis with respect to non—subject imports, contrary to ADA Arts. 6.9 and ASCM Art. 12.8. The Appellate Body upheld the finding with respect to price

effects.

6. ADA Arts. 12.2 and 12.2.2/ASCM Arts. 22.3 and 22.5(notification requirements):The Panel found deficiencies in MOFCOM's public notice and explanations in connection with the resort of facts available, the price effects analysis and the causation analysis with respect to non–subject imports, contrary to ADA Arts. 12.2 and 12.2.2 and ASCM Arts. 22.3 and 22.5. The Appellate Body upheld the finding with respect to price effects. The Panel rejected the United States' claims with respect to public notice of the calculations used to determine the dumping margins and the findings and conclusions leading to the benefit determination under the government procurement statutes.

7. ADA Art. 6.5.1/ASCM Art. 12.4.1(evidence—confidential information):The Panel found that MOFCOM failed to require the applicants to furnish non—confidential summaries in sufficient detail to permit a reasonable understanding of the substance of the information submitted in confidence, contrary to ADA Art. 6.5.1 and ASCM Art. 12.4.1.

(四)争端解决中提出的事项

1. 在评估中国商务部作出的大幅价格压低和价格抑制的认定时,专家组作出的中国违反了《反倾销措施协定》第3.1条和第3.2条以及《补贴与反补贴措施协定》第15.1条和第15.2条的认定是否有误,尤其是:①专家组对《反倾销措施协定》第3.2条和《补贴与反补贴措施协定》第15.2条的解释是否有误;②专家组结合对《反倾销措施协定》第3.1条和《补贴与反补贴措施协定》第15.1条的理解,对《反倾销措施协定》第3.2条和《补贴与反补贴措施协定》第15.2条的适用是否有误;③专家组的行为是否与其在《关于争端解决规则与程序的谅解》第11条项下作出客观评估的义务不符。

2. 关于中国商务部的价格影响认定,专家组作出的中国由于没有披露"基本事实"而违反了《反倾销措施协定》第6.9条和《补贴与反补贴措施协定》第12.8条的认定是否有误。

3. 关于中国商务部的价格影响认定,专家组作出的中国由于没有披露"事实问题的所有相关信息"而违反了《反倾销措施协定》第12.2.2条和《补贴与反补贴措施协定》第22.5条的认定是否有误。

(五)中国上诉的主要内容

在中国的上诉通知中,中国寻求上诉机构对专家组关于《反倾销措施协定》第3.2条和《补贴与反补贴措施协定》第15.2条的解释与适用问题进行复审,因为其与中国商务部作出的涉案进口不利价格影响的认定相关,该不利影响即大幅度价格压低和价格抑制。因此,中方的上诉通知中没有包括关于上诉机构重申专家组认定的申请,因为这与第3.1条和第15.1条相关。尽管如此,在其作为上诉方提交的文件中,中国在其宣称的专家组对第3.2条和第15.2条的解释和适用有误的基础上,请求上诉机构推翻专家组作出的如下最终认定,即中国商务部的价格影响认定违反了《反倾销措施协定》第3.1条和第3.2条以及《补贴与反补贴措施协定》第15.1条和第15.2条。中国辩称,第3.1条和第15.1条规定了首要原则,告知调查机关根据第 3 条和第 15 条的随后各段作出分析，而第 3.2 条和第 15.2 条则规定了调查机关在考虑不利价格影响义务的“所有实质性内容”。中国补充道，尽管其未对专家组关于第 3.1 条和第 15.1 条的解释和适用问题提出异议，但其对专家组在描述调查机关在第 3.2 条和第 15.2 条项下义务的实质性内容方面如何适用第 3.1 条和第 15.1 条规定的首要原则的问题提出了异议。

（六）被诉方和第三方的不同主张[1]

被诉方美国的主张如下：

1.《反倾销措施协定》第 3.2 条和《补贴与反补贴措施协定》第 15.2 条——解释与适用

美国认为，专家组就《反倾销措施协定》第 3.2 条和《补贴与反补贴措施协定》第 15.2 条中“（倾销或补贴）进口的影响”一词得出的结论是恰当的。此外，专家组在适用这些条款涵盖的法律标准时，正确地得出了以下结论：根据《反倾销措施协定》第 3.1 条和《补贴与反补贴措施协定》第 15.1 条，中国商务部关于涉案进口产品“低价”以及所谓的进口商“定价政策”既没有肯定性证据的支持，也未得到商务部的客观审查。

（1）对《反倾销措施协定》第 3.2 条和《补贴与反补贴措施协定》第 15.2 条的解释

美国称，《反倾销措施协定》第 3.1 条和《补贴与反补贴措施协定》第 15.1 条提供了解释第 3.2 条和第 15.2 条的重要情境。根据第 3.1 条和第 15.1 条，调查机关对损害的确定必须基于“肯定性证据”，而且必须对倾销或补贴进口产品的数量、倾销或补贴进口产品对国内市场同类产品价格的影响，以及这些进口产品随之对此类产品国内生产者的影响作出“客观审查”。随后，第 3.2 条和第 15.2 条就涉案进口产品对国内价格的影响的审查标准作出了详细规定。美国强调，专家组对第 3.2 条和第 15.2 条的解释是恰当的，即条款要求调查机关要在倾销和补贴进口以及任何大幅价格压低或价格抑制这两头之间构建因果关系。在美国看来，专家组的解释与第 3.2 条和第 15.2 条的规定相符，这两个条款特别规定调查机关应考虑“（倾销或补贴）进口对价格的影响”在很大程度上压低了价格或抑制了在其他情况下本应发生的价格上涨。因此，专家组的解释“是直接”从第 3.2 条和第 15.2 条中使用的“浅显易懂的措辞中演化而来的”，美国对于中国的下列主张表示了异议，即专家组“从本质上在第 3.2 条和第 15.2 条第二句话中移植了在这两个条款中本不存在的法律义务”。

美国认为，专家组对第 3.2 条和第 15.2 条中“影响”一词的解释也与这些条款的上下文情境相符。根据美国的观点，尽管第 3.5 条和第 15.5 条在关于因果关系的分析问题上对调查机关提出了重要的要求，第 3 条和第 15 条的其他条款也包含了涉及调查机关评估涉案进口产品对国内产业的因果影响义务的措辞。因此，第 3.5 条和第 15.5 条并不包含《反倾销措施协定》和《补贴与反补贴措施协定》中关于损害认定条款的唯一的因果关系分析义务。反而是，第 3.2 条和第 15.2 条也有意体现反倾销和反补贴调查中调查机关因果关系分析的各个具体方面。但是美国强调，与第 3.5 条和第 15.5 条不同的是，第 3.2 条和第 15.2 条并未强

---

[1] 中国贸易救济信息网：http://www.cacs.gov.cn/cacs/newcommon/details.aspx? articleid = 123775。

制性地规定要进行非归因分析的义务。在美国看来,这种差异解释了专家组在埃及螺纹钢案(Egypt — Definitive Anti - Dumping Measures on Steel Rebar from Turkey,DS211)中作出的认定,即调查机关在审查进口产品对国内产业的影响时,无须根据第3.5条和第15.5条规定的类别进行非归因分析。

(2)《反倾销措施协定》第3.2条以及《补贴与反补贴措施协定》第15.2条的运用

美国称,中国关于商务部在其价格影响分析中发现平行价格趋势是关键要素的抗辩存在以下几个问题:①中国从未对专家组提出这一主张,因此其关于专家组应当处理这一问题的主张是没有依据的。②在最终裁决中没有迹象表明,一项关于平行定价趋势的认定是其价格影响分析的独立依据。相反地,中国商务部认为,涉案进口产品以"低价"销售是价格压低的两个原因之一,而不是平行定价趋势。③中国商务部披露的定价信息无法支持平行定价趋势导致价格压低的认定。因为涉案进口产品的价格和中国产品的价格在2007年和2008年均出现上涨,该价格并未导致任何价格压低。最后,美国观察到,中国并未对专家组的以下结论提出异议,即涉案进口产品价格在2008年出现了17.57%的升幅,因此涉案进口产品价格随后出现的1.25%的降幅不可能产生压低国内价格的影响。美国认为,中国因此没有理由对专家组的分析提出异议,"因为该认定切中了专家组确定的关于中国商务部定价分析的分析性问题的要害"。

关于专家组对涉案进口产品数量影响的评估,美国称,专家组得出的以下结论是正确的,即中国商务部的最终裁决并不支持中方关于数量影响是商务部作出价格压低是涉案进口产品的影响这一认定的主要依据的主张。美国进一步辩称,由于中国商务部一贯且反复依据涉案进口产品的"低价"作为其认定存在大幅价格压低和价格抑制的核心依据,专家组在"评估中国商务部以书面形式提交的最终认定"的做法是合理的,因此在评估商务部是否提供了"肯定性证据"支持其"低价"认定,并对该证据作出了"客观审查"的做法也是合理的。

(3)《关于争端解决规则与程序的谅解》(DSU)第11条

美国提出,中国根据《关于争端解决规则与程序的谅解》第11条提出的主张仅仅是对中国已经在涉及专家组解释、适用、推理和认定问题上提出的抗辩的重复。美国提及其此前作出的抗辩,证明专家组关于中国商务部价格影响认定作出的分析是正确的。美国进一步指出,上诉机构已经要求根据第11条提出的主张不应仅仅被作为一项补充抗辩或主张。美国补充道,要达到违反第11条的水平,专家组方面所犯的错误中必须包括"故意忽视证据或达到恶意程度的重大疏忽"。美国称,专家组并非没有对整体的证据作出考虑,专家组并非错误地未能对中国商务部的"低价"认定或中国商务部肯定性价格影响认定的其他方面给出恰当的权重。根据美国的观点,专家组驳回了中国关于仅进口数量的增加一项就能支持商务部作出大幅价格压低和价格抑制的主张,并正确地指出"专家组在认定是否要对调查机关自身没有作出的分析进行分析时必须万分谨慎"。美国进一步指出,最终裁决并未表明其对平行定价趋势和旨在削减涉案进口产品价格的定价策略的认定给予了较之于涉案进口产品"低价"认定更大的权重。因此,美国辩称,专家组正确地作出了以下认定:其没有依据得出结论认为这些认定自身能够支持中国商务部的定价分析。

2.《反倾销措施协定》第6.9条和《补贴与反补贴措施协定》第12.8条——基本事实的披露

美国提出，专家组正确地得出了中国商务部未能披露《反倾销措施协定》第6.9条和《补贴与反补贴措施协定》第12.8条项下的“基本事实”的结论。美国对中国提出的如下抗辩提出了辩驳：即中国认为专家组对《反倾销措施协定》第3.2条和《补贴与反补贴措施协定》第15.2条的解释有误，从而使其根据第6.9条和第12.8条作出了错误的认定。具体而言，美国对中国的下列主张存有异议：由于第3.2条和第15.2条仅要求中国商务部作出价格压低和价格抑制在市场上存在的认定，其唯一需要披露的“基本事实”就是国内价格的下降（与价格压低相关）以及中国国内产业价格—成本比例的变化（与价格抑制相关）。这在美国看来，忽略了第3.2条和第15.2条均规定的价格压低或价格抑制是调查涉及的进口的“影响”的要求。事实上，美国认为，中国商务部试图通过涉案进口产品的“低价”来满足这一要求。

此外，美国还提出，中国商务部未能披露支持其涉案进口产品价格“低”的结论的基本事实，而这是商务部作出大幅价格压低和价格抑制认定的基础。专家组认为，由于中国商务部关于涉案进口产品“低价”的结论是支持其价格压低和价格抑制认定的基础，因此根据要求，商务部需要披露的不仅仅是关于存在“低价”的结论，也应披露支持该结论的“基本事实”，以使得利害关系方能够对其权益作出抗辩。对此，美国表示赞同。美国强调，中国商务部在最终损害披露中唯一披露的信息包括涉案进口产品的平均使用价值数据，而不包括任何与国内产品平均使用价值相关的或对比的信息。

3.《反倾销措施协定》第12.2.2条和《补贴与反补贴措施协定》第22.5条——公告要求

美国称，专家组的下述认定是恰当的：中国商务部未将其最终裁决中的信息材料纳入价格影响分析的做法违反了《反倾销措施协定》第12.2.2条和《补贴与反补贴措施协定》第22.5条关于公告要求的规定。中国提出抗辩认为，专家组对《反倾销措施协定》第3.2条和《补贴与反补贴措施协定》第15.2条的有误解释导致其根据《反倾销措施协定》第12.2.2条和《补贴与反补贴措施协定》第22.5条作出了错误的认定。对此，美国进行辩驳。在美国看来，中国关于最终裁决仅仅需要包含一项存在价格压低和价格抑制的证明的抗辩忽视了第3.2条和第15.2条规定的价格压低和价格抑制是涉案进口的“影响”的要求。

美国进一步指出，专家组并未对中国商务部未能披露价格削减本身的具体幅度提出指责。相反地，“专家组认为存在这些幅度……以证明‘中国商务部拥有涉案进口产品的价格信息和国内产品的价格信息，并对该信息作出了比较分析。’”美国强调，中国商务部的最终裁决没有披露比较涉案进口产品和国内产品价格的有意义的信息，或确定进口商的“定价策略”是如何影响与国内产品价格相对的销售价格的。

欧盟（第三方）提出，尽管对《反倾销措施协定》第3.2条和《补贴与反补贴措施协定》第15.2条的“字面理解”显示，调查机关必须考虑条款中罗列的价格影响是否是由于涉案进口产品引起的，这些条款必须与《反倾销措施协定》第3条及《补贴与反补贴措施协定》第15条的其他条款结合起来理解。在欧盟看来,第3.2条和第15.2条规定的含义是审查涉案进口和价格压低/价格抑制之间存在因果关系的义务可以预见且不需要复制关于调查机关必须根据第3.5条和第15.5条作出完整因果关系分析的部分内容。

关于“基本事实”的披露问题,欧盟认为,根据《反倾销措施协定》第6.9条和《补贴与反补贴措施协定》第12.8条,调查机关被要求披露所有与其对根据《反倾销措施协定》第3.2条和《补贴与反补贴措施协定》第15.2条审查出的所有价格影响分析相关的基本事实。此外,关于披露要求规定的第6.9条和第12.8条的目标是通过对调查机关分析和裁决作出过程中必不可少的事实进行评述,为调查中的利害关系方提供有效行使其抗辩权利的机会。因此,与价格分析相关的基本事实的任何披露涉及的都不仅仅是调查机关关于存在价格影响的结论,也应包括得出这些结论所使用的基础数据和方法。

关于公告要求,欧盟提出,根据《反倾销措施协定》第12.2.2条和《补贴与反补贴措施协定》第22.5条,调查机关必须在公告中提供事实问题和法律问题的所有相关信息,以及导致实行最终措施,还包括其作出的价格影响认定的理由的所有相关信息。在欧盟看来,既然中国商务部没有在终裁公告中纳入与价格削减有关的所有相关信息,那么上诉机构就应当维持专家组作出的中国违反了第12.2.2条和第22.5条的认定。

日本(第三方)主张,《反倾销措施协定》第3.1条要求调查机关就倾销进口产品对国内同类产品的价格影响作出“客观审查”,且该审查应基于“肯定性证据”作出。相应地,第3.2条进一步明确了该项义务,要求调查机关考虑条款中罗列的3种价格影响中的1种。日本不同意中国对第3.2条作出的解释,因为中国未将《反倾销措施协定》第3.1条和第3.2条中的“影响”一词与“倾销进口”结合起来考虑。关于“基本事实”的披露问题,日本认为,当调查机关意欲基于价格压低或价格抑制作出最终损害认定的情况下,根据《反倾销措施协定》第6.9条,调查机关必须披露对认定这些价格影响必不可少的事实。日本提出,如果中国商务部对该关系的认定是基于对涉案进口产品的价格和国内同类产品价格之间的比较得出的,那么中国商务部需要披露的基础事实中就应包括这些价格。

日本称,根据《反倾销措施协定》第12.2.2条,终裁公告需包含“事实问题、法律问题和理由的所有相关信息”的规定必须在第12.2条的情境下进行理解,这就要求调查机关对“调查机关认为重要的所有事实和法律问题”作出详尽的解释。据此,调查机关必须在其终裁裁决中对与损害的确定相关的问题,或是在损害的确定中重要的问题作出解释,“这样调查机关得出结论的理由就能够被看清、被理解”。

韩国(第三方)主张,关于《反倾销措施协定》第3.2条和《补贴与反补贴措施协定》第15.2条的解释,韩国坚持认为,这些协定的其他条款涉及了因果关系要求的事实,“的确”为解释第3.2条和第15.2条提供了重要的线索,而且应当对中国在这一问题上提出的抗辩作出仔细分析。但是韩国并不同意第3.2条和第15.2条明确排除了因果关系分析的观点。韩国进一步指出,第3.4条和第15.4条中的动词“影响”(affect)的含义是“对什么产生影响”。因此,在第3条和第15条的语境下,“影响”[effect,名词(译者注)]和“影响”[affect,动词(译者注)]的解释"实际上是相同的"。最后,韩国以及韩国商船案专家组认为,《补贴与反补贴措施协定》第6.3条中的"补贴的影响"一词要求进行因果关系分析,并称该案专家组认定可以为本案的条款解释问题提供有用的语境。

关于中国根据《关于争端解决规则与程序的谅解》第11条提出的主张,韩国认为,尽管调查机关在评估所搜集的证据方面以及在采取具体方法评估该证据方面拥有广泛的选择权,但这种自由裁量"不是无约束的……是仅在涉案相关条款规定的范围内才允许作出的"。韩国补充道,第3条和第15条中涉及的义务应当与第3.1条和第15.1条中出现的"肯定性证据"和"客观审查"的首要要求结合起来并加以解释和实施。从这一点来看,韩国认为,至于调查机关的做法是否与其在第3条和第15条项下的义务相符的问题,调查机关被给予自由裁量权可能并不是"决定性的要素"。

沙特阿拉伯(第三方)提出,《反倾销措施协定》和《补贴与反补贴措施协定》反映了反倾销和反补贴调查当事方利益和负有完全、及时完成调查职责的调查机关利益之间的微妙平衡。沙特阿拉伯要求上诉机构根据这一平衡对这些协定的相关条款作出解释。

教学手册

教学对象及目标

本案例供法律硕士案例教学使用,法学本科(大三、大四)、国际法硕士、诉讼法学硕士也可以参酌试用。

本案例主要就世界贸易组织贸易救济案件的相关法律问题进行讲授,包括专家组裁决报告(英文174页)和上诉机构裁决报告(英文119页)。具体要解决的问题包括:(1)世界贸易组织争端解决机构的基本程序;(2)反倾销规则及计算方法;(3)反补贴规则及计算方法;(4)因果关系的认定。

教学内容

1. 世界贸易组织争端解决机构的背景

《马拉喀什建立世界贸易组织协议》附件二《关于争端解决规则与程序的谅解》(DSU)是世界贸易组织(WTO)关于争端解决的最基本的法律文件。它规定了适用于乌拉圭回合各项协议下可能产生的争端的一套统一规则,确立了WTO争端解决机制。WTO争端解决机制是以GATT40多年争端解决实践为基础,经过发展和重新谈判而确立起来的。

1947年《关税与贸易总协定》(GATT)第22条和第23条规定了执行GATT各项协议过程中缔约方之间争端解决的核心规则,包括磋商、申诉、专家组建议及执行等方面的规定。GATT争端解决机制的这套规则存在内容太过粗略、操作性不强等弊端,特别是GATT理事会采用协商一致的原则通过专家组的建议或作出其他决策。为了自身的利益,败诉方政府可以行使否决权阻止整个过程。出于同样原因,在确定专家组的职权范围、选择专家组的人员组成、在败诉方政府采取改正措施等方面,有关进程都有可能被进一步拖延。这样就损害了人们对 GATT 争端解决制度的信心,使谈判各方决定要为 WTO 建立一套统一的约束力更强的争端解决机制。

经过 GATT 乌拉圭回合多边贸易谈判(1986～1994 年),终于形成了 WTO 争端解决机制的基本法律文件《关于争端解决规则与程序的谅解》(DSU)。DSU 包括 27 条和 4 个附件,主要内容是涉及 WTO 争端解决机制的适用范围、管理机构、一般原则、基本程序和特殊程序。DSU 合理地吸收了 GATT 争端解决机制中经实践证明行之有效的一系列制度,并对之进行了有机的结合;另一方面,它又在总结经验与教训的基础上,针对原机制存在的各种弊端,采取了大胆的改进与革新;同时,进一步拓宽了争端解决机制的适用范围,丰富了解决争端的各种手段。通过 DSU 建立了争端解决机构(DSB)。

WTO 争端解决机制适用于乌拉圭回合各项协议,包括 GATT、《WTO 协议》本身及其所附全部货物贸易协议、GATS、TRIMs 和 TRIPS 等。WTO 的新机制在保留了 GATT 体制中的一些核心内容外,还采用了上诉程序,规定了补偿和交叉报复措施等,加强了这一体制的作用,增强了约束力。

DSU 是乌拉圭回合谈判中多边关系的一个焦点。DSU 所有条款的精神都在第 3 条第 2 款中得到了体现。DSU 第 3.2 条规定"WTO 争端解决机制是为多边贸易体制提供保证和可预见性的一个中心环节。各成员承认该机制用以保障各成员有关协议项下的权利和义务,以及按照国际公法解释的习惯规则,澄清有关协议的现有条文。DSB 的各项建议和裁决不得增加或减少各有关协议所规定的权利和义务。"实践证明,DSU 在执行过程中是非常有效的。使用争端解决机制的案例越来越多,反映了成员国对 WTO 争端解决机制的兴趣和重视。

2. 世界贸易组织争端解决机构的基本程序

争端解决机制机构是由专家组(Panel)和上诉机构(Appellate Body)组成的。专家组由 3 名(有时是 5 名)来自不同国家的专家组成,负责审查证据并作出裁决;7 名具有公认权威并在法律、国际贸易和 WTO 各适用协定所涉专题方面具有公认专门知识的人员组成,负责审理专家组案件的上诉,任何一个案件由其中 3 人组成。专家组和上诉机构人员由争端解决机构任命。DSB 采取"反向一致的做法"——在协商一致的情况下才能否决裁决报告。每一个案件的专家组成员可以从一份常备的符合资格的候选人名单中选择,或从其他地方选择。他们以个人身份任职,不能接受任何政府的指示进行斡旋、调解或调停。

DSB 争端解决各阶段时限概览

	各步骤程序	时限
争端当事方提出或者不提出上诉的案件	磋商、调解程序	60 天
	成立专家组或者由 WTO 总干事指定专家组成员	45 天
	DSB 向争端当事方散发专家组报告	6 个月
	DSB 向 WTO 成员散发专家组报告	3 周
	DSB 通过专家组报告	60 天
	全部时限	1 年
	DSB 向争端当事方散发上诉机构报告	60 天至 90 天
	DSB 通过上诉机构报告	30 天
	全部时限	15 个月或者 16 个月

3. 反倾销(Anti – Dumping)规则及计算方法

WTO《反倾销措施协定》要求判定一成员实施反倾销措施,必须遵守三个条件:第一,确定存在倾销的事实;第二,确定对国内产业造成了实质损害或威胁,或对相关产业造成实质阻碍;第三,确定倾销和损害之间存在因果关系。按照倾销的定义,若产品的出口价格低于正常价格,就会被认为存在倾销。出口价格低于正常价格的差额被称为倾销幅度。相应地,确定倾销经过三个步骤:确定出口价格;确定正常价格;对出口价格和正常价格进行比较。

欧美"归零法":"归零法"就是在计算整体产品的倾销幅度的过程中,将那些出口价格高于正常价值的交易的比较结果视为零,而不将其与出口价格低于正常价值的交易的比较结果进行的抵消的做法。

4. 反补贴(Countervailing)规则及计算方法

补贴是由一国政府或任何公共机构提供,使接受者得益的财政资助。除了农产品协议的规定之外,从法律上或事实(in law or in fact)上,以出口实绩(export performance)或进口替代(import substitution)作为唯一条件或多个条件之一所给予的补贴是应当禁止的。

WTO《补贴与反补贴措施协定》将补贴分为三种基本类型:禁止性补贴、可诉补贴和不可诉补贴。

5. 国际贸易调查中"价格效果"与"产业损害"之间的关系

在贸易救济案件中作为法律术语使用的"价格效果",通常仅用于对"产业损害"的某种事实认定。一般而言,一国在征收反倾销税或者平衡税时,政府除了要证明倾销或补贴情况存在以外,还须证明国内产业遭受了实质损害(material injury)或实质损害威胁(threat of material injury),并且倾销与实质损害之间存在因果关系。对于损害的认定可通过多种因素加以证明,在《反倾销措施协定》第 3 条与《补贴与反补贴措施协定》第 15 条分别列明了损害计算的原则、损害构成要件以及各要素间的整合关系等规定,这对调查机关在产业损害证明和因果关系分析两方面设定了具体的框架和遵守的纪律。其中,《反倾销措施协定》第 3.2 条及

《补贴与反补贴措施协定》第15.2条规定了国内价格冲击被视为造成国内产业损害的其中一种方式,即在进口产品倾销或接受补贴的情况下,(1)与进口国的同类产品相比,进口产品存在着大幅度降价(price undercutting)销售的情况,或者(2)进口产品引发严重抑制价格(price depression)的情况,或者(3)在很大程度上会导致阻碍产品价格提高(price suppression)的情况,这三种情况被《反倾销措施协定》及《补贴与反补贴措施协定》列为进口产品效果国内价格的主要现象,简称为"价格效果"(price effect)。

损害分析的两种模式:一种是欧盟模式,该模式下的损害分析分两个步骤完成,首先认定损害的各个因素中相关指标变化情况,再认定因果关系以及是否有其他因素打破因果关系链。另一种是美国模式,该模式下不提倡将损害和因果关系分步认定,而是主张通过全面分析市场竞争条件,国内产业各个指标间的变化及关联情况,以及通过举证和听证会对各项裁定进行验证。

预期效果

1. 能够掌握前述教学内容。
2. 能够对后面的拓展思考题形成自己的思路和答案。
3. 能够对同类型的国际贸易救济争端案件作出基本判断。

教学计划

1. 课前计划:要求学生课前掌握世界贸易组织的设立目的、争端解决程序及背景等内容,并安排学生阅读近三年世界贸易组织争端解决中涉及中国的案例(提供专家组和上诉机构案件裁决报告),对这些案例所涉及法律问题予以整理,进行初步思考。

2. 课中计划:简要介绍我国贸易形势、中美反倾销和反补贴争议的背景;着重分析案件专家组和上诉机构裁决的争议问题;将学生分组,进行模拟法庭的演示;教师归纳总结。

附:国际贸易案件的专业性、科学性较为突出,希望教师教学过程中能利用多媒体等设备,深入浅出地介绍背景知识,引导学生更好地理解案情以及运用法理、法律法规处理案件。

3. 课后计划:布置学生进一步思考世界贸易组织争端解决的职能,以及如何改革或者进一步发挥其职能。

课堂时间安排

本案例可以作为专门的案例教学课来进行,整个案例课的课堂安排3个课时,每课时45分钟。

思考题

1. 探讨国际贸易救济措施中裁决的严谨性和逻辑性

背景:在实践中,反倾销、反补贴等国际贸易救济调查过程及大多数裁决使用的基础材料会出于保护商业秘密的需要进行保密处理,因此公开的裁决通常是WTO争端解决案件主要针对的目标。由于裁决通常涉及调查程序、倾销(或补贴)、损害和因果关系等诸多方面的内容,这就要求调查机关在确认裁决内容完整、准确的基础上,注意保证裁决分析、论证过程内在的严谨性和逻辑性。

若干要素:(1)上下文/条文之间的内部关系;(2)裁决整体性和逻辑性要求:裁决各部分的整体考虑与充分印证;调查过程、论证过程和裁决结论的逻辑性联系;明确裁决各部分对于最终结论的影响;(3)裁决结论的论证充分性要求;(4)裁决基础指标的可比性和合理性要求。

2. 探讨美国对华“双反”措施中外部基准规则的适用背景

使用外部基准的国际法层面的依据主要来自《补贴与反补贴措施协定》,关于外部基准规则的相关规定见于第 14 条,然而该条文对于外部基准的可适用性只作了一些原则性规定,具体的计算方法和价格比较基准的确定由成员国国内立法或实施细则中作出规定,并要求这些规定对每一具体案件的适用应保持透明并附充分说明。有统计数据表明,在 1995 ~ 2013 年,美国对世界其他国家一共发起 138 起反补贴调查,其中对中国的案件数为 39 起,终裁案件 33 起。从已终裁的案件情况来看,外部基准的使用频率高达 93.3%,适用对象集中于政府(国有商业银行)提供贷款、政府(国有企业)提供原材料和政府提供土地使用权这 3 个项目,并没有超出其国内立法的范围,而且各个项目外部基准的确定也是按照国内立法所确定的规则进行。

分析路径:外部基准的适用前提和对象(与替代国价格的比较);外部基准的类型和确定方法;对“非市场经济”国家适用反补贴及其外部基准的贸易限制效应。

3. 探讨《补贴与反补贴措施协定》第 14 条“私人投资基准”内涵和外延

背景:《补贴与反补贴措施协定》第 14 条 a 款规定:“政府投资入股,不得视为授予利益,除非投资决定可以被视为有悖于该成员领土内私人投资者的通常投资做法(包括风险投资)。”但如何确定“私人投资者的通常投资做法”(以下简称私人投资基准),《补贴与反补贴措施协定》却语焉不详。由于此项基准的主体即私人投资者是不特定的,加之投资决策在很大程度上取决于对未来的主观判断,因此,相对于第 14 条的其他三项基准,即“可以实际从市场获得的可比商业贷款”(b 款),“无政府担保的可比商业贷款”(c 款)和“根据买卖交易发生地当时国内市场行情确定的适当报酬”(d 款)而言,私人投资基准更为抽象、主观,且涉及经济学角度的考量甚于法律层面的逻辑推理。

案例:WTO 争端解决机构从法解释学的角度建立了“私人投资基准”的基本框架。在日本 DRAMS 案(DS336)中,上诉机构认可两种证据可以代表“私人投资基准”:一是投资市场中的同类交易价格;二是关于政府投资动机的证据,若证明政府投资并非基于商业动机,则说明企业所接受的政府投资较正常商业投资更为优惠。

考量要素:股权比例限制、外部投资者标准、私人投资的结构价格、投资入股的商业动机(投资回报/合理期望)。

参考文献

1. 曹建明、贺小勇主编:《世界贸易组织》(第三版),法律出版社 2011 年版。
2. 韩立余主编:《国际经济法练习题集》,中国人民大学出版社 2013 年版。
3. 余劲松、吴志攀主编:《国际经济法》(第四版),北京大学出版社、高等教育出版社 2014 年版。
4. 汤婧:《贸易救济调查机构“价格效果”评估义务问题研究——以中美电工钢为例》,载《国际贸易》2013 年第 6 期。

5. 张斌:《外部基准:另一种替代价格》,载《世界经济研究》2013 年第 9 期。
6. 甘瑛:《WTO〈补贴与反补贴措施协定〉第 14 条的 适用前提之辨——以对外贸易补贴利益与数额计算基础即“市场”为核心》,载《政治与法律》2013 年第 11 期。
7. 刘彤:《论贸易救济措施裁决的逻辑性要求——以 WTO 争端解决机构取向电工钢案为视角》,载《国际贸易》2014 年第 1 期。
8. 李晓郛:《中国 DSB 争端解决案件研究(2001 ~ 2013)》,载《北京理工大学学报》(社会科学版)2014 年第 4 期。
9. 李本、姚云灿:《美国对华“双反”措施中外部基准规则的适用问题》,载《国际商务研究》2016 年第 4 期。
10. 蒋奋:《论判定补贴利益的私人投资基准:法解释学与法经济学的视角》,载《浙江大学学报》(人文社会科学版)2016 年第 5 期。

(李晓郛,上海财经大学应用经济学博士后)

30 CASE 苏州世名科技股份有限公司申请首次公开发行股票并在创业板上市案例

摘　要

本案例主要讨论上市公司首次公开发行股票并在创业板上市中法律意见书的出具问题。通过真实案例分析,了解和掌握法律意见书的框架结构、主体内容、法律意见书的核心要素。深刻理解上市公司首次公开发行股票并在创业板上市的实质要件。通过学习法律意见书的出具规范,以及在实务中如何审核企业具备首次公开发行股票并在创业板上市的条件,对出现的法律问题如何回应及如何发表法律意见。通过案例学习,对我国上市公司首次公开发行股票并在创业板上市法律制度相关理论和实务问题达到更为深刻的理解。

关键词

创业板　上市　首次公开发行股票　法律意见书

教学目标

本案例主要围绕公司首次公开发行股票并在创业板上市的法律意见书展开,通过学生对案例的阅读、分析,结合授课教师的指导,达到下述教学目标:(1)明确律师在上市公司在创业板公开发行证券中出具法律意见书的框架结构、主体内容;(2)掌握公司首次公开发行股票并在创业板上市的实质条件,以及律师应当核验的证据材料及分析方法;(3)知悉上市公司的独立性等上市核心要素,以及律师如何核验公司独立性问题;(4)了解公司首次公开发行股票并在创业板上市的程序;(5)知悉公司首次公开发行股票并在创业板上市的实质条件与主板、中小企业板和新三板等资本市场上市的区别;(6)思考创业板作为多层次资本市场的一部分,与主板、中小企业板、新三板等资本市场的区别与联系。

教学案例

第一部分:发行人简介及发行情况

2001年12月11日,世名有限公司成立,注册资本50万元。苏州世名科技股份有限公司是由世名有限公司依法整体变更、发起设立的股份有限公司。公司注册资本为5000万元,实收资本5000万元,法定代表人是吕仕铭。

公司经营范围包括,危险化学品的其他经营(按危险化学品经营许可证核定范围经营)(不得储存);软件开发、销售;计算机调色体系、色卡产品开发、销售;水性色浆生产、销售;水性涂料销售及技术咨询服务;自营和代理各类商品及技术的进出口业务(依法须经批准的项目,经相关部门批准后方可开展经营活动)。

2010年6月30日,世名有限公司依法整体变更为股份有限公司,以截至2010年2月28日世名有限公司经审计的净资产68304874.77元为基准按照1:0.732012176的比例折股5000万股,每股面值1.00元,注册资本为5000万元;超过股本的净资产18304874.77元计入资本公积。

公司的控股股东和实际控制人为吕仕铭、王敏夫妇。截至本招股说明书签署日,吕仕铭直接持有公司股份2643.70万股,王敏直接持有公司股份420.00万股,吕仕铭、王敏通过世名投资间接持有公司股份250.00万股,两人直接和间接持有公司股份总数合计为3313.70万股,占公司总股本的比例为66.27%,处于绝对控股地位。

第二部分:法律意见书

一、本次发行上市的批准和授权

1.2013年2月25日,发行人召开第一届董事会第十三次会议,审议通过了与本次发行上市有关的一系列议案,并同意将其提交发行人2012年度股东大会审议表决。

2.2012年3月18日,发行人召开2012年度股东大会,以逐项表决方式,审议通过了发行人第一届董事会第十三次会议提交的与本次发行上市有关的议案。

经本所律师核查,发行人2012年度股东大会的召集、召开方式、与会股东资格、表决方式及决议内容,符合《证券法》《公司法》《管理办法》等有关法律、法规、规范性文件以及《公司章程》的规定。发行人2012年度股东大会已按法定程序作出了批准发行人首次向社会公开发行股票并在创业板上市的决议,表决程序、决议内容均合法有效。

3. 发行人股东大会授权董事会办理有关本次发行上市事宜的授权程序合法,内容明确具体,合法有效。

4. 综上所述,本所律师认为,发行人本次发行上市已获得发行人内部权力机构的批准及授权,截至2013年6月13日,本次发行有待取得中国证监会核准。

二、本次发行上市的主体资格

发行人系根据《公司法》等法律、法规及规范性文件的规定，由世名科技有限整体变更设立的股份有限公司，发行人自世名科技有限成立至今已持续经营3年以上。根据发行人说明并经有关主管部门出具证明文件，截至2013年6月13日，发行人在最近3年的生产经营活动中不存在重大违法行为，亦不存在根据有关法律、法规、规范性文件和发行人章程规定的发行人应终止的情形，发行人为依法设立且合法存续的股份有限公司。

本所律师认为，发行人具备有关法律、法规、规范性文件规定的申请首次公开发行人民币普通股股票并在创业板上市的主体资格。

三、本次发行上市的实质条件

经逐条对照《公司法》《证券法》《首次公开发行股票并在创业板上市管理办法》(2018修正)(以下简称《管理办法》)等法律、法规和规范性文件的规定，本所律师认为，发行人符合本次发行上市的下列条件：

1. 发行人本次发行上市符合《证券法》及《公司法》规定的相关条件。

(1)根据发行人说明并经本所律师核查，发行人具备健全且运行良好的组织机构，符合《证券法》第13条第1款第1项之规定。

(2)根据《审计报告》，发行人具有持续盈利能力，财务状况良好，符合《证券法》第13条第1款第2项之规定。

(3)根据《审计报告》，截至2013年6月13日，发行人及有关会计报表的编制符合《企业会计准则》和《企业会计制度》的有关规定，发行人最近3年的财务会计文件不存在虚假记载的情形；根据有关主管部门出具的证明并经本所律师核查，发行人近3年来不存在重大违法行为，符合《证券法》第13条第1款第3项之规定。

(4)根据《招股说明书》，发行人本次拟向社会公众公开发行的股份为同一类别的股份，均为人民币普通股股票，同股同权，每股的发行条件和价格相同，符合《公司法》第127条的规定。

2. 发行人本次发行上市符合《管理办法》规定的相关条件。

(1)根据发行人工商登记资料、相关审计报告、纳税资料、年检资料，发行人是依法设立且持续经营三年以上的股份有限公司(自世名科技有限成立之日起计算)，符合《管理办法》第10条第1项的有关规定。

(2)根据《审计报告》，发行人2011年度、2012年度的净利润(以扣除非经常性损益前后较低者为计算依据)累计超过人民币1000万元，且持续增长，符合《管理办法》第10条第2项的规定。

(3)根据《审计报告》，发行人截至2012年12月31日的净资产不少于2000万元，且不存在未弥补的亏损，符合《管理办法》第10条第3项的规定。

(4)截至2013年6月13日，发行人股本总额为5000万元，若发行人本次拟发行的1667万股全部发行完毕，则发行人的股本总额将为6667万元，不少于3000万元，符合《管理办法》

第 10 条第 3 项的规定。

(5)根据发行人说明并经核查有关验资机构出具的验资文件、有关资产权属证明文件,发行人的注册资本已足额缴纳,发起人或者股东用作出资的资产的财产权转移手续已办理完毕,发行人的主要资产不存在重大权属纠纷,符合《管理办法》第 11 条的规定。

(6)根据发行人说明并经本所律师核查,截至 2013 年 6 月 13 日,发行人目前主要从事色浆研发、生产、销售,主要经营一种业务;根据发行人说明并经核查发行人持有的《企业法人营业执照》、发行人《公司章程》、有关产业政策、有关环境保护主管部门出具的相关证明,发行人的生产经营符合法律、行政法规和发行人章程的规定,符合国家产业政策及环境保护政策,符合《管理办法》第 12 条的规定。

(7)经本所律师核查,截至 2013 年 6 月 13 日,发行人最近两年的主营业务均为色浆研发、生产、销售,未发生重大变化;发行人的董事、高级管理人员在最近两年未发生重大变化;最近两年内,发行人的实际控制人一直为吕仕铭和王敏夫妇,亦未发生变更,符合《管理办法》第 13 条的规定。

(8)根据《审计报告》、发行人说明并经本所律师核查,截至 2013 年 6 月 13 日,发行人具有持续盈利能力,发行人不存在《管理办法》第 14 条规定的下列影响持续盈利能力的情形:

①发行人的经营模式、产品或服务的品种结构已经或者将发生重大变化,并对发行人的持续盈利能力构成重大不利影响;

②发行人的行业地位或发行人所处行业的经营环境已经或者将发生重大变化,并对发行人的持续盈利能力构成重大不利影响;

③发行人在用的商标、专利、专有技术以及特许经营权等重要资产或技术的取得或者使用存在重大不利变化的风险;

④发行人最近一年的营业收入或净利润对关联方或者有重大不确定性的客户存在重大依赖;

⑤发行人最近一年的净利润主要来自合并财务报表范围以外的投资收益;

⑥其他可能对发行人持续盈利能力构成重大不利影响的情形。

(9)根据《审计报告》《纳税鉴证报告》、有关税务机关出具的证明、发行人说明并经本所律师核查,发行人依法纳税,享受的各项税收优惠符合相关法律、法规的规定。发行人的经营成果对税收优惠不存在严重依赖,符合《管理办法》第 15 条的规定。

(10)根据发行人说明并经本所律师核查,发行人不存在重大偿债风险,不存在影响持续经营的担保、诉讼以及仲裁等重大或有关事项,符合《管理办法》第 16 条的规定。

(11)经吕仕铭和王敏夫妇说明并经本所律师核查,发行人的股权清晰,发行人控股股东和受控股股东、实际控制人支配的股东持有的发行人股份不存在重大权属纠纷,符合《管理办法》第 17 条的规定。

(12)发行人与控股股东、实际控制人及其控制的其他企业间不存在同业竞争,以及严重影响公司独立性或者显失公允的关联交易(详见本法律意见书“九、关联交易及同业竞争”),

符合《管理办法》第 18 条的规定。

(13)经本所律师核查,发行人具有完善的公司治理结构,已经依法建立健全了股东大会、董事会、监事会以及独立董事、董事会秘书、审计委员会等专业委员会工作制度,发行人相关机构和人员能够依法履行各自职责,符合《管理办法》第 19 条的规定。

(14)经本所律师核查,立信会计师事务所已对发行人进行了审计,并出具了标准无保留意见的《审计报告》。根据《审计报告》《内控鉴证报告》以及发行人说明,发行人会计基础工作规范,财务报表的编制符合企业会计准则和相关会计制度的规定,在所有重大方面公允地反映了发行人的财务状况、经营成果和现金流量,并由注册会计师出具了无保留意见的审计报告,符合《管理办法》第 20 条的规定。

(15)根据《内控鉴证报告》,发行人的内部控制制度健全且被有效执行,能够合理保证财务报告的可靠性、生产经营的合法性、营运的效率与效果,并由立信会计师事务所出具无保留结论的内部控制鉴证报告,符合《管理办法》第 21 条的规定。

(16)根据《内控鉴证报告》、发行人说明并经本所律师核查,发行人有严格的资金管理制度,不存在资金被控股股东、实际控制人及其控制的其他企业以借款、代偿债务、代垫款项或者其他方式占用的情形,符合《管理办法》第 22 条的规定。

(17)经本所律师核查,发行人的《公司章程》和《公司章程(草案)》均已明确规定了对外担保的审批权限和审议程序;根据《审计报告》、发行人说明并经本所律师核查,发行人不存在为控股股东、实际控制人及其控制的其他企业进行违规担保的情形,符合《管理办法》第 23 条的规定。

(18)发行人的董事、监事和高级管理人员参加了保荐机构组织的发行人首次公开发行上市辅导,发行人各董事、监事和高级管理人员已经了解与股票发行上市有关的法律、法规,知悉上市公司及其董事、监事和高级管理人员的法定义务和责任,符合《管理办法》第 24 条的规定。

(19)截至 2013 年 6 月 13 日,发行人的董事、监事和高级管理人员忠实、勤勉,具备法律、行政法规和规章规定的任职资格,且不存在《管理办法》第 25 条规定的下列任职资格限制情形:

①被中国证监会采取证券市场禁入措施尚在禁入期的;

②最近 3 年内受到中国证监会行政处罚,或者最近一年内受到证券交易所公开谴责;

③因涉嫌犯罪被司法机关立案侦查或者涉嫌违法违规被中国证监会立案调查,尚未有明确结论意见。

(20)根据发行人、控股股东及实际控制人的陈述并经本所律师核查,截至 2013 年 6 月 13 日,发行人及其控股股东、实际控制人满足《管理办法》第 26 条规定的下述条件:

①发行人及其控股股东、实际控制人最近 3 年内不存在损害投资者合法权益和社会公共利益的重大违法行为;

②发行人及其控股股东、实际控制人最近 3 年内不存在未经法定机关核准,擅自公开或

者变相公开发行证券,或者有关违法行为虽然发生在3年前,但目前仍处于持续状态的情形。

(21)根据发行人说明并经本所律师核查,发行人的募集资金拟用于1.2万吨水性色浆生产线建设项目,募集资金用于主营业务,并有明确的用途,发行人的募集资金数额和投资项目与发行人生产经营规模、财务状况、技术水平和管理能力等相适应,符合《管理办法》第27条的规定。

(22)根据发行人说明,发行人已制定《募集资金管理制度》,建立了募集资金专项存储制度,募集资金将存放于董事会决定的专项账户,符合《管理办法》第28条的规定。

综上所述,本所律师认为,截至2013年6月13日,除尚待取得中国证监会对发行人本次公开发行股票的核准及证券交易所对发行人股票上市的核准外,发行人已具备了中国有关法律法规、中国证监会及证券交易所的相关规定中对股份有限公司申请首次公开发行股票并在创业板上市所要求的条件。

四、发行人的设立

(一)基本信息

世名科技有限系于2001年12月11日成立的有限责任公司,其成立时的住所为昆山市周市镇新镇东方路104号,法定代表人为吕仕铭,注册资本为50万元。

(二)发行人设立的程序、资格、条件和方式

1.发行人的设立程序

根据发行人的说明及本所律师核查,发行人共有46名发起人,具备设立股份有限公司的资格(详见本法律意见书正文之"六、发起人、股东及实际控制人")。

2.发行人的设立条件

经本所律师核查,发行人具备《公司法》第77条规定的股份有限公司设立条件。

3.发行人设立的方式

经本所律师核查,发行人系以有限责任公司经审计的账面净资产整体变更方式设立的股份有限公司。

基于上述,本所律师认为,发行人设立的程序、资格、条件和方式,符合法律、法规和规范性文件的规定,并得到有权部门的批准。

(三)发行人由有限公司整体变更为股份有限公司过程中的审计、评估及验资

略。

基于上述,本所律师认为,发行人由有限公司整体变更为股份有限公司过程中已经履行了有关审计、评估及验资等必要程序,符合有关法律、法规和规范性文件的规定。

(四)发行人创立大会

2010年4月13日,发行人召开创立大会暨第一次股东大会,审议通过了……有关发起设立股份有限公司的议案。

本所律师认为,发行人设立时股东大会的程序及所议事项符合法律、法规和规范性文件的规定。

五、发行人的独立性

综上所述，本所律师认为，发行人具有完整的业务体系和直接面向市场独立经营的能力，其资产完整，人员、财务、机构、业务独立，在独立性方面不存在其他严重缺陷。

六、发起人、股东及实际控制人

经本所律师核查，发行人系由世名科技有限整体变更设立的股份有限公司，各发起人股东均以其在世名科技有限享有的权益投入发行人。该等投入资产产权关系明晰，投入发行人不存在法律障碍。

七、发行人的股本及其演变

1. 发行人前身世名科技有限的股本及演变根据本所律师对世名科技有限股权结构变动所涉内部决议、股权转让文件、公司章程、验资文件、工商变更登记证明等资料的核查，本所律师认为，世名科技有限股权结构的变动依法履行公司内部决策程序并办理了工商变更登记，股权变动合法、有效。

2. 发行人的设立及其后的股权变动经本所律师核查，发行人设立时的股权设置、股本结构合法、有效。根据发行人工商登记材料，本所律师经审查后认为，发行人设立后的股权变动合法、合规、真实、有效，不存在法律纠纷或潜在法律纠纷。

3. 发行人的股东所持发行人股份的质押情况根据发行人及其股东（发起人）的说明及本所律师的核查，各股东（发起人）持有的发行人股份不存在质押的情形。

八、发行人的业务

根据本所律师向发行人的股东、董事以及高级管理人员的核查，发行人不存在于中国大陆以外设置生产经营机构、从事生产经营活动的情形。

九、关联交易及同业竞争

1. 经发行人说明并经本所律师核查，报告期内发行人发生的关联交易不存在显失公允、损害发行人及公司股东利益的情形。

2. 经本所律师核查，发行人的《公司章程》《公司章程（草案）》《股东大会议事规则》《董事会议事规则》《关联交易管理制度》规定了关联交易的决策程序和关联股东及关联董事在进行关联交易表决时的回避程序。

3. 经本所律师核查，为有效防止及避免同业竞争，发行人控股股东、实际控制人吕仕铭和王敏夫妇已向发行人出具了关于避免同业竞争的承诺。

4. 根据发行人说明，其已对有关关联交易和避免同业竞争的承诺或措施进行了充分披露，上述披露不存在重大遗漏或重大隐瞒。

十、发行人的主要财产

根据发行人的说明并经本所律师核查，发行人的财产不存在产权纠纷。

十一、发行人的重大债权债务

1. 截至2013年6月13日，发行人正在履行的标的金额在500万元以上的合同，或者交易金额虽未超过500万元，但对公司生产经营活动、未来发展或财务状况具有重要影响的合同:略。

2. 经发行人说明及本所律师适当核查,截至2013年6月13日,发行人不存在因环境保护、知识产权、产品质量、劳动安全、人身权等原因产生的重大侵权之债。

3. 根据《审计报告》、发行人说明及经本所律师核查,截至2012年12月31日,发行人其他应收账款和其他应付账款系因正常的生产经营活动所致,合法、有效。

十二、发行人的重大资产变化及收购兼并

1. 发行人(包括其前身世名科技有限)报告期内重大资产变化及收购兼并。

(1)经发行人说明并经本所律师核查,发行人自设立以来并无合并、分立、减少注册资本、出售资产的情形。

(2)收购世名印刷2008年9月30日,发行人与世名印刷签订《整体收购协议》,收购世名印刷拥有的固定资产、原材料、半成品和成品等,交易价格为12636534.19元人民币。

2. 经本所律师核查,发行人上述资产重大变化和收购兼并行为,符合法律、法规的规定,并已履行了必要的法律手续,合法有效。

十三、发行人章程的制定与修改

1. 经本所律师核查,自股份公司设立后发行人《公司章程》及《公司章程(草案)》的制定及修改均履行了法定程序。

2. 经本所律师核查,发行人的《公司章程》及《公司章程(草案)》均按照《公司法》《上市公司章程指引》(2006年修订)等有关规定制定及修改,符合有关法律、法规和中国证监会的规定。

十四、发行人股东大会、董事会、监事会议事规则及规范运作

1. 发行人具有健全的组织机构。发行人根据公司章程,设置了股东大会、董事会和监事会等决策、监督机构,并对其职权作出了明确的划分。

2. 发行人的股东大会、董事会、监事会均具有健全的议事规则,符合相关法律、法规和规范性文件的规定。

3. 经本所律师核查,发行人设立为股份公司后共召开了13次股东大会、15次董事会、9次监事会会议,发行人股东大会、董事会、监事会的召开程序、决议内容及签署合法、有效。

十五、发行人董事、监事和高级管理人员及其变化

本所律师认为,发行人独立董事的设立、任职资格及职权范围均符合法律、法规、规范性文件和发行人章程的规定,不存在违反有关法律、法规和规范性文件规定的情形。

十六、发行人的税务

1. 经发行人说明及本所律师核查,发行人执行的主要税种、税率符合法律、法规的规定。

2. 经发行人说明及本所律师核查,发行人享受的税收优惠符合法律、法规的规定。

3. 经本所律师核查,发行人享受的财政补贴并不与截至2013年6月13日的有关法律相冲突,合法有效。

4. 发行人的完税情况(略)

十七、发行人的环境保护和产品质量、技术等标准

1. 发行人的环境保护

环保核查(略)

2. 发行人的产品质量、技术标准

相关核查(略)

十八、发行人募集资金的运用

1. 本次募集资金用于1.2万吨水性色浆生产线建设项目经本所律师核查,上述投资项目已按照有关法律法规的规定获得必要的批准、备案。

2. 本所律师认为,发行人本次募集资金投资项目符合国家产业政策,不涉及与他人进行合作的情形,亦不会导致同业竞争,并已经有权政府部门核准和发行人内部批准,符合相关法律、法规和规范性文件的规定。

十九、发行人的业务发展目标

本所律师认为,发行人的业务发展战略、发展目标与其主营业务一致,发行人的业务发展目标符合国家法律、法规和规范性文件的规定。

二十、诉讼、仲裁或行政处罚

经本所律师核查,截至2013年6月13日,发行人及其控股子公司、持有发行人5%以上股份的主要股东、发行人的实际控制人,以及发行人的董事长、总经理目前不存在尚未了结或可以预见的重大诉讼、仲裁及行政处罚案件。

二十一、发行人招股说明书法律风险的评价

本所律师参与了发行人招股说明书的编制及讨论,已审阅发行招股说明书,特别对发行人引用法律意见书和律师工作报告相关内容已认真审阅,发行人发行招股说明书及其摘要不存在虚假记载、误导性陈述或重大遗漏引致的法律风险。

二十二、结论意见

本所律师认为,发行人的主体资格合法,本次发行上市的批准和授权有效,发行上市的实质条件具备,募集资金运用已获得必要的批准、备案,不存在影响发行人本次发行上市的重大问题。截至2013年6月13日,除尚需获得中国证监会核准外,发行人本次发行上市在形式和实质条件上符合《证券法》《公司法》的规定。本法律意见书正本四份,无副本。

教学手册

教学对象及目标

1. 教学对象

本案例可供法学、金融学教学使用,主要适用于民商法学硕士、法律硕士、金融学硕士(资本市场方向)的案例教学课程。

2. 教学目标

本案例主要围绕公司首次公开发行股票并在创业板上市的法律意见书展开,通过学生对案例的阅读、分析,结合授课教师的指导,达到下述教学目标:(1)明确律师在上市公司在创业板公开发行证券中出具法律意见书的框架结构、主体内容;(2)掌握公司首次公开发行股票并在创业板上市的实质条件,以及律师应当核验的证据材料及分析方法;(3)知悉上市公司的独立性等上市核心要素,以及律师如何核验公司独立性问题;(4)了解公司首次公开发行股票并在创业板上市的程序;(5)知悉公司首次公开发行股票并在创业板上市的实质条件与主板、中小企业板和新三板等资本市场上市的区别;(6)思考创业板作为多层次资本市场的一部分,与主板、中小企业板、新三板等资本市场的区别与联系。

教学内容

一、企业首次发行股票并在创业板申请上市的实质条件有哪些?

《证券法》第13条规定:“公司公开发行新股,应当符合下列条件:

(一)具备健全且运行良好的组织机构;

(二)具有持续盈利能力,财务状况良好;

(三)最近三年财务会计文件无虚假记载,无其他重大违法行为;

(四)经国务院批准的国务院证券监督管理机构规定的其他条件。”

《管理办法》第11条至第16条规定:“第十一条　发行人申请首次公开发行股票应当符合下列条件:

(一)发行人是依法设立且持续经营三年以上的股份有限公司。有限责任公司按原账面净资产值折股整体变更为股份有限公司的,持续经营时间可以从有限责任公司成立之日起计算;

(二)最近两年连续盈利,最近两年净利润累计不少于一千万元;或者最近一年盈利,最近一年营业收入不少于五千万元。净利润以扣除非经常性损益前后孰低者为计算依据;

(三)最近一期末净资产不少于二千万元,且不存在未弥补亏损;

(四)发行后股本总额不少于三千万元。

第十二条　发行人的注册资本已足额缴纳,发起人或者股东用作出资的资产的财产权转移手续已办理完毕。发行人的主要资产不存在重大权属纠纷。

第十三条　发行人应当主要经营一种业务,其生产经营活动符合法律、行政法规和公司章程的规定,符合国家产业政策及环境保护政策。

第十四条　发行人最近两年内主营业务和董事、高级管理人员均没有发生重大变化,实际控制人没有发生变更。

第十五条　发行人的股权清晰,控股股东和受控股股东、实际控制人支配的股东所持发行人的股份不存在重大权属纠纷。

第十六条　发行人具有完善的公司治理结构,依法建立健全股东大会、董事会、监事会以及独立董事、董事会秘书、审计委员会制度,相关机构和人员能够依法履行职责。”

二、如何判断发行人具有持续盈利能力?

发行人具有持续盈利能力,需发行人不存在《管理办法》第十四条规定的下列影响持续盈利能力的情形:

(1)发行人的经营模式、产品或服务的品种结构已经或者将发生重大变化,并对发行人的持续盈利能力构成重大不利影响;

(2)发行人的行业地位或发行人所处行业的经营环境已经或者将发生重大变化,并对发行人的持续盈利能力构成重大不利影响;

(3)发行人在用的商标、专利、专有技术以及特许经营权等重要资产或技术的取得或者使用存在重大不利变化的风险;

(4)发行人最近一年的营业收入或净利润对关联方或者有重大不确定性的客户存在重大依赖;

(5)发行人最近一年的净利润主要来自合并财务报表范围以外的投资收益;

(6)其他可能对发行人持续盈利能力构成重大不利影响的情形。

三、如何理解发行人的主营业务稳定?

拟上市公司的主营业务收入应占公司总收入的比例不低于70%主营业务利润总额的比例不低于70%。

主营业务收入指拟上市公司经营按照营业执照上规定的主营业务内容所发生的营业收入。

募集资金只能用于发展主营业务,要求创业板公司发行上市后继续做强单一主营业务的制度性保证,可确保创业板企业募集资金的安全,又保障企业发展所需配套资金的供给。防止“先圈钱后挪用”违规行为。

主营业务利润=主营业务收入-折扣与折让-主营业务成本-主营业务税金及附加

四、如何理解发行人依法设立且存续满两年?

1. 依法设立,是指公司依据《公司法》等法律、法规及规章的规定向公司登记机关申请登记,并已取得《企业法人营业执照》。

(1)公司设立的主体、程序合法、合规。

①国有企业需提供相应的国有资产监督管理机构或国务院、地方政府授权的其他部门、机构关于国有股权设置的批复文件。

②外商投资企业须提供商务主管部门出具的设立批复文件。

③《公司法》修改(2006年1月1日)前设立的股份公司,须取得国务院授权部门或者省级人民政府的批准文件。

(2)公司股东的出资合法、合规,出资方式及比例应符合《公司法》相关规定。

①以实物、知识产权、土地使用权等非货币财产出资的,应当评估作价,核实财产,明确权属,财产权转移手续办理完毕。

②以国有资产出资的,应遵守有关国有资产评估的规定。

③公司注册资本缴足,不存在出资不实情形。

2. 存续两年是指存续两个完整的会计年度。

3. 有限责任公司按原账面净资产值折股整体变更为股份有限公司的,存续时间可以从有限责任公司成立之日起计算。整体变更不应改变历史成本计价原则,不应根据资产评估结果进行账务调整,应以改制基准日经审计的净资产额为依据折合为股份有限公司股本。申报财务报表最近一期截止日不得早于改制基准日。

五、如何理解发行人的独立性?

发行人应当具有完整的业务体系和直接面向市场独立经营的能力,具备独立的产供销体系。

1. 资产完整

生产型企业应当具备与生产经营有关的生产系统、辅助生产系统和配套设施,合法拥有与生产经营有关的土地、厂房、机器设备以及商标、专利、非专利技术的所有权或者使用权,具有独立的原料采购和产品销售系统;非生产型企业应当具备与经营有关的业务体系及相关资产。

2. 人员独立

发行人的总经理、副总经理、财务负责人和董事会秘书等高级管理人员不得在控股股东、实际控制人及其控制的其他企业中担任除董事、监事以外的其他职务,不得在控股股东、实际控制人及其控制的其他企业领薪;发行人的财务人员不得在控股股东、实际控制人及其控制的其他企业中兼职。

3. 财务独立

发行人应当建立独立的财务核算体系,能够独立作出财务决策,具有规范的财务会计制度和对分公司、子公司的财务管理制度;发行人不得与控股股东、实际控制人及其控制的其他企业共用银行账户。

4. 机构独立

发行人应当建立健全内部经营管理机构,独立行使经营管理职权,与控股股东、实际控制人及其控制的其他企业间不得有机构混同的情形。

5. 业务独立

发行人的业务应当独立于控股股东、实际控制人及其控制的其他企业,与控股股东、实际控制人及其控制的其他企业间不得有同业竞争或者显失公平的关联交易。

六、如何理解发行人股权明晰?

股权明晰,是指公司的股权结构清晰,权属分明,真实确定,合法合规,股东特别是控股股东、实际控制人及其关联股东或实际支配的股东持有公司的股份不存在权属争议或潜在纠纷。

(1)公司的股东不存在国家法律、法规、规章及规范性文件规定不适宜担任股东的情形。

(2)申请上市前存在国有股权转让的情形,应遵守国资管理规定。

(3)申请上市前外商投资企业的股权转让应遵守商务部门的规定。

七、公司治理的基本要求?

1. 发行人机构独立于控股股东、实际控制人及其控制的企业。

2. 发行人具有完善的公司治理结构,建立健全股东大会、董事会、监事会以及独立董事、董事会秘书、审计委员会制度,相关人员。

3. 发行人的董事和高管人员了解股票发行上市相关法律法规,知悉上市公司及其董事、监事和高管人员的法定义务和责任。

4. 发行人及其控股股东、实际控制人最近3年内不存在损害投资者合法权益和社会公共利益的重大违法行为,不存在未经核准擅自公开或变相公开发行证券的行为。

5. 发行人最近2年内主营业务和董事、高管人员均未发生重大变化,实际控制人没有发生变更。

6. 发行人的董事、监事和高级管理人员应当忠实、勤勉,具备法律行政法规和规章规定的资格,不存在被监管机构不允许任职的情况。

7. 发行人最近3年内不存在损害投资者合法权益和社会公共利益的重大违法行为。

八、申请上市公司在财务规范方面需要满足哪些要求?

1. 申请上市公司财务机构及人员独立并能够独立作出财务决策、财务会计制度及内控制度健全且得到有效执行、会计基础工作规范,符合《会计法》《会计基础工作规范》以及《公司法》《现金管理条例》等其他法律法规要求。

2. 申请上市公司财务报表的编制符合企业会计准则和相关会计制度的规定,在所有重大方面公允地反映了申请上市公司的财务状况、经营成果和现金流量,财务报表及附注不得存在虚假记载、重大遗漏以及误导性陈述。

3. 申请上市公司存在以下情形的应视为财务不规范,不符合上市条件:

①报告期内未按照《企业会计准则》的要求进行会计处理且需要修改申报报表;

②控股股东、实际控制人及其控制的其他企业占用公司款项未在申报前归还;

③因财务核算不规范情形被税务机关采取核定征收企业所得且未规范;

④其他财务不规范情形。

九、发行人的股东应满足哪些要求?

1. 根据《公司法》《证券法》的要求,如果股份有限公司是发起设立的,发起人必须符合以下要求:有2人以上200人以下发起人,其中须有过半数的发起人在中国境内有住所;公司股东改制上市应当符合该条件,并不违反其他法律法规的限制性条款。

2. 公司股东中不能有法律禁止和限制担任股东的人员。例如,公检法人员、国家公务员是不允许从事商业活动的。

3. 公司在改制重组时,可以根据企业的资产规模和股东结构情况,引进战略投资者。

4. 公司上市,需要确定发起人以及其他5%以上主要股东是符合作为股东,尤其是法人股东的法定要求;其中包括这些股东的最终实际控制人的名称、股权构成、主要管理层人员、从事的主要业务及经营情况。

教学计划、课堂时间安排

本案例可以作为专门的案例教学课进行讲授,整个案例可安排 6 个课时,每课时 45 分钟。

如下课堂设计,仅供参考。

1. 课前计划:安排学生阅读案例正文及相关附件,熟悉整个案例流程,对案例中提出的问题的进行思考。

2. 课中计划:介绍教学目的,明确讨论主题;分组讨论问题及解决对策,告知发言要求;小组代表发言,提出解决方案,评述其他小组提出的方案进行;教师进行引导性分析,并做最后归纳总结。

3. 课后计划:布置学生课后进一步细化首次公开发行股票并在创业板上市的法律意见书出具的框架结构,主要核查内容,通过分析其他案例,布置学生起草一份法律意见书,从而更全面深入理解和掌握法律意见书及相关法律法规和实践操作能力和水平,进一步提高学生出具法律意见书的水平。

思考题和实践题

1. 主板、创业板的区别与联系?
2. 发行人要满足具有哪些资质,具备什么实质条件?
3. 企业首次公开发行股票(IPO)与企业在中小企业股份转让系统挂牌并公开转让有什么区别?
4. 律师如何审核发行人的独立性?
5. 律师如何审核发行人的关联交易及同业竞争?
6. 律师如何审核发行人的重大债权债务?
7. 律师如何审核发行人的重大资产变化及收购兼并符合规定?
8. 律师如何审核发行人章程的制定与修改符合规定?
9. 律师如何审核发行人的股东大会、董事会、监事会议事规则及规范运作符合规定?
10. 律师如何核查发行人董事、监事和高级管理人员及其变化符合规定?
11. 发行人变更经营范围对上市的主体资格有何影响?
12. 发行人应针对同业竞争作出哪些披露?
13. 发行人改变募集资金用途后是否需要重新审批进行上市?
14. 报告期内申请发行上市的企业发生实际控制人变更是否可申请发行上市?
15. 律师如何核查发行人的业务开展符合法律法规规定?
16. 企业的纳税情况不符合法律规定是否影响发行上市?
17. 律师如何审查企业的环境保护和产品质量、技术标准符合法律规定?

参考文献

1. 涂成洲:《创业板上市实战:操作流程与案例评析》(第二版),法律出版社 2015 年版。
2. 汪祖伟:《国内创业板上市法律事务》,中国金融出版社 2010 年版。
3. 申林平:《创业板上市法律实务》(修订版),法律出版社 2011 年版。
4. 谭岳奇:《创业板上市法律实务及典型案例分析》,法律出版社 2011 年版。
5. 李宝峰:《创业板上市法律实务》,法律出版社 2011 年版。
6. 冯果、罗小洋:《创业板市场风险防范的若干法律思考》,载《法学评论》(双月刊)2001 年第 2 期。
7. 陆生全、高树粱:《创业板市场的风险及防范》,载《兰州商学院学报》2002 年第 2 期。
8. 曹东:《中国创业板市场发展的思考》,载《理论前沿》2008 年第 1 期。
9. 王云鹏:《中国创业板的开启与香港创业板的启示——基于 IPO 抑价现象的实证研究》,载《财经研究》2009 年第 16 期。
10. 叶春和:《我国创业板市场的风险因素及监管对策初探》,载《国际金融研究》2009 年第 8 期。

参考法律法规

1.《公司法》。
2.《证券法》。
3.《律师事务所从事证券法律业务管理办法》。
4.《律师事务所证券法律业务执业规则(试行)》。
5.《创业板上市公司证券发行管理暂行办法》。
6.《公开发行证券公司信息披露编报规则第 12 号——公开发行证券的法律意见书和律师工作报告》。
7.《首次公开发行股票并在创业板上市管理办法》。
8.《创业板市场投资者适当性管理暂行规定》。

(孙艳军,上海海事大学法学院副教授)

31 CASE 原产日本、韩国和欧盟的进口取向电工钢反倾销调查案

摘　要

本案以商务部的反倾销调查案例为蓝本，围绕反倾销调查中的倾销行为的成立及调查程序保障等问题进行分析，涉及的知识点有：倾销成立的条件、价格承诺、反倾销调查的发起、反倾销调查的程序性规则、反倾销的临时措施、反倾销税的征收及反倾销税的复审等。本案例涵盖了反倾销调查整个过程，即包括实体问题，也包括程序问题。实体问题包括正常价值的确定、出口价格的确定、倾销幅度的确定、损害的确定、倾销与损害间的因果关系、累积评估、微量幅度、国内产业的认定、申请人资格、反倾销税的征收等内容；程序性问题包括通知、调查、听证、临时措施、复审等内容。本案对于解决其他反倾销案例具有一定的指导意义。

关键词

倾销成立的条件　反倾销调查的程序　反倾销税

教学目标

本案例借助实践发生的反倾销实例，重点介绍倾销成立的条件和反倾销调查程序规则，通过学生对案例的阅读、分析，结合教师的指导，使学生对反倾销调查中如何判定倾销的成立、损害的成立、国内产业、价格承诺及反倾销税的征收等内容有深刻的理解。同时，以案例为切入点，引出如何通过反倾销等贸易救济措施保护国内产业，同时要如何通过制度设计防止国内产业滥用反倾销制度等相关理论，从而引发思考与讨论，为学生进一步学习提供方向。

教学案例

一、反倾销调查的背景

取向电工钢是电力工业不可缺少的一种软磁材料，适用于各种类型变压器、整流器、电抗器及大电机等行业。

武汉钢铁（集团）公司、宝钢集团有限公司向商务部（以下称调查机关）提起对原产于日本、韩国和欧盟的进口取向电工钢进行反倾销调查的申请。商务部进行立案调查，对是否存在倾销、存在倾销的幅度、是否对国内取向电工钢产业造成损害及损害程度以及倾销与损害之间的因果关系进行了调查。

二、调查程序

（一）立案及通知

1. 立案

2015 年 5 月 27 日，武汉钢铁（集团）公司、宝钢集团有限公司（以下称申请人）代表国内取向电工钢产业，正式向调查机关提起对原产于日本、韩国和欧盟的进口取向电工钢进行反倾销调查的申请。

调查机关审查了申请材料后，认为本案申请符合《反倾销条例》第 11 条、第 13 条及第 17 条有关国内产业提出反倾销调查申请的规定。同时，申请书中包含了《反倾销条例》第 14 条、第 15 条规定的反倾销调查立案所要求的内容及有关的证据。

根据上述审查结果及《反倾销条例》第 16 条的规定，调查机关于 2015 年 7 月 23 日发布立案公告，决定对原产于日本、韩国和欧盟的进口取向电工钢进行反倾销立案调查。倾销调查期为 2014 年 1 月 1 日至 2014 年 12 月 31 日（以下称倾销调查期）。产业损害调查期为 2011 年 1 月 1 日至 2014 年 12 月 31 日（以下称损害调查期）。

2. 立案通知

根据《反倾销条例》第 16 条规定，在决定立案调查前，调查机关就收到国内取向电工钢产业反倾销调查申请书一事通知了日本国驻华大使馆、韩国驻华大使馆以及欧洲联盟驻中国及蒙古国代表团（以下称欧盟驻华代表团）。

2015 年 7 月 23 日，调查机关发布立案公告，并向日本驻华大使馆、韩国驻华大使馆以及欧盟驻华代表团正式提供了立案公告和申请书的公开文本。同日，调查机关将立案情况通知了本案申请人及申请书中列明的外国企业。

（二）初裁前调查

1. 登记参加调查

在规定时间内，日本公司 JFE 钢铁株式会社、新日铁住金株式会社、三井物产株式会社、住友商事株式会社、株式会社美达王,韩国公司株式会社 POSCO,欧盟企业捷克 Arcelor Mittal Ostrava a. s、蒂森克虏伯电工钢有限公司、蒂森克虏伯电工钢法国有限公司,中国国内进口商广州日宝钢材制品有限公司、无锡宝井钢材加工配送有限公司、国内生产者武汉钢铁(集团)公司、宝钢集团有限公司,最终用户 ABB(中国)有限公司、欧盟驻华代表团按立案公告要求向调查机关登记参加调查。

2. 发放和回收调查问卷

2015 年 8 月 25 日,调查机关向各利害关系方发放了《反倾销国外出口商或生产商调查问卷》《反倾销国内生产者调查问卷》《反倾销国内进口商调查问卷》,要求在规定时间内提交准确、完整的答卷。

至答卷递交截止日,调查机关收到国外生产商调查问卷的答卷 5 份,国外出口商调查问卷的答卷 7 份,国内进口商调查问卷的答卷 9 份,最终用户调查问卷的答卷 5 份,国内生产者调查问卷的答卷 2 份。捷克 ArcelorMittal Ostrava a. s 向调查机关提交了《关于取向电工钢反倾销调查问卷的说明》,未提交答卷。

针对部分国外生产商提交的答卷中存在的问题,2016 年 1 月 26 日和 2 月 4 日,调查机关向部分外国生产商分别发放了补充问卷。在规定时间内,调查机关收到了反倾销调查补充问卷的答卷。

3. 听取利害关系方意见

在规定时间内,相关国外出口商和国内进口商提出召开反倾销调查初裁前阶段听证会的申请。经审查,决定召开本案初裁前听证会,向利害关系方通知了听证会的相关事项。在听证会前后商务部接受利害关系方提交的评论意见,会见有关利害关系方。

4. 初裁前实地核查

根据《反倾销条例》第 20 条的规定,调查机关对国内申请企业宝钢集团有限公司和武汉钢铁(集团)公司进行了初裁前实地核查。调查机关考察了被核查企业的生产现场,核对了企业提交材料中的相关信息。2016 年 2 月 29 日,被核查企业向调查机关提交了补充修正材料和相关证据。

(三)初裁决定及公告

2016 年 4 月 1 日,调查机关公布了本案的初裁决定,初步认定原产于日本、韩国和欧盟的进口取向电工钢存在倾销,中国取向电工钢产业受到实质损害,并且倾销与实质损害之间存在因果关系。公告决定自 2016 年 4 月 1 日起,对被调查产品实施临时反倾销措施。

(四)初裁后调查

初裁后,调查机关依据《反倾销调查信息披露暂行规则》规定,向已知的涉案企业披露并说明了初裁决定中计算公司倾销幅度时所依据的基本事实和理由,并给予其提出评论意见的机会。利害关系方对初裁所依据事实和理由提交的评论意见书。为进一步核实公司提交材料的真实性、准确性和完整性，调查机关组成反倾销调查实地核查小组对出口商、进口商和国内生产企业进行实地核查。在调查过程中，调查机关多次约见出口商代表、国内申请人代表，听取利害关系方意见。

在初裁后法定期限内，株式会社 POSCO 和新日铁住金株式会社向调查机关提交了价格承诺申请。调查机关对株式会社 POSCO 提出的价格承诺申请进行了审查。调查机关决定不接受株式会社 POSCO 提交的价格承诺申请，调查机关认为新日铁住金株式会社未能充分合作，因此决定不接受其提交的价格承诺申请。

三、被调查产品

调查范围：原产于日本、韩国和欧盟的进口取向电工钢。

被调查产品名称：取向电工钢，又称冷轧取向硅钢。英文名称：Grain Oriented Flat – rolled Electrical Steel，即"GOES"。

主要用途：产品广泛应用于变压器、大型发电机及其他设备。

新日铁住金株式会社、ABB（中国）有限公司主张其所生产的取向钢不同于被调查产品。调查机关经调查决定维持初裁裁定，不对被调查产品范围进行调整。

四、倾销和倾销幅度

（一）正常价值、出口价格、调整项目的认定

1. JFE 钢铁株式会社（JFE Steel Corporation）

（1）正常价值

调查机关审查了公司在日本国内销售同类产品的情况。调查机关比较分析在调查中获得的信息，决定根据申请书提交的信息确定公司的正常价值。

（2）出口价格

调查机关审查了该公司向中国出口销售被调查产品的情况。倾销调查期内，公司共通过以下渠道向中国出口销售被调查产品：一是通过日本关联贸易商向中国非关联生产商销售被调查产品；二是通过日本关联贸易商向中国非关联分销商或加工企业销售被调查产品；三是通过日本关联贸易商及中国关联加工中心向中国非关联生产商销售被调查产品；四是通过日本关联贸易商、中国香港关联贸易商及中国关联加工中心向中国非关联生产商销售被调查产品。

调查机关决定根据《反倾销条例》第 5 条的规定，对于第一种渠道的交易，以该公司日本关联贸易商销售给中国非关联生产商的销售价格作为确定出口价格的基础；对于第二种渠道的交易，以该公司关联贸易商销售给中国非关联分销商或加工企业的销售价格作为确定出口价格的基础；对于第三种渠道的交易，以该公司中国关联加工中心销售给中国非关联生产商的销售价格作为确定出口价格的基础；对于第四种渠道的交易，以该公司中国关联加工中心销售给中国非关联生产商的销售价格作为确定出口价格的基础。

(3)关于到岸价格(CIF 价格)

经审查,调查机关在初裁中暂决定接受该公司报告的到岸价格数据。

2. 新日铁住金株式会社

调查机关审查了公司的答卷情况,决定根据申请书提交的信息确定公司的倾销幅度。

3. 株式会社 POSCO

(1)正常价值

公司答卷称,倾销调查期内,公司通过以下渠道销售国内同类产品:一是直接销售给非关联客户;二是其关联贸易商从公司购买同类产品后,经加工或者直接转售给韩国国内非关联客户。

初裁中,调查机关审查了公司被调查产品和同类产品的型号划分,决定在初裁中暂接受公司的产品型号划分并依据公司分型号填报的数据计算倾销幅度。

初裁后,公司在提交的评论意见中主张,对涉案产品的出口价格和国内销售价格,以及销售价格和成本进行比较时,应该考虑涉案产品的"宽度"的差异。调查机关对此进行了进一步调查认为,宽度对产品成本及定价影响不大,具有相同其他特征但宽度不同的被调查产品及同类产品之间价格及成本不存在明显差异。在终裁中,调查机关决定维持初裁裁定,按照公司的分类方法进行产品型号划分,不将宽度作为划分产品型号的标准。

初裁中,调查机关审查了公司在韩国国内销售情况。倾销调查期内,公司在韩国国内销售同类产品的数量占同期向中国出口被调查产品数量的比例超过了 5%,符合作为确定正常价值基础的数量要求。初裁后,没有利害关系方提出评论意见。经进一步调查,在终裁中,调查机关决定维持初裁裁定。

初裁中,调查机关决定依据与公司对中国出口销售型号相匹配的韩国国内销售交易作为计算正常价值的基础。初裁后,没有利害关系方提出评论意见。经进一步调查,在终裁中,调查机关决定维持初裁裁定。

初裁中,调查机关审查了公司关联交易的情况。在初裁中,调查机关决定在确定正常价值时,暂排除该部分关联交易;有一个型号仅销售给关联公司,根据《反倾销条例》第 4 条的规定,在初裁中,调查机关决定暂采用生产成本、费用加合理利润的方法确定其正常价值。

初裁后,公司在提交的评论意见中主张,根据《反倾销条例》的相关规定,国内市场中具有可比价格的,以其作为正常价值。公司的韩国国内销售和对中国出口销售均存在关联公司转售的情况,因此两者具有可比性,对于在韩国国内的关联公司转售交易,应采用关联公司向非关联客户转售的价格作为确定正常价值更加合理。调查机关考虑了公司的评论意见,经进一步调查,在终裁中,调查机关决定不接受公司评论意见,维持初裁裁定。

初裁中,调查机关审查了公司提交的生产成本和费用数据。调查机关决定在初裁中暂接受公司的修改主张。初裁后,没有利害关系方提出评论意见。经进一步调查,在终裁中,调查机关决定维持初裁裁定。

初裁中,调查机关对公司同类产品在韩国国内是否低于成本销售进行了审查。初裁中,调查机关暂以全部非关联韩国国内销售作为确定正常价值的基础。初裁后,没有利害关系方提出评论意见。在终裁中,调查机关决定维持初裁裁定。

初裁中,调查机关对该公司在韩国国内生产和销售同类产品的利润进行了审查。调查机关决定在计算结构正常价值时,暂采用公司提供的同类产品在韩国国内销售的净利润率计算合理利润。初裁后,没有利害关系方提出评论意见。经进一步调查,在终裁中,调查机关决定维持初裁裁定。

此外,经进一步调查,调查机关发现,公司的关联贸易商在转售过程中将上述型号之外的一个型号产品出口至中国。终裁中,在确定该型号的正常价值时,调查机关对该型号的韩国国内销售进行了关联关系审查和低成本销售审查,最终决定依据该型号韩国国内非关联销售数据确定其正常价值。

(2)出口价格

调查机关审查了公司向中国出口销售被调查产品的情况。

倾销调查期内,公司通过以下渠道向中国出口被调查产品:一是通过韩国境内非关联贸易商向中国客户销售被调查产品;二是通过韩国关联贸易商及中国青岛关联贸易商向中国非关联客户销售被调查产品;三是通过韩国关联贸易商向中国非关联客户销售被调查产品;四是通过韩国关联贸易商及中国广州关联贸易商向中国非关联客户销售被调查产品;五是通过中国香港关联贸易商向中国非关联客户销售被调查产品;六是通过中国香港关联贸易商及中国辽宁关联贸易商向中国非关联客户销售被调查产品;七是通过韩国国内销售的关联贸易商偶然性向中国非关联客户销售被调查产品。

调查机关决定根据《反倾销条例》第 5 条的规定,对于通过第一种渠道的交易,以该公司直接向中国非关联客户销售的价格作为确定出口价格的基础;对于通过第二种渠道的交易,以该公司青岛关联贸易商向非关联客户转售的价格推定出口价格;对于通过第三种渠道的交易,以该公司韩国关联贸易商销售给中国非关联客户的销售价格作为确定出口价格的基础;对于通过第四种渠道的交易,以该公司广州关联贸易商向非关联客户转售的价格推定出口价格;对于通过第五种渠道的交易,以该公司中国香港关联贸易商销售给中国非关联客户的销售价格作为确定出口价格的基础;对于通过第六种渠道的交易,以该公司辽宁关联贸易商向非关联客户转售的价格推定出口价格;对于通过第七种渠道的交易,公司主张,该韩国关联贸易商主要从事韩国国内市场的直接转售和加工销售,调查期内仅向中国出口一笔调查产品,系偶发性的交易,调查机关决定以该公司韩国关联贸易商销售给中国非关联客户的销售价格作为确定出口价格的基础。

初裁后,调查机关对此进行了进一步调查。对于第一种销售渠道,公司通过位于韩国境内的非关联贸易商向中国出口被调查产品。由于公司及其非关联贸易商未填答该渠道向中国销售被调查产品的出口价格,调查机关无法得到具体、准确的对中国出口的价格数据,也无法对数据予以核实。因此,调查机关决定在终裁中排除上述通过第一种渠道的交易,不将其作为确定出口价格的基础。对于其他六种渠道的交易,经进一步调查,在终裁中,调查机关决定维持初裁裁定。

初裁中,调查机关发现,公司填答的出口数据中,公司销售给一家关联贸易商的被调查产品数量与该关联贸易商填报的出口至中国的被调查产品数量存在差异。调查机关在初裁中决定暂不将该数量差异部分交易作为确定出口价格的基础。初裁后,没有利害关系方提出评论意见。在终裁中,调查机关决定维持初裁裁定。

初裁中,调查机关发现,公司答卷提交的出口数据中,公司通过关联贸易商转售至中国的部分交易型号及数据与公司销售给该关联贸易商的型号及数据无法对应,且公司未说明上述型号及数据无法对应的原因,调查机关决定在初裁中暂采用相近型号的数据对公司通过关联贸易商转售至中国的部分交易型号数据进行代替。

初裁后,没有利害关系方提出评论意见。调查机关对此进行了进一步调查。调查机关在实地核查时发现,POSCO 销售给关联贸易商时按照公司的型号销售,关联公司在转售时存在改变型号按照高牌号销售的情况,但各关联公司在答卷中有的按照 POSCO 的销售型号填报,有的按照自身转售型号填报,因此 POSCO 销售型号与关联公司转售型号及数量无法一一对应。针对该部分改变型号的销售,在终裁中,调查机关决定按照最终销售型号为基准对交易型号进行调整。

(3)关于到岸价格(CIF 价格)

在初裁中,调查机关决定暂接受公司报告的到岸价格数据。

4. 欧盟的公司:蒂森克虏伯电工钢有限公司、蒂森克虏伯电工钢法国有限公司

调查机关审查了欧盟公司的答卷情况。蒂森克虏伯电工钢有限公司、蒂森克虏伯电工钢法国有限公司在规定时间内向调查机关提交了调查问卷的答卷。两家公司分别在答卷中称,调查期内未向中国出口被调查产品。对于经调查,在调查期内确实未向中国出口被调查产品的欧盟公司,将适用新出口商复审有关规则。

调查机关对比了上述两家欧盟公司答卷数据和中国海关统计数据。在初裁中,调查机关对未提交答卷的涉案欧盟公司确定了倾销幅度。在终裁中,经进一步调查,调查机关决定维持初裁裁定。

日本、韩国、欧盟未提交答卷的涉案公司倾销幅度的认定。2015 年 7 月 23 日,调查机关对日本、韩国和欧盟的进口取向电工钢发起反倾销调查立案。当日,调查机关通知了涉案国驻华使馆(团),同日,调查机关将立案公告登载在商务部网站上,任何利害关系方均可在商务部网站上查阅本案立案公告。立案后,调查机关给予各利害关系方 20 天的登记应诉期,给予所有利害关系方合理的时间获知立案有关情况。立案后,调查机关将调查问卷登载在商务部网站上,任何利害关系方可在商务部网站上查阅并下载本案调查问卷。对于调查机关已尽通知义务但没有提供必要信息配合调查的公司,调查机关根据《反倾销条例》第 21 条的规定,在已经获得的事实和可获得的最佳信息的基础上裁定其倾销幅度。调查机关比较分析在调查中获得的信息,认为申请书的信息可以较为准确、合理地反映日本、韩国欧盟对中国出口被调查产品情况,且已被调查机关初步核实。

（二）价格比较

根据《反倾销条例》第6条的规定，调查机关在考虑了影响价格的各种可比性因素的基础上，按照公平、合理的方式，将正常价值和出口价格调整至出厂水平进行比较。在计算倾销幅度时，调查机关对加权平均正常价值和加权平均出口价格进行了比较，得出倾销幅度。

（三）倾销幅度

经计算，各公司终裁裁定的倾销幅度分别为：

公司名称	倾销幅度
JFE 钢铁株式会社	39.0%
新日铁住金株式会社	45.7%
其他日本公司	45.7%
株式会社 POSCO	37.3%
其他韩国公司	37.3%
欧盟的公司	46.3%

五、国内同类产品、国内产业

（一）国内同类产品认定

调查机关对国内生产的取向电工钢与被调查产品的物理特性、产品用途、原材料、生产工艺流程、销售渠道、客户群体等因素进行了调查。调查机关裁定，国内生产的取向电工钢与被调查产品在物理特性、产品用途、原材料和生产工艺流程、销售渠道和客户群体等方面基本相同，具有相似性和可替代性，国内生产的取向电工钢产品与被调查产品属于同类产品。

（二）国内产业认定

本案中，申请人武汉钢铁（集团）公司和宝钢集团有限公司向调查机关提交了国内生产者调查问卷答卷。调查问卷答卷显示，2011年、2012年、2013年和2014年上述两家国内企业的产量之和占国内同类产品总产量的比例均在80% ~90%，占主要部分，符合《反倾销条例》第11条和《反倾销产业损害调查规定》第13条关于国内产业认定的规定。

六、产业损害及损害程度

（一）累积评估

根据《反倾销条例》第9条的规定，调查机关考虑了就原产于日本、韩国和欧盟的进口取向电工钢对国内产业造成的影响进行累积评估的适当性。

1. 倾销幅度不属于微量

倾销调查期内,来自日本、韩国和欧盟的进口被调查产品均存在倾销,倾销幅度均在2%以上,不属于微量的倾销幅度。

2. 进口数量不属于可忽略不计

根据中国海关数据统计,损害调查期内,来自日本、韩国和欧盟的进口取向电工钢数量占中国总进口数量的比例均超过3%,不属于可忽略不计的范围。

3. 被调查产品之间的竞争条件

调查机关在实地核查中对高磁感取向电工钢产品和普通级取向电工钢产品的物理特性、原材料、生产工艺流程、产品用途、销售渠道和客户群体进行了比较。调查机关在初裁中认定,来自日本、韩国和欧盟的被调查产品之间存在直接竞争。

4. 被调查产品与国内同类产品之间的竞争条件

调查机关对被调查产品和国内同类产品之间在价格和销售渠道、质量和性能、客户群体以及物理特性、产品用途和生产工艺流程之间的竞争条件进行了比较,调查机关在终裁中维持初裁裁定,被调查产品与国内同类产品之间存在直接的竞争关系。

5. 蒂森克虏伯电工钢有限公司评论意见

蒂森克虏伯电工钢有限公司和蒂森克虏伯电工钢法国有限公司在其提交的《取向电工钢反倾销案听证会陈述意见》中提出,欧盟的进口取向电工钢产品不应和其他国家进口一起累积评估,一是因为其进口数量远小于日本和韩国的进口数量,二是因为来自欧盟的进口产品主要是次等品,并不与中国国内产品及日本、韩国产品竞争。

调查机关认为,对原产于欧盟的被调查产品与日本、韩国的进口被调查产品对国内产业造成的影响进行累积评估是适当的。

初裁后,欧盟驻华代表团和蒂森克虏伯电工钢有限公司在其评论意见中指出,欧盟的进口额远小于日本和韩国的进口额,在2014年的市场份额仅占表观消费量的1.2%,且2015年欧盟委员会设立了最低出口价格,欧盟生产商没有动机出口低于欧盟市场价格的产品给中国和其他国家。

调查机关进一步调查后认为:第一,虽然欧盟的进口额小于日本和韩国的进口额,但市场份额不是判断是否进行累积评估的要件之一,欧盟被调查产品的倾销幅度大于2%,不属于微量倾销幅度。且原产于欧盟的被调查产品与日本、韩国的被调查产品之间以及欧盟的被调查产品与国内同类产品之间存在直接竞争,满足累积评估的条件,因此对原产于欧盟的被调查产品与日本、韩国的进口被调查产品对国内产业造成的影响进行累积评估是适当的。第二,调查机关认为欧盟委员会设立的最低出口价格并不是欧盟生产商对外出口的最低价格,而且欧盟生产商是否以最低出口价格向中国出口产品并不影响其损害调查期内占中国总进口量的比例和倾销幅度,与是否对其进行累积评估没有直接关联。

因此,调查机关最终裁定,来自日本、韩国和欧盟的被调查产品的倾销幅度不属于微量,进口数量不属于可忽略不计,被调查产品之间以及被调查产品与国内同类产品之间存在直接的竞争关系。对原产于日本、韩国和欧盟的进口被调查产品对国内产业的影响进行累积评估是适当的。

(二)倾销进口产品进口数量

调查机关对倾销进口产品的绝对数量或相对于中国生产或消费的数量是否大幅增加进行了调查。调查显示,损害调查期内,被调查产品进口量呈逐年下降趋势。

(三)倾销进口产品对国内同类产品价格的影响

调查机关就倾销进口产品对国内同类产品价格的影响进行了调查。

1. 关于倾销进口价格和国内同类产品价格的确定

调查机关使用中国海关统计数据中不区分产品控制编码的日本、韩国和欧盟的被调查进口产品加权平均价格作为计算倾销进口价格的基础。

进行价格比较时,为确保两者具有可比性,调查机关将本案国内进口商提交的所有相关费用的均值作为计算国内进口商的进口港杂费、报关费、商检费等其他费用的依据。

调查机关在对《国内生产者调查问卷》答卷汇总的基础上,以国内产业同类产品出厂价格的加权平均价格作为国内产业同类产品价格。

2. 倾销进口价格和国内同类产品价格比较

倾销进口产品价格与国内同类产品价格变化趋势相同,均呈逐年下降趋势,二者价格呈现联动态势。且倾销进口价格下降趋势更明显。

3. 倾销进口产品对国内同类产品价格的影响

调查机关调查后认为:第一,倾销进口产品与国内同类产品之间具备竞争性和可替代性。倾销进口产品的价格对下游客户的采购决定具有显著影响。第二,调查机关依据磁极化强度、铁损、厚度、形状和涂层5个特征,对被调查产品和国内同类产品进行了型号划分,并进行了比较。在同一贸易水平下,考虑了相关调整费用后,证据显示,2011年、2012年、2013年、2014年倾销进口产品的价格对国内同类产品价格造成了价格削减。

因此,调查机关在终裁中认定:损害调查期内,倾销进口产品对国内产业同类产品价格造成了价格削减和压低。

(四)调查期内国内产业状况

根据《反倾销条例》第7条、第8条的规定,调查机关对国内产业的相关经济因素和指标进行了调查。调查机关在初裁中认定,损害调查期内,国内取向电工钢产业受到了实质损害。

初载后,出口商对调查数据提出异议。调查机关进一步调查后认为,第一,调查机关对国内产业同类产品相关的表观消费量、产能、产量、开工率等16项经济因素和指标进行了综合全面地考察。第二,调查机关认为,国内产业为了满足日益增长的国内市场需求而增加了产能和产量,产能和产量的增长是销售数量和市场份额增长的主要原因,就业人数、人均工资和劳动生产率也相应增加。第三,关于销售收入、税前利润、开工率和期末库存这4项指标在调查期内有升有降的问题,调查机关已注意到这一事实,并认为销售价格的下降是其单位利润下降的直接原因。

综上所述,调查机关决定在终裁中维持初裁认定:受倾销进口产品的影响,国内取向电工钢产业受到了实质损害。

七、因果关系

根据《反倾销条例》第24条,调查机关审查了原产于日本、韩国和欧盟的取向电工钢倾销进口与国内产业受到实质性损害之间是否存在因果关系。同时审查了除倾销进口之外,已知的可能对国内产业造成损害的其他因素。

(一)倾销进口产品造成了国内产业的实质损害

损害调查期内倾销进口产品数量呈现逐年下降趋势,虽然倾销进口产品数量和市场份额呈逐年下降趋势,但整体而言,倾销进口产品数量仍占有一定的国内市场份额,对国内产业同类产品的销售具有一定的影响力。

调查机关认定,倾销进口产品与国内取向电工钢产业受到的实质损害之间存在因果关系。

(二)其他已知因素分析

调查机关对除倾销进口产品以外的,可能使国内产业受到实质损害的其他已知因素进行了审查。

1. 关于产能增长的影响

调查机关初步调查认为,损害调查期内,不存在产能过剩,供大于求的情况。调查机关进一步调查后认为,本案调查期内,国内总供给的增长幅度与表观消费量增长幅度基本一致。因此,调查机关认为新日铁住金株式会社关于供求关系造成价格下降的主张不能成立。

因此,调查机关在终裁中维持初裁裁定,利害关系方主张的产能增长不能否定本案倾销进口产品与国内产业受到实质损害之间的因果关系。

2. 关于产能结构性过剩

调查机关认为,损害调查期内,国内产业产能的增加与国内市场需求是一致的,并不存在利害关系方所称的产能结构性过剩的情况。

因此,调查机关在终裁中维持初裁裁定,利害关系方主张的产能结构性过剩不能否定本案倾销进口产品与国内产业受到实质损害之间的因果关系。

3. 关于钢铁行业整体低迷的影响

调查机关认为,宝山钢铁股份有限公司的企业成本提升,并不等于取向电工钢产品成本的提升。因此,调查机关在终裁中维持初裁裁定。

4. 关于下游产业的影响

调查机关认为,首先,利害关系方并未进行任何分析,也未提出任何证据。其次,申请人提供的证据显示,损害调查期内,中国取向电工钢表观消费量呈持续快速增长趋势,国内产能和产量随之合理增长,并未出现需求低迷、供大于求的情况。

因此,调查机关在终裁中维持初裁裁定,利害关系方主张的下游产业的负面影响不能否定本案倾销进口产品与国内产业受到实质损害之间的因果关系。

5. 关于中国国内产业之间的竞争影响

调查机关认为,产能扩大并不必然导致国内生产商之间的低价竞争,且国内产业同类产品供应量仍远远小于国内市场需求,不存在国内产业同类产品供给大于需求的过剩情况,也没有证据表明国内产业有竞相压价、恶性竞争的情况。

因此,调查机关在终裁中维持初裁裁定:利害关系方主张的国内产业之间的竞争影响不能否定本案倾销进口产品与国内产业受到实质损害之间的因果关系。

八、最终调查结论

根据上述调查结果,调查机关最终裁定:原产于日本、韩国和欧盟的进口取向电工钢存在倾销,国内取向电工钢产业受到了实质损害,且倾销与实质损害之间存在因果关系。

教学手册

教学对象及目标

本案可供法学和管理学教学使用,主要适用于国际经济法学硕士、法律硕士、MBA的案例教学课程。

本案的教学目标是借助实践中发生的反倾销调查实例,重点介绍倾销的认定和反倾销条件、反倾销的调查的发起和程序规则等问题,通过学生对案例的分析,结合教师的指导,使学生对反倾销调查的整个过程有一个较为熟悉的把握。本案例具体要解决的问题包括:(1)倾销的认定,倾销一定会涉及如何确定产品的正常价值和出口价格;(2)关于损害的认定,涉及到实质性损害威胁的认定,哪些产业属于相关产业,及反倾销产品认定等问题;(3)反倾销调查的发起,包括倾销的管理机关、申请人资格的审查等;(4)反倾销的程序规则,投诉的立案、调查、举证责任、初裁、价格承诺、反倾销税的征收、行政复审和司法审查等环节内容。

教学内容

1. 思考如何认定倾销的成立?

倾销是指一国产品以低于其正常价值的进入另一国市场,如因此对进口国领土内已建立的某项产业造成实质性损害或产生实质性损害的威胁,或对某一缔约方领土内产业的新建产生实质性阻碍的。倾销成立应具备三个条件:(1)出口低于正常价格;(2)给进口国同类产品的工业生产造成实质性损害,或存在此种威胁,或对某一产业的新建造成实质性阻碍;(3)低于正常价格的销售与损害之间存在因果关系。

2. 如何确定正常价值?

产品的正常价值的确定有三种情形:(1)被指控产品在出口国的国内市场销售价格(国内市场价格);(2)在缺乏可供参考的国内市场的情况下,可以相同产品或类似产品出口到第三国的价格(第三国出口价格);或(3)被控产品在出口国的结构价格(产品的生产成本 加合理的费用、利润)作为正常价值。这三种价格是确定正常价值的一般方法,其中国内市场价格是最常采取的。采取国内市场价格时,通常要求是在正常贸易中(进口商与出口国或第三者之间没有合作或补偿性安排的销售),且出口国国内类似产品的销售占该出口国量的5%以上。如果被控产品在出口国销售量低于5%时,则要选用第三国出口价格。如果出口国是“低于成本销售”时,则国内市场价格则不在适用,而要采取结构价格确定产品的正常价值。适用第三国出口价格时,为保证公平,第三国的选用要符合一定条件:(1)向该第三国出口的必须是相同或类似的产品;(2)该第三国是出口国出口数量最多的国家;(3)对该第三国和该进口国在推销渠道上做法类似。

3. 如何确定调查产品的出口价格?

出口价格是指在正常贸易情况下,进口商向出口商购买商品所支付的实际价格。在特殊情况下,如果不存在出口价格,或者出口商与进口商或与第三者之间有合作或补偿安排,在这种非正常情况下的出口应以进口商品的首次转售给某个独立买方的价格为基础予以推定;如没有独立的买方,或不是以进口的条件转售时,进口国可以在合理的基础上确定。

4. 出口价格与正常价格的比较的原则是什么?

价格比较的基本原则是公平原则,即出口价格与正常价格应当基于相同的贸易水平,尽可能对相同的时间内发生的交易进行比较。比较的方法有平均比较法和个别比较法。平均比较法是用加权平均正常价值与所有可比出口交易加权平均价格相比较。个别比较法是用每笔交易的正常价格与每笔交易的出口价格相比较。当产品出口价格低于正常价值时,则存在倾销,两者的差额即为倾销幅度;当进口价格低于正常价格的数额低于2%时,则可忽略不计;当产品出口价格高于或等于正常价值时,则不存在倾销。

5. 如何认定损害的存在?

征收倾销税的一个基本条件是对进口国国内已建立的生产同类产品的某项产业造成实质性损害或存在实质性损害的威胁,或对国内产业的新建产生严重阻碍。实质性损害的确定,主要考虑以下几个方面:(1)倾销产品的进口数量,即倾销产品的进口量或进口国国内消费的绝对或相对数量是否都存在明显增加;(2)对进口国同类产品价格的影响,即倾销产品是否存在大幅度的削价,是否严重抑制了价格或阻碍了本应发生的价格上涨;(3)对进口国同类产品的生产者或产业的影响,即对受影响产业在销售量、利润、产量、市场占有、投资利益、设备能力及其他方面进行分析,是否存在实际或潜在的下降影响,对资金流动、存货、就业、工资、增长率、筹措资金及投资能力等实际或潜在的负面影响等。实质性损害威胁是指实际损害尚未发生，但事实的发展将导致损害的发生。在认定潜在威胁时，要求损害必须是能够预见的且是迫切的，不是猜测或极大可能性的。确定潜在的损害是否存在，主要考虑以下几个方面：(1)倾销产品大量进入进口国市场，进口将大量增加；(2)出口商有充分的自由的出口能力，或其出口大幅度增长表明其向进口国市场的倾销进口量可以大幅度的增加；(3)进口产品的价格是否对进口国价格造成明显的抑制或削价作用，并可能进一步增加对进口产品的需求；(4)被调查产品的库存情况。对某一产业的建立的实质性阻碍，一般理解为对新产业的实际建立进度受到影响。另外，计算损害时可以累计评估计算。累计评估是指进口国在确定进口产品对国内产业的损害时，将同时来自几个不同国家的进口产品数量作为一个整体，考察其对国内产业的影响，以防止在单个进行评估时得出倾销不存在的结论从而逃避反倾销的可能性。

6. 如何确定倾销与损害之间的因果关系？

在确认倾销的成立，还必须证明倾销与国内产业的损害之间存在因果关系。除前述在判决实质性损害的三个要素影响外，还需要考虑不能归咎于倾销产品的其他因素，如非倾销产品的数量和价格；国内需求的减少；消费模式的改变；限制性贸易做法等。

7. 如何发起反倾销调查？

反倾销调查是从进口国生产同类产品的国内产业代表向有权当局提起申请开始。在我国有权当局是商务部。关于申诉人的资格，《反倾销守则》和《反倾销条例》都强调要能够代表生产同类产品的产业。其标准是：(1)支持申请的国内同类产品生产商的产量至少占国内产品总量的25%；(2)表示支持的国内同类产品生产商的总产量超过国内产业中参与对申请进行表态的那部分生产总量的50%。在特殊情况下，没有国内产业或其代表申请，有关当局在掌握关于倾销、损害和因果关系的足够证据时，也可以自己发起反倾销调查。

8. 在最终裁决作出前如何保护申请人的利益？

初裁决定确定倾销成立，并由此对国内产业造成损害的，可以采取临时反倾销措施。临时措施是防止在调查期间发生进一步的损害。临时措施包括征收临时反倾销税和要求提供现金保证金、保函或者其他形式的担保等两种形式。临时反倾销税税额或者提供的现金保证金、保函或者其他形式担保的金额，应当不超过初裁决定确定的倾销幅度。临时措施一般不应超过4个月，在根据占该贸易额很大的出口商的申请，该期限可限制在6个月之内。如果当局在调查时，在审查是否征税低于倾销幅度、是否足以抵销损害时，上述期限可分别为6个月和9个月。

9. 反倾销调查中出口商一定要作出价格承诺吗？

倾销进口产品的出口经营者在反倾销调查期间，可以基于调查当局作出改变价格或者停止以倾销价格出口的价格承诺，调查当局满意地确信倾销造成的损害影响已消除，可中止或终止反倾销调查，不采取临时措施或征收反倾销税；也可以基于出口商或当局的决定，继续完成倾销和损害的调查。

10. 如何确定反倾销税的征收?

在反倾销调查终裁认定,倾销或损害成立时,可以征收反倾销税。反倾销税的纳税人为倾销进口产品的进口经营者。征税幅度不是统一的,而是根据不同出口经营者的倾销幅度分别确定。

课堂时间安排

本案例可以作为专门的案例教学课来进行,整个案例课的课堂安排 3 个课时,每课时 45 分钟。

1. 课前计划:安排学生阅读案例及参考资料,对案例所涉及问题进行思考。

2. 课中计划:介绍教学目的,明确讨论主题;分组讨论,回答各项思考题,讨论实践题的撰写要点;小组代表提出撰写要点,学生讨论和分析;教师归纳总结。

3. 课后计划:布置学生进一步结合具体案例思考倾销的成立条件、申请人资格的限制、累计评估损害是否合理、倾销与损害之间的因果关系、价格承诺的效力及反倾销税的复审等问题。

思考题和实践题

思考题

1. 该案中日本、韩国和欧盟的出口商都提出其向中国出口的产品占中国市场份额不到 2% ,属于可忽略不计的范围,商务部是根据什么标准,认定上述出口商的出口的中国的产品不属于微量倾销? 什么是"微量幅度"?
2. 本案中蒂森克虏伯电工钢有限公司和蒂森克虏伯电工钢法国有限公司在其提交的《取向电工钢反倾销案听证会陈述意见》中提出,欧盟的进口取向电工钢产品不应和其他国家进口一起累积评估。什么是累积评估? 本案中是否采取了累积评估的方式来确认倾销的成立?《反倾销守则》关于累积评估的认定是否有限制性规定?
3. 本案中申请人只有武汉钢铁(集团)公司和宝钢集团有限公司两家公司,这两家公司是否可以代表国内取向电工钢产业? 国内产业的认定标准是什么? 如何防止国内企业滥用权利,随意发起反倾销申请?
4. 反倾销是为了保护国内的产业,请问哪些产业应该受贸易救济措施的保护? 贸易救济措施是否会影响市场自由竞争? 反倾销是否存在科学适用的问题?
5. 本案中,在初裁后法定期限内,株式会社 POSCO 和新日铁住金株式会社向调查机关提交了价格承诺申请,商务部为什么最终没有接受? 价格承诺能否终止反倾销调查程序? 一个出口商的价格承诺对其他被调查企业是否有效?
6. 本案中申请人所提交的申请书一共列了 7 家出口商,商务部的调查也主要是针对这 7 家公司。请问商务部的倾销成立的裁定是否适用于申请书没有列名的其他出口商? 如何确定其他出口商的倾销幅度?
7. 出口商如何合理地应对进口国的反倾销调查? 结合中国在国外被倾销的现状,谈谈出口商可采取的救济措施有哪些?

8. 为什么是调查程序要求进口国当局发起调查要通知出口国的使领馆?
9. 如果出口商没有在规定期限内提交或拒不提交调查问卷,倾销调查是否继续进行?这时如何确定出口商出口产品的价格?
10. 由哪个机构负责反倾销税的复审?反倾销税的司法审查与反倾销税的复审有什么区别与联系?

实践题

1. 如果你是申请人的律师,根据以上案情,试列出申请人撰写申请书的提纲。
2. 根据以上案情,列举申请人和被调查出口商所要提交的证据材料。
3. 如果你是出口商的律师,根据以上案情,如何说服调查当局倾销不成立?

参考文献

1. 陈安:《国际经济法专论(下编分论)》,高等教育出版社 2006 年版。
2. 吴益民:《国际贸易法学》,上海交通大学出版社 2013 年版。
3. 刘永伟:《反倾销法因果关系标准比较研究》,载《法商研究》2001 年第 5 期。
4. 丁邦开、刘恩媛:《对中国首例反倾销案的述评》,载《财经研究》2001 年第 3 期。

(刘恩媛,上海政法学院国际法学院副教授;
王祥修,上海政法学院国际法学院教授)

[illegible]

参考文献

[illegible]

图书在版编目(CIP)数据

法律硕士教学案例指引. 第二辑 / 上海市法律专业学位研究生教育指导委员会编. -- 北京 : 法律出版社, 2021

ISBN 978-7-5197-5264-4

Ⅰ. ①法… Ⅱ. ①上… Ⅲ. ①法律-教案(教育)-研究生 Ⅳ. ①D9-42

中国版本图书馆 CIP 数据核字(2020)第 263150 号

法律硕士教学案例指引(第二辑)
FALÜ SHUOSHI JIAOXUE ANLI ZHIYIN(DI-ER JI)

上海市法律专业学位研究生教育指导委员会 编

责任编辑 丁小宣 陆帅文
装帧设计 凌点工作室

出版 法律出版社
总发行 中国法律图书有限公司
经销 新华书店
印刷 北京玺诚印务有限公司
责任校对 郭艳萍
责任印制 胡晓雅

编辑统筹 法律教育出版分社
开本 787 毫米×1092 毫米 1/16
印张 26.5
字数 578 千
版本 2021 年 1 月第 1 版
印次 2021 年 1 月第 1 次印刷

法律出版社/北京市丰台区莲花池西里 7 号(100073)
网址/www.lawpress.com.cn
投稿邮箱/info@lawpress.com.cn
举报维权邮箱/jbwq@lawpress.com.cn
销售热线/400-660-8393
咨询电话/010-63939796

中国法律图书有限公司/北京市丰台区莲花池西里 7 号(100073)
全国各地中法图分、子公司销售电话:
统一销售客服/400-660-8393/6393
第一法律书店/010-83938432/8433
西安分公司/029-85330678
重庆分公司/023-67453036
上海分公司/021-62071639/1636
深圳分公司/0755-83072995

书号:ISBN 978-7-5197-5264-4
定价:68.00 元